CFA Institute CFA协会投资系列

固定收益证券分析

|原书第3版|

Fixed Income Analysis (3rd Edition)

[美] 芭芭拉 S. 佩蒂特　杰拉尔德 E. 平托　温迪 L. 皮里　著　张德成 韩振开 李函霏 译
　　（Barbara S. Petitt）　　（Jerald E. Pinto）　（Wendy L. Pirie）

机械工业出版社
China Machine Press

图书在版编目（CIP）数据

固定收益证券分析（原书第3版）/（美）芭芭拉 S. 佩蒂特（Barbara S.Petitt），（美）杰拉尔德 E. 平托（Jerald E. Pinto），（美）温迪 L. 皮里（Wendy L. Pirie）著；张德成，韩振开，李函霏译 . —北京：机械工业出版社，2018.7（2022.8 重印）

（CFA 协会投资系列）

书名原文：Fixed Income Analysis

ISBN 978-7-111-60258-3

I. 固⋯ II. ①芭⋯ ②杰⋯ ③温⋯ ④张⋯ ⑤韩⋯ ⑥李⋯ III. 证券投资 – 研究 IV. F830.91

中国版本图书馆 CIP 数据核字（2018）第 124183 号

北京市版权局著作权合同登记　图字：01-2018-2221 号。

Barbara S.Petitt, Jerald E. Pinto, Wendy L. Pirie. Fixed Income Analysis, 3rd Edition.

ISBN 978-1-118-99949-3

Copyright © 2015 by CFA Institute.

This translation published under license. Authorized translation from the English language edition, Published by John Wiley & Sons. Simplified Chinese translation copyright © 2018 by China Machine Press.

No part of this book may be reproduced or transmitted in any form or by any means, electronic or mechanical, including photocopying, recording or any information storage and retrieval system,without permission, in writing, from the publisher. Copies of this book sold without a Wiley sticker on the cover are unauthorized and illegal.

All rights reserved.

本书中文简体字版由 John Wiley & Sons 公司授权机械工业出版社在全球独家出版发行。

未经出版者书面许可，不得以任何方式抄袭、复制或节录本书中的任何部分。

本书封底贴有 John Wiley & Sons 公司防伪标签，无标签者不得销售。

出版发行：机械工业出版社（北京市西城区百万庄大街 22 号　邮政编码：100037）
责任编辑：宋　燕　　　　　　　　　　　　责任校对：李秋荣
印　　刷：北京捷迅佳彩印刷有限公司　　　版　　次：2022 年 8 月第 1 版第 2 次印刷
开　　本：185mm×260mm　1/16　　　　　印　　张：34.5
书　　号：ISBN 978-7-111-60258-3　　　　定　　价：149.00 元

凡购本书，如有缺页、倒页、脱页，由本社发行部调换
客服热线：（010）88379210　88361066　　　投稿热线：（010）88379007
购书热线：（010）68326294　88379649　68995259　　读者信箱：hzjg@hzbook.com

版权所有·侵权必究
封底无防伪标均为盗版

译者序

经过四个多月的努力，《固定收益证券分析》（原书第3版）一书译稿终于完成，在这里我真诚地感谢上海大学悉尼商学院会计专硕韩振开同学、同济大学国际贸易专业李函霏同学，以及我的同事上海大学金融系的李翔老师和赵贞玉老师，他们参与了部分章节的翻译，也感谢华章分社的杨熙越编辑，谢谢各位的辛苦劳动。

我本科学的是非财经专业，我于金融是门外汉。来魔都上海之后，我才从理论和实践上逐步接触金融，感谢金融不但给了我一份可以养家糊口的工作，还给我带来了投资上的收益。在从事金融相关的教学中，我发现多数同学不了解除了工资性收入之外，还有通过参与金融活动获得投资性收入的途径，更不清楚投资性收入对其未来生活的重要性。即使知道有股市或者其他资本市场，但多数没有意向或者愿望去参与。有趣的是，我在课堂上做过一个粗略的调查，在校期间有投资意识并参与实践的，多数情况下其家长或者亲友有这方面的意识并受益于此，反之，其家长多数靠工资生活。在《21世纪资本论》中，作者法国经济学家托马斯·皮凯蒂认为：**导致贫富分化的根本力量是投资回报率持续高于经济增长率**。而现实生活中，很多人的工资增长率可能低于经济增长率。希望本书能对那些涉足金融投资的投资者有所裨益。

最后感谢我的大学同班同学李会永，他本科毕业后不久就转行从事金融工作，是我国最早的红马甲和私募投资者之一，在股市上的专注和专业使他获得了不菲的业绩，也让我获益匪浅。三年前他收购并经营一家医疗器械公司，三年来取得了长足的发展。我祝他们夫妻二人金融与实业双翼齐飞，事业同家庭长远常红。

张德成

推荐序

最近，我的一位同事把几件衬衫送到一小时干洗店干洗。

"下星期二才能洗好"店主说。

我的同事说："但我认为你一小时能完成干洗啊？"

"哦，不"老板说，"那只是我们的名字。"

所以在今天的"固定收益"市场，它只是一个名字。曾经有一段时间，这个名字准确地描述了该市场的证券，当然，那是一个了解固定收益世界容易得多的时期。再也没有什么固定的了。到期日可以变更，息票可以浮动，本金余额可以以无法预测的方式支付，等等。和那些仅仅是"正常"的固定收益证券相比，市场还包括当利率下降时息票会上升的证券、只有在满足一定条件时才产生利息的证券，以及到期时支付面值以外金额的证券。我们有所谓的巨灾债券，即到期时可能不支付任何金额，但这并不是它们被称为巨灾债券的原因。你如何才能了解这样一个多样化的市场？本书是一个好的开始。

这一切都始于第一部分的要素。这部分从"固定收益证券定义要素"开始，综述了固定收益证券的外延和多样性，并详细介绍了各种债券的鲜明特点。下一章，关于发行、交易和融资，描述了债券交易的市场、管辖地和惯例，并与CFA协会的全球影响力相一致，具有全球焦点。接下来，介绍估值的一章提供了对固定收益证券估值方法的基本了解，并确定了它们之间的相对价值。

拥有固定收益证券会带来各种风险。本书的第二部分讨论了如何识别和量化这些风险，并探讨了目前正在使用的一些复杂的量化建模。利率风险和信用风险都涵盖在这里。

第三部分关于资产支持证券。这一大类包括抵押担保证券和已"证券化"的许多其他类型资产，包括住房权益抵押贷款、汽车贷款、信用卡贷款、船贷、特许权使用费等。通常，证券被分成不同的层级，这通常会在时机、信用和支付稳定性方面拥有不同的优先权。敏锐地理解这些证券是在固定收益市场成功的关键。许多证券，特别是抵押担保债券，都是不确定现金流的典范。

在第四部分对固定收益证券的估值方法进行了详细的分析。它从对一组现金流估值的一般方法开始，然后扩展到对有不确定现金流证券的有用分析。当然，估值是不可能在真空环境中进行的。发行的每一个新债券都处于所有现存债券组成的一个环境中。同时，债券独特的条款、买卖双方、恐惧和贪婪交替波动，当然，中央银行决定了市场的利率结构。这种"利率期限结构"是本书第五部分的主题。

本书的最后一部分论述了管理固定收益投资组合。曾经很长时间，简单的"阶梯式"投资组合会满足大多数固定收益投资者的需求。多年来，多种固定收益市场的独特技术被开发出来，以满足不同的目标和约束。这一最后部分包括了大部分的多情景分析，事实上，看看"学习成果"就会对这一部分的内容有个大致了解。

我34年前获得了CFA执照。本书中提到的许多证券类型那时并没有被创建，当然，也没有估值方法。在那时固定收益刚开始它的量化革命。CFA二级和三级的固定收益读物主要来自由马蒂·莱博维茨（Marty Leibowitz）撰写的《解密收益率手册》（*Inside the Yield Book*）一书。在读那本书之前，我曾想过，甚至在教学中说"债券是无聊的"。本书让我大开眼界，而在我通过CFA三级之后不到两周，就开始在萨洛蒙兄弟公司为马蒂工作。

我不能奢望本书会对你的生活产生很深远的影响，但我期待它会对许多读者产生影响。我有幸曾与本书的许多作者一起共事多年，我了解他们几十年的教育和实践经验，在一起由CFA协会积极引导，对于那些参加CFA考试的人和想要在当今复杂的固定收益市场起步的人，本书很值得一读。祝你好运！

鲍勃·科普拉奇　博士
特许金融分析师
2014年11月5日

前　言

我们很高兴为您带来《固定收益证券分析》一书，该书提供了投资专业人士如何分析和管理固定收益投资组合的权威和最新的信息。正如 CFA 协会投资系列丛书中的许多其他书名一样，本书的内容也来自官方的 CFA 项目课程。因此，读者通过学习本书的内容，可了解和掌握当前全球与 CFA 相关的知识和实用分析技能。

本书内容是由知名学者和从业者组成的一个小组合作开发的，他们选择了在该领域公认的专业知识，并由 CFA 协会指导。它是专门针对投资从业者编写的，充实了实例和实践问题，强化了学习成果并展示了现实世界的适用性。

本书的内容选自 CFA 项目课程，为了符合下面的要求，本书经历了严格的审查过程。

- 忠于我们正在进行的行业实践分析的结果。
- 对会员、雇主和投资者有价值。
- 全球相关。
- 通才（而不是专家）性质。
- 充分的、足够多的实例和实践机会。
- 教学效果。

我们希望你能在 CFA 协会的投资系列丛书中找到本书和其他书籍，以帮助你努力拓展投资知识，无论你是一个相对新的参与者，还是一个经验丰富的老手，在不断变化的市场环境中努力保持与时俱进。CFA 协会，作为一个长期致力于投资职业的参与者和非营利的全球性会员协会，很高兴为您提供这个机会。

CFA 项目

如果本书的主题使你感兴趣,你还不是一个有执照的 CFA,我们希望你考虑注册 CFA 项目和启动获得"特许金融分析师"称号的进程。CFA 称号是一个全球公认的衡量投资专业人员能力和诚信的优秀标准。为了获得 CFA 执照,考生必须成功地完成 CFA 项目课程,这是一个全球研究生水平的自学项目课程,它将广泛的课程和将专职投资作为职业准备的行为要求结合起来。

在实践基础课程的指导下,CFA 项目课程知识库反映了专业人士对投资决策过程所必需的知识、技能和能力。这个知识主体通过定期的,广泛的全球 CFA 特许资格调查实践保持其现实性。课程涵盖 10 个通用的主题领域,从权益和固定收益分析到投资组合管理再到公司财务等,都着重强调了道德在职业实践中的应用。CFA 项目课程以其严密性和广度著称,强调每个市场都应有的共同原则,以便获得 CFA 称号的专业人士有一个全面的全球投资视野和对全球市场的深刻理解。

致 谢

作者

我们要感谢许多杰出的作者,他们在各自的专业领域贡献了出色的章节:

莱斯利·阿布利欧

詹姆斯 F. 亚当斯,博士,CFA

穆拉德·乔德里,博士

弗兰克 J. 法博齐,CFA

H. 吉福德·冯

艾恩尼斯·乔治欧,CFA

克里斯托弗 L. 古特坎德,CFA

罗宾·格里夫斯,博士,CFA

拉里 D. 吉恩,工商管理博士,CFA

托马斯 S.Y. 何,博士

罗伯特 A. 杰诺,博士

安得鲁·卡洛代,博士

李尚斌

杰克·马尔维,CFA

史蒂文 V. 曼,博士

格雷戈·诺罗尼亚,博士,CFA

克里斯托弗 D. 皮罗斯,博士,CFA

唐纳德 J. 史密斯,博士

唐纳德 R. 凡·德文特

拉冯·惠特默,CFA

斯蒂芬 E. 威尔科克斯,博士,CFA

审稿人

特别感谢所有帮助整理材料以确保高度的实用性、技术的正确性和可理解性的审稿人员。

苏迪普·阿南德,CFA

克里斯托弗·贝尔,CFA

丽莎·朱布兰克,CFA

威廉·凯姆,CFA

约瑟夫·比尔纳特，CFA
凯瑟琳·卡尔森，CFA
洛丽·森西，CFA
约翰·钱伯斯，CFA
斯科特·查普特，CFA
拉克兰·克里斯蒂，CFA
加布里埃拉·克里维奥，CFA
比哈里拉尔·德奥拉，CFA
帕姆·德雷克，CFA
汤姆·弗朗科维亚克，CFA
伊安尼斯·乔治欧，CFA
奥斯曼·加尼，CFA
罗宾·格里夫斯，CFA
理查德·霍金斯，CFA
马克斯·哈斯佩思，CFA
金启哲，CFA

桑·基姆，CFA
彼得-皮埃尔·迈特克，CFA
桑贾伊·帕里克，CFA
提姆·彼得森，CFA
雷·拉斯，CFA
桑吉夫·萨布瓦尔
亚当·施瓦茨，CFA
格雷戈·西尔斯，CFA
里克·塞托，CFA
弗兰克·斯默德，CFA
宋志毅，CFA
杰弗里·斯坦格，CFA
彼得·斯泰莫斯，CFA
格哈德·凡·布勒克伦，CFA
拉冯·惠特默，CFA
斯蒂芬·威尔科克斯，CFA

制作

最后，我们要感谢许多在这本书的构思和制作中发挥作用的人：罗伯特 E. 拉米，CFA；克里斯托弗 B. 维斯，CFA；旺达·劳齐尔；卡蕾·黑尔；玛格丽特·希尔；凯莉·福克纳；朱丽亚·麦肯逊以及 CFA 协会的制作团队；玛丽安·杜普斯以及 CFA 协会的编辑服务团队；布伦特·威尔逊以及 CFA 协会的质量控制团队。

关于"CFA协会投资系列"

CFA协会乐意为您提供CFA协会投资系列丛书，它涵盖投资领域的主要方面。我们提供一流的系列丛书，是因为我们已经有超过50年为投资专业人士颁发执照的历史：通过促进道德、教育和专业卓越的最高标准来领导全球的投资职业，以实现社会的最终利益。

CFA协会投资系列丛书包含实用的、全球性的相关资料。它们既适用于那些期待进入竞争激烈的投资管理领域的人士，也适用于那些寻求使自己的知识保持新鲜和与时俱进方式的人士。这一系列丛书的设计是为了用户友好和高度相关。

我们希望你会发现这一系列丛书有助于你增加投资知识的努力，无论你是一个相对较新的进入者，还是一个经验丰富的老手，在不断变化的市场环境中，道德上必须遵守最新的规则。作为一个长期致力于投资职业的参与者和非营利全球性会员协会，CFA协会很乐意为您提供这个机会。

教材

《公司金融：实用方法》（*Corporate Finance: A Practical Approach*）是那些寻求获得业务持久增长的坚实基础。在当今竞争激烈的商业环境中，企业必须找到创新的方法，以实现快速和可持续增长。这本书为读者提供了制定精明的商业决策和制定公司价值最大化战略的基本知识和工具。它涵盖了从利益相关者之间的管理关系到评估兼并和收购的出价以及他们背后的公司。通过广泛使用真实世界的例子，读者将获得解读公司财务数据、评估项目和为增加公司价值分配资金的批判性视角。读者将深入了解现代企业财务管理中使用的工具和策略。

《股权资产估值：原理、方法与案例》（*Equity Asset Valuation*）对于任何参与估算证券价值和理解证券定价的人来说都是一个特别有说服力的重要方式。一位见多识广的专业人士知道，股票估值的一般形式：股利贴现模型、自由现金流模型、价格/盈利模型和剩余收益模型都可以在一定的假设条件下达成一致。在对基本假设的深刻理解下，专业投资者可以更好地了解其他投资者在计算估值时所采用的假设。本书有一个全球化导向，包括新兴市场。

《国际财务报表分析》（*International Financial Statement Analysis*）旨在解决投资专业人士和学生越来越多地从全球角度思考财务报表分析的需求。这本书是对财务报表分析的一个实用性导向介绍，它以一个真正的国际化导向、结构化的陈述风格、丰富的插图和书中介绍概念的工具为特色。作者全面介绍了这门学科，并着眼于确保读者在财务报表分析的复杂世界中的各个层次都取得好成绩。

《投资学》（*Investments: Principles of Portfolio and Equity Analysis*）提供了一个易于理解但严格的投资组合和股票分析介绍。投资组合规划和投资组合管理是在最新的、全球范围的证券市场、交易和与市场有关的概念和产品范围内提出的。详细的分析和丰富的例证说明了股票分析和估值的本质。这本书包括了对从业者重要但往往被忽视的主题，如行业分析。自始至终，重点是关键概念的实际应用，并从新兴市场和发达市场中抽取例子。每一章都为读者提供了很多机会来自我检查对主题的理解。

多年来在投资管理行业最突出的教材之一应该是马金（Maginn）和塔特尔（Tuttle）合著的《投资组合管理：动态过程》（*Managing Investment Portfolios: A Dynamic Process*）。第3版更新了从1990年第2版以来的关键概念。我们社群中一些经验丰富的会员拥有以前的两个版本，并将第3版添加到他们的藏书中。这项开创性的工作不仅将其他阅读材料中的概念应用到投资组合中，而且还更新了替代投资、业绩表现标准、投资组合履行，以及非常重要的个人投资者投资组合管理的概念。本书把注意力从机构投资组合转移出来到个人投资者身上，使这个版本成为一项重要且及时的作品。

《新财富管理》（*The New Wealth Management: The Financial Advisor's Guide to Managing and Investing Client Assets*）是哈罗德·埃文斯基（Harold Evensky）针对财富管理经理们的主要参考指南的一个更新版本。哈罗德·埃文斯基、斯蒂芬·霍伦（Stephen Horan）和托马斯·罗宾逊（Thomas Robinson）更新了1997年第1版的核心内容并添加了大量的新素材，充分反映了今天的投资挑战。该教材提供了全方位财富管理的权威介绍，并为财务顾问提供了全面的指南。这本书巧妙地融合了投资理论和现实世界的应用，并以相同透彻但和第 1 版一样易理解的风格写作。

《定量投资分析》(*Quantitative Investment Analysis*)侧重于当今专业投资者需要的一些关键工具。除了经典的时间价值货币、贴现现金流应用和概率资料之外,还有两个方面比传统思维更有价值。第一个方面包括相关性和回归的章节,这些章节最终决定了为了测试的目的而形成的假设。这是一项挑战许多专业人员的关键技能:从大量可用的数据中识别有用信息的能力。第二个方面,《定量投资分析》的最后一章涵盖了投资组合概念,并使读者超越了传统资本资产定价模型(CAPM)的工具,进入更实际的多因子模型和套利定价理论的世界。

"CFA 协会投资系列"丛书的所有书籍都可以在各大书店购买。所有的书名也可在 http://customselect.wiley.com 的 Wiley 定制选择平台中查到,那里所有书的各个章节可以混合和搭配,为课堂创建定制的教材。

目 录

译者序
推荐序
前　言
致　谢
关于"CFA协会投资系列"

第一部分　固定收益要素

第1章　固定收益证券：定义要素 … 2
1.1　引言 … 2
1.2　固定收益证券概述 … 3
　1.2.1　债券的基本特征 … 3
　1.2.2　收益率指标 … 8
1.3　法律、监管和税务因素 … 8
　1.3.1　债券契约 … 8
　1.3.2　法律和监管因素 … 15
　1.3.3　税务因素 … 18
1.4　债券的现金流结构 … 19
　1.4.1　本金偿还结构 … 19
　1.4.2　息票付款结构 … 23
1.5　有应急条款的债权 … 29
　1.5.1　可赎回债券 … 29
　1.5.2　可回售债券 … 31
　1.5.3　可转换债券 … 31
本章小结 … 34

第2章　固定收益市场：发行、交易和融资 … 37
2.1　引言 … 37
2.2　全球固定收益市场概况 … 38
　2.2.1　固定收益市场分类 … 38
　2.2.2　固定收益指数 … 45
　2.2.3　固定收益证券投资者 … 46
2.3　一级和二级债券市场 … 47
　2.3.1　一级债券市场 … 47
　2.3.2　二级债券市场 … 52
2.4　主权债券 … 54
　2.4.1　主权债券的特点 … 54
　2.4.2　主权债券信用质量 … 55
　2.4.3　主权债券类型 … 55
2.5　非主权政府机构、准政府和超国家发行的债券 … 57
　2.5.1　非主权债券 … 57
　2.5.2　准政府债券 … 58
　2.5.3　超国家债券 … 58
2.6　公司债务 … 59
　2.6.1　银行贷款和银团贷款 … 59

2.6.2 商业票据 60
2.6.3 公司票据和债券 63
2.7 可供银行选择的短期资金 66
　2.7.1 零售存款 67
　2.7.2 短期批发资金 67
　2.7.3 回购协议和逆回购协议 68
本章小结 71

第3章　固定收益估值介绍 74
3.1 引言 74
3.2 债券价格和货币的时间价值 75
　3.2.1 债券定价与市场贴现率 75
　3.2.2 到期收益率 78
　3.2.3 债券价格与债券特征之间的关系 79
　3.2.4 用即期利率定价债券 82
3.3 价格和收益率：报价和计算惯例 85
　3.3.1 平价、应计利息和全价 85
　3.3.2 矩阵定价 88
　3.3.3 固定利率债券的收益率指标 90
　3.3.4 浮动利率票据的收益率 95
　3.3.5 货币市场工具的收益率指标 99
3.4 利率期限结构 103
3.5 收益率利差 109
　3.5.1 超过基准利率的收益率利差 110
　3.5.2 基准收益率曲线上的收益率利差 112
本章小结 113

第二部分　风险分析

第4章　理解固定收益的风险与回报 118
4.1 引言 118
4.2 回报的来源 119
4.3 固定利率债券的利率风险 125
　4.3.1 麦考利久期、修正久期和近似久期 125
　4.3.2 有效久期 132
　4.3.3 关键利率久期 135
　4.3.4 债券久期的性质 135
　4.3.5 债券组合的久期 140
　4.3.6 债券的货币久期和基点的价格价值 142
　4.3.7 债券凸度 144
4.4 利率风险和投资风险 151
　4.4.1 收益波动率 151
　4.4.2 投资期限范围、麦考利久期和利率风险 153
4.5 信用和流动性风险 156
本章小结 158

第5章　信用分析的基础 161
5.1 引言 161
5.2 信用风险 162
5.3 资本结构、资历排序和回收率 164
　5.3.1 资本结构 164
　5.3.2 资历排序 164
　5.3.3 回收率 165

5.4 评级机构、信用评级及其在债务市场中的角色 …………… 168
　5.4.1 信用评级 …………………… 169
　5.4.2 发行人与发行评级 ………… 170
　5.4.3 依靠评级机构的风险 ……… 172
5.5 传统信用分析：企业债务证券 ……………………………… 176
　5.5.1 信用分析与权益分析：相似与差异 ………………… 176
　5.5.2 信用分析四要素：有用的框架 ……………………… 177
5.6 信用风险和回报：收益和利差 … 192
5.7 高收益公司债券、主权债务和非主权政府债务信用分析的特别考虑 ……………………… 199
　5.7.1 高收益公司债券 …………… 200
　5.7.2 主权债务 …………………… 206
　5.7.3 非主权政府债务 …………… 210
本章小结 ……………………………… 211

第6章 信用分析模型 …………… 215

6.1 引言 ………………………………… 215
6.2 信用风险的衡量指标 ……………… 216
6.3 传统的信用模型 …………………… 218
6.4 结构模型 …………………………… 224
　6.4.1 期权类比 …………………… 224
　6.4.2 估值 ………………………… 225
　6.4.3 信用风险指标 ……………… 226
　6.4.4 估值 ………………………… 229
6.5 简化形式模型 ……………………… 231
　6.5.1 估值 ………………………… 232
　6.5.2 信用风险指标 ……………… 233
　6.5.3 估值 ………………………… 235
　6.5.4 信用风险模型的比较 ……… 239
6.6 信用利差的期限结构 ……………… 239
　6.6.1 息票债券估值 ……………… 239
　6.6.2 信用利差的期限结构 ……… 240
　6.6.3 预期损失的现值 …………… 242
6.7 资产支持证券 ……………………… 246
本章小结 ……………………………… 247
参考文献 ……………………………… 248

第三部分　资产支持证券

第7章 资产支持证券入门 ……… 250

7.1 引言 ………………………………… 250
7.2 证券化对经济与金融市场的好处 ………………………………… 251
7.3 证券化过程 ………………………… 253
　7.3.1 证券化交易的一个例子 …… 253
　7.3.2 各方及其对证券化交易的作用 ……………………………… 254
　7.3.3 债券发行 …………………… 255
　7.3.4 特殊目的工具的关键作用 … 257
7.4 住房抵押贷款 ……………………… 259
　7.4.1 到期期限 …………………… 260
　7.4.2 利率的确定 ………………… 260
　7.4.3 摊销时间表 ………………… 261
　7.4.4 提前偿付和提前偿付罚金 … 261
　7.4.5 贷款人在止赎权中的权利 … 262
7.5 住房抵押担保证券 ………………… 262
　7.5.1 抵押转交证券 ……………… 263
　7.5.2 抵押担保债务 ……………… 267

7.5.3	非机构住宅抵押贷款担保证券 …… 272	8.4	蒙特卡罗法 …… 306
		本章小结 …… 307	

7.6 商业抵押支持证券 …… 274
   7.6.1 信用风险 …… 274
   7.6.2 基本的 CMBS 结构 …… 274
7.7 非抵押资产担保证券 …… 277
   7.7.1 汽车贷款应收账款担保证券 …… 277
   7.7.2 信用卡应收账款担保证券 …… 279
7.8 债务担保证券 …… 280
   7.8.1 CDO 交易的结构 …… 280
   7.8.2 CDO 交易的图解 …… 281
本章小结 …… 283
参考文献 …… 285

第四部分 估值

第 8 章 无套利估值框架 …… 288
8.1 引言 …… 288
8.2 无套利估值的意义 …… 289
   8.2.1 一价法则 …… 289
   8.2.2 套利机会 …… 290
   8.2.3 固定收益证券无套利估值的含义 …… 291
8.3 利率树和无套利估值 …… 291
   8.3.1 利率二叉树 …… 293
   8.3.2 什么是波动率以及如何估值 …… 295
   8.3.3 确定节点上债券的价值 …… 296
   8.3.4 构建利率二叉树 …… 298
   8.3.5 用利率树估值无期权债券 …… 302
   8.3.6 顺向估值 …… 303

第 9 章 嵌入式期权债券的估值与分析 …… 309
9.1 引言 …… 310
9.2 嵌入式期权概述 …… 310
   9.2.1 简单的嵌入式期权 …… 311
   9.2.2 复杂的嵌入式期权 …… 312
9.3 可赎回和可回售债券的估值与分析 …… 314
   9.3.1 可赎回或可回售债券、纯粹债券与嵌入式期权价值之间的关系 …… 314
   9.3.2 无违约和无期权债券的估值：复习 …… 315
   9.3.3 在无利率波动下，无违约可赎回债券和可回售债券的估值 …… 316
   9.3.4 利率波动对可赎回债券和可回售债券价值的影响 …… 319
   9.3.5 在利率波动存在的情况下，对无违约可赎回和可回售债券进行估值 …… 323
   9.3.6 对风险可赎回债券和可回售债券的估值 …… 330
9.4 嵌入式期权债券的利率风险 …… 334
   9.4.1 久期 …… 334
   9.4.2 有效凸度 …… 341
9.5 具有上限和下限的浮动利率债券估值和分析 …… 343

9.5.1 有上限的浮动债券的估值……343
9.5.2 有下限的浮动债券的估值……346
9.6 可转换债券的估值与分析……348
 9.6.1 界定可转换债券的特征……348
 9.6.2 可转换债券分析……350
 9.6.3 可换换债券的估值……353
 9.6.4 可转换债券、纯粹债券和基础普通股风险回报特征的比较……354
9.7 债券分析……357
本章小结……358

第五部分 期限结构分析

第 10 章 期限结构和利率动态……362

10.1 引言……362
10.2 即期利率和远期利率……363
 10.2.1 远期利率模型……365
 10.2.2 与即期利率相关的到期收益率以及债券的预期和实现的回报率……371
 10.2.3 收益率曲线运动和远期曲线……373
 10.2.4 主动债券投资组合管理……375
10.3 互换利率曲线……379
 10.3.1 互换利率曲线的相关概念……379
 10.3.2 为什么市场参与者在债券估值时使用互换利率……379
 10.3.3 市场参与者如何使用互换曲线进行估值……380
 10.3.4 互换利差……382
 10.3.5 利差报价惯例……384
10.4 传统的利率期限结构理论……386
 10.4.1 本地期望理论……386
 10.4.2 流动性偏好理论……387
 10.4.3 细分市场理论……388
 10.4.4 优先偏好理论……388
10.5 现代期限结构模型……390
 10.5.1 平衡期限结构模型……391
 10.5.2 无套利模型：Ho-Lee 模型……394
10.6 收益率曲线因子模型……397
 10.6.1 债券受收益率曲线变动影响……397
 10.6.2 影响收益率曲线形状的因子……398
 10.6.3 收益率曲线波动率的到期期限结构……400
 10.6.4 管理收益率曲线风险……401
本章小结……404
参考文献……405

第六部分 固定收益投资组合管理

第 11 章 固定收益投资组合管理：第一部分……408

11.1 引言……409
11.2 固定收益投资组合管理框架……409
11.3 根据债券市场指数管理基金……411
 11.3.1 策略分类……411
 11.3.2 指数（纯粹和增强）……412
 11.3.3 主动策略……427
 11.3.4 监督/调整投资组合和绩效评估……429
11.4 管理承担负债的基金……429
 11.4.1 奉献策略……429
 11.4.2 现金流匹配策略……444

本章小结 …… 448

第12章 固定收益投资组合管理 …… 450

12.1 其他固定收益策略 …… 451
12.1.1 组合策略 …… 451
12.1.2 杠杆作用 …… 451
12.1.3 衍生品启用策略 …… 455

12.2 国际债券投资 …… 470
12.2.1 主动与被动管理 …… 471
12.2.2 货币风险 …… 473
12.2.3 盈亏平衡利差分析 …… 477
12.2.4 新兴市场债务 …… 477

12.3 选择固定收益经理 …… 480
12.3.1 作为未来业绩预测的历史表现 …… 480
12.3.2 制定选择标准 …… 480
12.3.3 与选择股权经理的比较 …… 481

本章小结 …… 484

第13章 全球信用债券投资组合管理的相对价值法 …… 485

13.1 引言 …… 485
13.2 相对价值分析 …… 486
13.2.1 相对价值 …… 488
13.2.2 经典相对价值分析 …… 489
13.2.3 相对价值法 …… 489

13.3 总回报分析 …… 490
13.4 一级市场分析 …… 491
13.4.1 市场结构动态的影响 …… 491
13.4.2 产品结构的影响 …… 492

13.5 流动性和交易分析 …… 492
13.6 二级交易基本原理 …… 493
13.6.1 交易的普遍理由 …… 493
13.6.2 交易限制 …… 496

13.7 利差分析 …… 497
13.7.1 替代利差指标 …… 497
13.7.2 仔细审视互换利差 …… 498
13.7.3 利差工具 …… 499

13.8 结构分析 …… 500
13.8.1 子弹型 …… 501
13.8.2 可赎回 …… 502
13.8.3 偿债基金 …… 502
13.8.4 可回售 …… 503

13.9 信用曲线分析 …… 503
13.10 信用分析 …… 504
13.11 资产配置/板块转移 …… 505

本章小结 …… 506

术语表 …… 509

关于编辑和作者 …… 524

关于CFA项目 …… 530

习题[⊖]

⊖ 由于书中篇幅有限,本书所有章后习题请登录华章公司网站自行下载。网址:www.HZBOOK.com。

第一部分
固定收益要素

第 1 章

固定收益证券：定义要素

穆拉德·乔德里（Moorad Choudhry） 博士
斯蒂芬 E. 威尔科克斯（Stephen E. Wilcox） 博士
特许金融分析师

学习成果

完成本章后，你将能够掌握以下内容：

- 描述固定收益证券的基本特征。
- 描述债券契约的功能。
- 比较肯定性和否定性条款，并鉴别各自的例子。
- 描述法律、监管和税收原因如何影响固定收益证券的发行和交易。
- 描述固定收益证券的现金流量如何结构化。
- 描述影响固定收益证券现金流量的时间和性质的应急条款，并确定这些条款是否有益于借款人或贷款人。

1.1 引言

从总市值判断，固定收益证券已成为全球最普遍的融资手段。固定收益证券是一种金融工具，政府、公司和其他类型发行人可借此工具向投资者借款。任何借款都是债务。一般而言，固定收益证券约定的本息支付是发行人对投资者的契约（法定）义务。对于公司而言，固定收益证券与普通股相比是没有所有权的。与普通股的求偿权相比，对该公司的收益和资产，支付利息和偿还本金（借款金额）具有优先求偿权。因此，公司的固定收益证券在理论上比该公司普通股风险更低。

在投资组合管理中，固定收益证券扮演着几个重要角色。个人和机构投资者将其作为一个主要的手段，为未来的债务（如学费或养老金）设立具有一定安全程度的基金。固定收益证券与普通股的相关性不同，在包括普通股在内的投资组合中增加固定收益证券通常是获得多元化收益的有效途径。

本章讨论的问题如下：

- 固定收益证券具备哪些特征，以及其决定的计划现金流？
- 与固定收益证券相关的法律、监管、税收因素，以及为什么这些因素对投资者来说很重要？
- 支付利息和偿还本金的一般架构是什么？
- 影响固定收益证券处置或赎回的条款类型是什么？

着手学习固定收益证券时，请注意"固定收益证券""债务证券""债券"经常由专业人士和非专业人士通用。我们也将遵循这项惯例，如果哪里有含义上的任何细微差别，将予以明确指出。⊖

本章其余内容组织如下。1.2 节广义地叙述了投资者在投资固定收益证券时需要了解的内容。1.3 节包含了发行人和债券持有人之间的合同性质，以及合同具备的法律、监管和税收框架。1.4 节介绍了有固定收益证券特征的本金和利息支付结构。1.5 节讨论了影响债券现金流的时间和/或性质的应急条款。最后是本章小结和习题。

1.2 固定收益证券概述

投资者在投资固定收益证券时需要了解三个重要的要素：

- 债券的特征，包括发行人、到期日、面值、票息和付息频率以及票面货币。这些特征决定了债券的预定现金流量，因此是投资者预期和实际回报的关键因素。
- 适用于发行人与债券持有人之间合同协议的法律、监管和税务因素。
- 可能影响债券预订现金流量的应急条款。这些应急条款是选择权，他们给予了发行人或债权人一些影响债券处置或赎回的权利。

本节介绍债券的基本特征及收益率衡量指标。1.3 节和 1.5 节分别讨论了法律、监管和税收因素和应急条款。

1.2.1 债券的基本特征

无论是"传统"债券（即非证券化债券）还是证券化债券，所有债券都具有相同的基本特征。**证券化债券**（securitized bonds）是通过称为证券化的过程创造出来的，涉及将资产转移到一个特殊法人实体。这个专门的特殊实体将资产作为担保来支持债券发行，由此导致证券化债券的创建。典型的用于创建证券化债券的资产包括住宅和商业抵押贷款、汽车贷款、学生贷款和信用卡债务等。

⊖ 请注意，"固定收益"一词不能从字面上理解：一些固定收益证券的利息支付随着时间的推移而变化。一些专家将优先股归为一类固定收益证券，但没有将其视为一种债券类型。最后，在某些情况下，与货币市场证券相比，债券是指更长期限债务证券形式。

1.2.1.1 发行人

许多实体发行债券：个人如音乐家大卫·鲍伊（David Bowie）；国家政府如新加坡或意大利政府；以及公司如 BP、通用电气或塔塔集团等。

根据债券发行人的相似点及其特征将其分类。主要的发行人类型包括：

- 超国家组织，如世界银行或欧洲投资银行。
- 主权（国家）政府，如美国或日本。
- 非主权（地方）政府，如美国明尼苏达州、西班牙加泰罗尼亚地区或加拿大埃德蒙顿市。
- 准政府实体（即由政府拥有或资助的机构），例如许多国家的邮政业务，如巴西的 Correios、法国的 La Poste 和印度尼西亚的邮政局。
- 公司（即公司发行人）。市场参与者经常区分为金融发行人（如银行和保险公司）和非金融发行人。

债券持有人会面临信用风险，即由发行人未能及时足额支付利息和 / 或偿还本金导致的损失风险。信用风险是所有债务投资所固有的。债券市场有时会根据信用评级机构判断的发行人的信用进行分类。一个主要的差别在于投资级和非投资级（也称为高收益或投机性）债券之间。[一]虽然使用一系列因素来判别这两部分债券，但基于盈利能力和流动性因素的考虑，投资级债券承诺的支付风险要低于非投资级债券的相应风险。一些受监管的金融中介机构，如银行和人寿保险公司，可能会面临对于持有非投资级债券的隐含限制。一些投资者的投资政策声明中也可能包括约束或限制持有该类债券。从发行人的角度来看，投资级信用评级通常更容易进入债券市场而且发行利率低于非投资级信用评级，特别是在有限的信贷条件下。[二]

1.2.1.2 到期

债券的到期日是指发行人有义务支付未清偿的本金来赎回债券的日期。该期限（tenor）也称为到期期限，是债券到期日之前的剩余时间。到期期限是分析债券的重要考虑因素。它表明债券持有人可以预期收到的息票支付以及至本金全额偿还之前的时间长短。

到期期限通常从隔夜至 30 年或以上。发行到期日（初始到期日）为 1 年或 1 年以下的固定收益证券称为**货币市场证券**（money market securities）。货币市场证券发行人包括政府和公司。商业票据和存款凭证就是货币市场证券的例子。到期日超过 1 年的固定收益证券称为**资本市场证券**（capital market securities）。**永久债券**（perpetual bonds）虽然非常罕见，如英国主权政府发行的统一公债，没有明确的到期日。

1.2.1.3 面值

债券的本金数额、本金价值或本金，为发行人同意在到期日偿还债券持有人的金额。该

[一] 三家最大的信用评级机构是穆迪投资者服务、标准普尔和惠誉评级。穆迪评级的 Baa3 或高于标准普尔和惠誉的 BBB 或以上，被认为是投资级别。

[二] 信用评级中还有其他几个区别。他们在信用分析基础的章节中进行了深入的讨论。

金额也称为票面面值，或简称面值、票面金额、票面价值、赎回值或到期值。债券可以具有任意票面面值。

在实务中，债券价格按其面值的百分比报价。例如，假设债券面值为 1 000 美元。95 的报价意味着债券价格为 950 美元（95%×1 000 美元）。当债券的标价为面值的 100% 时，该债券被称为平价交易。如果债券的价格低于面值的 100%，如上一个例子，债券是折价交易。或者，如果债券的价格高于面值的 100%，则该债券是溢价交易。

1.2.1.4　票息和派息频率

债券的票息（票面利率）或名义利率是指发行人同意在到期日之前每年支付的利息率。每年支付的利息被称为票息。债券的息票是由票息乘以其面值来确定的。例如，票息为 6%，票面面值为 1 000 美元的债券将每年支付 60 美元的利息（6%×1 000 美元）。

息票可以每年支付，例如德国政府债券或国债的利息支付。在美国发行的许多债券如政府和公司债券或在英国发行的政府债券每半年支付一次利息。一些债券每季度或每月支付利息。摩根士丹利和高盛分别使用缩略词 QUIBS（季度利息债券）和 QUIDS（季度收入债务证券）表示按季度支付利息的债券。许多抵押支持证券每月支付利息以匹配这些债券抵押物的现金流量。如果债券的票息为 6%，面值为 1 000 美元，如果每年支付利息，定期支付的利息将为 60 美元，每半年支付为 30 美元，如果每季度支付为 15 美元，每月支付则为 5 美元。

普通债券（plain vanilla bond）或**传统债券**（conventional bond）按固定利率支付利息。这种情况下，在债券存续期间利息支付不会发生变化。然而，有的债券按浮动利率支付利息；这种债券被称为**浮动利率票据**（float-rate notes，FRN）或**浮动票据**（floaters）。浮动利率票据的票息包括两部分：参考利率加上利差。这种利差也称息差，通常是不变的，以基点（bps）表示。一个基点（basis point）等于 0.01%；换句话说，1% 有 100 个基点。债券发行时会根据发行人发行信用程度确定利差，发行人信用度越高，利差就越低。参考利率则定期重新设定。因此，随着参考利率的变化，票息和利息支付相应变动。

被广泛使用的参考利率是伦敦同业拆借利率（Libor）。Libor 是一套涵盖不同货币利率、期限从隔夜到 1 年的共同名称。其他参考利率分别包括欧元同业拆借利率（Euribor），香港同业拆借利率（Hibor）或新加坡同业拆借利率（Sibor），分别适用于以欧元、港元和新加坡元计价发行。Euribor、Hibor 和 Sibor 就像 Libor 一样，由最高至 1 年的不同到期期限的利率组成。

例如，某浮动利率票据在 6 月和 12 月支付半年度利息，其票息表示为 6 个月 Libor + 150bps。假设在 20×0 年的 12 月，6 个月的 Libor 为 3.25%，20×1 年 6 月支付的利率将为 4.75%（3.25% + 1.50%）。现在假设在 20×1 年 6 月，6 个月的 Libor 已经下降至 3.15%。适用于 20×1 年 12 月到期的利率将下降至 4.65%（3.15% + 1.50%）。有关浮动利率票据的更多详细信息，请参见 1.4.2.1 节。

所有债券，无论是按固定利率还是浮动利率支付利息，都要定期支付利息，零息债券（zero-coupon bonds）除外。这种债券顾名思义，不支付利息。相反，它们以折价发行并以平价赎回；它们有时被称为纯贴现债券（pure discount bonds）。零息债券所产生的利息是隐含的，它等于面值和购买价格之间的差额。例如，如果面值为 1 000 美元，购买价格为 950 美元，隐含利息为 50 美元。

1.2.1.5 票面货币

债券可以以任何货币发行，尽管大量债券发行以欧元或美元计价。发行债券的货币选择可能会影响债券的吸引力。如果选用的货币不是清算货币或自由交易货币，或者相对于主要货币波动大，则以该货币计价的债券投资对许多投资者来说就没有吸引力。因此，发展中国家的借款人经常选择本国货币以外的其他货币发行债券，如欧元或美元，因为这样做可以更容易地对国际投资者发行债券。发行人如果期待外币现金流量，也可以选择以外币发行，因为利息支付和本金偿还可以作为一种自然对冲，减少货币（汇率）风险。如果债券目标仅指向一个国家的国内投资者，借款人更有可能以当地货币发行。

双货币债券（dual-currency bonds）在发行时使用一种货币，到期时则按面值用其他货币偿付。例如，假设一家日本公司需要为其在美国的长期项目提供资金，而项目需要几年才能获利。日本公司可以发行日元/美元双货币债券。利息可以从日本产生的现金流量中以日元支付，一旦项目盈利，可以使用美国产生的现金流以美元偿还本金。

货币期权债券（currency option bonds）可被视为单一货币债券与一种外币期权的组合。它们赋予债券持有人拥有所期望的获得本息时的货币选择权利。债券持有人可以在每笔支付时选择两种货币之一。

图 1-1 将债券的所有基本特征合在一起，并说明这些特征是如何确定普通债券的现金流模型的。该债券是 5 年期日本政府债券（JGB），票息为 0.4%，票面面值为 10 000 日元。利息支付为半年。债券发行为平价发行，并以平价赎回。

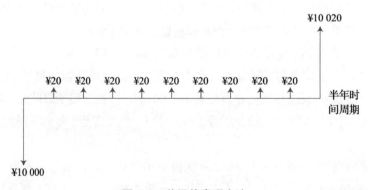

图 1-1 普通债券现金流

图 1-1 中的向下箭头表示债券投资者（发行人收到）在债券发行当天支付的现金流量，即 10 000 日元。向上的箭头是债券持有人（由发行人支付）在债券存续期间收到的现金流。每半年支付一次利息，5 年中每 6 个月支付的利息为 20 日元 [（0.004×10 000）÷2]，即每次 20 日元共 10 次利息支付。最后一笔支付为 10 020 日元，因为它包括最后一次利息和支

付的本金。

> **例 1-1**
>
> 1. 一个主权债券发行的例子是：
>   A. 世界银行　　　　　　B. 纽约市　　　　　　C. 德国政府
> 2. 发行人未能全额及时支付利息的损失风险称为：
>   A. 信用风险　　　　　　B. 系统性风险　　　　C. 利率风险
> 3. 货币市场证券最有可能的到期日为：
>   A. 1 年或以下　　　　　B. 1～10 年之间　　　 C. 超过 10 年
> 4. 如果债券的价格高于其面值，则债券交易于：
>   A. 平价　　　　　　　　B. 折价　　　　　　　C. 溢价
> 5. 债券的面值为 100 英镑，票面利率为 5%。每半年支付利息。每期应支付的利息是：
>   A. 2.50 英镑，每年支付两次
>   B. 5.00 英镑，每年支付一次
>   C. 5.00 英镑，每年支付两次
> 6. 在 6 月和 12 月支付利息的浮动利率票据的票息表示为 6 个月 Libor + 25bps。假设 6 个月的 Libor 在 20×× 年 6 月底为 3.00%，20×× 年 12 月底为 3.50%，则适用于 20×× 年 12 月的到期付款利率为：
>   A. 3.25%　　　　　　　B. 3.5%　　　　　　　C. 3.75%
> 7. 允许债券持有人选择他们收到每笔利息支付和本金还款货币的债券类型是：
>   A. 纯折扣债券　　　　　B. 双货币债券　　　　C. 货币期权债券
>
> **解答 1**：C 是正确的。主权债券是国家政府发行的债券，如德国政府。A 是不正确的，因为世界银行发行的债券是超国家债券。B 是不正确的，因为地方政府如纽约市发行的债券是非主权债券。
>
> **解答 2**：A 是正确的。信用风险是发行人未能足额及时地支付利息和/或偿还本金的损失风险。B 是不正确的，因为系统性风险是金融系统失败的风险。C 是不正确的，因为利率风险是市场利率变化影响债券价值的风险。系统风险和利率风险分别在 1.5.3 节和 1.4.2.1 节中界定。
>
> **解答 3**：A 是正确的。货币市场证券与资本市场证券的主要区别是发行到期日。货币市场证券在 1 年或 1 年以内到期，而资本市场证券到期日超过 1 年。
>
> **解答 4**：C 是正确的。如果债券价格高于面值，则债券溢价交易。A 是不正确的，因为如果债券的价格等于其面值，则债券平价交易。B 是不正确的，因为如果债券的价格低于其面值，那么债券是折价交易。
>
> **解答 5**：A 是正确的。年度利息支付为 5%×100 = 5.00(英镑)。利息每半年支付一次，所以每次支付 2.50 英镑，每年支付两次。

> **解答 6**：A 是正确的。适用于 20×× 年 12 月到期的付款利率是 20×× 年 6 月底的 6 个月期 Libor 加上 25 个基点。因此，它是 3.25%（3.00% + 0.25%）。
>
> **解答 7**：C 是正确的。货币期权债券使债券持有人有权选择他们想要收到每笔利息支付和本金还款的货币。A 是不正确的，因为纯贴现债券以折价发行，并以平价赎回。B 是不正确的，因为双货币债券是以一种货币支付利息，并以其他货币支付到期的本金。

1.2.2 收益率指标

市场参与者通常使用多种收益率衡量指标。**当期收益率**（current yield）或**现时收益率**（running yield）等于债券的年利息除以债券价格，以百分比表示。例如，如果债券的票息为 6%，面值为 1 000 美元，价格为 1 010 美元，当期收益率为 5.94%（60 美元/1 010 美元）。当期收益率是与普通股股息收益率类似的收益衡量指标。

最常提及的收益率衡量指标是**到期收益率**（yield to maturity），也称为**偿还收益率**（yield to redemption）或**赎回收益率**（redemption yield）。到期收益率是债券预期现金流的内部收益率，也就是使得债券的预期现金流的现值等于债券价格的贴现率。到期收益率可以视为债券预期收益的估计值，它反映了如果投资者今天购买债券并持有至到期日，将获得的债券年收益。其他条件相同，债券价格与其到期收益率之间存在反比关系。也就是说，债券到期收益率越高，价格就越低。或者，债券的价格越高，到期收益率就越低。因此，预计较低利率环境中的投资者（投资者要求较低的债券到期收益率）希望通过价格上涨获得正回报。了解固定收益证券风险和回报的章节涵盖了这些基本原理等。

1.3 法律、监管和税务因素

债券（bond）是发行人与债券持有人之间的合约协议。因此，它受法律管辖。固定收益证券投资者也必须了解与投资或欲投资的债券相关的监管和税务因素。

1.3.1 债券契约

信托契约（trust deed）是描述债券形式、发行人义务以及债券持有人权利的法律合同。市场参与者经常将这种法律合同称为债券**契约**（indenture），特别是在美国和加拿大。契约以发行人的名义写成，并提到债券发行的特征，如每张债券的本金值、要支付的利率或票息、付息日期、债券偿还到期日，以及债券发行是否配有应急条款。契约还包括有关利息支付和本金还款的资金来源信息，并具体说明每一个抵押品、信用增强措施或协议。**抵押品**（collaterals）是超出发行人承诺付款之上基于债务义务的资产或财务担保。**信用增强**（credit enhancements）是用于降低债券发行的信用风险的条款。**协议**（covenants）是具体说明债券持有人的权利和发行人有义务履行或禁止履行某些行为的条款。

因为发行人与每个债券持有人直接达成协议是不切实际的，契约通常由受托人持有。受托人通常是具有信托权力的金融机构，如银行的信托部门或信托公司。受托人由发行人任命，但是以债权人的受托人身份出现。受托人的角色是监督发行人是否履行契约中规定的义务，并在必要时代表债券持有人采取行动。受托人的职责往往是行政性的，通常包括维持所需的文件和记录，对抵押品（如有）拥有收益、保护和评估的权利；对发行人的利息支付和本金偿还开具发票；并持有偿债基金直至支付，虽然从发行人到受托人现金流的实际机制通常由本金支付代理人处理。在违约的情况下，受托人的自由裁量权将大大增加。受托人负责召集债券持有人开会讨论采取的行动。受托人也可代表债券持有人对发行人提起诉讼。

对于普通债券，契约通常是针对特定债券发行的具体条款和条件修订的标准模板。对于外国债券，该文档是定制的，通常可以有几百页。

在评估债券发行的风险回报情况时，投资者应被告知契约的内容。他们应特别注意在违约情况下他们拥有的权利。除了确定前面描述的基本债券特征之外，投资者还应仔细审查以下几个方面：

- 债券发行人的法定身份及其法定形式。
- 还款收入的来源。
- 资产或抵押品担保（如有）。
- 信用增强（如有）。
- 契约（如有）。

我们在以下章节中考虑每个方面的这些问题。

1.3.1.1　债券发行人的法定身份及其法定形式

将合同付款的法定义务指定给债券发行人。发行人按其法定名称确定在契约中。对于主权债券，法定发行人通常是负责管理国家预算的机构，如英国财政部。法定发行人可能不同于管理债券发行过程的机构。用英国的例子说明，偿还债券的法定义务在英国财政部，但债券发行由英国财务部的执行机构英国债务管理办公室负责。

对于公司债券，发行人通常是公司法人，如沃尔玛百货公司、三星电子有限公司或大众汽车公司。但是，债券有时由母公司法人实体下属的子公司发行。在这种情况下，投资者应该关注子公司的信用质量，除非契约规定债券的债务由母公司担保。当它们被评级时，子公司的信用评级通常低于其母公司，但事实并非总是如此。例如，2012年5月，桑坦德英国公司被穆迪评级给出的信用评级高于其西班牙母公司桑坦德银行的信用评级。

债券有时由控股公司发行，控股公司是一组公司的母公司法人实体，而不是集团内的一家经营公司。这个问题对于投资者来说很重要，因为控股公司可能与其经营公司的评级不一样，投资者可能缺乏对这些公司持有资产的追偿权。如果债券由较少（或没有）资产可供违约求偿的控股公司发行，则投资者将面临的信用风险水平高于集团中一家经营公司发行的债券。

对于证券化债券，偿还债券持有人的法定义务往往由负责证券化过程的金融机构创建的单独的法律实体完成。金融机构被称为发起人或创设者。这个法律实体在美国最经常被称为的特殊目的实体（special purpose entity，SPE）和在欧洲被称为特殊目的工具（special purpose vehicle，SPV），有时也被称为特殊目的公司（special purpose company，SPC）。特殊目的工具的法律形式可能是有限合伙、有限责任公司或信托。通常，特殊目的工具的资本化程度很低，没有独立的管理或雇员，也没有其他创建它们的交易目的。

通过证券化过程，发起人将资产转让给特殊目的工具，完成一些特定的交易或一系列交易。设立特殊目的工具的主要原因之一是破产隔离。发起人转让资产被视为合法销售，一旦资产已经被证券化，发起人不再拥有所有权。在发起人破产后任何人或机构向其提出索赔都将无法收回资产或他们的收益。因此，即使发起人失败，特殊目的工具支付利息和偿还本金的能力会保持完整无损，因此特殊目的工具也被称为破产隔离工具。

1.3.1.2 还本收入来源

契约通常描述发行人计划如何偿付债务（支付利息）并偿还本金。一般来说，超国家组织发行债券的还款来源是该组织以前的贷款偿还或其成员已缴讫的资本。国家政府也可以担保某些债券发行。如果需要额外的还款来源，超国家组织通常可以要求其成员提供还款基金。

主权债券得到国家政府的"充分的信任和信用"的支持，因此得到政府征税和印钞能力的担保。以当地货币计价的主权债券通常被认为在所有投资中是最安全的，因为政府有权征税以支付利息和偿还本金。这样，有很大的可能性可以足额及时地支付利息和本金。因此，主权债券的收益率通常低于本地其他发行人的收益率。

偿还非主权债务发行有三个主要来源，债券通常根据这些来源分类：第一个来源是发行人的一般征税机构；第二个来源是债券发行用以融资的项目产生的现金流；第三个来源是为支付利息和偿还本金而用专门的税费建立的偿债基金。

公司债券的支付来源是发行人主要从经营业务中产生现金流的能力。这些现金流依赖于发行人的财务实力和诚信。因为它们承担较高的信用风险水平，公司债券通常比主权债券提供更高的收益。

证券化通常依赖于一个或多个相关金融资产产生的现金流量，这些资产作为债券持有人合同偿付的主要来源，而不是经营实体的债务支付能力。广泛的金融资产被证券化，包括住宅和商业抵押贷款、汽车贷款、学生贷款、信用卡应收账款、设备贷款和租赁以及商业应收款项。与公司债券不同，大多数证券化债券被摊销，这意味着借款的本金额在指定的贷款期内被逐步偿还，而不是在贷款到期时一次性偿还。

1.3.1.3 资产或抵押品支持

抵押品支持是减轻信用风险的一种方式。在发生违约的情况下，投资者应审查与其他债权人相比的排序，并分析支持债券发行的抵押品质量。

1.3.1.3.1 优先排序

担保债券（secured bonds）得到资产支持或财务担保，以保证在违约的情况下偿还债务。

相反，无担保债券没有抵押品：债券持有人对发行人的资产和现金流只能进行一般性追索。这样，在发生违约时，无担保债券的偿付在担保债券支付之后。通过降低信用风险，抵押品担保增加了债券发行的信用质量，降低了其收益率。

债券的抵押品支持可能不会指定某个可识别的资产，而是可以被描述为发行人的"总的工厂和基础设施"。在这种情况下，发生破产或清算时，投资者依靠优先权排序，有步骤地偿还贷款方。对投资者来说，重要的是与其他债权人相比的排序，而不是是否有足够质量和价值的资产来足以抵补他们的求偿权。相比于次级债务或初级债务，高级债务是有优先求偿权的债务。金融机构在全球范围内发行了大量高级无担保和次级债务，看到大型和小型银行发行这种债券并不罕见。例如，2012年，英国苏格兰皇家银行和孟加拉国首府银行等多家不同银行向机构投资者发行了高级无担保债券。

债券（debentures）是一种可以被担保或无担保的债券。在许多司法管辖区，债券是无担保债券，债券持有人没有获得抵押品支持。相比之下，在英国和其他英联邦国家（如印度）称为"debenture(债券)"的债券通常由一项资产或资产池或作为担保债券义务的抵押品，并与其他债权人的求偿权隔离。于是，对投资者来说重要的是检查契约以确定债券是否有担保或无担保。债券如有担保，债券持有人的排序在公司的无担保债权人以上，他们有一个专门的资产或资产池，受托人可以在发生违约的情况下召集债权人清偿债务。

1.3.1.3.2 抵押品种类

有各种各样的债券由某种形式的抵押品来担保。一些公司发行抵押信托债券和设备信托凭证。**抵押信托债券**（collateral trust bonds）由普通股、其他债券或其他金融资产等担保。这些证券由发行人承诺，通常由受托人持有。**设备信托凭证**（equipment trust certificates）是通过特定类型的设备或实物资产，如飞机、铁路车辆、集装箱或石油钻井平台等来担保。它们通常利用租赁的税收优惠来发行。例如，假设一家航空公司用设备信托凭证为购买新飞机提供资金。飞机的合法所有权由受托人持有，受托人向投资者按飞机购买价格的金额发行设备信托凭证。受托人将飞机租赁给航空公司，并从航空公司收取租赁费用以支付凭证的利息。当凭证到期时，受托人将飞机出售给航空公司，用收益退还本金，并解除租赁。

证券化债券最常见的一种抵押品形式是按揭财产抵押。**抵押贷款支持证券**（mortgage-backed securities MBS）是代表对来自贷款池现金流量求偿权的债务，最常见于住宅物业。抵押贷款是从银行、抵押公司和其他发起人那里购买的，然后由政府、准政府或私人实体组建成资产池。

金融机构，特别是在欧洲，发行担保债券。**担保债券**（covered bond）是由被称为"担保池"的隔离资产池来担保债务义务。担保债券与证券化债券相似，如果金融机构违约，提供债券持有人额外的保护。证券化债券的金融机构发行人将担保债券的资产转让给一个SPV。如果金融机构违约，在金融机构持有债券的投资者无权追索SPV及其资产池，因为SPV是破产隔离工具，他们唯一的追偿权就是针对金融机构本身。相比之下，在担保债券存在的情况下，资产池仍在金融机构的资产负债表上。在发生违约的情况下，债券持有人可以向金融机构和担保资产池追偿。这样，担保池成为抵押物。如果担保池中包含的资产变为不良时（即资产未产生承诺的现金流量），则发行人必须以优良资产替代。因此，担保债券相比其他类似的证券化债券通常具有较低的信用风险并提供较低的收益。

1.3.1.4 信用增强

信用增强是指可用于降低债券发行信用风险的各种条款，经常用于证券化债券。信用增强为发行人履行义务提供额外的抵押品、保险和（或）第三方担保。因而它降低了信用风险，提高了信用质量，降低了债券收益率。

信用增强主要有两种类型：内部和外部。内部信用增强依赖于支付优先权或抵押品价值的结构特征。外部信用增强是指从第三方获得的担保，通常称为担保人。我们在以下章节中描述每种类型。

1.3.1.4.1 内部信用增强

从属关系是指对资产所有权或利息求偿优先权的排序，是流行的内部信用增强技术。资产产生的现金流量按不同的优先权分配给不同资历类别债券。次级或初级债券层作为更高级别债券层的信贷保护，最高层级别债券对可获得现金流量拥有第一求偿权。这种保护通常被称为瀑布结构，因为在违约的情况下，清算资产的收益将首先用于偿还最高层级的债权人。因此，如果发行人违约，则从下至上（从最低层级到最高层级）承担损失。最高层级别通常不受影响，除非损失超过次级层债券的金额，这就是为什么最高层级通常被评为 Aaa/AAA。

超额抵押是指定的抵押品超过了所需达到或者担保融资的过程。例如，在抵押支持证券化的情况下，发行的本金额可能是 1 亿美元，而为该发行的抵押品本金价值可能相当于 1.2 亿美元。与超额抵押相关的一个主要问题就是抵押品的估值。例如，引发 2007～2009 年信贷危机的最重要因素之一就是住宅资产支持的抵押支持证券的估值问题。许多住宅物业的初始估值超过已发行证券的价值。但随着房价下跌，房主开始在房屋抵押贷款违约，许多抵押支持证券的信用质量急剧下降。结果是这些证券的收益率急剧上升并引发这些证券投资者的恐慌。

超额利差，有时称为超额利息现金流量，是指从用于担保发行资产收到的现金流量与向投资者支付利息之间的差额。超额利差有时会存入储备账户，作为防止损失的第一道防线。在违约过程中，超额利差用于退回本金，高层级发行债券对这些偿债基金有第一求偿权。

1.3.1.4.2 外部信用增强

外部信用增强的一种形式是担保债券（surety bond）或银行担保。担保债券和银行担保在本质上非常相似，因为如果发行人违约，他们都会向投资者赔偿任何损失。然而，通常会有一个最大的担保数额，称为惩罚总额。担保债券与银行担保之间的主要区别在于前者是由一家有一定信用等级和受监管的保险公司发行，而后者由银行发行。

金融机构的信用证（letter of credit）是债券发行的另一种外部信用增强形式。金融机构向发行人提供信贷额度，以补偿来自支持发行资产的现金流量的短缺。由于评级机构降低了作为信用证提供者的几家银行的长期债务评级，信用证作为外部信用增强形式变得越来越不常见了。

担保债券、银行担保和信用证将投资者置于第三方（或对手方）风险中，存在担保人无法偿付其债务的可能性。现金抵押品账户减轻了这一担忧，因为发行人可以立即借到信用增强金额，然后通常将其投资于信用评级高的短期商业票据。由于这是现金的实际存款而不是现金抵押，因此对现金抵押账户提供商的降级不一定会导致对该提供商担保的债券发行的降级。

1.3.1.5 条款

债券条款是有法律效力的规定，由借款人和贷款人在新债券发行时达成一致。条款经常包括肯定性（或积极的）和否定性（或消极的）的条款。肯定性条款列举了发行人需要做什么，而否定性条款则列举发行人被禁止做什么。

肯定性条款通常是行政性质的。例如，经常使用的肯定性条款包括发行人对完成债券发行所得收益以及做出合同规定付款的承诺。发行人还可以承诺遵守所有法律法规，维持现有业务线、投保和维护它的资产，并在它们到期时纳税。这些类型的条款通常不会使发行人增加额外的成本，也不会实质上限制发行人对如何经营其业务的自由裁量权。

相比之下，否定性条款往往是代价高昂的，并且严重限制了发行人的潜在业务决策。否定性条款的目的是保护债券持有人免受其债权的稀释、资产抽离或替代，以及发行人的次优投资。否定性条款的例子包括：

- 限制债务规定了额外债务的发行问题。具体规定了最大可接受的债务使用比率（有时称为杠杆比率或负债比率）和最低可接受的利息保障率，只有在证实发行人有财力担保的情况下才能发行新债务。
- 否定性条款承诺防止在现有债券持有人的债务偿还之前发行高层级或优先等级债券。
- 通过防止发行人使用未抵押的资产（称为未支配资产）进行抵押，对无担保债券持有人的优先求偿权进行限制。
- 股东分配的限制条款对股东的股利和其他支付进行了限制，如股份回购（回购）。该限制通常参照借款人的盈利能力来运作，也就是说，条款通常在发行时间或接近发行时间设定基准日期，在该日期之后，在收入或累积收入的一定百分比的范围内允许股利分红和股票回购。
- 对资产处置的限制条款对发行人在债券存续期间可以处置的资产数额设定了限制。累计处理的限额通常设定为公司总资产的百分比。通常的意图是通过防止公司分拆来保护债券持有人的债权。
- 投资限制通过阻止投机性投资来限制风险型投资。发行人基本上被强制将其资本用于其持续经营的业务。相伴的条款会要求发行人保持现行业务不变。
- 对并购的限制将会阻止这些行为，除非该公司是存续的公司或收购方向受托人提供补充契约，明确承担旧债券和旧契约的条款。这些规定有效防止公司通过出售给另一家公司来规避对债券持有人的义务。

这些只是否定性条款的几个例子。所有否定性条款的共同特征就是确保发行人不会采取任何显著降低其支付利息和偿还本金能力的行为。然而，债券持有人很少希望对于发行人如何开展业务规定过于具体，因为这样做意味着债券持有人希望合法避免一定程度的控制。此外，如果在违约可以避免的情况下强制发行人违约，则非常苛刻的条款可能不符合债券持有人的最佳利益。例如，严格限制债务可能会阻止发行人筹集必要的新资金来履行其合同义务。对资产处置的严格限制可能会禁止发行人出售资产或业务单位，以获得必要的流动性来支付利息或本金，对并购的严格限制可能会阻止发行人被一家能够兑现发行人合同义务的强大公司接管。

> **例 1-2**
>
> 1. 最可能用于指发行债券的法律合同术语是：
>   A. 契约　　　　　　　B. 债券　　　　　　　C. 信用证
> 2. 最有可能担任债券发行受托人的个人或实体是：
>   A. 发行人指定的金融机构
>   B. 发行人的出纳或首席财务官
>   C. 由监管机构指定的金融机构
> 3. 最有可能负责及时支付利息和偿还本金给债券持有人的个人或实体是：
>   A. 受托人
>   B. 发行人的主要银行或牵头银行
>   C. 发行人的财务主管或首席财务官
> 4. 通过特殊目的工具发行债券的主要优点是：
>   A. 破产隔离
>   B. 有益的税收待遇
>   C. 更大的流动性和更低的发行成本
> 5. 最可能由发行人以前贷款的偿还去偿付的债券类别为：
>   A. 主权债券　　　　　B. 超国家债券　　　　C. 非主权债券
> 6. 用于担保抵押信托债券的抵押品类型最有可能是：
>   A. 证券　　　　　　　B. 抵押贷款　　　　　C. 实物资产
> 7. 第三方风险最低的外部信用增强是：
>   A. 担保债券　　　　　B. 信用证　　　　　　C. 现金抵押账户
> 8. 肯定性条款的一个例子是规定：
>   A. 股息不超过收益的 60%
>   B. 投保和定期维护融资资产
>   C. 债务与权益比不超过 0.4，赚取的利息倍数不得低于 8.0
> 9. 保护债券持有人免受债权稀释条款的一个例子是限制：
>   A. 债务　　　　　　　B. 投资　　　　　　　C. 兼并收购

解答 1：A 是正确的。债券发行人与债券持有人之间的合同通常称为契约或契约信托。契约记录发行的条款，包括本金额、票息和付款时间表。它还提供有关合同支付的资金来源信息，并具体说明是否有抵押品、信用增强或条款。B 是不正确的，因为债券（debenture）是一种债券类型。C 是不正确的，因为信用证是外部信用增强。

解答 2：A 是正确的。发行人选择具有信托权力的金融机构，如银行信托部门或信托公司，担任债券发行的受托人。

解答 3：A 是正确的。虽然发行人是合同付款的首要来源，但是受托人要确保及时付款。通过向发行人开具发票完成利息支付和本金偿还，并持有偿债资金直至债券偿付。

解答 4：A 是正确的。SPV 是破产隔离工具。通过将资产从发行人手中转让给 SPV 来实现破产隔离。一旦完成资产转移，发行人就不再拥有所有权。如果发行人违约，则不得对转让给 SPV 的资产和收益进行索偿。

解答 5：B 是正确的。超国家组织发行债券的支付来源是该组织以前贷款的偿还或其成员国已缴讫的实收资本。A 是不正确的，因为国家政府依靠税务机关和货币创造来偿还债务。C 是不正确的，因为非主权债券通常由发行人的税务机关或正在融资的项目的现金流量偿还。

解答 6：A 是正确的。抵押信托债券由普通股、其他债券或其他金融资产等证券担保。B 是不正确的，因为抵押担保证券是由抵押品担保。C 是不正确的，因为设备信任凭证是由诸如飞机、铁路车辆、运输集装箱或石油钻井平台的实物资产担保的。

解答 7：C 是正确的。担保债券和信用证的第三方（或交易对手）风险来自于将来的承诺。相比之下，现金抵押账户允许发行人立即借入信用增强金额，然后将其投资。

解答 8：B 是正确的。肯定性条款表明发行人"必须做什么"，具有行政性质。肯定性条款的一个例子是条款要求发行人对融资资产投保和进行定期维护。A 和 C 是不正确的，因为它们是否定性条款，它们指出发行人不能做什么。

解答 9：A 是正确的。对债务的限制通常采取的是最大可接受债务使用比率或最低可接受的利息保障比率的形式。这样，它限制了发行人发行新债务来稀释债券持有人债权的能力。B 和 C 是不正确的，因为它们是分别通过阻止公司投资或被接管来限制发行人的业务活动的条款。

1.3.2 法律和监管因素

固定收益证券受制于不同的法律和监管要求，具体取决于发行和交易的地点，以及持有人。不幸的是，全球范围内没有统一适用的法律和监管要求。

投资者的一个重要考虑因素是债券发行和交易的地点，因为它影响债券适用的法律和法规。全球债券市场由国内债券市场和欧洲债券市场组成。国内债券市场包括在特定国家发行和交易的所有债券，并以该国货币计价。在该国注册的实体发行的债券称为国内债券，而在另一个国家注册的实体发行的债券被称为外国债券。如果福特汽车公司在美国发行以美元计价的债券，这些债券将被归类为国内债券。如果大众汽车集团或丰田汽车公司（或其德国或日本子公司）在美国发行以美元计价的债券，这些债券将被归类为外国债券。外国债券经常会得到昵称。例如，澳大利亚的"袋鼠债券"、加拿大的"枫树债券"、中国的"熊猫债券"，日本的"武士债券"、韩国的"泡菜债券"、俄罗斯的"马其顿债券"、西班牙的"斗牛士债券"、英国的"斗牛犬债券"和美国的"扬基债券"。国家监管机构会区分居民和非居民发行人，对他们的发行过程、披露水平或对发行人和（或）购买债券的投资者施加的限制可能有不同的要求。

自19世纪以来，政府和公司一直在伦敦发行外国债券，在20世纪80年代，外国债券发行扩大至美国、日本、瑞士等国家。但是20世纪60年代又出现了另一个债券市场：欧洲债券市场。欧洲债券市场的建立主要是为了绕开法律、监管和税收对债券发行人和投资者的限制，特别是在美国。在欧洲债券市场上发行和交易的债券被称为欧洲债券（Eurobonds），它们以他们所指定的货币来计价。例如，欧洲美元分别以美元和日元计价。以欧元计价的债券被称为欧元计价的欧洲债券。

欧洲债券通常比国内和国外债券受到更少的监管，因为它们是在任何一个国家的管辖范围以外发行的。它们通常是无担保债券，可以以任何货币计价，包括发行人的本国货币。⊖它们由国际财团，即来自不同管辖权区域的一组金融机构承销。大多数欧洲债券是**无记名债券**（bearer bonds），这意味着受托人不保存谁拥有债券的记录，只有结算系统知道谁是债券的所有者。相比之下，大多数国内和国外债券是通过姓名或序列号记录所有权的**记名债券**（registered bonds）。因为税务原因，一些投资者可能更喜欢持有无记名债券而非记名债券。

有时会提到全球债券。在欧洲债券市场和至少一个国内债券市场上会同时发行全球债券。同时在多个市场发行债券，可以确保对大规模发行的债券有充足的需求，无论投资者住在哪里，所有这些投资者都可以购买债券。例如，世界银行是全球债券的定期发行人。许多市场参与者将外国债券、欧洲债券和全球债券视为相对于国内债券的国际债券。

国内债券、外国债券、欧洲债券和全球债券之间的差异与投资者有关，因为这些债券受到不同的法律、监管和1.3.3节所述的税务要求的约束。它们的特征还在于利息支付频率和利息支付计算方式的差异，而这些差异影响债券的现金流量和价格。但是，请注意，债券所用的计价货币对其价格比对债券发行或交易的地方影响更大。这是因为市场利率对债券的价格有很大的影响，影响债券的市场利率是与债券计价的货币相关联的。

随着欧洲债券市场的出现和增长，法律和监管因素影响了全球固定收益市场的动态。表1-1比较了2011年12月底国内债务发行人最多的15个国家的国内和国际未清偿债务金额。报告的金额以发行人的居住地为准。

⊖ 以美元计价的欧洲债券在发行时不能卖给美国投资者，因为它们没有在美国证券交易委员会（SEC）注册。大多数欧洲债券被卖给欧洲、中东和亚太地区的投资者。

表 1-1　2011 年 12 月末居住地发行人发行的本国及国际债务证券

发行人	本国债务证券（10 亿美元）	国际债务证券（10 亿美元）
所有发行人	**69 912.7**	**28 475.4**
美国	26 333.1	6 822.0
日本	14 952.5	180.6
中国	3 344.8	28.3
法国	3 307.6	1 977.0
意大利	3 077.7	1 135.0
德国	2 534.2	2 120.6
英国	1 743.8	3 671.4
加拿大	1 547.7	710.9
巴西	1 488.8	137.4
西班牙	1 448.7	1 499.5
韩国	1 149.0	154.6
澳大利亚	1 023.4	586.4
荷兰	955.5	2 019.7
丹麦	714.6	142.6
印度	596.1	26.1

资料来源：来自国际清算银行数据，表 11，16A，在 www.bis.org/statistics.htm 可查（2012 年 12 月 6 日访问）

例 1-3

1. 国内债券的一个例子是债券的发行由：
   A. 韩国的 LG 集团，以英镑计价，并在英国销售
   B. 英国债务管理办公室，以英镑计价，并在英国出售
   C. 来自美国的沃尔玛以美元计价，并在北美、欧洲、中东和亚太地区的不同国家销售

2. 索尼在日本发行的以美元计价的债券，但未在证券交易委员会注册，出售给中东的机构投资者，这最有可能是____的一个例子。
   A. 欧洲债券　　　　　　B. 全球债券　　　　　　C. 外国债券

   解答 1：B 是正确的。国内债券由当地发行人发行，以当地货币计价，并在国内市场上出售。英国公债是英国债务管理办公室发行的以英镑计价的国债。因此，它们是英国国内债券。A 是不正确的，因为来自韩国的 LG 集团发行的债券以英镑计价，并在英国卖出，是外国债券（斗牛犬债券）的例子，C 不正确，因为来自美国的沃尔玛发行的债券以美元计价，并在北美、欧洲、中东和亚太地区的各个国家销售，最有可能是全球债券的一个例子，特别是如果它也在欧洲债券市场上出售。

   解答 2：A 是正确的。欧洲债券是在国际上发行的债券，在任何一个国家管辖权之外。因此，来自日本的索尼发行的以美元计价但未向美国证券交易所注册的债券就是欧洲债券的例子。B 是不正确的，因为全球债券是在欧洲债券市场和至少一个国内债券市场同时发行的债券。C 是不正确的，因为索尼的债券是外国债券（扬基债券），它将向证监会注册。

1.3.3 税务因素

一般来说，债券投资的收入部分按照普通所得税税率征税，这通常与个人在工资或薪酬收入上支付的税率相同。免税证券是这个规则的例外。例如，在美国，市政债券持有人所获得的利息收入通常免除联邦所得税和债券发行所在州的州所得税。债券收入税还可能取决于债券发行和交易的地点。例如，一些国内债券支付他们利息净额所得税。其他债券，包括一些欧洲债券，都支付了总的利息。

除利息收益外，债券投资也可能产生资本利得或亏损。如果债券在到期日之前出售，出售价格与购买价格相比有可能发生变化。如果债券价格上涨，这种变化会产生资本利得，债券价格下降时，这种变化将产生资本亏损。从税收的角度来说，资本利得或亏损通常与应税收入的处理不同。此外，在一些国家，长期和短期资本利得税率不同。例如，在原购买之日起超过12个月确认的资本利得可以按长期资本利得税税率征税，而在购买投资之日起12个月内确认的资本利得可以按短期资本税税率征税。通常，长期资本利得税率低于短期资本利得税率，短期资本利得税率等于普通所得税率，但也有例外。不是所有国家都征收资本利得税。此外，国家和地方立法之间的差异通常会导致各国资本利得税率的千差万别。

对于以折价发行的债券，额外的税收因素与初始折价发行的税务状态相关。初始发行折价是面值与原发行价之间的差额。在一些国家，如美国，折价的比例必须包括在每个税收年度的利息收入中。在其他国家，如日本，情况并非如此。下面专栏说明了这一税收因素的潜在重要性。

专栏 1-1　初始发行折价税项规定

假设一个假想的国家齐兰（Zinland），当地货币是齐纳（Z）。齐兰的市场利率为10%，利息收入和资本利得都要征税。A公司和B公司发行面值为1 000齐纳的20年期债券。A公司发行年票息为10%的息票债券。投资者以面值1 000齐纳的价格购买A公司的债券。每年他们都会收取100齐纳的年度利息并支付相应的税款。当A公司债券到期时，债券持有人收到面值为1 000齐纳的本金。B公司以折价方式发行零息债券。投资者以148.64齐纳的价格购买B公司债券。它们在债券到期前不会收到任何现金流，直至债券到期，B公司按面值1 000齐纳支付本金。

A公司的债券和B公司的债券在经济上是相同的，因为它们具有相同的期限（20年）和相同的到期收益率（10%）。然而，A公司的债券定期支付，而B公司的债券将延期付款直至到期。A公司债券的投资者必须将年利息报酬计入应纳税所得。当他们在债券到期时收回原来按面值1 000齐纳的投资时，他们没有资本利得或损失。没有初始发行折价税的规定，B公司债券的投资者在债券到期前没有任何应纳税所得。当他们在到期时获得债券面值的金额时，他们面临初始发行折扣的资本利得，即851.36齐纳（1 000－148.64）。对B公司债券投资者的初始发行折价税规定的目的是以相同的方式对待A公司的债券投资者。因此，851.36齐纳的初始发行折扣按比例分摊到纳税年度直至债券到期。这使得B公司债券的投资者能够增加债券的成本基础，使其在债券到期时不会面临资本利得或损失。

有些司法管辖区还对溢价购买的债券有税收规定。他们可能允许投资者在每个纳税年度至债券到期日之前，将超过债券面值的部分按比例分摊从其应纳税所得额中扣除。例如，如果一个投资者为一个面值 1 000 美元的债券支付 1 005 美元，债券 5 年后到期，她可以在以后 5 年的每个税收年度中扣除 1 美元的应纳税所得额。但扣除可能不需要。投资者可以选择每年按比例扣除溢价或不扣除任何费用，而在到期时赎回债券时申报资本亏损。

> **例 1-4**
>
> 1. 息票支付最有可能按____征税。
>   A. 普通收入　　　　　B. 短期资本利得　　　　　C. 长期资本利得
> 2. 假设一家公司在假想的齐兰（Zinland）国家发行债券，当地货币是齐纳（Z）。齐兰税法中有初始折扣税规定。该公司发行 10 年期零息债券，面值为 1 000 齐纳，并按 800 齐纳折价出售。一个投资者在发行时购买零息票债券，并持有到期最有可能：
>   A. 必须在 10 年中每一税收年度将 20 齐纳计入其应纳税所得额中，并且必须在债券到期时申报 200 齐纳的资本利得
>   B. 必须在 10 年中每一税收年度内将 20 齐纳纳入其应纳税所得额，不必在债券到期时申报资本利得。
>   C. 在 10 年中每一个税收年度内，不得计入其应纳税所得额，但必须在债券到期时申报资本利得 200 齐纳
>
> **解答 1**：A 是正确的。利息收入通常以普通所得税税率征税，这与个人支付工资和薪酬收入的税率相同。
>
> **解答 2**：B 是正确的。初始发行折价税规定要求投资者在每个纳税年度至债券到期之前，将初始发行折扣按比例分摊到其应纳税所得额中。初始发行折扣是债券面值和初始发行价之间的差额，即 1 000 - 800 = 200（齐纳）。债券的到期日为 10 年。因此，每年必须分摊的部分是 200 ÷ 10 = 20（齐纳）。初始发行折价税规定允许投资者在债券中增加其成本基础，当债券到期时，投资者不会面临资本利得或亏损。

1.4　债券的现金流结构

目前最常见的支付结构是普通债券，如图 1-1 所示。这些债券定期支付固定的息票并在债券到期时一次性支付本金。但是，还有关于本金偿还和利息支付的其他结构。本节讨论在全球固定收益市场中观察到的主要时间计划表。对于特定类型的债券，如 10 年期美国国债，本金偿还和利息支付的时间表通常是相似的。然而，各种类型的债券之间，如政府债券和公司债券，付款时间计划表差别很大。

1.4.1　本金偿还结构

借款金额如何偿还是投资者的一个重要考虑因素，因为它影响了持有债券所面临的信用

风险。定期偿还部分未清偿本金的条款规定是降低信用风险的一种方式。

1.4.1.1 子弹型债券、完全摊销债券和部分摊销债券

普通债券的支付结构已被用于几乎每一个发行的政府债券以及大多数公司债券。这种债券也被称为子弹型债券，因为在债券到期时本金一次性支付。

相比之下，**摊销债券**（amortizing bond）有付款时间表，要求定期支付利息和偿还本金。完全摊销债券的特点是按固定的定期付款时间表，减少债券的未清偿本金直至到期日将未清偿本金额减至零。部分摊销的债券也按固定的定期付款直至债券到期，但只有一部分本金在到期日偿还。因此，债券到期时需要气球型支付（balloon payment）债券的未清偿本金。

表 1-2 显示了子弹型债券、完全摊销债券和部分摊销债券的付款时间表差异。有三种债券，本金额为 1 000 美元，期限为 5 年，票息为 6%，每年支付利息。用于贴现债券预期现金流量直至债券到期的市场利率假定不变为 6%。债券以票面值发行和赎回。对于部分摊销债券，到期时气球型支付为 200 美元。[⊖]

表 1-2 子弹型债券、完全摊销债券和部分摊销的支付例题　　（单位：美元）

债券类型	年度	投资者现金流	利息支付	本金支付	年末未清偿本金余额
子弹型债券	0	-1 000.00			1 000.00
	1	60.00	60.00	0.00	1 000.00
	2	60.00	60.00	0.00	1 000.00
	3	60.00	60.00	0.00	1 000.00
	4	60.00	60.00	0.00	1 000.00
	5	1 060.00	60.00	1 000.00	0.00
完全摊销债券	0	-1 000.00			
	1	237.40	60.00	177.40	822.60
	2	237.40	49.36	188.04	634.56
	3	237.40	38.07	199.32	435.24
	4	237.40	26.11	211.28	223.96
	5	237.40	13.44	223.96	0.00
部分摊销债券	0	-1 000.00			
	1	201.92	60.00	141.92	858.08
	2	201.92	51.48	150.43	707.65
	3	201.92	42.46	159.46	548.19
	4	201.92	32.89	169.03	379.17
	5	401.92	22.75	379.17	0.00

投资者现在支付 1 000 美元购买任何三种债券。对于子弹型债券，他们每年收到息票为 60 美元（6%×1 000 美元），为期 5 年。最后一笔付款是 1 060 美元，因为它包括最后一张息票和本金。

对于完全摊销债券，每年支付是不变的，包括息票支付和本金偿还。因此，这种年度付款可以视为年金。该年金持续 5 年，其现值以市场利率 6% 贴现，相当于 1 000 美元的债券价格。这样，每年付款为 237.40 美元。第 1 年，支付的利息部分为 60 美元（6%×1 000），

⊖ 本章中的例题是在 Microsoft Excel 中创建的。因为凑整的原因，数字可能与使用计算器获得的结果不同。

这意味着本金还款部分为 177.40 美元（237.40 - 60）。这笔还款会留下未清偿本金额 822.60（1 000 - 177.40），成为计算第 2 年利息的基础。第 2 年，利息部分为 49.36 美元（6%×822.60），本金还款部分为 188.04 美元（237.40 - 49.36），未清偿本金为 634.56 美元（822.60 - 188.04）。第 5 年，未清偿本金额将全额偿还。请注意，每年度支付额不变，随着时间的推移，利息支付减少，本金还款增加。

部分摊销债券可以视为两个要素的组合：5 年年金加上到期的气球型支付。这两个要素的现值总和等于 1 000 美元的债券价格。至于全部摊销债券，贴现率为 6% 的市场利率，年金金额不变为 201.92 元。该金额为前四年的年度支付。在第 1～4 年期间，利息和本金之间的分配与完全摊销债券的方式相同。付款的利息部分等于上年末未清偿本金乘以 6%，本金还款部分等于 201.92 美元减去该年度的利息部分，年末未清偿本金额等于上年末未清偿本金减去本年偿还的本金额。在第 5 年，投资者获得 401.92 美元，该金额可以由利息支付金额（22.75 美元）与未清偿本金额（379.17 美元）之和计算或由不变的年金金额（201.92 美元）加上气球型支付（200 美元）计算。至于完全摊销债券，利息支付减少，本金还款随时间增加。由于本金金额没有全部摊销，除第一年相等外，部分摊销债券的利息支付比完全摊销债券的利息支付金额高。

表 1-2 并不涉及某些债券还款结构的复杂性，如许多证券化债券。例如，抵押支持证券面临提前还款风险，即可能提早偿还抵押贷款本金。抵押贷款借款人通常有权提前偿还贷款，这通常发生在当前业主购买一套新房时，或者当市场利率下降，房主为抵押贷款进行再融资时。

> **例 1-5**
>
> 1. 在债券到期时要求最大限度偿还本金的结构是：
>   A. 子弹型债券　　　　　　B. 完全摊销债券　　　　　C. 部分摊销债券
> 2. 普通债券的期限为 10 年，票面值为 100 英镑，票息为 9%。每年支付一次利息，市场利率假定不变为 9%。该债券以面值金额发行和赎回。第一年的本金还款最接近：
>   A. 0.00 英镑　　　　　　B. 6.58 英镑　　　　　　C. 10.00 英镑
> 3. 相对于完全摊销债券，其他条件不变的情况下，部分摊销债券的息票支付金额为：
>   A. 较低或相等　　　　　　B. 平等　　　　　　　　C. 较高或相等
>
> **解答 1**：A 是正确的。子弹型（或普通）债券在债券到期时本金全部偿还，而随着时间的推移，完全摊销债券和部分摊销债券也会如此。因此，债券到期时最大的本金偿还是子弹型债券。
>
> **解答 2**：A 是正确的。普通（或子弹型）债券在到期日之前不会进行任何本金偿还。B 是不正确的，因为 6.58 英镑将是完全摊销债券的本金偿还。
>
> **解答 3**：C 是正确的。除了债券到期日，其他条件相同时，部分摊销债券的本金还款额低于完全摊销债券的本金还款额。因此，其他条件相同时，部分摊销债券的未偿还本金额和利息支付金额高于完全摊销债券。唯一的例外是第一次付息，这两个还款结构是一样的。这是因为在第一次息票支付时没有本金还款。

1.4.1.2 偿债基金安排

偿债基金安排（sinking fund arrangement）是另一种同样可以用来实现定期偿付债券未清偿本金目标的方法。"偿债基金"一词是指发行人计划逐步拨出资金偿还债券。最初，一个偿债基金是指定的专门用于偿还本金的现金储备，与发行人的其他业务隔离。今天更普遍的情况是，偿债基金安排规定了必须按照债券的未清偿本金部分的比例，也许5%，在债券存续期限内或在指定日期之后每年偿还。无论是否创建了实际的隔离现金储备，都会发生这种还款。

通常，发行人将向债券的受托人转让还款收益。然后，受托人可以按该价值将债券赎回，或者通过编号抽彩的方式选择要偿还的债券。偿还的债券可以在诸如《华尔街日报》或《金融时报》等商业报刊上登出。

除了上述标准形式，另一种类型的偿债基金安排是通过每年不断增加赎回债券名义本金（总额）的方式运作。剩余的本金在到期时偿还。在美国、英国和英联邦国家的公用事业和能源公司通常会发行含有偿债基金安排条款的债券。

债券发行的另一个常见变化是包含一个赎回条款，使得发行人有权在到期之前回购债券，即可赎回债券是在1.5.1节中讨论的。发行人通常以市场价格、平价或指定的偿债基金价格中最低者回购债券。为了在债券持有人中公平分配赎回条款的负担，根据序列号随机选择要赎回的债券。通常，发行人只能回购债券发行的一小部分。然而，一些契约允许发行人使用双倍期权来回购所需债券数量的两倍。

偿债基金安排的好处是确保为偿还债务而制订正式计划。对于投资者而言，偿债基金安排可降低在本金到期时发行人的违约风险，从而降低债券发行的信用风险。但是投资者在偿债基金安排上遇到潜在的不利。首先，投资者面临再投资风险，即必须将现金流量以可能低于目前到期收益率的利率进行再投资的风险。如果投资者债券的序列号被选中，债券将被偿还，投资者将不得不将收益进行再投资。如果投资者购买债券后市场利率下降，他或她可能无法购买提供相同回报的债券。另一个对投资者不利发生在如果发行人有权选择以低于市场价格回购债券。例如，发行人可以行使一个看涨期权，以债券面值回购报价高于面值的债券。在这种情况下，投资者将蒙受损失。

表1-3说明了偿债基金安排的一个例子。

表1-3 偿债基金安排的例子

债券发行的名义本金是2亿英镑。偿债基金安排要求从第10～19年每年偿还未清偿金余额的5%，剩下未清偿余额在20年到期日偿清。

年度	年初未清偿本金余额 （百万英镑）	偿债基金支付 （百万英镑）	年末未清偿本金余额 （百万英镑）	最终本金支付 （百万英镑）
0			200.00	
1～9	200.00	0.00	200.00	
10	200.00	10.00	190.00	
11	190.00	9.50	180.50	
12	180.50	9.03	171.48	

(续)

年度	年初未清偿本金余额 （百万英镑）	偿债基金支付 （百万英镑）	年末未清偿本金余额 （百万英镑）	最终本金支付 （百万英镑）
13	171.48	8.57	162.90	
14	162.90	8.15	154.76	
15	154.76	7.74	147.02	
16	147.02	7.35	139.67	
17	139.67	6.98	132.68	
18	132.68	6.63	126.05	
19	126.05	6.30	119.75	
20	119.75			119.75

注：前9年不用偿还本金。从第10年开始，偿债基金安排要求每年按照未清偿本金金额的5%偿还。在第10年，1 000万英镑（5%×2亿英镑）得到清偿，其余的本金余额为1.9亿英镑。在第11年，偿还的本金为950万英镑（5%×1.9亿英镑）。到期日的最终剩余本金余额（1.197 5亿英镑）是气球型付款（一次性付清）。

1.4.2 息票付款结构

息票是债券发行人向债券持有人支付的利息。传统债券会在指定的时间至到期日之间支付固定的定期息票。最常见的是，主权债券和公司债券每半年支付息票，在美国、英国和英联邦国家（如孟加拉国、印度和新西兰）就是这样。虽然一些欧洲债券每季度支付息票，但欧洲债券通常按年度支付息票。欧元区发行债券的标准是年息，但也有例外。

固定利率息票不是唯一的息票支付结构。全球固定收益市场提供各种息票类型。这种多样性的存在可以满足发行人和投资者的不同需求。

1.4.2.1 浮动利率票据

浮动利率票据没有固定的息票，相反，它们的票息与外部参考利率相关联，比如Libor。因此，随着参考利率的变化，浮动利率票据的利率将在债券存续期内周期性波动。因此，浮动利率票据的现金流量是不确定的。浮动利率票据的大型发行人包括政府资助企业（GSEs）、如联邦住房贷款银行（FHLB）、联邦国家抵押协会（联邦抵押协会）和美国联邦住房贷款抵押公司（房地美）以及欧洲和亚太地区的银行和金融机构。由于主权债券的投资者普遍喜欢固定利率债券，国家政府发行浮动利率票据很少见。

尽管存在反例，但几乎所有浮动利率票据都有季度息票。浮动利率票据通常以指定的参考利率支付固定利差。典型的票息可能是以美元计价债券的3个月美元Libor + 20个基点（即Libor + 0.20%）或以欧元计价浮动利率票据的3个月的Euribor + 20个基点。有时利差不固定。在这种情况下，债券被称为可变利率票据（variable-rate note）。

与普通债券相反，固定利率证券在利率上涨的环境中价值下降，而浮动利率票据受利率上涨的影响较小，因为票息随市场利率的变化而变化，并在较短间隔内定期重新设定。因此，浮动利率票据几乎没有利率风险，即市场利率变化影响债券价值的风险。预期利率上升的投资者往往会喜欢浮动利率票据。也就是说，投资者在投资浮动利率票据仍然面临信用风险。如果发行人的信用风险从一个息票重置日到下一个重置日不变，则浮动利率票据的价格通常保持接近于面值。然而，如果发行人的信用质量发生变化影响了与债券相关的信用风险，则浮动利率票据的价格将偏离其面值。更高的信用风险将导致更低的价格和更高的收益。

在浮动利率票据中观察到的附加特征包括最低利率或最高利率。最低利率下限（下限浮动利率票据）防止票息跌到指定的最低利率以下。这一特征有利于债券持有人，保证了在利率下降期间，票息不会低于指定利率。相比之下，最高利率上限（上限浮动利率票据）可防止票息上升到规定的最高利率之上。这个特征有利于发行人，在利率上升期间，对债务支付的利率设定了限制，也包括最低最高双限的浮动利率票据。

反向或反转浮动利率票据，或简单的反向浮动利率票据是票息与参考利率成反比关系的债券。除了调整票息的方向之外，反向浮动利率票据基本结构与普通浮动利率票据相同。当利率下降时，普通的浮动利率票据的票息下降；相比之下，反向浮动利率票据的票息上升。因此，反向浮动利率票据通常受到预期利率下降的投资者青睐。

1.4.2.2 逐步升级息票债券

逐步升级息票债券（step-up coupon bond）的息票可以是固定的或浮动的，在指定日期增加指定的利差。一个关于逐步升级息票债券的例子是由英国苏格兰银行控股银行（HBOS）于 2005 年发行的浮动利率票据。该浮动利率票据有 20 年期限，票息与 3 个月 Libor 加上 50 个基点的初始利差相挂钩。该利差计划在 2015 年上涨到超过 Libor 250 个基点直至债券期限。

逐步升级息票债券为债券持有人提供一些利率上升的保护，这也可能是可赎回债券的重要特征。当利率上升时，发行人不太可能会赎回债券，特别是固定利率的债券。逐步升级债券使债券持有人能够按照较高的市场利率获得更高的息票。或者，当利率下降或保持稳定时，逐步升级特征会激励发行人在利差增加和利息支出上升之前赎回债券。因此，在发行时，大多数投资者将英国苏格兰银行控股银行发行的债券视为 10 年期投资，因为他们预计发行人会在 10 年后赎回，以避免支付较高的息票。

然而，当利差增加时赎回债券并不是自动的，尽管成本上涨，发行人也可以选择保留债券。如果必须对债券进行再融资和替代方案对于该发行人来说不太有利，这种情况可能会发生。例如，金融危机可能使发行人难以再融资。或者，发行人的信用质量可能已经恶化，这将导致更高的利差，可能使新债券的票息比现有债券的票息更高，不管是否是逐步升级息票债券。虽然发行人在利差增加之前不必赎回债券，但是投资者有一个隐含的期望发行人会赎回。不这样做可能会被市场参与者视为是负面的，降低了投资者对特定发行人未来发行债券的需求。

1.4.2.3 信用挂钩息票债券

信用挂钩息票债券（credit-linked coupon bond）的息票随着债券的信用评级的变化而变

化。一个信用挂钩息票债券的例子是英国电信于 2020 年到期的债券。它的票息为 9%，但每次下调后信用评级低于债券发行时的信用评级，票息将提高 50 个基点；每次信用评级后超过债券发行时的信用评级，票息将减少 50 个基点。

有信用挂钩息票的债券对于担心发行人未来信用度的投资者是有吸引力的。由于信用评级在经济衰退期间往往会下降最多，它们也可能提供一般保护，防止经济的不景气。与这些债券相关的一个潜在问题是，由信用降级引起的息票支付的增加可能最终导致信用评级的进一步恶化，甚至导致发行人的违约。

1.4.2.4　实物支付息票债券

实物支付（payment-in-kind，PIK）息票债券通常允许发行人以附加数量债券发行形式支付利息，而不是现金支付。这些债券受到发行人的青睐，他们担心发行人未来可能面临潜在的现金流问题。例如，它们被用于为高债务负担的公司提供融资，如通过杠杆收购公司（一种收购形式，其中融资主要由债务构成）。由于投资者意识到与这些债券相关的额外信用风险，他们通常持有实物支付息票债券时通常要求较高的收益。

也可以发现其他形式的实物支付息票债券安排，例如支付给债券持有人的普通股，其价值为到期息票金额。有了实物支付息票债券切换票据，借款人可以选择在每个利息期间支付现金利息、支付实物利息或两者的组合。现金支付或实物支付通常由借款人酌情决定，但是否以现金或实物形式支付可以通过契约中确定的利润或现金流触发器确定。

1.4.2.5　延期息票债券

延期息票债券（deferred coupon bond），有时称为**拆分息票债券**（split coupon bond），在最初几年不支付息票，但在之后剩余时间内支付的息票比通常更高。延期息票债券的发行人通常会在债券发行随后的几年内寻求保存现金的方式，这可能表明信用质量较差。当开发中的资产在开发阶段不产生任何收入时，延期息票债券在此类项目融资中也很常见。延期息票债券允许发行人延迟支付利息直到项目完成，由融资资产产生的现金流量可用于偿还债务。

投资延期息票债券的主要优势之一是，通常这些债券的标价相对于面值折价很大。投资者也可能发现延期息票结构对于税收管理非常有帮助。如果对利息收入的征税可以延迟，投资者可能会将税收减至最少。然而，这种税收优惠取决于有关的管辖权，以及其税收规定如何适用于延期息票支付。

零息票债券可以被认为是延期息票债券的极端形式。这些证券对投资者不支付任何利息，因此以相对面值更低的折价发行。到期时，债券持有人收到债券的面值金额作为偿付。实际上，零息债券将所有利息支付延迟到债券到期日。

1.4.2.6　指数挂钩债券

指数挂钩债券的息票支付和（或）本金还款与指定指数挂钩。在理论上，债券可以与任何已发布的变量挂钩，包括反映价格、收益、经济产出、商品或外币的指数。

通货膨胀挂钩债券是指数挂钩债券的一个例子。它们通过将债券的息票支付和（或）本金偿还与诸如英国零售价格指数（Retail Price Index, RPI）或美国消费者物价指数（Consumer Price Index, CPI）等消费者价格指数相挂钩，为投资者提供保护。使用 RPI 或 CPI 的优点是这些指标是众所周知的、透明的，并且定期发布。

政府是通货膨胀挂钩债券，也称连接器（linkers）的大型发行人。英国是 1981 年发行通货膨胀挂钩债券的首批发达国家之一，出售与英国 RPI（其通货膨胀率的主要指标）挂钩的国债。1997 年，美国财政部开始引入与美国 CPI 挂钩的国债通货膨胀指数证券（TIIS）或财政部通货膨胀保护证券（TIPS）。通货膨胀挂钩债券现在更常常由公司发行人出售，包括金融公司和非金融公司。

债券所述的票息代表债券持有人收到的名义利率。但通货膨胀降低了收到利息的实际价值。债券持有人实际收到的是扣除了通货膨胀的实际利率，它大致等于名义利率减去通货膨胀率。通过按照价格指数的上涨来增加息票支付和（或）本金偿还，通货膨胀挂钩债券降低了通货膨胀风险。一个通货膨胀挂钩债券的例子是 2017 年到期 1.25% 票息的英国财政指数挂钩国债，债券持有人收到的实际利率为 1.25%，实际利息支付会根据英国 RPI 的变化进行调整。

图 1-2 显示发行通货膨胀挂钩债券数量最大的国家政府。这些主权发行人可分为三类。像巴西、智利和哥伦比亚这样的国家已经发行了通货膨胀挂钩债券，因为它们经历过借款时通货膨胀率极端高的时期，提供通货膨胀挂钩债券是它们唯一可供选择的融资方式。第二类包括英国、澳大利亚和瑞典。这些国家已经发行通货膨胀挂钩债券，此举可以增加政府承诺反通货膨胀政策的可信度，并满足仍然关注通货膨胀风险的投资者的需求。第三类国家是由包括美国、加拿大、德国、法国在内的国家政府组成的，最关心与通货膨胀挂钩证券相关的社会福利。理论上讲，通货膨胀挂钩债券为投资者提供了一个没有通货膨胀风险、有固定回报的长期资产。

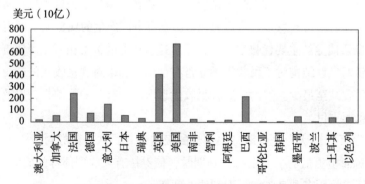

图 1-2　2011 年 12 月末通胀挂钩债券未清偿余额市场价值

资料来源：来自巴克莱资本。

已经使用不同的方法将指数挂钩债券的现金流量与一个指定的指数挂钩，这种挂钩可以通过利息支付、本金偿还或两者兼而有之。以下示例描述了现金流和指数之间的联系是如何建立的，使用通货膨胀挂钩作为示例。

- 零息债券不支付息票，所以通货膨胀的调整仅通过本金偿还：到期日偿还的本金额与债券期限内的价格指数上涨相一致。这种债券已在瑞典发行。
- 利息指数债券在债券到期时支付固定的名义本金，但在债券存续期限内支付与指数挂钩息票。因此，通货膨胀调整仅适用于利息支付。澳大利亚政府在20世纪80年代后期短暂发行过这种债券，但从未成为通货膨胀挂钩债券市场的重要组成部分。
- **资本指数债券**（capital-indexed bonds）支付固定票息，但适用于在债券存续期间按照指数上涨而带来的本金增加。因此，利息支付和本金偿还都是根据通货膨胀进行调整的。澳大利亚、加拿大、新西兰、英国和美国政府已发行这类债券。
- 与利率指数债券和资本指数债券等非摊销债券相比，指数年金债券是完全摊销的债券。年金支付的（包括利息支付和本金偿还）增加与债券存续期的通货膨胀一致。与价格指数挂钩的指数年金债券已由澳大利亚的地方政府发行，而不是由国家政府发行。

专栏 1-2　显示了用于通货膨胀挂钩债券的不同方法

通货膨胀挂钩债券的例子

假设一个假想的国家，利莫尼亚（Lemuria），货币是 lemming（L）。该国发行与国内消费者物价指数（CPI）挂钩的 20 年期债券。债券的面值为 L1 000。利莫尼亚的经济一直不存在通货膨胀，直到最近的 6 个月，CPI 上涨了 5%。

假设债券是零息指数挂钩债券。永远不会有任何息票支付。在消费者物价指数上升 5% 后，本金偿付将上升至 L1 050 [L1 000×（1＋0.05）]，并将继续随通货膨胀上涨而上涨，直至债券到期。

现在，假设债券是按年票息 4% 计息半年度支付利息的息票债券。如果债券为利率指数挂钩债券，则在债券存续期间直至到期，不论 CPI 水平如何，本金在到期日将仍保持为 L1 000。然而，息票将根据通货膨胀进行调整。在通货膨胀率增加之前，半年度息票金额为 L20 [（0.04×L1 000）÷2]。消费物价指数增长 5% 后，半年度息票支付增加至 L21 [(L20×（1＋0.05）)]。未来的息票金额也将因通货膨胀而调整。

如果债券为资本指数债券，年票息仍为 4%，但本金额根据通货膨胀调整，息票按照通货膨胀调整后的本金计算。CPI 上涨 5% 直至到期，息票支付相应上涨。

如果债券是指数年金债券，则是全部摊销。在通货膨胀率上升之前，按年折现率为 4%，40 笔半年度支付，本金额为 L1 000 的年金计算，半年度付款金额为 L36.56。在消费物价指数上涨 5% 后，年金支付增加到 L38.38 [L36.56×（1＋0.05）]。未来的年金支付也将以类似的方式根据通货膨胀调整。

金融机构也发行与股市指数挂钩的指数挂钩债券。**股票挂钩票据**（equity-linked note，

ELN）是一种与传统债券不同的固定收益证券，其最终支付是基于股票指数的回报。典型的股票挂钩票据是保护本金的，这意味着投资者在到期时收到投资于股票挂钩票据初始金额的百分比，通常为100%。这样保证和投资者购买股票挂钩票据的金融机构一样好。如果发行人违约，即使债券挂钩的股票指数回报为正，股票挂钩票据最终可能毫无价值。股票挂钩票据可以被认为是零息债券，其回报率与股票指数的价值相关联。如果自股票挂钩票据发行时股票指数水平上升，投资者将获得正回报。

例 1-6

1. 浮动利率票据最有可能支付：
   A. 年息票 B. 季度息票 C. 半年度息票
2. 零息债券最好被认为是：
   A. 逐步升级债券 B. 信用挂钩债券 C. 延期息票债券
3. 不向投资者提供保护以抵御市场利率上涨的债券为：
   A. 逐步升级债券 B. 浮动利率票据 C. 反向浮动利率票据
4. 美国财政部提供国债通胀保值证券（TIPS）。依据美国消费者物价指数的变化，TIPS 的本金随着通货膨胀而上升，随着通货紧缩而下降。当 TIPS 到期时，投资者将收到初始本金或通货膨胀调整后的本金，以较大者为准。TIPS 按照通货膨胀调整后的本金支付固定票息，每年支付两次利息。TIPS 最有可能是：
   A. 资本指数债券 B. 利息指数债券 C. 指数年金债券
5. 假设一个假想的国家，利莫尼亚国家政府已经发行了与国内消费者物价指数（CPI）挂钩的 20 年期资本指数债券。利莫尼亚的经济一直没有通货膨胀，直到最近 6 个月才有通胀。随着通货膨胀的增加：
   A. 本金额保持不变，但票息上升
   B. 票息保持不变，但本金增加
   C. 息票支付保持不变，但本金增加

   解答 1：B 是正确的。大多数浮动利率票据每季度支付利息，并与 3 个月的参考利率如 Libor 挂钩。

   解答 2：C 是正确的。因为利息被有效地推迟至到期日，零息债券可以被认为是延期息票债券。A 和 B 不正确，因为逐步升级债券和信用挂钩债券都会支付定期息票。对于逐步升级债券，息票在特定日期增加指定的利差。对于信用挂钩债券，当债券的信用评级发生变化时，息票会发生变化。

   解答 3：C 是正确的。反向浮动利率票据的票息与参考利率成反比关系。因此，当市场利率上升时票息反而下降，反向浮动利率票据不会为投资者提供保护。A 和 B 是不正确的，因为逐步升级债券和浮动利率票据都提供了保护，以防止市场利率上涨。

   解答 4：A 是正确的。国债通胀保值证券有固定的票息，本金根据 CPI 的变化而调整。因此，国债通胀保值证券是资本指数债券的一个例子。B 是不正确的，因为利率指数债券在到期日偿还的本金是固定的和支付的息票与指数挂钩。C 是不正确的，因为指数年金债券是完全摊销债券，而不是子弹型债券。年金支付（利息支付和本金还款）根据指数的变化进行调整。

解答 5：B 是正确的。在通货膨胀率上升后，资本指数债券的票息保持不变，但本金额随通货膨胀向上调整。因此，息票支付等于固定票息乘以通货膨胀调整后本金，相应增加。

1.5 有应急条款的债权

偶然性是指未来可能但并不确定发生的事件或情况。**应急条款**（contingency provision）是法律文件中的条款，如果相应的事件或情况确实发生，允许采取某些行动。对于债券，**嵌入式期权**（embedded option）一词是指在契约中的各种应急条款。这些应急条款赋予发行人或债券持有人采取一些行动的权利，而不是义务。这些选择权不是独立于债券存在，不能单独交易，因此用"嵌入"一词表示。一些常见的带有嵌入式期权类型的债券包括可赎回债券、可回售债券和可转换债券。这些债券中的嵌入式期权授予发行人或债券持有人有影响债券处置或赎回的某些权利。

1.5.1 可赎回债券

最广泛使用的嵌入式期权是可赎回条款。**可赎回债券**（callable bond）给予发行人有权在指定到期日之前赎回全部或部分债券的权利。发行人选择发行可赎回债券而不是不可赎回债券的主要原因是为了保护自己免受利率下滑的影响。这种下降可能来自市场利率的下降或发行人信用质量的改善。如果市场利率下降或信用质量提高，可赎回债券的发行人有权以新的廉价债券发行替代旧的昂贵债券。换句话说，发行人能够通过以较低的利率偿还债务而从利率下降中受益。例如，假设发行时的市场利率为 6%，公司发行票息为 7% 的债券，即市场利率加上 100 个基点的利差。现在假设市场利率下降到 4%，公司的信用度没有变化，仍然可以按市场利率加 100 个基点发行债券。如果原始债券可以赎回，公司可以赎回，并以每年支付 5% 的新债券代替。如果原始债券不可赎回，公司必须每年支付 7%，不能从市场利率的下降中受益。

如该例所示，可赎回债券对于证券的发行者是有利的。换句话说，赎回选择权对发行人是有价值的。可赎回债券对投资者的再投资风险高于不可赎回债券，也就是说，如果债券可赎回，债券持有人必须在较低的利率环境下再投资。因此，可赎回债券相比不可赎回债券必须提供较高的收益率，并以更低的价格出售。较高的收益率和较低的价格补偿了债券持有人对发行人的看涨期权价值。

可赎回债券具有悠久的传统，通常由公司发行人发行。虽然最先在美国市场上发行，但现在却经常在每个主要债券市场以各种形式发行。

有关赎回条款的细节会在契约中规定。这些细节包括赎回价格，表示在债券被赎回时支付给债券持有人的价格。赎回溢价是债券被赎回时发行人支付的超过面值的金额，会有对债券何时可以被赎回，或者赎回时间决定不同赎回价格的限制。赎回时间表规定债券可以被赎回的日期和价格。有些可赎回债券有赎回保护期，也称为锁定期、缓冲期或延迟期。赎回保护期限禁止发行人在债券存续期的早期赎回债券，并经常作为投资者购买债券的激励。债券最早能被赎回的时间称为赎回日。

20 世纪 90 年代中期，美国企业债券市场首次出现整体赎回债券，从此开始变得越来越普遍。由于提前赎回，典型的整体赎回要求发行人根据债券未来息票支付与未清偿本金之和的现值，向债券持有人一次性付款。所使用的贴现率通常是某一适当的主权债券到期收益率加上一些预先确定的利差。典型的结果是赎回价值明显大于债券当前的市场价格。一个补偿赎回条款对债券持有人比常规赎回条款对债券持有人更少伤害，因为它允许债券持有人在发行人赎回债券时得到补偿。然而，发行人很少援引这一规定，因为在到期日之前赎回包含整体赎回条款的债券是昂贵的。发行人倾向于将整体赎回条款作为"甜味剂"，使债券发行对潜在买家更具吸引力，并允许他们支付较低的票息。

可赎回债券的可用行使方式包括：

- 美式赎回，有时被称为持续赎回，发行人有权在第一个赎回日之后的任何时间赎回债券。
- 欧式赎回，发行人有权仅在赎回日赎回债券。
- 百慕大式（Bermuda-style）赎回，发行人有权在赎回保护期后的指定日期赎回。这些日期经常对应于息票付款日期。

例 1-7

假设一个假想的 30 年期债券于 2012 年 8 月 15 日发行，价格为 98.195（占面值的百分比）。每张债券的面值为 1 000 美元。该债券可以自 2022 年起每年的 8 月 15 日根据发行人的选择全部或部分赎回。赎回价格如下所示。

年度	赎回价格	年度	赎回价格
2022	103.870	2028	101.548
2023	103.485	2029	101.161
2024	103.000	2030	100.774
2025	102.709	2031	100.387
2026	102.322	2032 及以后	100.000
2027	101.955		

1. 赎回保护期为：

A. 10 年　　　　　　　　B. 11 年　　　　　　　　C. 20 年

2. 2026 年的赎回溢价（每张债券）最接近：
   A. 2.32 美元   B. 23.22 美元   C. 45.14 美元
3. 赎回条款最有可能是：
   A. 一个百慕大式赎回   B. 一个欧式赎回   C. 一个美式赎回

   解答 1：A 是正确的。债券于 2012 年发行，于 2022 年首次赎回。赎回保护期为 2022 – 2012 = 10（年）。

   解答 2：B 是正确的。赎回价格以面值的百分比表示。2026 年的赎回价格为 1 023.22 美元（102.322% × 1 000）。赎回溢价赎回价格是高于发行人面值的金额。2026 年的赎回溢价为 23.22 美元（1 023.22 – 1 000）。

   解答 3：A 是正确的。该债券自 2022 年起每年 8 月 15 日即可赎回，也就是保护期后的指定日期赎回。因此，嵌入式期权是百慕大式赎回。

1.5.2 可回售债券

回售条款赋予债券持有人在指定日期以预先确定的价格将债券出售给发行人的权利。**可回售债券**（putable bonds）对债券持有人有利，保证其在赎回日期以预先确定的售价。如果发行日之后利率上升，从而压低债券的价格，债券持有人可以将债券回售给发行人并获得现金。这种现金可以再投资于按照更高的市场利率而提供更高收益的债券。

由于回售条款对债券持有人具有价值，因此可回售债券的价格将高于其他类似的但不含回售条款的债券价格。类似地，含回售条款的债券收益率将低于其他类似但不含回售条款的债券的收益率。较低的收益率是补偿了发行人对投资者的回售期权的价值。

契约列出了赎回日期和适用于将债券回售给发行人的价格。售价通常是债券的面值。取决于契约规定的条款，可回售债券可能允许买方在债券存续期内强制卖出一次或多次。只有单次回售机会的可回售债券称为单次回售债券，而允许更频繁回售机会的债券称为多次回售债券。多次回售债券为投资者提供更多的灵活性，因此通常比单次回售债券更昂贵。可回售债券的可用行使方式与可赎回债券相似。一个美式回售授予债券持有人在第一个回售日起随时将债券出售给发行人的权利。相比之下，欧式回售下，债券持有人仅可以在回售日期将债券回售给发行人，而在百慕大式回售下，仅在指定日期回售。

通常，可回售债券包含 1～5 年期回售条款。它们越来越受欢迎，这往往是因为投资者想保护自己免受债券价格大幅下跌的冲击。这种日益普及的一个好处是改善了一些市场的流动性，因为回售保护吸引了更保守的投资者阶层。2008 年开始的全球金融危机表明，这些证券往往会加剧流动性问题，因为它们提供了对发行人资产第一求偿权。回售条款使债券持有人有机会在其他贷款人之前将其求偿权转变为现金。

1.5.3 可转换债券

可转换债券（convertible bond）是具有债务和股权特征的混合证券。债券持有人有权在发行公司将债券转换成约定数量的普通股。因此，可转换债券可以视为纯粹债券（无期权债券）加上嵌入式权益看涨期权的组合。可转换债券还可以包括附加条款，最常见的是赎回条款。

从投资者的角度来看，可转换债券相对于不可转换债券具有以下几个优势。首先，给予债券持有人在股价上升的情况下转换为股权的能力，从而参与股票上涨。同时，债券持有人受到下行保护，如果股价不上升，可转换债券可提供舒适的定期息票支付和到期时偿还本金的承诺。即使股票价格和由此引发的权益看涨期权价值下降，可转换债券的价格也不会下降低于纯粹债券的价格。因此，纯粹债券的价值作为可转换债券价格的最低下限价。

由于转换条款对债券持有人很有价值，可转换债券的价格高于其他类似的但不具有转换条款的债券的价格。类似地，可转换债券的收益率低于其他类似的但不可转换债券的收益率。然而，大多数可转换债券为投资者提供了收益的优势，可转换债券的票息通常高于相关普通股的股息收益率。

从发行的角度来看，可转换债券主要有两个优点。第一个是降低利息费用。由于转换功能对投资者具有吸引力，发行人通常能够提供低于市场利率的票息。第二个优点是如果行使转换选择权，则债务消除。但转换选择权会稀释现有股东股权。

关于转换条款的关键词包括：

- **转换价格**（conversion price）为可转换债券可转换为股票的每股价格。
- **转换比率**（conversion ratio）为每张债券可转换的普通股数量。契约有时不规定转换比率，而仅提及转换价格。转换比率等于面值除以转换价格。例如，如果面值为 1 000 美分，转换价格为 20 美分，转换比例为 1 000 : 20 = 50 : 1，或每张债券转换 50 股普通股。
- **转换价值**（conversion value），有时称为平价，是当前股价乘以转换比率。例如，如果当前股价为 33 美分，转换比例为 30 : 1，转换价值为 33 × 30 = 990（美分）。
- **转换溢价**是可转换债券价格与转换价值之间的差额。例如，如果可转债的价格为 1 020 美分，转换价格为 990 美分，转换溢价为 1 020 - 990 = 30（美分）。
- 如果转换价值等于可转换债券的价格，则会发生转换平价。使用前两个例子，如果目前的股价是 34 美分而不是 33 美分，那么可转换债券的价格和转换价值都等于 1 020 美分（即转换溢价等于零）。这个条件被称为平价。如果普通股的卖出低于 34 美分，则转换条件是低于平价。相比之下，如果普通股卖出超过 34 美分，则转换条件是高于平价。

一般来说，可转换债券的期限为 5 ~ 10 年。首次或更没有经验的发行人通常仅能够发行长达 3 年的可转换债券。虽然可转换债券在到期前达到转换平价通常是很常见的，但债券持有人很少在此之前实施转换选择权。早期转换将消除继续持有可转换债券的收益优势，投资者收到的红利通常少于他们收到的息票。因此，通常发现在一组指定的日期，发行人可以赎回可转换债券。如果可转换债券包括赎回条款，转换价值高于当前股价，发行人可以强制债券持有人在到期前将其债券转换为普通股。因此，相比于其他类似的但不可赎回转换债券，可赎回转换债券必须提供较高的收益率，并以更低的价格出售。一些契约规定，只有当股价超过指定价格时，债券才可以被赎回，使投资者对于发行人强制转换的股价更有可预测性。

虽然目的与转换期权有些相似，但认股权证（warrant）实际上并不是嵌入式期权，而是"附加"期权。认股权证持有人有权在期满之前以固定的行权价购买发行公司的相关股票。认股权证被视为收益增强，他们经常作为"甜味剂"附加在债券发行上。认股权证在德意志银行和香港联合交易所等一些金融市场上交易活跃。

几家欧洲银行已经发行了一种名为或有可转换债券。昵称为"CoCos"的或有可转换债券是附有或有减值条款的债券。附有或有减值条款的债券有两个主要特征区别于刚刚描述的传统可转换债券。传统的可转换债券可以按照债券持有人的选择进行转换，转换发生在股价上行，即发行人的股价上涨。相比之下，附有或有减值条款的债券在股价下行时转换。在或有可转换债券的情况下，如果指定的事件发生，则转换是自动的。例如，如果银行的核心一级资本比率（衡量银行可用于消化损失的核心股本资本比例）低于监管机构设定的最低要求。这样，如果银行承担减少股本资本低于最低要求的亏损，或有可转换债券是可以减少银行违约可能性的一个途径，从而降低系统性风险，即金融体系失败的风险。当银行核心一级资本低于最低要求时，或有可转换债券立即转换为股权，自动调整银行资本金，减轻债务负担，降低违约风险。由于转换不是债券持有人的选择而是自动的，或有可转换债券强制债券持有人承担损失。因此，或有可转换债券必须提供比其他类似债券更高的收益率。

表1-4显示了普通债券（纯粹固定利率）、浮动利率和权益相关债券对国际债券未清偿余额总额的相对重要性。这表明绝大多数债券发行是普通债券。

表1-4 按照利息支付和转换特征分类的债券和票据余额（2012年3月末）

债券类型	金额（10亿美元）	权重
纯粹固定利率发行	20 369.9	71.2%
浮动利率发行	7 749.6	27.1%
权益相关发行		
可转换债券	491.9	1.7%
认股权证	2.3	0.0%
合计	28 613.7	100.0%

资料来源：根据国际清算银行的数据，表13B，见www.bis.org/statistics/secstats.htm（2012年9月7日访问）。

例1-8

1. 以下哪一项不是嵌入式期权的例子？
   A. 认股权证　　　　　　B. 赎回条款　　　　　　C. 转换条款
2. 具有嵌入式期权类型的债券，最有可能以比其他相似债券更低的价格卖出，而没有嵌入式期权的债券是：
   A. 可回售债券　　　　　B. 可赎回债券　　　　　C. 可转换债券

3. 可赎回债券固有的额外风险最好可描述为:
   A. 信用风险　　　　　B. 利率风险　　　　　C. 再投资风险
4. 可回售债券的回售条款是:
   A. 限制发行人的风险
   B. 限制债券持有人的风险
   C. 不会对发行人或债券持有人的风险产生实质影响
5. 假设在韩国发行的可转换债券的面值为 1 000 000 韩元, 目前的价格为 1 100 000 韩元。相关股价为 40 000 韩元, 转换比例为 25∶1。该债券的转换条件是:
   A. 平价　　　　　　　B. 高于平价　　　　　C. 低于平价

   解答 1: A 是正确的。认股权证是一种单独的可交易的证券, 使持有人有权购买发行公司的相关普通股。而 B 和 C 不正确, 因为赎回条款和转换条款是嵌入式期权。

   解答 2: B 是正确的。赎回条款是有利于发行人的一种期权。因此, 相对于类似的不可赎回债券, 可赎回债券以较低价格和较高收益率出售。A 和 C 不正确, 因为回售条款和转换条款是有利于投资者的期权。因此, 相对于缺乏这些条款的其他类似债券, 可回售债券和可转换债券的价格较高, 收益率较低。

   解答 3: C 是正确的。再投资风险是指对较早投资收到的现金流进行再投资时, 较低的利率对可得到回报率的影响。因为债券通常在市场利率下降后被赎回, 因此再投资风险对于可赎回债券的持有者特别相关。A 是不正确的, 因为信用风险是指发行人未能足额和及时支付利息和（或）偿还本金的损失风险。B 是不正确的, 因为利率风险是市场利率变化影响债券价值的风险。信用风险和利率风险并非可赎回债券固有的风险。

   解答 4: B 是正确的。可回售债券通过保证在赎回日期按照预先指定的售价来限制债券持有人的风险。

   解答 5: C 是正确的。债券的转换价值为 40 000×25 = 1 000 000（韩元）。可转换债券的价格为 110 万韩元。因此, 债券的转换价值小于债券的价格, 这一条件被称为低于平价。

本章小结

本章介绍了固定收益证券的显著特征, 同时注意到这些特征在不同类型证券中的差异。本章重点包括:

- 投资者在投资固定收益证券时需要知道的三个重要因素是: ①确定债券计划现金流量的特征, 从而确定债券持有人的预期和实际回报; ②适用于发行人与债券持有人之间的合约协议的法律、监管和税务考虑; ③可能影响债券计划现金流量的应急条款。
- 债券的基本特征包括发行人、到期日、面值（或本金）、票息和付息频率以及票面货币。
- 债券发行人包括超国家组织、主权国家、非主权国家政府、准政府实体和企业发行人。
- 债券持有人面临着信用风险, 可以使用债券信用评级来评估债券的信用质量。

- 债券的本金是当债券到期时发行人同意支付给债券持有人的金额。
- 票息是发行人每年同意向债权人支付的利率。
- 票息可以是固定利率或浮动利率。债券可以根据债券的类型和发行债券的方式，提供年度、半年度、季度或月度息票支付。
- 可以以任何货币发行债券。双币种债券和货币期权债券等与两种货币相关联。
- 到期收益率是指将到期日前债券未来现金流量的现值等于其价格的贴现率。到期收益率可以被认为是对债券回报的市场预期的估计。
- 普通债券具有已知的现金流量模式。它具有固定的到期日，并在债券的存续期内支付固定利率。
- 债券契约或信托契约是描述债券形式，发行人义务和投资者权利的法律合同。契约通常由被称为受托人的金融机构持有，由它履行契约中规定的各种职责。
- 发行人按其法定名称在契约中确定，并有义务及时支付利息和偿还本金。
- 对于证券化债券，即使用该资产作为担保来支持债券发行的破产隔离工具，偿还债券持有人的法定义务往往由一个单独的法律实体承担。
- 应以契约形式说明发行人打算如何偿还债务和本金。偿还收益的来源根据债券的类型而不同。
- 抵押担保是减轻信用风险的一种方式。担保债券得到资产的支持或财务担保，以承诺偿还债务。抵押担保债券的例子包括抵押信托债券、设备信托凭证、抵押担保证券和担保债券。
- 信用增强可以是内部的或外部的。内部信用增强的例子包括从属关系、超额抵押和超额利差。担保债券、银行担保、信用证和现金抵押账户是外部信用增强的例子。
- 债券契约是有法律效力的规定，由借款人和贷款人在新债券发行时达成一致。肯定性条款列举发行人需要做什么，而否定性条款则列举了发行人被禁止做什么。
- 投资者的重要考虑因素是债券发行和交易的所在地，因为它影响到适用的法律、法规和税务状况。在特定国家由当地注册的实体以当地货币发行的债券是国内债券，如果由另一国家注册的实体以当地货币发行的则为外国债券。欧元债券是在任何一个国家管辖范围以外的国际上发行的，相对于国内债券或外国债券，对欧洲债券的注册、披露和监管要求较低。全球债券要在欧债市场和至少一个国内市场同时发行。
- 虽然一些债券可以提供特殊的税收优惠，但一般来说，利息按照普通所得税税率征税。一些国家也征收资本利得税。对于以折价或溢价方式购买的债券，可能会有特定的税务条款。
- 摊销债券是一种债券，其付款时间表要求定期支付利息和偿还本金。这与子弹型债券不同，该种债券到期时一次性全额支付本金。摊销债券的未清偿本金额在完全摊销债券的到期日减少为零，但到期时部分摊销债券的未清偿本金额需要气球型支付。
- 偿债基金协议为本金定期偿还提供了另一种方式，其中债券的本金余额通常在整个债券期限内或在指定日期后每年偿还。
- 浮动利率票据或浮动票据是按照一定的参考利率加上利差设定票息的债券。浮动利率票据可以被设定有最低下限利率、最高上限利率或者最高最低双限利率。反向浮动利率票据是其票息与参考比率成反比关系的债券。

- 其他息票支付结构包括逐步升级息票债券，支付在指定日期增加指定金额的息票；信用挂钩息票债券，息票随发行人信用评级发生变化而变化；支付实物息票债券，允许发行人以发行附加金额的债券支付息票而不是现金支付；延期息票债券，在发行之初数年不支付息票，此后支付较高息票。

- 指数挂钩债券的支付结构在各国间差异很大。一个常见的指数挂钩债券是一种与通货膨胀挂钩的债券或其息票支付和（或）本金偿还与价格指数挂钩的连接器。指数挂钩支付结构包括零息票指数挂钩债券、利率指数债券、资本指数债券和指数年金债券。

- 具有嵌入式期权的常见债券类型包括可赎回债券、可回售债券和可转换债券。这些期权是"嵌入"的，因为契约规定授予了发行人或债权人某些影响债券处置或赎回的权利。它们不是可单独交易的证券。

- 可赎回债券给予发行人有权在到期日之前购回债券，从而提高了债券持有人的再投资风险。因此，与其他类似的不可赎回债券相比，可赎回债券必须提供较高的收益率和以更低的价格出售，以补偿债券持有人对发行人的赎回期权价值。

- 可回售债券使债券持有人有权在到期日之前向发行人出售债券。相比其他类似的不可回售债券，可回售债券的收益率较低，以更高的价格出售，以补偿发行人对债权人回售期权的价值。

- 可转换债券给予债券持有人有权将债券转换为发行公司的普通股。因为这个选择权有利于债券持有人，相比其他类似的不可转换债券，可转换债券的收益率较低，以更高的价格卖出。

第 2 章

固定收益市场：发行、交易和融资

穆拉德·乔德里（Moorad Choudhry） 博士
史蒂文 V. 曼（Steven V. Mann） 博士
拉冯 F. 惠特默（Lavone F. Whitmer） 特许金融分析师

学习成果

完成本章学习后，你将能够掌握以下内容：
- 描述全球固定收益市场的分类。
- 描述使用同业拆借利率作为浮动利率票据的参考利率。
- 描述一级市场发行债券的机制。
- 描述债券的二级市场。
- 描述主权国家、非主权国家、政府机构和超国家实体发行的证券。
- 描述公司发行的债务类型。
- 描述可用于银行的短期融资替代方法。
- 描述回购协议（回购）及其对短期借款投资者的重要性。

2.1 引言

全球固定收益市场是金融市场中发行量和市值最大的一个子集。这些市场将借款方和贷款方集中在一起，将资本在全球范围配置到最高和最有效的用途。固定收益市场不仅包括公开交易的证券，如商业票据、票据和债券，还包括证券化和非证券化贷款。截至 2010 年年底，全球债务和机构已发行股权合计约为 212 000 亿美元⊖。全球固定收益市场的交易额占总额的 75% 左右，简单来说，全球债务市场的交易额是全球股票市场的 3 倍。

了解固定收益市场的结构和运作方式对于债务发行人和投资者来说都很重要。债务发行

⊖ Charles Roxburgh, Susan Lund, and John Piotowski, "Mapping Global Capital Markets," McKinsey & Company (2011). 212 000 亿美元是基于 79 个国家的样本，包括股票市值，政府、金融和非金融公司发行的债券本金额，证券化债务工具以及在银行和其他金融机构资产负债表上持有贷款的账面价值。

人的融资需求必须得到满足。例如，政府可能需要为一个基础设施项目、新的医院或新的学校融资。公司可能需要资金来拓展业务。金融机构也有资金需求，它们是固定收益证券最大的发行人之一。固定收益证券是个人和机构投资者的一个重要的资产类别。因此，投资者需要了解固定收益证券的特征，包括这些证券是如何发行和交易的。

本章讨论的问题如下：

- 主要的债券市场板块是什么？
- 债券如何在一级市场销售和在二级市场上交易？
- 政府、政府机构、金融公司和非金融公司发行的债券类型是什么？
- 银行有哪些其他资金来源？

本章的其余部分组织如下。2.2节概述了全球固定收益市场以及这些市场的分类情况，包括对不同债券市场规模的一些描述性统计，还确定了固定收益证券的主要发行人和投资者，并提出了固定收益指数。2.3节讨论固定收益证券如何在一级市场上发行，以及这些证券如何在二级市场上交易。2.4～2.6节观察了不同的债券市场板块，并提出主权债券、非主权债券、准政府债券和超国家债券以及公司债务的概念。2.7节讨论了可用作银行的额外短期融资替代方案，包括回购协议。2.8节总结并概述了本章。

2.2 全球固定收益市场概况

虽然固定收益市场没有标准分类，但许多投资者和市场参与者都使用标准来构建固定收益市场并确定债券市场领域。本节从描述最广泛使用的固定收益市场分类方式开始。

2.2.1 固定收益市场分类

固定收益市场分类的常用标准包括发行人的类型、债券的信用质量、到期日、票面货币和息票类型、债券发行和交易的地方。

2.2.1.1 按发行人类别分类

对固定收益市场进行分类的一种方法是按照发行人的类型划分，通常会分为三个债券市场板块：政府和政府相关板块、企业板块和结构性金融板块。政府和政府相关板块包括：世界银行等超国家（国际）组织发行的债券；主权（国家）政府；非主权（地方）政府，如省、地区、州或市，以及由政府拥有或资助的准政府实体，如许多国家的铁路服务或公用事业。企业板块是指金融和非金融公司发行的债券。结构性金融板块，也称证券化板块，包括从证券化过程中创建的债券，即将借款人和出借人之间的私人交易转变为在公共市场交易的证券。政府和政府相关板块、企业板块以及与这些板块相关的证券在第2.4～2.7节中进行深入的讨论。证券化板块将在另一章讨论。

表2-1显示了2010年12月底全球资本市场的数据。如引言中所述，全球债务市场各板块的金额合计是全球股票市场的3倍。表2-1还表明，最大的债券发行人是政府和金融机

构。不过最后一列显示，2008 年全球金融危机爆发后，政府债券发行量增加，金融机构债券发行量下降。此外，表 2-1 的最后两列显示，1990～2009 年之间增长最快的部分是证券化板块，但也是 2008 年以来收缩最大的部分。最后一行提醒人们，虽然许多市场参与者和本章都聚焦公开交易的证券，银行贷款仍然是全球资本市场的重要组成部分。在许多国家，银行贷款是资本的主要来源，特别是中小型企业。

表 2-1 2010 年 12 月末按板块划分全球债务和股权余额

板块	金额（万亿美元）	权重（%）	1990～2009 年年复利增长率（%）	2009～2010 年度增长率（%）
股票市场	54	26	7.2	5.6
政府发行债券	41	19	7.8	11.9
金融企业发行债券	42	20	9.5	-3.3
非金融企业发行债券	10	5	6.7	9.7
证券化债务工具	15	7	12.7	-5.6
银行贷款	49	23	4.1	5.9

注：数据包括 79 个国家。金额反映了股市的市值、由政府、金融和非金融公司发行的债券本金额、证券化债务工具，以及在银行和其他金融机构资产负债表上持有的贷款账面价值。

资料来源：Data from Exhibit E1 in Charles Roxburgh, Susan Lund, and John Piotowski, "Mapping Global Capital Markets," McKinsey & Company (2011): 4.

表 2-2 显示了 2010 年 12 月底，各国和各经济区的债务和发行股本金额以及总资本占国内生产总值的百分比。表 2-2 显示新兴国家的金融市场相对于国内生产总值比发达国家要小得多。美国、日本和西欧，债务和股权资本占国内生产总值的 400% 以上，而中东欧（CEE）、独联体（CIS）、拉丁美洲、中东和非洲，该数据低于 200%。印度和中国介于两者之间，主要原因是自 20 世纪 90 年代中期以来金融市场的增长。

表 2-2 2010 年年末不同国家和经济地区的全球债务和股权余额 （万亿美元）

经济地区	银行贷款	证券化债务工具	非金融企业发行的债券	金融企业发行的债券	政府发行的债券	股票市场	资本总值占 GDP 比重（%）
美国	44	77	31	116	75	119	462
日本	106	10	18	31	220	72	457
西欧	110	15	19	115	72	69	400
其他发达国家	91	29	20	47	49	152	388
中国	127	2	10	16	28	97	280
印度	60	4	1	7	44	93	209
中东及非洲	66	2	5	6	15	96	190
其他亚洲国家	54	1	10	7	34	62	168
拉丁美洲	27	3	3	20	38	57	148
CEE 和 CIS	62	0	2	6	24	48	142

注：CEE 和 CIS 分别表示中东欧和独联体。

资料来源：Data are from Exhibit E2 in Charles Roxburgh, Susan Lund, and John Piotowski, "Mapping Global Capital Markets," McKinsey & Company (2011): 8.

2.2.1.2 信用质量分类

持有债券的投资者面临信用风险，这是发行人未能及时足额支付利息和（或）本金的损失风险。债券市场可以根据信用评级机构评定的发行人信用度进行分类。穆迪投资者服务评级的 Baa3 或标准普尔（S&P）和惠誉评级的 BBB 以上信用评级均被认为是投资级。相比之下，低于这些等级的评级被认为是非投资级别、高收益率、投机性或"垃圾"。有一个要点要理解，信用评级不是静态的，如果发行人的违约概率发生变化，它们也将会发生变化。

区别投资级和高收益债券市场的一个原因是，机构投资者可能被禁止投资或限制暴露风险敞口于低质量或低评级的证券。禁止或限制持有高收益债券通常是由于更严格限制的风险回报构成投资者投资目标和约束的一部分。例如，受监管的银行和人寿保险公司通常被限制投资于非常高评级的证券。相比之下，卡塔尔和科威特的主权财富基金对可以持有的资产类型或债券市场板块的百分比分配没有正式的限制。在全球范围内，投资级债券市场往往比高收益债券市场有更高的流动性。

2.2.1.3 按到期日分类

固定收益证券也可以按照债券发行时的初始期限进行分类。发行的证券到期日（初始到期日）从隔夜到 1 年是货币市场证券。其中一些证券由主权国家发行，如国库券。企业板块也发行短期固定收益证券。此类例子包括商业票据和大额可转让存单，分别在第 2.6.2 节和第 2.7.2.3 节中讨论。相比之下，资本市场证券是初始到期日长于 1 年的证券。

2.2.1.4 按计价货币分类

区分固定收益证券的关键途径之一是票面货币。债券现金流量的票面货币关系到哪个国家的利率影响债券价格。例如，如果债券是以日元计价的，则其价格主要由发行人的信用质量和日本利率驱动。

表 2-3 显示国际债券的票面货币数据，这些国际债券是以国内货币或外国货币计价，由原籍国以外的实体发行的债券。表 2-3 显示约 79% 的国际债券以欧元或美元计价。

表 2-3　2011 年 12 月末按票面货币分类的国际债券余额金额

货　币	金额（10 亿美元）	权重（%）
欧元（EUR）	9 665.9	46.0
美元（USD）	6 900.8	32.8
英镑（GBP）	2 052.3	9.8
日元（JPY）	762.0	3.6
瑞士法郎（CHF）	393.4	1.9
澳元（AUD）	317.2	1.5
加拿大元（CAD）	313.1	1.5
瑞典克朗（SEK）	103.0	0.5
挪威克朗（NOK）	86.4	0.4
港元（HKD）	63.5	0.3
人民币元（CNY）	38.9	0.2
其他货币	305.0	1.5
合计	21 001.5	100.0

资料来源：来自于国际清算银行，表 13A 和 13B，在 www.bis.org/statistics/secstars.htm（2012 年 12 月 12 日访问）。

2.2.1.5 按息票类型分类

对固定收益市场进行分类的另一种方法是按息票类型划分。一些债券支付固定利率,其他被称为浮动利率债券,浮动利率票据或浮动票据支付的利率可以按照短期间隔(如季度)的市场利率变化而定期调整。

2.2.1.5.1 固定利率与浮动利率债务的需求和供应

资产负债表风险管理考虑因素解释了浮动利率债务的大部分需求和供给。例如,银行筹集资金并提供贷款给公司和个人,银行的融资通常是短期的,发行利率经常发生变化或重置,在负债支付的利息(银行的借款)和资产收到的利息(银行借出或投资的货币)之间存在不匹配的情况下,银行会面临利率风险,即与利率变化相关的风险。为了努力限制利率风险带来的净值波动,发行浮动利率债务的银行往往倾向于进行浮动利率贷款、投资于浮动利率债券或其他利率可调整资产。除了有短期资金需求的机构外,浮动利率债券的需求来自相信利率会上升的投资者。在这种情况下,与固定利率投资相比,投资者将受益于浮动利率投资。

在供给方面,发行浮动利率债务来自于需要为短期贷款融资的机构,如消费金融公司。公司借款人还将浮动利率债务视为使用银行流动性工具(如信贷额度)的替代方式,特别是一个较低成本的选择,以及作为预期利率下降时长期固定利率借款的替代。

2.2.1.5.2 参考利率

浮动利率债券的票息通常表示为参考利率加上利差或价差。利差通常在债券发行时设定,并保持不变直至到期为止。是发行人发行信用风险的主要函数:发行人信用质量(信用风险越高)越低,利差越高。但参考利率定期重新设定。因此,每次参考利率被重置时,票息都会调整到市场利率水平。参考利率的选择至关重要,因为参考利率是债券票息的主要驱动力。因此,发行的融资成本和投资者从债券投资中的回报取决于参考利率。

不同参考利率的使用,取决于债券发行的地点和票面货币。**伦敦银行同业拆借利率**(London interbank offered rate Libor)是大量浮动利率债券的参考利率,特别是在欧洲债券市场发行的债券。例如,一个以英国英镑计价,半年度支付息票的浮动利率债券,其典型的票息是 6 个月的 Libor 加一个利差。在 6 个月期末支付的票息是根据开始的 6 个月 Libor 计算的,并在 6 个月内保持不变。每 6 个月,票息将重新设置与 6 个月 Libor 保持一致。对于以美元计价的浮动利率债券,参考利率通常为美元 Libor,即如果每季支付息票用美元 3 个月 Libor,或如果每年支付息票用美元 12 个月 Libor。

如上述例子所示,"Libor"是多个利率的共同名称。Libor 利率反映了一组选定的银行,认为可以通过伦敦银行间货币市场以不同货币和不同借款期限借到其他银行的无担保资金,借款期从隔夜到 1 年。**银行间货币市场**(interbank money market)或**银行间市场**(interbank market)是银行之间贷款和存款最长至 1 年的市场。专栏 2-1 描述了 Libor 利率是如何决定的,并确定了与 Libor 相关的一些问题。

> **专栏 2-1　Libor 的管理**
>
> 截至 2012 年年底撰写本文的时候，Libor 利率的设定过程正在转变。历史上，Libor 利率由英国银行家协会（British Bankers' Association，BBA）设定。每个工作日，被选中的 18 家银行向 BBA 提交他们认为可以从伦敦银行间市场的其他银行以 10 种货币和 15 个借款期的借款利率。⊖提交的利率将从最高到最低排列，最上和最下四个提交将被丢弃。其余 10 个利率的算术平均值成为一个货币和期限特定组合的 Libor 利率。然后将 150 个 Libor 利率传给市场参与者，作为许多不同类型债务（包括浮动利率债券）的参考利率。
>
> Libor 的优点之一是其普遍的使用。历史上 Libor 设定的缺陷在于，Libor 利率不是基于易观察的市场利率设定的，而是基于银行对他们借款利率的估计。由于银行可以借款的利率表明了其信用风险，银行有动机低估其借款利率。2012 年出现了丑闻，人们认识到，Libor 利率有时偏离了基本的现实。Libor 利率如何确定将会向前发展。2012 年 9 月，英国监管机构金融服务管理局（FSA）宣布，BBA 将被免除对 Libor 的监督，也有可能随着时间的推移，市场利率可能会成为设定 Libor 和其他参考利率的替代方法。

虽然欧元和日元等货币也用 Libor 利率，但其他同业拆借利率，如欧元同业拆借利率（Euribor）和东京同业拆借利率（Tibor）可以分别作为替代用于以这些货币发行的浮动利率债券。其他市场存在类似的同业拆借利率，如新加坡银行同业拆借利率（Sibor），香港同业拆借利率（Hibor），孟买银行同业拆借利率（Mibor）或韩国同业拆借利率（Koribor）分别用于以新加坡元、港元、印度卢比或韩元计价发行的浮动利率债券。所有这些不同的同业拆借利率是不同利率和不同借款期限的组合，借款期限最长至 1 年。确定它们的过程是相似的，除了确定每日利率的银行和组织的组合是不同的。

这些同业拆借利率的使用超出了设定浮动利率债务的票息。这些利率也用作其他债务工具的参考利率，包括抵押贷款、利率和货币互换等衍生工具，以及许多其他金融合约和产品。截至 2012 年 11 月，据估计近 300 万亿美元的金融工具与 Libor 挂钩。

2.2.1.6　按地理分类

国内债券、外国债券和欧洲债券市场之间存在一个经常出现的差异。在该国以该国货币计价且在该国出售的特定国家发行的债券，如果是由在该国定居的发行人发行的，被划为国内债券；如果由定居在另一国家的发行人发行，则划归为外国债券。国内债券、外国债券受适用于该国家的法律、法规和税收要求的管辖。相比之下，欧洲债券在国际上发行，在该计价债券所在国家的管辖范围之外。欧洲债券市场的特点是报告、监管和税收限制较国内债券、国外债券市场少。这些较少的约束解释了为什么在本国以外大约 80% 的实体选择在欧

⊖ 问题是："你能以什么利率水平借入资金，并在上午 11 点之前，以合理的市场规模申请并接受 Libor 呢？"自从 Libor 成立于 1986 年以来，货币数量从 3 个增加到 10 个，而且期限也从 12 个增加到了 2012 年的 150 个。

洲债券市场而不是在外国债券市场发行债券。此外，欧洲债券对发行人是有吸引力的，因为它使他们有能力在全球范围内接触到更多的投资者。更广泛地接近投资者通常允许发行人以较低的成本筹集更多资金。

表2-4列出了发行人居住地数据，以及政府、金融和非金融板块分类发行债券的数目。表2-4显示，59%的发行人位于美国和日本，10个国家的发行人占全球债券市场的90%。表2-4也显示，三个板块之间的分歧因国而异。例如，政府板块占日本债券发行额的74%，但非金融公司发行人仅占15.7万亿美元债券的7%。相比之下，荷兰、西班牙、英国或美国等国家中企业板块占最大比重，尽管大多数债券是由金融公司而不是非金融公司发行的。

表2-4 2011年12月末按照居住地发行人和发行人类型划分的债券余额金额

国家	所有发行人		政府		金融		非金融	
	金额（10亿美元）	全球权重（%）	金额（10亿美元）	板块权重（%）	金额（10亿美元）	板块权重（%）	金额（10亿美元）	板块权重（%）
美国	33 582	40	12 954	39	14 938	44	5 690	17
日本	15 700	19	11 552	74	3 111	20	1 038	7
英国	5 275	6	2 040	39	2 537	48	699	13
德国	4 383	5	2 079	47	2 175	50	129	3
法国	4 382	5	1 910	44	1 947	44	525	12
意大利	3 686	4	2 078	56	1 492	40	116	3
西班牙	2 307	3	871	38	1 416	61	19	1
荷兰	2 246	3	401	18	1 730	77	116	5
加拿大	1 899	2	1 178	62	399	21	322	17
澳大利亚	1 847	2	479	26	1 186	64	182	10
世界其他国家	8 748	10	3 184	36	4 830	55	734	8
合计	84 055	100	38 726	46	35 761	43	9 570	11

资料来源：来自于国际清算银行，表13A和13B，在www.bis.org/statistics/secstars.htm（2012年12月12日访问）。

投资者将成熟资本市场（发达市场）和资本市场处于早期发展阶段的国家（新兴市场）区分开来。对于新兴债券市场，进一步区分为以当地货币发行的债券和以外币发行的债券，如欧元或美元。

新兴债券市场比发达国家债券市场小得多，这就是他们没有出现在表2-4中的原因。但随着本地和国际投资者的需求增加，新兴市场债券的发行和交易呈上升趋势。国际投资者对新兴市场债券的兴趣是由于他们希望在多个司法管辖区分散风险而引发的，因为投资者相信，不同市场上的投资回报率不是密切相关的。此外，新兴市场债券通常比发达市场债券提供更高的收益率（回报），因为新兴国家在政治稳定、产权和合同执行等领域通常落后于发达国家，这往往导致更高的信用风险和收益率。而且，许多新兴国家比其发达国家的同行负债更少，并受益于更高的增长前景，这对许多投资者来说十分具有吸引力。

2.2.1.7 固定收益市场的其他分类

固定收益市场还有其他各种分类方法。投资者或市场参与者可以根据与固定收益证券相关的具体特征对固定收益市场进行分类。一些投资者感兴趣的特定市场板块是通货膨胀挂钩债券，在某些司法管辖区也是免税债券。任意类型债券的发行往往限于某些类型的发行人。通胀挂钩债券或连接器通常由政府、政府相关实体和具有投资级评级的公司发行人发行。它们通过将息票支付和（或）本金偿还与消费者价格指数挂钩，为投资者提供防范通货膨胀的保障。

免税债券只能在承认免税的司法管辖区内发行。例如，在美国，政府或某些非营利组织发行的一些债券是免征所得税的。特别是地方政府可以发行免税的**市政债券**（municipal bonds）（也可以发行应纳税的市政债券，尽管免税市政债券比应税市政债券更经常发行）。由于在某些限制下对这些债券的利息收入，免征联邦所得税和发行债券所在州的州所得税，因此需要缴纳所得税的投资者对于免税的市政债券感兴趣。免税市政债券的票息低于其他类似应税债券的票息，以反映隐含的所得税税率。与其他类似的应税债券相比，投资者愿意接受免税市政债券较低的票息，因为从市政债券所得收入不纳税。其他司法管辖区也有免税债券。例如，印度国家公路局（National Highways Authority of India，NHAI）发行免税债券。在实行资本利得税的国家，某些类型的债券可能会免税。例如，在英国，政府国债免征资本利得税。

> **例 2-1**
>
> 1. 以下哪一项最有可能是债券发行人？
>   A. 对冲基金　　　　　　B. 养老基金　　　　　　C. 地方政府
> 2. 城市发行的债券很可能被归类为：
>   A. 超国家债券　　　　　B. 准政府债券　　　　　C. 非主权政府债券
> 3. 发行期限为9个月的固定收益证券最可能归类为：
>   A. 证券化投资　　　　　B. 资本市场证券　　　　C. 货币市场证券
> 4. 英国公司在美国发行以美元计价的债券价格最可能：
>   A. 随着美国利率的变化而变化
>   B. 随着英国利率的变化而变化
>   C. 不受美英利率变动的影响
> 5. 银行间拆借利率最好被描述为主要银行用作____的利率。
>   A. 发行短期债务
>   B. 从其他主要银行借款无担保资金
>   C. 以某种形式的抵押品从其他主要银行借款
> 6. 一家公司发行浮动利率债券。票息表示为3个月的Libor加一个利差。息票支付最有可能在____时增加。
>   A. Libor上涨　　　　　B. 利差上涨　　　　　　C. 公司的信用质量下降
>
> **解答1**：C是正确的。主要债券发行人包括主权（国家）政府、非主权（地方）政府、准政府机构、超国家组织以及金融和非金融公司。A和B是不正确的，因为对冲基金和养老基金通常是投资者，而不是债券发行人。

解答 2：C 是正确的。非主权（地方）政府债券发行人包括省、地区、州和市。A 是不正确的，因为国际组织发行超国家债券。B 是不正确的，因为准政府债券是由政府拥有或资助的机构发行的。

解答 3：C 是正确的。货币市场证券发行到期日（初始到期）范围从隔夜到 1 年。A 是不正确的，因为证券化与债券的期限无关，而是将借款人和贷款人之间的私人交易转变为在公开市场上交易的证券的过程。B 不正确，因为资本市场证券的初始期限长于 1 年。

解答 4：A 是正确的。债券的货币面值会影响到一国的利率对债券价格的影响。英国公司发行的以美元计价的债券价格将受到美国利率的影响。

解答 5：B 是正确的。银行同业拆借利率代表一组利率组合，是主要银行认为可以以这些利率从银行间货币市场的其他主要银行以不同货币和不同贷款期限（从隔夜到 1 年）借到无担保资金。

解答 6：A 是正确的。与 3 个月 Libor 绑定的浮动利率债券的息票支付，会根据 Libor 的变化，每 3 个月重新设置。因此，随着 Libor 的增加，息票支付也会增加。B 是不正确的，因为浮动利率债券的利差通常是恒定的，利差在债券发行时设定，以后不变更。C 是不正确的，因为发行人的信用质量会影响利差和作为计算息票支付基础的票息，只有当利差确定时，即发行时才会影响。

2.2.2 固定收益指数

固定收益指数是投资者和投资经理用来描述一定的债券市场或板块以及评估投资和投资经理业绩的多用途工具。大多数固定收益指数被构建为反映特定债券市场或板块的证券投资组合。指数构建，即证券选择和指数权重，因指数而异。⊖指数权重可能以价格或价值（市值）为依据。

全球有数十种固定收益指数，涵盖了前面讨论的固定收益市场的不同方面。最受欢迎的指数之一是巴克莱资本全球综合债券指数，代表了全球投资级固定利率债券市场的广泛基准。它有一个从 1990 年 1 月 1 日开始的指数历史，包含三个重要组成部分：美国综合债券指数（以前的雷曼兄弟综合债券指数）、泛欧综合债券指数和亚太综合债券指数。这些指数分别反映了美国、欧洲和亚太债券市场的投资级板块。

对于新兴市场而言，其中一个最广泛遵循的指数是摩根大通新兴市场债券全球指数（EMBI），包括以美元计价的布雷迪债券（在 20 世纪 80 年代后期，主要由拉丁美洲国家在债务重组计划下发行的债券，旨在将银行贷款转换为可交易证券）、欧元债券，以及主权和准主权实体在一些新兴市场发行的公债。

另一个受欢迎的指数是富时全球债券指数系列，其设立旨在为政府和企业债券市场提供相关的各种类型证券。它包括全球政府债券指数、来自新兴市场的欧元计价政府债券、英镑和欧元计价的投资级公司债券，以及来自德国和其他欧盟发行人的担保债券。担保债券是由

⊖ 固定收益指数在证券市场指数一章中有更详细的讨论。

银行发行由隔离资产池支持（担保）的债务。

还有许多其他固定收益指数可供投资者和投资经理评估和报告业绩。

2.2.3 固定收益证券投资者

对固定收益市场的概览迄今为止集中在供给方。在更详细地讨论债券发行人之前，说几句关于需求方的话很重要，因为对特定类型债券或发行人的需求可能会影响供给。毕竟，市场价格是供需之间相互作用的结果，两者都不能单独考虑。例如，由于投资者希望保护其投资组合价值以预防通货膨胀风险，对通货膨胀挂钩债券需求的增加可能会导致政府发行更多的这类债券。通过发行需求相对较多的通货膨胀挂钩债券，政府不仅可以设法出售其发行债券并获得所需资金，还可能因融资成本较低而受益。

固定收益证券有不同类型的投资者。债券投资者的主要类别包括中央银行、机构投资者和个人投资者。前两项通常直接投资于固定收益证券。相比之下，个人投资者往往通过固定收益共同基金或交易所交易基金进行间接投资。

中央银行采用公开市场操作实施货币政策。公开市场操作是指购买或出售债券，通常是国家发行的主权债券。通过购买（出售）国内债券，中央银行增加（减少）经济中的货币基础。中央银行也可以购买和出售外币计价债券，作为管理本国货币相对价值及其国家外汇储备的一部分。

机构投资者，包括养老基金、一些对冲基金、慈善基金会、捐赠基金、保险公司和银行，是固定收益证券投资者中最大的群体。另外一大团体投资者是主权财富基金，这是国有投资基金，它们往往有很长的投资期限，旨在为子孙后代保留或创造财富。

最后，由相对稳定的价格和稳定的收入产生的吸引力，个人投资者经常投资于固定收益证券。

固定收益市场由机构投资者占据主导，部分原因是高信息进入壁垒。由于发行人和证券的类型多样，固定收益证券的多样性远大于权益证券。此外，与主要在有组织的市场上发行和交易的普通股不同，债券的发行和交易往往在柜台上。因此，固定收益证券比股票证券更难理解和进入。由于这些原因，机构投资者倾向于直接投资债券，而大多数个人投资者更喜欢使用投资工具，如共同基金和ETF。

> **例 2-2**
>
> 1. 公开市场操作描述了中央银行购买和出售债券的过程，旨在：
>   A. 实行财政政策　　　　B. 控制货币基础　　　　C. 发行和偿还政府债务
> 2. 个人投资者最有可能：
>   A. 不投资固定收益
>   B. 直接通过买卖证券投资固定收益
>   C. 通过共同基金或交易所交易基金间接投资固定收益

> 解答 1：B 是正确的。公开市场操作是指购买或出售债券，通常是国家发行的主权债券。通过购买（出售）债券，中央银行增加（减少）经济中的货币基础，从而控制货币供应。A 是不正确的，因为公开市场操作有助于促进货币政策，而不是财政政策（这是国家政府的征税和支出）。C 是不正确的，因为财政部门和部分中央银行可能会促进政府债务的发行和偿还，公开市场操作具体涉及货币政策的实施。
>
> 解答 2：C 是正确的。由价格相对稳定和收入稳定产生的吸引力，个人投资者通常会对固定收益证券进行大量投资。然而，由于大多数个人投资者缺乏对固定收益证券估值的专业知识，因此不会有太多的投资者直接购买和出售固定收益证券，他们通常通过共同基金和交易所交易基金间接投资于固定收益证券。

2.3 一级和二级债券市场

一级债券市场（primary bond markets）是发行人首先向投资者出售债券募集资金的市场。相比之下，**二级债券市场**（secondary bond markets）是现有债券在投资者之间交易的市场。与所有金融市场一样，一级和二级债券市场在整体金融体系框架内受到监管。成立独立的监管机构通常负责监督市场结构和市场参与者的资格。

2.3.1 一级债券市场

在一级债券市场频繁发行。表 2-5 显示了债券发行净值数据（即新发行债券和偿还债券之间的差额）。在 2011 年，新增债券发行额超过全球债券偿还金额 3.8 万亿美元，增长约 4%。在所有最大债券市场中，债券发行金额比债券的还本付息金额更多一些。

表 2-5 居住地发行人于 2011 年年末债券余额金额及 2011 年债券发行净额

（单位：10 亿美元）

国　　家	债券余额	债券发行净额
美国	33 582	559.7
日本	15 700	457.5
英国	5 275	77.2
德国	4 383	25.5
法国	4 382	322.1
意大利	3 686	197.6
西班牙	2 307	64.2
荷兰	2 246	65.2
加拿大	1 899	111.7
澳大利亚	1 847	100.8
世界其他国家和地区	8 748	1 796.2
合计	84 055	3 777.7

资料来源：来自国际清算银行，表 14A、14B 和 16A，在 www.bis.org/statistics/secstars.htm（2012 年 12 月 30 日访问）。

在本节的其余部分，我们将讨论在一级市场发行债券的过程。根据发行人的类型和发行债券的类型，使用不同的债券发行机制。债券发行可以通过公开发行（public offering）或公开出价（public offer）出售，任何公众都可以购买债券或通过私募配售（private placement），即只有经过挑选的投资者群体可以购买债券。

2.3.1.1 公开发行

投资银行通过协助发行人进入一级市场并提供一系列金融服务，在债券发行方面发挥关键作用。最常见的债券发行机制是承销发行，尽力（代销）发行和拍卖。在承销发行（underwritten offering）中，也称确定承诺发行（firm commitment offering），投资银行保证以与发行人协商的发行价格销售债券。因此，被称为承销商（underwriter）的投资银行承担与销售债券相关的风险。相比之下，在尽力（代销）发行（best effort offering）中，投资银行仅作为经纪人。在只能拿到佣金的情况下，试图以协商发行价格销售债券。因此，相比承销发行方式，投资银行的风险较小，相应地有较少的动机去出售债券。拍卖（auction）是涉及投标的债券发行机制。

2.3.1.1.1 承销发行

承销发行是公司债券、部分地方政府债券（如美国市政债券）和一些证券化工具（如抵押担保证券）代表性债券发行机制。承销流程通常包括六个阶段。

承销流程从确定资金需求开始。通常在一个顾问或顾问们的帮助下，发行人必须确定应当筹集多少资金、债券发行类型以及债券发行是否应该承销。

一旦发行人决定债券发行应承销，则必须选择通常被称为投资银行的承销商。债券发行承销商将承担向发行人购买新发行债券的风险，然后将其转售给投资者或交易商，交易商再将其出售给投资者。新发行债券的购买价与转售投资者价格之间的差额是承销商的收入。相对较小的债券发行可能由单一投资银行承销。然而，更大的债券发行更普遍地由投资银行集团或辛迪加承销。在这种情况下，债券发行被称为银团发行（syndicated offering）。由一位主承销商邀请其他投资银行加入该集团，并协调这一工作。该辛迪加集团联合负责确定发行债券的定价和向投资者配售（出售）债券。

承销的第三阶段是构建交易。宣布债券发行前，发行人和主承销商讨论债券发行的条件，如债券的名义本金（总额）、票息和预期发行价格。承销商或辛迪加集团通常会组织必要的监管文件，并准备提供有关债券发行条款信息的发行公告或发债计划书。发行人还必须选择受托人，通常是信托公司或银行的信托部门，以监督主要债券协议。债券发行在交易公告当天正式开始，通常以新闻稿的形式出现。该公告规定了新债券的发行条款和条件，包括债券的特征，如到期日、票面货币和预期的票息范围以及预期发行价格。发行人还发布发行通告或发债计划书。由于公告日和定价日之间的市场状况发生变化，最终条款可能与这些条款有所不同。

债券发行的成功取决于承销商或辛迪加集团评估市场状况和债券发行定价能力。因此，债券发行的定价是承销发行的重要阶段。理想情况下，债券发行的定价应使得债券的数量与投资者对债券的需求相等。如果发行价格设定得太高，发行将出现认购不足，也就是说，债券发行的需求不足。因此，承销商或辛迪加集团将无法出售全部的发行债券。或者，如果发售价格设定得太低，则发售将被超额认购。承销商的目标可能是小量的超额认购，因为它降低了无法全部出售整个发行债券的风险。但大量超额认购将对发行人不利，因为最终募集的资金低于符合投资者债券需求的更高债券发行定价。

在债券发行公告与认购期结束之间，承销商或集团必须衡量债券发行的需求，以及债券发行的价格，以确保整个债券在发行期内没有大量超额认购的风险。承销商有不同的方式来做到这一点。债券发行通常会向潜在投资者出售。这可能是通过间接方式，如报纸上的广告，家喻户晓的债券通常使用这种方式，或通过直接营销和路演，这个针对养老基金和保险公司等机构投资者。承销商或辛迪加集团也可以接触大型机构投资者，并与他们讨论他们愿意购买的发行债券数额。这些购买者被称为"顶梁柱"。对于一些但并非全部的债券发行，灰色市场是承销商衡量投资者兴趣的另一种方式。**灰色市场**（grey market）也被称为"已发行"市场，是欲发行债券的远期市场。在灰色市场交易有助于承销商确定最终的发行价格应该是多少。

定价日是投资者可以承诺购买债券发行的最后一天，也是债券发行的最终条款达成一致的那一天。第二天，称为"发行日"，包括债券发行最终条款的承销协议将签署。承销流程进入发行阶段。承销商或辛迪加集团从发行人处购买全部发行债券，交付债券款项，然后开始通过其销售网络转售债券。

承销过程大约在 14 天后结束，最后一天，债券交付给投资者时，投资者不再收到票据结算，相反，债券本身由一个付款代理机构持有的综合票据表示。

2.3.1.1.2 暂搁注册

暂搁注册（shelf registration）允许某些授权发行人向公众提供额外的债券，而无须为每次债券发行准备新的和单独的发行公告。相反，发行人准备了一个单一的、无所不包的发行公告，在同一文件下描述全部未来债券发行的范围。这个主招股计划书在被更换或更新前可能已存在多年，并可用于同时涵盖多种债券发行。例如，英国零售商乐购（Tesco）在 2010 年进行了暂搁注册，完成了总共 100 亿美元的一系列债券发行。该公司可能会选择一次性整体发行。相反，自 2010 年以来，它以不同的间隔发行了较小名义金额的债券。

在暂搁注册之下，每次单独的发行都以短期发行公告文件开头。这个文件必须确认发行人业务的实质内容没有变动，或者自从提交主招股计划书以来，描述发行人的财务状况有何变动。因为与标准公开发行相比，暂搁注册发行受到较低的审查水平，因此它们仅仅是非常有声誉的发行人的一个选择，监管机构相信他们的经济实力。此外，某些司法管辖区可能只允许由"合格的"机构投资者购买暂搁注册，即符合监管机构制定的一套标准的机构投资者。

2.3.1.1.3 拍卖

拍卖是一种涉及投标的方法。拍卖有助于提供价格发现（即它有助于确定价格的供给和需求）和分配证券。在许多国家，大多数主权债券通过公开拍卖出售给公众。例如，

2011 年，美国共进行了 269 次公开拍卖，发行了约 7.5 万亿美元的新证券，如国库券、票据、债券和国债通胀保值证券（TIPS）。美国使用的公开拍卖程序是一种单一价格拍卖，所有获胜的投标人都可以通过该拍卖获得相同的价格，并获得相同的债券票息。相比之下，加拿大和德国使用的公开拍卖过程是一个多价拍卖过程，同一债券发行会产生多个价格和票息。

美国主权债券市场是全球规模最大、流动性最强的债券市场之一，因此我们将说明美国的单一价格拍卖过程。这个过程包括三个阶段：公告、招标和发行。首先，美国财政部公告拍卖，并提供有关债券发行的信息，如发行的证券数量、拍卖日期、发行日期、到期日、投标结束时间和其他相关信息。

拍卖公告后，经销商、机构投资者和个人投资者可以进入竞争性或非竞争性投标。以竞标的方式，投标人确定了被认为可接受的利率（收益率），如果在拍卖会上确定的利率低于竞标中规定的利率，投资者将不会获得任何证券。相比之下，在非竞标的情况下，投标人同意接受拍卖所确定的利率，非竞争性投标人总是收到他们的证券。在拍卖结束时，美国财政部接受所有非竞争性投标和按照其出价利率（从最低到最高）升序排列的竞争性投标，直到投标金额等于发行人要求的金额。基于最高的可接受出价，所有投标人都接受相同的利率。因为所有获胜投标者都支付相同的价格，这种单价拍卖过程鼓励积极的投标，并可能导致美国财政部的资金成本较低（即较低的票息）。

发行当天，美国财政部将证券交给获胜的投标人，并从投资者那里收取款项。拍卖过程完成后，这些证券与其他证券一样在二级市场上交易。

表 2-6 显示了美国国库券公开拍卖的结果。

表 2-6　2012 年 10 月 16 日美国国债公开拍卖结果

期限和证券类型		28 天票据
CUSIP 序号		9127955L1
高利率①		0.125%
分配在高利率		21.85%
价格		99.990 278
投资利率②		0.127%
中位数利率③		0.115%
低利率④		0.100%
发行日		2012 年 10 月 18 日
到期日		2012 年 11 月 15 日
	已投标	已接受
竞争性的	160 243 967 000 美元	39 676 092 000 美元
非竞争性的	224 607 300 美元	224 607 300 美元
FIMA（非竞争性的）	100 000 000 美元	100 000 000 美元
小计⑤	160 568 574 300 美元	40 000 699 300 美元⑥
SOMA	0 美元	0 美元
合计	160 568 574 300 美元	40 000 699 300 美元

（续）

期限和证券类型	28 天票据	
	已投标	已接受
一级交易商⑦	137 250 000 000 美元	26 834 200 000 美元
直接投标者⑧	13 450 000 000 美元	4 079 425 000 美元
间接投标者⑨	9 543 967 000 美元	8 762 467 000 美元
竞争性投标者合计	160 243 967 000 美元	39 676 092 000 美元

注：FIMA 代表外国和国际货币委员会，反映了来自国外投资者的非竞争性投标。SOMA 代表系统公开市场账户，反映了美联储公开市场操作。
① 所有低利率投标者被全部接受。
② 等价息票发行收益率。
③ 接受竞争投标金额的 50% 以低于或低于该投标价投标。
④ 接受竞争投标金额的 5% 以低于或低于该投标价投标。
⑤ 超额认购率：160 568 574 300 美元 /40 000 699 300 美元 = 4.01。
⑥ 联合国债直接系统的奖励 = 134 591 900 美元。
⑦ 一级交易商提交者为自己的账户投标。
⑧ 非一级交易商提交者为自己的账户投标。
⑨ 客户通过直接提交竞标，包括外国的和国际的。
货币当局通过纽约联邦储备银行出价。
资料来源：信息资料来自 www.treasurydirect.gov。

拍卖确定的利率为 0.125%。国库券为纯折价债券，它们是以面值的折价发行，而以面值赎回。投资者按面值的 99.990 278% 支付，约 999.90 美元。美国财政部收到了 1 606 亿美元的投标，但只筹集了 400 亿美元。所有非竞争性投标（3.246 亿美元）都被接受，但只有 1/4（1 662 亿美元的 39.7 亿美元）的竞争性投标被接受。请注意，竞标价格的一半以低于 0.115% 的利率递交。然而，所有投标人都接受的利率均为 0.125%。

表 2-6 还列出了投标人的类型。大多数美国国库券都是在拍卖中由一级交易商购买的。一级交易商是被授权交易新发行的美国国库券的金融机构。他们与执行美国货币政策的纽约联邦储备银行（纽约联储）建立了业务关系。一级交易商主要担任纽约联储的交易对手，被要求有意图地参与公开市场操作和美国国债证券的所有拍卖。他们还向纽约联储提供市场信息。机构投资者和中央银行是美国国债最大的投资者，只有非常少量的这些债券是由个人投资者直接购买的。

2.3.1.2 私募配售

私募配售通常是一种非承销的、未注册的债券发行，仅向投资者或小部分投资者出售。私募配售的典型投资者是大型机构投资者。私募配售可以直接在发行人和投资者之间或通过投资银行完成。由于私募配售的债券未注册，可能成为只能由某些类型投资者购买的限制性证券，通常没有在活跃的二级市场进行交易。但是，在一定条件下，交易是可能的。例如，根据美国法规第 144A 条，发行的限制性证券不能向公众出售，但可以在合格的机构投资者之间进行交易。即使可以进行交易，私募配售的债券通常比公开发行的债券流动性更低。保险公司和养老基金是私募配售债券的主要买家，因为他们不需要其投资组合中的每一种证券都是流动性的，他们经常重视这些债券提供的额外收益。

私募配售有时代表公司在银团贷款（syndicated loans）（第 2.6.1 节进一步讨论的一组贷款人向单一借款人提供的贷款）和公开发行之间的公司融资演变中的一个步骤。私募配售的债券通常以少量的总额发行，有时由不知名的发行人发行。许多投资者可能不愿意承担新名称债券所需的信用分析，特别是如果发行金额很小的话。不同于公开发行中债券通常在随意的基础上出售给投资者的情况，私募配售的投资者可以影响债券发行的结构，包括资产和抵押担保、信用增强和条款等。私募配售的债券通常比公开发行的债券更具有定制和限制性条款。除了能够谈判债券的条款并使其符合他们的需求外，私募配售投资者也可以通过获得债券来得到奖励，这在公开发行中并不总是这样，投资者不会确切地知道什么时候会发行，以及将分配多少证券。

私募配售也可由普通债券发行人提供，特别是以主要货币，如美元、欧元或英镑来筹集较少的资本。私募配售通常比公开发行更灵活，并允许普通发行人根据自己的需求定制债券发行。

2.3.2 二级债券市场

二级市场，也称为"售后市场"，是现有证券在投资者之间交易的地方。证券可以直接从投资者交易给投资者，或通过经纪人或交易商进行交易。全球二级债券市场的主要参与者是大型机构投资者和中央银行。个人投资者在二级市场上的存在是有限的，与二级股票市场不同。

了解二级债券市场的结构和功能的关键是了解流动性。流动性是指以接近公平市场价值的价格快速、容易地进行证券交易（买或卖）的能力。流动性不仅仅是"将债券转为现金的速度"。这个说法隐含地假定一个多头头寸，但一些市场参与者需要快速买入来了结一个空头头寸。经常忽视流动性的另一个方面是单靠交易的速度并不构成流动的市场。人们可以通过接受非常高的价格快速购买或通过接受非常低的价格快速销售。在一个流动性市场中，交易以接近证券的公允市场价值的价格迅速完成。

二级市场主要有两种结构：有组织的交易所或场外市场。有组织的交易所（organized exchange）提供买卖双方安排交易的地方。虽然购买或出售订单可能来自任何地方，但根据交易所规定交易必须在交易所进行。相反，通过场外交易（over-the-counter，OTC）市场，来自不同地点的买卖订单通过通信网络进行匹配。因此，OTC 市场需要电子交易平台供用户提交买卖指令。彭博固定收益电子交易平台是一个这样的平台例子，交易商可以在平台上随时准备在全球多个债券市场进行交易。虽然世界各地的许多证券交易所都有一些政府债券交易和非常活跃的公司债券，绝大多数债券都是在场外交易市场上交易的。

固定收益投资者的流动性需求自 20 世纪 90 年代初开始演变。购买和持有固定收益债券至到期类型的投资者曾占据市场的主导地位，现已经被活跃交易的机构投资者所取代。全球固定收益市场的动态反映了流动性相对需求的这种变化。

我们将用欧洲债券的例子来说明二级市场如何运作。欧洲债券最重要的交易量中心是伦敦，尽管大量的市场参与者也位于布鲁塞尔、法兰克福、苏黎世和新加坡。流动性由欧洲债券市场做市商提供，其中约 35 家在国际资本市场协会（ICMA）注册。ICMA 是银行和其他金融机构的协会，为国际债券市场提供监管框架，这是欧洲债券市场所有市场参与者遵守的许多确立的一致惯例。

市场做市商对市场不同板块的承诺水平各不相同。**买卖价差**（bid-offer spread），反映了交易商从一个客户购买的价格（出价）和卖给另一个客户（报价或询价）的价格之差，经常被用作流动性指标。对于流动性好的发行债券，如世界银行的发行债券，可能低至 5 个基点，对低流动性发行债券没有报价。合理的价差是 10～12 个基点，而非流动性债券价差可能超过 50 个基点。当没有出价或报价时，从交易目的看，这种发行完全缺乏流动性。

结算（settlement）是交易发生后的过程。债券交给买方，卖方收到付款。政府和准政府债券的二级市场结算通常以 $T+1$ 为基础，即交易日后一天，而公司债券通常以 $T+3$ 为基准。现金结算的交易和结算在同一天，是一些政府和准政府债券以及许多货币市场交易的标准。在两个主要清算系统欧洲结算系统（Euroclear）和明讯银行（Clearstream）中之一或两者中交易清算。结算是通过清算系统的账面上同时交换现金与债券而发生的。连接欧洲结算系统和明讯银行的电子桥可以将债券从一个系统转移到另一个系统，所以没有必要在两个系统上都有账户。虽然债券发行仍然由实物文件（前文提到的全球性文件）代表，这两个系统都是以无纸化的计算机化录入为基础运行的。任何一个系统的所有参与者都将拥有自己的内部账户，也可以作为不具有账户的买方或卖方的代理人。

例 2-3

1. 以下哪一项最能描述债券的一级市场？一个市场：
   A. 首次发行债券募集资金
   B. 具有进行债券交易的具体场所
   C. 现有债券在个人和机构之间交易
2. 美国国债通常通过＿＿＿向公众出售。
   A. 拍卖　　　　　　　B. 一级交易商　　　　　　C. 二级债券市场
3. 在单一价格债券拍卖中，竞争性投标并确定的利率高于拍卖所确定的利率的投资者很有可能：
   A. 没有收到任何债券
   B. 以拍卖确定的利率收取债券
   C. 以投资者竞标确定的利率收取债券
4. 在二级市场购买的债券最有可能从以下购买：
   A. 债券发行人　　　　B. 债券的主承销商　　　　C. 另一个投资者的债券
5. 公司债券最有可能结算于：
   A. 交易日期　　　　　B. 交易日加一天　　　　　C. 交易日加三天

解答 1：A 是正确的。一级债券市场是首次发行债券募集资金的市场。B 是不正确的，因为具有发生债券交易的具体场所不是一级债券市场的要求。C 是不正确的,因为现有债券在个人和机构之间交易的市场是二级市场而不是一级市场的定义。

解答 2:A 是正确的。美国国债通常通过拍卖出售给公众。B 是不正确的,因为一级交易商通常是拍卖中的投标人,他们是活跃交易美国国债的金融机构。C 是不正确的,因为任何直接进入市场的债券发行被认为是一级市场,而不是二级市场。

解答 3:A 是正确的。在单一价格债券拍卖中,投标人可制定被认为可接受的利率(收益率)去投标竞价。如果竞标中制定的利率高于拍卖所确定的票息,投资者将不会获得任何证券。

解答 4:C 是正确的。二级债券市场是投资者之间交易的债券。A 和 B 不正确,因为从债券发行人或债券的主承销商处购买的债券将发生在一级市场,而不是二级市场。

解答 5:C 是正确的。公司债券通常以 $T+3$ 为基准结算,即交易日后第三天。A 是不正确的,因为一些政府和准政府债券与许多货币市场交易是现金结算的。B 是不正确的,因为 $T+1$ 为基础的结算是对于政府而言的而非公司债券。

2.4 主权债券

国家政府主要出于财政原因发行债券,即在税收收入不足以弥补支出的情况下为支出提供资金。为了实现其支出目标,各国政府发行各种类型和金额的债券。本节讨论国家政府发行的债券,通常被称为**主权债券**(sovereign bonds)。

2.4.1 主权债券的特点

以当地货币计价的主权债券在不同国家名称不同。例如,它们在美国被命名为美国国债、在日本的日本政府债券(JGB)、英国的国债(gilts)、德国的国债(Bunds),以及法国的国债 Trésor(OATs)。一些投资者或市场参与者可以将主权债券简称为国库券,原理是国家财政部门经常负责管理国家政府的资金需求。

名称也可能因主权债券的初始期限而不同。例如,当初始到期日为 1 年或以下时,美国债券(T-bills)被命名为短期国库券(T-bills),初始期限长于 1~10 年的叫中期国库券(T-notes),初始期限长于 10 年的叫长期国债(T-bonds)。在西班牙,财政部发行的主权债券依据主权债券初始到期日,1 年或更短,1 年以上至最长 5 年,或 5 年以上被分别命名为 letras del Tesoro, Bonos del Estado 和 obligationes del Estado。还有一些债券非常罕见,如英国的统一公债,没有明确的到期日。

二级市场的大部分交易是最近发行的主权证券。这些证券被称为**新券**(on-the-run)。特定到期日的最新主权债券发行也被称为**基准发行**(benchmark issue),因为它可以作为一个基准,用于比较具有相同特征(如到期日、息票类型和付息频率,以及票面货币)但是由另一类发行人(如非主权,公司)发行的债券。作为一般规则,随着主权证券到期,它们的交易频率较低。

货币市场证券（如短期国库券）和资本市场证券（如中期国库券和长期国债）之间的一个显著差异是利息条款。如表 2-6 所示，短期国库券是纯折价债券，它们是以面值的折价发行，并以面值赎回。面值和发行价之间的差额是借款支付的利息。相比之下，资本市场证券通常是息票（或附息票）债券，这些证券定期支付息票，并在到期时按面值偿还。德国国债 Bunds 每年支付息票，而美国国债、日本国债、英国国债和法国国债则每半年支付息票。

2.4.2 主权债券信用质量

主权债券通常是主权发行人的无担保负债，也就是说，它们没有抵押品的担保，而是由国家税务机关担保。当国家政府财政出现预算盈余时，超出支出的税收收入是支付利息和偿还本金的主要资金来源。相反，当一个国家出现预算赤字时，用于支付利息和偿还本金的资金来源是将现有债务展期转为新债务（再融资）。

以当地货币计价的高评级主权债券实际上没有信用风险。信用评级机构对主权债券进行评级，这些评级被称为"主权评级"。最高评级（即信用质量最高，信用风险最低）是标准普尔的 AAA 级，穆迪和惠誉的 Aaa。截至 2012 年年底，只有少数主权发行人被三家信用评级机构（理论上）评为无风险级别，包括德国、新加坡、瑞士、荷兰、英国。2008 年开始的全球金融危机导致许多国家政府达到潜在的不可持续的债务水平，其支出速度远远超过税收。许多这些国家政府的 AAA/Aaa 评级下调，包括 2009 年的爱尔兰、2010 年的西班牙和 2011 年被标准普尔下调评级的美国。

信用评级机构区分以当地货币发行的债券和以外币发行的债券。理论上，政府可以通过对公民征税这个无限制的权力（至少在短期内）产生现金的流量来支付利息和偿还本金。国家政府也有能力印刷自己的货币，而只受限于通过出口或在金融市场上交换获得的外币支付。因此，以当地货币发行的主权债券通常比以外币发行的主权债券有更高的信用评级。但政府减轻债务负担是有限度的。随着全球金融危机之后的主权债务危机，在税收成为经济负担之前，向公民征税只能偿还债务。此外，随着时间的推移，印刷货币会削弱一个国家货币相对于其他货币的比值。

一个拥有雄厚国内储蓄基础的国家政府，非常有能力以当地货币发行债券，并将其卖给国内投资者。如果当地货币流动性好和可自由交易，主权发行人也可能吸引想要持有该主权发行人债券的外国投资者并对该国当地货币持有风险敞口。当有主权债券需求时，国家政府也可能会以外币发行，但不一定是主权国家当地货币。例如，海外投资者的需求使瑞士和瑞典等国家政府以美元和欧元发行主权债券。新兴市场国家也可能需要以主要货币发行债券，因为国际投资者可能愿意接受信用风险，而不接受与新兴市场债券相关的外汇（货币）风险。当主权发行人以外币筹集债务时，通常将收益换为当地货币。

2.4.3 主权债券类型

各国政府发行不同类型的债券，其中一些债券支付固定的利率，而其他债券支付浮动的利率，包括通货膨胀挂钩债券。

2.4.3.1 固定利率债券

固定利率债券（即支付固定利率的债券）是迄今为止最常见的主权债券类型。国家政府通常发行两种类型的固定利率债券：零息债券（或纯折价债券）和息票债券。零息债券不支付利息。相反，它是以低于面值折价发行，并在到期时以面值偿还。息票债券以规定的利率发行，定期支付利息，如半年或每年。它们的期末现金流量等于期末利息支付加上面值。如前所述，初始期限在 1 年以内的大多数主权债券为零息债券，而初始期限超过 1 年的债券通常作为息票债券发行。

2.4.3.2 浮动利率债券

债券价格的变动与利率变动的方向相反，这一关系在第 4 章中有充分的解释。因此，持有固定利率债券的投资者面临利率风险：随着利率上升，债券价格下跌，降低了投资组合的价值。为响应公众对较低利率风险的需求，世界各地的一些国家政府以浮动利率发行债券，利率根据参考利率如 Libor 水平的变化而定期重新设定。虽然浮动利率债券的利率风险仍然存在，但与固定利率债券相比，这一风险并不明显。

在发达市场发行浮动利率债券的国家包括德国、西班牙和比利时，在新兴市场发行浮动利率债券的国家包括巴西、土耳其、墨西哥、印度尼西亚和波兰等国。最大的主权发行人，如美国、日本和英国，从未发行票息与参考利率挂钩的债券。然而，截至撰写本章时，美国正在考虑在其债务范围内增加此类债券。

2.4.3.3 通货膨胀挂钩债券

固定收益投资者面临通货膨胀风险。固定利率债券的现金流量按合同确定。如果一个国家经历了通货膨胀，固定现金流的购买力随着时间的推移而下降。因此，为了应对较低通货膨胀风险的需求，许多国家政府发行通货膨胀挂钩债券或连接器，其现金流量随通货膨胀而调整。通货膨胀挂钩债券的首批发行人是阿根廷、巴西和以色列政府。美国于 1997 年 1 月引入通货膨胀挂钩证券，称之为国债通胀保值证券（TIPS）。其他由国家政府发行通货膨胀挂钩债券的国家，如英国、瑞典、澳大利亚和加拿大在发达市场，巴西、南非和智利等在新兴市场。

如固定收益证券一章中所述，息票支付和（或）本金偿还挂钩的指数通常是消费者价格指数。通货膨胀挂钩债券的结构可以有多种方式：通货膨胀调整可以通过息票支付、本金偿还或两者兼而有之。在美国，所使用的指数是所有城市消费者（CPI-U）的消费者物价指数。在英国，它是零售价格指数（RPI）（所有项目）。在法国，有两种不同的通货膨胀挂钩债券指数：法国消费者物价指数（CPD）（不包括烟草）和欧元区统一消费者价格指数（HICP）（不包括烟草）。尽管将现金流量支付与消费者价格指数降低了通货膨胀风险，但并不一定能够消除通货膨胀的影响，因为消费者价格指数可能是通货膨胀的不完美代替。

> **例 2-4**
>
> 1. 发行期限短于 1 年的主权债券最有可能是：
>   A. 浮动利率债券　　　　　B. 零息债券　　　　　C. 附息票债券
> 2. 浮动利率债券是国家政府发行的最佳方式旨在减少：
>   A. 信用风险　　　　　　　B. 通货膨胀风险　　　　C. 利率风险
> 3. 按照消费者价格指数调整息票支付和（或）本金偿还的主权债券最有可能被称为：
>   A. 连接器　　　　　　　　B. 浮动利率票据　　　　C. 统一公债
>
>   **解答 1**：B 是正确的。多数由国家政府发行的到期日（初始期限）小于 1 年的债券为零息债券。A 和 C 不正确，因为浮动利率债券和息票债券通常是期限长于 1 年的主权债券类型。
>
>   **解答 2**：C 是正确的。浮动利率债券的票息根据参考利率如 Libor 水平的变动而定期重置，这样可降低利率风险。A 是不正确的，因为虽然主权债券的信用风险低，但不能通过将票息与参考利率挂钩来减少。B 是不正确的，因为浮动利率债券的通货膨胀风险低于固定利率债券，浮动利率债券在降低通货膨胀风险方面不如通货膨胀挂钩债券。
>
>   **解答 3**：A 是正确的，因为主权债券的息票支付和（或）本金偿还根据消费者价格指数调整被称为通货膨胀挂钩债券或连接器。B 是不正确的，因为浮动利率债券描述了浮动利率债券的票息与参考利率（如 Libor）相绑定。C 是不正确的，因为统一公债是英国政府发行的没有规定到期日的主权债券。

2.5 非主权政府机构、准政府和超国家发行的债券

本节涉及地方政府和政府相关实体发行的债券。

2.5.1 非主权债券

省、地区、州、市等国家级别以下政府发行的债券被称为非主权政府债券（non-sovereign government bonds）或非主权债券（non-sovereign bonds）。这些债券通常发行用于公共项目融资，如学校、高速公路、医院、桥梁和机场。支付利息和偿还本金的来源包括地方政府的税务机关、发行债券融资项目的现金流量或专门设立的用于支付利息和偿还本金的特别税费。非主权债券不一定得到国家政府的担保。

如 2.2.1.7 节所述，美国的州和地方政府发行的债券被称为市政债券，经常提供所得税豁免优惠。在英国，非主权债券被称为地方当局债券。其他非主权债券包括州当局发行的债券，如德国的 16 兰德。

由于信用和抵押品质量的差异，非主权债券的信用评级差异很大。因为历史上非主权债券的违约率很低，它们经常得到很高的信用评级。然而，与具有相似特征的主权债券相比，非主权债券通常以更高的收益率和较低的价格交易。附加收益取决于信用质量和债券发行的

流动性：非主权债券信用质量和流动性越高，附加收益越低。

2.5.2 准政府债券

各国政府建立了为他们履行各种职能的组织。这些组织往往具有公共和私营部门的特点，但并不是实际的政府实体。它们被称为准政府实体，尽管它们在不同的国家使用不同的名称。这些准政府实体经常发行债券来资助特定的融资需求。这些债券被称为准政府债券（quasi-government bonds）或机构债券（agency bonds）。

在美国，准政府实体的例子包括政府资助的企业（GSEs），如联邦国家抵押贷款协会（房利美）、联邦住房贷款抵押公司（房地美）和联邦家园贷款银行（FHLB）。2008 年全球金融危机爆发前 GSEs 是最大的债券发行人之一。其他发行债券的准政府实体例子包括加拿大的魁北克水电或日本国际合作银行（JBIC）。对于 JBIC 债券，日本政府担保及时支付利息和偿还本金。然而，大多数准政府债券并没有提供国家政府的明确担保，尽管投资者常常认为是隐性担保。

由于准政府实体通常不具有直接征税权力，债券将用实体或发行债券融资的项目所产生的现金流量偿还。准政府债券可能有抵押品的担保，但并不总是如此。因为历史违约率极低，信用评级机构通常对准政府债券评级很高。与其他类似的没有主权国家担保的债券相比，国家政府担保的债券得到的信用评级最高，并以较低的收益率和较高的价格交易。

2.5.3 超国家债券

一种经常得到高信用评级的债券形式是由超国家机构发行的，也被称为多边机构。最著名的超国家机构是国际复兴开发银行（世界银行）、国际货币基金组织（International Monetary Fund，IMF）、欧洲投资银行（European Investment Bank，EIB）、亚洲开发银行（the Asian Development Bank，ADB）和非洲开发银行（the African Development Bank，AFDB）。超国家机构发行的债券称为超国家债券（supranational bonds）。

超国家债券通常是普通债券，有时会发行浮动利率债券和可赎回债券。高信用评级的超国家机构，如世界银行，经常发行大规模债券，当没有可用的流动主权债券时，它们通常被用作基准发行。

例 2-5

1. 相对于主权债券，具有相似特征的非主权债券最有可能以____收益率交易。
   A. 较低 　　　　　　　　　B. 一样 　　　　　　　　　C. 较高
2. 政府机构发行的债券很可能是：
   A. 由该机构产生的现金流量偿还
   B. 由资助该机构的国家政府担保
   C. 由资助该机构的国家政府的征税权力支持

解答 1：C 是正确的。相比于有类似特征的主权债券，非主权债券通常以较高的收益率和较低的价格进行交易。虽然历史上地方政府违约率低和信用质量通常较高，但较高的收益率是因为非主权发行人的信用风险相比主权发行人较高。较高的收益率也可能是非主权债券的流动性不及具有相似特征的主权债券的结果。

解答 2：A 是正确的。政府机构发行的大多数债券都是由该机构或债券发行融资项目产生的现金流量偿还的。B 和 C 是不正确的，因为虽然政府机构发行的一些债券是由国家政府提供担保或由资助该机构的国家政府的税收力量支持，但债券最有可能首先由该机构产生的现金流偿还。

2.6 公司债务

公司区别于政府和政府相关实体的是它们的主要目标是利润，它们必须有利可图才能保持生存。因此，当公司做出决策包括融资决策时，盈利能力是一个重要的考虑因素。公司通常将筹集债务作为其整体资本结构的一部分，资助短期支出需求（如流动资金）以及长期资本投资。迄今为止，我们专注于公开发行的债务，但是银行和其他金融机构的贷款是公司债务筹集的重要组成部分。例如，据估计，传统上满足欧洲公司 70% 的借款需求来自银行，只有 30% 来自金融市场。⊖然而，2008 年开始的全球金融危机之后，随着银行一直在去杠杆化和减少对公司的贷款额度，特别是那些信用质量较高的公司已经转向金融市场发行债券。它们一直在利用低利率环境和投资者对公司债券的偏好增加。

2.6.1 银行贷款和银团贷款

双边贷款（bilateral loan）是从单一贷款人到单一借款人的贷款。公司通常使用银行的双边贷款，这些银行贷款由银行贷款文件管理。银行贷款是中小企业债务融资的主要来源，那里的债券市场不完善或大多数债券发行来自政府、政府相关实体和金融机构的国家的大型公司。获得银行贷款不仅取决于公司的特点和财务状况，还取决于市场状况和银行资本的可获得性。

银团贷款是被称为"银团"的一组贷款人对单一借款人的贷款。银团贷款是关系型贷款和公开交易债务之间的混合贷款。银团贷款主要由银行发起，贷款不仅扩大至公司也扩大至政府和政府相关实体。协调人或牵头银行发起贷款，组建银团，处理付款。除银行外，各种类型贷款人也参与银团，如养老基金、保险公司和对冲基金。银团贷款是这些机构投资者参与企业贷款的途径，同时使一组贷款人之间的信用风险分散化。

近年来，银团贷款的二级市场已经发展起来。这些贷款经常被打包和证券化，然后这些证券化工具在二级市场上向投资者出售。这些证券化工具将在下一章中深入讨论。

大多数双边和银团贷款都是浮动利率贷款，利率是基于参考利率加上利差。参考利率可能是 Libor、主权利率（如短期国库券利率）或最优惠贷款利率，也称为"最惠利率"。以前，

⊖ Neil O'Hara, "In or Out of MTNs?" *FTSE Global Markets*, no. 65 (October 2012) : 32-34.

最惠利率反映了银行以该利率借款给它们信誉度最高的客户，但现在倾向于银行以隔夜利率相互借贷。银行贷款可以根据借款人的需求进行定制，可以有不同的期限，不同的利息支付和本金偿还结构。利息支付频率因银行贷款而变。部分贷款为子弹型贷款，即到期日全额偿还本金，其他贷款则是摊销贷款，即本金将随着时间的推移偿还。

对于高评级公司，双边和银团贷款比在金融市场发行债券更昂贵。因此，公司往往转向货币和资本市场筹集资金，从而能够使它们的融资来源多样化。

2.6.2 商业票据

商业票据（commercial paper）是在公开市场发行或通过代理发行人债务的私募配售发行的短期无担保本票。在一个多世纪前，商业票据首次在美国发行。它后来出现在英国，其他欧洲国家，然后扩展至世界其他地区。

2.6.2.1 商业票据特征

商业票据是灵活、易获得和相对低成本短期融资的有价值来源。这是营运资金和季节性现金需求的资金来源。它也是过桥融资（bridge financing）的来源，即在安排永久性融资之前提供临时性融资资金。假设一家公司想在中国东南部建立一个新的配送中心，并希望通过发行长期债券来为这笔投资提供资金。目前发行长期债券的市场状况可能波动较大，这将变成更高的借款成本。公司可能会选择用商业票据募集资金，而不是立即发行长期债券，然后等待出售长期债券的更有利市场环境。

商业票据最大的发行人是金融机构，但一些非金融公司也是常见的商业票据发行人。虽然本节的重点是公司借款人，主权国家和超国家机构也常常发行商业票据。

商业票据的期限可以从隔夜到1年，但典型的票据发行期限少于3个月。

2.6.2.2 商业票据信用质量

传统上，只有最大、最稳定的公司才发行商业票据。虽然只有最强、最高评级的公司发行低成本商业票据，但来自跨越风险谱的发行人可以比高信用等级公司发行更高收益的商业票据。因此，商业票据的投资者依据发行人的信誉度会面临各种不同水平的信用风险。许多投资者自己进行信用分析，但大多数投资者还是通过使用信用评级机构提供的评级来评估商业票据的信用质量。表2-7显示了主要信用评级机构的商业票据评级范围。评级为适当的或以上的商业票据（表2-7的阴影区域）被称为"最惠票据"，通常被投资者视为投资级别。

表2-7 商业票据信用质量

信用质量	穆迪	标普	惠誉
高级	P1	A1+/A1	F1+/F1
满意	P2	A2	F2
合格	P3	A3	F3
投机	NP	B/C	F4
违约	NP	D	F5

在大多数情况下，使用新发行商业票据的收入支付到期的商业票据，这种做法被称为"票据展期"。这种做法会造成发行人在到期时无法发行新的票据的风险，也就是展期风险。信用评级机构要求商业票据发行人从银行获取**备用信贷额度**（backup lines of credit），作为防范展期风险的保障措施。如果票据展期是不可行的选择，备用信贷额度的目的就是确保发行人能够获得足够的流动性以偿还到期的商业票据，这就是为什么备用信用额度有时被称为"流动性增强"或"备用流动性额度"。商业票据的发行人可能由于整个市场或公司特定事件的原因无法将票据展期。例如，金融市场可能正处于金融危机之中，这将使得难以展期票据。一家公司也会遇到某种财务困境，导致只能以相当高的利率发行新的商业票据。在这种情况下，公司可以利用其信用额度，而不是展期其票据。虽然一些大的、高信用质量发行的担保不到100%，但是大多数商业票据发行人保持100%的担保。备用信贷额度通常包含"重大不利变化"条款，允许银行在发行人的财务状况大幅度恶化的情况下取消备用信贷额度。

历史上，商业票据违约相对较少，主要是因为商业票据的期限很短。每次现有票据到期时，投资者有机会评估发行人的财务状况，如果评价发行人的信用风险过高，他们可以拒绝购买新的票据。因此，当发行人的信用质量比长期证券市场更加恶化时，商业票据市场很快地撤回融资。这将减少商业票据市场违约可能性。此外，企业管理者意识到，商业票据违约将阻止今后利用这一有价值的发行融资替代方式。

短期限、信用风险相对较低、发行人数量较多的商业票据对各种机构投资者很有吸引力，包括货币市场共同基金、银行流动性管理办公室、地方当局和有流动性压力的机构投资者。大多数商业票据投资者持有其头寸至到期。结果是导致除了最大量的发行票据，二次市场交易量很小。希望在到期之前出售商业票据的投资者可以将该票据回售给交易商、另一个投资者，或者在某些情况下直接回售给发行人。

商业票据的收益率高于相同期限的短期主权债券，主要原因有两个：第一，与大多数高评级的主权债券不同，商业票据面临信用风险；第二，商业票据市场的流动性通常低于短期主权债券市场。因此，投资者需要较高的收益率来补偿较低的流动性。在美国，由于税收的原因，商业票据的收益率也往往高于短期市政债券。商业票据投资产生的收入须缴纳所得税，而许多市政债券的收入是免税的。因此，为了吸引应税投资者，要缴纳所得税的债券，必须提供比免税的债券更高的收益。

2.6.2.3 美国商业票据与欧洲商业票据

尽管其他国家也有活跃的商业票据市场，但是美国商业票据市场（USCP）是世界上最大的商业票据市场。在国际市场上发行的商业票据被称为欧洲商业票据（ECP）。虽然 ECP 与 USCP 类似，但两者之间存在一些差异。这些差异如表 2-8 所示。

表 2-8 USCP 与 ECP 的对比

特征	美国商业票据	欧洲商业票据
货币	美元	任意货币
到期期限	隔夜至 270 天[①]	隔夜至 364 天

(续)

特征	美国商业票据	欧洲商业票据
利息	折价	附有利息
结算	$T+0$（交易日）	$T+2$（交易日加两天）
可转让	可以出售给任一方	可以出售给任一方

①在美国，到期期限超过270天的证券必须在证券交易委员会（SEC）注册。为了省去与SEC注册有关的时间和费用，美国商业票据发行人很少发行超过270天期限的商业票据。

USCP和ECP之间的重要区别与利息条款有关。USCP通常以折价方式发行，即USCP以面值折价发行，并在到期时支付全额的面值。面值和发行价之间的差额就是借款所支付的利息。相比之下，ECP通常以有息或收益为基础发行并交易。换句话说，ECP交易所引用的利率是投资所得的实际利率，票据到期除了面值之外还要支付利息。折扣和有息基础之间的区别如下所示。在固定收入评估章节的引言中讨论了计算的某些方面，如天数计算惯例。

> **专栏 2-2 利息计算：折扣与有息基础**
>
> 一家美国银行和一家德国工业公司都发行5 000万美元的180天到期，5%的商业票据。美国银行在国内发行商业票据，德国工业公司发行欧洲商业票据。
>
> 美国银行：
>
> 发行总额50 000 000美元，180天期限的USCP。
>
> 利息为1 250 000美元 [50 000 000美元 $\times 0.05 \times$（180/360）]
>
> USCP的利息是在折价的基础上，发行的收入为48 750 000美元（50 000 000美元 – 1 250 000美元）。
>
> 到期时，银行的USCP面值为50 000 000美元。
>
> 德国工业公司：
>
> 发行总额50 000 000美元，180天期限的ECP。
>
> 利息为1 250 000美元 [50 000 000美元 $\times 0.05 \times$（180/360）]。
>
> ECP的利息是在有息基础上的。收到的发行款项为面值50 000 000美元。
>
> 到期时，公司偿还51 250 000美元（50 000 000美元 + 1 250 000美元）。
>
> 两家公司的利息相同。在USCP的情况下，投资者在商业票据发行时获得面值折价。在ECP的情况下，投资者通过在商业票据偿还时按面值获得额外的利息支付（或附加费）。不过请注意，投资者的回报是不一样的。投资者在180天期限的USCP投资（1 250 000美元 ÷ 48 750 000美元）中获得2.56%的回报，而在其180天期限的ECP投资中为回报2.50%（1 250 000美元 ÷ 50 000 000美元）。

ECP中代表性交易规模也远远小于USCP，并且很难将长期的ECP售予投资者。ECP的流动性也比USCP低。

2.6.3 公司票据和债券

公司积极参与全球资本市场,并定期发行公司票据和债券。这些证券可以通过私募配售或在公开证券市场上出售等方式直接售予特定投资者。本节讨论公司票据和债券的各种特征。

2.6.3.1 到期日

关于什么构成短期、中期和长期到期日,没有普遍接受的分类法。为了我们的目的,短期是指 5 年或少于 5 年的初始期限,中期是指初始期限超过 5~12 年,长期是指初始期限 12 年以上。期限为 1~12 年的证券通常被视为票据,而期限大于 12 年的证券则被视为债券。不论其初始期限如何,将所有证券指为债券并不罕见。

实际上,大多数公司的债券期限在 1~30 年之间。然而,在欧洲,也有债券发行期限为 40~50 年。另外,20 世纪 90 年代,在美国发行了一系列公司债券,期限为 100 年。这些债券被称为"世纪债券"。第一个世纪债券是华特迪士尼公司于 1993 年作为它的中期票据计划的一部分而发行的。

中期票据(medium-term note,MTN)是用词不当。正如上面世纪债券的例子所示,MTN 可以有很长的期限。从发行人的角度来看,MTN 的最初目的是填补商业票据与长期债券之间的资金缺口。正是由于这个原因,才被称为"中期"。MTN 市场可分为三个部分:附有浮动或固定利率的短期证券、主要附有固定利率的中长期证券和结构性票据。MTN 具有独有的特征,即由作为发行人的代理人不断向投资者提供证券。此功能为借款人提供了持续发行证券的最大灵活性。金融机构是 MTN 的主要发行人,特别是短期票据。人寿保险公司、养老基金和银行是 MTN 最大的买家之一,因为他们可以根据自己的需求定制债券发行,并约定他们想要购买的证券数量和特征。因为收益率略高,这些投资者往往愿意接受比通过可比较的公开发行债券更少的流动性。但注册和承销成本的节省往往使 MTN 成为发行人较低成本的选择。

2.6.3.2 息票支付结构

公司票据和债券具有一系列的息票支付结构。金融和非金融公司发行传统息票债券,在债券期限内支付固定的定期息票。他们还发行债券,定期息票支付随市场条件的变化和(或)发行人信用质量的变化而调整。这种债券通常为投资者提供减少对特定类型风险敞口的机会。例如,浮动利率票据的息票支付随市场利率水平的变化而调整,这是限制利率风险的一种方式。一些与通货膨胀挂钩的债券,其息票支付随消费者物价指数水平的变化而调整,可以防范通货膨胀风险。信用挂钩债券,其息票支付随发行人信用质量变化而调整,是降低信用风险的一种方式。不管定期息票是固定的还是不固定的,息票支付可根据债券类型和债券发行(交易的地方)按每季度、半年或每年支付。

也存在其他息票支付结构。零息债券不支付息票。延期息票债券最初不支付息票,但随后提供较高的息票。实物支付（PIK）息票债券定期支付息票，但不一定以现金支付，发行人可以以债券或普通股等证券的形式支付利息。这些类型的息票支付结构使发行人在偿还债务方面有更大的灵活性。

2.6.3.3 本金偿还结构

公司票据或债券发行有系列期限结构或到期期限结构。具有系列期限结构（serial maturity structure），到期日在债券期限内分散：每年有一定数量的债券到期并在最终到期前偿还。具有到期期限结构（term maturity structure），债券的名义本金在到期时一次付清。因为在整个债券存续期间没有定期偿还本金，所以期限到期结构比系列期限结构具有更多的信用风险。

偿债基金安排是通过发行人随着时间的推移留出资金偿还债券发行的一种降低信用风险的方式。例如，公司债券发行可能要求每年偿还债券未清偿本金额的指定百分比。发行人可以通过两种方式之一满足此要求。最常见的做法是发行人随机赎回一定比例期限必须偿还的债券，并以偿债基金价格（通常是面值）支付给债券持有人。或者，发行人可以向受托人交付债券，总金额等于必须偿还的金额。为此，发行人可以在公开市场上购买债券。期限到期结构的偿债基金安排实现了与系列期限结构相同的目标，即每年都会偿还一部分发行债券。对于系列到期结构，债券持有人知道哪些债券将会到期，从而每年都会得到偿还。相比之下，每年用偿债资金安排偿还的债券由随机抽签指定。

2.6.3.4 资产或抵押品担保

与最高评级的主权债券不同，所有公司债务都面临不同程度的信用风险。因此，企业债务存在这一风险。投资者的一个重要考虑因素是资历排名，即如果发行人违约时贷款方被偿还的规则方式。在有担保债务的情况下，存在某种形式的抵押品以承诺确保偿还债务。相比之下，在无担保债务的情况下，按照公司一般资产在债券契约中法律或合同规定的适用优先偿付权进行求偿权的结算。在每一类债务（担保和无担保）中，都有细致的排名顺序等级，在第 5 章中将深入讨论。

有各种各样的债券通过某种形式的抵押来担保。需要为设备或实物资产提供资金的公司可以发行设备信托凭证。公司发行人还出售由证券如普通股、债券或其他金融资产担保的抵押信托债券。特别是在欧洲，银行可能会发行担保债券，这是一种由隔离资产池担保的债务。抵押支持证券和其他资产支持证券也是担保形式的债务。

公司可以并且会在债务上违约。有抵押担保的债务仍会遭受损失，但在破产程序中，担保债务的投资者通常比无担保债务更好。面临较高信用风险水平的投资者通常比面临较小信用风险的投资者要求更高的收益。

2.6.3.5 应急条款

应急条款是契约中的条款，为发行人或债券持有人提供影响债券处置或清偿的权利。三种常用的应急条款是赎回、回售和转换条款。

可赎回债券使发行人有能力在债券到期之前偿还债务。他们这样做最令人信服的理由是利用较低的借款利率。通过在到期日之前赎回债券，发行人可以用新的较低成本债券代替较老较高成本的债券。此外，公司还可以偿还债务，以消除限制性协议条款或改变其资本结构以提高灵活性。因为赎回条款对于发行人来说是一个有价值的期权，所以投资者得到补偿（投资债券之前）。因此，在其他条件相等的情况下相比类似的不可赎回债券，可赎回债券的投资者要求更高的收益（因此支付较低的价格）。

公司还发行可回售债券，使债券持有人有权在到期日之前的特定日期以预定价格将债券回售给发行人。大多数可回售债券支付固定利率，虽然一些债券可能会有逐步升级息票，在特定日期增加确定的利差。由于回售条款为债券持有人提供了有价值的期权，因此相较于类似的不可回售债券，可回售债券的收益率较低（因此具有较高的价格）。可回售债券的主要公司发行人为投资级公司。可回售债券可能为它们提供一种更便宜的融资方式，特别是如果公司估计较低息票带来的利益超过与回售条款相关的风险。

可转换债券是位于债务与权益之间连续体的混合证券。它包括一个多头无期权债券和转换期权，赋予债券持有人将债券转换为发行人指定数量普通股的转换权。从发行人的角度来说，可转换债券使得有可能在有转换期权相关激励的情况下筹集资金。更多的可转换债券发行人是新公司，在债务资本市场尚未建立声誉，但是能够为机构投资者提供包括股权上涨潜力在内的更具吸引力的一揽子计划。已有声誉的债券发行人也可能更愿意发行可转换债券，因为它们通常以比其他类似的不可转换债券更低的票息出售，这归因于可转换条款对投资者的吸引力。但是，如果债券被转换，则有潜在的权益稀释效应。从投资者的角度来看，可转换债券是获得发行人股权上升潜力的一种手段，但是由于同时以最低下限支付了息票，因此风险回报率较低。

2.6.3.6 发行、交易和结算

在电子结算之前的时代，根据证券登记地点，发行和结算公司债券的流程有一些差异。这种情况已经不复存在了，发行和结算债券的过程在全球基本相同。新公司债券的发行通常通过担当承销商的投资银行出售给投资者，或担当经纪人的投资银行尽力促销给投资者。然后他们通过当地的结算系统结算。这些本地系统通常拥有连接欧洲债券系统、欧洲结算系统和明讯银行的"桥梁"。对于来自企业部门的欧洲债券，无论发行人和当地管辖权如何，都以相同的方式发行、交易和结算。

大多数债券价格都是以基点报价的。绝大多数公司债券是通过债券"做市"和出售库存债券的交易商在场外交易市场交易。交易商通常不会收取佣金或交易费用。相反，他们从买卖价差中获利。

对于公司债券，结算差异主要存在于新债券发行和债券的二次交易之间。承销发行的发行阶段通常需要几天时间。因此，新债券发行的结算时间比债券的二次交易要长一些，而且这些债券的结算通常在 $T+3$ 的基础上，尽管在某些司法管辖区可以扩展到 $T+7$。

> **例 2-6**
>
> 1. 一组银行向私营公司提供的贷款很可能是:
>   A. 双边贷款　　　　　B. 银团贷款　　　　　C. 私募配售
> 2. 以下哪些与商业票据有关的陈述最准确？公司发行商业票据:
>   A. 只用于筹集流动资金
>   B. 只作为资金的临时来源
>   C. 用于筹集流动资金和作为资金的临时来源
> 3. 欧洲商业票据的到期期限范围为:
>   A. 隔夜到 3 个月　　　B. 隔夜到 1 年　　　　C. 3 个月至 1 年
> 4. 债券发行，每年有一定数量的债券到期并在最后到期之前被偿付，最有可能有:
>   A. 到期期限　　　　　B. 系列期限　　　　　C. 偿债基金安排
>
> **解答 1**：B 是正确的。一组贷款人对单一借款人的贷款是银团贷款。A 是不正确的，因为双边贷款是从单一贷款人对单一借款人的贷款。C 是不正确的，因为私募配售涉及将借款人发行的债务直接售予贷款人或一组贷款人，与借款人是私人公司的事实是不相干的。
>
> **解答 2**：C 是正确的。公司使用商业票据作为流动资金和季节性现金需求的资金来源，以及在永久融资之前作为融资的临时来源。
>
> **解答 3**：B 是正确的。欧洲商业票据的期限从隔夜到 364 天。
>
> **解答 4**：B 是正确的。有系列期限结构，每年一定数量的债券到期并在最终到期前偿还。A 是不正确的，因为具有到期期限结构的债券发行在到期时一次性付清。C 是不正确的，因为偿债基金安排，像系列期限结构一样会导致一部分债券发行每年都被清偿。然而，系列期限结构，债券到期日在债券期限内分散，债券在到期日得到偿还，债券持有人事先知道哪些债券将被偿还。相比之下，每年以偿债基金安排偿还的债券由随机抽签指定。

2.7　可供银行选择的短期资金

筹资是指为某些具体项目或企业所需的资金或资源融资。因此，融资市场是债务发行人借款以满足其财务需求的市场。公司有一系列融资替代方案，包括银行贷款、商业票据、票据和债券。由于业务性质，金融机构如银行的融资需求比非金融公司要大。本节讨论他们可用的其他筹资替代方案。这些筹资替代品大多数都具有较短的期限。

银行，如存款（或存托机构）机构通常从零售市场即客户的存款账户获得资金。然而，比起零售存款来，银行发起更多的贷款是很常见的。因此，当零售存款金额不足以满足其财务需要时，银行也需要从批发市场筹集资金。批发资金包括中央银行资金、同业存款和存单。除了填补贷款和存款之间的差额外，银行还筹集批发资金以尽量减少其融资成本。在价差上，批发资金可能比存款资金便宜（利息费用）。最后，如第 2.2.1.5.1 节所述，金融机构可以将批发资金作为资产负债表风险管理工具，以降低利率风险。

2.7.1 零售存款

存款银行的主要资金来源之一是其零售存款基础,包括来自个人和商业存款人的资金。有几种类型的零售存款账户。活期存款,也称为经常账户,可以按需提供给客户。存款人可以立即使用其存款账户中的资金,并将资金用作交易的支付方式。由于资金可以立即获得,存款账户通常不会有任何利息。相比之下,储蓄账户支付利息,并允许存款人以非常流动的形式积累财富。但是,储蓄账户不会提供与活期存款相同的交易便利。货币市场的账户最初是为了与货币市场的共同基金竞争。他们提供货币市场回报率,存款人可以短暂或在不通知的情况下获取资金。因此,货币市场账户对于存款者来说,是活期账户和储蓄账户之间的中间物。

2.7.2 短期批发资金

银行可用的批发资金包括中央银行资金、银行间资金和存单。

2.7.2.1 中央银行资金

许多国家要求接受存款的银行在国家央行缴纳准备金。准备金有助于确保存款人有足够的流动性提取资金。当银行无法获得短期融资时,大多数国家允许该银行从中央银行借款。总的来说,准备金作为流动性缓冲垫,中央银行可以作为最后贷款人为存款人和投资者提供了心理安慰。

各国之间对准备金的利息处理各不相同,从低利息到无息支付,到对准备金收费。此外,银行还有中央银行持有准备金的机会成本,因为这些资金不能以较高的利息投资或借给消费者或商业企业。有些银行有超过最低准备金要求的超额准备金。与此同时,其他银行的准备金不足。这种不平衡是通过**中央银行资金市场**(central bank funds markets)解决的,这使得有盈余资金的银行可以向需要资金的银行贷款,期限最多长至 1 年期。这些资金被称为中央银行资金,到期期限为 1 天的称为"隔夜资金",到期期限由两天到 1 年的为"短期融资"。中央银行资金购买(即借入)和出售(即借出)的利率是由市场确定的短期利率,受中央银行公开市场操作影响。这些利率被称为**中央银行资金利率**(central bank funds rates)。

在美国,中央银行是美联储(Fed)。央行资金和资金利率分别称为美联储资金和美联储资金利率。其他短期利率,如国库券收益率与美联储资金利率高度相关。最广泛采用的利率被称为美联储资金的有效利率,这是纽约市主要经纪人全天安排的美联储资金交易利率的加权平均数。美联储资金在全球范围内银行和其他金融机构之间进行交易,可以直接或通过货币市场经纪人进行交易。

2.7.2.2 银行间资金

银行间市场是银行之间的贷款和存款市场。银行间贷款或存款到期的期限从隔夜到 1 年。银行间贷款或存款利率可以援引参考利率,如同业拆借利率或固定利率。银行间存款是无担保的,所以银行存放到另一家银行需要为该机构建立银行间信用额度。通常情况下,一家大型银行将使用双向价格,显示出贷款利率以及按特定期限借入资金的利率。存款利息在到期时支付。许多银行间的交易在路透电子交易系统上进行,交易无须双方中一方和另一方对话。

因为市场是无担保的,它基本上是基于银行系统的信心。在压力重重时,比如雷曼兄弟 2008 年破产之后,随着银行退出对其他银行的融资,市场容易"枯竭"。

2.7.2.3 大额可转让存单

存款凭证(certificate of deposit,CD)是一种金融工具,表示一定资金数额的指定到期日和利率。存款凭证是金融机构的重要资金来源。存款凭证可以采取两种形式之一:不可转让或可转让。如果存款凭证是不可转让的,到期时将存款加上利息支付给初始存款人。如果存款人在到期日之前提取资金,征收提款罚金。

可转让存款凭证允许任何存款人(初始或后续)到期日之前在公开市场上出售存款凭证。20 世纪 60 年代初,各种类型的存款受到利率上限的限制,美国引入了可转让存款凭证。当时银行存款并不是有吸引力的投资,因为投资者获得的利率低于市场利率,除非他们准备将资本投入较长时间。推出可转让存款凭证可使银行客户购买 3 个月或更长时间产生市场利率收益的可转让工具,并通过在市场上出售来收回投资。这一创新帮助银行增加从货币市场筹集的资金。它也促进了接受存款的机构之间的竞争。

有两种类型的可转让存款凭证:大面额存款凭证和小面值存款凭证。各国之间的小和大面额存款凭证的门槛不尽相同。例如,在美国,大面额存款凭证通常以 100 万美元或更多的面额发行。小面值存款凭证是一种以零售为导向的产品,它们作为筹资替代品具有次要的重要性。相比之下,大面额存款凭证是批发资金的重要来源,通常是机构投资者之间的交易。

像其他货币市场证券一样,存款凭证在国内债券市场以及欧洲债券市场都有。大多数存款凭证的期限短于 1 年,并在到期时支付利息。具有较长期限的存款凭证称为"定期存款凭证"。

存款凭证的收益率主要由发行银行的信用风险驱动,在较少的程度上由到期期限驱动。信用风险的利差随着经济状况和对银行体系特别是发行银行的信心而变化。与所有债务工具一样,由于风险厌恶程度的增加,金融风暴期间利差扩大。

2.7.3 回购协议和逆回购协议

回购协议不仅是银行,也是其他市场参与者的另一个重要资金来源。回购协议(repurchase agreement)或回购(repo)是出售一种证券的同时买卖双方达成协议,卖方以约定的价格和未来日期从买方购买相同证券。⊖实际上,回购协议可以视为抵押贷款,其中出售和随后回购的证券代表抵押品。一方是借款和提供贷款抵押品,利率通常低于其他类似的银行贷款利率。另一方在接受证券作为借款抵押品的同时放贷。

回购协议在许多国家是常见的交易商的货币市场资金来源。回购协议活跃的市场支撑每

⊖ 回购协议可以结构化,使得交易可根据需要终止。

一个流动债券市场。金融和非金融公司积极参与市场交易，根据具体情况作为抵押品的卖方和买方。中央银行在日常公开市场操作中也是回购协议的积极用户，他们要么借给市场来增加资金的供给，要么从市场上回收剩余资金。

2.7.3.1 回购协议和逆回购协议的结构

假设一个政府证券交易商购买了期限为 3 年，2.25% 的英国国债。交易商希望在下一个交易日结束时为这个头寸提供隔夜资金。交易商可以用自己的资金为交易提供资金，其他市场参与者如保险公司或养老基金，在类似的情况下也是这样做的。但是，一家证券交易商通常使用杠杆（债务）来为该头寸提供资金。交易商不从银行借款，而是使用回购协议，通过使用国债作为抵押品来获得贷款融资。

回购协议可能构建如下：交易商将 3 年期的 2.25% 英国国债出售给交易对手获得现金。同时，交易商承诺在下个工作日内以协议的价格购买相同的国债。交易商回购国债的价格被称为回购价（repurchase price）。这个例子中，国债被回购的日期即下一个交易日就被称为回购日（repurchase date）。当回购协议的期限为一天时，称为"隔夜回购"。当协议超过一天时称为"定期回购"。直到最终到期日为止的协议称为"回购到期"。

在任何借款或贷款交易中，贷款利率必须在协议中商定。回购协议的利率被称为回购利率（repo rate）。影响回购利率的因素如下：

- 与抵押品有关的风险。高评级的抵押品，例如高评级的主权债券，回购利率一般较低。它们随着与交易有关的抵押品的相关信用风险水平而上升。
- 回购协议期限。回购利率通常随着到期日增加，因为长期利率通常高于正常情况下的短期利率。
- 对抵押品的交付要求。当需要向贷款人交付抵押品时，回购利率通常较低。
- 抵押品的供求条件。特定抵押品越稀缺，回购利率越低，因为借款人有着贷款人资金出于某种特定原因非常需求的证券，也许是因为潜在的发行需求很大。对这种抵押品的需求意味着它被认为是"特殊的"。不特殊的抵押品被称为"一般抵押品"。需要特殊抵押品的一方，通常需要以低于市场回购利率贷款以获得抵押品。
- 货币市场的替代融资利率。

回购协议的利息在回购日，即协议终止时支付。请注意，在回购协议期间由证券支付的任何息票均属于证券的卖方（如借款人的现金）。

当通过现金贷款交易对手的角度来看回购协议时，该交易被称为逆回购协议（reverse repurchase agreement）或逆回购（reverse repo）。在上述例子中，交易对手同意购买 3 年期限 2.25% 的英国国债，并承诺以商定的价格在下一个交易日出售。交易对手正在向交易商提供抵押贷款。逆回购协议经常用于借入证券以抵补空头头寸。

特定交易是否被标记为回购协议或逆回购协议的问题取决于用户的观点。标准做法是从交易商的角度来看待交易。如果交易商从对手方借现金并提供证券作为抵押品，则该交易称为回购协议。如果交易商向对手方借证券和借出现金，此交易被称为逆回购协议。

2.7.3.2 与回购协议相关的信用风险

不管交换的抵押品如何，回购协议中的每个市场参与者会面临交易对手违约风险。即使抵押品是高评级的主权债券，也存在信用风险。假设交易商（即现金借款人）违约，并且无法在指定的回购日期回购抵押品。资金贷款人占有抵押品，并保留任何属于借款人的收入。风险在于，回购协议开始后，抵押品的价格已经下降，导致抵押品的市场价值低于未偿还的回购价格。

相反，假设投资者（如现金贷方）违约，并且无法在回购日交付抵押品。风险在于自回购协议开始以来，抵押品的价格已经上涨，导致交易商现在持有的现金低于抵押品市场价值。在这种情况下，投资者负有向交易商支付该证券替代品价格超出回购价格的那部分差额。

虽然回购协议双方均受信用风险约束，但协议的构建似乎贷款人是最脆弱的一方。具体来说，借出金额低于抵押品的市值。虽然术语"剪刀差"（haircut）更常用，特别是在美国，但作为抵押品的证券市场价值与贷款价值之间的差额通常被称为回购价差（repo margin）。回购利差允许市场价值出现一定恶化，如果抵押品的市场价值下降，可以为现金放款人提供一定的安全幅度。回购价差因交易而异，并在交易对手之间双边磋商。价差水平是以下因素的函数：

- 回购协议的时间长短。回购协议时间越长，回购价差越高。
- 抵押品质量。抵押品质量越高，回购价差越低。
- 交易对手的信用质量。交易对手的信用度越高，回购价差越低。
- 抵押品的供求条件。如果抵押品供不应求，或者如果对它的需求很大，回购价差会降低。

> **例 2-7**
>
> 1. 以下哪一项不被认为是批发资金？
>   A. 银行间资金　　　　B. 中央银行资金　　　　C. 回购协议
> 2. 对于存款银行，国家中央银行持有的准备金为：
>   A. 一个要求
>   B. 一个机会成本
>   C. 一个获得超额准备金利息的机会
> 3. 大面额可转让存单最有可能：
>   A. 在公开市场上交易　　B. 由个人投资者购买　　C. 提前提款的处罚
> 4. 从经销商的角度来看，回购协议最好被描述为一种：
>   A. 抵押短期贷款　　　　B. 抵押短期借款　　　　C. 无抵押短期借款

5. 回购协议的利率被称为：
   A. 回购利率　　　　　　B. 回购收益　　　　　　C. 回购价差
6. 回购价差水平越高：
   A. 抵押品的质量越高　　B. 交易对手的信用质量越高　C. 回购协议的期限越长

解答 1：C 是正确的。批发资金是指金融机构相互借贷的资金。它们包括中央银行资金、银行间资金和存单。虽然回购协议是银行的重要资金来源，但它们不被视为批发资金。

解答 2：B 是正确的。国家中央银行持有的准备金是机会成本，因为不能以更高的利率投资或借给消费者或商业企业。A 是不正确的，因为虽然很多国家要求接受存款的银行在国家中央银行存放准备金，但并不总是如此。C 是不正确的，因为一些中央银行对准备金不支付利息，有时甚至会对准备金收取费用。

解答 3：A 是正确的。大面额可转让存单可以在公开市场上交易。B 是不正确的，因为它是小面额的，不是大面额的，主要由个人投资者购买的可转让存款凭证。C 是不正确的，因为它是不可转让的，不可转让的存款凭证提前提取资金要支付罚金。

解答 4：B 是正确的。在回购协议中，证券出售的同时得到卖方同意以较高的价格从买方购买相同的证券。因此，回购协议类似于抵押短期借款，出售和随后回购代表抵押品的证券。A 是不正确的，因为抵押短期贷款是逆回购协议的描述。C 是不正确的，因为回购协议涉及抵押品。因此，它是一种抵押，不是非抵押的短期借款。

解答 5：A 是正确的。回购利率是回购协议的利率。B 是不正确的，因为回购协议的利息被称为回购利率，而不是回购收益率。C 是不正确的，因为回购价差是指用作抵押品的证券市场价值与贷款价值之间的差额。

解答 6：C 是正确的。回购协议的时间越长，回购价差（剪刀差）越高。A 是不正确的，因为抵押品的质量越高，回购价差越低。B 是不正确的，因为交易对手的信用质量越高，回购价差就越低。

本章小结

债务融资是政府、政府有关实体、金融机构和非金融公司的重要资金来源。运作良好的固定收益市场有助于确保在全球范围内有效地分配资本到最高效和最好的使用之处。重点包括以下：

- 最广泛使用的固定收益市场分类方式包括发行人的类型、债券的信用质量、到期日、票面货币和息票类型、债券发行和交易的地方。
- 根据发行人的类型，三大债券市场板块是政府与政府相关板块，企业板块和结构性金融板块。全球主要债券发行人是政府和金融机构。
- 投资者根据发行人的信用质量区分投资级和高收益债券市场。

- 货币市场是发行和交易初始期限从隔夜到 1 年期证券的地方，而资本市场是初始期限在 1 年以上的证券发行和交易的地方。
- 大多数债券以欧元或美元计价。
- 投资者区分支付固定利率和浮动利率的债券。浮动利率债券的票息表示为参考利率加上利差。
- 银行间拆借利率，如 Libor，是浮动利率债务和其他金融工具最常用的参考利率。
- 银行同业拆借利率是反映银行认为可以从银行间市场其他银行以不同货币和不同期限借到无担保资金的利率。
- 根据债券发行和交易的地点，区分国内和国际债券市场。后者包括欧洲债券市场，不属于任何一个国家的管辖范围，其呈报、监管和税收限制较少。投资者也区分发达国家和新兴国家债券市场。
- 固定收益指数被投资者和投资经理用于描述债券市场或板块，并评估投资和投资经理绩效。
- 债券最大的投资者包括中央银行、机构投资者如养老基金、一些对冲基金、慈善基金与捐赠基金、保险公司与银行、个人投资者。
- 一级市场是发行人首先向投资者出售债券募集资金的市场。二级市场是现有债券随后在投资者之间交易的市场。
- 一级市场发行债券有两种机制：公开发行，任何公众人士都可以购买债券；或私募配售，只有一个投资者或少量投资者可以直接从发行人或通过投资银行购买债券。
- 公开债券发行机制包括承销产品、尽力推销、暂搁注册和拍卖。
- 投资银行承销债券时，购买整个发行债券，并承担转售给投资者或交易商的风险。相比之下，在尽力推销中，投资银行只作为经纪人，只在其能力范围内出售债券。发行公司债券经常使用承销和尽力推销。
- 承销过程通常包括六个阶段：确定资金需求、选择承销商、构建和公告债券发行、定价、发行和结账。
- 暂搁注册是发行证券的一种方法，发行人向监管机构提交一份描述一系列未来发行证券的文件。
- 拍卖是一种涉及投标的公开发行方式，有助于提供价格发现和分配证券，经常用于发行主权债券。
- 大多数债券在场外市场上交易，机构投资者是二级市场债券的主要买卖双方。
- 国家政府主要出于财政原因而发行主权债券。他们根据发行地点、期限和息票类型而采用不同的名称和形式。大多数主权债券是固定利率债券，尽管一些国家政府也发行浮动利率债券和通货膨胀挂钩债券。
- 地方政府、准政府实体和超国家机构发行债券，分别被称为非主权债券、准政府债券和超国家债券。
- 公司以双边贷款、银团贷款、商业票据、票据和债券的形式筹集债务。

- 商业票据是一种短期无担保证券，被公司用作短期和过桥融资的来源。商业票据的投资者面临信用风险，尽管违约情况很少。许多发行人会定期为他们的商业票据展期。
- 公司债券和票据根据期限、票息和本金还款结构的不同具有不同的形式。重要的考虑因素还包括抵押担保和应急条款。
- 中期票据是由发行人的代理人不断向投资者提供的证券。他们可以有短期或长期到期期限。
- 金融机构可以获得额外的资金来源，如零售存款、中央银行资金、银行间资金、大面额可转让存款凭证和回购协议。
- 回购协议与抵押贷款相似。它涉及证券（抵押品）的出售，同时由卖方（借款人）同意按照协议，在未来以协议价格从购买方（贷款人）购买相同的证券。回购协议是交易商公司的常见资金来源，也可用于借入证券以抵补空头头寸。

第3章

固定收益估值介绍

詹姆斯 F. 亚当斯（James F. Adams）博士
特许金融分析师
唐纳德 J. 史密斯（Donald J. Smith）博士

学习成果

完成本章后，你将掌握以下内容：

- 根据市场贴现率计算债券的价格。
- 确定债券价格、票息、到期日和市场贴现率（到期收益率）之间的关系。
- 定义即期利率，并使用即期利率计算债券的价格。
- 描述和计算平价、应计利息和债券全价。
- 描述矩阵定价。
- 计算和说明固定利率债券、浮动利率票据和货币市场工具的收益率计量指标。
- 定义和比较即期利率曲线、息票债券收益率曲线、远期曲线。
- 定义远期利率，从远期利率计算即期利率，从即期利率计算远期利率和使用远期利率计算债券价格。
- 比较、计算和解释收益率利差计量指标。

3.1 引言

在全球范围内，固定收益市场是企业和政府的主要融资来源。事实上，公司和政府债券的总市值远远大于权益证券。同样，固定收益市场也被称为债务市场或债券市场，代表了机构和个人的重要投资机会。养老基金、共同基金、保险公司和主权财富基金等都是主要的固定收益证券投资者。渴望相对稳定收入流的退休人员常常持有固定收益证券。显然，了解如何给固定收益证券估值对投资者、发行人和金融分析师来说是重要的。本章重点介绍传统（无期权）固定利率债券的估值，尽管其他债务证券，如浮动利率票据和货币市场工具也被包括在内。

3.2 节描述和说明了基本的债券估值，其中包括对每笔未来现金流量使用市场贴现率来定价债券，以及使用一系列即期利率定价债券。使用即期利率进行估值允许每笔未来的现金流以与其时间相关的利率折现。这种对未来现金流量估值方法的应用远远超出了固定收益市场。本节还对债券价格、票息、到期日和市场贴现率（到期收益率）之间的关系进行了描述和说明。

3.3 节描述了实践中债券价格和收益率在实践中如何报价和计算。当债券活跃交易时，投资者可以观察价格并计算各种收益率。然而，这些收益率计量方法因债券类型而异。实务上，固定利率债券、浮动利率和货币市场工具都采用不同的计量方法。当债券没有活跃交易时，矩阵定价通常用于基于可比证券的估值。

3.4 节讨论了利率的到期或期限结构。本讨论涉及收益率曲线的分析，其中说明了在其他特征相似的情况下，债券的到期收益率与到期期限之间的关系，描述了各种类型的收益率曲线。

3.5 节重点讲述了基准利率的收益率利差。当投资者想要相对较高的收益时，他们必须准备承担更多的风险。收益率利差是指投资者为超过基准证券（通常是政府债券）的额外收益预期所要承担的额外风险。章末有本章小结和习题。

3.2 债券价格和货币的时间价值

债券定价是贴现现金流分析的应用。定价的复杂性取决于特定债券的特征和用于贴现的利率（或多个利率）。本节首先对所有未来现金流量使用单一折现因子，并以最通用的债券估值方法得出结论。债券估值的通用方法是使用一系列对应于未来现金流量时间的即期利率。

3.2.1 债券定价与市场贴现率

在传统（无期权）固定利率债券方面，承诺的未来现金流量是一系列息票利息支付和到期时全额偿还本金。息票支付是在预订日期，例如，年度支付债券可能会在 5 年内的每年 6 月 15 日支付利息。最后一次息票通常在到期日与全额本金一起支付。发行债券的价格是承诺的现金流量的现值。在货币时间价值计算中使用**市场贴现率**（market discount rate）来获得现值。市场贴现率是投资者因投资债券而承受风险所要求的回报率，也称为**要求的收益率**（required yield）或**要求的回报率**（required rate of return）。

例如，假设债券的票息为 4%，每年支付一次。如果到期期限为 5 年，市场贴现率为 6%，则债券价格为**票面面值**（par value）的 91.575%。面值是债券的本金额。

$$\frac{4}{(1.06)^1} + \frac{4}{(1.06)^2} + \frac{4}{(1.06)^3} + \frac{4}{(1.06)^4} + \frac{104}{(1.06)^5} =$$

$$3.774 + 3.560 + 3.358 + 3.168 + 77.715 = 91.575$$

最终现金流量是本金偿还（100）加上该日支付的息票（4）共 104：该债券的价格是 5 笔现金流量的现值之和。每 100 面值的价格可以解释为面值的百分比。如果面值为 10 万美元，则每年息票金额为4 000美元，债券价格为91 575美元。其价格为面值的91.575%。该债券被称为折价（discount）交易，因为价格低于面值。

假设另一个5年期债券每年支付8%的票息。如果市场贴现率再次达到6%，债券价格为108.425。

$$\frac{8}{(1.06)^1} + \frac{8}{(1.06)^2} + \frac{8}{(1.06)^3} + \frac{8}{(1.06)^4} + \frac{108}{(1.06)^5} =$$

$$7.547 + 7.120 + 6.717 + 6.337 + 80.704 = 108.425$$

这个债券是溢价（premium）交易，因为它的价格高于面值。

如果另外一个5年期债券每年支付6%的票息，市场贴现率仍为6%，债券将以平价交易。

$$\frac{6}{(1.06)^1} + \frac{6}{(1.06)^2} + \frac{6}{(1.06)^3} + \frac{6}{(1.06)^4} + \frac{106}{(1.06)^5} =$$

$$5.660 + 5.340 + 5.038 + 4.753 + 79.209 = 100.000$$

票息表示发行人承诺每年向债券持有人支付的利息。市场贴现率反映了投资者为债券支付全额面值而每年需要收取的利息。因此，假设这三种债券具有相同的风险，与市场贴现率一致，4%的债券将提供"不足"的票息。低于面值的折价金额为不足的现值，即每年2%的面值。使用市场贴现率贴现，不足的现值为-8.425。

$$\frac{-2}{(1.06)^1} + \frac{-2}{(1.06)^2} + \frac{-2}{(1.06)^3} + \frac{-2}{(1.06)^4} + \frac{-2}{(1.06)^5} = -8.425$$

票息4%的债券价格为91.575（=100-8.425）。以同样的方式，票息8%的债券提供了一个"过多"的票息，因为投资者在给定风险下只要求6%的利率。溢价金额为过多现金流量的现值，为+8.425。票息为8%债券的价格为108.425（=100+8.425）。

这些例子表明，相对于面值，固定利率债券的价格取决于票息与市场贴现率的关系。以下是这种关系的总结：

- 当票息低于市场贴现率时，该债券的定价为折价低于面值。
- 当票息大于市场贴现率时，该债券定价为溢价高于面值。
- 当票息等于市场贴现率时，债券定价为面值平价。

在这一点上，假设债券是在息票支付日定价的。如果债券在息票支付日期之间，所支付的价格将包括应计利息，即已赚取但尚未支付的利息。第3.3.1节详细讨论了应计利息。式（3-1）是在给定市场贴现率下计算债券价格的通用公式。

$$PV = \frac{PMT}{(1+r)^1} + \frac{PMT}{(1+r)^2} + \cdots + \frac{PMT + FV}{(1+r)^N} \qquad (3\text{-}1)$$

式中 PV——现值或债券的价格；

PMT——每期的息票支付；

FV——到期支付的未来值或债券的面值；

r——市场贴现率，或每期要求的回报率；

N——至到期日均匀间隔的周期数。

迄今为止，大多数欧洲债券的惯例是一年支付一次债券利息。亚洲和北美债券通常每半年支付一次，所规定的利率是年利率。假设债券的票息为 8%，6 月 15 日和 12 月 15 日每年（半年）支付两次。对于每 100 面值（$FV = 100$），每个周期的息票支付为 4（$PMT = 4$）。如果有 3 年到期，有 6 个平均间隔的半年期（$N = 6$）。如果每半年期市场贴现率为 3%（$r = 0.03$），则债券的价格为每 100 面值的 105.417。

$$\frac{4}{(1.03)^1} + \frac{4}{(1.03)^2} + \frac{4}{(1.03)^3} + \frac{4}{(1.03)^4} + \frac{4}{(1.03)^5} + \frac{104}{(1.03)^6} = 105.417$$

如果债券投资的实际面值为新加坡元，例如 10 万新元，价格为 105 417 新元。该债券的交易价格高于面值，因为每周期 4% 的票息高于每期 3% 的市场贴现率。通常，这些利率通过将每个周期的利率乘以一年中的周期数来进行年化。因此，等价表明是，债券的定价为溢价，因为其所定的票息为 8% 大于所列的年市场贴现率 6%。除非另有说明，利率通常被称为年利率。

> **例 3-1 折价、溢价和平价的债券交易**
>
> 确定以下每种债券是否以折价、平价或溢价交易。使用式（3-1）计算每 100 面值的债券价格。如果票息与市场贴现率相比不足或过多，则计算每 100 面值的不足或过多金额。
>
> | 债券 | 每周期息票支付 | 至到期日周期数 | 每周期市场贴现率 |
> | --- | --- | --- | --- |
> | A | 2 | 6 | 3% |
> | B | 6 | 4 | 4% |
> | C | 5 | 5 | 5% |
> | D | 0 | 10 | 2% |
>
> **解答：**
>
> **债券 A**
>
> $$\frac{2}{(1.03)^1} + \frac{2}{(1.03)^2} + \frac{2}{(1.03)^3} + \frac{2}{(1.03)^4} + \frac{2}{(1.03)^5} + \frac{102}{(1.03)^6} = 94.583$$
>
> 债券 A 以折价交易。其价格低于面值，因为每周期（2%）的票息低于每周期要求的收益率（3%）。每个周期的不足是票息减去市场贴现率，乘以面值：（0.02 − 0.03）× 100 = −1。目前的不足现值为 −5.417，按照每周期期限的要求的收益率（市场贴现率）贴现。
>
> $$\frac{-1}{(1.03)^1} + \frac{-1}{(1.03)^2} + \frac{-1}{(1.03)^3} + \frac{-1}{(1.03)^4} + \frac{-1}{(1.03)^5} + \frac{-1}{(1.03)^6} = -5.417$$
>
> 不足金额可用于计算债券的价格，价格为 94.583（= 100 − 5.417）。
>
> **债券 B**
>
> $$\frac{6}{(1.04)^1} + \frac{6}{(1.04)^2} + \frac{6}{(1.04)^3} + \frac{106}{(1.04)^4} = 107.260$$

债券 B 是溢价交易，因为每周期（6%）的票息大于每期市场贴现率（4%）。每个周期的过多金额是票息减去市场贴现率，乘以面值：（0.06 − 0.04）× 100 = + 2。过多金额用每周期要求的收益率贴现后现值为 + 7.260。

$$\frac{2}{(1.04)^1}+\frac{2}{(1.04)^2}+\frac{2}{(1.04)^3}+\frac{2}{(1.04)^4}=7.260$$

债券价格为 107.260（= 100 + 7.260）。

债券 C

$$\frac{5}{(1.05)^1}+\frac{5}{(1.05)^2}+\frac{5}{(1.05)^3}+\frac{5}{(1.05)^4}+\frac{105}{(1.05)^5}=100.000$$

债券 C 以平价交易，因为票息等于市场贴现率。给定的债券风险下，息票支付既不会过多也不会不足。

债券 D

$$\frac{100}{(1.02)^{10}}=82.035$$

债券 D 是一种零息债券，总是以低于面值的折价交易（只要要求的收益率大于零）。每周期息票支付的不足金额为 − 2 美元：（0 − 0.02）× 100 = − 2。

$$\frac{-2}{(1.02)^1}+\frac{-2}{(1.02)^2}+\frac{-2}{(1.02)^3}+\frac{-2}{(1.02)^4}+\frac{-2}{(1.02)^5}+$$

$$\frac{-2}{(1.02)^6}+\frac{-2}{(1.02)^7}+\frac{-2}{(1.02)^8}+\frac{-2}{(1.02)^9}+\frac{-2}{(1.02)^{10}}=-17.965$$

债券价格为 82.035（= 100 − 17.965）。

3.2.2 到期收益率

如果债券的市场价格是已知的，则式（3-1）可用于计算其到期收益率（yield-to-maturity）（有时被称为赎回收益率）。到期收益率是现金流量的内部收益率，即用来将未来现金流量贴现的现值等于债券价格的利率。这是隐含的市场贴现率。

到期收益率是基于三个关键假设下给予债券投资者的回报率：

（1）投资者持有债券至到期。

（2）发行人在预定日期全额支付所有息票和本金。因此，假设发行人在任何支付上都不违约，到期收益率是承诺的收益率。

（3）投资者能够用息票支付款以同样的收益率再投资。这是内部收益率的特征之一。

例如，假设 4 年期，5% 年息票支付债券的定价是每 100 面值的 105。到期收益率是该方程中的利率 r：

$$105=\frac{5}{(1+r)^1}+\frac{5}{(1+r)^2}+\frac{5}{(1+r)^3}+\frac{105}{(1+r)^4}$$

通过试错法搜寻或在金融计算器上使用货币时间价值键来获得 $r = 0.036\ 34$ 的结果。债券以溢价交易，因为其票息（5%）大于投资者要求的收益率（3.634%）。

到期收益率不取决于固定收益组合中实际的面值金额。例如，假设日本的机构投资者拥有 3 年期，2.5% 的半年度息票支付债券，面值为 1 亿日元。目前该债券的定价为 98 175 677 日元。每半年期的收益率可以通过求解 r 的等式来获得：

$$98.175\ 677 = \frac{1.25}{(1+r)^1} + \frac{1.25}{(1+r)^2} + \frac{1.25}{(1+r)^3} + \frac{1.25}{(1+r)^4} + \frac{1.25}{(1+r)^5} + \frac{101.25}{(1+r)^6}$$

每半年期收益率结果为 1.571%（$r = 0.015\ 71$），年化收益率为 3.142%（$0.015\ 71 \times 2 = 0.031\ 42$）。一般来说，如果定价为面值的 98.175 677%，则任意面值金额的 3 年期 2.5% 的半年支付息票债券的年化收益率为 3.142%。

例 3-2　溢价、折价和零息债券的到期收益率

计算以下债券的到期收益率。价格以每 100 面值表示。

债券	每周期息票支付	至到期日周期数	价格
A	3.5	4	103.75
B	2.25	6	96.50
C	0	60	22.375

解答：

债券 A

$$103.75 = \frac{3.5}{(1+r)^1} + \frac{3.5}{(1+r)^2} + \frac{3.5}{(1+r)^3} + \frac{103.5}{(1+r)^4}, \quad r = 0.025\ 03$$

债券 A 以溢价交易，因此每周期到期收益率（2.503%）必然低于每周期票息（3.5%）。

债券 B

$$96.50 = \frac{2.25}{(1+r)^1} + \frac{2.25}{(1+r)^2} + \frac{2.25}{(1+r)^3} + \frac{2.25}{(1+r)^4} + \frac{2.25}{(1+r)^5} + \frac{102.25}{(1+r)^6}, \quad r = 0.028\ 94$$

债券 B 以折价交易，所以每周期到期收益率（2.894%）必然高于每周期票息（2.25%）。

债券 C

$$22.375 = \frac{100}{(1+r)^{60}}, \quad r = 0.025\ 27$$

债券 C 是一种零息债券，以低于面值价格交易。其到期收益率为 2.527%。

3.2.3　债券价格与债券特征之间的关系

固定利率债券的价格将随着市场贴现率的变化而变化。给定市场贴现率的前提下，关于

债券价格变动的四个关系是:

(1)债券价格与市场贴现率成反比。当市场贴现率上升时,债券价格下降(反之亦然)。

(2)对于同样的票息和到期期限,当市场贴现率下降时,价格变动百分比(绝对值,意味着不考虑变化的痕迹)比市场贴现率上升(凸度影响)时大。

(3)在同一时间到期时,当市场贴现率发生相同数量(息票效应)变化时,低息票债券的价格变动幅度高于较高息票债券的价格变动幅度。

(4)一般来说,对于同样的票息,当市场贴现率变化相同时(期限效应),长期债券的价格变动幅度比短期债券的价格变动幅度更大。

表 3-1 用九个年息票支付债券显示了这些关系。这些债券具有不同的票息和到期日,但风险方面则相同。10 年期、20 年期和 30 年期债券的票息分别为 10%、20% 和 30%。起初,这些债券都是以 20% 的市场贴现率定价。式(3-1)用于确定价格。然后,市场贴现率下降了 1 个百分点,从 20% 到 19%,然后又从 20% 上升到 21%。

表 3-1 债券价格和债券特征之间关系

债券	票息	到期期限	20% 时的价格	贴现率下降		贴现率上升	
				19% 时的价格	百分比变化	21% 时的价格	百分比变化
A	10.00%	10	58.075	60.950	4.95%	55.405	-4.60%
B	20.00%	10	100.000	104.339	4.34%	95.946	-4.05%
C	30.00%	10	141.925	147.728	4.09%	136.487	-3.83%
D	10.00%	20	51.304	54.092	5.43%	48.776	-4.93%
E	20.00%	20	100.000	105.101	5.10%	95.343	-4.66%
F	30.00%	20	148.696	156.109	4.99%	141.910	-4.56%
G	10.00%	30	50.211	52.888	5.33%	47.791	-4.82%
H	20.00%	30	100.000	105.235	5.23%	95.254	-4.75%
I	30.00%	30	149.789	157.581	5.20%	142.716	-4.72%

第一个关系是债券价格和市场贴现率呈反比关系。表 3-1 中当贴现率从 20% 降至 19% 时,所有债券价格均上涨,当贴现率由 20% 升至 21%,所有价格均下跌。这种情况发生是因为固定利率债券的固定现金流量。当分母中的市场贴现率上升或下降时,式(3-1)中的分子不会改变。因此,价格(PV)与市场贴现率(r)成反比。

第二个关系反映了凸度效应。在表 3-1 中,价格变化百分比用以下等式计算:

$$价格变化百分比 = (新价格 - 原价格)/原价格$$

例如,当市场贴现率落在债券 A 时,价格从 58.075 上涨至 60.950。价格涨幅百分比为 4.95%。

$$价格涨幅百分比 = \frac{60.950 - 58.075}{58.075} = 0.049\,5$$

对于每种债券,价格涨幅百分比绝对值均高于价格下跌百分比幅度。这意味着债券价和市场贴现率之间的关系不是线性的。相反，它是曲线的。它被描述为"凸面"。图 3-1 显示 10 年期，10% 债券的凸度效应。

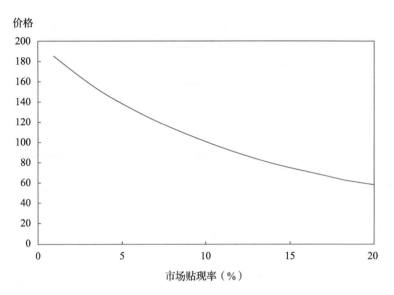

图 3-1　市场贴现率和 10 年期 10% 年支付息票债券价格之间的凸度关系

第三个关系是息票效应。考虑债券 A、B 和 C 有 10 年到期。对于到期收益率的减少和增加，债券 A 的价格变动百分比幅度比债券 B 大，债券 B 的变动幅度比 C 大。同样的模式适用于 20 年期和 30 年期债券。因此，其他条件相等的情况下，低息票债券的价格波动性高于高息票债券。

第四个关系就是到期影响。比较债券 A 和 D，债券 B 和 E 以及债券 C 和 F 的结果。不论市场贴现率上涨还是下跌，20 年期债券的价格变动百分比幅度比 10 年期债券的价格变动幅度大。一般来说，其他条件相等时，长期债券的价格波动比短期债券更大。

到期效应有例外。这就是为什么"一般"一词出现在本节开头的关系陈述中。比较表 3-1 中债券 D 和 G，债券 E 和 H 以及债券 F 和 债券 I 的结果。对于以溢价交易的高票息债券，债券 F 和 I，通常持有 30 年期债券比 20 年期债券更大的价格变动百分比。同样的模式适用于初始以面值定价的债券 E 和 H。例外情况出现在以折价定价的债券 D 和 G，因为其票息低于市场贴现率。20 年期 10% 的债券价格变动百分比幅度比 30 年期 10% 的债券大。实际上很少出现到期效应例外。它们仅发生在低息票（但不是零息债券）、折价交易的长期债券。到期效应对零息债券有效，就像它对以面值或溢价定价的债券有效一样。

表 3-1 中最后要注意的一点是，在市场贴现率为 20% 时，均以面值交易、票息为 20% 的债券 B，E，H。票息等于市场贴现率的债券，无论到期的年数如何，在票面支付日均以面值定价。

> **例 3-3　基于息票和到期期限的债券价格变动百分比**
>
> 一名投资者正在考虑以下 6 只年息票支付的政府债券：
>
> | 债券 | 票息 | 到期日 | 到期收益率 |
> |---|---|---|---|
> | A | 0 | 2 年 | 5.00% |
> | B | 5% | 2 年 | 5.00% |
> | C | 8% | 2 年 | 5.00% |
> | D | 0% | 4 年 | 5.00% |
> | E | 5% | 4 年 | 5.00% |
> | F | 8% | 4 年 | 5.00% |
>
> （1）根据债券价格和债券特征之间的关系，如果所有收益率都从 5.00% 下降到 4.90%，债券将以最高的价格上涨百分比？
>
> （2）根据债券价格和债券特征之间的关系，如果所有收益率从 5.00% 上升到 5.10%，债券将以最小的价格下降百分比？
>
> **解答 1**：债券 D 将以最高的价格上涨百分比，因为它有最低的票息（息票效应）和更长的到期时间（到期效应）。这些债券没有到期效应例外，因为没有低息债券以折价交易。
>
> **解答 2**：债券 C 将以最小的价格下降百分比，因为它具有最高的票息（息票效应）和较短的到期时间（到期效应）。这里无期限效应例外，因为债券 C 和 F 以溢价定价。

图 3-1 假设到期时间不变，说明对债券价格的影响。它显示了从一刻到下一刻市场贴现率的瞬间变化。

但随着时间的推移，即使市场贴现率保持不变，债券价格也会变化。随着时间的推移，在到期时债券持有人以更接近面值获得偿付。**固定收益价格轨迹**（constant-yield price trajectory）说明了固定收益债券价格随时间而变化。这个轨迹显示了以溢价或平价（面值）或折价交易的债券的价格受到"拉到面值"效应的影响。如果发行人没有违约，则债券的价格在其到期时间接近零时接近面值。

图 3-2 显示了年息票支付 4% 和 12%，10 年期债券的恒定收益率价格轨迹。两种债券的市场贴现率为 8%。4% 的债券的初始价格是每 100 面值的 73.160。价格每年上涨，并在接近到期日时接近面值。12% 的债券的初始价格为 126.840，并且每年下降，在接近到期日时接近面值。这两个价格都被拉到了面值。

3.2.4　用即期利率定价债券

当固定利率债券使用市场贴现率进行定价时，每笔现金流量都使用相同的贴现率。计算债券价格更根本的方法是使用一系列与现金流日期相对应的市场贴现率。这些市场贴现率称为**即期利率**（spot rates）。即期利率是每笔现金流量到期日的零息债券到期收益率。有时这些被称为"零息债券利率"。使用即期利率确定的债券价格（或价值）有时被称为债券的"无套利值"。如果债券的价格与其无套利价值不同，在没有交易成本的情况下存在套利机会。

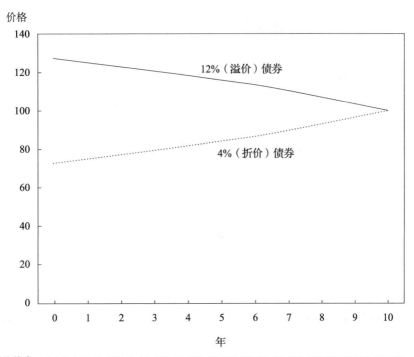

| 折价债券 | 73.160 | 75.012 | 77.013 | 79.175 | 81.508 | 84.029 | 86.751 | 89.692 | 92.867 | 96.296 | 100.00 |
| 溢价债券 | 126.84 | 124.98 | 122.98 | 120.82 | 118.49 | 115.97 | 113.24 | 110.30 | 107.13 | 103.70 | 100.00 |

图 3-2　贴现率为 8% 时，10 年期，年支付息票，4% 和 12% 票息债券的恒定收益率价格轨迹

假设 1 年期即期利率为 2%，2 年期即期利率为 3%，3 年期即期利率为 4%。那么，3 年期，5% 年息票支付债券的价格是 102.960。

$$\frac{5}{(1.02)^1} + \frac{5}{(1.03)^2} + \frac{105}{(1.04)^3} = 4.902 + 4.713 + 93.345 = 102.960$$

这个 3 年期债券以溢价定价，因此其到期收益率必须低于 5%。使用式（3-1），到期收益率为 3.935%。

$$102.960 = \frac{5}{(1+r)^1} + \frac{5}{(1+r)^2} + \frac{105}{(1+r)^3}, \quad r = 0.039\,35$$

当息票和本金现金流量按照到期收益率贴现时，可得到相同的价格。

$$\frac{5}{(1.039\,35)^1} + \frac{5}{(1.039\,35)^2} + \frac{105}{(1.039\,35)^3} = 4.811 + 4.629 + 93.520$$
$$= 102.960$$

请注意，使用即期利率与使用到期收益率贴现个人现金流量的现值相差不大。贴现率为 2% 时，第一笔息票支付的现值为 4.902；贴现率为 3.935% 时，则现值为 4.811。贴现率为 4% 时，包括本金赎回在内的最终现金流量现值为 93.345，贴现率为 3.935% 时，现值为 93.520。然而，使用任一方法的现值总和都是 102.960。

式（3-2）是给定序列即期利率计算债券价格的通用公式：

$$PV = \frac{PMT}{(1+Z_1)^1} + \frac{PMT}{(1+Z_2)^2} + \cdots + \frac{PMT+FV}{(1+Z_N)^N} \quad (3\text{-}2)$$

式中　Z_1——1 期的即期利率，或零息票收益率或零利率；
　　　Z_2——2 期的即期利率，或零息票收益率或零利率；
　　　Z_N——N 期的即期利率，或零息票收益率或零利率。

> **例 3-4　基于即期利率和到期收益率的债券价格**
>
> 给定以下两序列即期利率，计算 4 年期，3% 年息票支付债券的价格（每 100 面值）和到期收益率。
>
> | 到期日 | 即期利率 A | 即期利率 B |
> | --- | --- | --- |
> | 1 年 | 0.39% | 4.08% |
> | 2 年 | 1.40% | 4.01% |
> | 3 年 | 2.50% | 3.70% |
> | 4 年 | 3.60% | 3.50% |
>
> **解答：**
> **即期利率 A**
>
> $$\frac{3}{(1.0039)^1} + \frac{3}{(1.0140)^2} + \frac{3}{(1.0250)^3} + \frac{103}{(1.0360)^4} =$$
> $$2.988 + 2.918 + 2.786 + 89.412 = 98.104$$
>
> 给定即期利率 A，4 年期，3% 的债券定价为 98.104。
>
> $$98.104 = \frac{3}{(1+r)^1} + \frac{3}{(1+r)^2} + \frac{3}{(1+r)^3} + \frac{103}{(1+r)^4}, \quad r = 0.03516$$
>
> 到期收益率为 3.516%。
>
> **即期利率 B**
>
> $$\frac{3}{(1.0408)^1} + \frac{3}{(1.0401)^2} + \frac{3}{(1.0370)^3} + \frac{103}{(1.0350)^4} =$$
> $$2.882 + 2.773 + 2.690 + 89.759 = 98.104$$
>
> $$98.104 = \frac{3}{(1+r)^1} + \frac{3}{(1+r)^2} + \frac{3}{(1+r)^3} + \frac{103}{(1+r)^4}, \quad r = 0.03516$$
>
> 给定即期利率 B，4 年期，3% 的债券再次定价为 98.104，收益率为 3.516%。
>
> 这个例子表明，两个非常不同序列的即期利率可以得到相同的债券价格和到期收益率。即期利率 A 在较长的期限内增加，而即期利率 B 下降。

3.3 价格和收益率：报价和计算惯例

当投资者购买股票时，他们按报价支付。然而，对于债券，报价和支付价格之间可能存在差异。本节解释为什么会出现这种差异，以及如何计算报价和付款价格。它还描述了如何对没有活跃交易的债券估值，并展示了如何计算固定利率债券、浮动利率票据和货币市场工具的收益率。

3.3.1 平价、应计利息和全价

当债券在息票支付日期之间时，其价格有两部分：平价（flat price，$PV^{平价}$）和应计利息（accrued interest，AI）。两部分的总和是全价（full price，$PV^{全价}$），也称为发票或"肮脏"价格。平价是全价减去应计利息，也被称为报价或"干净"价格。

$$PV^{全价} = PV^{平价} + AI \tag{3-3}$$

平价通常由债券交易商报价。如果进行交易，则将应计利息加入平价，以获得买方支付的全价并在结算日（settlement date）卖家收到全价款。结算日是债券买家进行现金支付，卖方交付证券。

使用平价报价的原因是为了避免投资者对该债券的市场价格走势造成误导。如果交易商使用全价报价，投资者会看到价格逐日上涨，即使到期收益率没有变化。这是因为应计利息的金额每天都在增加。然后，在支付息票后，报价将大幅下降。使用平价报价避免了这种虚假表述。按照图3-2所示沿着恒定收益价格轨迹的平价"被拉至面值"。

应计利息是下一个息票支付的比例份额。假设息票期间在支付日期之间有"T"天，并且自上次支付之后"t"天已经过去了。应计利息采用式（3-4）计算：

$$AI = t/T \times PMT \tag{3-4}$$

式中　t——从上一个息票支付日到结算日的天数；

T——息票周期的天数；

t/T——自上次支付以来已经过去的息票周期分数；

PMT——每周期的息票支付。

请注意，全价的应计利息部分不取决于到期收益率。因此，平价受市场贴现率变动的影响。

债券市场有不同的计算天数惯例。两个最常见的天数计算惯例是实际/实际和30/360。对于使用实际/实际天数的方法，使用实际的天数，包括周末、假日和闰日。例如，半年支付债券每年5月15日和11月15日支付利息。6月27日结算的应计利息将按5月15日至6月27日（$t = 43$天）之间的实际天数除以5月15日至11月15日之间的实际天数（$T = 184$天）乘以息票支付。如果所列票息为4.375%，则应计利息为每100面值的0.511 209。

$$AI = \frac{43}{184} \times \frac{4.375}{2} = 0.511\ 209$$

天数计算惯例随市场的不同而不同。然而，实际/实际法是政府债券最常见的。

公司债券通常用30/360天数计算惯例。它假设每个月有30天，全年有360天。因此，对于这种方法，假定5月15日至6月27日之间有42天：5月15日至5月30日有15天和

6月1日至6月27日之间有27天。5月15至11月15日期间的6个月假定为180天。4.375%半年支付公司债券应计利息为每100面值的0.510 417。

$$AI = \frac{42}{180} \times \frac{4.375}{2} = 0.510\ 417$$

已知每周期市场贴现率（r），息票支付之间的固定利率债券全价可以用式（3-5）计算：

$$PV^{全价} = \frac{PMT}{(1+r)^{1-t/T}} + \frac{PMT}{(1+r)^{2-t/T}} + \cdots + \frac{PMT+FV}{(1+r)^{N-t/T}} \quad (3-5)$$

式（3-5）与式（3-1）非常相似。不同的是，下一个息票支付（PMT）在剩余的息票周期即 $1-t/T$ 是贴现的。第二张息票支付是在该分数加上另外一个全周期 $2-t/T$ 的贴现。

式（3-5）通过将分子和分母乘以表达式 $(1+r)^{t/T}$ 来简化。结果得到式（3-6）：

$$\begin{aligned}PV^{全价} &= \left[\frac{PMT}{(1+r)^1} + \frac{PMT}{(1+r)^2} + \cdots + \frac{PMT+FV}{(1+r)^N}\right] \times (1+r)^{t/T} \\ &= PV \times (1+r)^{t/T}\end{aligned} \quad (3-6)$$

式（3-6）的一个优点是，使用金融计算器上的货币时间价值键可轻松获得括号中的 PV 的表达式，因为有 N 个均匀间隔的周期。这里 PV 与式（3-1）相同，与 $PV^{平价}$ 不同。

例如，考虑一个2024年2月15日到期，5%半年息票支付政府债券。该债券的应计利息采用实际/实际的天数计算惯例。息票支付是在每年的2月15日和8月15日进行。该债券将于2015年5月14日结算定价。该日期为181天中的88天。

从2月15日最近一张息票开始，到5月14日实际上有88天，从2月15日至8月15日下一张息票之间有181天。年度到期收益率为4.80%。这对应于每半年周期市场贴现率为2.40%。自2月15日的息票期开始至到期，将有18个均匀间隔的半年期周期。第一步是使用式（3-1）求解 PV，其中 $PMT = 2.5$，$N = 18$，$FV = 100$，$r = 0.024\ 0$。

$$PV = \frac{2.5}{(1.024\ 0)^1} + \frac{2.5}{(1.024\ 0)^2} + \cdots + \frac{102.5}{(1.024\ 0)^{18}} = 101.447\ 790$$

如果最近一个息票支付日的每周期到期收益率为2.40%，则该债券的价格为每100面值的101.447 790。这不是债券当日的实际价格。使用与2015年5月14日结算日期对应的要求的收益率是"假设的"价格。

可用式（3-6）得到债券的全价。

$$PV^{全价} = 101.447\ 790 \times (1.024\ 0)^{88/181} = 102.624\ 323$$

全价是每100面值的102.624 323。应计利息为每100面值的1.215 470。

$$AI = \frac{88}{181} \times 2.5 = 1.215\ 470$$

平价为100面值的101.408 853。⊖

$$PV^{平价} = PV^{全价} - AI = 102.624\ 323 - 1.215\ 470 = 101.408\ 853$$

⊖ Microsoft Excel 的用户可以使用 PRICE 财务功能获得平价："（5/14/2015""2/15/2024：0.05，0.048 0，100，2，1）"。输入是结算日期、到期日、十进制年票息、十进制年到期收益率、面值、年度周期数以及天数计算（0为30/360，1为实际/实际）。

例 3-5 计算债券的全价、应计利息和平价

对一只 6%，2015 年 6 月 18 日结算的德国公司债券定价。该债券在每年 3 月 19 日和 9 月 19 日支付半年息票，于 2026 年 9 月 19 日到期。公司债券使用 30/360 天数计算惯例计算应计利息。计算每 100 欧元面值的全价、应计利息和平价，三个给定的年度到期收益率如下：

A. 5.80%；B. 6.00%；C. 6.20%。

解答：给定 30/360 天数计算惯例假设，2015 年 3 月 19 日的最近一次息票与 2015 年 6 月 18 日结算日之间有 89 天（3 月 19 日至 3 月 30 日之间的 11 天，4 月和 5 月全月的 60 天，加上 6 月的 18 天）。因此，已经过去的息票周期的分数假定为 89/180。期初，有 11.5 年（和 23 个半年期周期）到期。

A. 给定年到期收益率为 5.80%，或每半年期 2.90%

期初价格为每 100 面值的 101.661 589。

$$PV = \frac{3}{(1.029\ 0)^1} + \frac{3}{(1.029\ 0)^2} + \cdots + \frac{103}{(1.029\ 0)^{23}} = 101.661\ 589$$

6 月 18 日的全价为 103.108 770 欧元。

$$PV^{全价} = 101.661\ 589 \times (1.029\ 0)^{89/180} = 103.108\ 770 \text{（欧元）}$$

应计利息为 1.483 333 欧元，平价为 101.625 437 欧元。

$$AI = \frac{89}{180} \times 3 = 1.483\ 333\ 3$$

$$PV^{平价} = 103.108\ 770 - 1.483\ 333 = 101.625\ 437 \text{（欧元）}$$

B. 给定年到期收益率为 6.00%，即半年周期为 3.00%

由于票息和市场贴现率相等，期初价格为预期的平价。

$$PV = \frac{3}{(1.030\ 0)^1} + \frac{3}{(1.030\ 0)^2} + \cdots + \frac{103}{(1.030\ 0)^{23}} = 100.000\ 000$$

6 月 18 日的全价为 101.472 251 欧元。

$$PV^{全价} = 100.000\ 000 \times (1.030\ 0)^{89/180} = 101.472\ 251 \text{（欧元）}$$

应计利息为 1.483 333 欧元，平价为 99.988 918 欧元。

$$AI = \frac{89}{180} \times 3 = 1.483\ 333\ 3$$

$$PV^{平价} = 101.472\ 251 - 1.483\ 333 = 99.988\ 918 \text{（欧元）}$$

即使票息和到期收益率相同，债券的平价略低于面值，因为没有考虑应计利息的货币时间价值。应计利息是最近一张息票支付和结算日期之间的、债券所有者赚得的每 100 面值的 1.483 333。但是，直到下一个息票日才能收到利息收入。理论上，应计利息应为现值 1.483 333。但实际上，会计和财务报告需要考虑问题的实用性和实质性。由于这些原因，实际计算应计利息忽视了货币的时间价值。因此，与理论相比，报告的应计利息有点"太高"，平价有点"太低"。然而，全价是正确的，因为它是使用市场贴现率折现的未来现金流量的现值总和。

> **C. 给定年到期收益率为 6.20%，或每半年周期 3.10%**
>
> 期初价格为每 100 面值的 98.372 607。
>
> $$PV = \frac{3}{(1.031\,0)^1} + \frac{3}{(1.031\,0)^2} + \cdots + \frac{103}{(1.031\,0)^{23}} = 98.372\,607$$
>
> 6 月 18 日全价为 99.868 805 欧元。
>
> $$PV^{全价} = 98.372\,607 \times (1.031\,0)^{89/180} = 99.868\,805\,（欧元）$$
>
> 应计利息为 1.483 333 欧元，平价为 98.385 472 欧元。
>
> $$AI = \frac{89}{180} \times 3 = 1.483\,333\,3$$
>
> $$PV^{平价} = 99.868\,805 - 1.483\,333 = 98.385\,472\,（欧元）$$
>
> 在每种情况下，应计利息都是相同的，因为它不依赖于到期收益率。平价的差异表明投资者要求的回报率差异。

3.3.2 矩阵定价

一些固定利率债券没有活跃交易。因此，没有可用的市场价格计算投资者所要求的回报率。对于尚未发行的债券也会出现同样的问题。在这种情况下，通常可以根据更频繁交易的可比债券的报价或平价估算市场贴现率和价格。这些可比债券具有相似的到期期限、票息和信用质量。这个估值过程称为**矩阵定价**（matrix pricing）。

例如，假设分析师需要估算一个 3 年期，4% 半年息票支付的公司债券 X。假设债券 X 没有活跃交易，并且没有这个特定证券最近交易的报告。但是，有四种具有非常相似信用质量的公司债券的报价：

- 债券 A：2 年期，3% 半年息票支付债券交易价格为 98.500。
- 债券 B：2 年期，5% 半年息票支付债券交易价格为 102.250。
- 债券 C：5 年期，2% 半年息票支付债券交易价格为 90.250。
- 债券 D：5 年期，4% 半年息票支付债券交易价格为 99.125。

债券按照票息和到期日按矩阵显示。该矩阵如表 3-2 所示。

表 3-2 矩阵定价例题

	2% 票息	3% 票息	4% 票息	5% 票息
2 年		98.500		102.250
		3.786%		3.821%
3 年			债券 X	
4 年				
5 年	90.250		99.125	
	4.181%		4.196%	

在表 3-2 中，每个债券价格均为到期收益率。它是每半年到期收益率乘以 2。例如，2 年期，3% 半年息票支付公司债券的到期收益率为 3.786%。

$$98.500 = \frac{1.5}{(1+r)^1} + \frac{1.5}{(1+r)^2} + \frac{1.5}{(1+r)^3} + \frac{101.5}{(1+r)^4}, \quad r = 0.01893, \times 2 = 0.03786$$

接下来，分析师计算每年的平均收益率：2 年期债券 3.803 5% 和 5 年期债券的 4.188 5%。

$$\frac{0.03786 + 0.03821}{2} = 0.038035$$

$$\frac{0.04181 + 0.04196}{2} = 0.041885$$

通过线性内插法可以得到三年市场贴现率的估计值。内插率为 3.931 8%。

$$0.038035 + \left(\frac{3-2}{5-2}\right) \times (0.041885 - 0.038035) = 0.039318$$

使用 3.931 8% 作为估计 3 年期的年市场贴现率，3 年期，4% 半年支付息票公司债券的估值为每 100 面值的 100.191。

$$\frac{2}{(1.019659)^1} + \frac{2}{(1.019659)^2} + \frac{2}{(1.019659)^3} + \frac{2}{(1.019659)^4} + \frac{2}{(1.019659)^5} +$$

$$\frac{102}{(1.019659)^6} = 100.191$$

注意，3.931 8% 是给定的年利率。除以 2 得到每半年的收益率（0.039 318/2 = 0.019 659）。

矩阵定价也用于承销新债券，以获得超过**基准利率**（benchmark rate）的要求的**收益率利差**（required yield spread）估值。基准利率通常是具有相同或接近到期时间的政府债券到期收益率。利差是新债券的到期收益率与基准利率之间的差额。收益率利差是投资者对与政府债券相比的债券在信用风险、流动性风险和税务状况方面的差额所需的额外补偿。这种利差有时被称为**超过基准的利差**（spread over the benchmark）。收益率利差通常以基点（basis points，bps）表示，其中一个基点等于 1% 的 1%。例如，如果到期收益率为 2.25%，基准利率为 1.50%，则收益率利差为 0.75%，即 75 个基点。本章稍后将详细介绍收益率利差。

假设一家公司即将发行 5 年期债券。公司发行人目前账面上有 4 年期，3% 年息票支付债务。该债券的价格为每 100 面值的 102.400。这是全价，与平价相同，因为应计利息为零。这意味着息票支付刚刚完成，并且有整 4 年的到期。投资者为此债券所要求的 4 年回报率为 2.36%。

$$102.400 = \frac{3}{(1+r)^1} + \frac{3}{(1+r)^2} + \frac{3}{(1+r)^3} + \frac{103}{(1+r)^4}, \quad r = 0.0236$$

假设没有 4 年期政府债券来计算这种证券的收益率。然而，有 3 年期和 5 年期国债的到期收益率分别为 0.75% 和 1.45%。两个到期收益率的平均值为 1.10%，这是 4 年期政府债券的估计收益率。因此，估计收益率利差为超过隐含基准利率（0.023 6 − 0.011 0 = 0.012 6）126 个基点。

通常每个到期日和每个信用评级都有不同的收益率利差。第 3.4 节进一步讨论的"无风险"利率结构是"无风险"债券到期日与到期收益率之间的关系。"无风险"的引号表明没有债券是真正没有风险的。许多债券收益率利差的主要组成部分是对信用风险的补偿，而不是对到期收益率的补偿，因此，收益率利差反映了信用利差的期限结构（term structure of credit spreads）。信用利差的期限结构是"无风险"（或基准）利率和到期日之间的关系。这些期限结构将在后面的章节中有更详细的介绍。

发行人现在估计4年期利差为126个基点。这一利差是估算新发行债券5年期利差的参考点。假设公司发行人债券信用利差期限结构表明，5年期利差比4年期利差高出25个基点。因此，5年期要求的收益率利差估值是151个基点（0.012 6 + 0.002 5 = 0.015 1）。鉴于5年期国债的到期收益率为1.45%，新发行债券的预期市场贴现率为2.96%（0.014 5 + 0.015 1 = 0.029 6）。该公司可能会将票息设定为3%，并预期该债券可以以小额超过面值的溢价出售。

例3-6 使用矩阵定价估算债券价格

分析师需要为非流动性的4年期，4.5%的年支付息票公司债券确定价值。该分析师确定了两只具有相似信用质量的公司债券：一只是3年期，5.50%年支付息票债券，其定价为每100面值的107.500，另一个则是5年期，4.50%年支付息票债券定价为每100面值的104.750。使用矩阵定价，每100面值的非流动性债券的估计价格最接近：

A. 103.895 　　　　　　 B. 104.991 　　　　　　 C. 106.125

解答：B是正确的。第一步是确定所观察到债券的到期收益率。3年期，5.50%年支付息票债券的定价为107.500，要求的收益率为2.856%。

$$107.500 = \frac{5.50}{(1+r)^1} + \frac{5.50}{(1+r)^2} + \frac{105.50}{(1+r)^3}, \quad r = 0.028\,56$$

5年期，4.50%债券的定价为104.750，要求的收益率为3.449%。

$$104.750 = \frac{4.50}{(1+r)^1} + \frac{4.50}{(1+r)^2} + \frac{4.50}{(1+r)^3} + \frac{4.50}{(1+r)^4} + \frac{104.50}{(1+r)^5}, \quad r = 0.034\,49$$

具有相同信用质量的4年期债券的估算市场贴现率是两个要求的收益率平均值：

$$\frac{0.028\,56 + 0.034\,49}{2} = 0.031\,525$$

给定的估计到期收益率为3.152 5%，非流动性4年期4.50%的年息票支付公司债券的估算价格为每100面值的104.991。

$$\frac{4.50}{(1.031\,525)^1} + \frac{4.50}{(1.031\,525)^2} + \frac{4.50}{(1.031\,525)^3} + \frac{104.50}{(1.031\,525)^4} = 104.991$$

3.3.3 固定利率债券的收益率指标

有很多种衡量固定利率债券回报率的指标。考虑一个5年期的零息债券，今天的收购价为80，投资者在5年后赎回得到100。一个可接受的收益率为25%，20的收益除以投资额80。然而，投资者希望采用标准化的收益率衡量指标，以比较不同到期日的债券。因此，收益率通常是年化的。这个零息债券可能的年利率为每年 5% 即 25% 除以 5 年。但是，对于 1 年以上的债券，投资者希望年化并且复利到期收益率。1 年或少于 1 年到期的金融工具的货币市场利率通常是年化的，但不是复利的。它们是以单利表述的。本概念将在本章后面介绍。

一般来说，固定利率债券的年化和复利收益率取决于 1 年内的假定周期数量，即所谓的年利率的周期数。通常，周期数与息票支付的频率相匹配。支付半年期息票债券具有固定的两个周期的年到期收益率，半年收益率乘以 2。季度支付息票债券具有固定的周期数为 4 的年收益率，每季度收益率乘以 4。了解所述年利率的周期数是非常重要的。

零息债券的年市场贴现率的周期数是任意的，因为没有息票支付。对于按半年复利，5 年期零息债券，定价为每 100 面值的 80 的年收益率定为 4.513 0%。这个年利率的周期数为 2。

$$80 = \frac{100}{(1+r)^{10}}, \quad r = 0.022\,565, \quad \times 2 = 0.045\,130$$

对于按季度复利，年到期收益率定为 4.488 0%。这个年利率的周期数为 4。

$$80 = \frac{100}{(1+r)^{20}}, \quad r = 0.011\,220, \quad \times 4 = 0.044\,880$$

对于按月复利，年到期收益率为 4.471 2%。这个年利率周期数为 12。

$$80 = \frac{100}{(1+r)^{60}}, \quad r = 0.003\,726, \quad \times 12 = 0.044\,712$$

对于按年复利，年到期收益率为 4.564 0%。这个年利率周期数为 1。

$$80 = \frac{100}{(1+r)^{5}}, \quad r = 0.045\,640, \quad \times 1 = 0.045\,640$$

这被称为**有效年利率**（effective annual rate）。有效年利率有 1 个周期，因为这一年只有一个复利周期。

在零息债券例题中，每年复利两次为 2.256 5%，每年复利 4 次为 1.122 0%，每年复利 12 次为 0.372 6%，均等于 4.564 0% 的年利率。复利总收益率与每年的年利率是相同的。它们在每年的复利周期数量方面有所不同，也就是按照年利率的周期数。对于一对给定的现金流量，年利率和周期数是相反关系。

以美元计价的债券收益率最常见的周期数是 2，因为美元市场上的大多数债券每半年支付一次息票。周期数为 2 的年利率被称为**半年期债券基准收益率**（semiannual bond basis yield）或**半年期债券等价收益率**（semiannual bond equivalent yield）。因此，半年期债券基准收益率是每半年期收益率乘以 2。重要的是要记住，"半年期债券基准收益率"和"半年期收益率"具有不同的含义。例如，如果半年期债券收益率为 2%，则在半年期债券的基础上提供年度收益率为 4%。

固定收益分析中使用的一个重要工具是将年收益率从一个周期数转换为另一个周期数。这些称为周期数或复利转换。用一个通用公式将每年 m 个周期的年度百分比利率（以 APR_m 计算）转换为每年 n 个周期数的年度百分比利率 APR_n，见式（3-7）。

$$\left(1 + \frac{APR_m}{m}\right)^m = \left(1 + \frac{APR_n}{n}\right)^n \tag{3-7}$$

例如，假设一个 3 年期，5% 半年支付息票公司债券的定价为每 100 面值的 104。以半年期债券为基准，周期数为 2，其到期收益率为 3.582%：$0.01791 \times 2 = 0.03582$。

$$104 = \frac{2.5}{(1+r)^1} + \frac{2.5}{(1+r)^2} + \frac{2.5}{(1+r)^3} + \frac{2.5}{(1+r)^4} + \frac{2.5}{(1+r)^5} + \frac{102.5}{(1+r)^6}, \quad r = 0.01791$$

为了将此债券与其他债券进行比较，分析师将此年度收益率转换为季度和每月复利。这需要使用式（3-7）将 $m=2$ 的周期数转换为 $n=4$ 和 $n=12$ 的周期数。

$$\left(1+\frac{0.03582}{2}\right)^2 = \left(1+\frac{APR_4}{4}\right)^4, \quad APR_4 = 0.03566$$

$$\left(1+\frac{0.03582}{2}\right)^2 = \left(1+\frac{APR_{12}}{12}\right)^{12}, \quad APR_{12} = 0.03556$$

按半年度复利得出的年到期收益率 3.582% 与按季度复利得出的 3.566%，按月复利得出的 3.556% 提供一样的收益率。这些周期数转换的一般规则是：较低年利率的高频率复利相当于较高年利率的低频率复利。该规则可用于检查周期数转换计算。

> **例 3-7　基于周期数的收益率转换**
>
> 5 年期，4.50% 半年支付息票政府债券的定价为每 100 面值的 98。计算半年期债券的年到期收益率，四舍五入到最接近的基点。将年收益率转换为：
>
> A. 年利率可用于与其他可比的季度支付息票债券进行直接比较
>
> B. 年利率可用于与其他类似的年息票支付债券进行直接比较
>
> **解答：**
>
> 半年期债券基准的年到期收益率为 4.96%（$0.0248 \times 2 = 0.0496$）。
>
> $$98 = \frac{2.25}{(1+r)^1} + \frac{2.25}{(1+r)^2} + \frac{2.25}{(1+r)^3} + \frac{2.25}{(1+r)^4} + \frac{2.25}{(1+r)^5} + \frac{2.25}{(1+r)^6} +$$
> $$\frac{2.25}{(1+r)^7} + \frac{2.25}{(1+r)^8} + \frac{2.25}{(1+r)^9} + \frac{102.25}{(1+r)^{10}}, \quad r = 0.0248$$
>
> A. 将 4.96% 从周期数 2 转换为周期数 4
>
> $$\left(1+\frac{0.0496}{2}\right)^2 = \left(1+\frac{APR_4}{4}\right)^4, \quad APR_4 = 0.0493$$
>
> 按半年复利的年利率为 4.96%，按季度复利为 4.93%。这是有道理的，因为增加复利频率降低了年利率。
>
> B. 将 2.96% 从周期数 2 转换为周期数 1
>
> $$\left(1+\frac{0.0496}{2}\right)^2 = \left(1+\frac{APR_1}{1}\right)^1, \quad APR_1 = 0.0502$$
>
> 按半年复利的年利率 4.96%，有效年利率 5.02%。从更频繁到不太频繁的复利需要提高年百分利率。

报价和计算债券到期收益率的一个重要考虑是现金流量的实际时间。一只 2022 年 3 月 15 日到期的 6% 半年支付息票公司债券。假设在 2014 年 1 月 23 日结算，基于半年债券基础，该债券的定价为每 100 面值的 98.5，收益率为 6.236%。其他息票的支付预定为每年的 3 月 15 日和 9 月 15 日。收益率计算隐含地假设在这些日期支付。它忽略了 2015 年 3 月 15 日是星期日和 2018 年 9 月 15 日是星期六的现实。实际上，向投资者支付息票将下个星期一。

忽略周末和假日的收益率计量是按所谓的街头惯例（street convention）报价。街头惯例到期收益率是假定在预定日期支付现金流量的内部收益率。这个假设简化了债券价格和收益率计算，通常在实践中使用。有时**真实的收益率**（true yield）也被用于报价。真实的到期收益率是使用实际日历中周末和银行假日的现金流量的内部收益率。真实的收益率永远不会高于街头惯例收益率，因为周末和假期延迟了付款的时间，通常差异很小，不超过一或两个基点。因此，实践中真实收益率并不常用。有时，公司债券引用**政府等价收益率**（government equivalent yield）。政府等价收益率将基于 30/360 天数计算的实际/实际法重述一个到期收益率。可用公司债券的政府等价收益率得到超过政府收益率的利差。这样做使得收益率表述在同一个天数计算惯例的基础上。

通常用于固定收益债券的另一个收益率是**当期收益率**（current yield），也称为所得或利息收益率。当期收益率是全年收到的息票金额除以平价。例如，10 年期，2% 半年支付息票债券的定价为每 100 面值的 95。当期收益率为 2.105%。

$$\frac{2}{95} = 0.021\ 05$$

当期收益率是投资者回报率的粗略指标，因为它忽略了分子中的息票支付频率以及分母中的应计利息。它只关注利息收入。除收取和再投资息票支付款之外，如果债券以折价方式购买并以面值赎回，投资者将获得收益。如果债券以溢价方式购买并以面值赎回，则投资者将蒙受损失。有时，债券的**简单收益率**（simple yield）被引用。这是总的息票支付额加上收益或损失的直线摊销的总和除以平价。简单的收益率主要用于被称为"JGB"的日本政府债券报价。

> **例 3-8 比较不同周期数的收益率**
>
> 分析师观察到这两只债券的报告统计。
>
> | | 债券 A | 债券 B |
> | --- | --- | --- |
> | 年票息 | 8.00% | 12.00% |
> | 息票支付频率 | 半年度 | 季度 |
> | 到期年限 | 5 年 | 5 年 |
> | 价格（每 100 面值） | 90 | 105 |
> | 当前收益率 | 8.889% | 11.429% |
> | 到期收益率 | 10.630% | 10.696% |

（1）确认两只债券的两种收益率计算方法。

（2）分析师相信债券 B 比债券 A 的风险要大一些。债券 B 的买方与债券 A 买方相比，有多少更高的到期收益率额外补偿呢？

解答：

（1）债券 A 的当期收益率

$$\frac{8}{90} = 0.088\ 89$$

债券 A 的到期收益率

$$90 = \frac{4}{(1+r)^1} + \frac{4}{(1+r)^2} + \cdots + \frac{104}{(1+r)^{10}}, \quad r = 0.053\ 15, \quad \times 2 = 0.106\ 30$$

债券 B 的当期收益率

$$\frac{12}{105} = 0.114\ 29$$

债券 B 的到期收益率

$$105 = \frac{3}{(1+r)^1} + \frac{3}{(1+r)^2} + \cdots + \frac{103}{(1+r)^{20}}, \quad r = 0.026\ 74, \quad \times 4 = 0.106\ 96$$

（2）债券 A 的到期收益率为 10.630%，是按半年期复利的年利率。债券 B 的到期收益率为 10.696%，是按季度复利的年利率，收益率的差异是 6.6 个基点（0.106 96 − 0.106 30 = 0.000 66）。将相同周期数的收益率进行比较来做出关于相对价值的确定是至关重要的。

10.630%，周期数为 2 转换为 10.492%，周期数为 4：

$$\left(1 + \frac{0.106\ 30}{2}\right)^2 = \left(1 + \frac{APR_4}{4}\right)^4, \quad APR_4 = 0.104\ 92$$

10.696%，周期数为 4 转换为 10.839%，周期为 2：

$$\left(1 + \frac{0.106\ 96}{4}\right)^4 = \left(1 + \frac{APR_2}{2}\right)^2, \quad APR_2 = 0.108\ 39$$

按照半年期债券基础，风险较高的债券 B 的额外补偿为 20.9 个基点（0.108 39 − 0.106 30 = 0.002 09）。按季度年化复利时，额外补偿为 20.4 个基点（0.106 96 − 0.104 92 = 0.002 04）。

如果固定利率债券包含嵌入式期权（embedded option），则使用其他收益率指标。嵌入式期权是证券的一部分，不能单独移除和销售。例如，可赎回债券包含嵌入式看涨期权，使发行人有权在预定日期以指定的价格从投资者处回购债券。预设日期通常与赎回保护期（call protection）后的息票支付日期相符。赎回保护期是债券发行人不允许行使看涨期权的时间。

假设 7 年期 8% 息票支付债券在 4 年后首次被赎回。这就给投资者防止债券被赎回的 4

年保护期。在赎回保护期后，如果利率下降或发行人的信用质量提高，发行人可以行使看涨期权。这种情况让发行人可以以较低的资金成本对债务进行再融资。如果债券被赎回，发行人按预设价格支付，通常是高于面值的溢价。例如，该债券的"赎回时间表"可能是在 4 年后息票付款日期首次可以以 102（每 100 面值）赎回，可以在 5 年后以面值的 101 价格赎回，和息票支付日期之后以面值赎回。

这只 7 年期 8% 到期收益率的可赎回债券只是几种传统的投资收益率衡量指标之一。其他的是首次赎回收益率，第二次赎回收益率等。如果目前的债券价格为每 100 面值的 105，则 4 年后的首次赎回收益率为 6.697 5%。

$$105 = \frac{8}{(1+r)^1} + \frac{8}{(1+r)^2} + \frac{8}{(1+r)^3} + \frac{8+102}{(1+r)^4}, \quad r = 0.069\,75$$

5 年后的第二次赎回收益率为 6.695 6%。

$$105 = \frac{8}{(1+r)^1} + \frac{8}{(1+r)^2} + \frac{8}{(1+r)^3} + \frac{8}{(1+r)^4} + \frac{8+101}{(1+r)^5}, \quad r = 0.069\,56$$

第三次赎回收益率为 6.953%。

$$105 = \frac{8}{(1+r)^1} + \frac{8}{(1+r)^2} + \frac{8}{(1+r)^3} + \frac{8}{(1+r)^4} + \frac{8}{(1+r)^5} + \frac{8+100}{(1+r)^6}, \quad r = 0.069\,53$$

最后，到期收益率为 7.070%。

$$105 = \frac{8}{(1+r)^1} + \frac{8}{(1+r)^2} + \frac{8}{(1+r)^3} + \frac{8}{(1+r)^4} + \frac{8}{(1+r)^5} + \frac{8}{(1+r)^6} + \frac{8+100}{(1+r)^7}, \quad r = 0.070\,70$$

每个计算均基于式（3-1），其中赎回价格（或面值）用于计算 FV。系列赎回收益率和到期收益率中最低值称为**最差收益率**（yield-to-worst）。在本例中，它是第三次赎回收益率 6.953%。这种收益率指标的意图是向投资者提供最保守的回报率假设。

最差收益率是债券交易商和投资者最常引用的固定利率可赎回债券的收益率。然而，更准确的方法是使用期权定价模型和关于未来利率波动率的假设来估值嵌入式看涨期权。嵌入式看涨期权的价值加上债券的平价，可获得**期权调整后的价格**（option-adjusted price）。从投资者角度来看，投资者承担赎回风险（债券发行人有看涨期权），所以嵌入式看涨期权降低了债券价值。投资者为可赎回债券支付的价格低于无期权可赎回债券。如果该债券不可赎回，其价格将会更高。期权调整后的价格用于计算**期权调整收益率**（option-adjusted yield）。期权调整收益率是要求的市场贴现率，其价格根据嵌入式期权的价值进行调整。赎回期权的价值是无期权债券的价格减去可赎回债券的价格。

3.3.4 浮动利率票据的收益率

浮动利率票据与固定利率债券非常不同。通常称为浮动票据或浮动利率票据的利息支付并不固定。相反，它们会根据每周期参考利率水平的变动而不同。利息支出可能上涨或下降，这就是为什么它们"浮动"。发行浮动利率票据的意图是在市场利率波动时为投资者提供比固定利率债券的市场价格风险更低的证券。原则上，即使在一个波动的利率周期内，浮动利率票据也有稳定的价格。对于传统的固定收益证券，利率波动影响价格，因为未来的现金流量是不变的。对于浮动利率票据，利率波动影响未来的利息支付。

浮动利率票据的参考利率通常是短期货币市场利率，如 3 个月的 Libor（伦敦银行同业拆借利率）。浮动利率票据的本金通常是非摊销的，并在到期时全额赎回。参考利率在期初确定，利息在期末支付。这种支付结构被称为"拖欠"。计算浮动利率票据的应计利息最常见的天数计算惯例是实际的 /360 和实际的 /365。

虽然浮动利率票据有很多种类，但最常见的和传统的浮动利率票据就在这里。在这些浮动利率票据上，指定的收益率利差被加到参考利率或从参考利率中减去。例如，浮动利率票据可能于每季度按 3 个月 Libor 加上 0.50% 重新设定利率。超过参考利率的指定收益率利差被称为浮动利率票据的报价利差（quoted margin）。报价利差的作用是补偿投资者在发行人信用风险与隐含的参考利率之间的差异。例如，信用评级比 Libor 所包含银行更高的公司可能会获得成本"低于 Libor"的借款资金，这导致了负的报价利差。AAA 评级公司可能会发行一只按 3 个月 Libor 减去 0.25% 支付的浮动利率票据。

要求的利差（required margin）是超过或低于参考利率的收益率利差，使得浮动利率票据在利率重置日期定价为面值。假设传统的浮动利率票据以面值发行，支付 3 个月的 Libor 加 0.50%。报价利差为 50 个基点。如果发行人的信用风险没有变化，则要求的利差保持在 50 个基点。在每个季度重置日，浮动利率票据将以平价计价。在息票日之间，如果 Libor 下跌或上涨，其平价将以面值的溢价或折价计价。然而，如果要求的利差与报价利差继续保持一致，则下一个重置日期临近时平价将"拉至面值"。在重置日，Libor 的任何变动都包含在下一个利息支付期间。

要求的利差变动通常来自于发行人信用风险的变化。流动性或税收状况的变化也可能影响要求的利差。假设在重置日，由于发行人的信用评级下调，要求的利差上涨了 75 个基点。报价为 50 个基点的浮动利率票据现在支付给其投资者"不足的"利息。这个浮动利率票据将以低于面值的折价定价。折价金额是未来不足的现金流量的现值。该债券剩余期限内每周期年金为 25 个基点。这是要求的利差和报价利差的差额。如果要求的利差从 50 个基点降至 40 个基点，则浮动利率票据将被以面值的溢价定价。溢价金额为每期"超额"利息支付 10 个基点年金的现值。

固定利率和浮动利率债券在信用风险变动方面基本相同。对于固定利率债券，溢价或折价来自固定票息和要求到期收益率之间的差额。对于浮动利率债券，溢价或折价来自固定报价利差和要求的利差之间的差额。然而，固定利率和浮动利率债券在基准利率变动方面是非常不同的。

浮动利率票据的估值需要一个定价模型。式（3-8）是一个简化的浮动利率票据定价模型。按照市场实践，要求的利差称为折价利差（discount margin）。

$$PV = \frac{\frac{(Index+QM) \times FV}{m}}{\left(1+\frac{Index+DM}{m}\right)^1} + \frac{\frac{(Index+QM) \times FV}{m}}{\left(1+\frac{Index+DM}{m}\right)^2} + \cdots + \qquad (3\text{-}8)$$

$$\frac{\frac{(Index+QM) \times FV}{m} + FV}{\left(1+\frac{Index+DM}{m}\right)^N}$$

式中　PV——现值或浮动利率票据的价格；

$Index$——参考利率，按年百分利率表示；

QM——报价利差，按年百分利率表示；

FV——到期支付的未来价值或债券的面值；

m——浮动利率票据的周期数，每年的付款期数；

DM——折价利差，要求的利差以年度百分利率表示；

N——至到期日均匀间隔的周期数量。

式（3-8）与式（3-1）相似，就是在给定市场贴现率下固定利率债券的基本定价公式。在式（3-1）中，PMT是每个周期的息票支付。在这里，使用年利率。第一个利息支付是周期的年利率（参考利率＋报价利差）乘以面值（FV），除以每年（m）的周期数。在式（3-1）中，每期的市场贴现率（r）用于贴现现金流量。这里，每个周期的贴现率是参考利率加上贴现利差（$Index + DM$）除以周期数（m）。

这是一个简化的浮动利率票据定价模型，有几个原因。第一，PV是在一个利率重置日，至到期时有N个均匀间隔的周期，没有应计利息，所以平价就是全价。第二，该模型假设30/360的天数计算惯例，使得周期数是一个整数。第三，最重要的是，在所有付款期间，分子和分母中都使用相同的参考利率（$Index$）。更复杂的浮动利率票据定价模型在分子中使用预测的未来参考利率，在分母中用即期利率。因此，DM的计算取决于定价模型中的简化假设。

假设2年期浮动利率票据支付6个月的Libor加0.50%。目前，6个月的Libor为1.25%。在式（3-8）中，参考利率=0.012 5，报价利差=0.005 0，周期数=2。忽略了本金偿还，式（3-8）中的分子为0.875。

$$\frac{(Index+QM) \times FV}{m} = \frac{(0.012\,5 + 0.005\,0) \times 100}{2} = 0.875$$

假设投资者要求的收益率利差超过参考利率40个基点，折价利差$DM = 0.004\,0$。每期的假设贴现率为0.825%。

$$\frac{Index+DM}{m} = \frac{0.012\,5 + 0.004\,0}{2} = 0.008\,25$$

使用式（3-8），到期周期数$N = 4$，浮动利率票据的定价为每100面值的100.196。

$$\frac{0.875}{(1+0.008\,25)^1} + \frac{0.875}{(1+0.008\,25)^2} + \frac{0.875}{(1+0.008\,25)^3} + \frac{0.875+100}{(1+0.008\,25)^4} = 100.196$$

由于报价利差大于折价利差，因此浮动利率票据定价为高于面值的溢价。

类似的计算是估算已知浮动利率票据市场价格的折价利差。假设一个 5 年期的浮动利率票据每季度支付 3 个月的 Libor 加 0.75%。目前，3 个月的 Libor 为 1.10%。由于发行人的信用评级下调，浮动利率票据的价格为每 100 面值的 95.50，低于面值。

$$\frac{(Index + QM) \times FV}{m} = \frac{(0.0110 + 0.0075) \times 100}{4} = 0.4625$$

在式（3-8）中，使用 $PV = 95.50$ 和 $N = 20$。

$$95.50 = \frac{0.4625}{\left(1 + \frac{0.0110 + DM}{4}\right)^1} + \frac{0.4625}{\left(1 + \frac{0.0110 + DM}{4}\right)^2} + \cdots + \frac{0.4625 + 100}{\left(1 + \frac{0.0110 + DM}{4}\right)^{20}}$$

这与式（3-1）具有相同的格式，可用于解出每个周期的市场贴现率，$r = 0.7045\%$。

$$95.50 = \frac{0.4625}{(1+r)^1} + \frac{0.4625}{(1+r)^2} + \cdots + \frac{0.4625 + 100}{(1+r)^{20}}, \quad r = 0.007045$$

这可以用于求解 $DM = 1.718\%$。

$$0.007045 = \frac{0.0110 + DM}{4}, \quad DM = 0.01718$$

如果这个浮动利率票据以面值发行，那么在那个时间投资者只要求在 3 个月 Libor 上有 75 个基点。现在，信用下调后，投资者需要的估计折价利差为 171.8 个基点。浮动利率票据以折价交易，因为报价利差保持在 75 个基点。计算的折价利差是一种估计，因为它是基于简化的浮动利率票据定价模型。

例 3-9　计算浮动利率票据的折价利差

4 年期法国浮动利率票据支付 3 个月的 Euribor（欧洲银行同业拆借利率，欧洲银行联合会发布的指数）加上 1.25%。浮动利率票据的价格为每 100 面值的 98。假设 3 个月的 Euribor 恒定在 2% 不变，计算浮动利率票据的折价利差。假设 30/360 天数计算惯例和均匀间隔的周期。

解答：通过假设，每个周期的利息支付是每 100 面值的 0.8125。

$$\frac{(Index + QM) \times FV}{m} = \frac{(0.0200 + 0.0125) \times 100}{4} = 0.8125$$

可以通过在该公式求解 DM 来估算折价利差。

$$98 = \frac{0.8125}{\left(1 + \frac{0.0200 + DM}{4}\right)^1} + \frac{0.8125}{\left(1 + \frac{0.0200 + DM}{4}\right)^2} + \cdots + \frac{0.8125 + 100}{\left(1 + \frac{0.0200 + DM}{4}\right)^{16}}$$

> 每周期贴现率解出为 0.947 8%。
>
> $$98 = \frac{0.812\,5}{(1+r)^1} + \frac{0.812\,5}{(1+r)^2} + \cdots + \frac{0.812\,5 + 100}{(1+r)^{16}}, \quad r = 0.009\,478$$
>
> 因此 $DM = 1.791\%$。
>
> $$0.009\,478 = \frac{0.020\,0 + DM}{4}, \quad DM = 0.017\,91$$
>
> 报价利差比 Euribor 参考利率高出 125 个基点。使用简化的浮动利率票据定价模型，估算投资者需要一个 179.1 个基点的利差，以便浮动利率票据以面值定价。

3.3.5 货币市场工具的收益率指标

货币市场工具是短期债务证券。它们的到期期限从隔夜销售和回购协议（回购）到 1 年期的银行存款凭证。货币市场工具还包括商业票据、不到 1 年的政府发行证券、银行承兑汇票，以及基于 Libor 和 Euribor 参考利率的定期存款。货币市场共同基金是这类证券的主要投资者。这些共同基金只能投资于某些合格的货币市场证券。

货币市场与债券市场的收益率指标有几个重要差异：

（1）债券到期收益率是年化的和复利的。货币市场的收益率是年化的，但并不复利。相反，货币市场工具的回报率是以单利为基础来表示的。

（2）债券到期收益率可以使用标准货币时间价值分析和公式编入金融计算器来计算。货币市场工具通常使用非标准利率报价，并需要不同于用于债券定价的公式。

（3）债券到期收益率通常规定在所有到期日都具有相同的周期数。不同到期日的货币市场工具有不同周期数的年利率。

一般来说，货币市场利率报价是贴现率（discount rate）或附加利率（add-on rates）。虽然世界各地的市场惯例有所不同，但商业票据、国库券（美国政府发行的期限在 1 年或少于 1 年的债券）和银行承兑汇票往往以贴现率报价。银行存款凭证，回购协议以及 Libor 和 Euribor 等参考利率以附加利率为基础。重要的是要明白，"贴现率"在货币市场上具有独特的意义。一般来说，贴现率是指"用于计算现值的利率"，例如本章所用的"市场贴现率"。但货币市场的贴现率是一种特定类型的报价率。

式（3-9）是以贴现率为基础的货币市场工具的定价公式。

$$PV = FV \times \left(1 - \frac{Days}{Year} \times DR\right) \tag{3-9}$$

式中 PV ——现值或货币市场工具的价格；

FV ——到期支付的未来价值或货币市场工具的面值；

$Days$ ——结算日与到期日之间的天数；

$Year$ ——该年中的天数；

DR ——贴现率，以年百分利率表示。

假定一只 91 天的美国国债（T-bill），面值为 1 000 万美元，贴现率为 2.25%，假设为 360 天 / 年。代入 $FV = 10\,000\,000$，$Days = 91$，$Year = 360$，$DR = 0.022\,5$。国债的价格为 9 943 125 美元。

$$PV = 10\,000\,000 \times \left(1 - \frac{91}{360} \times 0.022\,5\right) = 9\,943\,125$$

代数分离 DR 项变换式（3-9），可以用式（3-10）来检验货币市场贴现率的独特特征。

$$DR = \left(\frac{Year}{Days}\right) \times \left(\frac{FV - PV}{FV}\right) \qquad (3\text{-}10)$$

第一项，年 / 日，是年利率的周期数。第二项揭示了货币市场贴现率的奇特特征。分子 $FV - PV$ 是超过 91 天至到期日在国债上赚取的利息 56 875 美元（= 10 000 000 - 9 943 125）。然而，分母是 FV 不是 PV。理论上，利率是收益所得金额除以投资金额（PV），不是除以包括收益（FV）在内的到期总回报。因此，通过设计，货币市场贴现率低估了投资者的回报率，低估了发行人借入资金的成本。那是因为 PV 小于 FV（只要贴现率 DR 大于零）。

式（3-11）是以附加利率计算的货币市场工具的定价公式。

$$PV = \frac{FV}{\left(1 + \frac{Days}{Year} \times AOR\right)} \qquad (3\text{-}11)$$

式中　PV——货币市场工具的现值、本金或价格；

　　　FV——未来价值或到期时支付的赎回金额，包括利息；

　　$Days$——结算日与到期日之间的天数；

　　$Year$——一年中的天数；

　　AOR——附加利率，按年百分率计算。

假定一只加拿大养老基金在一个为期 365 天的年份里，购买了以附加利率 4.38% 报价的 180 天银行承兑汇票。如果初始本金为 1 000 万加元，则通过重新排列式（3-11）并代入 $PV = 10\,000\,000$，$Days = 180$，$Year = 365$ 和 $AOR = 0.043\,8$，解出到期的赎回金额。

$$FV = 10\,000\,000 + \left(10\,000\,000 \times \frac{180}{365} \times 0.043\,8\right) = 10\,216\,000$$

到期时，养老基金收到 10 216 000 加元，本金额为 1 000 万加元，加上利息 216 000 加元。利息计算为本金乘以年度分数乘以年附加利率，将其加上本金以确定赎回金额。

假设 45 天后，养老基金向交易商出售银行承兑汇票。当时，135 天银行承兑汇票报价为附加利率 4.17%。银行承兑汇票的销售价格可以使用式（3-11）计算，$FV = 10\,216\,000$，$Days = 135$，$Year = 365$，$AOR = 0.041\,7$。售价为 10 060 829 加元。

$$PV = \frac{10\,216\,000}{\left(1 + \frac{135}{365} \times 0.041\,7\right)} = 10\,060\,829$$

代数分离 AOR 项变换式（3-11），可以得到式（3-12）来检验附加利率的特征。

$$AOR = \left(\frac{Year}{Days}\right) \times \left(\frac{FV - PV}{PV}\right) \qquad (3\text{-}12)$$

这个等式表明，附加利率是货币市场一个投资合理的收益率指标。第一项，年/日，是年利率的周期数。第二项是所得利息，用 $FV-PV$ 除以所投入的金额 PV 计算。

养老基金 45 天投资于银行承兑汇票的回报率可以用式（3-12）计算。输入 $Year = 365$，$Days = 45$，$FV = 10\ 060\ 829$，$PV = 10\ 000\ 000$。请注意，这里的 FV 是销售价格，而不是赎回金额。

$$AOR = \left(\frac{365}{45}\right) \times \left(\frac{10\ 060\ 829 - 10\ 000\ 000}{10\ 000\ 000}\right) = 0.049\ 34$$

以 365 天附加利率为基础计算的回报率为 4.934%。这个结果是每年 8.11（= 365/45）周期数的年利率。隐含地，这个假设投资可以一年复制 8.11 次。

投资分析对于货币市场证券来说是困难的，因为：①某些工具以贴现率为基础报价，其他工具以附加利率为基础报价；②某些工具用 360 天/年报价而其他的用 365 天/年报价。另一个区别是，以贴现率为基础的货币市场工具报价中的"金额"通常是到期时支付的面值。但是，按附加利率为基础报价的"金额"通常是本金、发行价格。为了在货币市场投资决策赚钱，必须在共同的基础上比较货币工具。一个例子说明了这一点。

假设投资者正在比较两种货币市场工具：① 90 天商业票据，贴现率为 5.76%，360 天/年；② 90 天银行定期存款以附加利率 5.90% 报价，365 天/年。假设信用风险是相同的，哪个提供较高的预期回报率？商业票据的价格为每 100 面值的 98.560，使用式（3-9）计算，并代入 $FV = 100$，$Days = 90$，$Year = 360$，$DR = 0.057\ 6$。

$$PV = 100 \times \left(1 - \frac{90}{360} \times 0.057\ 6\right) = 98.560$$

接下来，使用式（3-12）来求解 365 天/年的附加利率 AOR，其中 $Year = 365$，$Days = 90$，$FV = 100$，$PV = 98.560$。

$$AOR = \left(\frac{365}{90}\right) \times \left(\frac{100 - 98.560}{98.560}\right) = 0.059\ 25$$

90 天的商业票据贴现率为 5.76%，转换为 365 天/年的附加利率 5.925%。这种转换率称为债券等价收益率（bond equivalent yield），有时只是"投资收益率"。债券等价收益率是以 365 天附加利率计算的货币市场利率。如果风险相同，商业票据的年回报率比银行定期存款多 2.5 个基点。

例 3-10　基于债券等价收益率的货币市场工具比较

假设货币市场投资者在以下四只 180 天货币市场工具上观察到的报价率：

货币市场工具	报价基础	年假设天数	报价利率
A	贴现利率	360	4.33%
B	贴现利率	365	4.36%
C	附加利率	360	4.35%
D	附加利率	365	4.45%

计算每个工具的债券等价收益率。如果信用风险相同,哪种工具为投资者提供最高的回报率?

解答:

A. 使用式(3-9)得到每 100 面值的价格,其中 $FV = 100$,$Days = 180$,$Year = 360$,$DR = 0.043\ 3$。

$$PV = 100 \times \left(1 - \frac{180}{360} \times 0.043\ 3\right) = 97.835$$

使用式(3-12)得到债券等值收益率,其中 $Year = 365$,$Days = 180$,$FV = 100$,$PV = 97.835$。

$$AOR = \left(\frac{365}{180}\right) \times \left(\frac{100 - 97.835}{97.835}\right) = 0.044\ 87$$

债券 A 的债券等值收益率为 4.487%。

B. 使用式(3-9)得到每 100 面值的价格,其中 $FV = 100$,$Days = 180$,$Year = 365$,$DR = 0.043\ 6$。

$$PV = 100 \times \left(1 - \frac{180}{365} \times 0.043\ 6\right) = 97.850$$

使用式(3-12)获得债券等值收益率,其中 $Year = 365$,$Days = 180$,$FV = 100$,$PV = 97.850$。

$$AOR = \left(\frac{365}{180}\right) \times \left(\frac{100 - 97.850}{97.850}\right) = 0.044\ 56$$

债券 B 的债券等价收益率为 4.456%。

C. 首先,确定每 100 本金($PV = 100$)的赎回金额,其中 $Days = 180$,$Year = 360$,$AOR = 0.043\ 5$。

$$FV = 100 + \left(100 \times \frac{180}{360} \times 0.043\ 5\right) = 102.175$$

使用式(3-12)获得债券等价收益率,其中 $Year = 365$,$Days = 180$,$FV = 102.175$,$PV = 100$。

$$AOR = \left(\frac{365}{180}\right) \times \left(\frac{102.175 - 100}{100}\right) = 0.044\ 10$$

债券 C 的债券等价收益率为 4.410%。

获得债券 C 债券等价收益率的另一种方法是,对于 $Year = 360$,$Days = 180$,$FV = 102.175$ 和 $PV = 100$,可以使用式(3-12)获得 360 天的附加利率 AOR 为 4.35%。

$$AOR = \left(\frac{360}{180}\right) \times \left(\frac{102.175 - 100}{100}\right) = 0.043\ 5$$

因此,360 天的附加利率只需要乘以 365/360 的商,可获得 365 天的年债券等价收益率。

$$\frac{365}{360} \times 0.043\ 5 = 0.044\ 10$$

D. 债券 D 的报价率为 4.5%，为债券等价收益率，定义为 365 天 / 年的附加利率。

如果这些货币市场工具的风险是相同的，债券 A 的债券等价收益率为 4.487%，回报率最高。

收益率指标与债券市场的第三个差异是年利率周期数。由于债券到期收益率是复利计算的，因此是明确的周期数。例如，按半年期复利的债券到期收益率用周期数 2 来年化。货币市场利率是使用单利计算而不是复利计算的。在货币市场中，周期数是一年中的天数除以至到期日天数。因此，不同到期日货币市场利率具有不同的周期数。

假设分析师倾向于将货币市场利率转换为半年期债券，以便利率直接与半年支付息票的债券收益率可比。90 天货币市场工具的报价率为 10%，以债券等价收益率计，其周期数为 365/90。使用式（3-7），对于 $APR_{365/90} = 0.10$，转换从 $m = 365/90$ 到 $n = 2$。

$$\left(1 + \frac{0.10}{365/90}\right)^{365/90} = \left(1 + \frac{APR_2}{2}\right)^2, \quad APR_2 = 0.101\ 27$$

因此，周期数为 365/90 的 10% 对应于周期数为 2 的 10.127%。差异明显的是 12.7 个基点。一般而言，差异取决于年百分利率的水平。当利率较低时，任何两个周期数的年利率之间的差额都会减少。

3.4 利率期限结构

对于任何两种债券的到期收益率都不相同的原因有很多，假设债券 X 的收益率到期期限高于债券 Y。以下是收益率差异的一些可能的原因。

- 货币：债券 X 的计价货币比货币债券 Y 的计价货币有着更高的预期通货膨胀率。
- 信用风险：债券 X 有非投资级评级 BB，债券 Y 有投资级评级 AA。
- 流动性：债券 X 可能是非流动性的，债券 Y 可以活跃交易。
- 税收状况：债券 X 的利息收入要纳税，而债券 Y 的利息收入可以免税。
- 周期数：债券 X 可以用单一的年息票支付，它的到期收益率为只有一个周期数报价。债券 Y 可以每月支付息票，其到期收益率可以用 12 个周期数年化。

显然，另一个原因是债券 X 和债券 Y 可能有不同的到期日。解释收益率差异的这个因素被称为利率的**到期结构**（maturity structure）或利率**期限结构**（term structure）。它涉及收益率曲线的分析，这是到期收益率与到期日之间的关系。有不同类型的收益率曲线，取决于基础债券的特征。

在理论上，应该对具有相同性质而不是到期日的债券进行分析。债券应以相同的货币计价，具有相同的信用风险、流动性和税收状况。它们的年利率以同样的周期数报价。此外，它们应该具有相同的票息，以便它们各自具有相同程度的息票再投资风险。在实践中，对这些强烈假设很少持有的债券分析其到期结构。

理想的数据集将是一系列零息政府债券全部期限的到期收益率。该数据集是政府债券即期曲线（spot curve），有时称为零或"剥离"曲线（因为息票支付被"剥离"债券）。即期、零或剥离曲线是零息债券的到期收益率序列。通常，这些政府即期利率被看作"无风险"收益率。在本节中，"无风险"仅指违约风险。投资者仍然可能会有大量的通货膨胀风险，以及流动性风险。

图 3-3 中显示了 1～30 年到期日的政府债券即期曲线。年收益率以半年期债券为基础，有利于与半年度息票支付债券进行比较。

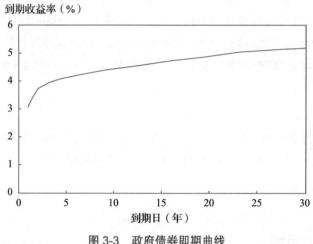

图 3-3　政府债券即期曲线

这个即期曲线向上倾斜，并在更长的到期日变得平坦。通常长期政府债券收益率高于短期债券。在正常的市场条件下这种模式是有代表性的。有时，一个即期曲线是向下倾斜的，因为短期收益率高于长期收益率。向下倾斜即期曲线称为反转收益率曲线。试图解释收益率曲线形状及其对未来金融市场状况影响的理论将在后面的章节中讨论。

这种假设的即期曲线是分析到期结构的理想选择，因为它最符合"其他条件相等"的假设。这些政府债券可能具有相同的货币、信用风险、流动性和税收状况。最重要的是，他们没有息票再投资风险，因为没有息票可以再投资。然而，最活跃交易的政府和公司债券可以支付息票。因此，对期限结构的分析通常是基于息票支付政府债券的价格数据。这些息票债券可能没有相同的流动性和税收状况。老的（"经验丰富"）债券往往比新发行的债券流动性更差，因为它们由"买入持有"机构和个人投资者拥有。政府定期发行新债务，如 5 年期和 10 年期债券。目前的 6 年期债券可能是 4 年前发行的 10 年期债券。另外，由于利率波动，较老债券的定价为折价、溢价或平价，可能会导致税收差异。在一些国家，资本收益与资本损失和利息收入的税收待遇不同。

分析师通常只使用最近发行和活跃交易的政府债券来建立收益率曲线。这些债券具有相似的流动性，因为它们的价格接近于面值，所以它们的税收影响较小。一个问题是全部到期期限的有限数据。因此，有必要在观察到的收益率之间进行插值。图 3-4 显示了发行半年息票支付的 2 年期、3 年期、5 年期、7 年期、10 年期和 30 年期政府债券的收益率曲线。在息票债券的收益率曲线上的这些点之间使用直线内插法。

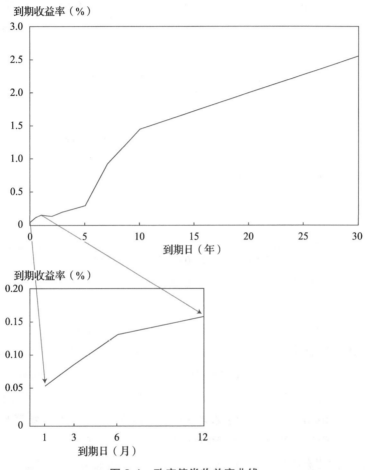

图 3-4　政府债券收益率曲线

图 3-4 还包括 1 个月、3 个月、6 个月和 12 个月到期的短期政府证券的收益率。虽然这些货币市场工具可能已经按贴现率发行和交易，贴现率通常被称为债券等价收益率。重要的是分析师要知道它们是否被转换成与长期政府债券相同的周期数。如果不是，观察到的收益率曲线可能会误导，因为一年中的周期数不一样。

除了息票债券的收益率曲线和零息票债券的即期曲线外，还可以使用平价曲线（par curve）来评估期限结构。平价曲线是序列到期收益率，使得每个债券的定价为面值。这些债券当然被假设用相同的货币、信用风险、流动性、税务状况和同一周期数的年收益率。在息票支付日期之间，假设平价（不是全价）等于面值。

平价曲线从即期曲线获得。在息票支付日，可以使用以下公式计算给定序列即期利率下的平价利率。

$$100 = \frac{PMT}{(1+z_1)^1} + \frac{PMT}{(1+z_2)^2} + \cdots + \frac{PMT+100}{(1+z_N)^N} \quad (3\text{-}13)$$

式（3-13）与式（3-2）非常相似，$PV = FV = 100$。问题是代数解出 PMT。然后，$PMT/100$ 等于每个周期的平价利率。

一个例子说明给定即期曲线下平价曲线的计算。假设政府债券的即期利率为 1 年期 5.263%、2 年期 5.616%、3 年期 6.359%、4 年期 7.008%。这些是有效年利率。1 年平价利率为 5.263%。

$$100 = \frac{PMT+100}{(1.05263)^1}, \quad PMT = 5.263$$

两年平价利率为 5.606%。

$$100 = \frac{PMT}{(1.05263)^1} + \frac{PMT+100}{(1.05616)^2}, \quad PMT = 5.606$$

3 年和 4 年平价利率分别为 6.306% 和 6.899%。

$$100 = \frac{PMT}{(1.05263)^1} + \frac{PMT}{(1.05616)^2} + \frac{PMT+100}{(1.06359)^3}, \quad PMT = 6.306$$

$$100 = \frac{PMT}{(1.05263)^1} + \frac{PMT}{(1.05616)^2} + \frac{PMT}{(1.06359)^3} + \frac{PMT+100}{(1.07008)^4}, \quad PMT = 6.899$$

到目前为止，固定收益证券已经是**货币市场证券**（cash market securities）。货币市场证券通常在"同一天"或"现金结算"基础上结算。其他证券在交易日和结算日之间有差异。例如，如果政府债券是以 $T+1$ 为基础的交易，那么是交易日和结算日之间差一天，如果公司债券以 $T+3$ 为基础交易，3 个工作日后卖方交付债券，买方付款。货币市场也称为现货市场可能会令人困惑，因为即期利率有两个含义，它意味着"现货交易的利率，或货币市场"，也可以指"零息债券收益率"，即本章使用的即期利率。

远期市场（forward market）将用于未来交割，超出货币市场通常的结算时间。协议的交易条款是在交易日，但证券的交割和付款将推迟到一个将来的日期。远期利率（forward rate）是在远期市场交易的债券或货币市场工具的利率。例如，假设在货币市场上，5 年期零息债券的定价为每 100 面值的 81。其到期收益率为 4.2592%，以半年期债券为基础。

$$81 = \frac{100}{(1+r)^{10}}, \quad r = 0.021296, \quad \times 2 = 0.042592$$

假设一个交易商同意在未来两年后交付 5 年期债券，价格为每 100 面值的 75。在远期市场交易的该债券的信用风险、流动性和税务状况与在现金市场相同。远期利率为 5.8372%。

$$75 = \frac{100}{(1+r)^{10}}, \quad r = 0.029186, \quad \times 2 = 0.058372$$

理解远期利率的符号很重要。虽然金融教科书作者使用不同的符号，但最常见的市场做法是将这个远期利率命名为"2 年 5 年"。这被表达为"两年后进入 5 年期利率"，或者简称为"2 年，5 年"。第一个数字（2 年）是指从今天开始的将来时间长度，第二个数字（5

年）是指基准债券的期限（tenor）。期限是债券（或衍生工具合约）的到期日。因此，零息债券的"2y5y"远期利率为5.837 2%，两年进入远期的5年期收益率。注意两年后成为5年期零息债券有7年的到期日。货币市场的远期利率通常指月份数。例如分析师可能会询问基于Euribor的"1m6m"远期利率，这是Euribor一个月后进入远期的6个月的利率。

隐含的远期利率（implied forward rates 也称为远期利率）由即期利率计算。隐含的远期利率是一个盈亏平衡的再投资率。它将短期零息债券的投资回报与长期零息债券的投资回报挂钩。假设短期债券在 A 周期到期，长期债券在 B 周期到期。这些债券每周期的到期收益率分别为 z_A 和 z_B。第一个是货币市场上交易的 A 周期零息债券。第二个是 B 周期零息货币市场债券。周期 A 和周期 B 之间隐含的远期利率表示为 $IFR_{A,B-A}$。这是一个证券的远期利率，从 A 周期开始，在 B 周期结束。期限是 B 周期 − A 周期。

式（3-14）是两个即期利率与隐含远期利率之间关系的通用公式。

$$(1+z_A)^A \times (1+IFR_{A,B-A})^{B-A} = (1+z_B)^B \qquad (3\text{-}14)$$

假设基于半年期债券的3年期和4年期零息债券的到期收益率分别为3.65%和4.18%。分析师想知道"3y1y"隐含的远期利率，即隐含的3年进入远期的1年期远期收益率。因此，$A = 6$（周期），$B = 8$（周期），$B − A = 2$（周期），$z_6 = 0.036\,5/2$（每周期），$z_8 = 0.041\,8/2$（每周期）。

$$\left(1+\frac{0.036\,5}{2}\right)^6 \times (1+IFR_{6,2})^2 = \left(1+\frac{0.041\,8}{2}\right)^8, \quad IFR_{6,2} = 0.028\,89, \\ \times 2 = 0.057\,78$$

"3y1y"隐含的远期收益率为5.778%，周期为2。

式（3-14）可用于**远期利率曲线**（forward curve）。远期利率曲线是一系列远期利率，每个都具有相同的时间框架。这些远期利率可以在衍生品市场的交易中观察到。通常，远期利率是在货币市场交易中隐含的。图3-5显示了从图3-3所示政府债券即期利率曲线计算出的远期利率曲线。这是基于半年期债券的1年期远期利率。

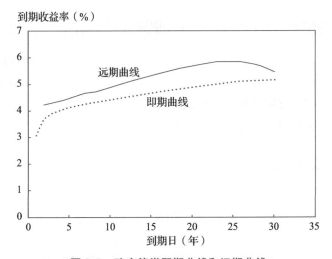

图3-5　政府债券即期曲线和远期曲线

远期利率可以解释为延长到期日一段额外时间周期的增量或边际回报。假设投资者的投资期限为 4 年，并且选择在报价为收益率 3.65% 的 3 年期零息债券和报价为收益率 4.18% 的 4 年期零息债券之间选择购买。第 4 年的增量或边际回报率为 5.778%，即"3y1y"隐含的远期利率。如果投资者对未来债券收益率的看法是 3 年后进入远期的 1 年期收益率可能小于 5.778%，投资者更愿意购买 4 年期债券。如果投资者认为 1 年期收益率将超过隐含的远期利率，投资者可能更喜欢 3 年期债券和以预期较高利率再投资的机会。这就解释了为什么隐含的远期利率是盈亏平衡的再投资利率。隐含的远期利率对于投资者以及债券发行人做出到期日决定非常有用。

> **例 3-11　计算远期利率**
>
> 假设投资者在零息政府债券上观察到这些价格和到期收益率：
>
> | 到期期限 | 价格 | 到期收益率 |
> | --- | --- | --- |
> | 1 年 | 97.50 | 2.548% |
> | 2 年 | 94.25 | 2.983% |
> | 3 年 | 91.75 | 2.891% |
>
> 价格是每 100 面值。到期收益率以半年期债券为基础：
>
> （1）计算"1y1y"和"2y1y"的隐含远期利率，以半年期债券为基础。
>
> （2）投资者有 3 年的投资期限，选择：①购买 2 年期零息债券和两年后再投资 1 年零息债券；②购买和持有 3 年零息债券至到期。投资者决定购买 2 年期债券。根据这一决定，以下哪一项是从现在起两年后进入投资者期望的 1 年期零息债券最低到期收益率？
>
>   A. 2.548%   B. 2.707%   C. 2.983%
>
> **解答 1**："1y1y"隐含的远期利率为 3.419%。在式（3-14）中，$A = 2$（周期），$B = 4$（周期），$B - A = 2$（周期），$z_2 = 0.025\,48/2$（每周期），$z_4 = 0.029\,83/2$（每周期）。
>
> $$\left(1 + \frac{0.025\,48}{2}\right)^2 \times (1 + IFR_{2,2})^2 = \left(1 + \frac{0.029\,83}{2}\right)^4, \quad IFR_{2,2} = 0.017\,095,$$
> $$\times 2 = 0.034\,19$$
>
> "2y1y"隐含的远期利率为 2.707%，在公式 14 中，$A = 4$（周期），$B = 6$（周期），$B - A = 2$（周期），$z_4 = 0.029\,83/2$（每周期），$z_6 = 0.028\,91/2$（每周期）。
>
> **解答 2**：B 是正确的。投资者认为，两年后进入远期的 1 年期收益率将大于或等于 2.707%。
>
> "2y1y"隐含的远期利率为 2.707% 是盈亏平衡的再投资利率。如果投资者预期两年进入远期的 1 年期收益率将低于此水平，投资者宁愿购买 3 年期零息债券。如果投资者预计两年进入远期的 1 年期收益率将超过 2.707%，投资者可能更愿意购买 2 年期零息债券并再投资现金流。

远期利率曲线在固定收益分析中有很多应用。远期利率用于做出到期选择决策。它们用于确定债券在货币市场和衍生品市场之间交易的套利机会。远期利率对于衍生工具的估值，特别是利率互换和期权非常重要。远期利率曲线的这些应用在其他章节中介绍。

远期利率可用与即期利率相同的方式对固定收益证券进行估值，因为它们相互关联。可以从远期利率曲线计算即期利率曲线，并且可以从即期利率曲线计算远期利率曲线。任何一条曲线都可用于估值固定利率债券。以下例子将说明这一过程。

假设 1 年期利率的当前远期曲线如下：

时间周期	远期利率
0y1y	1.88%
1y1y	2.77%
2y1y	3.54%
3y1y	4.12%

这些是一个周期数为 1 的年利率。它们是有效年利率。第一个利率 "0y1y："是 1 年期即期利率，其他是 1 年期远期利率，根据这些利率，即期利率曲线可以计算为远期利率的几何平均值。

2 年期隐含即期利率为 2.324 0%。

$$(1.0188 \times 1.0277) = (1+z_2)^2, z_2 = 0.023240$$

以下是 3 年期和 4 年期隐含即期利率的公式。

$$(1.0188 \times 1.0277 \times 1.0354) = (1+z_3)^3, z_3 = 0.027278$$
$$(1.0188 \times 1.0277 \times 1.0354 \times 1.0412) = (1+z_4)^4, z_4 = 0.030741$$

3 年隐含即期利率为 2.727 8%，4 年期隐含即期利率为 3.074 1%。

假设分析师需要估算一只 4 年期 3.75% 年支付息票债券，该债券与用于获得远期利率曲线的债券风险相同。使用隐含的即期利率，债券的价值为每 100 面值的 102.637。

$$\frac{3.75}{(1.0188)^1} + \frac{3.75}{(1.023240)^2} + \frac{3.75}{(1.027278)^3} + \frac{103.75}{(1.030741)^4} = 102.637$$

该债券也可以使用远期利率曲线来估值。

$$\frac{3.75}{(1.0188)} + \frac{3.75}{(1.0188 \times 1.0277)} + \frac{3.75}{(1.0188 \times 1.0277 \times 1.0354)}$$
$$+ \frac{103.75}{(1.0188 \times 1.0277 \times 1.0354 \times 1.0412)} = 102.637$$

3.5 收益率利差

一般来说，收益率利差是不同固定收益证券之间的收益率差异。

本节介绍了一些收益率利差的度量指标。

3.5.1 超过基准利率的收益率利差

在固定收益证券分析中，了解债券价格和到期收益率变化的原因是很重要的。为此，有必要将到期收益率分为两个组成部分：基准（benchmark）和利差（spread）。固定收益证券在给定到期时间的基准收益是基准利率，通常是政府债券收益率。利差是到期收益率与基准利率之间的差额。

这种分析的原因是区分影响债券价格从而影响到期收益率的宏观经济因素和微观经济因素。该基准利率反映了宏观经济因素影响：债券票面货币的预期通货膨胀率、总体经济增长和商业周期、外汇汇率以及货币和财政政策的影响。这些因素的变化影响所有市场的债券，影响效果主要看基准收益率的变化。该利差反映了债券发行人和债券本身特有的微观经济因素的影响：发行人的信用风险和债券质量评级的变化、流动性和交易的可比证券以及债券的税务状况。但应该指出的是，随着宏观经济因素的变化，发行人的总收益利差可以扩大和缩小。

图 3-6 显示了从基准利率和利差开始的到期收益率构建组合块。基准利率通常被称为无风险回报率。此外，基准利率可以分解为预期的实际利率和经济中预期的通货膨胀率。收益利差被称为"无风险"回报率的风险溢价。风险溢价为投资者提供了信用和流动性风险的补偿，也可能是持有特定债券的税收影响。

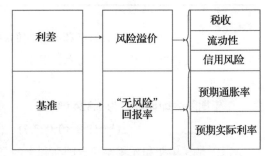

图 3-6 到期收益率构建组合块

不同金融市场的基准利率不同。固定利率债券通常使用与指定债券相同到期时间或最接近到期时间的政府基准证券。这个基准利率通常是最近发行的政府债券，被称为新发证券。新发政府债券是交易最活跃的证券，其票息最接近当前的市场贴现率。这意味着它的价格接近于面值。老的政府债券被称为旧券。由于证券的需求不同，和有时回购市场中政府证券的融资成本差异，与具有相同或相似到期的旧券相比，新券通常以略低的收益率交易。

浮动利率票据的常用基准利率是 Libor。作为合成的银行同业间利率，Libor 不是无风险利率。超过特定基准收益率的利差被称为**基准利差**（benchmark spread），通常以基点为单位。如果特定期限债券或不确定期限债券不存在基准利率，则使用内插法来得出隐含的基准利率。此外，非常长期期限的债券的定价是在最长的可用基准债券之上。例如，美国的 100 年期债券（通常称为"世纪债券"）的定价是在 30 年期美国国债基准利率之上。

在英国、美国和日本，固定利率债券的基准利率是政府债券收益率。超过以实际或插值法政府债券为基准利率的收益率利差基点被称为 G 利差（G-spread）。超过政府债券的利差是相对于主权债券承担更大的信用、流动性和其他风险的回报。以欧元计价公司债券的定价为欧元利率互换基准。例如，新发行的 5 年期欧元债券的定价可能是"中期互换"加上 150 个基点，其中"中间互换"是互换利率投标和报价的平均值。收益率利差是超过 5 年期欧元互换利率而不是政府基准利率。请注意，作为特定公司债券基准的政府债券收益率或互换利率将随着剩余到期日的变化而变化。

超过同一期限货币标准互换利率的特定债券收益率利差被称为互换曲线的I-利差（I-spread）或内插利差（interpolated spread）。这种在 Libor 之上的收益率利差可以与在银行同业拆借基准利率上有不同信用和流动性风险的债券比较。发行人经常使用 Libor 利差来确定固定利率债券与浮动利率替代品（如浮动利率票据或商业票据）的相对成本。投资者使用 Libor 利差作为债券信用风险的度量指标。然而标准利率互换涉及用固定现金流量与以浮动利率指数为基础的浮动现金流量的交换，**资产互换**（asset swap）将特定债券的定期固定息票转换为 Libor 加减利差。如果债券的定价接近于平价，则该转换近似于超过 Libor 指数的债券信用风险价格。图 3-7 显示了使用彭博固定收益相对价值（*FIRV*）的收益率利差。

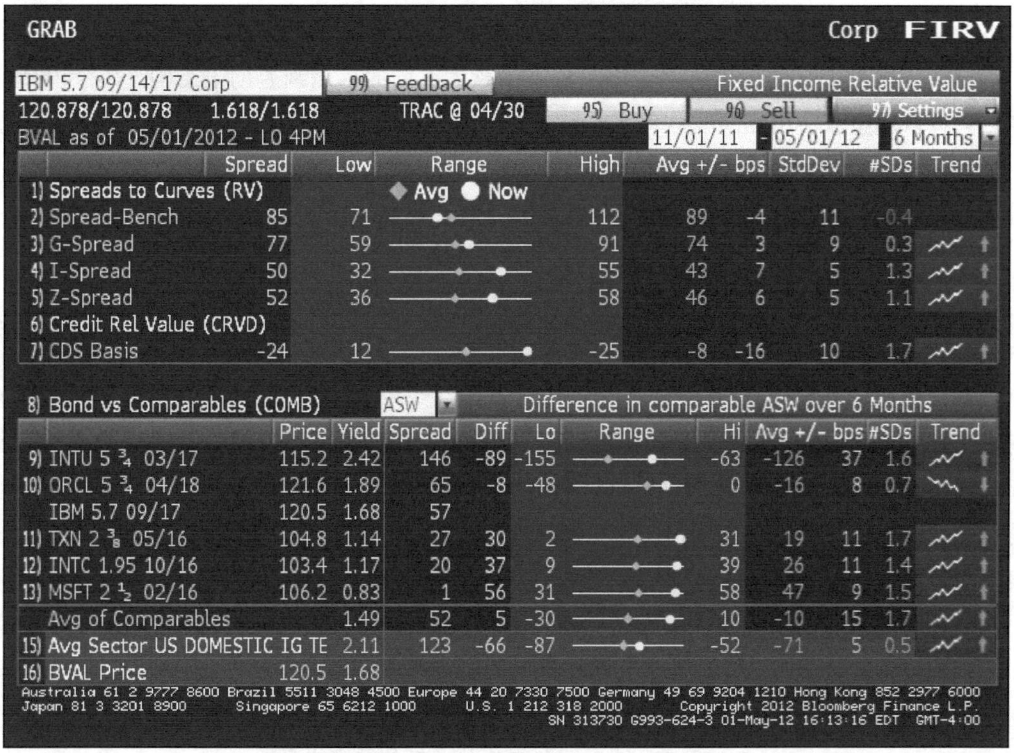

图 3-7　5.7%IBM 债券的彭博固定收益相对价值页

注：彭博商业周刊版权授予使用，版权所有。

这个例子是关于 2017 年 9 月 14 日到期 5.70% 的 IBM 债券。利差位于页面的左上角。2012 年 5 月 1 日，该债券的平价为每 100 面值的 100.878，其到期收益率为 1.618%。在那一日，收益率利差超过特定国库券 85 个基点。它的 G-利差超过内插政府债券收益率 77 个基点。这两个利差通常有几个基点差异，特别是如果基准是旧券的，并且有一个不同的到期日。债券的内插利差为 50 个基点。由于 5 年期国债收益率低于当时的 5 年期 Libor 互换利率，那么 Libor 利差小于 G-利差。在投资者策略中使用这些利差将在后面的章节中进行更详细的介绍。一般来讲，分析师将跟踪这些利差相对于他们的平均水平和历史高点及低点，试图确定相对价值。

3.5.2 基准收益率曲线上的收益率利差

收益率曲线显示了具有相同风险特征证券的到期收益率和到期日之间的关系。例如，政府债券收益率曲线是已发行政府债券（旧券）收益率与到期日之间的关系。互换收益率曲线显示了固定 Libor 互换利率与到期日之间的关系。

每一条收益率曲线都代表了基准利率的期限结构，无论是"无风险"政府收益率还是"风险"固定互换利率。基准收益率曲线向上倾斜，因为投资者通常对持有长期证券要求溢价。一般而言，一定的长期债券收益率的变化给投资者带来更大的价格风险。这个主题将在第 4 章中进一步介绍。利率期限结构是动态的，短期利率由央行政策决定，长期利率受长期经济增长及通胀预期影响。

分离不同到期日的信用风险会得出每个借款人不同的信用利差期限结构。G-利差和 I-利差为各自现金流使用相同的贴现率。另一种方法是在政府（或利率互换）即期曲线上计算一个恒定收益率利差。这种利差被称为在基准利率上的债券**零波动率利差**（Z-spread）。在图 3-7 中，IBM 债券的 Z-利差为 52 个基点。

基准即期曲线上的 Z-利差可以用式（3-15）计算：

$$PV = \frac{PMT}{(1+z_1+Z)^1} + \frac{PMT}{(1+z_2+Z)^2} + \cdots + \frac{PMT+FV}{(1+z_N+Z)^N} \quad (3\text{-}15)$$

基准即期利率 z_1，z_2，$\cdots$，z_N 是由政府收益率曲线（或利率互换的固定利率）导出的。z 是每个周期的 Z-利差，对于所有时间段都是相同的。在式（3-15）中，N 是一个整数，因此计算是在应计利息为零时的息票日。有时，Z-利差被称为静态利差，因为它是恒定不变的（并且具有零波动性）。实际上，Z-利差通常使用目标搜索函数或类似的求解函数在电子表格中计算。

Z-利差也用于计算可赎回债券的期权调整利差（option-adjusted spread，OAS）。OAS 就如期权调整后的收益率一样，是基于期权定价模型和未来利率波动的假设。然后，从收益率利差中减去每年以基点表示的嵌入式看涨期权的价值。特别是从 Z-利差中减去：

$$OAS = Z\text{-利差} - 期权价值（每年基准点数）$$

这个重要话题将在后面的章节中讨论。

> **例 3-12　G-利差和 Z-利差**
>
> 2 年期 6% 年息票公司债券，交易价格为 100.125。2 年期 4% 的年支付政府基准债券的交易价格为 100.750。1 年期和 2 年期政府即期利率分别为 2.10% 和 3.635%，确定为有效年利率。
>
> （1）计算 G-利差，公司债券的到期收益率与具有相同到期日的政府债券收益率之间的利差。

（2）证明 Z-利差是 234.22 个基点。

解答 1：公司债券的到期收益率为 5.932%

$$100.125 = \frac{6}{(1+r)^1} + \frac{106}{(1+r)^2}, \quad r = 0.059\,32$$

政府基准债券的到期收益率为 3.605%。

$$100.750 = \frac{4}{(1+r)^1} + \frac{104}{(1+r)^2}, \quad r = 0.036\,05$$

G 利差为 232.7 个基点：$0.059\,32 - 0.036\,05 = 0.023\,27$。

解答 2：使用 $z_1 = 0.021\,0$，$z_2 = 0.036\,35$ 和 $Z = 0.023\,422$ 求解公司债券的价值。

$$\frac{6}{(1+0.021\,0+0.023\,422)^1} + \frac{106}{(1+0.036\,35+0.023\,422)^2}$$

$$= \frac{6}{(1.044\,422)^1} + \frac{106}{(1.059\,772)^2} = 100.125$$

本章小结

本章介绍固定利率债券以及浮动利率票据和货币市场工具估值中使用的原理和技术。这些构建组合在固定收入分析中广泛使用。以下是本章要点：

- 市场贴现率是投资者在给定债券投资风险下要求的收益率。
- 当票息大于市场贴现率时，债券的定价为高于面值的溢价。
- 当票息低于市场贴现率时，债券的定价为低于面值的折价。
- 任何溢价或折价的金额是息票支付金额相对于到期收益率的"过多"或"不足"的现值。
- 到期收益率、现金流量的内部收益率是给定债券价格的隐含市场贴现率。
- 债券价格与市场贴现率呈反比关系。
- 债券价格与市场贴现率之间的关系呈凸状。
- 其他条件相同情况下，低息票债券的价格比高息票债券的价格波动性更大。
- 一般来说，其他条件相同情况下，长期债券的价格比短期债券的价格波动更大。这种现象的例外情况可能发生在定价低于面值的折价低息票（但不是零息票）债券。
- 假设没有违约，接近到期时，溢价债券价格和折价债券价格被"拉至面值"。
- 即期利率是零息债券的到期收益率。
- 到期收益率可以近似为基础即期利率的加权平均数。
- 在息票日期之间，债券的全价（或开票价或"肮脏"）被分离为平价（或报价或"净价"）与应计利息。
- 用平价报价，不会曲解由于利息增加而导致全价每日的增加。
- 按照实际/实际的和或 30/360 天数计算法将应计利息计算为下一笔息票支付的某一比例。
- 通过使用有相同或相似信用风险、票息和期限的可比证券价格和收益率，矩阵定价可用于非流动性债券的估值。
- 年利率周期数是该年度的周期数。
- 以半年期债券为基准的收益率报价为两个周期数的年利率。这是每半年期周期的收益率乘以2。
- 周期数转换的一般规则是，较低的年利率高频繁地复利相当于较高的年利率低频繁地复利。
- 街头惯例收益率假定在预定日期支付，忽略周末和节假日。
- 当期收益率是年支付息票除以平价，因此忽略了作为衡量投资者回报率的指标，即货币的时间价值、任何应计利息、以折价购买的收益以及溢价购买的损失。
- 简单收益率与当期收益率相似，但包括折价或溢价的直线摊销。
- 可赎回债券的最差收益率是第一个赎回收益率、第二个赎回收益率等中的最低收益率，使用赎回价格计算未来价值和赎回日期计算赎回周期数。
- 可赎回债券的期权调整收益率是将看涨期权的理论值加到价格后得到的到期收益率。
- 浮动利率票据（浮动票据或FRN）比固定利率票据保持更稳定的价格，因为利息支付随市场利率变动而调整。
- 浮动利率票据的报价利差通常为超过或低于参考利率如通常是Libor的指定收益率利差。
- 浮动利率票据的折价利差是投资者所要求的利差，必须设定报价利差，浮动利率票据将以此利差在重置日期按面值交易。
- 1年或少于1年期限的货币市场工具以贴现率或附加利率报价。
- 货币市场贴现率低估了投资者的回报率（以及借款人的资金成本），因为利息收入除以面值或到期赎回总额，而不是投资金额。
- 货币市场工具需要转换为一个共同的基准以便进行分析。
- 货币市场债券等价收益率为365天/年的附加利率。
- 货币市场工具的周期数是当年的天数除以至到期日的天数。因此，不同到期日的货币市场工具具有不同周期数的年利率。
- 理论上，利率到期结构或期限结构是具有相同货币、信用风险、流动性、税收状况和周期数的债券到期收益率与到期时间之间的关系。
- 即期曲线是零息债券的系列期限收益率。
- 经常使用的收益率曲线是息票债券的系列期限收益率。
- 假设债券以面值报价，则平价曲线是系列期限收益率。
- 在货币市场上，证券交割和现金支付在交易日之后的一个惯例的日期，如"$T+3$"，进行清算。
- 在远期市场，证券交付和现金支付将在未来的预定日期进行。
- 远期利率是在远期市场交易的债券或货币市场工具的利率。
- 隐含的远期利率（或远期收益率）是将短期零息债券投资回报率与长期零息债券投资

回报率相联系的盈亏平衡再投资利率。
- 可以从即期曲线计算隐含的远期曲线。
- 隐含即期利率可计算为远期利率的几何平均值。
- 固定收益债券可以使用市场贴现率、一系列即期利率或一系列远期利率进行估值。
- 债券到期收益率可分为基准利率和利差。
- 基准利率变动反映了影响市场中所有债券的宏观经济因素：通货膨胀率、经济增长率、汇率以及货币和财政政策。
- 利差变动通常反映了影响特定债券的微观经济因素：信用风险、流动性和税收效应。
- 基准利率通常为政府债券的到期收益率或利率互换的固定利率。
- G-利差是超过或低于政府债券利率的利差，I-利差是超过或低于互换利率的利差。
- G-利差或I-利差可以基于特定基准利率或基准收益率曲线的内插利率。
- Z-利差（零波动率利差）是基于整个基准即期曲线。每个即期利率加上不变利差，因此现金流量的现值与债券的价格相一致。
- 可赎回债券上的期权调整利差（OAS）是Z利差减去嵌入式看涨期权的理论值。

第二部分

风险分析

第 4 章

理解固定收益的风险与回报

詹姆斯 F. 亚当斯(James F. Adams) 博士
特许金融分析师
唐纳德 J. 史密斯(Donald J. Smith) 博士

学习成果

完成本章后,你将掌握以下内容:
- 计算和解释投资固定利率债券回报的来源。
- 定义、计算和解释麦考利久期、修正久期和有效久期。
- 解释为什么有效久期是嵌入式期权债券利率风险最合适的衡量指标。
- 定义关键利率久期,并描述关键利率久期在基准收益率曲线形状变化时度量债券敏感度方面的关键应用。
- 解释债券到期日、息票、嵌入式期权和收益水平如何影响其利率风险。
- 计算投资组合的久期,并解释投资组合久期的局限性。
- 计算和解释债券的货币久期和定价基准点价值。
- 计算和解释近似凸度,并区分近似凸度和有效凸度。
- 已知债券的近似久期和凸度,估算债券在给定的收益率变动中的价格百分比变动。
- 描述收益波动的期限结构如何影响债券的利率风险。
- 描述债券持有期回报、期限与投资期限的关系。
- 解释信用利差和流动性变化如何影响债券的到期收益率,以及如何使用久期和凸度来估计变动的价格效应。

4.1 引言

对于分析师来说,深入了解固定收益的投资风险和回报特征是非常重要的。除了庞大的全球公开和私人发行固定利率债券的市场之外,许多具有已知未来现金流量的金融资产和负债也可以使用相同的原则进行估值。该分析的起点是固定收益估值章节中引入的到期收益率或未来现金流量的内部收益率。固定利率债券的回报受到许多因素的影响,其中最重要的是以全额和在预定的日期收到利息和本金。假设没有违约，回报也受到息票再投资利率变动因素以及到期前债券出售价格的影响。价格变动的度量可以从用于计算债券价格的数学关系中得出。这些指标（久期）中第一个是估算给定利率变化下的价格变动。考虑到固定利率债券的价格与收益率之间的关系不是线性关系，第二个指标（凸度）在久期估算上有所改善。

4.2 节使用数字例题来论证固定利率债券投资的回报来源，其中包括息票利息支付的收回与再投资以及持有债券至到期时的本金赎回。另一个收益来源是到期前出售债券的资本利得（和亏损）。4.2 节也表明，持有相同债券的固定收益投资者如果投资期限不同，可能会有不同的利率风险敞口。对信用风险的讨论虽然对投资者至关重要，但推迟到 4.5 节，以便集中关注利率风险。

4.3 节对债券久期和凸度进行了全面观察，并显示了统计数据如何被计算并用于利率风险的度量。虽然有计算久期和凸度的程序和公式，但可以使用基本债券定价技术和金融计算器估算出这些统计数据。涵盖了常用的统计数据版本，包括麦考利久期、修正久期、有效久期和关键利率久期。区别在于基于债券到期收益率（即收益久期和凸度）的变化和基于基准收益率曲线变化（即曲线久期和凸度）的风险度量。

4.4 节回归到投资期限问题。当投资者有短期期限范围时，久期（和凸度）用于估算债券价格变动。在这种情况下，收益波动很重要。特别是不同到期期限的债券的收益波动程度不同。当投资者有长期期限范围时，息票再投资风险与市场价格风险之间的相互作用是重要的。本节探讨了利率风险、债券久期与投资期限之间的关系。

4.5 节讨论了久期和凸度工具如何扩展到信用和流动性风险，并强调这些不同因素如何影响债券的回报和风险。

4.2 回报的来源

固定利率债券的投资者有三个回报的来源：①在预定日期收到承诺的息票和本金；②息票支付款的再投资；③到期前出售债券的潜在资本利得或亏损。在本节中，假设发行人按照预定的时间计划表支付息票和本金。本章主要侧重于利率风险（利率变化的风险），如果债券在到期之前出售，则会影响利息支付款的再投资和债券市场价格。信用风险在本章第 4.5 节中考虑，是第 5 章的主要论题。

当债券以溢价或折价购买时，这为回报率增加了另一个方面。回顾第 3 章，折价债券为投资者提供了"不足"的票息或低于市场贴现率。每期折价摊销使得回报符合市场贴现率，债券的账面价值被"拉至面值"。对于溢价债券，票息超过市场贴现率，溢价的摊销调整回报以符合市场贴现率。通过摊销，债券的账面价值在到期时达到面值。

一系列例子将显示利率变化对两名投资者实现回报率的影响。利率是指息票支付款的再投资利率、债券购买时和债券没有持有到期而出售时的市场贴现率。在例 4-1 和例 4-2 中，利率不变。然而，两名投资者持有债券的期限范围不同。例 4-3 和例 4-4 显示了利率上升对两位投资者总回报的影响。例 4-5 和例 4-6 显示了利率下降的影响。在六个例子中，投资者最初以每 100 面值 85.503 075 的价格购买 10 年期 8% 年支付息票债券。债券的到期收益率为 10.40%。

$$85.503\,075 = \frac{8}{(1+r)^1} + \frac{8}{(1+r)^2} + \frac{8}{(1+r)^3} + \frac{8}{(1+r)^4} + \frac{8}{(1+r)^5} +$$

$$\frac{8}{(1+r)^6} + \frac{8}{(1+r)^7} + \frac{8}{(1+r)^8} + \frac{8}{(1+r)^9} + \frac{108}{(1+r)^{10}}, \quad r = 0.104\,0$$

例 4-1

"买入持有"投资者购买 10 年期、8% 年支付息票债券，支付价格为每 100 面值 85.503 075，并持有至到期。投资者收到一系列共 10 次息票支付，息票支付款为 8（每 100 面值），共收到 80，加上到期本金（100）的赎回款。除了收取息票利息和本金，投资者有机会重新投资现金流。如果息票支付款再投资收益率为 10.40%，债券到期日息票的未来价值为每 100 面值 129.970 678。

$$[8 \times (1.104\,0)^9] + [8 \times (1.104\,0)^8] + [8 \times (1.104\,0)^7] + [8 \times (1.104\,0)^6] +$$
$$[8 \times (1.104\,0)^5] + [8 \times (1.104\,0)^4] + [8 \times (1.104\,0)^3] + [8 \times (1.104\,0)^2] +$$
$$[8 \times (1.104\,0)^1] + 8 = 129.970\,678$$

第一笔息票支付款 8 以 10.40% 再投资，为期 9 年至到期，第二笔再投资 8 年，等等。使用 10 个周期期末得到的息票支付款 8，在金融计算器上很容易得出年金的未来价值。超过息票的金额为 49.970 678（= 129.970 678 − 80），是复利的"利滚利"增长。

投资者的总回报为 229.970 678，息票再投资（129.970 678）和到期本金赎回（100）的总和。实现的回报率为 10.40%。

$$85.503\,075 = \frac{229.970\,678}{(1+r)^{10}}, \quad r = 0.104\,0$$

例 4-1 表明，购买时的到期收益率在三个假设前提下用于衡量投资者的回报率：①投资者持有债券至到期；②发行人没有违约；③息票利息支付款以相同的利率再投资。

例 4-2 考虑另一个支付相同价格购买 10 年期 8% 年支付息票债券的投资者。然而，这位投资者的投资期限为 4 年。因此，息票利息只能再投资 4 年，债券在收到第四笔息票支付款后立即出售。

例 4-2

第二名投资者购买 10 年期、8% 年支付息票债券，并在 4 年后出售该债券。假设这 4 年息票支付款以 10.40% 再投资，再投资息票的未来价值为每 100 面值 37.347 111。

$$[8 \times (1.104\,0)^3] + [8 \times (1.104\,0)^2] + [8 \times (1.104\,0)^1] + 8 = 37.347\,111$$

利滚利收益的复利为 5.347 111（= 37.347 111 - 32）。4 年后，当债券出售时，还有 6 年到期。如果到期收益率为 10.40%，债券的售价为 89.668 770。

$$\frac{8}{(1.104\,0)^1}+\frac{8}{(1.104\,0)^2}+\frac{8}{(1.104\,0)^3}+\frac{8}{(1.104\,0)^4}+$$
$$\frac{8}{(1.104\,0)^5}+\frac{108}{(1.104\,0)^6}=89.668\,770$$

总收益为 127.015 881（= 37.347 111 + 89.668 770），实现回报率为 10.40%。

$$85.503\,075=\frac{127.015\,881}{(1+r)^4},\quad r=0.104\,0$$

在例 4-2 中，投资者的期限收益率为 10.40%。期限收益率是总回报（再投资息票支付款与销售价格或赎回金额之和）与债券购买价格之间的内部收益率。债券投资的期限收益率为年化的持有期回报率。

例 4-2 表明：①息票支付款以与初始到期收益率相同的利率再投资，则实现的期限收益率与初始到期收益率相匹配；②债券以恒定收益价格轨迹出售，这意味着当债券出售时，投资者没有任何资本利得或损失。

如果以高于其恒定收益价格轨迹的价格出售债券，则出现资本利得，如果债券以低于其恒定收益价格轨迹的价格出售，则出现资本亏损。这个轨迹是基于购买债券时的到期收益率。图 4-1 显示了 10 年期，8% 年支付息票债券的购买价格，每 100 面值为 85.503 075。

轨迹上的一个点代表当时债券的账面价值（carrying value）。如果以低于面值的价格购买债券，则账面价值为购买价格加上折价的摊销额。如果以超过面值的价格购买债券，则账面价值为购买价格减去溢价的摊销额。

每年的摊销金额是轨迹上两点之间的价格变动。该债券的初始价格为每 100 面值的 85.503 075。一年后的价格（账面价值）为 86.393 394，按初始收益率 10.40% 计算。因此，第一年的摊销额为 0.890 319（= 86.393 394 - 85.503 075）。例 4-2 的债券价格从 85.503 075 涨到 89.668 770，而 4

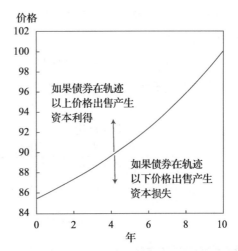

图 4-1 10 年期，8% 年支付债券的恒定收益价格轨迹
注：价格是以每 100 面值的计算。

年来的涨幅是沿着恒定收益价格轨迹运动的。债券出售时，其账面价值也为 89.668 770，所以没有资本利得或损失。

例 4-3 和例 4-4 显示了利率上涨 100 个基点（bps）对投资者实现的期限收益率的影响。债券市场贴现率由 10.40% 上升至 11.40%。息票再投资率也上涨 100 个基点。

例 4-3

买入持有的投资者以 85.503 075 的价格购买 10 年期，8% 年支付债券。债券购买之后，在收到第一笔息票之前，利率上涨至 11.40%。10 年以 11.40% 再投资息票的未来价值为每 100 面值的 136.380 195。

$$\left[8\times(1.114\,0)^9\right]+\left[8\times(1.114\,0)^8\right]+\left[8\times(1.114\,0)^7\right]+\left[8\times(1.114\,0)^6\right]+$$
$$\left[8\times(1.114\,0)^5\right]+\left[8\times(1.114\,0)^4\right]+\left[8\times(1.114\,0)^3\right]+\left[8\times(1.114\,0)^2\right]+$$
$$\left[8\times(1.114\,0)^1\right]+8=136.380\,195$$

总回报为 236.380 195（= 136.380 195 + 100）。投资者的实现回报率为 10.70%。

$$85.503\,075=\frac{236.380\,195}{(1+r)^{10}},\quad r=0.107\,0$$

在例 4-3 中，买入持有的投资者受益于较高的息票再投资利率。当利率不变时，实现的期限收益率为 10.70%，比例 4-1 的结果高于 30 个基点。债券持有至到期为止，不存在资本利得或损失。到期日的账面价值为面值，与赎回金额相同。

例 4-4

第二名投资者以 85.503 075 的价格购买 10 年期，8% 的年支付债券，并在 4 年后出售。债券购买后，利率上涨至 11.40%。4 年后以 11.40% 的再投资息票的未来价值为每 100 面值的 37.899 724。

$$\left[8\times(1.114\,0)^3\right]+\left[8\times(1.114\,0)^2\right]+\left[8\times(1.114\,0)^1\right]+8=37.899\,724$$

4 年后的债券售价为 85.780 408。

$$\frac{8}{(1.104\,0)^1}+\frac{8}{(1.104\,0)^2}+\frac{8}{(1.104\,0)^3}+\frac{8}{(1.104\,0)^4}+$$
$$\frac{8}{(1.104\,0)^5}+\frac{108}{(1.104\,0)^6}=85.780\,408$$

总收益为 123.680 132（= 37.899 724 + 85.780 408），实现 4 年期限收益率为 9.67%。

$$85.503\,075=\frac{127.680\,132}{(1+r)^4},\quad r=0.096\,7$$

在例 4-4 中，第二名投资者与例 4-2 中的投资者相比实现收益率较低，这里利率不变。由于利率较高，再投资息票支付款的未来价值每 100 面值上涨 0.552 613（= 37.899 724 − 37.347 111）。但每 100 面值的资本损失为 3.888 362（= 89.668 770 − 85.780 408）。注意，资本损失按照债券的账面价值计算，即恒定收益价格轨迹上的点，而不是初始购买价格。该债券现在以低于恒定收益价格轨迹上的价格出售。因为资本损失大于再投资息票的收益率，从而降低了投资者的总收益，所以实现的 4 年期限收益率从 10.40% 下降至 9.67%。

例 4-5 和例 4-6 完成了两个投资者的一系列回报率计算。利率下降 100 个基点。在债券购买后，债券的必要收益率从 10.40% 降至 9.40%。息票的再投资利率也下降。

例 4-5

买入持有的投资者以 85.503 075 的价格购买 10 年期债券并持有该证券至到期。债券购买之后，在收到第一张息票之前，利率下降至 9.40%。10 年期间以 9.40% 再投资息票的未来价值为每 100 面值 123.888 356。

$$\left[8\times(1.094\,0)^9\right]+\left[8\times(1.094\,0)^8\right]+\left[8\times(1.094\,0)^7\right]+\left[8\times(1.094\,0)^6\right]+$$
$$\left[8\times(1.094\,0)^5\right]+\left[8\times(1.094\,0)^4\right]+\left[8\times(1.094\,0)^3\right]+\left[8\times(1.094\,0)^2\right]+$$
$$\left[8\times(1.094\,0)^1\right]+8=123.888\,356$$

总回报为 223.888 356，是再投资息票的未来价值与票面赎回金额的总和。投资者实现的回报率为 10.10%。

$$85.503\,075=\frac{223.888\,356}{(1+r)^{10}},\quad r=0.101\,0$$

在例 4-5 中，买入持有的投资者遭遇较低的息票再投资利率。当利率不变时，实现的期限收益率 10.10% 比例 4-1 中的结果低了 30 个基点。债券持有至到期为止，不存在资本利得或损失。例 4-1、例 4-3 和例 4-5 表明，买入持有的投资者的利率风险完全来自于息票再投资利率的变化。

例 4-6

第二名投资者以 85.503 075 的价格购买 10 年期债券，并在 4 年后出售。购买债券后，利率下降至 9.40%。以 9.40% 再投资息票的未来价值为每 100 面值的 36.801 397。

$$\left[8\times(1.094\,0)^3\right]+\left[8\times(1.094\,0)^2\right]+\left[8\times(1.094\,0)^1\right]+8=36.801\,397$$

未来价值的这种下降被债券较高的销售价格抵消，即每 100 面值的 93.793 912。

$$\frac{8}{(1.094\,0)^1}+\frac{8}{(1.094\,0)^2}+\frac{8}{(1.094\,0)^3}+\frac{8}{(1.094\,0)^4}+$$
$$\frac{8}{(1.094\,0)^5}+\frac{108}{(1.094\,0)^6}=93.793\,912$$

总收益为 130.595 309（= 36.801 397 + 93.793 912），实现收益率为 11.17%。

$$85.503\,075=\frac{130.595\,309}{(1+r)^4},\quad r=0.111\,7$$

例 4-6 中投资者的资本利得为 4.125 142（= 93.793 912 - 89.668 770）。资本利得按照恒定收益价格轨迹点上的账面价值计量。该利得抵消了再投资息票未来价值下降的 0.545 714（= 37.347 111 - 36.801 397）。总回报高于例 4-2，利率保持在 10.40%。

在这些例子中，投资者的利息收入是与时间相关的回报。因此，利息收入包括收取息票利息、折现现金流量的再投资，以及购买价格低于面值的（或购买价格高于面值的溢价）的折价摊销，摊销额将回报拉至与市场贴现率相符。资本利得或损失是与证券价值变动相关的投资者回报。在固定利率债券上，价值变动来自于到期收益率的变化，这是隐含的市场贴现率。实践中，财务报表中利息收入和资本损益的计算和报告方式取决于财务和税务会计准则。

这一系列的例子说明了固定利率债券的重点：投资期限是理解利率风险和回报的核心。影响债券投资者的利率风险有两种相互抵消的类型：息票再投资风险和市场价格风险。再投资息票支付款的未来价值（和在投资组合中，在期限日之前到期的债券本金）在利率上升时下降，利率下降时上升。当利率上升时，期限日之后到期的债券（因此需要出售）销售价格下降，利率下降时上升。当相对于债券到期日，投资者有长期期限范围时，息票再投资风险更有影响。例如，买入持有的投资者只有息票再投资风险。当相对于债券到期日，投资者有短期期限范围时，市场价格风险更有影响。例如，在收到第一笔息票之前出售债券的投资者只有市场价格风险。因此，持有相同债券（或债券投资组合）的两名投资者如果投资期限范围不同，可能会对利率风险产生不同的风险敞口。

> **例 4-7**
>
> 一名投资者购买 4 年期，10% 年支付息票债券，报价为收益率 5.00%。投资者计划两年后在收到第二笔息票付款时出售该债券。计算债券购买价格和期限收益率，假设债券购买后的息票再投资率和出售时的到期收益率为：① 3.00%；② 5.00%；③ 7.00%。
>
> **解答：** 购买价格为 117.729 753。
>
> $$\frac{10}{(1.050\,0)^1} + \frac{10}{(1.050\,0)^2} + \frac{10}{(1.050\,0)^3} + \frac{110}{(1.050\,0)^4} = 117.729\,753$$
>
> 1. 3.00%：再投资息票的未来价值为 20.300。
>
> $$(10 \times 1.030\,0) + 10 = 20.300$$
>
> 债券的售价为 113.394 288。
>
> $$\frac{10}{(1.030\,0)^1} + \frac{110}{(1.030\,0)^2} = 113.394\,288$$
>
> 总回报：20.300 + 113.394 288 = 133.694 288
>
> 如果利率由 5.00% 下调至 3.00%，2 年期投资期限范围的实现回报率为 6.564 7%，高于初始到期收益率 5.00%。
>
> $$117.729\,753 = \frac{133.694\,288}{(1+r)^2}, \quad r = 0.065\,647$$

2. 5%再投资息票的未来价值为 20.500。

$$(10 \times 1.0500) + 10 = 20.500$$

该债券的售价为 109.297 052。

$$\frac{10}{(1.0500)^1} + \frac{110}{(1.0500)^2} = 109.297\,052$$

总回报：20.500 + 109.297 052 = 129.797 052

如果再投资息票和债券的要求收益率保持在 5.00% 的利率水平，则在两年投资期限实现的回报率等于到期收益率 5.00%。

$$117.729\,753 = \frac{129.797\,052}{(1+r)^2}, \quad r = 0.050\,000$$

3. 7.00%：再投资息票的未来价值为 20.700。

$$(10 \times 1.0700) + 10 = 20.700$$

该债券的售价为 105.424 055。

$$\frac{10}{(1.0700)^1} + \frac{110}{(1.0700)^2} = 105.424\,055$$

总回报：20.700 + 105.424 055 = 126.124 055。

$$117.729\,753 = \frac{126.124\,055}{(1+r)^2}, \quad r = 0.035\,037$$

如果利率从 5.00% 上升到 7.00%，两年投资期限的实现回报率为 3.503 7%，低于到期收益率 5.00%。

4.3 固定利率债券的利率风险

本节涵盖两种常用的利率风险度量指标：久期和凸度。它区分了基于债券本身的到期收益率（期限和凸度）变化和基于基准收益率曲线（曲线久期和凸度）变化影响债券的风险度量。

4.3.1 麦考利久期、修正久期和近似久期

债券的久期衡量债券全价（包括应计利息）对债券到期收益率变化的敏感性，或更一般地说是对基准利率变动的敏感性。假设除到期收益率或基准利率之外的变量保持不变，用久期估算债券价格的变动。最重要的是，到期期限不变。因此，久期衡量债券价格的即时（或至少同一天）变化。应计利息是一样的，所以当全价变动时，平价上涨或下跌。久期是一个有用的指标，因为如果利率出现单一变化，它表示债券将持有的大概时间以实现购买时的市场贴现率。如果债券持有至久期，利率上涨带来的再投资息票增加将被价格的下降而抵消，利率下降带来的再投资息票的减少将被价格上涨抵消。

有几种类型的债券久期。一般来说，这些可以分为**收益久期**（yield duration）和曲线久

期（curve duration）。收益久期是债券价格对债券自身到期收益率的敏感性。曲线久期是债券价格（或更一般地，一项金融资产或负债的市场价值）对基准收益率曲线的敏感度。基准收益率曲线可以是基于息票债券的政府收益率曲线、即期曲线或远期曲线，但实际上，通常使用政府的平价曲线。固定收入分析中使用的收益久期统计包括麦考利久期、修正久期、货币久期和基准点（PVBP）的价格价值。经常使用的曲线久期统计数据是有效久期。有效久期在第4.3.2节讨论。

麦考利久期（Macaulay duration）是以加拿大经济学家弗雷德里克·麦考利（Frederick Macaulay）的名字命名的，他在1938年出版的一本书中首先写了统计数据。[⊖] 式（4-1）是计算传统固定利率债券的麦考利久期（MacDur）的通用公式。

$$\text{麦考利久期} = \frac{\dfrac{(1-t/T) \times PMT}{(1+r)^{1-t/T}} + \dfrac{(2-t/T) \times PMT}{(1+r)^{2-t/T}} + \cdots + \dfrac{(N-t/T) \times (PMT + FV)}{(1+r)^{N-t/T}}}{\dfrac{PMT}{(1+r)^{1-t/T}} + \dfrac{PMT}{(1+r)^{2-t/T}} + \cdots + \dfrac{PMT + FV}{(1+r)^{N-t/T}}} \quad (4\text{-}1)$$

式中 t——从最近一次息票支付到结算日期的天数；

T——息票周期的天数；

t/T——自上一次息票支付以来已经过去的息票周期的分数；

PMT——每周期的息票支付；

FV——到期日支付的未来价值或债券的面值；

r——每期的到期收益率或市场贴现率；

N——从本期初开始至到期日均匀间隔的周期数。

式（4-1）中的分母是包括应计利息的债券的全价（$PV^{全价}$）。它是息票利息和本金支付的现值，每笔现金流都按相同的市场贴现率 r 贴现。

$$PV^{全价} = \frac{PMT}{(1+r)^{1-t/T}} + \frac{PMT}{(1+r)^{2-t/T}} + \cdots + \frac{PMT + FV}{(1+r)^{N-t/T}} \quad (4\text{-}2)$$

式（4-3）结合了式（4-1）和式（4-2）来揭示麦考利久期的一个重要方面：麦考利久期是收到债券承诺付款时间的加权平均值，其中权重是与每个债券承诺的未来支付对应的全价的份额。

$$\text{麦考利久期} = \left[(1-t/T) \left[\dfrac{\dfrac{PMT}{(1+r)^{1-t/T}}}{PV^{全价}} \right] + (2-t/T) \left[\dfrac{\dfrac{PMT}{(1+r)^{2-t/T}}}{PV^{全价}} \right] + \cdots + (N-t/T) \left[\dfrac{\dfrac{PMT+FV}{(1+r)^{N-t/T}}}{PV^{全价}} \right] \right] \quad (4\text{-}3)$$

⊖ Frederick R. Macaulay, *Some Theoretical Problems Suggested by the Movements of Interest Rates, Bond Yields and Stock Prices in the United States since* 1856 (New York: National Bureau of Economic Research, 1938).

用时间周期计算的现金流量收到时间为 $1 - t/T, 2 - t/T, \cdots, N - t/T$。权重是现金流量的现值除以全价。因此，麦考利久期是根据时间周期数来度量的。以下两个例子将说明这一计算。

首先研究例 4-6 中使用的 10 年期，8% 年支付息票债券。债券的到期收益率为 10.40%，其价格为每 100 面值的 85.503 075。该债券至到期前有 10 个均匀间隔的周期数。在息票支付日结算，以便 $t/T = 0$。表 4-1 显示了麦考利久期的计算。

表 4-1　10 年期，8% 年支付债券的麦考利久期

周期	现金流	现值	权重	周期 × 权重
1	8	7.246 377	0.084 75	0.084 7
2	8	6.563 747	0.076 77	0.153 5
3	8	5.945 423	0.069 53	0.208 6
4	8	5.385 347	0.062 98	0.251 9
5	8	4.878 032	0.057 05	0.285 3
6	8	4.418 507	0.051 68	0.310 1
7	8	4.002 271	0.046 81	0.327 7
8	8	3.625 245	0.042 40	0.339 2
9	8	3.283 737	0.038 40	0.345 6
10	108	40.154 389	0.469 63	4.696 3
		85.503 075	1.000 00	7.002 9

表 4-1 的前两列显示收到现金流量的周期数和每 100 面值的支付金额。第 3 列是现金流量的现值。例如，最终支付是 108（最后一张息票加上本金的赎回），其现值为 40.154 389。

$$\frac{108}{(1.104\ 0)^{10}} = 40.154\ 389$$

现值的总和是债券的全价。第 4 列是每笔现金流量对应的总市值份额的权重。每 100 面值 108 的最终支付是债券市值的 46.963%。

$$\frac{40.154\ 389}{85.503\ 075} = 0.469\ 63$$

权重之和为 1.000 00。第 5 列是收到现金流量的周期数（第 1 列）乘以权重（第 4 列）。该列的总和为 7.002 9，这是 10 年期 8% 年支付息票债券在这年的麦考利久期。尽管在大多数应用中不需要时间框架，但这个统计数据有时报告为 7.002 9 年。

现在研究一个息票支付日之间的例子。于 2022 年 2 月 14 日到期的 6% 半年支付的公司债券于 2014 年 4 月 11 日被购买结算。息票支付为每 100 面值的 3%，每年 2 月 14 日及 8 月 14 日支付。以街头惯例半年期债券为基准，报价到期收益率为 6.00%。该债券的全价包括平价和应计利息。债券的平价为每 100 面值的 99.990 423。应计利息采用 30/360 天数计算法计算。此结算日期为半年期 180 天中已过去 57 天，所以 $t/T = 57/180$。应计利息为每 100 面值 0.950 000（= 57/180 × 3）。债券的全价为 100.940 423（= 99.990 423 + 0.950 000）。表 4-2 显示了债券的麦考利久期的计算。

表 4-2 8 年期，6% 半年支付债券的麦考利久期定价为收益率 6.00%

周期	收到时间	现金流	现值	权重	时间 × 权重
1	0.683 3	3	2.940 012	0.029 13	0.019 903
2	1.683 3	3	2.854 381	0.028 28	0.047 601
3	2.683 3	3	2.771 244	0.027 45	0.073 669
4	3.683 3	3	2.690 528	0.026 65	0.098 178
5	4.683 3	3	2.612 163	0.025 88	0.121 197
6	5.683 3	3	2.536 080	0.025 12	0.142 791
7	6.683 3	3	2.462 214	0.024 39	0.163 025
8	7.683 3	3	2.390 499	0.023 68	0.181 959
9	8.683 3	3	2.320 873	0.022 99	0.199 652
10	9.683 3	3	2.253 275	0.022 32	0.216 159
11	10.683 3	3	2.187 645	0.021 67	0.231 536
12	11.683 3	3	2.123 927	0.021 04	0.245 834
13	12.683 3	3	2.062 065	0.020 43	0.259 102
14	13.683 3	3	2.002 005	0.019 83	0.271 389
15	14.683 3	3	1.943 694	0.019 26	0.282 740
16	15.683 3	103	64.789 817	0.641 86	10.066 535
			100.940 423	1.000 00	12.621 268

2014 年 2 月 14 日最近一笔息票支付日期至 2022 年 2 月 14 日到期日之间，有 16 个半年周期数。在半年周期收到现金流量的时间在第 2 列：0.683 3 = 1 − 57/180，1.683 3 = 2 − 57/180 等。每周期的现金流量在第 3 列。年到期收益率为 6.00%，每半年收益率为 3.00%。当用该收益率计算每笔现金流量的现值时，债券的全价为 100.940 423，为第 4 列之和。与每笔现金流量相对应全价份额的权重在第 5 列。麦考利久期是第 6 列中项目的总和，即权重乘以每笔现金流的收到时间。其结果为 12.621 268，是 8 年期，6% 半年支付债券的麦考利久期，在 2014 年 4 月 11 日结算，按半年周期计。与票息和到期收益率类似，久期统计数据在实践中一律是按年计的。因此，麦考利久期通常报告为 6.310 634 年（= 12.621 268/2）。⊖（实践中不需要久期统计这样的精度，通常 "6.31 年" 就足够了，这里给出了完整的精度来说明计算。）

计算麦考利久期的另一种方法是使用微积分和代数导出的闭合公式。式（4-4）是用于确定固定利率债券的麦考利久期的通用闭合公式，其中 c 是每期的票息（PMT/FV）。⊖

$$\text{麦考利久期} = \left\{ \frac{1+r}{r} - \frac{1+r+[N \times (c-r)]}{c \times (1+r)^N - 1 + r} \right\} - (t/T) \quad (4\text{-}4)$$

通过在式（4-4）中代入 $r = 0.104\,0$，$c = 0.080\,0$，$N = 10$ 和 $t/T = 0$ 来计算 10 年期 8%

⊖ Microsoft Excel 用户可以使用 DURATION 财务功能获得麦考利久期：久期（"4/11/2014：""2/14/2022：0.06, 0.06, 0, 0）。输入值为结算日期、到期日、十进制年票息、十进制年到期收益率、周期数和天数计算代码（0 代表 30/360，1 代表实际/实际）。

⊖ 这个公式的逐步推导是在 Donald J. Smith，*Bond Math: The Theory behind the Formulas* Hoboken, NJ : John Wiley & Sons，2011）。

年支付债券的麦考利久期。

$$麦考利久期 = \frac{1+0.1040}{0.1040} - \frac{1+0.1040+[10\times(0.0800-0.1040)]}{0.0800\times[(1+0.1040)^{10}-1]+0.1040} = 7.0029$$

因此，在 10 年期债券中收到利息和本金而实现初始市场贴现率的加权平均时间为 7.00 年。

通过在式（4-4）中代入 $r = 0.0300$，$c = 0.0300$，$N = 16$ 和 $t/T = 57/180$，得到 2022 年 2 月 14 日到期的 6% 半年支付债券的麦考利久期。

$$麦考利久期 = \left[\frac{1+0.0300}{0.0300} - \frac{1+0.0300+[16\times(0.0300-0.0300)]}{0.0300\times[(1+0.0300)^{16}-1]+0.0300}\right] - (57/180)$$
$$= 12.621268$$

式（4-4）使用每周期的到期收益率、每周期的票息、到期的周期数量以及当前周期已过去的分数。它的结果是以周期表示的麦考利久期。它可以被变换为年久期除以一年中的周期数。

债券修正久期（modified duration，ModDur）统计的计算需要对麦考利久期进行简单的调整。麦考利久期统计除以 1 加上每个周期的收益率。

$$修正久期 = \frac{麦考利久期}{1+r} \tag{4-5}$$

例如，10 年期，8% 年支付债券的修正久期为 6.3432。

$$修正久期 = \frac{7.0029}{1.1040} = 6.3432$$

2022 年 2 月 14 日到期的 6% 半年支付债券的修正久期为半年周期 12.253658。

$$修正久期 = \frac{12.621268}{1.0300} = 12.253658$$

债券的年化修正久期为 6.126829（= 12.253658/2）。[⊖]

虽然修正久期似乎只是麦考利久期的微调，但它在风险测量中具有重要的应用：修正久期提供了给定到期收益率变化下对债券价格变动百分比的估算。

$$\%\Delta PV^{全价} \approx -AnnModDur \times \Delta Yield \tag{4-6}$$

价格变动百分比是指全价，包括应计利息。式（4-6）中的 AnnModDur 项是年化修正久期，ΔYield 项是年化到期收益率的变化。≈ 符号表示这个计算是一个估算。负号表示债券价格和到期收益率呈反比关系。

如果 2022 年 2 月 14 日到期的 6% 半年支付债券的年收益率从 6.00% 上涨了 100 个基点，达到 7.00%，债券价值的估算损失为 6.1268%。

$$\%\Delta PV^{全价} \approx -6.126829 \times 0.0100 = -0.061268$$

如果到期收益率下降 100 个基点至 5.00%，价值估算增加也为 6.1268%。

$$\%\Delta PV^{全价} \approx -6.126829 \times -0.0100 = 0.061268$$

⊖ Microsoft Excel 用户可以使用 MDURATION 财务功能获得修正久期：VIDURATION（"4/11/2014"，"2/14/2022"，0.06，0.06，2，0）。输入与在 P134 脚注⊖的麦考利久期相同。

修正久期提供了价格变化百分比的线性估算。就绝对值而言,到期收益率的增减变化是相同的。回顾"固定收益估值导论",对于给定的票息和到期日,市场贴现率下降比其上升时,价格变动百分比变化更大(绝对值)。随后在此章介绍了久期的"凸度调整",它提高了这一估算的准确性,特别是考虑到到期收益率的巨大变化时(如 100 个基点)。

如果已知麦考利久期,则固定利率债券的修正久期统计很容易获得。一种替代方法是直接近似求修正久期。式(4-7)是年度修改久期的近似公式。

$$近似修正久期 = \frac{(PV_-)-(PV_+)}{2\times(\Delta 收益率)\times(PV_0)} \tag{4-7}$$

近似的目的是估算与价格收益率曲线相切的线的斜率。切线斜率和近似斜率如图 4-2 所示。

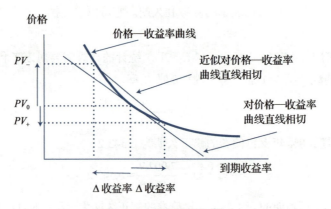

图 4-2 近似修正久期

为了估算斜率,到期收益率以相同的量 Δ 收益率上下变化。然后计算新的到期收益率的债券价格。收益率增加时的价格为 PV_+。到期收益率下降时的价格为 PV_-。初始价格是 PV_0。这些价格是全价,包括应计利息。基于 PV_+ 和 PV_- 的线的斜率是与价格收益率曲线相切的线的斜率的近似值。以下举例说明了该近似的惊人精度。实际上,随着 Δ 收益率接近零,近似值接近于年修正久期。

考虑 2022 年 2 月 14 日到期的 6% 的半年支付息票公司债券。在 2014 年 4 月 11 日结算,由于到期收益率为 6.00%,全价(PV_0)为 100.940 423。

$$PV_0 = \left[\frac{3}{(1.03)^1} + \frac{3}{(1.03)^2} + \cdots + \frac{103}{(1.03)^{16}}\right] \times (1.03)^{57/180} = 100.940\ 423$$

将年到期收益率提高 5 个基点,从 6.00% 至 6.05%。这一增长对应于半年周期的到期收益率 2.5 个基点的上涨,从 3.00% 增加到每周期的 3.025%。新的全价(PV_+)为 100.631 781。

$$PV_+ = \left[\frac{3}{(1.0302\ 5)^1} + \frac{3}{(1.0302\ 5)^2} + \cdots + \frac{103}{(1.0302\ 5)^{16}}\right] \times (1.0302\ 5)^{57/180} = 100.631\ 781$$

将年到期收益率下降 5 个基点,从 6.00% 至 5.95%。这一减少对应于半年周期的到期收益率 2.5 个基点的下降,从 3.00% 下降到每周期的 2.975%。新的全价(PV_-)为 101.250 227。

$$PV_- = \left[\frac{3}{(1.02975)^1} + \frac{3}{(1.02975)^2} + \cdots + \frac{103}{(1.02975)^{16}}\right] \times (1.02975)^{57/180} = 101.250\,227$$

将年到期收益率 5 个基点的变化或 Δ 收益率 = 0.000 5 这些结果代入式（4-7）中：

$$近似修正久期 = \frac{101.250\,227 - 100.631\,781}{2 \times 0.000\,5 \times 100.940\,423} = 6.126\,842$$

该债券的"精确"年修正久期为 6.126 829 和"近似值"6.126 842，几乎相同。因此，虽然久期可以使用表 4-1 和表 4-2 中基于收到每笔现金流的加权平均时间的方法计算，或使用式（4-4）中的闭合公式，也可以使用基本的债券定价公式和金融计算器非常准确地估算。麦考利久期也可以用近似修正久期乘以 1 加上每周期的收益率来近似估算。

$$近似麦考利久期 = 近似修正久期 \times (1 + r) \quad (4-8)$$

近似公式得出近似修正久期和近似麦考利久期的结果。息票支付的频率和到期收益率的周期数包括在债券价格计算中。

例 4-8

假设 2041 年 8 月 15 日到期的 3.75% 美国国债，2014 年 10 月 15 日清算时的定价为收益率 5.14%。在 2 月 15 日和 8 月 15 日期间，每半年派息一次。到期收益率是以街头惯例半年期债券为基础的。此结算日为使用实际/实际天数计算惯例的 184 天息票周期的已过去 61 天。假设到期收益率为 5 个基点的变化，计算这个国债的近似修正久期和近似麦考利久期。

解答：每半年期到期收益率为 0.025 7（= 0.051 4/2）。每周期的息票支付为 1.875（= 3.75/2）。期初，有 27 年（54 个半年周期）到期。已经过去一段时间的分数是 61/184。到期收益率下的全价为每 100 面值的 80.501 507。

$$PV_0 = \left[\frac{1.875}{(1.025\,7)^1} + \frac{1.875}{(1.025\,7)^2} + \cdots + \frac{101.875}{(1.025\,7)^{54}}\right] \times (1.025\,7)^{61/184} = 80.501\,507$$

将到期收益率从 5.14% 提高到 5.19%，因此每半年周期收益率从 2.57% 上升到 2.595%，价格变为每 100 面值的 79.886 293。

$$PV_+ = \left[\frac{1.875}{(1.02595)^1} + \frac{1.875}{(1.02595)^2} + \cdots + \frac{101.875}{(1.02595)^{54}}\right] \times (1.02595)^{61/184}$$
$$= 79.886\,293$$

将到期收益率从 5.14% 降至 5.09%，因此每半年周期从收益率 2.57% 降至 2.545%，价格变为每 100 面值的 81.123 441。

$$PV_- = \left[\frac{1.875}{(1.02545)^1} + \frac{1.875}{(1.02545)^2} + \cdots + \frac{101.875}{(1.02545)^{54}}\right] \times (1.02545)^{61/184}$$
$$= 81.123\,441$$

> 近似年化修正久期约为 15.368。
>
> $$近似修正久期 = \frac{81.123\,441 - 79.886\,293}{2 \times 0.000\,5 \times 80.501\,507} = 15.368$$
>
> 近似年化麦考利久期约为 15.763。
>
> $$近似麦考利久期 = 15.368 \times 1.025\,7 = 15.763$$
>
> 因此，投资者从这些统计知道，收到利息和本金的加权平均时间为 15.763 年（麦考利久期）。如果市场贴现率突然上升 1% 由 5.14% 升至 6.14%，债券的市场价值损失为 15.368%（修正久期）。

4.3.2 有效久期

评估债券利率风险的另一种方法是根据基准收益率曲线，如政府平价曲线的变化来估算价格变化百分比。这个估算与近似修正久期的公式非常相似，称为有效久期（effective duration）。债券的有效久期（EffDur）是债券价格对基准收益率曲线变化的敏感性。计算有效久期的公式（EffDur）为式（4-9）。

$$有效久期 = \frac{(PV_-) - (PV_+)}{2 \times (\Delta 基准收益率曲线) \times (PV_0)} \quad (4-9)$$

近似修正久期与有效久期之间的差异在分母之中。修正久期是收益久期的统计，它根据债券自身到期收益率的变化（ΔYield）来衡量利率风险。有效久期是一个曲线久期统计，它以基准收益率曲线的平行移动（ΔCurve）来衡量利率风险。

有效久期对于度量复合债券的利率风险至关重要，如包含嵌入式看涨期权的债券。可赎回债券的久期不是债券价格对最差收益率的敏感性（例如，最低的到期收益率，第一次赎回收益率，第二次赎回收益率等）。问题是未来的现金流量是不确定的，因为它们视未来的利率而定。债券发行人的赎回决定取决于他能以更低的资金成本为债务进行再融资的能力。简而言之，可赎回债券没有确定的内部收益率（到期收益率）。因此，收益久期统计如修正和麦考利久期不适用，有效久期是适当的久期度量方法。

用于产生可赎回债券有效久期的特定期权定价模型将在后面的章节中讨论。然而，作为一个例子，假定可赎回债券的全价为每 100 面值的 101.060 489。期权定价模型输入包括：①赎回保护期的长度；②赎回价格和赎回日的时间计划表；③基准收益率之上的信用利差（包括任何流动性利差）假设；④关于未来利率波动性假设；⑤市场利率水平（如政府平价曲线）。分析师随后将前四项投入保持恒定，并提高或降低第五项输入值。假设政府平价曲线上调和下调 25 个基点时，该模型可赎回债券的全价分别为 99.050 120 和 102.890 738。因此，$PV_0 = 101.060\,489$，$PV_+ = 99.050\,120$，$PV_- = 102.890\,738$，Δ政府平价曲线 = 0.002 5。可赎回债券的有效久期为 7.600 6。

$$有效久期 = \frac{102.890\,738 - 99.050\,120}{2 \times 0.002\,5 \times 101.060\,489} = 7.600\,6$$

这个曲线久期度量表明债券对基准收益率曲线特别是政府平价曲线的敏感性，假设信用利差没有变化。实际上，如果基准收益率下降并且基准收益率之上的信用利差不变，或者基准收益率不变，信用利差减少（如，由于发行人评级升级），则可赎回债券发行人能够行使赎回选择权并获得较低的资金成本。定价模型可用于确定"信用久期"统计值，即债券价格对信用利差变动的敏感度。在传统的固定利率债券上，修正久期估算了基准收益率和（或）信用利差变化的价格变动百分比。对于因未来的现金流量不固定而没有确定内部收益率的债券，例如，可赎回债券和浮动利率票据，定价模型用于产生不同的关于基准利率变动和信用风险变动的统计数据。

另一个固定收益证券的收益久期统计值，如修正久期和麦考利久期，与抵押担保债券无关。这些证券来自住宅（或商业）贷款组合证券化。衡量抵押担保债券利率风险的关键点在于，现金流量取决于房主以更低的利率为他们的债务再融资的能力。实际上，房主在抵押贷款上有看涨期权。

使用有效久期的实际考虑因素是确定基准收益率曲线的变化。通过近似修正久期，选择较小的到期收益率变化来提高准确性。但是，更复杂的证券定价模型，如可回购和抵押担保债券，包括对公司发行人、企业主或房主的行为假设。利率通常需要以最小数额变动，以影响债券赎回或抵押贷款再融资的决定，因为发行新债务涉及交易成本。因此，使用有效久期估算利率风险并不一定会通过选择基准利率的较小变动而改进。有效久期成为传统债券还有金融负债的重要金融分析工具。例4-9证明了有效久期的这种应用。

例4-9

固定受益养老金计划通常按照退休人员退休时的工资水平每月向其支付金额。这笔金额可以按名义固定，也可以与通货膨胀指数挂钩。使用美国公认会计准则（U.S. GAAP）或国际财务报告准则（IFRS）会计标准时，这些计划被称为"固定受益养老金计划"。在澳大利亚，它们被称为"退休金"。

英国固定受益养老金计划旨在衡量其退休负债对市场利率变化的敏感性。养老金计划经理聘请精算顾问，按照三种利率方案模拟其负债的现值：①基准利率为5%；②利率上调100个基点，涨至6%；③利率下降100个基点，降至4%。

精算顾问使用复杂的估值模型，其中包括关于员工留任、提前退休、工资增长、死亡率和寿命的假设。下表显示了分析结果。

假设的利率	负债现值
4%	GBP973.5 百万美元
5%	GBP926.1 百万美元
6%	GBP871.8 百万美元

计算养老金计划负债的有效久期。

解答：$PV_0 = 926.1$，$PV_+ = 871.8$，$PV_- = 973.5$，$\Delta\text{Curve} = 0.010\,0$。养老金计划负债的有效久期为 5.49。

$$\text{有效久期} = \frac{973.5 - 871.8}{2 \times 0.010\,0 \times 926.1} = 5.49$$

养老金计划负债的有效久期统计值可用于资产配置决策，以决定权益、固定收益和替代资产的组合。

虽然有效久期是最适合对具有嵌入式期权债券的利率风险进行度量，但也可用于传统债券来补充麦考利久期和修正久期提供的信息。图 4-3 显示了 2011 年 5 月 31 日到期 0.625% 美国国库券的彭博收益率和利差（YAS）分析页面。

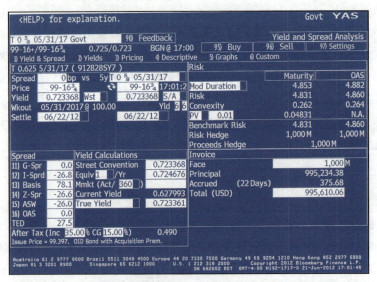

图 4-3　0.625% 美国国库券的彭博收益率和利差分析页

注：彭博商业周刊授权使用，版权所有。

在图 4-3 中，债券的报价（平价）价格为 $99-16\frac{3}{4}$，相当于 2012 年 6 月 22 日清算时每 100 面值的 99 和 $\frac{16\frac{3}{4}}{32}$。大多数债券价格用小数表示，但美国国债通常以分数报价。用小数计，平价为 99.523 438。应计利息采用实际/实际天数计算方法。清算日为 22 天进入为期 183 天的半年息票支付周期。应计利息为每 100 面值的 0.037 568（= 22/183 × 0.006 25/2 × 100）。债券的全价为 99.561 006。债券的到期收益率为 0.723 368%，以街头惯例半年期债券为基础。

债券的修正久期如图 4-5 所示为 4.853，这是传统收益久期统计值。然而，其曲线久期为 4.882，这是对美国国债平价曲线变化的价格敏感度。在彭博，有效久期被称为 "OAS 久期"，因为它是基于计算期权调整利差的期权定价模型。由于政府收益率曲线不平坦，所以会产生微小差异。当模型中的平价曲线移动时，政府的即期曲线也发生了移动，尽管不是相同的"平行"方式。这样，即使平价曲线出现与债券自身到期收益率相同数值的变化，债券价格的变化并不完全一样。一般来说，传统无期权债券的修正久期和有效久期不一样，当收益率曲线更平坦时，差异变窄，到期日越短，债券定价越接近面值（因此票息与到期收益率之间的差额越小）。无期权债券的修正久期和有效久期相等的情况仅罕见地出现在收益曲线绝对平坦的情况下。

以上，可赎回债券的有效久期计算为

$$\text{有效久期} = \frac{102.890\,738 - 99.050\,120}{2 \times 0.002\,5 \times 101.060\,489} = 7.600\,6$$

这个久期指标表明债券对基准收益率曲线的敏感性，假设所有收益率都以相同值变动。

4.3.3 关键利率久期

关键利率久期提供了进一步了解债券对基准收益率曲线变化的敏感性。**关键利率久期**（key rate duration）或部分久期（partial duration）是度量债券对特定到期部分基准收益率曲线变化敏感度的指标。与有效久期相反，关键利率久期有助于确定债券的"形状风险"，即债券对基准收益率曲线形状变化的敏感性（如收益率曲线变得更陡峭或更平坦）。

前面有效久期的说明假设所有到期平行转移 25 个基点。然而，分析师想知道如果短的到期基准利率（比如说最多 2 年）上涨了 25 个基点，但长的到期基准利率保持不变，可赎回债券的价格预期将如何变化。考虑到收益率曲线向上倾斜，这种情景将代表收益率曲线的平坦化。使用关键利率久期，预期价格变动将近似等于减去短的到期部分的关键利率久期乘以该部分 0.002 5 的利率变动。当然，对于基准收益率曲线的平行变动，关键利率久期将表示与有效久期相同的利率敏感度。

4.3.4 债券久期的性质

传统固定利率债券的麦考利和修正收益率久期统计值是输入变量的函数：每周期票息或支付款、每周期到期收益率、至到期日的周期数量（截至到期日期间），以及已经过的周期分数。债券久期的性质是通过改变其中一个变量而保持其他变量不变。因为久期是对固定利率债券利率风险的基本衡量方法，因此对于这些属性的了解是很重要的。

麦考利久期的闭合公式，如式（4-4）所示，再次在这里用于证明债券久期统计量的特征。

$$\text{麦考利久期} = \left\{\frac{1+r}{r} - \frac{1+r+[N \times (c-r)]}{c \times (1+r)^N - 1 + r}\right\} - (t/T)$$

修正久期具有相同的特征。首先考虑已经过的周期分数（t/T）。麦考利久期和修正久期取决于用于获得到期收益率的天数计算基准。使用实际/实际方法计算天数的债券的久期与使用 30/360 方法有轻微差异。关键点是，对于不变的到期收益率（r），大括弧中的符号在周期内不随着时间的推移而改变。因此，随着 t 从 $t=0$ 到 $t=T$，麦考利久期平稳减少，产生了"锯齿"模式。典型的固定利率债券模式如图4-4所示。

随着时间在息票周期内推移（图中从右向左移动），麦考利久期平稳下降，然后在支付息票后向上跳跃。

债券久期与票息变动，到期收益率及到期时间有关的特征如图4-5所示。

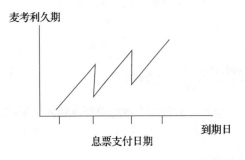

图 4-4　恒定到期收益率息票支付之间的麦考利久期　　图 4-5　麦考利收益久期的属性

图 4-5 显示了当 $t/T = 0$ 时息票支付日期的图表，这样不显示息票支付之间的锯齿模式。麦考利久期与零息债券到期日之间的关系为 45° 线：当 $c = 0$（和 $t/T = 0$）时，麦考利久期 = N。因此，零息债券的麦考利久期是其到期日。

永久性（perpetuity）或永久债券（也称为统一公债）是一种无到期日的债券。没有本金可以赎回。除非债券是可以赎回的，投资者会永远收到固定的息票。不可赎回的永久债券是罕见的，但是它们有一个引起人们兴趣的麦考利久期：麦考利久期 = $(1 + r)/r$，因为 N 接近无穷大。实际上，大括号中的第二个表达式随着至到期日的周期数量的增加而接近零，因为分子中的 N 是一个系数，而分母中的 N 是一个指数，并且当 N 增大时，分母的增加快于分子。

有规定到期日的典型固定利率债券在图4-5中被描述为溢价债券和折价债券。通常的模式是，更长的到期时间对应于更高的麦考利久期统计值。这种模式总是适用于以面值或高于面值溢价交易的债券。在式（4-4）中，大括号内的第二个表达式是溢价债券和平价债券的正数。分子是正的，因为票息（c）大于或等于到期收益率（r），而分母总是为正值。因此，麦考利久期总是小于 $(1 + r)/r$，随着到期时间的增加，它从下接近于极限值。

图4-5 所示的奇妙结果是折价债券的模式。一般来说，麦考利久期将会随着更长的到期时间而增加。但在某个时间点到期时间足够高时，麦考利久期超过 $(1 + r)/r$，达到最大值，然后从上方接近极限值。在式（4-4）中，当周期数（N）大且票息（c）低于到期收益率（r）时，产生这种模式。大括号内第二个表达式的分子可能变为负数。这意味着长期折价债券的利率风险实际上可能会低于短期折价债券，这就是为什么在描述债券价格和到期收益率之间关系的到期效应时需要"一般"这个词。一般来说，对于同样的票息，同样数值的到期收益率变化，引起长期债券的价格变动幅度比短期债券的价格变动幅度更大。例外是长期债券实际上具有较低的久期统计值。

票息和到期收益率均与麦考利久期成反比。在图4-5 中，在同一到期时间和到期收益率下，零息债券的麦考利久期高于折价交易的低息票债券。此外，折价交易的低息票债券的久期高于溢价交易的高息票债券。所以其他一切都是平等的，相比于高息票债券，低息票债券的久期更长，利率风险更高。同样的模式适用于到期收益率。较高的到期收益率减少了收到现金流量的加权平均时间。近期收到的现金流量权重更大，如果现金流以较高的利率贴现，则越远未来周期收到现金流量的权重越小。

总而言之，固定利率债券的麦考利久期和修正久期统计值主要取决于票息、到期收益率和到期时间。较高的票息或较高的到期收益率会减少久期。更长的到期时间通常会导致更高的久期。对于以溢价或面值计价的债券一直如此。但是，如果债券以折价定价，则较长的到期期限可能导致较短的久期。这种情况只发生在如果相对于收益率的票息低（但不是零）和到期时间长的时候。

> **例 4-10**
>
> 对冲基金专注于投资新兴市场主权债务。基金经理相信，隐含的违约概率太高，这意味着债券被视为"便宜"和信用利差太高。对冲基金计划持有这些可买债券中的一只债券头寸。
>
> | 债券 | 到期日 | 票息 | 价格 | 到期收益率 |
> | --- | --- | --- | --- | --- |
> | A | 10 年 | 10% | 58.075 279 | 20% |
> | B | 20 年 | 10% | 51.304 203 | 20% |
> | C | 30 年 | 10% | 50.210 636 | 20% |
>
> 息票每年支付。到期收益率是有效年利率。价格是每 100 面值。
>
> （1）用到期收益率的 1 个基点变化计算三只债券中每一只的修正久期，并保持精确到六位小数（因为近似久期统计量对四舍五入非常敏感）。
>
> （2）如果各自的到期收益率下降数值相同，则三只债券中的哪一只的百分比价格预期涨幅最高，例如，跌 10 个基点，从 20% 降至 19.90%。
>
> **解答 1:**
>
> 债券 A
>
> $$PV_0 = 58.075\ 279$$
>
> $$PV_+ = 58.047\ 598$$
>
> $$\frac{10}{(1.200\ 1)^1} + \frac{10}{(1.200\ 1)^2} + \cdots + \frac{110}{(1.200\ 1)^{10}} = 58.047\ 598$$
>
> $$PV_- = 58.102\ 981$$
>
> $$\frac{10}{(1.199\ 9)^1} + \frac{10}{(1.199\ 9)^2} + \cdots + \frac{110}{(1.199\ 9)^{10}} = 58.102\ 981$$
>
> 债券 A 的近似修正久期为 4.768。
>
> $$近似修正久期 = \frac{58.102\ 981 - 58.047\ 598}{2 \times 0.000\ 1 \times 58.075\ 279} = 4.768$$

债券 B

$$PV_0 = 51.304\,203$$
$$PV_+ = 51.277\,694$$
$$\frac{10}{(1.200\,1)^1} + \frac{10}{(1.200\,1)^2} + \cdots + \frac{110}{(1.200\,1)^{20}} = 51.277\,694$$
$$PV_- = 51.330\,737$$
$$\frac{10}{(1.199\,9)^1} + \frac{10}{(1.199\,9)^2} + \cdots + \frac{110}{(1.199\,9)^{20}} = 51.330\,737$$

债券 B 的近似修正久期为 5.169。

$$近似修正久期 = \frac{51.330\,737 - 51.277\,694}{2 \times 0.000\,1 \times 51.304\,203} = 5.169$$

债券 C

$$PV_0 = 50.210\,636$$
$$PV_+ = 50.185\,228$$
$$\frac{10}{(1.200\,1)^1} + \frac{10}{(1.200\,1)^2} + \cdots + \frac{110}{(1.200\,1)^{30}} = 50.185\,228$$
$$PV_- = 50.236\,070$$
$$\frac{10}{(1.199\,9)^1} + \frac{10}{(1.199\,9)^2} + \cdots + \frac{110}{(1.199\,9)^{30}} = 50.236\,070$$

债券 C 的近似修正久期为 5.063。

$$近似修正久期 = \frac{50.236\,070 - 50.185\,228}{2 \times 0.000\,1 \times 50.210\,636} = 5.063$$

解答 2：尽管到期时间（10 年、20 年和 30 年）具有显著差异，但三只债券的近似修正久期相当接近（4.768、5.169 和 5.063）。由于到期收益率如此之高，20 年期和 30 年期债券收到利息和本金的额外时间的权重较低。然而，债券 B，20 年到期，修正久期最高。如果每只债券的到期收益率都以相同数值减少，比如减少 10 个基点，从 20% 降至 19.90%，由于债券 B 的修正久期最高，因此其预期价格百分比涨幅最高。这个例子说明了图 4-5 中麦考利久期与贴现债券到期时间的关系。20 年期债券久期比 30 年期债券更高。

可赎回债券需要使用有效久期，因为麦考利久期和修正收益久期统计值不相关。因为未来现金流量不确定，可赎回债券的到期收益率不确定。图 4-6 显示了基准收益率曲线的变化（ΔCurve）对可赎回债券价格与可比的不可赎回债券的影响对比。这两种债券具有相同的信用风险、票息、支付频率和到期时间。纵轴是债券价格。横轴是特定的基准收益率，如政府债券的平价曲线上的一个点。

如图 4-6 所示，不可赎回债券的价格总是高于具有其他相同特征的可赎回债券的价格。不同之处在于嵌入式看涨期权的价值。回想一下，看涨期权是发行人而不是债券持有人的选择权。当利率与票息相比较高时，看涨期权的价值很低。当利率低时，看涨期权的价值要高得多，因为发行人更有可能以较低的资金成本行使对债务进行再融资的期权。投资者承担"赎回风险"，因为如果债券被赎回，投资者必须将收益以较低的利率重新投资。

图 4-6 显示了为计算可赎回债券有效久期的输入值。整个基准收益率曲线上调和下调相同数值变化。关键是当基准收益率高时，可赎回债券和不可赎回债券的有效久期非常相似。虽然本图没有说明，在这种情况下，与价格收益率曲线相切线的

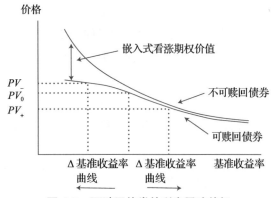

图 4-6　可赎回债券的利率风险特征

斜率大致相同。但是当利率偏低时，可赎回债券的有效久期低于其他可比的不可赎回债券。这是因为当基准收益率下降时，可赎回的债券价格并没有增加。与价格收益率曲线相切线的斜率将更平坦。嵌入式看涨期权的出现限制了价格上涨。因此，嵌入式看涨期权减少了债券的有效久期，特别是当利率下降债券更有可能被赎回时。较低的有效久期也可以解释为较短的预期期限，即收到现金流的加权平均时间减少。

图 4-7 研究另一个嵌入式期权——看跌期权。

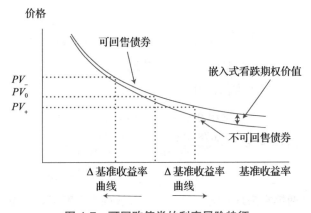

图 4-7　可回购债券的利率风险特征

可回售债券允许投资者在到期日之前将债券，通常为面值出售给发行人，旨在保护投资者免受更高的基准收益率或信用利差的影响，否则将把债券价格推向折价。因此，可回售债券的价格总是高于其他类似的不可回售债券。价格差异是嵌入式看跌期权的价值。

嵌入式看跌期权减少了债券的有效久期，特别是当利率上升时。如果利率与票息相比较低，嵌入式看跌期权的价值就低，基准收益率对债券价格变动的影响与对不可回售债券的价格影响非常相似。但是当基准利率上升时，看跌期权对投资者来说更有价值。以平价出售债券的能力限制了利率上涨时的价格贬值。总之，假设信用风险没有变化，嵌入式期权的存在降低了债券价格对基准收益曲线变化的敏感性。

4.3.5 债券组合的久期

与股票类似，通常在投资组合中持有债券。计算债券投资组合的久期有两种方法：①收到合计现金流量的加权平均时间；②构成投资组合的单个债券久期的加权平均数。第一种方法是理论上正确的方法，但在实践中很难使用。第二种方法是固定收益投资组合经理常用的，但它有自己的局限性。这两种计算投资组合久期方法之间的差异可以用数字例题来检验。

假设投资者持有以下有两只零息债券构成的组合（见表 4-3）。

表 4-3 投资者持有的两只零息债券构成的组合

债券	到期期限	价格	收益率	麦考利久期	修正久期	面值	市场价值	权重
X	1 年	98.00	2.040 8%	1	0.980	10 000 000	9 800 000	0.50
Y	30 年	9.80	8.050 3%	30	27.765	100 000 000	9 800 000	0.50

价格是每 100 面值。到期收益率是有效年利率。投资组合的总市值为 19 600 000。投资组合按照两个债券之间的市场价值进行均等加权。

第一种方法将投资组合视为一系列合计现金流量。其现金流量收益率为 7.861 1%。现金流量收益率（cash flow yield）是一系列现金流量的内部收益率，通常用于复杂证券诸如抵押债券（使用基于再融资提前还款模式的预计现金流量）或固定利率的债券投资组合。这是下面公式中 r 的解。

$$19\,600\,000 = \frac{10\,000\,000}{(1+r)^1} + \frac{0}{(1+r)^2} + \cdots + \frac{0}{(1+r)^{29}} + \frac{100\,000\,000}{(1+r)^{30}}, \quad r = 0.078\,611$$

该方法投资组合的麦考利久期是收到合计现金流量的加权平均时间。现金流收益率用于获得权重。该计算与式（4-1）类似，投资组合久期为 16.282 5。

$$麦考利久期 = \frac{\dfrac{1 \times 10\,000\,000}{(1.078\,611)^1} + \dfrac{30 \times 100\,000\,000}{(1.078\,611)^{30}}}{\dfrac{10\,000\,000}{(1.078\,611)^1} + \dfrac{100\,000\,000}{(1.078\,611)^{30}}} = 16.282\,5$$

投资组合中只有两笔未来现金流，两只零息债券的本金赎回。在更复杂的投资组合中，一系列息票和本金支付可能会在某些日期发生，其中一笔合计的现金流量是由一些债券的息票和到期的本金组成。

投资组合的修正久期是麦考利久期除以 1 加上每期的现金流量收益率（这里，周期数为 1）。

$$修正久期 = \frac{16.282\,5}{1.078\,611} = 15.095\,8$$

投资组合的修正久期为 15.095 8。这个统计数据表明，给定现金流量收益率变化，则市值百分比也会变化。如果现金流量收益率增加或减少 100 个基点，投资组合的市场价值预计将增加或减少约 15.095 8%。

虽然这种做法在"理论上是正确的"，但实际上很难使用。第一，债券投资组合的现金流量收益率通常不计算。第二，如果投资组合中包含可赎回债券、可回售债券或浮动利率票据，未来息票和本金支付的金额和时间是不确定的。第三，利率风险通常表示为基准利率的变化，而不是现金流量收益率的变化。第四，现金流量收益率的变化不一定与个别债券的到期收益率变化相同。例如，如果该投资组合中的两只零息债券的到期收益率期间都增加或减少 10 个基点，则现金流量收益率仅上涨或下跌 9.52 个基点。

在实践中，通常使用第二种方法计算投资组合久期。投资组合的麦考利久期和修正久期计算是个别债券统计值的加权平均数。整体投资组合市值的份额是权重。该加权平均值是用第一种方法获得"理论上正确"的投资组合久期近似值。当投资组合中债券的到期收益率差异较小时，这个近似值会变得更加准确。当收益率曲线平坦时，两种方法得出相同的投资组合久期。

在这个简单的数值例题中给出均等的"50/50"权重，这个形式的投资组合久期很容易计算。

$$平均麦考利久期 = 1 \times 0.50 + 30 \times 0.50 = 15.50$$

$$平均修正久期 = 0.980 \times 0.50 + 27.765 \times 0.50 = 14.372\,5$$

请注意，$0.980 = 1/1.020\,404$ 和 $27.765 = 30/1.080\,503$。第二种方法的优点是可以使用这些证券的有效久期将可赎回债券、可回售债券和浮动利率票据包括在加权平均数中。

第二种方法的主要优点是它很容易被用作衡量利率风险。例如，如果投资组合中债券到期收益率增加了 100 个基点，投资组合价值估值下降 14.372 5%。然而，这个优势也有一个局限：这种度量投资组合久期的指标隐含地假定收益率曲线平行移动（parallel shift）。收益率曲线平行移动意味着所有利率在相同方向以相同的数值变化。实际上，利率变化往往导致更陡峭或更平坦的收益率曲线。收益波动率将在本章后面讨论。

例 4-11

一个投资基金拥有以下固定利率政府债券的组合：

	债券 A	债券 B	债券 C
面值（欧元）	25 000 000	25 000 000	50 000 000
票息	9%	11%	8%
到期日	6 年	8 年	12 年
到期收益率	9.10%	9.38%	9.62%
市场价值（欧元）	24 886 343	27 243 887	44 306 787
麦考利久期	4.761	5.633	7.652

投资组合的总市值为 96 437 017 欧元。每只债券均在息票日，因此无应计利息。市场价值是已知面值的全价。每半年支付一次息票。到期收益率是以半年期债券为基础的，这意味着年利率周期数为 2。麦考利久期是年化的。

（1）使用市场价值的份额作为权重计算投资组合的平均（年度）修正久期。

（2）如果每只债券的（年度）到期收益率增加 20 个基点，估算投资组合市场价值的百分比损失。

解答 1：投资组合的平均（年度）修正久期为 6.049 5。

$$\frac{4.761}{1+\frac{0.091\,0}{2}} \times \frac{24\,886\,343}{96\,437\,017} + \frac{5.633}{1+\frac{0.093\,8}{2}} \times \frac{27\,243\,887}{96\,437\,017} +$$

$$\frac{7.652}{1+\frac{0.096\,2}{2}} \times \frac{44\,306\,787}{96\,437\,017} = 6.049\,5$$

请注意，每只债券的年修正久期就是每年的麦考利久期除以 1 加上每半年期的到期收益率。

解答 2：如果每个收益率上涨 20 个基点，市值估计下降 1.21%(-6.049 5 × 0.002 0 = -0.012 1)。

4.3.6 债券的货币久期和基点的价格价值

修正久期是衡量债券到期收益率变化时债券的百分比价格变动指标。一个相关统计值是**货币久期**（money duration）。债券的货币久期是度量每单位债券计价货币的价格变动量指标。货币久期可以用每 100 面值或按照投资组合中债券的实际头寸大小来表示。在美国，货币久期通常被称为"美元久期"。

货币久期的计算公式为年化修正久期乘以债券的全价（$PV^{全价}$），包括应计利息。

$$货币久期 = 年化修正久期 \times PV^{全价} \tag{4-10}$$

货币单位的债券价格估值变化是使用式（4-11）计算的，与式（4-6）非常相似。不同之处在于，给定年到期收益率的变化（ΔYield），修正久期估算价格百分比变动和货币久期估算货币单位的变化。

$$\Delta PV^{全价} \approx - 货币久期 \times \Delta 到期收益率 \tag{4-11}$$

以货币久期为例，考虑一只 2022 年 2 月 14 日到期，6% 半年支付息票债券，2014 年 4 月 11 日结算定价为收益率 6.00%。债券全价为每 100 面值的 100.940 423，年化修正久期为 6.126 8。假设一家位于中国香港地区的人寿保险公司，在债券中拥有面值达 1 亿港元的头寸。投资的市值为 100 940 423 港元。该债券的货币久期为 618 441 784 港元（= 6.126 8 × 100 940 423 港元）。因此，如果到期收益率上升 100 个基点从 6.00% 升至 7.00%，预计亏损约为 6 184 418 港元（= 61 441 784 港元 × 0.010 0）。按百分比计算，预计损失约为 6.126 8%。下一节中引入的"凸度调整"使这些估值更准确。

货币久期的另一个形式是**债券基点的价格价值**（price value of a basis point，PVBP）。PVBP 是给定到期收益率 1 个基点的变化引起的全价变化的估算。PVBP 可以使用类似于近似修正久期的公式计算。式（4-12）是 PVBP 的公式。

$$PVBP = \frac{(PV_-)-(PV_+)}{2} \qquad (4\text{-}12)$$

PV_- 和 PV_+ 是通过降低和提高到期收益率 1 个基点来计算全价 PV_- 和 PV_+。PVBP 也称为 "PV01",代表 "01" 的价格价值或 "01 的现值",其中 "01" 表示 1 个基点。在美国,通常被称为 "DV01" 或 "01 的美元价值"。相关统计值有时称为 "基点值"(或 BPV)是货币久期 ×0.000 1(1bp)。

举一个 PVBP 计算的数字例子,考虑 2017 年 5 月 31 日到期,半年息票支付率为 0.625% 的美国国库券。在图 4-3 中,国库券的 PVBP 显示为 0.048 31。其到期收益率为 0.723 368%,结算日为 22 天进入 183 天周期。为了证实这一结果,通过增加和减少到期收益率来计算新的价格。首先,将收益率提高 1 个基点(0.01%),从 0.723 368% 提高到 0.733 368%,解出 PV_+ 为 99.512 707。

$$PV_+ = \left[\frac{0.312\,5}{\left(1+\dfrac{0.00\,733\,368}{2}\right)^1}+\cdots+\frac{100.312\,5}{\left(1+\dfrac{0.00\,733\,368}{2}\right)^{10}}\right]\times\left(1+\dfrac{0.00\,733\,368}{2}\right)^{22/183}$$
$$= 99.512\,707$$

然后,降低到期收益率 1 个基点,从 0.723 368% 减至 0.713 368%,解出 PV_- 值为 99.609 333。

$$PV_- = \left[\frac{0.312\,5}{\left(1+\dfrac{0.00\,713\,368}{2}\right)^1}+\cdots+\frac{100.312\,5}{\left(1+\dfrac{0.00\,713\,368}{2}\right)^{10}}\right]\times\left(1+\dfrac{0.00\,7133\,68}{2}\right)^{22/183}$$
$$= 99.609\,333$$

通过将这些结果代入式(4-12)得出 PVBP。

$$PVBP = \frac{99.609\,333 - 99.512\,707}{2} = 0.048\,31$$

在彭博 YAS 网页上报道的另一个货币久期统计值是 "风险"。显示为 4.831。彭博风险统计值只是简单地将 PVBP(或 PV01)乘以 100。

> **例 4-12**
>
> 人寿保险公司持有 1 000 万美元(面值),4.50%,2017 年 2 月 25 日到期的阿斯勒米塔尔(Arxlermittal)债券。2014 年 6 月 27 日清算时债券定价(平价)为收益率 5.261 7%,每 100 面值的 98.125,以街头惯例半年债券为基础。包括应计利息的该头寸总市值为 9 965 000 美元,或每 100 面值为 99.650。债券(年度)麦考利久期为 2.498 8。
>
> (1)计算阿斯勒米塔尔债券每 100 面值的货币久期。
>
> (2)使用该货币久期,估计该结算日期到期收益率每增加 1 个基点头寸的损失。
>
> **解答 1**:货币久期是年化修正久期乘以每 100 面值债券的全价。
>
> $$\left(\frac{2.498\,8}{1+\dfrac{0.052\,617}{2}}\right)\times 99.650\text{美元} = 242.62\text{美元}$$

> **解答 2**：对于到期收益率每增加 1 个基点，损失估计为每 100 面值 0.024 262 美元：242.62 美元 × 0.000 1 = 0.024 262 美元。
>
> 已知面值达 1 000 万美元的头寸，每个基点的增加的估计损失为 2 426.20 美元。货币久期为每 100 面值，所以 1 000 万美元头寸除以 100。
>
> $$0.024\,262\text{美元} \times \frac{10\,000\,000\text{美元}}{100} = 2\,426.20\text{美元}$$

4.3.7 债券凸度

给定到期收益率变化，修正久期衡量了债券价格百分比变动的一阶效应。二阶效应是通过凸度统计值来衡量的，如图 4-8 所示，传统（无期权）固定利率债券的凸度。

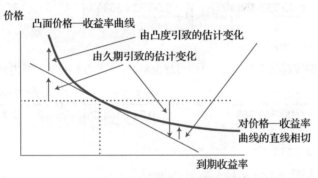

图 4-8 传统（无期权）固定利率债券的凸度

债券价格与到期收益率之间的真实关系是如图 4-8 所示的曲线（凸面的）。该曲线显示了给定市场贴现率下的实际债券价格。久期（特别是货币久期）估算沿着与曲线相切的直线的债券价格变化。对于小的到期收益率的变化，线之间几乎没有差别。但是对于更大的变化，差异变得显著。

债券的凸度统计值用于改进修正久期单独提供的价格百分比变动的估值。式（4-13）是债券全价百分比变动的凸度调整估值。⊖

$$\%\Delta PV^{\text{全价}} \approx$$

$$(-\text{年化修正久期} \times \Delta\text{到期收益率}) + \left[\frac{1}{2} \times \text{年化凸度统计值} \times (\Delta\text{到期收益率})^2\right] \quad (4\text{-}13)$$

第一个括号中的表达式"一阶效应"与式（4-6）相同。（年化）修正久期（AnnModDur）乘以（年度）到期收益率的变化。第二个括号中的表达式是"二阶效应"，是凸度调整。凸度调整是**年化凸度统计值**（Ann Convexity）的 $\frac{1}{2}$ 乘以到期收益率变化的平方。这个附加项是传统（无期权）固定利率债券收益率的增加或减少的正值。在图 4-8 中，这个数值加到久期

⊖ 研究微积分的读者将认识到这个方程是泰勒级数展开的前两项。第一项是修正久期，包括债券价格对收益率变化的一阶导数。第二项是凸度，包括二阶导数。

单独提供的线性估值,这使得调整后的估值非常接近曲线上的实际价格。但它仍然是一个估值,所以使用≈符号。

与麦考利久期和修正久期类似,年凸度统计值可以通过几种方式计算。它可以使用表格计算,例如表 4-1 和表 4-2。也可以使用微积分和代数导出固定利率债券的凸度和息票支付日之间的闭合公式。⊖但是像修正久期一样,凸度可以精确地近似。式(4-14)是近似凸度统计值公式。

$$凸度统计值 = \frac{(PV_-)+(PV_+) - 2 \times (PV_0)}{(\Delta 到期收益率)^2 \times (PV_0)} \quad (4\text{-}14)$$

该公式用与式(4-7)相同的输入值,用于计算近似修正久期。到期收益率增加得到的新价格是 PV_+。当到期收益率下降得到的新价格是 PV_-,初始价格是 PV_0。这些是债券的全价,包括应计利息。

这种近似的精确性可以用特别的零息债券来证明。没有息票支付简化了利率风险度量指标。零息债券的麦考利久期为至到期的周期数 $N - t/T$。零息债券的精确凸度统计值,也以周期数表示,用式(4-15)计算。

$$凸度统计值(零息债券) = \frac{[N-(t/T)] \times [N+1-(t/T)]}{(1+r)^2} \quad (4\text{-}15)$$

式中 N——本期初至到期的周期数量;

t/T——已经过的周期分数;

r——每周期的到期收益率。

以这个计算为例,考虑一个长期的零息美国国债。债券的彭博 YAS 页面如图 4-9 所示。

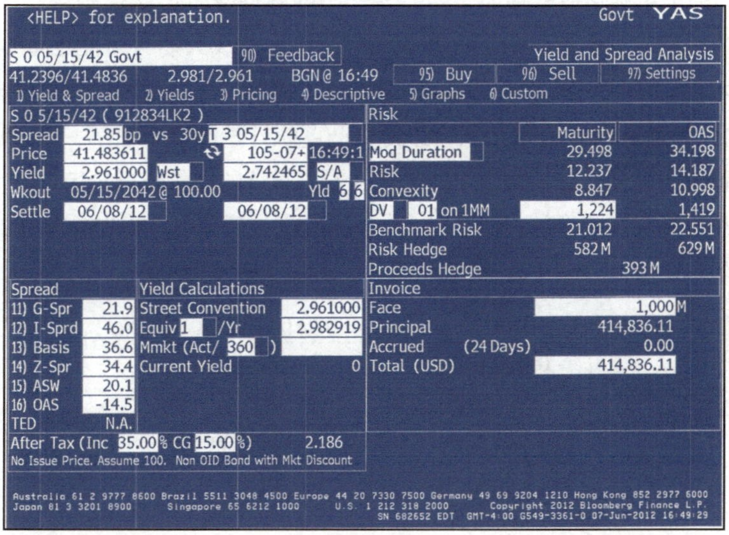

图 4-9 零息美国国债的彭博收益率和利差页面

注:彭博商业周刊版权授予使用,版权所有。

⊖ 凸度闭合公式在息票支付日之间的逐步推导在 Donald J. Smith, *Bond Math*:*The Theory behind the Formulas*(Hoboken, NJ:John Wiley&Sons, 2011)。

债券于 2042 年 5 月 15 日到期，2012 年 6 月 8 日清算的报价为每 100 面值的 41.483 611。其到期收益率为 2.961%，按街头惯例半年期债券为基础。即使它是一个零息债券，其到期收益率仍基于实际/实际的天数计算。该结算日为 24 天进入 184 天周期。年化修正久期为 29.498。

对于该债券，$N = 60$，$t/T = 24/184$，$r = 0.029\ 61/2$。将这些变量输入式（4-15）中，得出以半年周期的凸度 3 538.68。

$$\frac{[60-(24/184)] \times [60+1-(24/184)]}{\left(1+\dfrac{0.029\ 61}{2}\right)^2} = 3\ 538.68$$

与其他统计数据一样，凸度在实践中是以年计的，并用于式（4-13）中的凸度调整。它除以周期数平方。这个零息债券的到期收益率是以半年期债券为基础的，这意味着周期为 2。因此，年化凸度统计值为 884.7。

$$\frac{3\ 538.68}{4} = 884.7$$

例如，假设到期收益率预期下跌 10 个基点，从 2.961% 降至 2.861%。由于（年度）修正久期为 29.498，（年度）凸度为 884.7，预期百分比价格涨幅为 2.994 0%。

$$\begin{aligned}
\%\Delta PV^{全价} &\approx [-29.498 \times -0.001\ 0] + \left[\frac{1}{2} \times 884.7 \times (-0.001\ 0)^2\right] \\
&= 0.029\ 498 + 0.000\ 442 \\
&= 0.029\ 940
\end{aligned}$$

修正久期（下）单独估值涨幅为 2.949 8%。凸度调整增加 4.42 个基点。

图 4-9 中的长期零息债券显示了收益久期与凸度和曲线久期与凸度之间的显著差异，即使是无期权债券。它的修正久期为 29.498，有效久期为 34.198。彭博页面报告的收益凸度为 8.847，其有效凸度为 10.998。（请注意，彭博将凸度统计量除以 100）。一般来说，当基准收益率曲线不平坦时，当债券有长的到期期限和债券以显著的溢价或折价定价时，差异将加大。

要获得这个长期零息债券的近似凸度（ApproxCon），请分别计算收益率为 2.961%，2.971% 和 2.951% 时的 PV_0，PV_+ 和 PV_-。对于此练习，Δ 收益率 $= 0.000\ 1$。

$$PV_0 = \frac{100}{\left(1+\dfrac{0.029\ 61}{2}\right)^{60}} \times \left(1+\dfrac{0.029\ 61}{2}\right)^{24/184} = 41.483\ 617$$

$$PV_+ = \frac{100}{\left(1+\dfrac{0.029\ 71}{2}\right)^{60}} \times \left(1+\dfrac{0.029\ 71}{2}\right)^{24/184} = 41.361\ 431$$

$$PV_- = \frac{100}{\left(1+\dfrac{0.029\ 51}{2}\right)^{60}} \times \left(1+\dfrac{0.029\ 51}{2}\right)^{24/184} = 41.606\ 169$$

零息债券的价格实际上是 41.483 611，而不是 41.483 617。在这个计算中，PV_0 略有不同，因为引用的到期收益率限是四舍五入的。⊖适当使用计算出的 PV_0 与到期收益率的变化是一致的。

使用这些结果，首先使用式（4-7）计算近似修正久期以确认这些输入值是正确的。在图 4-9 中，修正久期为 29.498。

$$近似修正久期 = \frac{41.606\,169 - 41.361\,431}{2 \times 0.000\,1 \times 41.483\,617} = 29.498$$

使用公式 14，近似凸度为 882.3。

$$近似凸度 = \frac{41.606\,169 + 41.361\,431 - (2 \times 41.483\,617)}{(0.000\,1)^2 \times 41.483\,617} = 882.3$$

这个结果是 882.3，是年化凸度的近似值。一年中的周期数包括在价格计算中。使用特定情况下零息债券的闭合公式，这种近似值相当接近"精确"结果，884.7。差异对于实际应用来说是不可能有意义的。

因为这是一个单独的零息债券，如果到期收益率下降了 10 个基点至 2.861%，则很容易计算出新的价格。

$$\frac{100}{\left(1+\frac{0.028\,61}{2}\right)^{60}} \times \left(1+\frac{0.028\,61}{2}\right)^{24/184} = 42.725\,841$$

因此，价格实际升幅为 2.994 5%。

$$\frac{42.725\,841 - 41.483\,611}{41.483\,611} = 0.029\,945$$

凸度调整估值 2.894 0% 与实际变化非常接近。使用近似凸度 882.3 而不是精确凸度 884.7 不会产生有意义的影响。

$$\%\Delta PV^{全价} \approx (-29.458 \times -0.001\,0) + \left[\frac{1}{2} \times 882.3 \times (-0.001\,0)^2\right]$$
$$= 0.029\,458 + 0.000\,441$$
$$= 0.029\,899$$

"精确"凸度调整为 4.42 个基点，"近似"凸度调整为 4.41 个基点。

例 4-13

一家意大利银行持有很大的 7.25% 年支付息票公司债券头寸，2029 年 4 月 4 日到期。该债券 2014 年 6 月 27 日结算的到期收益率为 7.44%，规定为年有效利率。结算日期为 83 天进入 360 天，使用 30/360 天数计算方法。

（1）计算每 100 面值债券的全价。
（2）将到期收益率增加或减少 1 个基点，计算近似修正久期和近似凸度。
（3）到期收益率上涨 100 个基点，计算估计凸度调整价格百分比变动。

⊖ 已知价格 41.483 611，到期收益率为 2.961 000 46%。

（4）将估算的百分比价格变动与实际变化进行比较，假设到期收益率在该结算日期上升至 8.44%。

解答：从 2014 年 4 月 4 日当前周期开始至 2029 年 4 月 4 日到期有 15 年。

（1）债券的全价为每 100 面值的 99.956 780。

$$PV_0 = \left[\frac{7.25}{(1.074\,4)^1} + \cdots + \frac{107.25}{(1.074\,4)^{15}}\right] \times (1.074\,4)^{83/360} = 99.956\,780$$

（2）$PV_+ = 99.869\,964$，$PV_- = 100.043\,703$。

$$PV_+ = \left[\frac{7.25}{(1.074\,5)^1} + \cdots + \frac{107.25}{(1.074\,5)^{15}}\right] \times (1.074\,5)^{83/360} = 99.869\,964$$

$$PV_- = \left[\frac{7.25}{(1.074\,3)^1} + \cdots + \frac{107.25}{(1.074\,3)^{15}}\right] \times (1.074\,3)^{83/360} = 100.043\,703$$

近似修正久期为 8.690 7。

$$近似修正久期 = \frac{100.043\,703 - 99.869\,964}{2 \times 0.000\,1 \times 99.956\,780} = 8.690\,7$$

近似凸度为 107.046。

$$近似凸度 = \frac{100.043\,703 + 99.869\,964 - (2 \times 99.956\,780)}{(0.000\,1)^2 \times 99.956\,780} = 107.046$$

（3）到期收益率上涨 100 个基点导致凸度调整百分比价格下降估算为 8.155 5%。修正久期单独估算百分比下降至 8.690 7%。凸度调整增加了 53.52 个基点。

$$\%\Delta PV^{全价} \approx (-8.690\,7 \times 0.010\,0) + \left[\frac{1}{2} \times 107.046 \times (0.010\,0)^2\right]$$
$$= -0.086\,907 + 0.005\,352$$
$$= -0.081\,555$$

（4）如果到期收益率从 7.44% 升至 8.44%，该结算日新的全价为 91.780 921。

$$PV^{全价} = \left[\frac{7.25}{(1.084\,4)^1} + \cdots + \frac{107.25}{(1.084\,4)^{15}}\right] \times (1.084\,4)^{83/360} = 91.780\,921$$

$$\%\Delta PV^{全价} = \frac{91.780\,921 - 99.956\,780}{99.956\,780} = -0.081\,794$$

债券价格实际百分比变动为 −8.179 4%。凸度调整估值为 −8.155 5%，而单独使用修正久期的估算变动为 −8.690 7%。

已知到期收益率的变化，债券的货币久期表明是对以货币为单位的债券全价的一阶效应。**货币凸度统计值**（MoneyCon）是二阶效应。债券的货币凸度是年凸度乘以全价，这样

$$\Delta PV^{全价} \approx -(货币久期 \times \Delta 到期收益率) + \left[\frac{1}{2} \times 货币凸度 \times (\Delta 到期收益率)^2\right] \quad (4\text{-}16)$$

以一个货币凸度为例，再考虑中国香港地区的人寿保险公司持有 1 亿港元头寸 6.00% 的债券，2022 年 2 月 14 日到期。在第 4.3.5 节中，仅使用货币久期，如果到期收益率提高了 100 个基点，估计损失为 6 184 418 港元。该头寸的货币久期为 618 441 784 港元。通过包括凸度调整来改进估计值。在第 4.3.1 节中，计算这些输入值，以获得到期收益率 5 个基点（Δ 到期收益率 = 0.000 5）变化时的近似修正久期为 6.126 8：$PV_0 = 100.940\ 423$，$PV_+ = 100.631\ 781$ 和 $PV_- = 101.250\ 227$。将这些值代入式（4-14）中以计算近似凸度。

$$\text{近似凸度} = \frac{101.250\ 227 + 100.631\ 781 - (2 \times 100.940\ 423)}{(0.000\ 5)^2 \times 100.940\ 423} = 46.047$$

货币凸度是头寸市场价值的 46.047 倍，为 100 940 423 港元。到期收益率上调 100 个基点后，凸度调整亏损为 5 952 018 港元。

$$\begin{aligned}
&-[(6.1268 \times 100\ 940\ 423) \times 0.010\ 0] + \\
&\left[\frac{1}{2} \times (46.047 \times 100\ 940\ 423) \times (0.010\ 0)^2\right] \\
&= -6\ 184\ 418 + 232\ 400 \\
&= -5\ 952\ 018\ (\text{港元})
\end{aligned}$$

导致更大凸度的因素与久期相同。具有较长的到期期限、较低的票息和较低的到期收益率的固定利率债券，与具有较短的到期期限、更高的票息和更高的到期收益率的债券相比有更大的凸度。另一个因素是现金流的分散度，意味着付款在一段时间内分散的程度。如果两个债券持有相同久期的话，现金流分散程度越大，凸度就越大。对投资者更大凸度的积极属性如图 4-10 所示。

假设图 4-10 中的两个债券具有相同的价格、到期收益率和修正久期。因此，它们共享和其价格收益率相切的直线。当它们的到期收益率发生变化时，会产生更大的凸度收益。对于同样的到期收益率降低，债券越多的凸度价格升值得越多。而对于同样的到期收益率上升，债券越多的凸度价格贬值得越少。结论是，更多凸度的债券在牛市（涨价）和熊市（跌价）市场中的表现优于较少凸度的债券。然而，

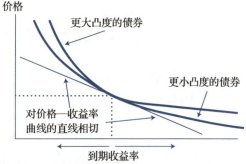

图 4-10　较大的债券凸度对传统（无期权）债券的积极属性

这个结论假设这个积极属性没有"定价进"这个债券。在包括这个属性的范围内，更凸状的债券将会有更高的价格（和较低的到期收益率）。这并不会减少凸度的价值。它只表明投资者必须为此付出代价。正如经济学家所说："天下没有免费的午餐。"

例 4-14

英国固定福利养老金计划的投资经理正在考虑两只由大型人寿保险公司发行的债券。第一只是 30 年期，4% 半年支付息票债券。第二只是 100 年期，4% 的半年支付息票的"世

纪"债券。这两只债券预计在发行时以面值交易。

到期年收益率增加或减少 5 个基点时，计算每只债券的近似修正久期和近似凸度。保持精度为每 100 面值 6 位小数。

解答：在计算中，每半年期的收益率上涨 2.5 个基点至 2.025%，下降 2.5 个基点至 1.975%。30 年期债券的修正久期约为 17.381，近似凸度为 420.80。

$$PV_+ = \frac{2}{(1.020\,25)^1} + \cdots + \frac{102}{(1.020\,25)^{60}} = 99.136\,214$$

$$PV_- = \frac{2}{(1.019\,75)^1} + \cdots + \frac{102}{(1.019\,75)^{60}} = 100.874\,306$$

$$近似修正久期 = \frac{100.874\,306 - 99.136\,214}{2 \times 0.000\,5 \times 100} = 17.381$$

$$近似凸度 = \frac{100.874\,306 + 99.136\,214 - (2 \times 100)}{(0.000\,5)^2 \times 100} = 420.80$$

100 年期债券的修正久期约为 24.527，近似凸度为 1 132.88。

$$PV_+ = \frac{2}{(1.020\,25)^1} + \cdots + \frac{102}{(1.020\,25)^{200}} = 98.787\,829$$

$$PV_- = \frac{2}{(1.019\,75)^1} + \cdots + \frac{102}{(1.019\,75)^{200}} = 101.240\,493$$

$$近似修正久期 = \frac{101.240\,493 - 98.787\,829}{2 \times 0.000\,5 \times 100} = 24.527$$

$$近似凸度 = \frac{101.240\,493 + 98.787\,829 - (2 \times 100)}{(0.000\,5)^2 \times 100} = 1\,132.88$$

世纪债券提供较高的修正久期 24.527，与 17.381 相比，和与 420.80 相比，更大程度的凸度 1 132.88。

以相同的方式，通过有效久期来衡量基准收益率曲线移动的首要或一阶效应，次要或二阶效应通过有效凸度（effective convexity）来衡量。债券的有效凸度是测量基准收益率曲线变化次要效应的曲线凸度统计量。当基准收益率曲线向上移动（PV_+）和向下（PV_-）相同数值（ΔCurve）时，使用定价模型来确定新价格。这些变化是因为保持其他因素不变，如信用利差。然后，式（4-17）用于计算给定初始价格（PV_0）时的有效凸度（EffCon）。

$$有效凸度 = \frac{[(PV_-)+(PV_+)] - [2 \times (PV_0)]}{(\Delta 基准收益率曲线)^2 \times (PV_0)} \tag{4-17}$$

对于近似收益凸度，式（4-17）与式（4-14）非常相似。不同之处在于，在式（4-14）中，分母包括到期收益率变化的平方，$(\Delta \text{Yield})^2$。这里，分母包括基准收益率曲线变化的平方，$(\Delta \text{Curve})^2$。

再次考虑第 4.3.2 节中的可赎回债券例子。假定用期权定价模型得出这些可赎回债券价格：$PV_0 = 101.060\,489$，$PV_+ = 99.050\,120$，$PV_- = 102.890\,738$，Δ 基准收益率曲线 $= 0.002\,5$。可转赎回债券的有效久期为 7.600 6。

$$有效久期 = \frac{102.890\,738 - 99.050\,120}{2 \times 0.002\,5 \times 101.060\,489} = 7.600\,6$$

在式（4-17）中使用这些输入值，有效凸度为 -285.17。

$$有效凸度 = \frac{102.890\,738 + 99.050\,120 - (2 \times 101.060\,489)}{(0.002\,5)^2 \times 101.060\,489} = -285.17$$

可以称为"凹度"的负凸度是可赎回债券的一个重要特征。另一方面，可回售债券总是具有正的凸度。作为二阶效应，有效凸度表示当基准收益率曲线改变时，一阶效应（即有效久期）的变化。在图 4-6 中，由于基准收益率下降，与不可赎回债券曲线相切线的斜率变陡，表示正凸度。但是，随着基准收益率的下降，与可赎回债券相切线的斜率变得平坦。在技术上，它达到一个拐点，这时有效凸度从正值变为负值。

总而言之，当基准收益率高且嵌入式看涨期权价值低的时候，利率变动对可赎回债券和不可赎回债券的影响相似。它们都具有正凸度。但随着基准收益率的下降，曲线开始分歧。在某一点上，可赎回债券进入负凸度范围，这表明嵌入式看涨期权对于发行人更有价值，更有可能被行使期权。这种情况限制了由于较低利率而产生的债券潜在价格升值，不论是因为较低的基准收益率还是较低的信用利差。

理解为什么可赎回债券具有负凸度的另一种方法是重新排列式（4-17）。

$$有效凸度 = \frac{\left[(PV_-) - (PV_0)\right] - \left[(PV_0) - (PV_+)\right]}{(\Delta 基准收益率曲线)^2 \times (PV_0)}$$

在分子中，第一个括号中的表达式是当基准收益率曲线下调时，价格上涨。第二个表达式是当基准收益率曲线上升时，价格下降。在不可赎回债券上，增长幅度总是大于减少幅度（绝对值）。这个结果是债券价格和到期收益率之间关系的"凸度效应"。在可赎回债券上，增加幅度可以小于减少幅度（绝对值）。如图 4-6 所示，这就产生负凸度。

4.4 利率风险和投资风险

本节探讨收益率波动对投资期限范围以及对投资期限范围、市场价格风险和息票再投资风险之间的相互作用的影响。

4.4.1 收益波动率

理解固定利率债券投资的利率风险和回报特征的一个重要方面是时间期限范围。本节考虑短期期限范围。投资者首要担心的是给定到期收益率的突然变化（如，同一天）而带来的债券价格变化。应计利息不变，所以收益率变动影响的是债券的平价。第 4.4.2 节考虑了长期期限范围。息票利息的再投资成为投资者期限范围收益的关键因素。

债券久期是首要的度量由到期收益率变化引发风险的指标。凸度是次级的度量风险的指标。在讨论对债券价格的影响时，反复使用"给定到期收益率的变化"这一短语。例如，给定到期收益率的变化可以是 1 个基点、25 个基点或 100 个基点。在比较两只债券时，假设两个证券的"给定变动"是相同的。当政府债券平价曲线向上或向下移动相同的数值以计算有效久期和有效凸度时，这种事情被描述为"平行"收益率曲线移动。因为收益率曲线很少（如果有的话）是直线，所以这个移动也可以被描述为对收益率曲线的"形状保持"。关键的假设是，所有考虑的到期收益率在曲线上以相同的数值上升或下降。

虽然在固定收益分析中，收益率曲线平行移动的假设是常见的，但并不总是现实的。实际上，收益率曲线的形状根据影响短期与长期证券供求关系的因素而变化。事实上，债券收益率的期限结构（也称为"利率的期限结构"）通常是向上倾斜的。然而，收益波动率的期限结构（term structure of yield volatility）可以根据多个因素而具有不同的形状。收益波动率的期限结构是债券到期收益率的波动率与到期期限之间的关系。

例如，一个从事扩张性货币政策的中央银行可能会通过降低短期利率来使收益率曲线陡峭。但是，这一政策可能导致短期债券的到期收益率的波动率大于长期债券，导致收益波动性期限结构向下倾斜。长期债券收益率主要取决于未来通货膨胀和经济增长预期。这些预期通常倾向于更小的波动。

收益波动率衡量利率风险的重要性在于债券价格变动是两个因素的产物：①到期收益率每个基点变化的影响；②到期收益率的基点数量变化。第一个因素是久期或久期与凸度的组合，第二个因素是收益波动率。例如，考虑一只 5 年期限修正久期为 4.5 的债券和一只 30 年期限修正久期为 18.0 的债券。显然，对于给定到期收益率的变化，30 年期债券对于短期投资者的利率风险更为显著。事实上，30 年期债券似乎有给定修正久期率下的 4 倍风险。但是这个假设忽略了 30 年期债券有 5 年期债券一半的收益波动率的可能性。

式（4-13），在此重述，总结两个因素。

$$\%\Delta PV^{全价} \approx (-年化修正久期 \times \Delta 到期收益率) + \frac{1}{2} \times 年化凸度 \times (\Delta 到期收益率)^2$$

债券价格估值的百分比变化取决于修正久期和凸度以及到期收益率的变化。两只债券收益率和基准收益率曲线之间的平行移动是固定收益分析中的常见假设。然而，分析师必须意识到，非平行的移动在实践中经常发生。

例 4-15

固定收益分析师被要求按照利率风险排列三只债券。这里的利率风险是指金融市场状况突然变化带来的潜在价格百分比下跌。到期收益率的增长代表着被考虑情景的"最糟糕的情况"。

债券	修正久期	凸度	Δ 到期收益率
A	3.72	12.1	25 个基点
B	5.81	40.7	15 个基点
C	12.39	158.0	10 个基点

修正久期和凸度统计值是年化的。ΔYield 是年到期收益率的增长。按照利率风险对债券排序。

解答：计算每只债券的估计百分比价格变动。

债券 A

$$-3.72 \times 0.0025 + \frac{1}{2} \times 12.1 \times (0.0025)^2 = -0.009262$$

债券 B

$$-5.81 \times 0.0015 + \frac{1}{2} \times 40.7 \times (0.0015)^2 = -0.008669$$

债券 C

$$-12.39 \times 0.0010 + \frac{1}{2} \times 158.0 \times (0.0010)^2 = -0.012311$$

根据这些假设的到期收益率变化和修正久期和凸度风险指标，债券 C 具有最高的利率风险（潜在损失 1.2311%），其次是债券 A（潜在损失 0.9262%）和债券 B（潜在损失 0.8669%）。

4.4.2 投资期限范围、麦考利久期和利率风险

虽然短期利率风险是一些投资者的担忧，但其他投资者有长期期限范围。债券价格的每日变化导致资产收益和亏损未实现。这些未实现的损益可能需要在财务报表中加以计算。本节考虑到长期投资者只关注投资期间的总回报。因此，利率风险对这个投资者至关重要。如果债券在到期之前需要出售，投资者会面临息票再投资风险以及市场价格风险。

第 4.2 节有利率风险的例子，使用的是 10 年期，8% 年支付息票债券，定价为每 100 面值的 85.503 075。债券到期收益率为 10.40%。例 4-3 的一个关键结果是，10 年期限范围的投资者只关注息票再投资风险。这种情况当然假定发行人按预定日期支付所有的息票和本金。如果利率上升（见例 4-3），买入持有的投资者总收益更高，如果利率下降，则总回报降低（见例 4-5）。例 4-4 和例 4-6 中的投资者有 4 年的时间期限。该投资者面临市场价格风险以及息票再投资风险。事实上，市场价格风险占主导地位，因为如果利率下降（见例 4-6），投资者的总回报更高，如果利率上升（见例 4-4），则回报更低。

现在考虑第三个有 7 年期限范围的投资者。如果利率维持在 10.40%，息票再投资的未来价值为每 100 面值的 76.835 787。

$$8\times(1.104\,0)^6 + 8\times(1.104\,0)^5 + 8\times(1.104\,0)^4 + 8\times(1.104\,0)^3 +$$
$$8\times(1.104\,0)^2 + 8\times(1.104\,0)^1 + 8 = 76.835\,787$$

该债券的售价为94.073 336美元，假设债券保持在恒定收益价格轨迹，并继续"拉至面值"。

$$\frac{8}{(1.104\,0)^1} + \frac{8}{(1.104\,0)^2} + \frac{108}{(1.104\,0)^3} = 94.073\,336$$

总回报为每100面值的170.909 123（=76.835 787+94.073 336），预期的期限收益率为10.40%。

$$85.503\,075 = \frac{170.909\,123}{(1+r)^7}, \quad r = 0.104\,0$$

按照例4-3和例4-4，假设债券的到期收益率上升到11.40%。此外，息票利息现在以年11.40%再投资。再投资息票的未来价值为每100面值的79.235 183。

$$8\times(1.114\,0)^6 + 8\times(1.114\,0)^5 + 8\times(1.114\,0)^4 + 8\times(1.114\,0)^3 +$$
$$8\times(1.114\,0)^2 + 8\times(1.114\,0)^1 + 8 = 79.235\,183$$

收到第七张息票后，出售该债券。有资本损失，因为售出价格虽然远高于购买价格，但低于恒定收益价格轨迹。

$$\frac{8}{(1.114\,0)^1} + \frac{8}{(1.114\,0)^2} + \frac{108}{(1.114\,0)^3} = 91.748\,833$$

每100.00面值的总回报为170.984 016（=79.235 183+91.748 833），持有期回报率为10.407%。

$$85.503\,075 = \frac{170.984\,016}{(1+r)^7}, \quad r = 0.104\,07$$

按照例4-5和例4-6，假设息票再投资率和债券到期收益率下降至9.40%。再投资息票的未来价值为74.512 177。

$$\left[8+(1.094\,0)^6\right] + \left[8+(1.094\,0)^5\right] + \left[8+(1.094\,0)^4\right] + \left[8+(1.094\,0)^3\right] +$$
$$\left[8+(1.094\,0)^2\right] + \left[8+(1.094\,0)^1\right] + 8 = 74.521\,77$$

该债券出售获得资本利得，因为出售价格高于恒定收益价格轨迹。

$$\frac{8}{(1.094\,0)^1} + \frac{8}{(1.094\,0)^2} + \frac{108}{(1.094\,0)^3} = 96.481\,299$$

每100面值总回报为170.993 476（=74.512 177+96.481 299），期限收益率为10.408%。

$$85.503\,075 = \frac{170.993\,476}{(1+r)^7}, \quad r = 0.104\,08$$

这些结果总结在表4-4中，揭示出惊人的结果：总回报和期限收益率几乎相同。7年期限范围的投资者与4年或10年期限范围不同，不论利率上升、下降或保持不变，都能获得相同的持有期回报率。请注意，本章可以互换使用"期限收益率"和"持有期回报率"这一术语，有时候"期限收益率"是指在投资者持有期末需要出售的债券收益率。

表 4-4 结果总结

投资利率	再投资息票的未来价值	售价	总回报	期限收益率
9.40%	74.512 177	96.481 299	170.993 476	10.408%
10.40%	76.835 787	94.073 336	170.909 123	10.400%
11.40%	79.235 183	91.748 833	170.984 016	10.407%

选择此特定债券作为例子，以证明麦考利久期的一个重要性质：关于收益波动率的特定假设，麦考利久期表示息票再投资风险和市场价格风险相互抵消的投资期限。在第 4.3.1 节中，这个 10 年期 8% 年支付债券的麦考利久期计算为 7.002 9 年。这是久期的应用之一，这里的"年"是有意义的，并且使用麦考利久期而不是修正久期。关于收益率波动的特定假设是下一个息票支付日之前发生在收益率曲线上存在一次性的"平行"移动。图 4-11 说明了债券久期的这种性质，假设债券的初始价格为面值。

如图 4-11a 所示，当利率上升时，久期度量的价值立即下跌。特别是货币久期表示价格的变动。随着时间的流逝，债券价格被"拉到面值"。再投资息票的未来价值上的收益开始少，但随着时间的推移收到更多的息票而逐渐变多。该曲线表示由于利率较高而为再投资息票带来的额外未来价值。在债券存续的某个时刻，这两个影响相互抵消，息票再投资的收益等于债券出售的损失。这个时间点是麦考利久期统计值。

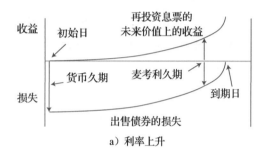

a）利率上升

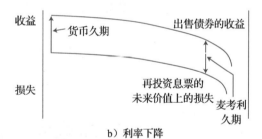

b）利率下降

图 4-11 利率风险、麦考利久期和投资期限范围

当利率下降导致债券收益率和息票再投资率下降时，图 4-11b 显示出相同的模式。按照货币久期度量，债券价格会立即上涨，但随着时间的推移，"拉到面值"的效应使价格下降。以较低利率再投资的影响开始小，但随着时间的推移变得更加显著。如果利率没有下降，再投资息票的损失就是未来的价值。债券的麦考利久期再次显示这两个效应相互抵消的时间点，债券出售的利得与息票再投资的损失相匹配。

较早的数字例题和图 4-11 允许陈述利率风险、麦考利久期和投资期限范围之间的一般关系。

（1）当投资期限范围大于债券的麦考利久期时，息票再投资风险高于市场价格风险。投资者的风险是更低的利率。

（2）当投资期限范围等于债券的麦考利久期时，息票再投资风险抵消了市场价格风险。

（3）当投资期限范围低于债券的麦考利久期时，市场价格风险超出息票再投资风险。投资者的风险是更高的利率。

在数字例题中，债券的麦考利久期为7.0年。陈述1反映了10年期投资者；陈述2，7年期投资者；和陈述3，4年期的投资者。

债券的麦考利久期与投资期限范围之间的差异称为**久期缺口**（duration gap）。久期差是债券的麦考利久期减去投资期限范围。10年期的投资者的久期缺口为负，目前处于较低利率的风险下。7年期的投资者的久期缺口为零，目前规避了利率风险。4年期投资者的久期缺口为正，目前处于较高利率的风险下。"现在"这个词很重要，因为利率风险与债券到期收益率和息票再投资率的即时变化有关。随着时间的推移，投资期限范围减少，麦考利久期也会变化。因此，久期缺口也发生变化。

> **例 4-16**
>
> 一个投资者计划在10年内退休。作为退休组合的一部分，投资者购买了新发行的12年期8%年支付息票债券。该债券以面值购买，因此其到期收益率为8.00%，设定为有效年利率。
>
> （1）到期收益率上涨和下降1个基点，计算债券的近似麦考利久期和每100面值的新价格并计算到小数点后六位
>
> （2）计算购买时的久期缺口。
>
> （3）购买这种债券是否带来较高或较低利率的风险？这里的利率风险意味着立即、一次性、平行的收益曲线移动。
>
> **解答 1**：债券的近似修正久期为7.536 1。$PV_0 = 100$，$PV_+ = 99.924\,678$，$PV_- = 100.075\,400$。
>
> $$PV_+ = \frac{8}{(1.080\,1)^1} + \cdots + \frac{108}{(1.080\,1)^{12}} = 99.924\,678$$
>
> $$PV_- = \frac{8}{(1.079\,9)^1} + \cdots + \frac{108}{(1.079\,9)^{12}} = 100.075\,400$$
>
> 近似麦考利久期约为8.139 0（= 7.536 1 × 1.08）。
>
> **解答 2**：给定投资期限为10年，购买时债券久期缺口为负数：8.139 0 − 10 = −1.861 0。
>
> **解答 3**：负久期缺口需要承受低利率的风险。确切地说，风险是立即的、一次性的、平行的、向下的收益率曲线移动，因为息票再投资风险超出市场价格风险。以低于8%的息票再投资的损失大于以高于恒定收益价格轨迹的价格卖出债券的收益。

4.5 信用和流动性风险

本节的重点是在假设到期收益率变动的情况下，债券久期和凸度如何估算债券价格变动，无论是以百分比表示还是按货币单位表示。本节讨论了到期收益率变化的来源。一般来说，公司债券的到期收益率由政府基准收益率和基准利差两部分组成。债券的到期收益率的变化可以起源于任一组成部分或两者的组合。

关键一点是，对于传统（无期权）固定利率债券，相同的久期和凸度统计值适用于基准收益率的变化和利差变动。第 3 章中的"构建积木"方法表明，这些到期收益率变化可以进一步分解。基准收益率的变化可能来自预期通货膨胀率或预期实际利率的变化。利差变动来自发行人的信用风险变动或债券流动性变动。因此，对于固定利率债券，"通货膨胀久期""实际利率久期""信用久期"和"流动性久期"都是相同数字。如果预期的通货膨胀变化了一定数额，通货膨胀久期将表明债券价格的变化。同样地，如果实际利率上升或下降，实际利率久期将表明债券价格变动。信用久期和流动性久期将表明在这些积木中到期收益率的变化将带来的价格敏感性。如果其到期收益率下降 25 个基点，不论到期收益率的来源，债券修正久期为 −5.00 和凸度为 32.00，价值上涨约 1.26%：（−5.00 × −0.002 5）+ [1/2 × 32.00 × (−0.002 5)^2] = +0.012 6。

假设公司债券的到期收益率为 6.00%。如果基准收益率为 4.25%，利差为 1.75%。分析师认为，信用风险占利差的 1.25%，流动性风险占其余的 0.50%。信用风险包括违约概率以及违约情况下可回收的资产。信用评级下调或借款人评级前景的不利变化反映出违约风险较高。流动性风险是指与出售债券相关的交易成本。一般来说，交易频率更高和交易量更大的债券，为固定收益投资者提供更多购买或出售证券的机会，因此流动性风险较小。例如，出价（或购买）与报价（或销售）价格之间存在差异。这种差异取决于债券的类型、交易规模的大小和履约时间等因素。例如，政府债券往往在买卖价格之间只有几个基点。更稀少交易的公司债券可能会在出价和报价之间有更大的差异。

固定收益分析师的问题在于，整体到期收益率组成部分的变化很少是孤立发生的。实际上，分析师关注：基准收益率和利差变化之间的相互作用，预期通货膨胀率与预期实际利率变化之间的相互作用，信用和流动性风险变化之间的相互作用。例如，在金融危机期间，随着信用利差的扩大，"转向优质债券"可能会导致政府基准收益率下降。公司债券的意外信用降级可能导致更大的信用风险和流动性风险。

例 4-17

固定利率公司债券的（平价）价格由于利润不佳和发行人评级意外下调而下降，从每 100 面值的 92.25 降至 91.25。债券的（年）修正久期为 7.24。假设基准收益率不变，以下哪一项最接近公司债券信用利差的估值变化？

A. 15 个基点　　　　　B. 100 个基点　　　　　C. 108 个基点

解答：给定价格从 92.25 降至 91.25，降幅为 1.084%。

$$\frac{91.25 - 92.25}{92.25} = -0.010\,84$$

给定修正久期为 7.24，到期收益率的变动为 14.97 个基点。

$$-0.010\,84 \approx -7.24 \times \Delta\,到期收益率，\Delta\,到期收益率 = 0.001\,497$$

因此，答案是 A。价格变动反映了债券的信用利差增加了约 15 个基点。

本章小结

本章涵盖固定利率债券的风险和回报特征。重点是广泛使用的利率风险度量指标：久期和凸度。这些统计数据广泛用于固定收益分析。以下是本章要点：

- 以面值购买固定利率债券的回报的三个来源：①在预定日期收到承诺的息票和本金支付；②再投资息票支付款；③潜在的资本利得以及损失，在到期日之前出售债券。
- 对于以折价或溢价购买的债券，假设没有违约，到期日临近时，回报率也包括价格被"拉至面值"的影响。
- 总回报是再投资息票支付款的未来价值和销售价格（或如果债券持有到期时的赎回本金）。
- 期限收益率（或持有期回报率）是债券总回报和购买债券价格之间的内部收益率。
- 息票再投资风险随着票息的提高和再投资时间的延长而增加。
- 资本损益按照债券的账面价值计量，而不是购买价格。如果债券以低于或高于面值的价格购买，则账面价值包括折价或溢价的摊销。账面价值是恒定收益价格轨迹上的任何一点。
- 债券利息收入是与时间有关的回报。资本利得和损失是与债券价值变动相关的回报，如到期收益率的变化所示。
- 固定利率债券的两种利率风险是息票再投资风险和市场价格风险。这些风险在一定程度上相互抵消。如果以资本损失出售就会有亏损，因为价格低于恒定收益价格轨迹，投资者从息票再投资的较高利率中获益。如果债券以资本利得出售，则会获益，因为价格高于恒定价格轨迹，投资者从息票再投资的较低利率中损失。
- 当投资者有短期期限范围（相对于债券到期时间），市场价格风险超出息票再投资风险。
- 当投资者有长期期限范围（相对于到期时间），例如买入持有投资者，息票再投资风险将超出市场价格风险。
- 一般来说，债券久期衡量全价（包括应计利息）对利率变动的敏感度。
- 收益久期统计值衡量债券全价对债券自身到期收益率的敏感度，包括麦考利久期、修正久期、货币久期和一个基点价格价值。
- 曲线久期统计值衡量债券全价对基准收益率曲线，通常被称为"有效久期"的敏感度。
- 麦考利久期是收取息票利息和本金的时间的加权平均数，其中权重是与每笔支付相对应的全价的份额。这个统计值按照（一年的息票付款数或复利期数）划分的周期数进行年化。
- 修正久期提供了已知其到期收益率的变化下债券百分比价格变动的线性估算。
- 随着到期收益率趋近于零，近似修正久期接近修正久期。
- 有效久期与近似修正久期非常相似。差异在于近似修正久期是一个收益率久期统计值，它根据债券自身到期收益率的变化来衡量利率风险，而有效久期是一个衡量利率风险的曲线久期统计量，假设在基准收益率曲线上的平行移动。
- 关键利率久期是衡量债券对特定到期部分基准收益率曲线变化的敏感度。关键利率久期可用于度量债券对收益率曲线形状变化的敏感度。
- 具有嵌入期权的债券没有一个有意义的内部收益率，因为未来的现金流量取决于利率。因此，有效久期是适当的利率风险指标，而不是修正久期。
- 传统（无期权）固定利率债券的有效久期是其对基准收益率曲线的敏感度，这与其对自身到期收益率的敏感度有所不同。因此，传统（无期权）固定利率债券的修正久期和有效久期不一定必然相等。
- 在息票周期，假设到期收益率不变，麦考利久期和修正久期以"锯齿"模式均匀下降。当息票付款时，久期向上跳跃。
- 麦考利久期、修正久期与票息和到期收益率呈负相关。
- 到期日与麦考利久期、修正久期通常是正相关的。它们总是与以面值、溢价或折价定价的债券正相关。它们通常与低于面值折价定价的债券正相关。例外情况是长期低息票债券，它可能有比其他可比较的短期债券更少的久期。
- 与其他类似的不可赎回债券相比，嵌入式看涨期权的存在降低了债券的有效久期。当利率较低且发行人更有可能行使赎回期权时，有效久期的下降幅度更大。
- 与其他类似的不可回售债券相比，嵌入式看跌期权的存在减少了债券的有效久期。当利率高且投资者更有可能行使期权时，有效久期的下降幅度更大。
- 债券投资组合的久期可以通过两种方式计算：①收到合计现金流量的时间加权平均数；②构成投资组合的单个债券久期的加权平均数。
- 计算投资组合久期的第一种方法是基于现金流量收益率，即合计现金流量的内部收益率。它不能用于具有嵌入式期权的债券或浮动利率票据。
- 第二种方法在收益率曲线相对平坦的时候使用起来比较简单。其主要局限性在于，它假设收益率曲线的平行移动，投资组合中所有债券的收益率变化相同。
- 货币久期是对以债券计价货币为单位的价格变动指标。
- 债券全价中一个基点（PVBP）的价格价值变动是对到期收益率变动1个基点后的估算。
- 修正久期是由于到期收益率的变化，债券百分比价格变动的首要或一阶效应。凸度是次要或二阶效应。它表示随着到期收益率的变化，修正久期的变化。
- 货币凸度是凸度乘以债券的全价。已知到期收益率的变化，结合货币久期、货币凸度估算以货币为单位的债券全价变动。
- 凸度是债券的积极属性。其他条件相等情况下，当收益率下降时，更多凸度的债券价格涨幅高于更少凸度的债券，当收益率上升时，更多凸度的债券价格跌幅低于更少凸度的债券。
- 已知基准收益率曲线发生变化，有效凸度是债券价格的二阶效应，这类似于近似凸度。不同之处在于，近似凸度是基于到期收益率的变化，有效凸度是基于基准收益率曲线的变化。
- 当利率较低时，可赎回债券有负的有效凸度，基准收益率下降时价格涨幅的绝对值低于基准收益率时上升时价格的跌幅。
- 债券价格变动是以下因素的结果：①到期收益率每个基点变化的影响；②收益率变化的基点数量。第一个因素是用久期和凸度来估算的。第二个因素取决于收益波动率。
- 投资期限是衡量固定利率债券利率风险的关键。
- 对于关于收益波动率的特定假设，麦考利久期表示息票再投资风险和市场价格风险相互抵消的投资期限范围。假设是一次性平行移动到收益率曲线，这里到期收益率和息票再投资利率在相同的方向以相同的数值变化。
- 当投资期限范围大于债券的麦考利久期时，息票再投资风险超出价格风险。投资者的风险是较低的利率。久期缺口为负。
- 当投资期限范围等于债券的麦考利久期时，息票再投资风险抵消了价格风险。久期缺口为零。
- 当投资期限范围低于债券的麦考利久期时，价格风险超出息票再投资风险。投资者的风险是较高的利率。久期缺口为正。
- 信用风险涉及违约概率和违约时的可收回性，而流动性风险是指与出售债券相关的交易成本。
- 对于传统（无期权）固定利率债券，如果基准收益发生变化或利差发生变化，则适用相同的久期和凸度统计值。利差变动可能来自信用风险或流动性风险发生变化。
- 在实践中，基准收益率的变化与基准利差之间往往存在相互作用。

第 5 章

信用分析的基础

克里斯托弗 I. 古特坎德（Christopher L. Goot-kind）[⊖]
特许金融分析师

学习成果

完成本章后，你将能够掌握以下内容：
- 描述影响公司债券的信用风险和信用相关风险。
- 描述信用风险组成部分的违约概率和损失严重程度。
- 描述公司债务的资历排名，并解释在破产程序中违反优先求偿权的可能性。
- 区分公司发行人信用评级和发行信用评级，并描述评级机构"分层级"的做法。
- 解释依靠来自信用评级机构评级的风险。
- 解释传统信用分析的四个 C（能力、抵押物、协议条款和品格）。
- 计算和解释信用分析中使用的财务比率。
- 根据发行人和行业的主要财务比率，评估公司债券发行人和发行人债券的信用质量。
- 描述影响收益利差水平和波动率的因素。
- 在评估高收益，主权和非主权国家债务发行人和发行的信用时，解释特别的因素。

5.1 引言

伴随着数以万亿美元的债券，债券市场在全球经济中扮演着至关重要的角色。公司和政府在债务市场筹集资金，为当前的运营融资，购买设备，建设工厂、道路、桥梁、机场和医院，收购资产等。通过将储蓄转化为生产性投资，债务市场促进了经济的增长。信用分析在债务资本市场中具有重要作用，通过适当评估信用风险、随后定价以及风险发生变化时重新

[⊖] 作者要感谢位于卢米斯的 Sayles 公司固定收益研究部门的几位同事对本章的帮助：鲍尔·巴特顿（Paul Batterton）、戴安娜·利德·克雷默（Diana Leader-Cramer）、戴安娜·芒特斯（Diana Monteith）、特许金融分析师沙农·欧马拉（Shannon O'Mara）和特许金融分析师劳拉·撒罗（Laura Sarlo）。版权所有归 CFA 协会。

定价，从而有效地配置资本。固定收益投资者如何确定债务的风险，他们如何决定他们需要赚取什么作为对该风险的补偿？

本章涵盖信用分析的基本原则，可以广泛定义为评估信用风险的过程。本章将向读者介绍信用风险的定义，信用评级的解释，传统信用分析的四个要素，以及信用分析中使用的关键财务指标和比率。本章解释了如何比较行业内以及跨行业债券发行人的信誉度以及债券市场中信用风险的定价方式。

本章主要侧重于企业债务分析，然而，主权和非主权特别是市政债券的信用分析也将涉及。债务市场的一部分，结构性融资包括住房和商业抵押贷款以及其他消费贷款等资产池担保证券，将不在此处讨论。

5.2 节介绍信用风险的关键组成部分违约概率和损失严重程度，以及信用相关风险，如利差风险、信用迁移风险和流动性风险。5.3 节讨论了信用风险与企业资本结构的关系。信用评级和信用评级机构的作用在 5.4 节中讨论。5.5 节着重于分析企业信用风险的分析过程，而 5.6 节则研究了信用利差对风险和回报的影响。适用于分析高收益（低质量）公司债券和政府债券的特殊考虑因素详见 5.7 节。

5.2 信用风险

信用风险是借款人（债务发行人）未能及时足额支付利息和（或）本金的损失风险。信用风险有两个组成部分。第一个是违约风险（default risk）或违约概率（default probility），这是借款人违约的可能性，即根据债务保证的条款，未能履行其足额及时支付本金和利息的义务。第二个组成部分是违约情况下的损失严重程度（loss severity，也称为"违约损失"），即投资者损失债券的部分价值（包括未付利息）。违约可能导致各种大小损失。在大多数情况下，如果发生违约，债券持有人将收回一些价值，所以投资不会有完全的损失。因此，如果投资者没有获得按时足额支付，信用风险就会反映在可能损失的分布状态上。尽管考虑可能损失的全部分布及其各自的概率有时是重要的，⊖以单一的损失概率和损失严重程度来概括风险通常是方便的，并将重点放在预期损失（expected loss）上：

预期损失 = 违约概率 × 已知违约的损失严重程度

损失严重程度以及由此的预期损失可以表示为货币金额（如 450 300 欧元）或占本金额的百分比（如 45%）。后一种表达形式通常对分析更有用，因为它与投资额无关。损失严重程度通常表示为（1- 回收率），其中回收率是在违约情况下收回本金额的百分比。

由于大多数高质量债券发行人的违约风险（违约概率）相当低，因此债券投资者主要着重于评估这一概率，并投入更少的努力来评估违约所引起的可能损失的严重程度。然而，随着发行人的违约风险上升，投资者将更多地关注在违约情况下的回收率。这个问题将在后面

⊖ 例如，在分析结构性融资产品的信用风险时，要留意可能损失的完全分布是重要的，因为不同分级通常在相关贷款或证券上分担不同的信用损失。特定的分级通常不会承担某种水平之下的任何损失直至出现这种水平之上的潜在损失，然后承担该所有潜在损失，直到该层级被清除。在"小"层级的损失很可能是零或100%，中间损失严重程度的概率相对较小。这种情况并没有被单一"平均"损失严重程度很好地描述。

更详细的讨论。重要的信用相关风险包括：

- **利差风险**（spread risk）。公司债券和其他"信用风险"债务工具通常以"无违约风险"债券，如美国国债或德国政府债券的收益率溢价或利差交易。收益率利差以基点表示，基于两个主要因素：①发行人信用度下降，有时称为信用迁移或降级风险；②市场流动性风险（market liquidity risk）增加。这两种风险是分开的，但经常相关。
- **信用迁移风险**（credit migration risk）或**降级风险**（downgrade risk）。这是债券发行人信用度恶化或迁移较低的评级，导致投资者认为违约风险较高，从而导致发行人债券收益率利差扩大，债券价格下跌。"降级"一词是指主要债券评级机构的行为，其作用将在 5.4 节中更详细地介绍。
- **市场流动性风险**。这是投资者实际的买卖交易价格可能与市场上显示的价格不同的风险。为了补偿投资者由于缺乏足够的市场流动性而无法买入或卖出所需数量债券的风险，除了信用风险部分之外，公司债券的利差或收益溢价包括市场流动性部分。与交易所交易的股票不同，大多数市场的债券主要是通过经纪商的交易账户在场外柜台交易。他们的做市能力和意愿反映在买卖差价上，是市场流动性风险的重要决定因素。两个主要影响市场流动性风险的发行人特定因素为：①发行人的规模（即发行人未清偿的公开发行债券的数量）；②发行人的信用质量。一般来说，发行人已发行的债务越少，债务交易的频率越低，市场流动性风险就越高。发行人质量越低，市场流动性风险越高。

在金融压力或危机时期，如 2008 年年末，市场流动性大幅下滑，导致公司债券和其他信用风险债务的利差扩大，价格下滑。一些量化市场流动性风险的研究工作已经展开，㊀更多的工作有可能在金融危机之后完成。

例 5-1 定义信用风险

1. 以下哪一个最能定义信用风险？
   A. 违约的概率乘以已知违约的损失严重程度
   B. 破产时本金和利息支付的损失
   C. 未能及时足额收到利息和本金的风险
2. 以下哪项是信用风险的最佳衡量指标？
   A. 预期损失　　　　　　　B. 损失的严重程度　　　　C. 违约概率
3. 以下哪一项不是信用或信用相关风险？
   A. 违约风险　　　　　　　B. 利率风险　　　　　　　C. 降级或信用迁移风险

   解答 1：C 是正确的。信用风险是借款人不能足额及时支付的风险。
   解答 2：A 是正确的。预期损失包含了信用风险的两个关键组成部分：违约概率和违

㊀ 例如，参考 Francis A. Longstaff, Sanjay Mithal, and Eric Neis, "Corporate Yield Spreads: Default Risk or Liquidity? New Evidence from the Credit-Default Swap Market," NBER Working Paper No. 10418 (April 2004).

> 约情况下的损失严重程度。任意单一部分都不能完全反映风险。
> **解答 3**：B 是正确的。由于一般利率变动导致的债券价格变动不算是信用风险。

5.3 资本结构、资历排序和回收率

一个给定借款人的各种不同的债务不一定都具有相同的资历排名（seniority ranking）或优先支付权。在本节中，我们将介绍发行人资本结构的话题，并讨论来自该结构的各种类型的债务求偿权及其排名，以及这些排名如何影响违约情况下的回收率。

5.3.1 资本结构

公司运营单位间的债务和股权，包括银行债务，所有资历排名的债券、优先股和普通股的构成和分类被称为资本结构（capital structure）。一些公司和行业具有简单易懂的资本结构，所有的债务平等排列并由一个主要经营实体发行。其他公司和行业由于经常收购和剥离（如媒体公司或集团）或高水平的监管（如银行和公用事业），往往拥有更复杂的资本结构。这些行业的公司通常拥有许多不同的有自己的债务的子公司或经营公司，还有发行不同资历水平或排名的债务的控股母公司。同样，跨国公司的跨国经营往往会增加其资本结构的复杂性。

5.3.2 资历排序

正如借款人可以发行许多不同到期日和息票债务一样，它们在资历方面也有不同的排名顺序。排名顺序是指优先支付权，最高排名或最高排名顺序的债务对发行人的现金流量和资产有第一求偿权。这种资历水平可以影响在违约和重组情况下投资者的求偿权价值。总而言之，存在着有担保债务（secured debt）和无担保债务（unsecured debt）。无担保债券通常被称为债券（debentures）。担保债务是指债务持有人有直接对发行人抵押的某些资产和现金流的求偿权。无担保债券持有人只对发行人的资产和现金流量进行一般性求偿。在违约的情况下，无担保的债务持有人排名顺序在有第一求偿权（priority of claims）的担保债权人⊖的下面（如支付后）。

在每一类债务中，类型和排名都有细致的分级。在担保债务中，有第一抵押和第一留置权债务，这是优先偿还权中排名最高的债务。第一抵押债务（first mortgage debt）或贷款是指特定财产的抵押（例如，公用事业的电厂或赌博公司的特定赌场）。第一留置权债务（first lien debt）或贷款是指包括建筑物的某些资产的抵押，但也可以包括地产和设备、许可证、专利、品牌等；也可以有第二留置权（second lien），甚至第三留置权。担保债务，顾名思义，对抵押资产有担保权益，但是在抵押品保护和优先付款权中均排在第一留置权之下。

在无担保债务中，也可以对等级和资历排名有很细致的分级。最高排名无担保债务是高级无担保债务。这是所有公司债券中最常见的类型。其他较低排名的债务包括次级债务

⊖ 本章使用的"债权人"一词是指债务工具如债券和银行贷款的持有人，除非特别说明，不包括贸易信贷、税务留置或就业相关负债等。

（subordinated debt）和初级次级债务。在各类债权人类别中，这些债务属于最低优先求偿级，在违约情况下经常很少或没有收回。也就是说，他们的损失严重程度可以高达100%。（一个资历排名举例见图5-1）为监管和资本目的，欧洲和美国的银行已经发行了甚至排名低于次级债㊀等级的债务和类似债务的证券，旨在为财务困境提供资本缓冲。在2008年开始的金融危机期间，许多债务工具没有按预期运作，大部分被逐步淘汰，有可能被更有效的工具所取代，在某些情况下自动转为股权。

公司发行的原因有很多，投资者买入不同资历排名的债务。发行人有兴趣优化其资本成本，根据其行业和业务类型，寻找各种类型的债务和股权的适当组合。鉴于公司的可见风险，发行人可能会出售有担保债务，因为这是市场（即投资者）需要的，或因为担保债务一般成本较低，起因于其较高的优先求偿权带来的

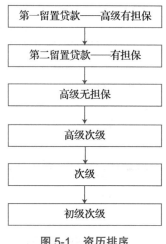

图 5-1　资历排序

信用风险降低。或者，发行人可能会出售次级债务，因为：①他们认为它比发行股票㊁（并且不稀释现有股东）更便宜，而且比发行高级债务更少限制性；②投资者愿意购买是因为他们认为提供的收益率能充分补偿他们看到的风险。信用风险与回报率将在本章后面更详细地讨论。

> **例 5-2　资历排序**
>
> Acme 公司有高级无担保债券以及资本结构中的第一留置权和第二留置权。哪一个在优先求偿权方面排名较高：高级无担保债券或第二留置权债务？
>
> **解答**：由于其担保头寸，第二留置权债务排名高于高级无担保债券。

5.3.3　回收率

资本结构中同一水平的所有债权人被视为一个等级。因此，30年债务到期与6个月债务到期的高级无担保债权人在破产时有相同比例的求偿权。这项规定被认为在付款权利方面的债权排名平等（"在平等的基础上"）。

基于对公司资产破产清算或改组的评估，投资者和经纪交易商通常会继续交易违约债务，债券将会有一定的收回价值。在改组或重组（无论是通过正式破产还是自愿的基础上）情况下，可以发行新的债务、股票、现金或某种组合以交换原来的违约债务。

如上所讨论的，破产中在优先求偿权处理下，回收率因在公司资本结构中的资历排名而异。几十年来，已经有足够的违约产生了统计上有意义的资历排名回收率历史数据。表5-1

㊀ 这些具有各种名称，如混合体、信托优先、上下层级证券。在某些情况下，不支付或延期利息不构成违约事件，而在其他情况下，也可能将其转换为永久性证券，即无到期日的证券。

㊁ 债务持有人比股票持有人要求较低的回报，因为他们对发行人的现金流量和资产有优先求偿权。也就是说，债务成本低于股票成本。在大多数国家，由于利息支付的税收减免，这种成本差异更大。

提供了北美非金融公司资历排名回收率。例如，如表 5-1 所示，2009 年高级无担保债务违约的投资者平均收回了价值的 51.6%，但违约的高级次级债只有 28.0% 的价值收回。

表 5-1 用最终回收率度量的平均公司债务回收率

资历排序	出现年份①			违约年份		
	2010 年	2009 年	1987～2010 年	2010 年	2009 年	1987～2010 年
高级有担保	64.4%	59.0%	63.5%	56.3%	65.6%	63.5%
高级无担保	51.0%	48.3%	49.2%	26.5%	51.6%	49.2%
高级次级	20.5%	26.2%	29.4%	21.7%	28.0%	29.4%
次级	53.4%	34.3%	29.3%	0.0%	58.3%	29.3%
初级次级	NA	0.5%	18.4%	NA	0.0%	18.4%

① 出现年份通常是指违约公司破产的一年。违约年数据指的是违约那年（如 2009 年和 2010 年）或年份范围（如 1987～2010 年）的债务回收率。数据适用于北美非金融公司。NA 表示数据不可得。

资料来源：数据来自于穆迪投资者服务公司最终回收数据库。

有几件值得注意的事情：

（1）回收率会因行业而异。在长期下滑的行业（如报刊出版）中破产的公司，很有可能比仅经历周期性经济衰退的行业中破产的公司回收率更低。

（2）回收率也可能会因在信贷周期中发生的时间而异。如图 5-2 所示，在信贷周期底部或附近，这几乎总是与经济周期密切相关的，回收率往往会低于信贷周期的其他时间。这是因为有很多公司更接近或已经破产，导致估值被压低。

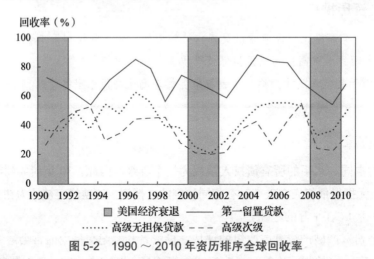

图 5-2 1990～2010 年资历排序全球回收率

资料来源：数据来自于穆迪投资者服务公司最终回收数据库。

（3）这些回收率是平均值。事实上，如上所述，跨行业和特定行业中的公司之间会有很

⊖ 2009 年和 2010 年违约年度的回收率应该被视为初步的，因为有些数字是基于相对较少的违约数字，其最终回收率的确定在穆迪研究时期。例如，2010 年高级无担保债券回收率仅反映了两只债券。

⊖ 信贷周期描述信贷可用性的变化和信贷定价。当经济强劲或改善时，贷款人扩大放贷的意愿和优惠条件都是很高的。相反，当经济疲弱或正在疲弱时，贷款人回笼信贷，或者通过减少信贷供应和更昂贵的信贷来收紧，这往往会导致资产价值如房地产业的下降，进一步导致经济疲软和违约率上升。中央银行经常对银行进行调查，评估其贷款标准是如何"收紧"或"放松"的。这些信息，以及公司债券违约率的水平和方向，有助于提供一个在信贷周期中的位置的认识。

大的变化。因素可能包括发行人资本结构中的债务组成和比例。大量担保债务将导致较低排名的债务有较小的回收率。

了解回收率很重要，因为它们是信用分析和风险的关键组成部分。回想一下，信用风险的最佳衡量标准是预期损失，也就是违约概率乘以损失严重程度。损失严重程度等于（1－回收率）。在违约情况下，一个人损失的多少是信用评估的关键因素，特别是违约风险上升的低质量信贷。

优先求偿权：并不总是绝对的。 破产的优先求偿权，即最高排名的债权人首先得到偿付，接下来是一个新的层级，等等接下去，像瀑布一样，这个理念已经建立起来，经常被描述为"绝对"。原则上，在破产或清算的情况下：

- 有担保求偿权的债权人在任何其他求偿权之前对特定财产享有求偿权。如果抵押物的价值低于求偿金额，则差额成为高级无担保求偿权。
- 无担保债权人有权在股东权益（普通股和优先股股东）之前对他们的财产享有全额偿付的权利。
- 高级无担保债权人享有对所有次级债权人的优先权。债权人是高级无担保债权人，除非明确地说明是次级债权人。

然而，实际上，资历较低的债权人甚至股东可能会收到一些补偿，而不是更多的高级债权人得到全额偿付。为什么会这样呢？在破产中，有不同类别的求偿人，所有受损的类别（即收到的少于全额求偿）进行投票以确认改组计划。这个投票服从于绝对优先求偿权。不论是通过各方同意还是法官的命令，绝对优先权都不能在最终计划中得到严格执行。人们会对破产财产中各种资产的价值（如工厂、专利组合的价值）或者现值或支付时间可能有争议。例如，对于公司改组后收到的代替破产之前旧债务的新债的价值是多少？

解决这些争议需要时间，案子可能拖延数月甚至数年。同时，在破产期间，会产生相当多的法律和会计费用，公司的价值会随着关键员工的离职，客户转到其他地方等而下降。因此，为了避免在诸如房产价值、某些索赔合法性等争议问题上费时、费钱和不确定性，各种债权人有动机进行谈判和妥协。这通常导致资历较低的债权人和其他债权人（甚至股东）得到比法定资格更多的补偿。

值得注意的是，在美国，偏向于破产公司的改组和复苏，而在英国等其他司法管辖区，偏向于破产公司的清算从而最大限度地向银行和其他高级债权人提供价值。还值得注意的是，破产和破产法非常复杂，国家之间差异很大，所以很难概括债权人的收获。如前所述，违约债务的回收率有很大变化性。每个案例都不同。

例 5-3 优先求偿权

1. 在哪种情况下，一个高级债权人没有得到全额偿付，一个次级债权人最有可能在破产中收回一些价值？

> A. 执行绝对优先级规则　　B. 各类索赔人同意　　C. 公司被清算而不是改组
> 2. 在破产的情况下，资本结构中同等级水平的求偿是：
>   A. 平等的地位，无论规模大小，到期日或未完时间
>   B. 按最短至最长的到期顺序支付，无论规模大小或未完时间
>   C. 以先进先出（FIFO）为基础支付，以便首先满足时期最长的求偿，无论大小或到期日如何
>
>   解答 1：B 是正确的。所有受损阶层均可对改组计划进行投票。谈判和妥协通常好于在拖延的破产程序中产生巨额的法律和会计费用，否则会降低所有债权人的财产价值。这个过程可能允许低级债权人（如次级债券持有人）收回一些价值，即使更多的高级债权人并没有全额获得偿付。
>
>   解答 2：A 是正确的。所有资本结构中相同水平的求偿都是平等的（在平等基础上）。

5.4 评级机构、信用评级及其在债务市场中的角色

主要的信用评级机构穆迪投资者服务（"穆迪"）、标准普尔（"标普"）和惠誉评级（"惠誉"）在信贷市场中发挥着重要的作用。对于绝大多数已发行债券，至少有两个机构提供评级：基于符号衡量特定债券或债务发行人的违约潜在风险。在公开和准公开债券市场中，㊀没有穆迪、标准普尔或惠誉评级的债券，发行人不会发售，投资者不会购买。这种做法适用于所有类型的债券，政府或主权、政府相关㊁、超国家㊂、公司债权、非主权政府、抵押担保和资产支持的债务。在信贷市场上评级机构如何获得如此主导地位？什么是信用评级，它们是什么意思？市场如何使用信用评级？单靠或过度依赖信用评级的风险是什么？

主要评级机构的历史超过了一百年。约翰·穆迪于 1909 年开始对美国铁路发表信用分析和意见。标准普尔于 1916 年发布了其第一个评级。自那时起，他们的规模和重要性一直在增长。许多债券投资者喜欢独立分析师与发行人见面，并且通常可以获得重要的非公开信息，如投资者无法获得的财务预测，以帮助进行分析。对证券投资者来说也很有吸引力的是，信用评级可以直接和容易地比较所有债券发行人的相对信用风险，在行业内和跨行业的债券类型之间，尽管关于债券类型间评级的可比性有一些争论。㊃

几个因素导致债券市场几乎普遍使用信用评级以及主要信用评级机构的支配作用。这些因素包括：

- 信用风险的独立评估。

㊀ 也就是，投资银行承销，而不是以"最大努力推销"为基础的私募摊销。
㊁ 这些政府机构或媒介可能有政府的隐性或明确的担保。例子包括美国的吉利美和德国的 Pfandbriefe。
㊂ 超国家是国际金融机构，如国际复兴开发银行（"世界银行"）、亚洲开发银行和欧洲投资银行，是由条约设立并由多个成员政府承认的。
㊃ 2008 年年末，2009 年年初金融危机后进行的调查表明，对于给定的评级类别，市政债券违约的历史发生率低于公司债务。

- 债券发行人、发行和市场板块之间的易于比较。
- 监管和法定的依赖和使用。㊀
- 发行人为评级付费。㊁
- 债务市场的巨大增长。
- 发行和扩大债券投资组合管理及附带的债券指数。

但是，2008～2009年金融危机之后，有人将危机归咎于评级机构对次级抵押支持证券过分乐观的评级，并试图减少主要信用评级机构的角色和主导地位，通过了新的规章制度和法规，要求评级机构更加透明化，减少利益冲突，刺激更多的竞争；出现了另外的信用评级机构挑战穆迪、标普和惠誉的主导地位。一些信用评级机构在本国市场上已经建立起来，但在全球范围内并不是很出名，例如加拿大的Dominion债券评级服务（DBRS）和日本的Mikuni公司，都试图提高自己的形象。然而，最大信用评级机构的主导地位仍然保持原状。

5.4.1 信用评级

全球三大信用评级机构，穆迪、标准普尔和惠誉，使用相似的基于符号的评级，基本上是对债券发行的违约风险评估。表5-2显示了它们的长期评级从最高到最低的排列。㊂

三个A评级（Aaa或AAA）的债券被称为"质量最高、信用风险最小"㊃，因此违约概率极低。两个A(Aa或AA)评级的债券被称为"高质量等级"，也被认为具有很低的违约风险。一个A评级的债券被称为"中高等级"。Baa（穆迪）或BBB（标普和惠誉）被称为"低中等级"。Baa3/BBB或以上等级的债券被称为"投资级"。分别由穆迪评级Ba1或以下和普尔及惠誉评级BB+或以下的债券，是具有投机信用特征和越来越高的违约风险。作为一组，这些债券以多种方式归为："低等级""投机级""非投资级""低于投资级""高收益"，并试图反映极端风险水平，有些观察家将这些债券称为"垃圾债券"。标准普尔和惠誉在分级中保留了已经违约的证券D评级。对于穆迪来说，评级为C的债券很可能违约。一般来说，获得投资级评级的债券发行人更能够一直进入债务市场，并可以比低于投资级的发行人以更低的利率借款。

㊀ 通常规定要参照公认的信用评级机构发布的评级。然而，鉴于各评级机构在次贷危机中所扮演的角色，一些司法管辖区（如美国）正在去除此类参照规定。尽管如此，2009年开始的所谓的《巴塞尔协议Ⅲ》银行监管全球框架中保留了这样的参照规定。

㊁ "发行人付费"模式允许评级分类交给广泛的投资者，无疑促进了对评级的广泛依赖。但这是有争议的，因为有些人认为，它在评级机构、投资者和发行人之间造成利益冲突。研究表明，评级并没有向上的偏向，而"投资者付费"等替代支付模式有其自身的缺点，包括商业中信息的广泛可用性和自由分享所固有的"搭便车"问题。所以，尽管有潜在的问题，还有一些呼吁采用新的支付模式，"发行人付费"模式仍然牢固地占领市场。

㊂ 评级机构还提供短期债务工具的评级，如银行存款和商业票据。但是，它们使用不同的等级表：从最高到最低评级排列，穆迪使用P-1，P-2，P-3；标普使用A-1+，A-1，A-2，A-3；惠誉使用F-1，F-2，F-3。低于这些评级不是优质的债务。短期评级通常由货币市场基金使用，它们拥有巨量的最高评级类别的工具（或在标普为最高或次高）。这些最高评级基本上对应于长期评级的一个A或更高。

㊃ 穆迪投资者服务，"评级符号和定义"（2011年7月）。

表 5-2　长期信用评级矩阵：投资级与非投资级

		穆迪	标准普尔	惠誉
投资级	高质量等级	Aaa	AAA	AAA
		Aa1	AA+	AA+
		Aa2	AA	AA
		Aa3	AA−	AA−
	上中等级	A1	A+	A+
		A2	A	A
		A3	A−	A−
	低中等级	Baa1	BBB+	BBB+
		Baa2	BBB	BBB
		Baa3	BBB−	BBB−
非投资级	低等级或投机级	Ba1	BB+	BB+
		Ba2	BB	BB
		Ba3	BB−	BB−
		B1	B+	B+
		B2	B	B
		B3	B−	B−
		Caa1	CCC+	CCC+
		Caa2	CCC	CCC
		Caa3	CCC−	CCC−
		Ca	CC	CC
		C	C	C
	违约	C	D	D

此外，评级机构通常会对其各自的评级提供积极的、稳定的或负面的前景预测，并且可能会在某些情况下提供其评级潜在方向的其他指标，例如"正在审查降级"或"信用观察升级"。⊖还要注意的是，为了支持他们发布的评级，评级机构还对其评估的债务人提供了广泛的书面评注和财务分析，以及简要的行业统计。

5.4.2 发行人与发行评级

评级机构通常会提供发行人评级和发行评级，特别是当他们与公司债务有关时。用于区分发行人评级和发行评级的术语包括企业组群评级（CFR）和企业信用评级（CCR）或发行人信用评级和发行信用评级。发行人信用评级意在解决债务人的整体信誉度，即其及时支付债务利息和本金的能力和意愿。发行人信用评级通常适用于其高级无担保债务。

发行评级是针对发行人的具体财务负债，并考虑到资本结构中排序（如担保或次级）等

⊖ 在各主要评级机构的网站：www.moodys.com，www.standardandpoors.com 和 www.fitch.com 可以找到关于各自的评级定义、方法和标准等更多详细信息。

因素。虽然交叉违约条款（cross-default provisions），即由一只债券不支付利息⊖的违约事件触发所有已发行债务的违约，⊜暗示所有发行的违约概率相同，具体发行可能被评定为较高或较低的不同信用评级，归因于称为级距微调的评级调整方法。

级距微调（notching）。对于评级机构，违约可能性即违约风险是评定其等级的主要因素。不过也有次要因素。这些因素包括在违约情况下（例如，担保与高级无担保与次级债务）支付的优先级以及违约情况下可能的损失严重程度。评级机构考虑的另一个因素是**结构性从属关系**（structural subordination），当具有控股公司结构的公司在其控股母公司和运营子公司都有债务时，可能会出现这种情况。在资金被转到（"向上游"）控股公司履行那个级别的债务之前，经营子公司的债务将由子公司的现金流量和资产履行。

鉴于这些不同的付款优先事项，和因此在违约情况下可能会有更高（或更低）的损失严重程度，评级机构采用了一个级距调整程序，使得它们对发行的信用评级可以把发行人等级上调或下调，通常是对其高级无担保债务的评级。作为一般规则，高级无担保评级越高，级别调整就越小。背后的原因是评级越高，违约风险越低，所以捕捉损失严重程度的差异来调整评级的需要就大大减少了。但对于较低评级的信贷，违约风险较高，因此在评估发行信用风险方面，一个更低（或更高）优先级排名的损失差异是一个更大的考虑因素。评级机构通常会做出较大的评级调整。例如，标普应用以下级距调整准则：

> 随着违约风险的增加，对可回收的担忧更有现实意义和更大的评级重要性。因此，随着从评级谱中降低，对评级的违约损失率（LGD）将给予更多的权重。例如，次级债务的评级最高低于非投资级企业信用评级两个级距，但如果企业信用评级是投资级别，最多只能达到一个级距。（同样，"AAA"级企业的问题根本不需要级距调整。）⊜

表 5-3 是标准普尔的级距标准的例子，适用于联合租赁公司（URI）。URI 是一家美国设备租赁公司，其企业信用和高级无担保评级为一个 B。请注意，该公司次级债务的评级为低两个级距，为 CCC+。

表 5-3　2011 年 5 月 27 日 URI 的标准普尔信用评级细节

企业信用评级	B/ 稳定 /–
优先股（1 个发行）	CCC
高级无担保（2 个发行）	B
次级（4 个发行）	CCC+

资料来源：数据来自于标准普尔金融服务 LLC。

⊖ 这个问题将在"契约条款"一节中更详细地介绍。
⊜ 几乎所有的债券都有交叉违约条款。这种交叉违约条款罕见例外包括本章前面引用的深度次级债务类证券。
⊜ Standard & Poor's, "Rating Each Issue," in *Corporate Ratings Criteria* 2008 (New York: Standard and Poor's, 2008): 89.

5.4.3 依靠评级机构的风险

评级机构在全球债务市场中的主导地位,以及几乎普遍使用它们对债务证券的信用评级,意味着投资者认为它们在信用风险评估方面做得很好。事实上,除了少数例外(例如,对21世纪初发行的美国次级抵押贷款支持证券的评级太高,结果比预期的风险更高),作为违约风险的相对衡量方法,它们的评级已被证明是相当准确的。例如,表5-4显示了标准普尔按评级类别划分的全球企业历史违约率(1991～2010年)。[⊖]

表 5-4 按评级类别划分的全球企业年违约率 （1991～2010年）

	AAA	AA	A	BBB	BB	B	CCC/C
1991	0.00	0.00	0.00	0.55	1.68	13.84	33.87
1992	0.00	0.00	0.00	0.00	0.00	6.99	30.19
1993	0.00	0.00	0.00	0.00	0.70	2.62	13.33
1994	0.00	0.00	0.14	0.00	0.27	3.08	16.67
1995	0.00	0.00	0.00	0.17	0.98	4.59	28.00
1996	0.00	0.00	0.00	0.00	0.67	2.91	4.17
1997	0.00	0.00	0.00	0.25	0.19	3.49	12.00
1998	0.00	0.00	0.00	0.41	0.97	4.61	42.86
1999	0.00	0.17	0.18	0.19	0.95	7.28	32.35
2000	0.00	0.00	0.26	0.37	1.25	7.73	34.12
2001	0.00	0.00	0.35	0.33	3.13	11.24	44.55
2002	0.00	0.00	0.00	1.01	2.81	8.11	44.12
2003	0.00	0.00	0.00	0.23	0.56	4.01	32.93
2004	0.00	0.00	0.08	0.00	0.53	1.56	15.33
2005	0.00	0.00	0.00	0.07	0.20	1.73	8.94
2006	0.00	0.00	0.00	0.00	0.30	0.81	12.38
2007	0.00	0.00	0.00	0.00	0.19	0.25	15.09
2008	0.00	0.38	0.38	0.48	0.78	3.98	26.26
2009	0.00	0.00	0.22	0.54	0.72	10.38	48.68
2010	0.00	0.00	0.00	0.00	0.55	0.80	22.27
均值	0.00	0.03	0.08	0.23	0.87	5.00	25.91
最大值	0.00	0.38	0.38	1.01	3.13	13.84	48.68
最小值	0.00	0.00	0.00	0.00	0.00	0.25	4.17

资料来源:数据来自于标准普尔金融服务LLC。

如表5-4所示,最高评级债券的违约率非常低。除了少数例外,评级越低,年度违约率越高,债券评级为CCC,到目前为止经历了最高的违约率。

然而,依赖信用评级机构的评级有局限性和风险,其中包括:

⊖ 标准普尔在这里使用静态池方法。它根据年初的评级来衡量在给定日历年内发行违约的百分比。

- **信用评级随时间而变化。** 在很长一段时间（例如很多年），信用评级会从债券发行时期显著上升或下降。使用标准普尔的数据，表 5-5 显示了 1981～2010 年的平均三年的信用迁移（或"转变"）。注意，信用评级越高，评级稳定性越高。然而，即使是 AAA 级信用，只有 70% 的评级（在美国占 70%，全球 68%）在三年内仍然保持在这个评级类别。（当然，AAA 评级的信用级别只能在一个方向上下降。）很小一部分 AAA 评级信用成为非投资级或在三年内违约。对于一个 B 信用评级，只有约 40%（在美国为 40%，全球为 39%）评级在三年内仍然保持在该评级类别。关于信用评级如何随时间变化的观察并不意味着对评级机构的批评。这意味着证明信誉度可以发生增加或减少的改变，债券投资者不应该设想从购买时到整个持有期间发行人的信用评级将保持不变。

表 5-5 1981～2010 年平均 3 年期企业转变率（%）

从/到	AAA	AA	A	BBB	BB	B	CCC/C	D	NR[①]
美国									
AAA	69.75	16.60	2.47	0.38	0.21	0.13	0.13	0.17	10.15
AA	1.32	65.46	17.75	2.52	0.47	0.42	0.04	0.20	11.82
A	0.11	4.34	67.32	12.05	1.79	0.69	0.14	0.42	13.16
BBB	0.04	0.47	8.61	62.21	8.03	2.47	0.35	1.22	16.60
BB	0.02	0.10	0.78	10.95	43.95	13.59	1.40	5.60	23.61
B	0.01	0.06	0.42	1.08	10.06	40.27	4.94	15.79	27.37
CCC/C	0.00	0.00	0.38	0.98	1.97	12.19	13.47	43.98	27.02
全球									
AAA	68.09	18.85	2.46	0.34	0.14	0.08	0.11	0.14	9.78
AA	1.30	65.78	18.59	2.24	0.37	0.26	0.03	0.15	11.29
A	0.08	4.53	67.31	11.84	1.42	0.57	0.12	0.34	13.80
BBB	0.03	0.41	8.90	61.42	7.44	2.12	0.36	1.20	18.12
BB	0.01	0.07	0.67	11.31	43.97	12.06	1.37	5.17	25.37
B	0.01	0.05	0.34	1.08	10.90	38.93	4.61	15.25	28.84
CCC/C	0.00	0.00	0.29	0.91	2.05	16.04	12.39	40.47	27.85

① NR 意味着没有评级，也就是说，某些公司发行人不再被标准普尔评级。这可能出于各种原因，包括发行人偿还债务，不再需要信用评级。

资料来源：资料来自于标准普尔金融服务 LLC。

- **信用评级往往滞后于市场的信用风险定价。** 债券价格和信用利差由于信誉度的变化而变动的频率高于评级机构上下变动评级（甚至是前景预测）。债券价格和相对估值可以每天移动，而债券评级不会频繁变化。然而，即使在很长一段时间内，信用评级也可能严重滞后于债券价格变动。图 5-3 显示了 2008 年金融危机之前、期间和之后美国汽车制造商福特汽车公司的债券价格和穆迪评级。注意，在穆迪将其信用评级多次下调之前，债券的价格大幅下滑，并在穆迪提升福特债务的信用评级之前，债券价格开始回升并保持回升态势。

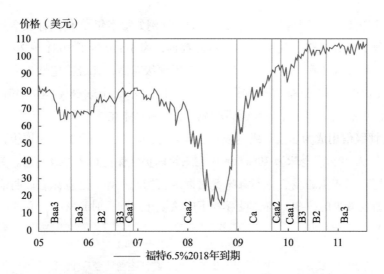

图 5-3　2005 年以来福特汽车公司高级无担保债务：价格和穆迪的评级
资料来源：数据来自于彭博和穆迪投资服务。

此外，特别是对于某些投机级信用评级，两种类似评级的债券可能以非常不同的估值交易。部分是信用评级主要试图评估违约风险的结果，而对于低质量信贷，市场开始更多地关注预期损失（违约概率乘以损失严重程度）。因此，来自两个具有类似（高）违约风险但回收率不同的独立发行人的债券可能具有相似的评级，但以非常不同的美元价格进行交易。㊀

因此，在其投资组合买卖决策之前，债券投资者等待评级机构改变评级可能面临着表现逊于其他投资者的风险，其他投资者会提前做出组合决策或不仅仅基于评级机构变更信用评级。

- **评级机构可能会犯错误**。对数十亿美元的次级抵押支持贷款证券的错误评级就是一个例子。其他例子包括对美国公司安然和世通以及欧洲发行人帕玛拉特的错误评级。像许多投资者一样，评级机构没有看到这些公司的会计欺诈行为。
- **信用评级中有些风险很难捕捉**。例子包括影响烟草公司的诉讼风险，以及化学公司和公用事业发电厂面临的环境和商业风险。这也包括 2011 年 3 月发生在日本的地震和海啸等不可预知的事件及其对债务发行人东京电力公司（TEPCO）的信用影响。杠杆交易，例如债务融资收购和大额股票回购（股票回购）在信用评价中往往难以预期和获得。

如上所述，在投资债券时依靠信用评级机构评级有风险。因此，虽然信用评级机构几乎肯定会继续在债券市场中发挥重要作用，重要的是投资者应该对于特定债务发行或发行人的信用风险自己进行信用分析并得出自己的结论。

㊀ 参见 Christopher L. Gootkind, "Improving Credit Risk Analysis," in *Fixed-Income Management for the 21st Century* (Charlottesville, VA: Association for Investment Management and Research, 2002).

例 5-4　信用评级

1. 使用标准普尔评级，投资级债券有以下哪些评级？

   A. AAA 到 EEE　　　　　B. BBB 至 CCC　　　　　C. AAA 到 BBB−

2. 使用穆迪和标准普尔评级，以下哪一对评级被认为是高收益率，也被称为"低于投资级别""投机级别"或"垃圾债券"？

   A. Baa1/BBB−　　　　　B. B3/CCC+　　　　　C. Baa3/BB+

3. 发行人评级和发行评级有什么区别？

   A. 发行人评级适用于所有发行人的债券，而发行评级则考虑债券的资历排名

   B. 发行人评级是对发行人整体信誉度的评估，而发行评级总是高于发行人评级

   C. 发行人评级是对发行人整体信誉度的评估，通常反映为高级无担保评级，而发行评级考虑一只债券的资历排名（例如担保或次级）

4. 根据评级机构级距微调的做法，发行人评级为 BB 的公司的次级债券可能会带有什么评级？

   A. B+　　　　　B. BB　　　　　C. BBB−

5. 你所在的固定收益投资组合经理问你为什么当惠誉评级从 B+ 调升到 BB 时，你所关注的发行人的债券价格并没有上涨。以下哪个是最有可能的解释？

   A. 债券价格从未对评级变化做出反应

   B. 债券不经常交易，所以价格不会随评级变化而调整

   C. 市场预期评级变化，已经"定价"了债券

6. 联合（Amalgamated）公司和维基特（Widget）公司均拥有类似息票和到期日的债券。穆迪、标准普尔和惠誉分别给予这两只债券 B2、B− 和 B 的评级。然而，这两只债券以非常不同的价格进行交易。联合公司债券的交易价格为 89 欧元，而维基特公司债券的交易价格为 62 欧元。价格（和收益）差异最有可能的解释是什么？

   A. 维基特公司信用评级落后于公司信用恶化的市场评估

   B. 债券具有类似的违约风险（反映在评级中），但市场认为，联合公司债券在违约情况下的预期损失更高

   C. 这些债券具有类似的违约风险（如评级所反映），但市场认为，在违约的情况下，维基特公司债券的预期回收率更高

   解答 1：C 是正确的。

   解答 2：B 是正确的。请注意，评级为 Baa3/BB+（答案 C）的发行人称为"交叉者"，因为一个评级是投资评级（穆迪评级为 Baa3），另一个评级为高收益（标准普尔的 BB+ 评级）。

   解答 3：C 是正确的。

   解答 4：A 是正确的。次级债券的评级低于公司的 BB 评级，可能是两个级距，反映

出给予低于投资级信贷的严重损失程度更高的权重。

解答 5：C 是正确的。市场预期评级升级并已经定价。债券价格通常对评级变化做出反应，特别是多个级距的变化。即使债券不交易，其价格也会根据授予债券定价服务交易商的报价进行调整。

解答 6：A 是正确的。维基特公司信用评级可能落后于市场对其信用恶化的评估。解答 B 和 C 都表示情况落后。如果市场认为违约时联合公司债券的预期损失更高，则该债券的交易价格更低，而不是更高的价格。同样地，如果市场认为，在出现违约的情况下，维基特公司债券的预期回收率更高，那么该债券将以较高而不是较低的价格交易。

5.5 传统信用分析：企业债务证券

信用分析的目的是评估发行人的债务偿还能力，包括债券和其他债务（如银行贷款）。这些债务义务是合同，其条款规定了要支付的利率、频率和时间，到期日，以及描述允许和需要借款人采取的行动的条款。由于公司债券是合同，由法律强制执行，信用分析师通常认为发行人愿意支付且集中精力评估其支付能力。因此，信用分析的主要重点是了解公司在债务期限内产生现金流量的能力。这样做的时候，分析人员必须评估公司的信用质量和公司经营所属行业的基本面。传统的信用分析考察公司为履行债务而产生的现金来源的可预测性和可持续性。本节将重点关注企业信用分析，特别强调是非金融公司。金融机构有不同于工业和公用事业公司的商业模式和资金面情况。

5.5.1 信用分析与权益分析：相似与差异

上述信用分析的描述表明，信用分析和权益分析在许多方面应该是非常相似的。然而，股权投资者和固定收益投资者之间存在着激励差异，这是信用分析的一个重要方面。严格来说，管理层为公司的股东工作，其主要目的是为公司的所有者提供最大价值。相比之下，管理层对其债权人，包括债券持有人的法律责任是符合管理合同的条款规定。利润和现金流量增加带来的公司价值的增长由股东受益，而债券持有人的最佳结果是在到期时足额及时收到利息支付和本金偿还。反过来说，如果公司的收益和现金流量下降，股东们就会面临更多的价值下降，因为债券持有人有对现金流量和资产的优先求偿权。但如果公司的收益和现金流量下降到不能偿还债务的话，那么债券持有人也有损失的风险。

总而言之，为了换取对现金流量和资产的优先求偿权，债券持有人不会分享公司的价值增长（除了信誉度提高范围内），但在违约情况下有下降风险。相比之下，股东有理论上无限向上盈利的机会，但在违约的情况下债券持有人遭受损失之前，他们的投资通常被消灭掉。这与金融期权中看到的收益模式类似。事实上，近年来，基于对期权定价理论的见解开发了信用风险模型。虽然这超出了本话题介绍的范围，但这是机构投资者和评级机构的一个不断扩大的兴趣领域。

因此，虽然在许多方面股权和信用的分析相似，但股权分析师对增加公司价值和每股收益的战略和投资感兴趣。然后，他们将收入和增长潜力与已知行业的其他公司进行比较。信用分析师将通过衡量和评估公司现金流量相对于其债务水平和利息费用的可持续性来更多地关注下行风险。重要的是，对于信用分析师来说，资产负债表将显示发行人的债务组成、总金额、多少即将到期和到期时间以及资历排名分布。一般来说，股权分析师将更多地关注收益和现金流量表，而信用分析师往往更注重资产负债表和现金流量表。

5.5.2　信用分析四要素：有用的框架

传统上，许多分析师根据通常称为"信用分析的 4C"来评估信誉度：㊀①能力；②抵押品；③契约条款；④品格。

能力（capacity）是指借款人按时偿还债务的能力，这是本节的重点。**抵押品**（collateral）是指支持发行人债务的资产质量和价值。**契约条款**（covenants）是指发行人必须遵守的贷款协议的条款和条件。**品格**（character）是指管理质量。现在将更详细地介绍每一项。

5.5.2.1　能力

能力是借款人偿还债务的能力。为了确定这点，在与股权分析相似的过程中，信用分析师从行业分析开始，然后转向对具体发行人的考察（公司分析）。

行业结构。商业学院教授兼顾问迈克尔·波特（Michael Porter）开发了分析行业结构的一个有用框架。㊁这个框架考虑了以下五个竞争力对行业的影响：

（1）进入威胁。进入威胁取决于进入壁垒的程度以及现有从业人员对新进入者的预期回应。具有较高进入壁垒的行业往往比具有较低进入壁垒的行业更有利可图并具有较低的信用风险，因为现有企业不需要压低价格或采取其他措施来阻止新进入者。高进入壁垒可以有多种形式，包括高额资本投资，如航空航天；大型成熟的分销系统，如汽车经销商；专利保护，如技术或制药行业；或高度监管的，如公用事业。

（2）供应商的议价能力。依赖于少数供应商的行业与具有多个供应商的行业相比，往往盈利能力较低，信用风险较高。只有少数供应商的行业和公司只有有限的阻止供应商价格上涨的谈判能力，然而有许多供应商的行业可以相互抗衡，彼此防止保持价格的控制。

（3）买家的议价能力。严重依赖少数主要客户的行业由于议价能力在买家而具有更大的信用风险。例如，将 50% 的产品销售给一家大型全球零售商的工具制造商与其主要客户的谈判能力有限。

（4）替代品威胁。相比不存在良好或具有成本竞争力的替代品的情况下，提供产品和服务的行业（和公司）为客户提供卓越的价值，通常具有较强的定价能力，产生大量现金流，并且比其他行业或公司的信用风险更低。某些（专利保护）药物就是一个例子。然而，随着

㊀ 没有唯一的 C 列表。除了在这里列出的，你可以在一个特定作者的 4（或 5）个 C 列表中看到"资本"和（或）"条件"。条件通常指的是总体经济状况。资本是指公司的资本积累和其特定的资本资产，实质上是包含在能力和抵押品的类别中。请记住，C 列表是总结分析重要方面的便捷方法，而不是机械套用的清单。

㊁ Michael E. Porter, "Th e Five Competitive Forces That Shape Strategy," *Harvard Business Review* 86, no. 1 (2008): 78-93.

时间的推移，颠覆性技术和发明可能会增加替代风险。例如，若干年前，飞机开始替代许多火车和轮船。报刊曾被认为具有几乎无可争议的市场地位，直到电视和之后的互联网成为人们接收新闻和信息的替代品。随着时间的流逝，录制的音乐已经从唱片、磁带、光盘到 mp3 和其他形式的数字媒体转移。

（5）现有对手之间的竞争。由于存在众多竞争对手，行业增长放缓或高壁垒退出等而竞争激烈的行业倾向于有较少的现金流可预测性，因此信用风险将高于竞争较小的行业。监管可以影响竞争范围和竞争程度。例如，受监管的公用事业通常在特定的市场中具有垄断地位，这导致相对稳定和可预测的现金流。

重要的是考虑一个行业的公司如何产生收入并赚取利润。是固定成本高、资本投入还是固定成本适中的行业？这些结构以非常不同的方式产生收入并赚取利润。两个例题中固定成本高的行业也被称为"具有高的经营杠杆"是航空公司和酒店。它们的很多运营成本如酒店运行和飞机飞行是固定的，因此不能轻易降低成本。如果酒店入住率或飞机的乘坐率不足，固定运营成本可能不能覆盖并导致损失。酒店或飞机的使用率较高的话，收入较高，更有可能覆盖固定成本并赚取利润。

行业基础。在了解行业结构之后，下一步是评估其基本面，包括其对宏观经济因素的敏感性、增长前景、盈利能力以及业务需求，或缺乏高信用质量。可以通过查看以下内容来判断这些问题：

- 周期的或非周期的。这是一个至关重要的评估，因为周期性的行业对更广泛的经济表现具有更大的敏感性，在收入、利润和现金流方面有更多的波动，因此比非周期性行业更具风险性。消费品和医疗保健公司通常被认为是非周期性的，而汽车和钢铁公司是非常强周期性的。在经济周期中，周期性行业中的公司相对于其债务水平产生的现金流量能力要低于少周期性或非周期性行业中的公司。
- 增长前景。虽然股票分析师通常比信用分析师更为重视增长，但债券投资者也对增长感兴趣。很少或没有增长的行业往往倾向于通过兼并收购来巩固。根据这些融资方式（如使用股票或债务）以及合并的经济利益（或缺乏），它们对公司债券投资者可能有利也可能不利。缓慢增长行业中疲弱的竞争对手可能在财务上开始变得困难，对其信誉度造成不利影响。
- 已发布的行业统计。分析师可以通过研究许多不同来源出版的和可得到的统计资料来了解行业的基本面和业绩，包括评级机构、投资银行、行业出版物以及政府机构。

公司基本面。在分析行业结构和基本面后，下一步是评估公司的基本面：企业借款人。分析人员应考查以下内容：

- ✓ 竞争地位。
- ✓ 跟踪记录/运营历史。
- ✓ 管理策略和执行。
- ✓ 比率和比率分析。

竞争地位。 根据对行业结构和基本面信息的了解，分析师评估公司在行业内的竞争地位。它的市场份额是多少？随着时间的推移如何变化：它是否增加、减少、保持稳定？是否高于（或低于）同行？成本结构相比如何？如何改变其竞争地位？需要什么样的融资？

跟踪记录/运营历史。 随着时间的推移，公司表现如何？回顾过去几年在经济增长和收缩时期，分析公司的财务状况。收入、利润空间和现金流量是什么趋势？资本支出占收入的百分比是多少？资产负债表上债务与权益之比的趋势是什么？这个记录是否在目前的管理团队下完成的？如果没有，现在的管理团队何时接手？

管理策略与执行。 什么是公司的管理策略：竞争和成长？这是有意义和有道理的吗？它有多大风险，以及与行业内同行的区别呢？是否冒险进入无关的业务？分析师对管理层的执行能力有信心吗？在这家公司和以前的公司，管理层的记录是什么？信用分析师也想知道和了解管理层的策略如何影响其资产负债表。管理层是否会以不对债券持有人产生不利影响的方式审慎管理资产负债表？分析师可以从阅读评论、讨论和分析中了解管理策略，这些评论、讨论和分析都包含在向特定监管机构提交的财务报表中。听取关于收入或其他大型公告（如收购）的电话会议，去公司网站，在各种行业会议上找到收益发布和演示文稿的复印本，公司访问和洽谈等。

例 5-5　行业与公司分析

1. 已知一家酒店公司，一家化工公司和一家消费品公司，谁最能够在经济周期中支撑高负债负担？
   A. 酒店公司，因为人们旅行时需要一个地方住下来
   B. 化学公司，因为化学品是许多产品的关键投入
   C. 消费品公司，因为消费品通常抵御经济衰退

2. 严格监管的垄断公司，如公用事业，经常承担较高的债务负担。关于这些公司，以下哪句陈述最准确？
   A. 监管机构要求它们承担高负债
   B. 它们产生强劲而稳定的现金流，使它们能够支撑高水平的债务
   C. 它们不是很有利可图，需要大量借钱来维护它们的工厂和设备

3. XYZ 公司在竞争激烈的行业里生产日用商品，其中没有一家公司占有重要的市场份额，而且行业进入门槛较低。以下哪一项最能说明 XYZ 公司有承担巨额债务的能力？
   A. 它的能力非常有限，因为行业中具有这些特征的公司通常不能支持高负债
   B. 它的能力很高，因为行业中具有这些特征的公司通常拥有高利润和可以支持大量债务的现金流
   C. 我们没有足够的信息来回答这个问题

   解答 1：C 是正确的。消费品公司被认为是非周期性的，而酒店和化学品公司则更有周期性，因此更容易受到经济衰退的影响。

> **解答2**：B是正确的。由于这种垄断的财务回报通常由监管机构决定，因此它们产生充足的现金流量，因此能够支持高债务水平。
>
> **解答3**：A是正确的。行业中具有这些特征的行业的公司通常利润率低，现金流量有限，因此不能支持高债务水平。

比率和比率分析。基于其运营所属行业、竞争地位、战略和执行情况，为了提供对公司基本面的分析和理解的背景，从公司主要财务报表中导出一些财务指标。信用分析师计算一些比率来评估公司的财务状况，确定未来一段时间内的趋势，并比较行业内的公司，以获得相对的信誉度的判断。请注意，由于先前所述的行业特征不同：竞争结构、经济周期性、规制等因素，这些比率的典型值在不同行业之间差别很大。

我们将关键信用分析指标分为三个不同的组别：

- 盈利能力和现金流。
- 杠杆。
- 偿还。

盈利能力和现金流量指标。公司可以以盈利能力和产生的现金流量来偿还债务。信用分析师通常会查看经营利润率和营业收益以了解公司的潜在盈利能力，并观察其随时间推移的变化情况。营业收益定义为营业收入减去营业费用，通常称为"息税前利润"（EBIT）。信用分析师专注于EBIT，因为它是资本结构产生的成本（如其承担的债务与股本相比）之前对确定公司的业绩是有用的。使用"税前"，因为在计算所得税之前支付利息费用。

在信用分析中使用几种现金流量的指标，有些比其他更保守，因为它们对用于管理和维持业务或向股东支付的现金进行了一些调整。以下讨论的现金流量指标和杠杆和偿付率是非国际财务报告准则，因为它们没有正式的国际财务报告准则定义。在大多数情况下，给出的概念、名称和定义应该被视为几个可能的用法之一。

- **利息、税收、折旧和摊销前盈利**（EBITDA）。EBITDA是一种常用的现金流测量指标，用营业收益加上折旧和摊销费用等非现金项目。这是现金流量的一个粗略的度量指标，因为它不包括经营业务的某些现金相关费用，如资本支出和（非现金）流动资金的变化。因此，尽管是常用的现金流量指标，分析师除了EBITDA外，还研究其他度量指标。
- **经营资金**（FFO）。标准普尔将经营业务的资金定义为持续经营业务的净收益加上折旧、摊销、递延所得税和其他非现金项目。⊖

⊖ 来自经营的资金与来自经营的但不包括流动资金变动的现金流量略有不同。在信用分析中使用FFO的想法是消除营运资金中的短期波动和季节性变化，这可能会扭曲企业所产生的经营性现金流量。随着时间的推移，流动资金的波动有望平坦。分析师倾向于观察FFO和经营现金流，特别是对于拥有大量营运资本波动（例如，非常周期性的制造公司）的企业。

- **股息前的自由现金流**（股息前的 FCF）。[○]这个指标在支付给股东或用来偿还债务或支付股息之前公司产生的超额现金流量（不包括非经常性项目），可以计算为净收益（不包括非经常性项目）加上折旧和摊销减去非现金流动资金增加（加减少）减去资本支出。这取决于现金流量表中股息和现金的处理，近似于经营活动产生的现金流减去资本支出。在向股东支付之前有负的自由现金流的公司不得不或者需要依赖从银行、债券投资者或股权投资者那里获得额外融资。这显然代表较高的信用风险。
- **股息后自由现金流**（股息后的 FCF）。这个度量在股息之前获得的现金流，并减去股息。如果这个数字是正数，它代表可用于偿还债务或在资产负债表上有现金。任何一种行为都可以被视为去杠杆化，从信用风险观点来看这是有利的。一些信用分析师通过从总债务中减去资产负债表中的现金来计算净债务，尽管他们不应假定这些现金将用于偿还债务。从自由现金流中支付的实际债务是一个去杠杆化的更好指标。一些分析师还将扣除股票回购，以获得以总债务或净债务为基础可用于去除杠杆的"最真实"的自由现金流量的指标，然而，其他人认为股票回购（股票回购）是更多的自由裁量权，而且比股息少一些时间确定性。因此在计算自由现金流量时，以不同的方式对待这两种类型的股东支付。

杠杆比率。信用分析师用了一些度量杠杆率的指标。最常见的是债务/资本，债务/EBITDA，以及资金或现金流量/负债比率。请注意，许多分析师调整了公司报告的负债类债务水平，如资金不足的退休金和退休抚恤金以及经营租赁。在调整租赁时，分析师通常会将估算的利息或租金开支加到各种现金流量指标上。

- **债务/资本**。资本用总债务加股东权益计算。这个比例显示了一个公司资本基础的百分比是以债务形式融资的。较低的债务百分比意味着信用风险较低。这种传统比例通常用于投资级企业发行人。商誉或其他无形资产重大（可能过时、损耗或减值）的情况下，通常假定减计此类资产的税后价值后，来计算债务资本的比例。
- **债务/DEITDA**。这个比率是一个通用的杠杆指标。在"快照"基础上，分析师观察随着时间的推移该比率的趋势和预测值，以及与已知行业的公司进行比较。评级机构经常将其用作评级行动的触发因素，银行将其引用在贷款协议里。更高的比率表明更多的杠杆和更高的信用风险。请注意，对于现金流量变动率高的公司，如周期性行业和高经营杠杆（固定成本）的公司，这一比例可能会非常不稳定。
- **FFO/债务**。信用评级机构常使用这个杠杆比率。他们通过评级类别发布关键比率中位数和平均比率，这样分析师可以了解为什么发行人被评定为某一信用评级，以及该评级可以根据这样的关键比率的变化而迁移。更高的比率表明，更高的经营资金支付债务的能力。
- **FCF 后股息/债务**。更高的比率表明，在股息支付后，更多的债务可以从自由现金流中获得偿付。

○ 这与我在 CFA 课程的其他部分提到（FCFF）企业自由现金流相似。

偿付率。偿付率度量发行人满足"偿付"利息支付的能力，最常见的比率是EBITDA/利息支出和EBIT/利息支出。

- EBITDA/利息费用。这个利息偿付率的指标比使用EBIT的指标更为自由，因为它不减去（非现金）折旧和摊销费用的影响。更高的比率意味着更高的信用质量。
- EBIT/利息费用。由于EBIT不包括折旧和摊销，因此被认为是较为保守的利息偿付指标。现在这个比率的使用比EBITDA/利息支出少得多。

表5-6是一个标准普尔发布的三年期间工业企业按评级类别划分的信用比率的关键平均值例子。

表5-6 工业比较比率分析

信用评级	EBITDA率（%）	资本回报率（%）	EBIT利息倍数（×）	EBITDA利息倍数（×）	FFO/债务比（%）	自由现金流/债务（%）	债务/EBITDA（×）	债务/债务加上权益（%）
AAA								
美国	29.6	36.8	60.2	68.0	251.1	197.0	0.4	15.7
EMEA	NA	NA	NA	NA	NA	NA	NA	NA
AA								
美国	24.6	24.5	16.8	20.5	69.9	52.3	1.2	36.0
EMEA	25.2	21.7	14.4	17.6	163.9	82.5	0.9	23.7
A								
美国	24.2	21.0	22.0	29.0	96.7	65.9	1.5	36.0
EMEA	21.5	17.1	9.0	12.3	92.8	60.1	1.6	34.5
BBB								
美国	21.8	16.1	8.8	12.2	54.0	32.8	2.7	46.3
EMEA	19.7	13.1	5.3	7.9	52.1	23.7	2.6	44.9
BB								
美国	23.4	11.8	4.1	6.2	35.7	13.6	3.3	54.9
EMEA	20.3	11.0	5.3	7.2	31.8	9.7	3.3	51.0
B								
美国	19.4	8.0	1.6	2.9	17.5	5.1	6.6	84.0
EMEA	20.5	6.8	1.7	3.4	19.1	2.2	7.0	78.4

注：数据截至2011年8月24日。EMEA是指欧洲、中东和非洲。
资料来源：资料来自于标准普尔金融服务LLC。

对发行人流动性的评论。发行人获得的流动性也是分析中的重要考虑因素。其他因素相同的情况下，流动性高的公司信用风险低于流动性弱的公司。2008～2009年金融危机表明，通过债务和股票市场获得流动资金不应被视为理所当然的，特别是对于没有健康的资产负债表或没有强大和稳定经营现金流的公司。

在评估发行人的流动性时，信用分析师倾向于关注以下内容：

- 资产负债表现金。现金持有提供最充分的流动性以做出最大承诺付款。
- 净营运资金。美国大型汽车制造商过去拥有巨额的负营运资金，尽管资产负债表中现金水平较高。2008年金融危机爆发，经济大幅收缩，这证明是灾难性的。汽车销售和收入下降，汽车公司削减生产，公司最需要流动性时应付账款到期，营运资金消耗了数十亿美元的现金。
- **经营现金流量**。分析师会将未来几年这一数字规划出来，并考虑到可能低于预期的风险。
- **承诺的银行信贷额度**。如果公司无法在公开的债务市场上利用其他可能更便宜的融资，那么银行承诺但未使用的信用额度就会提供应急流动性。
- **未来一到两年到期的债务和承诺的资本支出**。分析师将比较流动性的来源与到期的债务数额以及承诺的资本支出，以确保公司偿还债务和仍然投资于其业务，如果资本市场由于某种原因不可进入的话。

关于高收益信贷的特别关注将会在本节详细讨论，高收益公司比投资级公司更关注发行人的流动性。

例 5-6

沃森制药有限公司（Watson）是一家美国专业保健公司。作为信用分析师，您被要求评估其信誉度，与其所属整个行业的竞争对手对照，并与不同行业中类似评级的公司进行比较。使用表 5-7～表 5-9 中提供的 2008 年、2009 年和 2010 年 12 月 31 日截止的三年财务报表如下：

1. 计算沃森的营业利润率，EBITDA 和股息后的自由现金流。（注：2008～2010 年，该公司没有支付股息。）评论这些指标显示沃森公司的盈利能力和现金流。
2. 确定沃森公司的杠杆比率：债务/EBITDA，债务/资本，股息后的自由现金流/债务。评论这些杠杆比率显示沃森的信誉度。
3. 利用 EBIT 和 EBITDA 指标计算沃森的利息偿付。评论这些偿付比率显示沃森的信誉度。
4. 使用表 5-8 中提供的强生公司信用比率，比较沃森相对于强生公司的信誉度。
5. 表 5-9 中世界上最大的全球钢铁企业之一卢森堡阿赛乐米塔尔的信用比率与沃森的信用比率进行比较。评论两家公司信用比率的波动性。哪家公司看起来更有周期性？哪些行业因素可能解释一些差异？在比较这两家公司的信誉度方面，还有哪些其他因素可以抵消信用比率的更高波动性呢？

表 5-7a 沃森制药的财务报表

合并报表	截至 12 月 31 日		
（百万美元，每股金额除外）	2008 年	2009 年	2010 年
净收入	2 535.5	2 793.0	3 566.9
营业费用			

（续）

合并报表 （百万美元，每股金额除外）	截至 12 月 31 日		
	2008 年	2009 年	2010 年
销售费用（不包括摊销）	1 502.8	1 596.8	1 998.5
研究与发展	170.1	197.3	296.1
销售与营销	232.9	263.1	320.0
一般管理费用	190.5	257.1	436.1
摊销	80.7	92.6	180.0
资产出售和减值损失	0.3	2.2	30.8
总营业费用	2 177.3	2 409.1	3 261.5
营业收入	358.2	383.9	305.4
其他（费用）收入			
利息收入	9.0	5.0	1.6
利息支出	(28.2)	(34.2)	(84.1)
其他收入	19.3	7.9	27.7
其他（费用）收入合计	0.1	(21.3)	(54.8)
所得税和非控制性权益之前的收入	358.3	362.6	250.6
预提所得税	119.9	140.6	67.3
净收入	238.4	222.0	183.3
归属于非控股权益的损失	—	—	1.1
归属于普通股股东的净收益	238.4	222.0	184.4

资料来源：数据来自沃森制药公司年度报告（2010）。

表 5-7b　沃森制药的财务报表

合并报表（百万美元）	截至 12 月 31 日		
	2008 年	2009 年	2010 年
资产			
流动资产			
现金及现金等价物	507.6	201.4	282.8
有价证券	13.2	13.6	11.1
应收账款	305.0	517.4	560.9
存货净值	473.1	692.3	631.0
预付费用及其他流动资产	48.5	213.9	134.2
递延所得税资产	111.0	130.9	179.4
流动资产合计	1 458.4	1 769.5	1 799.4
财产和设备净值	658.5	694.2	642.3
投资和其他资产	80.6	114.5	84.5
递延所得税资产	52.3	110.8	141.0

	截至 12 月 31 日		
合并报表（百万美元）	2008 年	2009 年	2010 年
产品权和其他无形资产净值	560.0	1 713.5	1 632.0
商誉	868.1	1 501.0	1 528.1
资产总计	3 677.9	5 903.5	5 827.3
负债和权益			
流动负债			
应付账款和应计费用	381.3	614.3	741.1
应付所得税	15.5	78.4	39.9
短期借款和长期借款到期部分	53.2	307.6	—
递延所得税负债	15.9	31.3	20.8
递延收入	16.1	16.3	18.9
流动负债合计	482.0	1 047.9	820.7
长期借款	824.7	1 150.2	1 016.1
递延收入	30.1	31.9	18.2
其他长期负债	4.9	118.7	183.1
其他应交税金	53.3	76.0	65.1
递延所得税负债	174.3	455.7	441.5
负债合计	1 569.3	2 880.4	2 544.7
权益			
优先股	—	—	—
普通股	0.4	0.4	0.4
额外缴入资本	995.9	1 686.9	1 771.8
留存收益	1 418.1	1 640.1	1 824.5
累计其他综合（亏损）收入	（3.2）	1.9	（2.5）
库藏股，按成本（分别持有 9.7 及 9.6）	（302.6）	（306.2）	（312.5）
股东权益总计	2 108.6	3 023.1	3 281.7
非控制权益	—	—	0.9
权益总计	2 108.6	3 023.1	3 282.6
负债和权益合计	3 677.9	5 903.5	5 827.3

资料来源：数据来自沃森制药公司年度报告（2010）。

表 5-7c　沃森制药财务报表

现金流量合并报表	截至 12 月 31 日		
（百万美元）	2008 年	2009 年	2010 年
经营活动产生的现金流量：			
净收入	238.4	222.0	183.3
调整至经营活动产生的净现金：			

（续）

现金流量合并报表 （百万美元）	截至12月31日		
	2008年	2009年	2010年
折旧费用	90.0	96.4	101.9
摊销费用	80.7	92.6	180.0
存货跌价准备	45.7	51.0	50.0
股票薪酬	18.5	19.1	23.5
递延所得税（利益）准备金	3.5	（19.0）	（118.3）
证券出售的（收益）损失	（9.6）	1.1	（27.3）
资产出售及减值损失	0.3	2.6	29.8
坏账准备增加	1.2	3.4	9.5
优先股增值与或有付款	—	2.2	38.4
其他净值	（13.9）	（7.6）	11.3
营运资金变动	（38.2）	（87.0）	88.9
经营活动提供的现金净额	416.6	376.8	571.0
投资活动现金流量：			
增购固定资产	（63.5）	（55.4）	（56.6）
增购产品权和其他无形资产	（37.0）	（16.5）	（10.9）
有价证券增加	（8.2）	（8.0）	（5.5）
长期投资增加	—	—	（43.7）
出售财产和设备所得	—	3.0	2.7
出售有价证券所得	6.7	9.0	9.5
出售投资所得	8.2	—	95.4
收购业务，获得现金净额	—	（968.2）	（67.5）
其他投资活动，净额	0.4	—	2.5
用于投资活动现金净额	（93.4）	（1 036.1）	（74.1）
融资活动产生现金流：			
发行长期债务所得	—	1 109.9	—
债务本金支付	（95.6）	（786.6）	（459.7）
短期借款所得	67.9		
股票计划所得	8.4	33.4	54.7
普通股回购	（0.9）	（3.6）	（6.3）
（用于）融资活动所提供的现金净额	（20.2）	353.1	（411.3）
货币兑换率变动损益	—	—	（4.2）
现金及现金等价物净增加（减少）	303.0	（306.2）	81.4
期初现金及现金等价物	204.6	507.6	201.4
期末现金及现金等价物	507.6	201.4	282.8

资料来源：数据来自沃森制药公司年度报告（2010）。

表 5-8 强生信用比率

	2008 年	2009 年	2010 年
营业利润率	25.1%	25.2%	26.8%
债务/EBITDA	0.6x	0.8x	0.9x
EBITDA/利息	43.3x	40.7x	42.8x
股息/债务后的 FCF	58.1%	61.1%	48.9%
债务/资本	21.8%	22.3%	22.9%

资料来源：Loomis，Sayles 公司的企业文件。

表 5-9 阿赛乐米塔尔信用比率

	2008 年	2009 年	2010 年
营业利润率	10.2%	−2.4%	4.6%
债务/EBITDA	2.0x	8.0x	3.3x
EBITDA/利息	7.4x	1.1x	3.6x
股息/债务后的 FCF	20.0%	13.0%	−2.1%
债务/资本	36.5%	27.5%	28.2%

资料来源：Loomis，Sayles 公司的企业文件。

解答：

1. 营业利润率（%）= 营业利润/收入

   2008 年 358.2/2 535.5 = 0.141 或 14.1%

   2009 年 383.9/2 793.0 = 0.137 或 13.7%

   2010 年 305.4/3 566.9 = 0.086 或 8.6%

EBITDA = 营业收入 + 折旧费用 + 摊销费用

   2008 年 358.2 + 90.0 + 80.7 = 528.9

   2009 年 383.9 + 96.4 + 92.6 = 572.9

   2010 年 305.4 + 101.9 + 180.0 = 587.3

股息后的 FCF = 经营现金流量 − 资本支出 − 股息

   2008 年 416.6 − (63.5 + 37.0 − 0.0) − 0 = 316.1

   2009 年 376.8 − (55.4 + 16.5 − 3.0) − 0 = 307.9

   2010 年 571.0 − (56.6 + 10.9 − 2.7) − 0 = 506.2

其中

资本支出 = 财产和设备的增加 + 产品权利和无形资产的增加 − 财产和设备的出售所得

请注意，"产品权利和无形资产的增加"包括在这里的资本支出中，因为这些活动对医疗保健/药物公司来说可能既重要又重复发生。对于其他类型的业务，分析师可能会选择在计算 FCF 时将该项目从资本支出中排除。

2008～2010 年，股息后的 EBITDA 和 FCF 均上升。同期营业利润率下降。2008～2010 年销售额增长 40.7%，营业费用上涨了 49.8%。尽管 EBITDA 和 FCF 股息上涨，营业利润率还是下降。

2. 债务/EBIDA

   总负债＝短期负债和长期负债的到期部分＋长期负债

2008年负债：53.2＋824.7＝877.9

　负债/EBITDA:877.9/528.9＝1.7x

　2009：负债：307.6＋1 150.2＝1 457.8

　负债/EBITDA:1 457.8/572.9＝2.5x

　2010：负债：0＋1 016.1＝1 016.1

　负债/EBITDA:1 016.1/587.3＝1.7x

负债/资本（%）

　资本＝负债＋权益

　2008年资本：877.9＋2 108.6＝2 986.5

　负债/资本：877.9/2 986.5＝29.4%

　2009年资本：1 457.8＋3 023.1＝4 480.9

　负债/资本：1 457.8/4 480.9＝32.5%

　2010年资本：1 016.1＋3 282.6＝4 298.7

　负债/资本：1 016.1/4 298.7＝23.6%

股息后FCF/负债（%）

　2008年316.1/877.9＝36.0%

　2009年307.9/1 457.8＝21.1%

　2010年506.2/1 016.1＝49.8%

　　这些杠杆比率表明资本结构的波动性。2010年沃森的信用度与2009年相比，2010年更高些。它的资本结构中债务更少一些，负债是EBITDA的较低倍数，股息后的FCF与负债比率更高些。

3. EBIT/利息支出

　2008年358.2/28.2＝12.7x

　2009年383.9/34.2＝11.2x

　2010年305.4/84.1＝3.6x

EBITDA/利息支出

　2008年528.9/28.2＝18.8x

　2009年572.9/34.2＝16.8x

　2010年587.3/84.1＝7.0x

　　基于这些偿还比率，沃森的信用度从2008年到2010年一直在下降。EBIT和EBITDA与利息费用的倍数也从2008年下降到2010年。

4. 强生公司（Johnson&Johnson）具有更高的经营利润率、更好的杠杆比率、更低的债务/EBITDA，在三年中（尽管略低于2010年）更高的分红后FCF/债务、更低的债务/资本（虽然在 2010 年大约相等），和以 EBITDA/ 利息度量的更好利息偿还比率。总的来说，这些比率表明强生公司的信用质量比沃森公司高（见表 5-10）。

表 5-10　沃森制药与强生公司的信用比率比较

沃森制药信用比率	2008	2009	2010
营业利润率	14.1%	13.7%	8.6%
债务 /EBITDA	1.7x	2.5x	1.7x
股息 / 债务后的 FCF	36.0%	21.1%	49.8%
债务 / 资本	29.4%	32.5%	23.6%
EBITDA/ 利息	18.8x	16.8x	7.0x
强生信用比率	2008	2009	2010
营业利润率	25.1%	25.2%	26.8%
债务 /EBITDA	0.6x	0.8x	0.9x
股息 / 债务后的 FCF	58.1%	61.1%	48.9%
债务 / 资本	21.8%	22.3%	22.9%
EBITDA/ 利息	43.3x	40.7x	42.8x

5. 沃森公司比阿赛乐米塔尔公司有着更高和更低波动的营业利润率，更好的杠杆比率（除 2009 年的负债 / 资本）和更高的利息偿还比率（见表 5-11）。基于现金流和营业利润率的波动率，阿赛乐米塔尔表现出更加周期性的信用。再加上其较高的负债水平，预计阿赛乐米塔尔有一个较低的信用评级。

表 5-11　沃森制药与阿赛米乐塔尔的信用比率比较

沃森制药信用比率	2008	2009	2010
营业利润率	14.1%	13.7%	8.6%
债务 /EBITDA	1.7x	2.5x	1.7x
股息 / 债务后的 FCF	36.0%	21.1%	49.8%
债务 / 资本	29.4%	32.5%	23.6%
EBITDA/ 利息	18.8x	16.8x	7.0x
阿赛乐米塔尔信用比率	2008	2009	2010
营业利润率	10.2%	-2.4%	4.6%
债务 /EBITDA	2.0x	8.0x	3.3x
股息 / 债务后的 FCF	20.0%	13.0%	-2.1%
债务 / 资本	36.5%	27.5%	28.2%
EBITDA/ 利息	7.4x	1.1x	3.6x

一个公司会有依靠负债融资的大量长期资产。这是一个高度竞争激烈的行业，几乎没有能力在其他竞争者产品中脱颖而出。为了减轻其更具波动性信用比率的影响，阿赛乐米塔尔可能维持较高水平的流动性。它的规模和全球多样性也可能是一个"加分"。它能够商定良好的供应商和客户合同，并通过规模经济来降低成本。

5.5.2.2 抵押品

抵押品或资产价值的分析通常被强调放在较低信用质量的公司。如前所述,信用分析师主要关注违约概率,这主要关系到发行人产生足够现金流以支持其债务偿还的能力,以及为到期债务再融资的能力。只有当违约概率上升到足够高的水平时,分析师通常会在出现违约时损失严重的情况下考虑资产或抵押品价值。

分析师会考虑公司资产的价值和质量,然而,这些都是很难直接观察到的。要考虑的因素包括资产负债表中无形资产的性质和数额。某些资产,如专利显然是有价值的,如有必要,可以出售以支付负债。另一方面,商誉不被视为高质量的资产。事实上,持续疲弱的财务表现,很有可能意味着公司的商誉将被减计,增强其较差的质量。另一个要考虑的因素是发行人相对于其资本支出而承担的折旧金额。相对于折旧费用的低资本支出意味着管理层的业务投资不足,这将导致更差质量的资产,潜在地减少了未来的经营现金流量和更高的违约损失严重程度。

信用分析师用来估算上市公司资产质量和支持其债务能力的市场信号是股票市值。例如,公司股票交易低于账面价值的资产质量可能低于资产负债表上报告的资产质量。

随着经济体越来越多地以服务和知识为基础,对于这些类型的公司发行债务,重要的是要了解这些发行人更多地依靠人力和智力资本而不是"硬资产"。在创造利润和现金流时,这些公司并不是资产密集型。一个例子就是软件公司。另一个例子就是投资管理公司。人力资本和智力资本的公司会产生大量的现金流,但是它们的抵押品价值是有问题的,除非不直接出现在资产负债表上的专利和其他类型的知识产权和"无形资本"但是可以在财务困境或违约情况下是有价值的。

无论业务性质如何,抵押品分析的关键点是评估资产相对于发行人的债务水平和资历排名的价值。

5.5.2.3 契约

契约旨在保护债权人,同时为管理层提供足够的灵活性,代表并为股东的利益经营业务。它们是信贷协议的不可分割部分,无论是债券还是银行贷款,都明确了发行人的管理范围:①有义务做什么;②限制做什么。前者称为"肯定性条款",后者称为"否定"或"限制性条款"。协议规定的义务将包括及时进行利息和本金支付以及及时提交经审计的财务报表等。契约条款也可能要求⊖公司在其被收购时赎回债务,或将债务与 EBITDA 之比保持在某一规定数值以下。这些限制包括可以向股东支付相对于收益比例的现金数额上限,也可能是可以发行的额外担保债务额。违反条款就是违反合同,可以视为违约事项,除非在短时间内获得补救或豁免。

对于公司债券,条款在债券招股说明书(prospectas)中有描述,该文件是新债券发行的一部分。招股说明书描述了债券发行条款,以及支持作用的财务报表,帮助投资者进行分析,并就是否提交订单购买新债券进行投资决策。实际上,**信托契约**(trust deed)或债券契

⊖ 这通常被称为"变更控制"契约。

约（bond indenture）是指导性的合法信贷协议，通常在招股说明书中合并作为参考。

契约条款是信用分析的一个重要但低估的部分。强有力的条款保护债券投资者免受管理层可能采取行动损害发行人信誉度的可能性。例如，如果没有适当的条款，管理层可能会支付很大的股息，超过自由现金流的股票回购，以杠杆收购方式出售该公司⊖，或承担大量担保债务在结构上使无担保债券持有人处于次级顺序。所有这些行动将以债权人付出代价而使股东受益。回想一下，管理层为股东工作，债券是合约，管理层对债权人只有维护合同条款的真实义务。在合同中加入条款旨在保护债券持有人。

购买债券的投资者基础非常大和多样化，特别是投资级债务，包括机构投资者如保险公司、投资管理公司、养老基金、共同基金、对冲基金、主权财富基金等。虽然有一些非常大的机构投资者，但买方基础是分散的，而且不会和不能在法律上作为一个辛迪加。因此，债券持有人通常无法就大多数新债券发行达成强有力的条款。新兴债券发行的条款在经济或市场疲软的情况下往往更为强势，因为投资者在这样的时期会寻求更多的保护。有几个组织机构投资者集团致力于强化契约⊜：美国的信贷圆桌会议和英国的欧洲示范契约倡议。

契约条款语言通常是非常技术性和以"法律术语"写成，所以让一个具有法律背景的内部人员能够审查和解释具体的约定条款和措辞是有帮助的，还可以使用专门从事契约条款分析的第三方服务，如"契约评论"。⊜

关于高收益债券特别关注的部分，我们将在本节介绍条款的更多细节。

5.5.2.4 品格

公司借款人的品格难以观察。作为信用分析的一个因素，品格分析开始于个人拥有公司的贷款。大多数公司债券发行人现在由股东公开拥有或由资本池如私募股权公司私下拥有。管理层往往在一家公司中几乎没有所有权，因此，分析和评估这类公司和所有者自己管理的公司的品格不同。信用分析师可以通过以下方式对管理层性格做出判断：

- 管理战略的稳健性评估。
- 管理层过去执行战略的记录，特别是如果导致破产或重组。一家由先前的职位、风险投资造成企业重大困扰的高管管理的公司仍然可以在债务市场上借款，可能需要用担保的方式借款和（或）支付更高的利率。
- 使用激进的会计政策和（或）税收策略。例子包括使用大量的表外融资、资本化与立即支出项目、提早确认收入和（或）频繁更换审计师。这些是对发行人信誉度产生不利影响的其他行为或行动的潜在警告标志。
- 任何欺诈或不法行为的历史是对于信用分析师的主要警告标志。
- 债券持有人以前较差的待遇。例如，导致较大信用评级下调的管理行为。这些行动可能包括债务融资式收购，分给股东的大额特别股息或主要债务融资的股票回购计划。

⊖ 杠杆收购（LBO）是由私人投资者使用高水平的债务和相对较少的股权收购一家公司。
⊜ 参见 www.creditroundtable.org。
⊜ 参见 www.covenantreview.com。

> **例 5-7　4C**
>
> 1. 以下哪一项不是债券契约条款?
>   A. 发行人必须及时向债券受托人提交财务报表
>   B. 公司可以买回尽可能多的股票
>   C. 如果公司向任何债权人提供担保,它必须为这次债券发行提供担保
> 2. 如果一家公司的股票交易低于账面价值,为什么信用分析师应该关注?
>   A. 这意味着公司可能会破产
>   B. 这意味着公司可能会承担大量的债务来回购其低估的股票
>   C. 它表示公司资产负债表上的资产价值可能会受到损害并且必须被减值,表明对债权人的抵押保护较少
> 3. 如果管理层有令人质疑的品格,投资者如何将此评估纳入其信用分析和投资决策?
>   A. 他们可以基于增加的信用风险选择不投资
>   B. 他们可以坚持获得抵押(担保)和(或)要求更高的回报
>   C. 他们可以选择不投资或坚持额外的担保和(或)更高的回报
>
>   **解答 1**:B 是正确的。契约条款描述了借款人:①有义务做什么;②被限制做什么。不存在允许一家公司尽可能地随意回购股票的协定条款。如果向其他债权人提供担保(答案 C),要求公司也向该债券发行提供担保的做法被称为"消极承诺"。
>
>   **解答 2**:C 是正确的。
>
>   **解答 3**:C 是正确的。如果对债券或发行人的信用风险感觉不安,投资者总是会说不。针对可见的更高风险,在有担保和(或)更高回报要求的基础上,他们也可以决定借给具有可疑品格的借款人。

5.6 信用风险和回报:收益和利差

本节中的材料适用于债券的信用风险。为了简单起见,所有这些债券有时被叫作"公司"债券。

与其他类型的投资一样,承受信用风险更高,提供潜在回报更高,但波动性更大,收益确定性更低。使用代表风险的信用评级,根据固定收益市场指数最大供应商之一巴克莱资本,表 5-12 显示了美国和欧洲债券市场中每个评级类别内所有期限债券到期的综合收益率[⊖]。

⊖ 高收益债券通常以"赎回收益率"(YTC)或"收益率最差"(YTW)为基础报价,因为其中许多债券是在到期之前被赎回的,而大多数投资级债券是不可赎回的,或者收取惩罚性费用使得发行人最不可能行使最小赎回选择权。

表 5-12 截至 2011 年 6 月 30 日按评级类别划分的公司收益率

巴克莱	投资级					非投资级			
资本指数	AAA (%)	AA (%)	A (%)	BBB (%)	BB (%)	B (%)	CCC (%)	CC (%)	D (%)
美国	3.09	3.10	3.64	4.35	6.50	7.93	10.27	14.11	22.73
泛欧	3.33	3.58	4.14	4.98	6.90	8.67	17.12	13.81	54.80

资料来源：数据来自巴克莱资本。

请注意，信用质量越低，报价收益率越高。由于早先讨论的利率和信用相关风险的变化，实现的收益或回报几乎总是不同。例如，在合计信贷中，损失"吃掉"了低质量债券提供的一些收益溢价与高质量信贷。追踪 12 个月的信贷评级类别的回报率以及这些回报率的波动性（标准差）如图 5-4 所示。

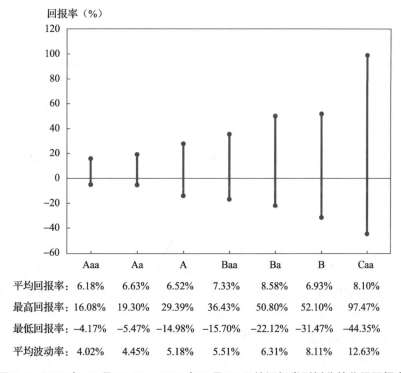

	Aaa	Aa	A	Baa	Ba	B	Caa
平均回报率：	6.18%	6.63%	6.52%	7.33%	8.58%	6.93%	8.10%
最高回报率：	16.08%	19.30%	29.39%	36.43%	50.80%	52.10%	97.47%
最低回报率：	−4.17%	−5.47%	−14.98%	−15.70%	−22.12%	−31.47%	−44.35%
平均波动率：	4.02%	4.45%	5.18%	5.51%	6.31%	8.11%	12.63%

图 5-4 1996 年 12 月 31 日～ 2011 年 6 月 30 日按评级类别划分的公司回报率

资料来源：巴克莱资本和 Loomis, Sayles 公司。

如图 5-4 所示，信用风险越高，回报潜力越大，回报的波动率越大。这种模式与涉及风险和回报的其他类型投资是一致的（尽管在这个例子中，一个 B 评级债券的平均回报率显得异常）。

对于被认为实际上没有违约风险流动性极好的债券（如德国政府债券），收益率是实际利率加上预期通货膨胀率和到期溢价的函数。当然这些因素也存在于公司债券中。此外，公司债券的收益率包括流动性溢价和用于补偿投资者这些额外风险以及预期信用损失水平的信用利差。因此，公司债券的收益率可以分解为

公司债券收益率＝实际无风险利率＋预期通货膨胀率＋到期溢价＋流动性溢价＋信用利差

任何这些组成的变化将改变债券的收益率、价格和回报。

相对于可比较的无违约债券，公司债券投资者主要关注由流动性溢价和信用利差组成的收益率利差

收益率利差＝流动性溢价＋信用利差

市场承担风险的意愿会影响到这些组成部分。然而，一般来说，不可能直接观察单独组成部分的市场估值，分析师只能观察到总收益利差。

所有公司债券的利差都受到一些因素的影响，较低质量的发行人通常会出现更大的利差波动。这些经常相关的因素包括：

- 信用周期。随着信贷周期的改善，信用利差将会缩小。相反，恶化的信贷周期将导致信用利差扩大。当金融市场认为低风险时，利差最紧贴在或接近信贷周期的顶部，而当金融市场认为高风险时，利差最广泛地在或接近信贷周期底部。
- 广泛的经济状况。不足为奇的是，疲软的经济状况将迫使投资者希望获得更大的风险溢价，并推动整体信用利差扩大。相反，强劲的经济会导致利差缩小，因为投资者预期信用指标会由于企业现金流量的增长而有所改善，从而降低违约风险。
- 金融市场整体表现，包括股票。在疲弱的金融市场，信用利差将会扩大，而在强劲的市场，信用利差将会缩小。在稳定低波动环境中，信用利差通常也会缩小，因为投资者倾向于"追逐收益"。
- 经纪人—交易商为做市提供足够资金的意愿。债券主要在柜台上交易，所以投资者需要经纪商为了做市的目的而承担资本义务。在2008～2009年的金融危机期间，几家大型经纪交易自营商交易对手或失败或被另一名经纪自营商交易对手接管。几乎所有其他经纪自营商面临的这种财务和监管压力相结合，大大降低了整个市场的可用资金总额和购买/出售信用风险债券的意愿。未来的监管改革可能导致由经纪人提供的资本持续或甚至永久性减少。
- 一般市场供求。新发行量巨大的时期，如果需求不足，信用利差将会扩大。在债券需求旺盛的时期，利差将会更加收紧。

最基本的四个因素中任一个都在2008～2009年金融危机中发挥了作用，造成利差显著扩大，如图5-5所示，随着政府干预和市场的稳定，利差幅度大幅收窄。这显示在两个小组中，一个用于投资级别，另一个用于高收益，因为高收益债券的利差波动幅度大，特别是CCC评级。这个利差波动率反映在 y 轴上的不同利差范围内。OAS是期权调整利差，体现嵌入式看涨期权价值在某些公司债券中，债券发行人在债券到期之前有权行使期权。⊖

⊖ CFA 二级课程涵盖了具有嵌入式期权的债券估值和 OAS 计算的细节。

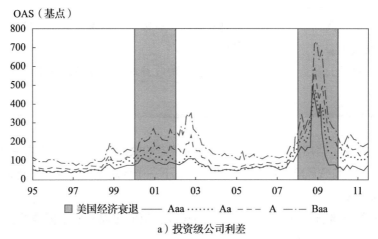

a）投资级公司利差

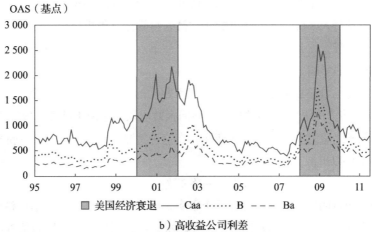

b）高收益公司利差

图 5-5　美国投资级—高收益公司利差

资料来源：数据来自于巴克莱资本和 Loomis Sayles 公司。

例 5-8　收益率利差

1. 哪只债券有可能表现出最大的利差波动性？

    A. 发行人的债券评级为 AA

    B. 发行人的债券评级为 BB

    C. 发行人的债券评级为 A

2. 如果投资者越来越担心经济，就像股价下跌所表明的那样，对信用利差的影响最大的是什么？

    A. 信用利差不会有变化。它们不受股市的影响

    B. 会发生利差变窄。投资者将从股权转向债务证券

    C. 会发生利差变大。投资者担心信誉度较弱

    解答 1：B 是正确的。低质量债券比高质量债券显示出更大的利差波动性。所有影响

> 利差的因素：信用周期、经济条件、财务状况、做市容量和供需情况，都将对低质量信贷的定价产生更大的影响。
>
> **解答2：** C是正确的。投资者将要求较高的收益率作为在经济疲软中可能发生更大的信贷损失的补偿。

我们已经讨论了信用风险类债务，如公司债券的收益率利差如何根据一些因素而波动，包括发行人具体或特殊风险的市场角度的变化。下一个问题是这些利差变化是如何影响这些债券的价格和回报。

虽然债券投资者自己确实正在关注违约风险，但回想起高质量债券的违约概率通常很低：对于投资级债务，年度违约率几乎总是远低于一个百分点（参见表5-4）。另一方面，对于低质量债券的发行人来说，违约率可能非常高，尽管除其他事项外，它们可能会根据信贷周期变化很大。投资级债务中大多数投资者的关注重点是超过违约风险的利差风险，即利差变动对价格和回报的影响。

来自利差变化的价格影响是由两个主要因素驱动的：债券的修正久期（利率变动的价格敏感性）和利差变化的幅度。对债券持有人的回报效应取决于用于计算回报的持有期间。

最简单的例子是收益利差小的瞬间变化。在这种情况下，价格影响，即价格百分比变化（包括应计利息）可以近似为

$$价格影响 \approx - 修正久期 \times \Delta 利差$$

这个方程式的负的符号反映了这样一个事实，因为债券价格和收益率在相反的方向上移动，较窄的利差对债券价格从而对回报率产生积极影响，而扩大利差则对债券回报产生了负面影响。请注意，如果利差变化以基点表示，则价格影响也将以基点表示，而如果利差变化表示为小数，则价格影响也将以小数表示。无论哪种方式，结果很容易被重新表达为百分数。

对于较大的利差变化（因此较大的收益率变化），凸度的影响需要纳入近似值：

$$价格影响 \approx - (修正久期 \times \Delta 利差) + \frac{1}{2} 凸度 \times (\Delta 利差)^2$$

在这种情况下，必须小心确保凸度（由 Cvx 表示）被适当地缩放调整以与利差变化的表达方式一致。一般而言，对于没有嵌入式期权的债券，可以将凸度缩放成与久期平方相同的数量级，然后将利差变化表示为小数。例如，对于久期为5.0并且报告的凸度为0.235的债券，在应用公式之前，可以将凸度重新标度到23.5。对于百分之一（即100个基点）的利差增加，结果将是

$$价格影响 = (-5.0 \times 0.01) + \frac{1}{2} \times 23.5 \times (0.01)^2 = -0.048\,825\ (-4.882\,5\%)$$

表5-13 使用来自英国电信公司的两只债券，说明了即时利差变动的价格影响。以英镑计价债券的定价是在相似到期日的英国政府债券（政府债券）之上提供一定的利差。从起始利差开始，以25个基点为增量，对于更广泛和更窄的利差，计算每个利差变化的新价格和

实际回报。此外，表 5-13 显示了具有和不具有凸度项的近似回报。可以看出，仅使用久期的近似值对于小的利差变化是相当准确的，但对于较大的变化，凸度项通常提供有意义的改进。

表 5-13 给定利差变动下久期对价格的影响

发行人：英国电信，8.625%，到期日：2020 年 3 月 26 日									
价格：129.475 英镑			修正久期：6.084			对国债曲线利差：248 个基点			
应计利息：6.3			凸度：47.4			到期收益率：4.31			
多方案									
利差变动（基点）	−100	−75	−50	−25	0	25	50	75	100
利差（基点）	148	173	198	223	248	273	298	323	348
新价格（英镑）	137.90	135.73	133.60	131.52	129.48	127.47	125.51	123.59	121.71
新价格＋应计利息（英镑）	144.20	142.03	139.90	137.82	135.78	133.77	131.81	129.89	128.01
价格变动（英镑）	8.43	6.26	4.13	2.05	0.00	−2.01	−3.96	−5.88	−7.77
回报率（%）									
实际	6.21%	4.61%	3.04%	1.51%	0.00%	−1.48%	−2.92%	−4.33%	−5.72%
近似：仅久期	6.08%	4.56%	3.04%	1.52%	0.00%	−1.52%	−3.04%	−4.56%	−6.08%
近似：久期和凸度	6.32%	4.70%	3.10%	1.54%	0.00%	−1.51%	−2.98%	−4.43%	−5.85%
利差变动（基点）	−100	−75	−50	−25	0	25	50	75	100
利差（基点）	147	172	197	222	247	272	297	322	347
新价格（英镑）	125.99	121.72	117.65	113.78	110.09	106.58	103.23	100.04	97.00
新价格＋应计利息（英镑）	129.11	124.84	120.77	116.90	113.21	109.70	106.35	103.16	100.11
价格变动（英镑）	15.90	11.63	7.56	3.69	0.00	−3.51	−6.86	−10.05	−13.10
回报率（%）									
实际	14.04%	10.27%	6.68%	3.26%	0.00%	−3.10%	−6.06%	−8.88%	−11.57%
近似：仅久期	13.06%	9.80%	6.53%	3.27%	0.00%	−3.27%	−6.53%	−9.80%	−13.06%
近似：久期和凸度	14.33%	10.51%	6.85%	3.35%	0.00%	−3.19%	−6.22%	−9.09%	−11.80%

资料来源：数据来自彭博金融 L.P.（结算日为 2011 年 12 月 19 日）。

请注意，在给定利差变化下，长久期债券（在这种情况下，英国电信债券 2037 年到期）的价格变动比短久期债券更高。长久期公司债券被称为具有"较高的利差敏感度"，也就是说，它们的价格和回报在利差的变化方面更为波动。它与任何债券的久期基本上都是一样的概念：在给定的利率／收益率变化下，债券久期越长，价格波动就越大。

此外，投资者希望得到补偿，即债券到期（即债券期限越长）越远，发行人未来的信誉度不确定性越大。基于信用分析，投资者可能确信短期内发行人的违约风险相对较低。然而，展望未来很多年，如果可能的话（例如管理策略或执行不善、技术过时、自然或人为灾难、企业杠杆事件），投资者的不确定性在增加，因为这些要素将变得越来越难预测。随着时间的推移，信用风险的上升可以在表 5-14 中看出。请注意，在这个标准普尔的研究中[⊖]，

[⊖] 资料来源：标准普尔"2010 年度全球企业违约研究与评级转变"，标准普尔报告（2011 年 3 月 30 日）。有关基础方法的详细说明见报告附录一。

2010年发行池中所有B+或更高评级类别的债券一年违约率为零。2008年发行的3年期债券违约率大幅上涨，观察到的违约包括最初达到BBB-评级的债券（即低投资级别）。2001年发行的10年期债券违约率明显高于3年期债券违约率，违约包括初始评级为A+（即坚定投资等级）的债券。除了随时间上升的违约风险外，数据也显示出信用评级越低，违约风险越高。最后，注意在所有期限中，CCC评级或更低的债券违约风险非常高。这与本章前面的表5-5是一致的，表5-5显示了显著的三年评级变动（"迁移"），大部分迁移到更低信用评级（即违约风险更高）。

表5-14 按评级类别划分的违约率（非金融）

信用评级	1年期（2010年池）	3年期（2008年池）	10年期（2001年池）
AAA	0.00	0.00	0.00
AA+	0.00	0.00	0.00
AA	0.00	0.00	0.00
AA-	0.00	0.00	0.00
A+	0.00	0.00	1.76
A	0.00	0.00	1.70
A-	0.00	0.00	0.87
BBB+	0.00	0.00	5.03
BBB	0.00	0.00	4.55
BBB-	0.00	1.04	12.80
BB+	0.00	2.12	15.38
BB	0.00	3.53	19.91
BB-	0.00	6.14	26.84
B+	0.00	12.73	33.69
B	0.76	22.08	39.02
B-	2.07	25.23	55.83
CCC/C	21.99	56.63	65.31

资料来源：数据来自标普"2010年度全球企业违约研究和评级迁移，"标普报告（2010年3月30日）。

同样值得注意的是，买卖利差（按收益率计算）转化成更长久期债券的更高交易成本，投资者也希望为此得到补偿。由于这些原因，利差曲线（通常称为**信用曲线**(credit curves)），就像收益率曲线一样，通常是向上倾斜的。也就是说，相比各自相同期限的政府债券，已知发行人更长到期期限债券通常比更短到期期限的债券以更宽的利差交易。⊖

以美国电信公司AT&T为例，图5-6通过绘制其债券收益率与到期日显示了向上倾斜信用曲线。（作为一家大型和频繁的发行人，AT&T在收益率曲线上有很多已发行债券。）

⊖ 这种债券有一些例外，票息远高于到期收益率的债券会以高溢价超过面值的价格交易，而由于信用的担忧则会以不利的价格水平交易。许多投资者反对为巨大的潜在价格下跌而导致信用风险的债券支付高溢价，如发生违约的情况下，在负面信用事件中会接近回收价格。因此，高息票中期债券可以以相似或比长期债券更宽的利差交易。对于不良信用，高违约风险导致给定发行人的所有债券向同样预期的回收价格迁移。在这种情况下，相比于更长期债券和更长久期债券，更短期债券和更短久期债券到期收益率报价有更高的报价收益率和更宽的利差。这来自价格影响公式。久期越短，收益率（包括价差）越高，价格将降至给定的预期回收价格。

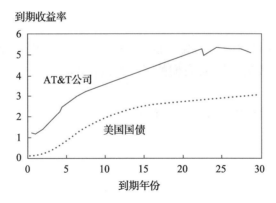

图 5-6　AT&T 公司信用曲线与美国国债曲线

资料来源：数据来自彭博金融 L.P.（截至 2011 年 10 月 5 日）。

> **例 5-9　价格影响**
>
> 计算对 10 年期，4.75% 的息票，定价为 100 的公司债券的价格影响，由于发行人宣布增加大量债务来融资收购，导致被评级机构降级两个级距，因而瞬间扩大 50 个基点的利差幅度。债券的修正久期为 7.9，其凸度为 74.9。
>
> **解答**：50 个基点利差扩大的影响是：
>
> $$价格影响 \approx -(修正久期 \times \Delta 利差) + \frac{1}{2} 凸度 \times (\Delta 利差)^2$$
>
> $$= -(0.005\,0 \times 7.9) + (0.5 \times 74.9) \times (0.005\,0)^2$$
>
> $$= -0.038\,6，或 -3.86\%$$
>
> 由于收益率和债券价格走势相反，较宽幅度的利差导致债券价格下跌。使用债券定价计算器，确切的回报率是 -3.85%，所以这个近似值非常准确。

总之，利差变动会对给定持有期间的信用风险债券产生重大影响，债券修正久期越高，受利差变化的价格影响就越大。更宽的利差损害了债券的市场表现，而较窄的利差有助于债券的市场表现。对于积极管理其投资组合的债券投资者（如不仅仅购买债券并持有到期的债券投资者），预测个别债券与其更广泛投资组合的利差变动和预期信用损失是提升投资业绩的重要策略。

5.7　高收益公司债券、主权债务和非主权政府债务信用分析的特别考虑

到目前为止，我们主要侧重于信用分析和投资的基本原则，重点是更高质量的投资级公司债券。虽然这些原则中的许多原则适用于债券市场的其他信用风险部分，但信用分析中的一些差异需要关注。本节重点放在以下三个市场板块债务发行人信用评估中的特殊考虑因素：高收益公司债券、主权债券和非主权政府债券。

5.7.1 高收益公司债券

回想一下主要评级机构的高收益或非投资级公司债券评级是否低于 Baa3/BBB−。这些债券有时被称为"垃圾债券",因它们的资产负债表疲弱(或)业务前景差带来的高风险所致。

公司评级低于投资级的原因有很多,其中包括:

- 高杠杆资本结构。
- 经营历史薄弱或有限。
- 有限的或负数的自由现金流。
- 高周期性业务。
- 管理不善。
- 冒险的财务政策。
- 缺乏规模和(或)竞争优势。
- 大量表外负债。
- 行业下降(如报刊出版)。

资产负债表和(或)业务面薄弱的公司相对于更高质量的投资级而言,误差幅度更低,违约风险更大。而更高的违约风险意味着必须更多地关注回收分析(或者在发生违约情况下的损失严重程度)。因此,高收益分析通常比投资级分析更深入,因此有特殊的考虑因素。这包括以下内容:

- 更加重视发行人的流动性和现金流。
- 详细的财务预测。
- 详细了解和分析债务结构。
- 了解发行人的公司结构。
- 契约。
- 高收益分析的股权类似方法。

流动性。流动性即拥有现金和(或)产生或筹集现金的能力,对所有发行人都是重要的。对高收益公司来说,绝对是至关重要的。投资级公司通常在资产负债表上拥有大量现金,从经营中产生大量相对于其债务(否则它们不会成为投资级)的现金,和(或)被认为具有替代流动性的来源,如作为银行信贷额度和商业票据。⊖由于这些原因,投资级的公司可以更容易地为到期债务展期(再融资)。另一方面,高收益公司可能没有这些选择。例如,没有高收益的商业票据市场,银行信贷机构往往对高收益公司进行更严格的限制。坏公司特有的新闻和困难的金融市场条件都可能导致高收益公司无法进入债务市场。绝大多数投资级公司债券发行人都有公开交易的股票,因此可以将该股票作为一个融资选择,许多高收益公

⊖ 商业票据(CP)是小于 270 天的短期资金,被许多大型投资级公司日常使用。实际上,发行 CP 需要坚实的、长期的、投资级的评级,主要是 A 级或更好级别评级,而 BBB 评级公司的市场要小得多。

司是私人持有的，因此无法进入公开股票市场。

因此，发行人流动性是高收益分析的重点。流动性来源，从最强到最弱，如下：

- 资产负债表上的现金。
- 营运资金。
- 经营现金流量。
- 银行信贷便利。
- 股票发行。
- 资产出售。

资产负债表上的现金很容易看出并且不言而喻的是偿还债务的来源。[⊖]如本章前面所述，营运资金可以是流动性一个大的来源或用途，取决于其金额在公司现金转换周期中的使用情况及其在公司运营中的作用。经营性现金流量是流动性现成的来源，销售转为应收账款，在相当短的时间内转为现金。银行信贷额度或银行信贷便利可以是流动性的重要来源，尽管可能存在一些关于使用银行信贷额度的契约，了解这些条款非常关键并将在稍后涉及。股票发行可能不是流动性的可靠来源，因为发行人是私人或者即使公司有公开交易的股票，也可能由于市场条件差。资产出售是流动性最不可靠的来源，因为潜在价值和实际结账时间都是非常不确定的。

这些流动性来源的数量应与即将到期的债务金额和时间进行比较。未来 6 ～ 12 个月期间即将到期的大量债务伴随低流动性来源将成为债券投资者的警戒标志，并可能迫使发行人违约，因为投资者可能选择不购买旨在偿还现有债务的新债券。流动性不足，也就是说用完现金或不再获得外部融资来再融资或偿还现有债务，是发行人违约的主要原因。虽然流动性对于工业企业来说很重要，但对金融机构是绝对必需的，如 2008 年金融危机期间雷曼兄弟和其他陷入困境的企业。金融机构是高杠杆的，往往高度依赖短期期限负债为长期资产融资。

财务预测。由于高收益公司的差错空间较小，重要的是预测或规划未来几年的收益和现金流量，包括几种情景，评估发行人的信用状况是稳定的、正在改善的还是下降的，因此是否需要其他流动性来源或有违约风险也应纳入正在进行的资本支出和营运资金变动，应特别重点关注可能会暴露借款人弱点的现实"压力"情景。

债务结构。高收益公司在倾向于其资本结构中拥有多层债务、不同的资历水平，因此在发生违约的情况下可能会有不同的回收率。（表 5-1 回顾按照资历排列的违约回收率历史表）。高收益发行人在其债务结构中通常至少有以下一些类型的债务：

- （担保）银行债务。[⊜]
- 第二留置权。
- 高级无担保债务。

⊖ 请注意，由于某些税务、商业或监管原因，某些现金可能在其他国家被"卡住"，可能无法顺利使用或将资金汇回本国会触发现金支付税收。

⊜ 由于违约风险较高，在大多数情况下，高收益发行人的银行债务将得到担保。

- 次级债券,包括可转换债券。⊖
- 优先股。⊜

债务结构中排名越低,信用评级越低,违约情况下的预期回收率越低。为了交换这些相关的较高风险,投资者通常会要求更高的收益率。

如 5.5 节所述,信用分析师使用的标准杠杆比率计算是债务/EBITDA,并被引用为倍数(例如,"5.2 倍杠杆")。对于具有不同预期回收率的几层债务的发行人,高收益信用分析师应计算各层债务水平结构的杠杆率。例 5-10 显示了按债务/EBITDA 衡量在每一层水平债务结构的总杠杆率和整个债务结构的净杠杆率的计算。总杠杆率计算不调整现金的债务。净杠杆率通过从总债务中减去现金来调整债务。

例 5-10 债务结构和杠杆率

飞思卡尔半导体专注于汽车、通信设备和工业机械等领域应用的半导体,这些行业是周期性行业。这个高收益评级公司的债务结构是复杂的,因为许多高资历水平的债务来自于公司 2006 年被一家私募股权财团杠杆收购。表 5-15 简单描述了公司的债务结构以及一些关键的信用相关统计数据。

表 5-15 截至 2010 年年末飞思卡尔半导体公司负债和杠杆率结构

财务信息(百万美元)	
现金	1 050
总负债	7 611
净负债	6 561
利息费用	590
EBITDA	990
负债结构(百万美元)	
已担保负债(银行到款和债券)	4 899
高级无担保债券	1 948
次级债券	764
总负债	7 611

资料来源:Loomis,Sayles 公司的公司资料。

使用提供的信息,解决以下问题:

1. 按债务/EBITDA 衡量,通过每一级债务,包括总债务的总杠杆比率。
2. 计算以(债务—现金)/EBITDA 衡量的总债务结构的净杠杆率。
3. 相对于无担保债务(无论是高级还是次级),为什么飞思卡尔公司能够那么多担保债务?(注:这个问题借鉴了前面几节的概念。)

⊖ 可转换债券是赋予持有人转换为固定数量普通股权益的债务工具。它们可以处于资本结构的任何一级,但经常被列为高级次级债发行。

⊜ 优先股具有债务和股权的双重要素。它通常收到像债券那样的固定支付,并且比普通股具有更高的优先求偿权。然而,作为一类股权,它是次级债务。

> **解答 1 和 2：**
>
> | | 总杠杆比率（负债/EBITDA） | 净杠杆比率（负债－现金）/EBITDA |
> | --- | --- | --- |
> | 担保负债杠杆比率
（总担保负债/EBITDA）
4 899/990 | 4.9x | |
> | 高级无担保杠杆比率
（担保债务＋高级无担保债务）/EBITDA
(4 899 + 1948)/990 | 6.9x | |
> | 总杠杆比率（包括次级债务）
（总负债/EBITDA）
7 611/990 | 7.7x | |
> | 净杠杆比率（整体债务结构的净现金杠杆比率）
（总负债－现金）/EBITDA | | 6.6x |
>
> **解答 3：** 飞思卡尔能拥有这么多担保债务，是因为：①它比发行额外的无担保债务更便宜，投资者会对无担保债务要求更高的收益；②考虑到业务的风险（半导体销售进入周期性行业，如汽车行业），商业模式的杠杆作用以及资产负债表的风险（来自杠杆收购的大量债务），投资者只会以担保的方式向公司提供资金。

相对于无担保债务而言，有大量担保债务（通常是银行债务）的高收益公司被认为具有"不平衡"的资本结构。在财务压力下，这种结构承担更多银行债务的能力较弱。与其他类型债务相比，通常与银行债务相关的是更严格的契约条款以及更短的到期期限，这意味着这些发行人更容易违约，以及各种更少担保的债权人的回收率更低。

企业结构。 许多债务发行公司，包括高收益公司，利用一个母公司和几个运营子公司的控股公司结构。知道发行人的债务在哪里（母公司与子公司）以及现金如何从子公司转移到母公司（"向上游"），反之亦然（"向下游"）对于高收益发行人的分析至关重要。

在控股公司结构中，母公司在其子公司拥有股票。通常情况下，母公司不会大部分产生自己的收益或现金流，而是从其子公司获得股息。子公司的股息在履行所有其他义务，如债务偿还后，一般都会从收益中支付。在收益和现金流量薄弱的情况下，子公司可能对母公司支付股息的能力有限。此外，自身承担大量债务的子公司可能会受到约束和限制通过股息或其他方式（如通过公司间贷款）向母公司提供多少数额的现金。母公司与子公司之间现金流转的限制和约束对其各自履行债务的能力有重大影响。母公司依赖其子公司的现金流量意味着母公司的债务在结构上从属于子公司的债务，因此在违约情况下回收率评级更低。

对于拥有非常复杂的控股公司的公司，也可能有一家或多家中间控股公司，各自持有自己的债务,在某些情况下,它们可能不 100% 拥有子公司股票。这种结构有时可以在高收益公司中看到,这些公司已经通过许多兼并收购或者作为杠杆收购的一部分进行了整合。[⊖]

图 5-7 返回到联合租赁公司(URI),一家高收益的公司,以此作为信用评级机构级距调整流程的一个例子。URI 具有的资本结构,包括由母公司的可转换高级债券负债以及子公司的已发行债务组成。在 URI 的联合租赁的北美子公司,它有按资历排名的几层债务。

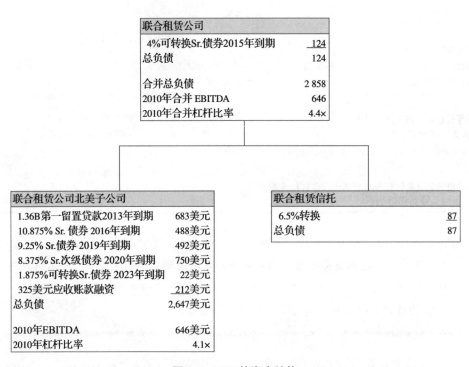

图 5-7 URI 的资本结构

资料来源:数据来自公司文件和 Loomis Sayles 公司。

因此,高收益投资者应分析和了解发行人的公司结构,包括母公司与子公司之间的债务分配,应在每个发债机构以及合并基础上计算杠杆比率。

同样重要的是,虽然经营子公司的债务可能"更靠近"和更好地由子公司的特定资产给予担保,但母公司的信用质量可能会更高。母公司虽然较少通过任何特定资产的直接担保,但仍然受益于合并体系中所有现金流量的多样性和可用性。简而言之,信用质量不仅仅是对债务条款和留置权的机械分析。

契约分析。如前所述,契约分析对所有债券都是非常重要的。对于高收益信贷尤其重要,因为其安全边际减少,高收益发行人的主要契约条款可能包括以下内容:

- 控制权变更。
- 限制性付款。

⊖ 对于具有复杂公司结构的控股公司,如拥有自身资本结构的多个子公司,一个子公司的违约可能不会触发交叉违约。精明的分析师将在契约和其他法律文件中寻找。

- 留置权和额外债务的限制。
- 受限制与无限制子公司。

在**控制权变更**（change of control put）下，如收购（"变更控制权"），债券持有人有权要求发行人通常以面值或一些小的溢价回购其债务（"看跌期权"）。该条款旨在保护债权人免于暴露于由收购而换成较弱或更多负债的借款人。对于投资级发行人，该契约通常采取双管齐下的测试：收购借款人和随后降级至高收益等级。

限制性支付（restricted payments）契约条款旨在通过限制随时间推移向股东支付的现金数量来保护债权人。限制性支付"篮子"相对于发行人的现金流量和未偿还债务而改变大小，或正在提高，并且可以随着留存收益或现金流量而增加金额，从而使管理层有更大的灵活性进行支付。

留置权限制型（limitations on lines）契约条款意在限制发行人可以拥有担保债务的数量。这一条款对于结构上处于有担保债权人次级地位的无担保债权人至关重要。在他们之前层级的债务额越高，违约情况下可回收的债务就越少。

关于**限制性与非限制性子公司**（restricted versus unrestricted subsidiaries），发行人可将其某些子公司分类为限制性而其他子公司为非限制性，这涉及为控股公司债务提供担保。这些子公司担保对于控股公司债权人是非常有用的，因为它们的债务与子公司的债务平等（同等权利），而不是次于子公司债务。被限制的子公司被认为是通过担保被指定来帮助偿还母公司债务的子公司。它们往往是发行人的大型子公司，拥有重要的资产，如工厂、其他设施和（或）现金流。某些子公司受到限制而其他子公司则不受限制可能有税收或法律方面的原因（如居住国）。分析师应仔细阅读有限制与非限制性附属子公司在契约中的定义，因为有时书面语言如果不严谨，以致公司可以通过董事会或受托人的简单投票将子公司从一种类型重新分类到另一种类型。

对于高收益投资者来说，了解发行人银行信贷协议中的条款也很重要。这些协议通常是在起草贷款文件的国家证券委员会存档。银行契约比债券契约更具限制性，并包括所谓的**维持条款**（maintenance covenants），如杠杆比率测试，债务/EBITDA的比率不得超过"X"倍。如果破坏契约条款，银行可能会根据协议阻止进一步的贷款，直到条款得到补救。如果没有补救，银行可能会加速贷款便利的全额支付，触发违约。

高收益分析的股权类似方法。 高收益债券有时被认为是高质量债券（如投资级公司债务）和股票证券之间的"混合体"。它们更大波动的价格和利差走势受到利率变动的影响小于高质量的债券，它们与股票市场的变动有更大的相关性。事实上，如图 5-8 所示，高收益债券的历史回报和这些回报的标准差落在投资级债券和股票之间。

因此，以类似股票市场方法来分析高收益发行人是有用的。一种方法是计算发行人的企业价值。企业价值（EV）通过股票市值和总债务的相加，然后减去超额现金来计算。企业

⊖ 总现金减去任何负的流动资金等于超额的现金。
⊜ 与绝大多数投资级公司不同，许多高收益债券的发行人没有公开上市的股权。对于这些发行人，可以使用可比较的上市公司股票数据来估算 EV。

价值是衡量企业值多少的指标（在任何收购溢价之前），因为公司的收购方必须偿还或承担债务，才能收到被收购公司的现金。

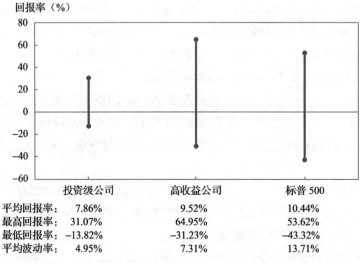

图5-8　1998年12月31日～2011年6月30日美国跟踪12个月资产类别回报率
资料来源：数据来自巴克莱、哈佛分析和Loomis Sayles公司。

债券投资者喜欢使用企业价值，因为它显示了债务之下股票数额的"缓冲垫"，也可以表明：①更多的杠杆管理如何使公司努力提高股本回报；②信用是如何可能和高成本地破坏杠杆收购的。作为分析的一部分，债券投资者可以计算和比较多家发行人的EV/EBITDA和债务/EBITDA，这与股票投资者如何看待股票倍数相似。已知发行人的EV/EBITDA与债务/EBITDA比率之间的差距很小，表明债券投资者的股票缓冲垫较小，因此风险较高。

5.7.2　主权债务

全球各国政府发行债务，资助其公共的运转，包括政府雇员工资等经常性费用，以及长期资产投资（如基础设施和教育）。发达国家的政府债券传统上被视为无违约风险利率供所有其他信贷定价。然而，2008年的危机加剧了发达国家的财政挑战，对"无风险利率"的概念提出质疑，即使对于一些最优质的政府借款人也是如此。随着资本市场的发展，越来越多的主权国家政府已经能够在国外市场上发行债务（通常以主权政府以外的货币计价，经常是美元或欧元）以及在国内的债务市场发债（以主权国家自身货币发行）。一般来说，货币疲软的主权国家只能通过发行被视为更安全的有储备价值的外币债券进入外债市场。在国内市场上发行的债务更容易偿还，因为债务通常以本国货币计价，根据自己的法律，可以印钞来偿还主权国家的国内债务。20年前，许多新兴市场国家⊖只能在国外市场发行债券，因为国内市场不存在。今天，许多国家能够在国内发行债券，并已成功地建立了国内债务到期谱的收益率曲线。所有主权国家如果运行"双向盈余"，即政府预算盈余以及经常账户顺差，

⊖ 对于新兴市场国家没有普遍接受的定义。世界银行认为人均GDP是一个有用的指标，低于平均的人均GDP意味着是新兴市场。其他因素包括经济的开放程度和成熟程度，以及一国的政治稳定性。

就能够偿还外债和国内债务。

尽管持续的金融全球化和国内债券市场的发展，主权国家还是会发生违约，经常由于战争、政治动荡、主要货币贬值、贸易急剧恶化或一个国家主要出口商品价格大幅下滑等事件而造成突然违约。一些发达国家的违约风险在 2009 年以后逐步升高，因为 2008 年金融危机后政府收入急剧下滑，鉴于人口老龄化和社会保障需求日益增加，政府支出大幅增长，金融市场聚焦在公共财政的长期可持续性。欧元区的一些经济较弱和较高负债的成员国无法以合算的利率进入债务市场，不得不向国际货币基金组织（IMF）和欧洲联盟寻求贷款。以前这些经济较弱的政府因为其在欧盟的成员资格和使用欧元而能够以较低的利率借款。由于全球金融危机对其公共财政和某些情况下的银行体系造成了很大的损失，因此欧元区内的收益利差扩大，国家被市场淘汰。在爱尔兰，政府担保大多数银行负债，导致该国的债务负担大幅增加。

像企业分析一样，主权信用分析基于定性和定量因素的结合。最终，主权分析的两个关键问题是：①政府支付能力；②支付意愿。支付意愿是重要的，由于主权豁免的原则，投资者一般无法强迫主权政府偿还债务。主权豁免防止政府被起诉。

为了说明主权信用分析中最重要的考虑因素，我们提出了评估主权信用和确定主权债务评级的基本框架。⊖该框架强调了分析师在高质量主权信用中应该期望的具体特征。其中一些是不言自明的（如没有腐败）。对于其他人，包括一个简短的基本原理和（或）值的范围来阐明解释。这些项目中的大部分，但不是全部都包括在评级机构标准普尔的方法中。

政治和经济概况
- 制度有效性和政治风险
    - 政策制定和制度的有效性、稳定性和可预测性。
        - 以往的政治、经济和（或）金融危机的成功管理。
        - 实施改革以应对财政挑战的能力和意愿。
        - 可预测的政策框架。
        - 缺乏对政治机构的挑战。
        - 系统中的检查和平衡。
        - 没有腐败。
        - 公正执法、尊重法治和财产权。
        - 独立 / 不受约束的媒体和经济数据来源。
    - 履行债务的可看见承诺。
- 经济结构和增长前景
    - 人均收入：更繁荣的国家普遍拥有更广泛和更深入的税基来担保债务。
    - 趋势增长前景：GDP 增长趋势主要反映生产力。高于平均水平的趋势增长表明，能够从未来的收入中偿还债务的能力更强，因此拥有更高的信誉度。
    - 增长的来源和稳定性：稳健、广泛的增长和过多私人板块信贷扩张的缺乏表明主权信用更强。

⊖ 本纲要是从 2011 年 6 月《主权政府评级方法与假设》中详细说明的标准普尔法中开发出来的。

- 公共部门相对于私人部门的规模：一个较小的、精简的公共部门更有可能实行必要的变革，因为它不应受制于特殊利益集团，包括公职人员工会。
- 人口增长和年龄分布：人口相对年轻和不断增长，有助于 GDP 增长趋势和税收基础不断扩大，减轻社会服务、保健和养老金的负担，而这对老龄化人口来说成本过高。

灵活性和性能特征
- 外部流动性和国际投资头寸
  - 货币地位：控制储备货币或交易非常活跃货币的主权国家可以在许多国际交易中使用自己的货币，并且不太容易受到全球投资者投资组合不利变动的影响。
  - 外部流动性：相对于外汇预计资金需求（经常账户支付加到期债务），拥有大量外汇储备（外汇储备加上经常账户收入）的国家不容易受到外部流动性中断的影响。
  - 外债：相对于经常账户收入，外债低的国家能够更好地偿还外债。这与公司的回收率相似。
- 财务表现、灵活性和债务负担
  - 政府总的债务趋势变化占 GDP 的百分比：稳定或下降的债务占 GDP 的百分比表示强劲的信用，上升的比例最终是不可持续的，因此是信誉度下降的一个预兆。
  - 增加收入或削减支出以确保偿债的已看见的意愿和能力。
  - 政府总利息支出占收入的百分比：不到 5% 是好的；大于 15% 是差的。
  - 政府净债务占 GDP 的百分比：不到 30% 是好的；超过 100% 是差的。
  - 金融部门，公共企业和担保产生的或有负债：不到 GDP 的 30% 是好的，超过 80% 是非常差的。
- 货币政策灵活性
  - 使用货币政策解决国内经济目标（如增长）的能力。
    - 汇率制度：货币自由浮动允许货币政策的最大效力。固定利率制度限制了有效性和灵活性。与美元挂钩，如货币发行局或货币联盟，不提供独立的货币政策。
  - 货币政策的可信度。
    - 独立运作的中央银行：独立的中央银行不太可能通过创造过多的资金（例如，为了政府赤字融资）来使"货币贬值"。
    - 明确的中央银行指令/目标。
    - 低和稳定的通货膨胀记录。
    - 中央政府大量发行以本国货币计价的长期固定利率债务的能力：这是市场对货币价值信心的标志。
  - 通过国内资本市场传递货币政策的有效性。
    - 发达的银行体系。
    - 活跃的货币市场和公司债券市场。
    - 更多地依赖基于市场的政策工具（如公开市场操作）和对迟钝的行政政策工具的有限依赖（如储备金要求）。

鉴于主权政府的各种权力：税收、监管、货币政策，以及最根本的是主权国家在自己的经济中"印钞"偿还债务的能力，以本国货币发债至少获得了和以国外货币一样的好的信用。因此，信用评级机构往往区分国内外债券，国内债券评级高了两个级距。当然，如果一个主权国家政府依赖大量印钞来偿还债务，这将导致高通货膨胀或恶性通货膨胀，并增加国内债务的违约风险。㊀

例 5-11 主权债务

表 5-16 显示了葡萄牙几个关键主权统计数据。

表 5-16 葡萄牙几个关键主权统计数据

欧元（10亿）除另外标注	2005 年	2006 年	2007 年	2008 年	2009 年	2010 年
名义 GDP	153.7	160.3	169.3	171.2	168.6	172.6
人口（百万）	10.6	10.6	10.6	10.6	10.6	10.6
失业率（%）	8.6	8.6	8.9	8.5	10.6	12.0
出口占 GDP 比例（%）	20.3	22.2	22.6	22.6	18.8	21.3
经常账户占 GDP 比例（%）	-10.3	-10.7	-10.1	-12.6	-10.9	-10.0
财政收入	61.3	64.8	69.7	70.7	67.0	71.8
财政支出	70.4	71.4	75.1	77.1	84.1	88.7
预算平衡（盈余/赤字）	-9.0	-6.5	-5.4	-6.4	-17.1	-16.9
政府利息支出	3.8	4.2	5.1	5.3	4.9	5.2
基本财政收支（盈余/赤字）	-5.3	-2.2	-0.4	-1.1	-12.2	-11.7
政府债务	96.5	102.4	115.6	123.1	139.9	161.3
新债务利率（%）	3.4	3.9	4.4	4.5	4.2	5.4

资料来源：数据来自哈佛分析、欧洲统计和葡萄牙国家统计局。

1. 计算 2005～2010 年葡萄牙的政府债务/GDP 比率。
2. 计算 2005～2010 年人均 GDP。
3. 通过这些计算以及表 5-16 中的数据，你如何评价葡萄牙的信用趋势？

解答 1-2：

	2005 年	2006 年	2007 年	2008 年	2009 年	2010 年
总的政府债务/GDP	63%	64%	68%	72%	83%	93%
人均 GDP	14 500	15 123	15 972	16 151	15 906	16 283

解答 3：信用趋势逐步恶化。政府债务/GDP 的比率快速上升。政府预算为赤字，国家经常账户有很大的逆差，这意味着国家必须吸引更多的国外投资。由于新债务的利率原因，利息支付大幅增加。

㊀ 根据雷恩哈特（Reinhart）和罗格夫（Rogoff）在他们的《时期不同》一书中写道，在 1800～2009 年，国外主权债务违约数已经超过 250 个，国内债务违约至少有 68 个。雷恩哈特和罗格夫使用更广泛的违约定义，包括非常高的通货膨胀水平（超过 20%）。

5.7.3 非主权政府债务

主权国家是政府债务最大的发行国，但非主权政府，有时也称为次主权或地方政府，以及由政府创立的准政府实体也发行债券。非主权或地方政府包括州、省、区和市政府。例如，东京市（东京都政府）有发行的债务，意大利的伦巴第地区、阿根廷的布宜诺斯艾利斯市以及美国的加利福尼亚州也是如此。地方政府债券可以称为市政债券。

当人们谈论市政债券时，它们通常是指代表最大债券市场之一的美国市政债券。2011年第三季度，美国市政债券市场规模约为 3.7 万亿美元，约占美国债券市场总额的 10%。⊖ 美国市政债券市场由州和市政府及其代理机构发行的免税债券⊜以及较低应税债券组成。市政借款人也可以代表非营利性大学或医院等私人实体发行债券。历史上，对于任何给定的评级类别，这些债务的违约率都低于具有相同评级的公司债券。例如，根据穆迪投资服务公司，1970～2009 年，10 年期市政债券平均累计违约率为 0.09%，而所有公司债务 10 年期的平均累计违约率为 11.06%。⊜

大多数地方政府债券，包括市政债券，都是普通债券或收入债券。一般债务（GO）债券是有着充分信任和信用的非主权国家政府发行人发行的无担保债券。这些债券由发行人的税务机关支持。收入债券用于特定项目融资（例如，为新的排水系统、收费公路、桥梁、医院、体育竞技场等提供融资）。

一般债务债券的信用分析与主权债务分析有一些相似之处（例如，征税和收税以帮助支付债务的能力），但也有一些差异。例如，几乎没有例外，美国市政当局每年必须平衡其运营预算（如不包括长期资本项目）。非主权政府无法采用许多主权国家的方式使用货币政策。

非主权政府一般债务债券，包括美国市政债券的经济分析重点是就业、人均收入（随着时间的推移变化）、人均债务（随着时间而变化）、税基（深度，广度，多元化，稳定性等）、人口统计和人口净增长情况，以及分析非主权政府所代表的地区是否具有吸引和支持新工作的基础设施和场所。分析应考察经济强劲和疲软时期收入的波动性和变动性。过度依赖一种或两种类型的税收，特别是一种不稳定的税收收入，如资本利得税或销售税，可能预示信用风险增加。退休金和其他退休后债务可能不会直接显示在非主权政府资产负债表上，其中许多实体退休金不足需要解决。将不足的退休金和退休后负担增加到债务中，揭示了发行人债务和长期负债的更现实的情况。管理年度预算过程相对容易或困难，以及政府在其预算范围内一贯运作的能力也是重要的信用分析因素。

非主权国家政府的披露差异很大，一些较小的发行人提供有限的财务信息。报告要求不一致，所以在报告期结束后，可能找不到提供 6 个月或以上的财务报告。

表 5-17 比较了美国最大两个州的几个关键债务统计数据：加利福尼亚州和得克萨斯州。

⊖ Securities Industry and Financial Markets Association (SIFMA), "Outstanding US Bond Market Data," (Q3 2011).

⊜ 免税是指这些债券所收取的利息不缴纳美国联邦所得税，在许多情况下对于国内居民也免缴州及其他任意所得税。

⊜ Moody's Investors Service, "US Municipal Bond Defaults and Recoveries, 1970-2009," Moody's Special Comment (February 2010).

加利福尼亚州是任意州信用评级中最低的一个，而得克萨斯州则是最高评级的一个州。请注意，几个指标中较高的债务负担（排序）：总债务、人均债务、债务/个人收入和债务占州 GDP 的百分比。这里没有显示的是，加利福尼亚州的税收负担更大，在年度基础上比得克萨斯州更难平衡它的预算。

表 5-17　市政债务比较：加利福尼亚与得克萨斯

	加利福尼亚	得克萨斯
信用评级		
穆迪投资者服务	A1	Aaa
标普	A−	AA+
惠誉	A−	AAA
失业率（%）	12.40	8.20
人均国民收入（美元）	43 641	37 774
债务负担，净值（美元/资历）		
总计（百万）	94 715 (1)	15 433 (9)
人均	2 542 (8)	612 (39)
2009 年个人收入总值的百分比	6.00 (9)	1.60 (40)
2010 年 GDP 的百分比	4.73 (8)	1.05 (41)

资料来源：数据来自美国劳工统计局（截至 2010 年），美国人口普查局（截至 2008 年），和目的投资者服务（截至 2010 年）。

为特定项目融资的收入债券的风险高于一般债务债券，因为它们依赖于单一收入来源。这些债券的分析是对项目分析和围绕特定项目的财务分析的组合。项目分析侧重于项目的需求和项目的规划利用率，以及支持项目的经济基础。财务分析与公司债券分析有一些相似之处，其重点在于经营业绩、现金流量、流动性、资本结构以及偿还债务的能力。收入担保的非主权政府债券的主要信贷指标是债务偿还率（DSCR），该比率衡量收入减去经营费用后可用于支付债务（本金和利息）的数额。许多收入债券具有最低的 DSCR 约定，DSCR 越高，信誉度越强。

本章小结

在本章中，我们向读者介绍了信用分析的基本原理。我们描述了信贷市场的重要性、信用和信用相关风险。我们讨论了信用评级的作用和重要性，以及与分配评级相关的方法以及依赖信用评级的风险。本章涵盖信用分析的关键组成部分和用于帮助评估信誉度的财务指标。

我们还讨论了投资信贷时的风险与回报率，以及利差变动如何影响持有期回报。另外，在对高收益公司、主权借款人和非主权政府债券信用分析时，我们还讨论了特殊考虑因素。

- 信用风险是借款人未能及时足额支付利息和（或）本金的损失风险。
- 信用风险的关键组成部分是违约风险和违约损失严重程度。两者的结果是预期损失。高质量债券投资者往往不会专注于亏损严重性，因为这些证券的违约风险偏低。
- 损失严重度等于（1-回收率）。
- 信用相关风险包括降级风险（也称为信用迁移风险）和市场流动性风险。两者任一风险都可能导致收益利差、收益溢价上涨和债券价格下跌。
- 降级风险是指发行人信誉度下降。降级将导致其债券以更扩大的收益率利差交易，从而降低价格。
- 市场流动性风险是指发行人债券的买卖利差扩大。低质量债券的市场流动性风险往往比高质量债券更大，在市场或财务压力下，市场流动性风险上升。
- 发行人的债务和权益的组成被称为"资本结构"。债务在优先付款方面处于所有类型的权益之前，在资本结构的债务组成部分内，可能会有不同资历水平。
- 关于优先求偿权，担保债务排在无担保债务之前，在无担保债务中，高级债务排在次级债务之前。在典型情况下，由于大多数契约中有交叉违约条款，发行人所有债券的违约概率相同。违约情况下，更高优先求偿权意味着更高的回收率，更低的损失严重程度。
- 对于具有更复杂的公司结构的发行人，例如，拥有经营子公司的控股母公司的债务在结构上从属于子公司的债务，尽管其他来源的资产和收益流可能会更多，但仍可能导致在母公司比特定子公司有更高的有效信用质量。
- 发行人和行业的回收率可能会有很大差异。它们受发行人资本结构组成、在经济和信贷周期中发生违约，以及市场对发行人及其行业未来前景的看法的影响。
- 破产的优先求偿权并不总是绝对的。这可能会受到几个因素的影响，其中包括给予破产法官的一些余地、政府的参与或希望更多的高级债权人与更多的初级债权人达成和解，让发行人脱离破产而持续经营，而不是在借款人清算的情况下冒微小而延迟的回收风险。
- 信用评级机构，如穆迪、标准普尔和惠誉，在信贷市场中发挥核心作用。债务市场几乎每一个发行的债券都有信用评级，这是债券发行的信誉度。信用评级使投资者能够在行业内、跨行业和跨地域市场比较债务发行和发行人的信用风险。
- 由穆迪的 Aaa 到 Baa3 评级，标准普尔（A&P）和（或）惠誉（高至低）的 AAA 至 BBB 评级的债券称为"投资级"。评级为或低于穆迪 Ba1 级和评级为或低于标准普尔和（或）惠誉 BB+ 的债券被称为"低于投资级"或"投机级别"。低于投资级别的债券也被称为"高收益"或"垃圾债券"。
- 评级机构对发行人和发行进行评级。发行人评级旨在解决发行人的整体信誉度——其违约风险。发行评级将排名等因素纳入其资本结构中。
- 考虑到担保或次级债券的资本结构排名等因素，评级机构可以将发行评级上调或下调，以反映违约情况下的回收率不同。由于结构的从属关系，评级也可能调整。

- 过度依赖信用评级机构存在风险。信用度可能随时间而变化,初始/当前评级并不一定反映出发行人或债券在投资者持有期间的信誉度。评级变动之前经常调整估值,而且级距调整过程可能无法充分反映资本结构中顺序排名较低的债券价格下跌。由于评级主要反映违约概率,但不一定是违约的损失严重程度,具有相同评级的债券可能会有明显不同的预期损失(违约概率乘以损失严重程度)。像分析师一样,信用评级机构可能难以预测某些负面信用结果,例如不利的诉讼、公司杠杆交易以及地震和飓风等低概率/高严重性事件。
- 企业信用分析的作用是评估公司及时偿还利息并偿还到期本金的能力。
- 信用分析与股权分析相似。然而,重要的是要了解债券是合约,管理层对债券持有人和其他债权人的责任义务限制在合同条款之内。相比之下,管理层对股东的责任就是尽最大努力为了股东的利益而最大化公司价值,甚至有时可能以债券持有人为代价。
- 由于风险/回报的不对称,信用分析师倾向于更多地关注下行风险,而股票分析师则更注重盈利增长的上升机会等。
- 4C(即能力、抵押品、契约条款和品格)为评估信用风险提供了有用的框架。
- 信用分析侧重于发行人产生现金流量的能力。分析从行业的结构和基本面评估开始,并继续分析发行人的竞争地位、管理策略和业绩记录。
- 信用指标用于计算发行人的信用度,并将信用质量与同行业公司进行比较。主要信用比率重点放在杠杆比率和利息偿付方面上,并使用 EBITDA、自由现金流、经营资金、利息支出和资产负债表债务等指标。
- 发行人获取流动性的能力也是信用分析中的重要考虑因素。
- 信用风险越高,投资者所要求的收益率和潜在回报就越大。随着时间的推移,相比较低风险信用的债券,具有更多信用风险的债券提供更高的回报,但回报波动幅度更大。
- 信用风险债券的收益率包括可比到期无违约风险债券的收益率加上收益率溢价或利差,包括信用利差和流动性溢价。这种利差是为了补偿投资者在违约情况下的信用风险,即违约风险和损失严重程度,以及信用相关风险可能导致利差扩大,价格下降,下调或信用迁移风险和市场流动性风险。

$$收益利差 = 流动性溢价 + 信用利差$$

- 在金融市场压力较大的时期,流动性溢价可能会大幅上涨,造成所有信用风险债券利差扩大,低质量发行人受影响严重。然而,在信用改善或稳定时期,信用利差也将大幅变窄,提供有吸引力的投资回报。
- 信用曲线。已知债券发行人在收益率曲线上的收益利差图通常是向上倾斜的,除高溢价定价的债券和不良债券之外,其信用曲线由于担心违约可能会反转,所有在资本结构中同一等级排名的债权人都将获得相同的回收率而不考虑债务到期期限。
- 信用风险债券持有期回报率利差变动的影响是两个主要因素的产物:基准点利差变动和价格变动对收益率的敏感度,用(期末)修正久期和凸度反映。利差收窄增加了持有期回报，而利差扩大对持有期回报有负面影响。更长久期债券比更短久期债券对利差变动有更大的价格和回报敏感度。

- 对于高收益债券，其违约风险较大，应更多地重视发行人的流动性来源，以及债务结构和公司结构。信用风险在发行人的债务结构中可能有很大差异，取决于资历排名。许多高收益公司都有复杂的资本结构，债务的位置决定了不同程度的信用风险。
- 契约分析对于高收益债券尤为重要。主要契约条款包括支付限制、留置权限制、控制变更、支付维持测试（通常限于银行贷款）以及受限子公司的担保。契约语言是非常技术性和法律性的，因此可能要寻求法律或专家协助。
- 以股权方式进行高收益分析是有帮助的。计算和比较企业价值与 EBITDA 和债务/EBITDA 可以显示发行人债务之下的权益水平"缓冲垫"或担保。
- 主权信用分析包括评估发行人偿付债务的能力和意愿。因为由于主权豁免，支付意愿是重要的，一个主权政府不能被强迫偿还债务。
- 在评估主权信用风险时，一个有用的框架是聚焦在五个主要方面：①制度有效性和政治风险；②经济结构和增长前景；③外部流动性和国际投资头寸；④财务表现、灵活性和债务负担；⑤货币政策灵活性。
- 高质量主权信用的特点是：①没有腐败和（或）对政治框架的挑战；②政府制衡；③尊重法治和财产权；④承诺偿还债务；⑤高的人均稳定收入；⑥基础广泛的增长前景；⑦控制储备或活跃交易的货币；⑧货币政策灵活性；⑨相对于外币收入，外债和外国融资需求较低；⑩债务与 GDP 比率平稳或下降；⑪偿还债务占收入百分比低；⑫净负债与 GDP 比率低；⑬运转独立的中央银行；⑭低和稳定的通货膨胀记录；⑮发达的银行体系和活跃的货币市场。
- 非主权或地方政府债券（包括市政债券）通常为普通债券或收入债券。
- 一般债务（GO）债券由非主权政府发行人的税务机关担保。一般债务债券的信用分析与主权信用分析有一些相似之处：人均债务负担与人均收入、税负、人口和经济多样性。资金不足和"资产负债表外"负债，如公职人员和退休人员的退休金，都是自然债务类的。
- 收入担保债券支持特定项目，如收费公路、桥梁、机场和其他基础设施。信誉度来自使用费和通行税所产生的收入。

第6章

信用分析模型

罗伯特 A. 杰诺（Robert A.Jarrow） 博士
唐纳德 R. 凡·德文特（Donald R.van Deventer）

学习成果

完成本章后，你将能够掌握以下内容：
- 解释违约概率、违约损失、预期损失和预期损失的现值，并描述信用谱各层的相对重要性。
- 解释信用评分和信用评级，包括为什么称为序数排名。
- 解释信用评级的优缺点。
- 解释企业信用风险的结构模型，包括为什么股权被视为公司资产的看涨期权。
- 解释企业信用风险的简化形式模型，包括为什么债务在风险调整后可以被估价为预期贴现现金流的总和。
- 解释企业信用风险结构和简化形式模型的假设、优势和劣势。
- 解释信用利差期限结构的决定因素。
- 计算和解释在给定时间范围内债券预期损失的现值。
- 将资产支持证券所需的信用分析与企业债务分析进行比较。

6.1 引言

自1990年以来，与信贷相关的金融危机刺激了信用风险分析的发展。具体包括以下危机：

- 日本泡沫破裂及其后果（1989年至今），源于日本房地产和股票价格的高估。崩溃是一个缓慢的过程，持续了十多年，导致随后数年日本经济增长缓慢。
- 1994～1995年墨西哥的"龙舌兰酒危机"起源于1994年12月墨西哥比索贬值，造成墨西哥政府债券大幅亏损。
- 亚洲危机，也被称为亚洲金融风暴（1997～1998年），起源于1997年7月泰铢的崩溃，并蔓延到全球股票市场。

- 俄罗斯债务危机（1998年）起因于俄罗斯在1998年8月的债务违约，导致俄罗斯证券在全球股票市场上的重大损失。2008年首次确定"2008年全球金融危机"这个名称，但危机延续到2008年以后。金融危机部分起因于房价下跌，导致基于房屋抵押证券化工具的重大损失。它在全球范围内传播到其他市场，包括股票市场。

主要宏观经济因素的巨大转变导致在这些危机期间，各个国家、公司和个人违约风险的增加。传统的信用评级仅部分有效地捕捉到了这些相关违约风险的变化。因此，已开发了量化和管理风险的附加工具。这些工具包括基于宏观经济因素来估计相关违约概率和回收率的方法。这些新模型有目的地被构造以纳入与近期金融危机经历相似的系统性违约风险。本章介绍了信用风险分析的不同方法，每种方法的优缺点，以及信用风险评估方法的应用。

6.2节概述了与信用风险相关的四个基本指标：违约概率、违约损失、预期损失和预期损失的现值。

6.3节讨论了信用风险管理的两种传统方法：信用评分和信用评级。这两种方法仍然被广泛使用。信用评分为零售借款人（小型业主和个人）提供了信用风险序数排名。信用评级提供借款人信用风险的序数排名。信用评级用于金融和非金融公司（公司发行人），主权和次主权政府为公司和政府本身以及为资产支持证券发行的证券。

6.4节和6.5节讨论了信用风险分析的结构和简化形式方法或模型。结构模型基于从期权定价方法获得的见解。⊖简化形式模型克服了结构方法中固有的局限性，并将系统性违约风险纳入建模方法。⊜

如何使用结构和简化形式模型对风险债务进行定价，并确定违约概率和预期损失，对于实际应用，描述了每个模型参数的估值，还描述了结构和简化形式信用风险模型的优缺点。

6.6节讨论了信用利差的期限结构，并展示了如何使用信用利差来估算预期损失的现值，提供了许多例子来帮助读者了解此过程。6.7节讨论了资产支持证券（ABS）的信用分析。

6.2 信用风险的衡量指标

本节以直观的方式讨论固定收益证券的一些基本信用风险衡量指标：违约概率、违约损失、预期损失和预期损失的现值。

为了本次讨论的目的，考虑一只由XYZ公司发行的债券，本金为F美元，半年支付本金的$c\%$的固定息票，以及T年的到期期限。如果违反债券的任何契约（承诺）条款，则债券违约。最常见的违约原因是不履行息票或本金的偿付。信用风险是这种违约可能发生的风险，导致剩余息票和本金偿付的部分或全部损失。

为了量化这种信用风险，要经常估算四个指标。第一个是债券在到期前将要违约的概率，

⊖ Merton（1974）。

⊜ 杰诺（Jarrow）和特恩布尔（Turnbull）的简化形式模型（1992，1995）是基于对利率衍生品定价的 Heath-Jarrow-Morton（1992）模型。有用的解释性参考文献包括吉诺（2009）的信用风险模型，查瓦（Chava）和杰诺（2004）用于估算简化形式模型的参数。

称为**违约概率**（probability of default）。显然，其他一切都保持不变的情况下，违约概率越高，债券风险越大。第二个指标是**违约损失**（loss given default），剩余的息票和本金偿付在违约时损失的金额。违约损失往往表示为头寸或敞口的百分比。相关的衡量指标是**回收率**（recovery rate），即违约时接受或收回头寸的百分比。每一个都以头寸百分比表示的违约损失加上预期的回收率等于100%。在最简单和最极端的情况下，违约损失是100%。换句话说，没有收回金额。

第三个指标是债券的**预期损失**（expected loss）。预期损失等于违约概率乘以违约损失。由于各种原因，预期损失的计算复杂，但一个重要的原因是除了公司特定的资产负债表因素之外，违约概率和违约损失均取决于经济的健康状况。事实上，在一个健康和不断增长的经济体系中，人们预计违约概率会很小，如果发生违约，那么违约损失也会很小。在这种情况下，当计算预期损失时，违约概率和违约损失都需要取决于经济状况，并且需要计算这些依赖状态预期损失的加权平均值。在这个平均值中使用的权重对应于发生不同可能经济状态下的概率。

第四个信用风险指标是**预期损失的现值**（present value of the expected loss）。预期损失的现值在概念上是愿意对第三方（如保险公司）债券支付的最大价格，以完全消除购买和持有债券的信用风险。支付这笔费用将"信用风险"债券转变为"无风险债券"，假设当然是第三方保险公司没有违约风险。

预期损失的现值是最复杂的信用风险指标的计算，因为它涉及对预期损失的两个修正。第一个修正是明确调整概率以说明现金流量的风险（风险溢价）。对期权定价的研究进行回顾，可以使用"风险中性评估"对期权进行估值，其中，用无风险利率将期权的收益预期价值贴现为现值。在采用这一期望值时，使用"风险中立"概率而不是实际概率。实际风险概率和风险中性概率之间的差异在于风险中性概率调整风险。实际概率是来自"自然"的概率。第二个修正是在计算中包括货币的时间价值，即将未来的现金流量贴现为现值。当然，从现在起10年债券本金的现值比从现在起1年债券本金的损失更小。这两项调整使用了风险中性概率和贴现，可以相对于自身预期损失情况减少或增加预期损失的现值。在考虑的信用风险衡量指标中，预期损失的现值可能是最重要的，因为当考虑购买或出售债券时，相对于其他相同和无风险政府债券，人们对买卖债券付出和收到的美元差额感兴趣。这种差额是最简单地捕捉债券信用风险的单一指标。

例 6-1

债券投资组合经理有50万美元投资于债券投资组合。从他的信用风险分析部门，他收集了关于四个（假设的）债务发行的以下信息（见表6-1）。

表6-1 四个（假设的）债务发行情况

公司名称	违约概率（每年%）	预期损失（每100面值美元）	预期损失的现值（每100面值美元）
绿色公司	1.15	15.00	13.50
睡眠公司	0.85	20.00	14.00
红果公司	2.25	37.00	32.00
老虎机公司	0.05	1.00	0.75

根据不同的信用风险指标对公司进行排名。他们是否给出同样的排名？你会使用哪个指标，为什么？

解答：排序如表 6-2 所示。

表 6-2 根据不同的信用风险指标对公司进行排名

排序	违约概率（每年%）	预期损失（每 100 面值美元）	预期损失的现值（每 100 面值美元）
最小风险	老虎机公司	老虎机公司	老虎机公司
	睡眠公司	绿色公司	绿色公司
	绿色公司	睡眠公司	睡眠公司
最大风险	红果公司	红果公司	红果公司

违约概率与预期损失或预期损失现值有不同的排名。基于这两个指标排名的差异是由于违约损失引起的。绿色公司的违约损失值高于睡眠公司。如果睡眠公司的违约损失小于绿色公司的违约损失，这只能是真的。请注意，预期损失和损失现值给出相同的排名。

一个简单的例子说明这一区别。考虑一家名为 XYZ 的公司，其一年违约概率为1。因此，XYZ 肯定在明年违约。为了说明这个例子，我们还假定它的违约损失为零。也就是说，当 XYZ 违约时，债务人不承担任何损失。因此，其预期损失和预期损失现值也为零。然后，根据违约概率对 XYZ 进行排名时，它可能是最危险的公司。然而，根据其预期损失或损失的现值，它是风险最小的公司。当然，这些不同指标之间的关键区别起因于违约损失。预期损失现值是首选指标，因为它包括违约概率、违约损失、货币时间价值和其计算中的风险溢价。预期损失是第二好的，包括违约概率和违约损失。违约概率是最小包容性指标。

风险债券到期收益率与具有相似特征的政府债券到期收益率之间的差额是信用利差。这意味着信用利差在其数值内包括违约概率、违约损失和货币时间价值，包括违约时调整为现金流量风险损失（风险溢价）。债券的信用利差越大，这些基本组成中至少一个就越大。要确定哪一个组成部分解释了信用利差，需要一个模型。使用这个模型，可以计算出这些组成中哪一个是最大的。因此，为了理解信用风险，需要了解信用风险模型。

传统的信用模型，信用评分和信用评级可以被看作是将信用风险度量指标概括为单一指标的方法。结构化和简化形式模型是为了计算信用风险指标而构建的量化方法。接下来我们讨论这些方法，从传统的信用模型开始。

6.3 传统的信用模型

信用评分和信用评级，两种传统的信用风险分析方法适用于不同类型的借款人。信用评分用于小业主和个人。这些小规模借款人通常被称为零售借款人。信用评级用于公司、主权政府、次主权政府和这些实体的证券以及资产支持证券。理解信用风险的传统方法是有用的，因为：

- 它们被广泛使用。
- 它们提供了 CFA 一级课程所涵盖的传统的基于财务报表的信用分析方法与结构和简化形式信用风险模型之间的联系，这是本章的主要重点。

信用评分（credit scoring）排列借款人的信用风险。它不提供借款人违约概率的估计。它被称为序数排名，因为它只将借款人的风险从最高到最低排列。信用评分不能确定借款人 A 的风险是否是借款人 B 的两倍，基数排名可以。违约概率提供信用的基数排名。例如，如果借款人 A 的违约概率为 2%，借款人 B 的违约概率为 4%，则借款人 B 的风险是借款人 A 的两倍。

信用评分在世界各地的大多数国家执行，通常适用于业主兼经理人为其借款提供个人担保的小型企业和个人。来自于征信机构或金融机构的零售借款人的信用评分可能不代表借款人的信用状况。零售借款人可能会从许多形式的机构借款，包括信用卡、汽车贷款、首次按揭贷款、第二抵押贷款和住房股权信贷额度。由于没有针对零售借款人的交叉违约条款[⊖]，零售借款人更有可能在某种类型而不是其他类型贷款上违约。这意味着信用评分对不同类型贷款的个人违约概率有不同的推论。

信用评分具有以下特点：

- 信用评分提供了借款人信用风险的序数排列。分数越高，借款人风险越小。如果借款人 A 的信用评分为 800，借款人 B 的信用评分为 400，则借款人 A 比借款人 B 违约的可能性小，但这并不意味着借款人 A 是借款人 B 违约可能性的一半。
- 信用评分不明确地依赖于当前的经济状况。例如，如果借款人 A 的信用评分为 800，经济正在恶化，除非借款人 A 的行为或财务状况发生变化，否则借款人 A 的信用评分不做调整。
- 信用评分不是在整体借款人中借款人的百分位排名。可以有许多借款人具有相同的信用评分，具有某一个特定分数的借款人百分比可能会随着时间而变化。表 6-3 来自于 www.creditscoring.com 的信息。它概述了 2011 年 8 月 8 日来自美国信用专业人员 FICO 的信用评分分布情况。该分布情况代表的是世界各地的信贷机构，包括 Equifax、Experian 和 TransUnion 提供的信用评分。拖欠率是未来 24 个月到期后超过 90 天的概率。

表 6-3 来自美国信用专业人员 FICO 的信用评分情况（2011 年 8 月 8 日）

百分位数	人口百分比	分值	违约率
第 2	2%	300～499	87%
第 7	5%	500～549	71%
第 15	8%	550～599	51%
第 27	12%	600～649	31%

⊖ 交叉违约条款规定，如果借款人在任何其他贷款或形式的借款，如在贷款 2 中违约，则视为借款人在贷款 1 中违约。这是大多数公司贷款的标准条款，旨在防止当借款人处于财务困境时，借款人以不同的方式对待贷款人。主权贷款中的交叉违约条款很少，但这个正在迅速变化。这些条款在零售贷款中非常罕见。

（续）

百分位数	人口百分比	分值	违约率
第 42	15%	650～699	15%
第 60	18%	700～749	5%
第 87	27%	750～799	2%
第 100	13%	800～850	1%

- 许多贷款人喜欢信用评分的稳定性超过准确度，所以信用评级机构在给出信用评分时会承受一些压力。
- 信用评分对借款人的违约概率和已延期贷款的性质有不同的推断。例如，财务困境中的零售借款人可能会支付其住房抵押债务而在信用卡债务上违约，这是因为信用卡违约造成的后果不太严重。因此，已知信用评分的情况下，信用卡贷款的违约概率可能高于在住房抵押债务上的违约概率。

世界上许多国家使用信用评分，但各国的得分差异很大。在一些国家，只报告负面信息如违约。因此，没有得分或信息是正面的，因为没有关于借款人的消息报道。在其他国家，使用诸如付款历史和欠债的因素来发展信用评分，但给予因素的权重在各国之间可能会有所不同。假设你是美国的借款人，联邦贸易委员会将确定以下因素影响你在美国的信用评分。⊖

- 你是否及时支付了账单？付款历史是一个重要因素。如果您已经晚付了账单，有一个账户转为集合或宣布破产，可能会对你的信用评分产生负面影响。
- 你已使用信用卡的最高额度？许多评分系统评估与你的信用额度相比的债务额。如果你欠的金额接近你的信用额度，那么可能会对你的信用评分产生负面影响。
- 你有多长信用历史？你的信用记录长度很重要。短的信用记录可能会对你的信用评分产生负面影响，但及时付款和低余额等因素可抵消此类影响。
- 你最近申请了新的信贷？许多评分系统考虑你最近是否申请了信贷。如果你最近申请了太多新账户，那么可能会对你的信用评分产生负面影响。
- 你有多少个信用账户以及哪些类型账户？虽然建立信用账户通常被认为是一个加分，但是太多的信用卡账户或某些类型的贷款可能会对你的信用评分产生负面影响。

例 6-2

银行分析师正在考虑三名个人贷款申请。每人都要求个人贷款 55 000 美元。银行只能借给其中一个。该银行的标准强调 FICO 评分。哪个人是银行分析师最有可能推荐给予贷款的？

A. 个人 A 的工资为 157 000 美元，净值 30 万美元，5 张信用卡，FICO 评分为 550 分

B. 个人 B 的工资为 97 000 美元，净值 105 000 美元，2 张信用卡，FICO 评分为 700 分

⊖ 参见 www.ftc.gov.

C. 个人 C 的工资为 11 万美元，净值 30 万美元，无信用卡，FICO 评分为 600 分

解答： 银行分析师最有可能建议向个人 B 贷款。个人 B 的 FICO 分数最高为 700 分。个人 C 似乎是一个有吸引力的贷款候选人，但没有通过明智地使用信贷建立信用评分，没有任何信用卡偿还证明。

信用评级（credit rating）按公司、政府（主权）、准政府或资产支持证券的信用风险排列。信用评级不提供许多违约概率的估值。往前追述信用评级有一个多世纪的历史。标准普尔（S & P）成立于 1860 年，穆迪投资者服务公司成立于 1909 年。截至 2012 年 8 月，10 家信用评级机构被美国证券交易委员会认定为 "国家认可的统计评级机构"。10 家信用评级机构是 A.M. 最佳公司、DBRS 有限公司、Egan-Jones 评级公司、惠誉公司、日本信用评级机构、LACE 金融公司、穆迪投资者服务、评级与投资信息公司、RealPoint LLC 和标准普尔评级服务。许多非美国本土的信用评级机构都列入名单。截至 2011 年 10 月，英国金融服务管理局已经注册了以下信用评级机构：A.M. 最佳欧洲评级服务有限公司、DBRS 评级有限公司、惠誉评级有限公司、惠誉评级 CIS 有限公司、穆迪投资者服务有限公司和标准普尔信贷市场服务欧洲有限公司。世界各地的监管机构已经建立了类似的公认信用评级机构名单。

除了第三方评级机构发布的信用评级外，还建立了**内部评级**（internal ratings），并被金融机构大量使用以控制其信用风险。评级等级数量及其定义因第三方评级机构和金融服务公司的不同而异，但其目标是一致的：创建借款人风险的序数排序，为投资组合选择和风险管理提供参考。

标准普尔和穆迪投资者服务等评级机构使用超过 20 个评级等级。表 6-4 显示了这两个机构对债务发行的评级。对于标准普尔的评级，投资级债券是 BBB– 及以上级别的债券。所有其他评级类别被视为非投资级、投机级或垃圾债券。对于穆迪投资者服务，投资级债券为 Baa3 及以上。大型金融机构定义自己的评级谱表，但 10～20 个风险水平是常见的。

表 6-4 从最好到最差信用排序的样本信用等级

信用类别	穆迪投资者服务	标准普尔	银行内部评级样本
1	Aaa	AAA	20
2	Aa1	AA+	19
3	Aa2	AA	18
4	Aa3	AA–	17
5	A1	A+	16
6	A2	A	15
7	A3	A–	14
8	Baa1	BBB+	13
9	Baa2	BBB	12
10	Baa3	BBB–	11
11	Ba1	BB+	10
12	Ba2	BB	9
13	Ba3	BB–	8

(续)

信用类别	穆迪投资者服务	标准普尔	银行内部评级样本
14	B1	B+	7
15	B2	B	6
16	B3	B–	5
17	Caa1	CCC+	4
18	Caa2	CCC	3
19	Caa3	CCC–	2
20	Ca	CC	1
21	C	D	

第三方和内部信用评级都是对借款人信用记录进行广泛分析的方法。例如，一家银行的一个典型企业借款人的信用文件可能有 100 页的历史记录和借款人与银行关系的分析。说借款人是 BBB + 或评级 9 是一种有效的方式来传达关于借款人与相关其他潜在借款人信用风险的广泛分析结论。

出现评级机构是因为收集与信用有关信息有规模经济效应。事实上，在获得财务信息方面存在很大的固定成本，但是将收集的信息分发给他人的成本较低。收集财务信息需要大量的时间和资源。互联网出现之前尤其如此，当信息仅以纸质形式提供时，必须逐一拜访公司。然而，即使在今天，信用评级机构仍然通过降低获取和分析给最终终端用户即贷款人的信用信息成本而获利。这是他们商业特许经营的经济基础。

一些评级机构，如 Egan-Jones 评级公司，由用户补偿。然而，评级机构通常使用发行人付费模式进行补偿，发行人（借款人）为评级他们的债务而支付给信用评级机构。然后，该评级将免费分发给潜在的贷款人。如果需要详细的基础分析，投资者/贷款人必须订阅。潜在的投资者/贷款人可能依赖信用评级，而不是自己进行信用分析，或可以结合自己的信用分析。高的信用评级可能会导致借款人获得更多的潜在资金。发行人付费模式的问题是存在激励冲突。为了获得更多的业务，信用评级机构有给予比应得的评级更高评级的动机。与 2008 年全球金融危机相关的近期事件引起了人们对这一问题潜在严重性的关注，后来被判定为高于合理的评级导致了监管机构质疑依靠评级机构和提及信用评级机构在财务条例中的智慧。

另一个问题是评级机构可能有动力随时间保持其评级稳定，以减少债务市场价格的不必要波动。不幸的是，稳定性和准确性之间存在内在冲突。稳定的评级只能"平均"准确，因为根据设计，评级很少变化，而随着商业周期的变化，信息不间断地增加。这种对评级稳定性的要求提出了在信用评级和违约概率之间存在着随着时间推移的非恒定关系。要看到这一现象，请参见表 6-5 显示的标准普尔公司评级为 CCC 的公司历史年度违约率百分比。

表 6-5　1981～2010 年标准普尔公司信用评级为 CCC 的公司实际违约率

年份	违约率（%）	年份	违约率（%）
1981	0	1996	4.17
1982	21.43	1997	12.00
1983	6.67	1998	42.86

(续)

年份	违约率(%)	年份	违约率(%)
1984	25.00	1999	32.35
1985	15.38	2000	34.12
1986	23.08	2001	44.55
1987	12.28	2002	44.12
1988	20.37	2003	32.93
1989	33.33	2004	15.33
1990	31.25	2005	8.94
1991	33.87	2006	12.38
1992	30.19	2007	15.09
1993	13.33	2008	26.26
1994	16.67	2009	48.68
1995	28.00	2010	22.27

资料来源：标准普尔公司，《违约、迁移和回收：2010年度全球企业违约研究和评级迁移》(2011年3月30日)。

如表6-5所示，虽然信用评级恒定在CCC不变，但随着时间的推移，实际的违约百分比不是不变的。例如1981年经济健康时，违约率为零，但2009年经济衰退时，违约率为48.68%。CCC评级公司的违约概率似乎随着商业周期的变化而变化，而评级则不会改变。

传统信用评级（传统第三方和内部评级）的优缺点可概括如下。

传统信用评级的优点

- 它们提供一个简单的统计，概括了对潜在借款人的综合信用分析。
- 它们随着时间的推移和商业周期的变化而趋于稳定，降低了债务市场的价格波动。

传统信用评级的缺点

- 随着时间的推移，它们往往趋于稳定，这降低了与债务发行违约概率的相对应性。
- 它们不明确地依赖于商业周期，而债务发行的违约概率依赖于商业周期。
- 发行人支付信用评级机构补偿模式存在潜在的利益冲突，可能会扭曲信用评级的准确性。（此缺点仅适用于第三方评级。）

例 6-3

债券投资组合经理有50万美元投资两只债券。他收集了四个假设债务发行的标准普尔信用评级和到期收益率：

- 绿色公司，AA−，5%
- 睡眠公司，B−，7%
- 红果公司 BBB + 6.5%
- 老虎机公司，CCC，9%

> 在信用风险方面对公司进行排名。哪些公司是投资级？
>
> **解答**：使用表6-5，排行为绿色公司、红果公司、睡眠公司和老虎机公司。投资级债券是绿色公司和红果公司。

传统信用评级适用于公司债务、政府债务、准政府债务和资产支持证券。资产支持证券具有一些独特的特点，将在本章6.7节讨论。

6.4 结构模型

信用评级机构使用一些分析工具来发展其评级。结构模型是违约概率和信用分析的基础，由穆迪KMV和其他厂商，包括镰仓公司提供。结构模型（structural model）起源于了解公司负债的经济性，并建立在对期权定价理论的见解之上。它们被称为结构模型，因为它们是基于公司资产负债表的结构。

要了解结构模型，最容易的是从一个有简单融资结构的公司开始。该假设的公司资产负债表列于表6-6。

表6-6 在时间 t 样本公司的资产负债表

资产 A_t	负债 $D(t, T)$
	零息债券
	● 到期 T
	● 面值 K
	权益 S_t

表6-6为公司资产负债表中的资产、负债和权益。资产在时间 t 时价值为 A_t 美元。债务包括单一债务发行，即面值为 K 美元的零息债券，在时间 T 到期。零息债券在时间 t 时价值表示为 $D(t, T)$。最后，时间 t 时，公司股权的价值表示为 S_t。公司资产的价值必然等于其负债和权益的价值总和：

$$A_t = D(t,T) + S_t$$

公司所有者（权益持有人）是有限责任，权益持有人对债务人的责任仅限于公司的资产，而不是其个人财富。或者说，如果权益持有人在时间 T 债务违约，债务人的仅有求偿权是接管公司并接受公司资产的所有权。他们对股东的个人财富没有额外的求偿权。该有限责任是公司股权与看涨期权类比的基础。

6.4.1 期权类比

为了说明期权的类比，让我们考虑股东决定在时间 T 偿还债务。只有在符合他们最大利益的情况下，股东才能在时间 T 偿还债务。因为在时间 T，公司资产的价值为 A_T，只有在

时间 T 资产价值超过欠款，即 $A_T \geq K$ 时，权益持有人才偿还债务。偿还后，他们会保留剩下的 $(A_T - K)$。如果 $A_T < K$，股东将在债务发行上违约。因此，权益的时间 T 值为

$$S_T = \begin{cases} A_T - K & \text{当} \quad A_T \geq K \\ 0 & \text{当} \quad A_T < K \end{cases} = \max[A_T - K, 0]$$

现在很容易看到看涨期权类似股权。该公司的权益回报与公司资产的欧式看涨期权回报相同，资产的执行价格 K 和到期日 T。因此，持有该公司的股权在经济上相当于拥有该公司资产的欧式看涨期权。这是结构模型的重要见解。

公司债务的时间 T 值为

$$D(T,T) = \begin{cases} K & \text{当} \quad A_T \geq K \\ A_T & \text{当} \quad A_T < K \end{cases} = \min[K, A_T]$$

该表达式说明，如果时间 T 时资产价值超过这笔付款，债务持有人将获得收回面值 K。否则，权益持有人违约，债券持有人接管公司并收取公司资产的价值。这意味着：

- 在时间 T 的债务违约概率等于资产价值低于债务面值的概率，即 prob $(A_T < K)$。
- 违约损失是数量 $K - A_T$。

为了确定这些数量的实际用途，我们需要做出一些假设，这在 6.4.2 节中讨论。在这样做之前，我们可以用另外一种方式来表示 $D(T, T)$，方法是在前一个表达式右侧的括号前添加 K，并在括号内减去 K。这样做：

$$D(T,T) = K - \begin{cases} 0 & \text{当} \quad A_T \geq K \\ K - A_T & \text{当} \quad A_T < K \end{cases} = K - \max[K - A_T, 0]$$

在这个公式中，我们看到，债务时间 T 的收益相当于以确定的方式获得 K 美元而不是公司资产的欧式看跌期权的收益，资产的执行价格 K 和到期日 T。我们现在有一个债务期权类比：

> 拥有该公司的债务在经济上相当于拥有一个无风险债券，在 T 时刻确定地支付 K 美元，并同时以资产执行价格 K 和到期日 T 卖出公司资产的欧式看跌期权。

债务期权类比说明了为什么风险债务比无风险债务更有价值。价值差异等于短期看跌期权的价格。实质上，债权持有人借给权益持有人货币 K 美元，并同时以其资产价值向他们出售 K 美元的保险单。如果资产低于 K，债务持有人以资产换取他们的贷款。这种可能性产生信用风险。

6.4.2 估值

要使用结构模型来确定公司的信用风险，我们需要添加假设使我们能够明确地估值隐含的看涨期权和看跌期权。为此，结构模型的标准应用强加了相同假设在期权定价模型中。这些假设是：

（1）在无摩擦市场交易公司资产是无套利的。

(2)无风险利率 r 随着时间的推移不断变化。

(3)公司资产的时间 T 值为平均值 uT 和方差 $\sigma^2 T$ 的对数正态分布。

第一个假设意味着没有交易成本,并表示公司的资产在无套利的市场上交易。"无摩擦市场"意味着市场流动性,没有买卖价差,交易量对市场价格没有影响。这也意味着公司的资产价值在任何时候都是可见的。这个含义是重要的,我们将在本章后面重新回归其重要性。需要无套利的论据来对期权进行定价。

第二个假设是随着时间的推移,无风险利率是一个常数。换句话说,模型中没有利率风险。当研究其价值随着利率变化而变化的固定收益证券时,这种假设是不切实际的。由于这个假设在实际市场上并不满足,所以这是模型公式的一个缺点。

第三个假设表明,该公司的资产价值随着时间的推移而呈对数正态分布,每年的预期收益等于 $u\%$,波动率等于 $\sigma\%$。因此,公司资产在时间段 $[0, T]$ 的预期收益和波动分别为 uT 和 $\sigma^2 T$。

这三个假设与初始布莱克—斯克尔斯(Black-Scholes)期权定价模型中的股价行为相同。因此,布莱克—斯克尔斯期权定价公式适用于权益的时间 t 值,因为它是公司资产的欧式看涨期权。公式是

$$S_t = A_t N(d_1) - K e^{-r(T-t)} N(d_2)$$

式中

$$d_1 = \frac{\ln \frac{A_t}{K} + r(T-t) + \frac{1}{2}\sigma^2(T-t)}{\sigma\sqrt{T-t}};$$

$$d_2 = d_1 - \sigma\sqrt{T-t};$$

$N(.)$ = 均值为 0 和方差为 1 的累积标准正态分布函数。

可以使用会计恒等式 $A_t = D(t, T) + S_t$ 得到债务的价值。将 S_t 的公式替换入此会计恒等式给出:

$$D(t,T) = A_t N(-d_1) + K e^{-r(T-t)} N(d_2)$$

此表达式中的第一项 $A_t N(-d_1)$ 对应于当发生违约时对公司债务回报的现值。这个表达式的第二项 $K e^{-r(T-t)} N(d_2)$ 对应于如果没有发生违约,公司债务回报的现值。对第二项的仔细研究表明,公司债务未违约的风险中性概率 $(A_T > K)$ 等于 $N(d_2)$。因此,这两项的总和得出公司债务的现值。

该估值公式有助于了解违约概率,预期损失和预期损失的现值在下一节展示。

6.4.3 信用风险指标

对于信用风险的估值,结构模型能够明确计算 6.2 节中讨论的信用风险指标。以下公式从公司债务 $D(t, T)$ 的公式中得到,如上述表达式。

- 债务违约的概率为

$$\text{prob}(A_T < K) = 1 - \text{prob}(A_T \geq K) = 1 - N(e_2),$$

式中

$$e_1 = \frac{\ln\left(\frac{A_t}{K}\right) + u(T-t) + \frac{1}{2}\sigma^2(T-t)}{\sigma\sqrt{T-t}}$$

$$e_2 = e_1 - \sigma\sqrt{T-t}$$

这个表达式来源于违约概率 $(A_T \geq K) = N(e_2)$.

- 预期损失为

$$KN(-e_2) - A_t e^{u(T-t)} N(-e_1)$$

- 预期损失的现值是通过从无违约（无风险）零息债券的价值中减去债务 $D(t, T)$ 的值得到的：

$$KP(t,T) - D(t,T) = Ke^{-r(T-t)} N(-d_2) - A_t N(-d_1)$$

其中 $P(t, T) = e^{-r(T-t)}$ 是在时间 T 支付美元的无违约零息债券的时间 t 价格。

重要的是读者要注意以下关于本节中公式的事实：

- 预期损失的现值是到期时支付 K 美元的无风险零息债券价值与风险债务价值之间的差额：

$$Ke^{-r(T-t)} - D(t,T)$$

或者，预期损失的现值也由风险中性预期贴现损失给出：

$$\tilde{E}(K - D(T,T))e^{-r(T-t)}$$

式中 $\tilde{E}(.)$ ——采用风险中性概率的期望值。

- 在此计算中，无风险利率用于贴现未来现金流。通过将实际概率替换为风险中性概率，计算出现金流风险。在损失的现值中使用 $\{d_1, d_2\}$ 与在损失概率中使用 $\{e_1, e_2\}$ 之间的差异是由风险中性概率和实际概率之间的差异造成的。风险中性概率是通过假设资产价值的预期收益是无风险利率 r 来确定的（见 $\{d_1, d_2\}$），而实际概率则使用资产价值的实际年预期收益 $u\%$（见 $\{e_1, e_2\}$）。
- 违约概率明确地取决于公司假设的负债结构。我们在这里提到这个事实，以便随后与简化形式模型进行比较。这种违约概率对公司负债结构的明确依赖是结构模型的局限性。

已知输入值，可以计算这些信用风险指标 $\{A_t, u, r, \sigma, K, T\}$。

> **例 6-4 解释结构模型信用风险指标**
>
> 假设公司有以下值：
>
> - 时间 t 时资产价值 $A_t = 1\,000$ 美元
> - 每年预期资产收益率：$u = 0.03$

- 每年无风险利率：$r = 0.01$
- 债务面值：$K = 700$ 美元
- 债务到期期限：$T-t = 1$ 年
- 每年资产收益波动率：$\sigma = 0.30$

现在可以计算出公司的信用风险指标。我们首先需要计算一些中间量：

$$d_1 = \frac{\ln\left(\frac{1\,000}{700}\right) + 0.01 \times 1 + \frac{1}{2} \times 0.3^2 \times 1}{0.3\sqrt{1}} = 1.372\,25$$

$$d_2 = 1.372\,25 - 0.3\sqrt{1} = 1.072\,25$$

$$N(-d_1) = 0.085\,0$$

$$N(-d_2) = 0.141\,8$$

$$e_1 = \frac{\ln\left(\frac{1\,000}{700}\right) + 0.03 \times 1 + \frac{1}{2} \times 0.3^2 \times 1}{0.3\sqrt{1}} = 1.438\,92$$

$$e_2 = 1.438\,92 - 0.3\sqrt{1} = 1.138\,92$$

$$N(-e_1) = 0.075\,1$$

$$N(-e_2) = 0.127\,4$$

在债务到期期限内，即 1 年，违约概率为 $(A_T < K) = N(-e_2) = 0.127\,4$，或 12.74%。预期损失为

$$KN(-e_2) - A_t e^{u(T-t)} N(-e_1) = 700 \times 0.127\,4 - 1\,000 e^{0.03} \times 0.075\,1 = 11.78 \text{（美元）}$$

预期损失的现值为

$$KP(t,T) - D(t,T) = Ke^{-r(T-t)} N(-d_2) - A_t N(-d_1)$$
$$= 700 e^{-0.01(1)} \times 0.141\,8 - 1\,000 \times 0.085\,0 = 13.28 \text{（美元）}$$

在这个例子中，700 美元债券的预期损失的现值为 13.28 美元。这个价值是投资者向第三方支付的金额（保险公司），以消除持有债券的违约风险。预期损失本身只有 11.78 美元。

预期损失与预期损失的现值之间的差额包括：

A. 只有信用风险的溢价

B. 只有货币时间价值折现

C. 货币时间价值的折现和信用损失风险的溢价

解答：C 是正确的。1.50 美元的差额包括货币时间价值的折现和市场承担信用损失风险所需的风险溢价。在这种情况下，预期损失的现值超过预期损失。这意味着风险溢价必须超出差额，因为与预期损失相比，货币时间价值的折现将减少预期损失的现值。换句话说，在没有风险溢价的情况下，预期损失的现值将小于预期损失。

我们现在讨论估值模型的输入值。

6.4.4 估值

在讨论对结构模型这些输入值的估算之前，更一般地讨论期权定价模型中的参数估值是有帮助的。有两种方法来估算任意期权定价模型的参数：历史的和隐含的。

历史估值是使用过去时间序列观察相关资产价格和标准统计程序来估算参数。例如，使用历史估值来估算结构模型中资产预期收益和波动率，可以获得资产价值的过去时间序列观察值 A_t（即一年中的每日价格），然后计算年平均收益率和收益率的标准差。

隐性估值，也称为校准值，使用期权本身的市场价格来找出使得市场价格等于公式价格的参数值。换句话说，校准值找到参数的隐含值。例如，考虑为股票期权使用标准的布莱克—斯克尔斯看涨期权定价模型。使用隐含估值来估算基础股票的波动率，可以观察看涨期权的市场价值，并找出使布莱克—斯克尔斯公式等于赎回市场价格的波动率，称为隐含波动率。该过程是股票期权市场的标准。如例题所示，在这种情况下，隐含估值总是涉及解决一个公式或一组公式的隐含波动率。

对于结构模型，不能使用历史估值。原因是公司的资产（包括建筑物和非贸易投资）与我们最初的假设相反，不会在无摩擦市场中交易。因此，公司的资产价值无法观察。由于无法观察公司的资产价值，所以不能使用标准统计来计算平均收益或资产收益的标准差。

这将使隐含估值作为结构模型的唯一可用方法。隐性估值是一个复杂的估值过程，是一些商业厂商的违约概率估值，包括穆迪的 KMV。这个过程要求公司的股权有活跃交易，以便可以得到公司股权的时间序列价格数值，这样可以用负债权益比率计算公司的资产价值参数。以下是计算公司资产价值参数 $\{A_t, \sigma\}$ 过程的逐步描述。

- 收集一个时间序列的股票市场价格 S_t，$t = 1, \cdots, n$（例如，去年的每日价格）。
- 从这些股票价格中，计算股票的波动率，即样本的标准差，用 $\sqrt{\mathrm{Var}\left(\dfrac{dS}{S}\right)}$ 标记。
- 对于每个时间 t，设置以下两个公式：

$$S_t = A_t N(d_1) - K e^{-r(T-t)} N(d_2)$$

和

$$\sqrt{\mathrm{Var}\left(\dfrac{dS}{S}\right)} = N(d_1) \dfrac{A_t}{S_t}$$

- 解 $2n$ 个方程求出 $(n+1)$ 个未知数：$\{t = 1, \cdots, n$ 时的 A_t 和 $\sigma\}$。

唯一剩下需要估值的参数是公司年资产预期收益 u。标准做法是使用均衡资本资产定价模型（CAPM）以及无风险利率 r 来确定 u。在最简单的 CAPM（静态单周期模型）中，可以将公司的资产回报率记作等于无风险利率加上公司资产 β 所确定的风险溢价：

$$u = r + \beta(u_m - r)$$

式中　β——公司资产的贝塔值；

u_m——市场投资组合的年预期收益；

$(u_m - r)$——市场股票的风险溢价。

当然，要使用这个估值，必须首先确定公司的资产 β 和市场组合的预期收益。现代投资组合理论提供了这样做的方法。可以使用标准统计来估算市场投资组合的平均回报，并且可以使用线性回归来估算公司的股票 β 值。根据已知公司的股票 β 值，该公司的资产 β 值可以通过无负债情况下公司股票 β 值来推断。估算市场的股票风险溢价更具挑战性，因为没有可观察到的市场投资组合预期收益。金融界对于使用哪种方法来估算市场股权风险溢价并没有达成共识。许多金融专业人士倡导使用更为现实的多期 CAPM，包括风险溢价中的多个风险因素，而不是单因素 CAPM。然而，对于有多少和哪些风险因素包括在内，并没有达成共识。

布莱克—斯克尔斯模型积极属性的一面是不需要估算风险溢价，它使公式在实践中可用。在计算公司违约概率时，需要估算市场股票风险溢价是结构模型的一个缺点。

一个众所周知的隐含估值问题，或更一般的校准值是，如果模型的假设不是市场实际结构的合理近似，则隐含估值将包含模型的误差，而不代表真实的参数。这种偏差反过来会导致违约概率和预期损失的错误，从而得到不可靠的估值。不幸的是，这种批评适用于结构模型，因为它的假设不是对现实的良好体现。

以上是真实存在的，原因如下：

- 一个典型的公司资产负债表的负债结构要比表 6-6 所示的简单的零息债券结构复杂得多。
- 利率并不是随着时间不变。这一点是重要的，因为在处置涉及重大利率风险的固定收益证券时，假设利率是恒定不变的就相当于假设利率风险是无关紧要的。
- 假设资产价格的对数正态分布意味着公司亏损分布的"瘦"尾。有明显的证据表明，一家公司损失分布的左侧尾巴比对数正态分布所暗示的更"胖"一些。
- 假设资产的收益波动率随着时间的推移不变，与经济状况和经济周期的变化无关。
- 与一个关键假设相反，公司的资产不会在无摩擦市场中交易，如建筑物和非贸易投资。

结构模型的优势是用来理解公司债务和股权风险的有用的经济直觉，这是学习该模型的主要价值。虽然结构模型是实践中使用的一些信用风险估值的基础，但结构模型假设的不可行性给模型带来问题。尽管可以放宽或修正结构模型的许多假设，但是在无摩擦市场中，资产交易的假设是结构模型的明确特征，是不能放松的假设。使无摩擦市场假设一般化产生了下一节讨论的简化形式模型。

结构模型的优点

- 它提供了一个期权类比，用于了解公司的违约概率和回收率。
- 只能使用当前市场价格估算。

结构模型的缺点

- 违约概率和回收率主要取决于公司假设的资产负债表，不能模拟真实的资产负债表。
- 只有通过使用隐性估值过程，才能估算其信用风险指标，因为公司的资产价值不可观察。

- 因为隐性估值过程继承了模型中的错误，所以信用风险指标有偏差。
- 信用风险指标未明确考虑经营周期。

6.5 简化形式模型

简化形式模型（reduced form models）的创立克服了结构模型的一个关键缺点，即公司资产交易的假设。简化形式模型用更有力的假设（即一些公司债务交易）取代了这一假设。它们被称为简化形式模型，因为它们将假设强加于结构模型的输出值，即违约概率和违约损失，而不是资产负债表结构本身。与结构模型不同，这种视角的变化使得简化形式模型在匹配实际市场条件方面具有极大的灵活性。

为了理解简化形式模型，最简便的是从只有一只面值为 K 和到期日为 T 的零息债券这样一种负债的公司开始。为了便于与前一节中的结构模型进行比较，我们用 $D(t, T)$ 表示这个债务在时间 t 的价值。我们将时间段 $[0, T]$ 按长度 Δ 划分时间间隔 $0, \Delta, 2\Delta \cdots\cdots, T-\Delta$。

简化形式模型做出以下假设：

（1）公司的零息债券在无套利的无摩擦市场中交易。
（2）无风险利率 r_t 是随机的。
（3）经济状况可以用随机变量的向量 X_t 来描述，X_t 表示在时间 t 影响经济的宏观经济因素。
（4）公司在随机时间 t 违约，当经济处于状态 X_t 时，公司在 $[t, t+\Delta]$ 时间段的违约概率表示为 $\lambda(X_t)\Delta$。
（5）已知宏观经济状态变量的向量 X_t，公司的违约是特殊的风险。
（6）给定违约，公司债务损失百分比为 $0 \leq l(X_t) \leq 1$。

第一个假设只要求公司有一种负债——零息债券，在无套利的无摩擦市场上交易。简化形式模型并不假设公司的资产交易。它们也不假设公司的剩余债务甚至股权的交易。其他负债可用零息债券代替。最后，市场被假定是流动性的，没有交易成本或买卖价差，市场被假设为无套利的。

第二个假设允许利率是随机的。允许这种可能性对于掌握固定收益证券定价中固有的利率风险至关重要。仅仅期限结构演化必须是无套利的。

第三个假设是，经济的有关状态可以用宏观经济状态变量的向量 X_t 来描述。例如，这组状态变量包括无风险利率、通货膨胀率、失业水平、国内生产总值增长率等。这一组宏观经济状态变量是随机的，其演变是完全任意的。这个假设不是很严格。

第四、第五和第六个假设是针对结构模型的输出（结果）而设置的，这是违约概率和违约损失。第四个假设是违约时间可以建模为考克斯（Cox）过程，违约强度为 $\lambda(X_t)$。已知一家尚未违约的公司，当经济处于 X_t 状态时，**违约强度**（default intensity）给出了下一时刻 $[t, t+\Delta]$ 的违约概率。这个假设的关键优点是，违约概率明确地取决于穿越宏观经济状态变量 X_t 的商业周期。例如，这承认经济衰退中的违约概率增长和健康的经济下降的可能性。

这是一个非常普遍的随时间推移针对违约的建模方法。事实上，这个公式承认公司之间的系统违约。

第五个假设指出，在给定的经济状况下，特定公司的违约仅依赖于公司具体的因素。例如，假设在经济衰退中，违约概率增加。现在考虑两家汽车公司，通用汽车和福特。在经济衰退中，每个汽车公司违约的概率将会增加。这是通过违约强度对宏观经济状态变量 X_t 的依赖发生的。特殊的风险假设是不同的。它指出，这两家公司中的任何一家是否在经济衰退中违约取决于每个公司的行为，而不是宏观经济因素。公司的特定行动可能是公司管理层在过去几年中的债务选择出现错误，导致了现在的违约。管理层错误是特殊风险，不是整个经济风险或系统风险。

一个公开研究的问题是，是否根据经济状况，违约风险是特殊的。虽然这个假设可以轻松放宽，但放宽它可能会引发估算违约风险溢价的必要性。虽然可以做到这一点，但它在估值过程中引入了额外的复杂性。我们在这里包括这个假设，因为它是合理的第一近似，并且因为它简化了符号和随后的注释。

第六个假设指出，如果发生违约，债务只能有其面值的 $[1-\iota(X_t)]$ 的价值。在这里，$[1-\iota(X_t)]$ 是违约情况下债务的百分比回收率。已知违约的情况下，损失率 $\iota(X_t)$ 明确地取决于穿越宏观经济状态变量的商业周期。例如，这种假设认可在经济衰退中，违约损失大于健康经济中的违约损失。这个假设也是非常通用而不是限制性的。

这些基于简化形式模型的六个假设是非常通用的，承认违约概率和违约损失取决于业务周期，如反映在宏观经济状态变量 X_t 上。已知一个违约强度和违约损失的适当函数形式以及即期利率的随机过程和宏观经济变量，它们能提供一个实际债务市场的合理近似。

6.5.1 估值

在无套利的假设下，可以看出，当应用于简化形式模型时，期权定价方法暗示着存在风险中性概率，使得债务价格等于到期债务的预期贴现回报，即

$$D(t,T) = \tilde{E}\left[\frac{K}{(1+r_t\Delta)(1+r_{t+\Delta}\Delta)\cdots(1+r_{T-\Delta}\Delta)}\right]$$

式中 $\tilde{E}(.)$ ——用风险中性概率求出的期望值。

该表达式表明，债务价值由在时间 t 承诺的 K 美元的预期贴现值得出。在时间间隔 0，Δ，…，$T-\Delta$ 使用无风险利率进行贴现。债务现金流量风险的调整是通过在求期望值时使用风险中性概率来进行的。

虽然这里没有显示冗长和有挑战性的证明，但这个表达式可以写成：

$$D(t,T) = \tilde{E}\left\langle\frac{K}{\{1+[r_t + \lambda(X_t)]\Delta\}\{1+[r_{t+\Delta} + \lambda(X_{t+\Delta})]\Delta\}\cdots\{1+[r_{T-\Delta} + \lambda(X_{T-\Delta})]\Delta\}}\right\rangle +$$

$$\sum_{i=t}^{T-\Delta}\tilde{E}\left\langle\frac{K[1-\iota(X_i)]}{\{1+[r_t + \lambda(X_t)]\Delta\}\{1+[r_{t+\Delta} + \lambda(X_{t+\Delta})]\Delta\}\cdots\{1+[r_i + \lambda(X_i)]\Delta\}}\lambda(X_i)\Delta\right\rangle$$

该表达式将公司债务的价值分解为两部分。这个表达式右边的第一项代表了债务预期贴现收益 K，因为公司的债务没有违约。请注意，该表达式右侧的贴现率 $[r_u+\lambda(Xu)]$ 因违约风险而增加。该表达式右侧的第二项表示如果发生违约，代表债务预期贴现收益。如果违约发生在时间 i，违约收益 $K[1-l(X_i)]$，乘以在时间 i 时的违约概率 $\lambda(X_i)\Delta$ 贴现，然后把所有时间 0，Δ，…，$T-\Delta$ 的贴现值求和。在最后一项中，观察到损失是从债务承诺的面值中减去的。总而言之，这些观察结果证明，估值公式明确地包括了违约损失和违约强度过程。

这种债务价格形式是非常抽象和非常笼统的。在任何应用中，需要说明利率和宏观经济状态变量向量的特定演变。许多这样的结构已被用于文献和实践中。我们以本节稍后举出的一个有用的选择为例。对更复杂的研究不在本章的范围之内，供单独阅读。

对于本章，我们特别关注 6.2 节讨论的信用风险指标的量化。

6.5.2 信用风险指标

在简化形式模型中，信用风险指标量化如下：

- 债务在 $[0, T]$ 区间的违约概率为

$$\text{prob}(\tau \leq T) = 1 - E\left\{\frac{1}{[1+\lambda(X_0)\Delta][1+\lambda(X_\Delta)]\cdots[1+\lambda(X_{T-\Delta})\Delta]}\right\}$$

式中 $E(.)$——使用实际概率求预期值。

- 预期损失为

$$\sum_{i=0}^{T-\Delta} E\left\{\frac{l(X_i)K}{[1+\lambda(X_0)\Delta][1+\lambda(X_\Delta)]\ldots[1+\lambda(X_i)\Delta]}\lambda(X_i)\Delta\right\}$$

- 预期损失的现值为

$$KP(t,T) - D(t,T)$$

式中 $D(t, T)$ 在 6.5.1 节公式中给出。

给定所需输入值和宏观经济状态变量的概率分布及利率，可以轻松计算所有这些参量。请注意，与结构模型不同，公司的违约概率并不明确地取决于公司的资产负债表。由于公司债务中存在交叉违约条款，相同违约概率均适用于公司所有的负债。在违约的情况下，简化形式模型允许公司的不同负债具有不同的损失率。这些是使用简化形式模型的显著优点。

在讨论这些输入的估值之前，我们讨论一个简单的场景（恒定的违约概率和违约损失）来说明对这些公式的解释。这一讨论也将在后续章节中证明有助于理解信用利差的期限结构。

6.5.2.1 恒定的违约概率和违约损失公式

本节说明了在以下特殊（和不切实际）假设条件下，零息债券的简化形式定价公式。

- 违约概率是一个常数，即 $\lambda(X_t) = \lambda$。

这个假设意味着违约概率不依赖于经济的宏观经济状况。

- 违约的美元损失是零息债券违约之前价值的恒定百分比，即 $l(X_t)K = \gamma D(\tau_-, T)$。这里，符号 τ_- 表示违约之前的时刻。请注意，与违约概率一样，在这一假设下，违约损失也不取决于经济的宏观经济状况。

综合来看，这两个额外的假设意味着零息债券的价格采取以下特别形式（见 Jarrow 2009）：

$$D(t,T) = Ke^{-\lambda\gamma(T-t)}P(t,T)$$

式中 $P(t, T)$——在时间 T 支付 1 美元的无违约零息债券的时间 t 值。

风险零息债券的价格等于其他条件相同的无风险零息债券价格 $KP(t, T)$ 的分数值 $0 < e^{-\lambda\gamma(T-t)} < 1$。单位时间内风险公司的预期百分比损失以分数指数表示。要看到这一点，请注意

$$\lambda\gamma = (每年违约概率) \times (违约百分比损失)$$
$$= 每年预期百分比损失$$

在这种结构下，也可以表明以下三种信用风险指标。

- 债务在 $[0, T]$ 期间的违约概率：

$$\text{prob}(\tau \leqslant T) = 1 - e^{-\lambda(T-t)}$$

- 预期损失

$$K[1 - e^{-\lambda\gamma(T-t)}]$$

- 违约损失的现值

$$KP(t,T) - D(t,T) = KP(t,T)[1 - e^{-\lambda\gamma(T-t)}]$$

注意在预期损失和预期损失现值中，由于违约概率不依赖于经济的宏观经济状态，实际的和风险中性的违约概率相等，仅取决于 λ。在本章的后面，我们将使用这些简单的公式来帮助理解信用利差的期限结构，并提供一种估算预期损失的简单方法。

例 6-5　解释简化模型信用风险指标

假设一家公司的债务发行具有以下值：

- 面值：$K = 700$ 美元
- 到期时间：$T-t = 1$ 年
- 违约强度（每年违约近似概率）：$\lambda = 0.01$
- 违约损失：$\gamma = 0.4$（40%）

使一年无违约零息债券的价格 $P(t, T)$ 等于 0.96

公司的违约概率，预期损失和预期损失现值使用恒定强度和违约损失公式如下：

违约概率：

$$\text{prob}(\tau \leqslant T) = 1 - e^{-0.01(1)} = 0.009\ 95$$

预期损失：

$$K[1 - e^{-\lambda\gamma(T-t)}] = 700[1 - e^{-0.004(1)}] = 2.79 \text{（美元）}$$

预期损失现值：

$$KP(t,T) - D(t,T) = 700(0.96)[1 - e^{-0.004(1)}] = 2.68 \text{（美元）}$$

在债券期限内，违约概率为 0.995%。700 美元债券的预期损失为 2.79 美元。预期损失现值为 2.68 元。

1. 债券持有人为转移债券的信用风险将向第三方（保险公司）支付的最大金额为
   A. 0.11 美元　　　　　B. 2.68 美元　　　　　C. 2.79 美元
2. 在这种情况下，信用风险损失的溢价：
   A. 超过货币时间价值的贴现
   B. 等于货币时间价值的贴现
   C. 低于货币时间价值的贴现

解答 1：B 是正确的。预期损失的现值为 2.68 元。这是向第三方（保险公司）支付的最大金额，以转移债券中的信用风险。

解答 2：在这种情况下，预期损失现值小于预期损失。货币的时间价值超过风险溢价。换句话说，风险溢价由货币的时间价值支配。

6.5.3 估值

如上一节所述，有两种方法可用于对模型参数的估值：历史的和隐含的。与结构模型一样，隐含的估值是可能的。然而，与结构模型不同，历史估值可以用于简化形式模型，因为经济的宏观经济状态变量和公司的债务价格都是可观察的。这种使用简化形式模型的历史估值能力是这种信用建模方法的显著优点。本节研究了简化形式模型参数的两种估值方法。

6.5.3.1 隐含估值

要使用隐含估值，必须全面说明简化形式模型的输入值和宏观经济状态变量的概率分布。许多这样的选择是可能的。在前面的例子中给出了这样一个选择的说明。一旦做出选择，得到的零息债券价格公式将取决于一组参数 θ，即 $D(t, T|\theta)$。使用这个价格公式，目标是估算参数 θ。例如，在前面的例子中，参数 θ 等于恒定回收率和违约概率。

目前，假设我们可以直接观察风险公司的零息债券价格。虽然这些零息债券在实践中可能不交易，但我们将在下一节中显示如何从可观察交易的风险息票债券价格中估算这些零息债券价格。

以下是计算简化形式模型参数的过程的逐步描述：

- 收集时间序列的风险债务市场价格，$D_{市场} = (t, T)$，$t = 1, 2 \cdots, n$（例如，过去一年的每日价格）。
- 对于每个时间 t，建立等式 $D_{市场}(t, T) = D(t, T|\theta)$。
- 求解这 n 个方程的参数 θ。

隐含估值的问题当然是如果使用了一个错误的模型,即一个与市场结构不一致的模型,那么所得到的估值将是有偏颇的。例如,在前面的例子中,通过假设,违约概率和违约损失不取决于经济的宏观经济状态。这在实际中是不正确的。如果使用这种模型来估算这些参数,则将根据经济状况,经济扩张或衰退,得出不同的与模型假设相矛盾的估值。这个矛盾意味着通过这个过程获得的参数估值是不可靠的。这个问题可以通过下面讨论的历史估值来避免。

6.5.3.2 历史估值

使用历史估值简化来估算形式模型的参数是一种故障率估值的应用。故障率估值是一种用于估算二元事件概率的技术,如违约/无违约,死亡率/无死亡率,车祸/无车祸,提前偿付/无提前偿付等。它广泛应用于医疗研究,适用于全谱保险类型事件的企业风险管理。信用风险是其中应用之一。

在理论上,违约可以无间断发生。但实际上,我们只有离散的时间间隔对应的违约数据。因此,必须使用离散的时间统计程序来估算和完成简化形式信用模型。我们现在将说明如何用故障率估值程序来估算违约概率。

表6-7显示了典型的企业债务违约数据。第1列给出了公司的名称。在这个例子中,我们只列出了两个:花旗集团和雷曼兄弟。当然在实际的数据库中,所有现存的公司都需要包括在内。第2列给出违约标志,如果给定公司在指定的时间段内违约,则等于1,如果没有发生违约,则为零。在第3列中给出了时间段。这里,时间段对应一个月。请注意,2008年9月,雷曼兄弟债务违约,而同一样本时间段花旗集团并未违约。

剩余的列给出了宏观经济状态变量 X_t,增加了包括公司特定指标,统称为解释变量。它们可以包括借款人特定的资产负债表项目,日历年效应的虚拟变量或其他变量。在表6-7中,解释变量是市场杠杆比率、股票收益率减去无风险利率(称为超额收益)、股票波动率、芝加哥期权交易所波动指数(VIX,衡量标准普尔500指数隐含波动率的指数)、净收益与总资产比率以及失业率。其他变量已被包括在内。

一旦收集好违约数据库,如表6-7所示,下一步是为强度处理选择函数形式。一个便利的选择是逻辑函数:

$$\text{prob}(t) = \frac{1}{1+e^{-\alpha-\sum_{i=1}^{N}b_i X_t^i}}$$

其中 prob(t) 是在时间 $[t, t+\Delta]$ 的违约概率,$X_t = (X_t^1, \cdots, X_t^N)$ 表示 N 个状态变量,$\{\alpha, b_i, i=1, \cdots, N\}$ 是常数。

表6-7 公众公司违约数据库的样本违约数据

公司	独立变量	日期	解释变量					
	违约标记		市场杠杆比率(%)	超额回报率(%)	股票波动率(%)	VIX	净利润/总资产	失业率(%)
花旗集团	0	2010-06-30	0.944 985	0.144 827	0.571 061	34.54	0.002 212	9.7
	0	2010-07-30	0.937 445	0.189 34	0.511 109	23.5	0.001 392	9.5

（续）

公司	独立变量 违约标记	日期	解释变量					
			市场杠杆比率(%)	超额回报率(%)	股票波动率(%)	VIX	净利润/总资产	失业率(%)
花旗集团	0	2010-08-31	0.943 071	-0.286 33	0.432 67	26.05	0.001 392	9.5
	0	2010-09-30	0.940 171	-0.271 73	0.353 897	23.7	0.001 392	9.6
	0	2010-10-29	0.937 534	-0.142 37	0.343 142	21.2	0.001 093	9.6
	0	2010-11-30	0.937 113	-0.055 61	0.371 965	23.54	0.001 093	9.6
	0	2010-12-31	0.929 734	0.301 176	0.369 208	17.75	0.001 093	9.8
	0	2011-01-31	0.925 846	0.254 157	0.355 727	19.53	0.000 684	9.4
	0	2011-02-28	0.927 821	0.174 812	0.322 558	18.35	0.000 684	9.0
	0	2011-03-31	0.931 556	-0.042 38	0.312 913	17.74	0.000 684	8.9
	0	2011-04-29	0.929 757	-0.123 38	0.254 542	14.75	0.001 54	8.8
	0	2011-05-31	0.936 565	-0.195 66	0.244 869	15.45	0.001 54	9.0
	0	2011-06-30	0.935 858	-0.173 85	0.293 736	16.52	0.001 54	9.1
	0	2008-01-31	0.984 411	-0.304 73	0.376 592	28.655	0.001 2528	6.8
	0	2008-02-28	0.983 969	-0.175 37	0.362 842	26.07	0.001 2528	6.7
	0	2008-03-31	0.976 221	-0.088 61	0.329 009	23.32	0.001 2528	6.7
	0	2008-04-30	0.972 138	0.268 176	0.319 171	25.894	0.000 9837	6.7
	0	2008-05-31	0.974 212	0.221 157	0.259 633	19.525	0.000 9837	6.7
	0	2008-06-30	0.978 134	0.141 812	0.249 766	21.483	0.000 9837	6.7
	0	2008-07-31	0.976 245	-0.075 38	0.299 611	20.185	0.000 6156	6.9
	1	2008-08-31	0.983 393	-0.156 38	0.384 124	19.514	0.000 6156	6.6

在这个公式中，prob（t）表示在 [t, $t + \Delta$] 的时间段违约概率和 $\{a, b_i, i = 1, \cdots, N\}$ 是要估算的参数。时间段 Δ 以年为单位，所以一个月对应于 $\Delta = 1/12$。

可以使用最大似然估计来估算参数。⊖ 这可能是一个复杂的计算练习。可以看出，这个最大似然估计相当于运行以下简单线性回归来估算系数：

$$\ln\left(\frac{d_t}{1-d_t}\right) = a + \sum_{i=1}^{N} b_i X_t^i$$

其中因变量（回归的左侧）包含违约标志

$d_t = \{$ 如果违约为 1，如果无违约为 0$\}$

这被称为逻辑回归，起因于这个表达式左侧的函数。表 6-8 显示了基于与表 6-7 中给出的数据相似的数据来运行逻辑回归的输出值，但仅使用了四个解释变量。第一个变量失业率是对所有公司都一样的宏观经济变量。最后三个变量，市场杠杆比率（会计负债除以权益的市场价值）、净收益与资产的比率和现金与资产的比率是公司的特定变量。

⊖ 最大似然估计器是最大化模型生成观测数据的概率（"似然性"）的估计器。除了直观的吸引力之外，最大似然估计器具有良好的统计属性。

表 6-8 样本逻辑回归结果

系数名称	系数值	输入值	输入名称
阿尔法	−3		
b1	0.8	0.072	失业率（十进制）
b2	1.5	0.9	市场杠杆比率（十进制）
b3	−2	0.01	净利润/资产（十进制）
b4	−1	0.05	现金/资产（十进制）

已知表 6-8 中的系数，对于任何时间段 t，可以用逻辑函数方程中的解释变量来代替已选定时间段内违约概率（t）的估值。在表 6-7 中，我们使用了月观察周期，所以已知的违约概率是对下个月违约概率的估值。例如，替换逻辑函数中表 6-8 所示的具体输入值得出每月违约概率估值

$$\mathrm{prob}(t) = \frac{1}{1+e^{3-0.8(0.072)-1.5(0.9)+2(0.01)+1(0.05)}} = 0.159\,4,\text{或}15.94\%$$

例 6-6

假设信用分析部门为一年违约概率推导出一种新的逻辑回归模型。Easy 公司的模型系数和输入参数见表 6-9。

表 6-9 逻辑回归

系数名称	系数值	输入值	输入名称
阿尔法	−4		常数项
b1	0.07	0.091	失业率（十进制）
b2	1.3	0.93	市场杠杆比率（十进制）
b3	−1.96	0.004 5	净利润/资产（十进制）
b4	0.5	0.031 5	10 年期美国国债（十进制）
b5	−0.93	0.043	现金/资产（十进制）

Easy 公司的一年违约概率是多少？

解答：

$$\mathrm{prob}(t) = \frac{1}{1+e^{4-0.07(0.091)-1.3(0.93)+1.96(0.004\,5)-0.5(0.031\,5)+0.93(0.043)}}$$
$$= 0.056\,38,\text{或}5.638\%$$

使用故障率估值方法估算违约概率是非常灵活的。所产生的违约概率对应于下一个时间段内的违约，它们明确地依赖于经济和公司的状况，正如估值中包含的解释变量的选择所表示的。由于公司债务中存在交叉违约条款，所以这个违约概率是针对公司所有的负债。

为了估算违约过程 $\{i(X_s)\}$ 的损失，可以使用类似的过程。首先，需要指定 $i(X_s)$ 的函

数形式。例如，可以假定

$$\iota(X_t) = c_0 + \sum_{i=1}^{N} c_i X_t^i$$

式中　$\{c_i,\ i=1,\ \cdots,\ N\}$ 是常数。

其他函数形式也是可能的。为了估计这样一个等式，需要对违约债务发行（方程式的左边）的损失进行历史观察。这些损失数据通常在金融机构的记录内部可以得到。右侧的自变量对应于相关的解释变量。例如，它们可以是故障率估算中使用的相同状态变量。已知这些数据，可以得到回归系数，和估算出违约下状态条件损失。

简化形式模型的优点
- 模型的输入值是可观察的，因此历史估值程序可用于信用风险度量指标。
- 模型的信用风险指标反映了商业周期的变化。
- 该模型不需要公司资产负债表结构的详细说明。

简化形式模型的弱点
- 故障率估值过程使用过去的观察来预测未来。为了使其有效，该模型必须进行适当的公式化和反向测试。

6.5.4　信用风险模型的比较

前几节介绍了评估债务信用风险的三种方法：信用评级、结构模型和简化模型。所有三个模型在度量债务发行违约概率的准确性方面进行了经验性估算。在三种方法中，信用评级是最不准确的预测方法。这是因为信用评级往往滞后于债务发行信用风险的变化，原因在于评级机构希望评级在一段时间内保持相对稳定，因此对商业周期的变化相对不敏感。

由于结构模型是使用隐含估值程序计算的，而简化形式模型是使用历史估值（故障率程序）来计算的，所以简化形式模型表现优于结构模型。改进的性能是由于故障率估计程序的灵活性，即它们在业务周期中纳入变化的能力以及不依赖于一家公司资产负债表结构的特定模型的能力。

6.6　信用利差的期限结构

本节涵盖信用风险利差的期限结构及其组成，以及如何使用信用利差（credit spreads）来估算预期损失的现值和每年的预期百分比损失。金融机构定期使用这些估值来进行固定收益的投资决策，并计算其风险管理指标。实际上，由于风险息票债券交易，信用风险利差是从息票债券价格推断的。要理解这个计算，我们必须首先了解信用风险债券的估值。

6.6.1　息票债券估值

在本节中，我们讨论息票债券的无套利定价理论。首先，考虑一个无违约息票债券，其

息票等于 C 美元，在时间 $i = 1, 2, \cdots, T$ 支付，面值为 F 美元，到期时间为 T。众所周知，在无套利和无摩擦市场的假设下，该息票的价格可写为

$$B_G(t) = \sum_{i=1}^{T-1} CP(t,i) + (C+F)P(t,T)$$

式中　$B_G(t)$——无违约息票债券在时间 t 的价格。

令人遗憾的是，对于其他信用风险的息票债券，承诺的息票等于 C 美元，在 $i = 1,2\cdots,T$ 时支付，面值为 F 美元，到期时间为 T 和相应的风险零息债券，类似的关系不需要保持。原因是虽然息票和零息债券可能来自同一家公司，但它们的资历和违约的百分比损失可能会有差异。为避免这种情况，我们需要对同一家公司发行的风险债务强加以下条件：

对于任意时间 T，$B_G(t)$ 和 $D(t,T)$ 在违约时有相同优先权。

其中 $D(t,T)$ 是公司发行的零息债券在时间 t 时的价格。"同等优先"是指在违约的情况下，所有这些债券的剩余承诺现金流量均具有相等比例的损失，债券之间的相等比例损失因素取决于承诺付款的日期。在同等优先条件下，保持如下条件：

$$B_C(t) = \sum_{i=1}^{T-1} CD(t,i) + (C+F)D(t,T)$$

式中　$B_C(t)$——风险息票债券在时间 t 的价格。

这个定价公式的证明是直截了当的。由于具有同等的优先权，无论是否违约，该表达式左侧的息票债券和该表达式右侧所代表的零息票债券组合始终具有相同的现金流量。因此，获得相同未来现金流量的这两种方法在时间 t 必须具有相同的价格或存在套利机会。这完成了证明。

这个充分条件不是很严格。因为在计算信用利差时，它想要保持信用风险不变。因为来自同一家公司的不同资历的债券可能会有不同的信用风险，所以在开始任何信用风险计算之前，应始终将债券划分成同等资历。

6.6.2　信用利差的期限结构

信用利差的期限结构对应于无违约收益率和信用风险零息债券收益率之间的差额。实际上，由于息票债券（而不是零息债券）往往为任何给定的公司交易，计算信用利差首先需要估算息票债券价格所暗示的零息债券价格。该估算是使用先前的公式完成的。典型的分步过程如下：

- 在给定时间 t，收集一组不同债券的 N 个息票债券价格 $\{B_C(t)\}$，其中集合中的最大到期债券的期限 $T_{max} < N$。这样可以保证在数据集中有多于未知数的债券。

对于每个不同的债券，我们有一个方程式：

$$B_C(t) = \sum_{i=1}^{T-1} CD(t,i) + (C+F)D(t,T)$$

未知数 $\{D(t,i), t = 1, \cdots, T_{max}\}$ 在所有 N 个方程中是相同的。

- 解 N 个方程求未知数 $\{D(t, i),\ t = 1,\cdots,\ T_{max}\}$。

对于本节的剩余部分，在不失一般性的情况下，我们将假设在时间 t，我们观察到无违约期限结构和风险零息债券的价格 { 对于所有 $T, P(t,T), D(t,T)$ }。

下一步是计算这些零息债券的收益率。有风险零息债券 [$y_D(t,\ T)$] 收益率和无风险零息债券 [$y_p(t,\ T)$] 收益率由以下表达式定义：

$$D(t,T) = Ke^{-y_D(t,T)(T-t)}$$
$$P(t,T) = e^{-y_p(t,T)(T-t)}$$

使用这些公式，一个公式产生对于一组离散到期期限 $\{T = 1,\cdots, T_{max}\}$ 的一组收益率，其中 T_{max} 是所考虑的所有零息债券的最大到期日。

信用利差由 Credit spread $(t) = y_D(t,\ T) - y_p(t,\ T)$ 定义。

从这些离散的观察中，可以使用标准的平滑方法获得平滑的收益率曲线。⊖图 6-1 中显示了一个平滑的信用利差曲线。这个信用利差是针对美国国债与互换（有风险的高度评级的欧洲银行）的。对于这个图，尽管可以使用任意主权债券，我们还是使用美国国债来说明这些计算。

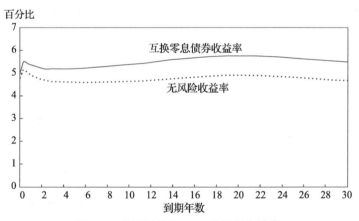

图 6-1 美国国债和 ABC 公司零息债券

注：美国国债和 ABC 公司零息债券收益率来自美联储 H15 统计版本，放松使用最大平滑度远期利率平滑。
资料来源：镰仓公司，美联储理事会。

使用结构或简化形式模型，在无摩擦市场假设下，信用利差完全归因于信用风险。要看到这一点，最简单的方法是使用 6.5.2.1 节的违约损失公式和恒定违约概率。

回想一下，这个例子中有风险零息债券的价格是由：

$$D(t,T) = Ke^{-\lambda\gamma(T-t)}P(t,T)$$

在前面的方程式中进行一些代数调整给出：

$$-\frac{\ln\left(\dfrac{D(t,T)}{K}\right)}{(T-t)} = \lambda\gamma - \frac{\ln[P(t,T)]}{(T-t)}$$

⊖ van Deventer, Imai, and Mesler (2004).

使用收益率的定义，我们看到信用利差等于：

$$y_D(t,T) - y_P(t,T) = \lambda \gamma$$

这里，信用利差等于有风险零息债券每年的预期百分比损失。它等于有风险零息债券的平均收益率与无风险零息债券收益率之间的差额。

这个例子使我们能够估算信用利差隐含的每年预期百分比损失。这是一个粗略的估算，因为违约概率和违约损失是常数的假设，在实践中是不正确的。

以下是计算每年预期百分比损失的"粗略的"估算程序的基本描述。

- 收集时间序列的零息债券收益率 $\{y_D(t,T), y_P(t,T)\}$，$t = 1,\cdots,n$。
- 计算平均收益率利差，给出估值为

$$\frac{\sum_{t=1}^{n} y_D(t,T) - y_P(t,T)}{n} = \lambda \gamma$$

例 6-7 每年预期百分比损失估值

分析师发现，过去一周，HandSoap 公司（日本公司）和日本债券 1 年期收益率如表 6-10 所示。

表 6-10 Handsoap 公司（日本公司）和日本债券 1 年期收益率

日本债券	HandSoap 公司
0.011 5	0.035 7
0.011 6	0.035 8
0.011 6	0.035 9
0.011 7	0.036 0
0.011 8	0.036 0
平均：0.011 64	平均：0.035 88

计算这些收益的每年预期百分比损失。

解答：

$$\lambda \gamma = 0.035\ 88 - 0.011\ 64 = 0.024\ 24$$

6.6.3 预期损失的现值

本节介绍如何使用信用利差的期限结构计算预期损失的现值。从信用利差的期限结构来看，需要计算所有时间 T 的无违约风险和有风险零息债券价格 $\{P(t,T), D(t,T)\}$ 的期限结构。上一节讨论了计算这些零息债券价格的方法。

考虑一个有风险的公司，在 T 时刻有承诺的 X_T 美元现金流：预期损失的现值由以下公式给出：

$$[P(t,T) - D(t,T)]X_T$$

如果无风险，这代表现金流的现值减去考虑信用风险的现金流现值。使用这个简单的公式，很容易计算预期损失的现值。

例 6-8 预期损失的现值

1. 德国制造商 Powder 公司承诺在 2014 年 9 月 30 日向投资者支付 25 欧元。今天是 2011 年 8 月 11 日。德国无风险零息债券收益率为 0.371 8%。Powder 公司 2014 年 9 月 30 日支付的信用利差为 0.273 9%。为方便起见，我们假设德国政府的债券是无风险的，每年有 365 天。所有收益和利差都不断复利。

    Powder 公司基于信用风险和无风险承诺支付的现值是多少？信用利差隐含的预期损失现值是多少？

支付日期	无风险零息债券收益率（%）	信用利差（%）	总利差（%）	到期年数	贴现因子	现金流	现值	无风险贴现因子	无风险现值	现值差额
2014-09-30	0.371 8	0.273 9	0.645 7	3.139 7	0.979 930	25	24.498 3	0.988 4	24.709 9	−0.211 6

解答 1：考虑到信用风险，2014 年 9 月 30 日承诺支付 25.00 欧元的价值为 24.498 3 欧元。在无风险基础上价值 24.709 9 元，因此信用风险预期损失的现值为 0.211 6。

2. 假设 Powder 公司也承诺在 2016 年 3 月 31 日支付 25 欧元。今天是 2011 年 8 月 11 日。2011 年 8 月 11 日至该日期的无风险收益率为 0.889 2%，信用利差为 0.568 8%。

    信用调整估值、无风险估值以及信用风险预期损失的现值是多少？

支付日期	无风险零息债券收益率（%）	信用利差（%）	总利差（%）	到期年数	贴现因子	现金流	现值	无风险贴现因子	无风险现值	现值差额
3/31/2016	0.889 2	0.568 8	1.458 0	4.641 1	0.934 571	25	23.364 3	0.959 6	23.989 3	−0.625 0

解答 2：利用连续复利的总收益率导出，信用调整后的估值为 23.364 3 欧元。无风险的价值为 23.989 3 欧元，因此信用风险预期损失的现值为 0.625 0 欧元。

3. 假设现在 Powder 公司已经承诺在 2017 年 9 月 30 日支付 1 025 欧元。今天是 2011 年 8 月 11 日。2011 年 8 月 11 日至该日期的无风险收益率为 1.425 8%，信用利差为 0.874 7%。信用调整估值、无风险估值以及信用风险预期损失的现值如何？

支付日期	无风险零息债券收益率（%）	信用利差（%）	总利差（%）	到期年数	贴现因子	现金流	现值	无风险贴现因子	无风险现值	现值差额
9/30/2017	1.425 8	0.874 7	2.300 4	6.142 5	0.868 226	1 025	889.931 9	0.916 1	939.052 8	−49.120 9

解答 3：信用调整估值为 889.931 9 欧元，无风险估值为 939.052 8 欧元。信用风险预

期损失为 49.120 9 欧元。

4. 假设现在 Powder 公司发行了 10 年期，5% 半年息票债券，本金为 1 000 欧元。在时间 t，剩余 n 次息票支付时，该债券的价值为

$$B_C(t) = \sum_{i=1}^{n} 25 D(t,i) + (1\,025) D(t,n)$$

该债券无风险价值为

$$B_G(t) = \sum_{i=1}^{n} 25 P(t,i) + (1\,025) P(t,n)$$

由于信用风险导致的价值损失为 $B_G(t) - B_C(t)$。

今天是 2011 年 8 月 11 日。两个付款日期为 9 月 30 日和 3 月 31 日。最初在 2007 年发行的债券于 2017 年 9 月 30 日到期。使用 2011 年 8 月 11 日当时的无风险收益率和信用利差、信用调整价值、无风险价值和该债券信用风险预期损失的现值是多少？（注意，估值将是净现值和应计利息，忽略会计概念）。

票息	5.00%									
息票支付	半年度									
本金额	1000									
支付日期	无风险零息债券收益率 (%)	信用利差 (%)	总利差 (%)	到期年数	贴现因子	现金流	现值	无风险贴现因子	无风险现值	现值差额
9/30/2011	0.013 4	0.069 6	0.083 0	0.137 0	0.999 886	25	24.997 2	1.000 0	24.999 5	−0.002 4
3/31/2012	0.094 7	0.116 0	0.210 7	0.638 4	0.998 565	25	24.966 4	0.999 4	24.984 9	−0.018 5
9/30/2012	0.103 3	0.120 9	0.224 2	1.139 7	0.997 448	25	24.936 2	0.998 8	24.970 6	−0.034 4
3/31/2013	0.146 3	0.145 4	0.291 7	1.638 4	0.995 233	25	24.880 8	0.997 6	24.940 2	−0.059 3
9/30/2013	0.206 1	0.179 5	0.385 6	2.139 7	0.991 783	25	24.794 6	0.995 6	24.890 0	−0.095 4
3/31/2014	0.272 3	0.217 2	0.489 5	2.638 4	0.987 167	25	24.679 2	0.992 8	24.821 0	−0.141 8
9/30/2014	0.371 8	0.273 9	0.645 7	3.139 7	0.979 930	25	24.498 3	0.988 4	24.709 9	−0.211 6
3/31/2015	0.516 0	0.356 1	0.872 2	3.638 4	0.968 765	25	24.219 1	0.981 4	24.535 0	−0.315 9
9/30/2015	0.695 3	0.458 3	1.153 6	4.139 7	0.953 368	25	23.834 2	0.971 6	24.290 7	−0.456 5
3/31/2016	0.889 2	0.568 8	1.458 0	4.641 1	0.934 571	25	23.364 3	0.959 6	23.989 3	−0.625 0
9/30/2016	1.080 8	0.678 1	1.758 9	5.142 5	0.913 520	25	22.838 0	0.945 9	23.648 4	−0.810 4
3/31/2017	1.259 7	0.780 0	2.039 7	5.641 1	0.891 310	25	22.282 8	0.931 4	23.285 1	−1.002 4
9/30/2v017	1.425 8	0.874 7	2.300 4	6.142 5	0.868 226	1 025	889.931 9	0.916 1	939.052 8	−49.120 9
总值							1 180.222 8		1 233.117 4	−52.894 5

解答 4：请注意，以前在问题 1、2 和 3 中分析了此债券的三笔支付。

所有信用调整价值的总和为我们提供了债券的总现值，即 1 180.222 8 欧元。在无风险的基础上，债券价值为 1 233.117 4 欧元，所以信用风险预期损失的现值为 52.894 5 欧元。

5. XYZ 公司（总部设在法国），2003 年发行 20 年期欧元债券。该债券年支付 6% 的息票。

> 债券于 2023 年 11 月 30 日到期，每年 11 月 30 日支付利息。
>
> 使用 2011 年 8 月 11 日当时的无风险收益率和信用利差，该债券信用调整价值、无风险价值和预期损失的现值如何？
>
> 请注意，这些收益率是不断复利的收益率，我们假设简单化，每年有 365 天。
>
> | 票息 | 6.00% | | | | | | | | | |
> |---|---|---|---|---|---|---|---|---|---|---|
> | 息票支付 | 年度 | | | | | | | | | |
> | 本金额 | 1 000 | | | | | | | | | |
>
> | 支付日期 | 无风险零息债券收益率（%） | 信用利差（%） | 总利差（%） | 到期年数 | 贴现因子 | 现金流 | 现值 | 无风险贴现因子 | 无风险现值 | 现值差额 |
> |---|---|---|---|---|---|---|---|---|---|---|
> | 11/30/2011 | 0.041 3 | 0.132 3 | 0.173 6 | 0.304 1 | 0.999 5 | 60 | 59.968 3 | 0.999 9 | 59.992 5 | -0.024 1 |
> | 11/30/2012 | 0.113 2 | 0.202 4 | 0.315 6 | 1.306 8 | 0.995 9 | 60 | 59.753 0 | 0.998 5 | 59.911 3 | -0.158 3 |
> | 11/30/2013 | 0.226 5 | 0.312 8 | 0.539 3 | 2.306 8 | 0.987 6 | 60 | 59.258 2 | 0.994 8 | 59.687 4 | -0.429 1 |
> | 11/30/2014 | 0.415 3 | 0.496 9 | 0.912 3 | 3.306 8 | 0.970 3 | 60 | 58.217 0 | 0.986 4 | 59.181 6 | -0.964 6 |
> | 11/30/2015 | 0.759 2 | 0.832 2 | 1.591 5 | 4.306 8 | 0.933 8 | 60 | 56.025 2 | 0.967 8 | 58.069 8 | -2.044 6 |
> | 11/30/2016 | 1.142 3 | 1.205 7 | 2.348 0 | 5.309 6 | 0.882 8 | 60 | 52.967 3 | 0.941 2 | 56.469 1 | -3.501 8 |
> | 11/30/2017 | 1.487 3 | 1.533 3 | 3.011 6 | 6.309 6 | 0.826 9 | 60 | 49.616 5 | 0.910 9 | 54.656 6 | -5.040 1 |
> | 11/30/2018 | 1.770 5 | 1.818 3 | 3.588 8 | 7.309 6 | 0.769 3 | 60 | 46.155 7 | 0.878 6 | 52.716 4 | -6.560 8 |
> | 11/30/2019 | 2.035 8 | 2.077 0 | 4.112 8 | 8.309 6 | 0.710 5 | 60 | 42.631 3 | 0.844 4 | 50.661 9 | -8.030 6 |
> | 11/30/2020 | 2.278 6 | 2.313 6 | 4.592 2 | 9.312 3 | 0.652 0 | 60 | 39.122 6 | 0.808 8 | 48.528 6 | -9.406 0 |
> | 11/30/2021 | 2.495 0 | 2.524 7 | 5.019 7 | 10.312 3 | 0.595 9 | 60 | 35.755 3 | 0.773 1 | 46.388 4 | -10.633 1 |
> | 11/30/2022 | 2.684 2 | 2.709 1 | 5.393 4 | 11.312 3 | 0.543 3 | 60 | 32.597 3 | 0.738 1 | 44.287 2 | -11.689 9 |
> | 11/30/2023 | 2.847 4 | 2.868 2 | 5.715 6 | 12.312 3 | 0.494 7 | 1 060 | 524.424 9 | 0.704 3 | 746.536 6 | -222.111 7 |
> | 总值 | | | | | | | 1 116.492 6 | | 1 397.087 3 | -280.594 7 |
>
> **解答 5**：XYZ 公司的债券的分析方法与例 6-4 中的第 4 题分析的 Powder 公司债券完全相同。
>
> 信用调整值为 1 116.492 6 欧元，无风险价值为 1 397.087 3 欧元。由于信用损失的预期损失为 280.594 7 欧元。

在考虑结构模型或简化形式模型中信用利差的分解时，假设市场是无摩擦的。这个假设当然意味着购买或出售对证券价格没有量的影响。这种对购买或出售价格的量的影响引入了流动性风险，这两种模式都这样假设。实际上，市场当然不是无摩擦的，流动性风险起着重要的作用。

在实际应用中，人们必须认识到，"真实"信用利差将包括预期的百分比损失（如结构和简化形式模型）和流动性风险溢价，即 $y_D(t, T) - Y_p(t, T) =$ 预期（百分比损失）+ 流动性溢价。

流动性溢价在实践中将是正的，因为相比大多数公司债券，主权政府债券在更流动的市场上交易。

6.7 资产支持证券

在本节中，我们介绍**资产支持证券**（asset-backed securities，ABS），有时称为结构性债券或结构性产品。它们是单独讨论的，因为它们在未来现金流量结构上与公司债务或主权债务不同。资产支持证券可以看起来与公司债相似，都有类似的规定：息票支付、面值和到期日。然而，资产支持证券是复杂的信用衍生产品。

资产支持证券是由被称为特殊目的工具（SPV）的法人实体发行的一种债券。SPV 是由自己拥有的称为抵押池的资产集合组成的。抵押池通常由特定类型的贷款集合组成。资产支持证券按其抵押池中的贷款进行分类。例如，住房抵押贷款支持证券（RMBS）的抵押池中主要是住房抵押贷款，商业抵押支持证券（CMBS）的抵押池中主要有商业抵押贷款，债务担保证券（CDO）持有各种资产类型（公司债券住房抵押或商业抵押贷款）等。抵押池中的贷款从利息支付和承诺并提前偿还的本金中产生现金流量。如果任何贷款违约，抵押池也可能蒙受损失。

与公司类似，SPV 由权益持有人创建。为购买抵押池融资，权益持有人发行债务。SPV 的债务结构与典型公司的债务结构不同。SPV 的债务是以各种不同层级债券发行。债券通常具有规定的到期日、面值和息票支付。债券层级按它们收到抵押池的现金流量和损失的优先级而有所差异。

现金流量首先支付给最高层级的债券，然后到下一位优先层级，直到支付所有的息票。任何剩余现金流量转归权益持有人所有。贷款违约造成的损失按照相反的顺序进行。任何损失首先由权益持有人承担，然后是最低层级的债券……到最高层级的债券。这种现金流量和损失的分配称为瀑布。实际上，如果抵押池的现金流明显下降，瀑布通常会更加复杂，包含基于抵押池特征的触发器，会将更多的现金流转移到最高层级的债券。这些触发器本质上是嵌入式期权。典型的 SPV 如表 6-11 所示。

表 6-11 一个典型的资产支持证券 SPV

资产	负债	瀑布	
抵押池（贷款）	高级债券层级	现金流↓	损失↑
	夹层债券层级		
	初级债券层级		
	⋮		
	权益		

与公司债务不同，资产支持证券在没有支付利息时并不违约。抵押池中的违约不会导致对 SPV 的违约或对某层级债券的违约。对于 ABS，债券继续交易直至其到期日或抵押池中累积损失或早期贷款的提前偿付而导致其所有面值被消除。由于现金流向 ABS 的复杂性，它们被更好地鉴定为信用衍生工具，而不是简单的债券。

与任何信用衍生工具的估值一样，为了评估 ABS 债券层级，可以使用结构模型或简化形式模型。估值必须从建立抵押池和现金流瀑布的组合开始。在实践中，这个运用是非常困难和复杂的，因为不同的 SPV 有不同的瀑布。在实践中，经常使用蒙特卡罗模拟程序。ABS 的估值和对冲以及更一般的信用衍生工具，留给将来的章节。

关于信用风险，可以用公司债券或主权债券的信用风险指标：损失概率、预期损失和预期损失的现值。如前所述，在这种情况下，违约概率不适用，所以它被损失概率所取代。为了计算这些指标，使用了类似于企业和主权债务使用的模型。但是，计算复杂得多。

对于资产支持证券的信用评级，信用评级机构使用与企业和主权债务相同的评级谱表，尽管事实上它们是著名的结构性债务。鉴于资产支持证券的复杂性，使用相同的信用评级谱表可能不合适。有些人认为，信用机构在 2007 年之前错误地评级了资产支持证券，而这种错误评级导致了 2008 年全球金融危机及其之后的损失。[一]据称结构性产品的错误评级引起了对信用评级的有效性和使用提出了疑问。世界各国政府都引进了新的监管改革，信用评级公司对评级方法的变化做出积极的回应。

本章小结

信用风险分析对于良好运作的经济来说极为重要。金融危机往往来自信用风险的错误度量和信用风险的变化。错误评级可能导致资源的错误定价和不当分配。本章讨论了信用风险分析的各种方法：信用评分、信用评级、结构模型和简化形式模型。此外，本章还讨论了资产支持证券，并解释了为什么使用为债务信用风险分析而设计的方法可能会导致有问题的指标。本章要点如下：

- 债券有四种信用风险指标：违约概率、违约损失、预期损失和预期损失的现值。四个指标之中，预期损失的现值是最重要的，因为它代表着愿意为自己拥有的债券支付的最高价格，因此它包含风险调整和货币时间价值。
- 信用评分和信用评级是信用风险评估的传统方法，用于将零售借款人与公司、政府和结构性产品进行排名。
- 在金融危机期间，信用评级机构错误评级债务发行，引发对信用评级机构的服务付费方式的担忧。
- 信用风险结构模型假设公司简单的资产负债表由单一负债——零息债券组成。结构模型还假设公司资产的交易并且是可观察的。
- 在结构模型中，公司的股权可以被视为公司资产的欧式看涨期权，行权价格等于债务面值。这种比较对于了解违约的债务概率，其违约损失、预期损失和预期损失的现值很有用。
- 结构模型的输入值只能通过校准来估值，输入值是根据公司股权的市场价格推断的。
- 信用风险的简化形式模型考虑公司的交易负债。简化形式模型也为公司的违约时间和违约损失假设了一个特定的过程。

[一] 参见 "Wall Street and the Financial Crisis: Anatomy of a Financial Collapse," Majority and Minority Staff Report, US Senate Committee on Special Investigations(13 April 2011).

- 这两个数量都取决于由一组宏观经济因子表示的经济状况。
- 采用期权定价方法，简化形式模型提供了对债务预期损失和预期损失现值的见解。
- 可以使用校准值或历史估值来估算简化形式模型的输入值。历史估值是首选方法，它结合了按过去时间序列公司违约的观察结果，宏观经济变量和公司资产负债表特征。在这方面使用故障率估算技术。
- 信用利差的期限结构是有风险债券收益率与无违约零息债券之间的差额。这些收益率可以从两种类型息票债券交易的市场价格估算。
- 任意债券的预期损失现值可以使用信用利差的期限结构来估算。
- 资产支持证券（ABS）是特殊目的工具（SPV）发行的负债。SPV的资产，称作抵押池，包括一系列的贷款。为了给其资产融资，SPV发行不同层级的债券（ABS），这些债券在现金流和损失方面具有不同的优先级，称为瀑布。
- 资产支持证券不会违约，但由于SPV的抵押池违约，可能会失去价值。建立资产支持证券的信用风险（即损失概率、违约损失、预期损失和损失的现值）的模型是一项复杂的工作。

参考文献

Chava, S., and R. Jarrow. 2004. "Bankruptcy Prediction with Industry Effects." *Review of Finance*, vol. 8, no. 4:537–569.

Heath, D., R. Jarrow, and A. Morton. 1992. "Bond Pricing and the Term Structure of Interest Rates: A New Methodology for Contingent Claims Valuation." *Econometrica: Journal of the Econometric Society*, vol. 60, no. 1 (January):77–105.

Jarrow, R. 2009. "Credit Risk Models." *Annual Review of Financial Economics*, vol. 1, no. December: 37–68.

Jarrow, R., and S. Turnbull. 1992. "Credit Risk: Drawing the Analogy." *Risk Magazine*, 5 (9).

Jarrow, R., and S. Turnbull. 1995. "Pricing Derivatives on Financial Securities Subject to Credit Risk." *Journal of Finance*, vol. 50, no. 1 (March):53–85.

Merton, R.C. 1974. "On the Pricing of Corporate Debt: The Risk Structure of Interest Rates." *Journal of Finance*, vol. 29, no. 2 (May):449–470.

van Deventer, D.R., K. Imai, and M. Mesler. 2004. *Advanced Financial Risk Management: Tools and Techniques for Integrated Credit Risk and Interest Rate Risk Management*. Hoboken, NJ: John Wiley & Sons.

第三部分

资产支持证券

第 7 章

资产支持证券入门

弗兰克 J. 法博齐（Frank J.Fabozzi）
特许金融分析师

学习成果

完成本章后，你将能够掌握以下内容：
- 解释证券化对经济和金融市场的好处。
- 描述证券化过程，包括参与过程的各方，它们发挥的作用，以及涉及的法律架构。
- 描述住房抵押贷款证券化的类型和特征，描述住房抵押担保证券的类型和特征，并解释每种类型的现金流量和信用风险。
- 解释建立多层级贷款证券化结构（例如抵押担保债券）的动机，以及证券化结构的特征和风险。
- 描述商业抵押担保证券的特征和风险。
- 描述非抵押资产支持证券的类型和特征，包括各类型现金流量和信用风险。
- 描述债务抵押证券，包括其现金流量和信用风险。

7.1 引言

以前的读物研究了各种基本的固定收益工具的风险特征以及到期日、票息和利率变化之间的关系。本章引入了额外水平的复杂程度，即通过称为**证券化**（securitization）过程创造的固定收益工具。这一过程包括将资产从资产所有者手中转移到特殊法人实体。除政府和公司发行的债券以外，固定收益市场还包括通过资产池（集）如贷款和应收账款支持或担保的证券。这些固定收入证券一般称为**资产支持证券**（asset-backed securities，ABS）。特殊法人实体将资产作为抵押品，资产的现金流量用于支付利息，并偿还所欠资产支持债券持有人的本金。通常用于创建资产支持债券的资产被称为**证券化资产**（securitized assets），其中包括住房按揭贷款、商业抵押贷款、汽车贷款、学生贷款、银行贷款和信用卡债务。证券化的推进和创新带来了各种收益资产抵押担保的债券。

本章讨论了证券化的好处，描述了证券化过程，并解释了证券化工具的投资特征。关于证券化证券的专门术语因司法管辖权而异，所以使用的词汇将在本文中得到说明。根据定义，**抵押担保证券**（mortgage-backed security，MBS）是资产担保的证券，但 MBS 和 ABS 之间往往会因非抵押贷款资产的支持而有差别。贯穿本章，"抵押支持证券"或 MBS 一词是指以优质房地产抵押贷款为支持担保的证券，而"资产支持证券"或 ABS 是指由其他类型资产支持的证券。

文中大部分的讨论和例子主要是指美国，因为美国的证券化市场是世界上最大的。而且，它远远大于其他国家的证券化市场。

为了从宏观经济的角度强调证券化的重要性，7.2 节首先讨论了证券化对经济和金融市场的好处。然后本章转向 7.3 节的证券化过程，该节标识了证券化过程中的所有各方，并指出了特殊法人实体在为公司和其他筹资实体创造资产支持债券方面的关键作用。7.4～7.6 节解释了房地产物业抵押贷款支持的债券。世界各地住房抵押贷款设计的不同类型在 7.4 节描述。7.5 节的重点是住宅的 MBS（RMBS），而 7.6 节专门用于介绍商业的 MBS（CMBS）。7.7 节讨论了世界各地有代表性证券化的两种主要类型非抵押贷款：汽车贷款应收账款 ABS 和信用卡应收账款。最后，7.8 节涵盖了被称为债务担保证券（CDO）的资产支持产品。

7.2 证券化对经济与金融市场的好处

证券化是一个相对简单的债务，如贷款或债券被重新包装成包含多个新实体参与的更为复杂结构的过程。将贷款池证券化成多种证券为经济带来了许多好处。⊖

传统上，大部分抵押贷款和其他类型金融资产的融资都是通过金融机构获得的，如商业银行。对于参与此类融资的投资者，必须持有存款、债务或银行发行的普通股等某些组合。这在借款人和最终投资者之间创建了一个额外的夹层（银行）。此外，这一过程使得最终投资者难以专注于面对他们可能希望持有的特定类型的资产。受限于持有银行的存款和证券，最终投资者也受到银行其他部门投资组合承担的经济风险的影响。

证券化解决了一些这样的问题。它可以降低或消除最终投资者和初始借款人之间的隔离墙。它允许最终投资者在基础抵押和应收账款组合上获得更好的法律求偿权，并允许他们根据自己的需要调整利率和信用风险。由于金融脱媒化（减少中介机构的作用），可以有效降低借款人支付的成本，同时可以提高对风险调整后的回报。与此同时，银行可以通过增加贷款来源来提高其盈利能力，而不是只参与那些为自己融资的活动（拥有自己的存款、债务和股权）。也就是说，证券化允许银行增加可借出资金的数额，这最终有利于需要借款的政府和公司。事实上，证券化工作是因为它有利于借款人、投资者和银行（和/或其他金融中介机构）。资产支持债券在公开市场上出售。因此，有效的证券化可以让银行发起（创造）贷款，包装（汇集）贷款作为资产支持债券的抵押品，并将这些资产支持债券出售给公众。

⊖ 更详细的讨论请见 Fabozzi and Kothari（2008）。

证券化还会创造出流动性更好的可交易证券，而不是银行资产负债表上的初始贷款。在将贷款和应收账款变成可交易的过程中，证券化使金融市场更有效率，提高了潜在金融债券的流动性。因此，证券化降低了金融体系的流动性风险。事实上，中国人民银行的顾问为计划在2012年3月推出一个试点证券化给出的正是这个原因，这样，中国的某些商业贷款机构就可以把诸如汽车贷款这样的资产证券化。顾问表示，证券化可以帮助中国的银行将账上的非流动资产转化为流动资产。⊖流动性改善的过程将在7.3节更详细地阐述证券化时变得清楚。

额外的好处是，证券化可以实现投资产品的创新，从而使得投资者能够介入与风险、回报和到期期限相匹配的资产类别，否则它们不能直接获得。例如，一个长期的养老基金可以通过投资于RMBS直接介入长期住房贷款，而无须投资银行债券或股票。虽然很少机构或个人投资者愿意直接购买房地产贷款、汽车贷款或信用卡应收账款，但他们愿意投资于和标准债券有类似特征的贷款或应收款支持证券，特别是这样做不需要专门的资源来发起、监督和从相关贷款收取付款。

由于这些原因，证券化对于经济和证券交易是必要的。世界各国的主权政府都参与了证券化。例如，自20世纪90年代后期以来，意大利政府已经利用证券化将公共资产私有化。在新兴市场国家，证券化被广泛使用。例如，在南美洲，信用评级高的公司和银行已经使用证券化方式以有利的融资成本出口石油等应收账款。

虽然证券化给经济带来了许多好处，但并不是没有风险。这些风险被广泛归因于2007～2009年金融市场的动荡。本章中描述了许多这样的风险。

> ### 例 7-1 证券化和金融稳定委员会
>
> 以下出现在《联合论坛》2011年7月刊，标题为"证券化激励措施报告"，由国际清算银行出版：
>
> > 危机开始后，重新建立可持续发展的证券化市场一直是二十国集团（G20）、金融稳定委员会（FSB，一个旨在协调和促进执行金融当局工作和标准制定的国际机构）以及其他国际组织和国家政府议程上的重要议题。
> >
> > FSB在2010年11月20日向二十国集团领导人的报告中特别指出，"重新建立坚固基础的证券化仍然是优先事项，以支持向实体经济提供信贷，并改善银行在许多司法管辖区获得资金的机会。"
>
> 说明FSB在11月20日报告中引文的含义。
>
> **解答**：通过证券化融资是非银行实体为经济各行业提供投资资金的手段，否则这些行业只能依赖银行。证券化允许银行发起、监督和收取超出自己存款和资本限制的贷款。因此，证券化允许非银行和银行部门比仅通过银行更便宜和更有效地向经济实体提供信贷。

⊖ "China Revives Giant Securitization Program"（2012），p.6.

7.3 证券化过程

当资产证券化时，必须满足若干法律和监管条件，这就需要在这个过程中引入新的各方来促进交易。在本节中，描述了证券化过程，通过假设的证券化交易引入了证券化各方。

7.3.1 证券化交易的一个例子

Mediquip 是医疗设备的制造商，成本从 5 万美元到 30 万美元不等。其中一些设备以现金方式出售。然而，Mediquip 的大部分销售是通过公司向其客户贷款进行的。这些贷款代表了 Mediquip 的资产，期限为 5 年，固定利率。这些贷款按月支付全额摊销，也就是说，借款人每月将按本金和利息支付相等的金额。从 60 笔还贷付款（12 个月 ×5 年）中偿还的本金总额，使得借款金额在期末将全部得以偿清（全额摊销）。

Mediquip 的信用部门决定是否向客户提供信贷和贷款服务。服务涉及从借款人收取款项，通知可能拖欠款项的借款人，如果借款人在指定的时间内没有偿还贷款，必要时收回和处置医疗设备。医疗设备作为给客户贷款的抵押品。回想一下，抵押品是指借款人承诺支付的债务之上的资产或财务担保。如果其中一个客户违约，Mediquip 可以扣押医疗设备并出售，以努力收回贷款中剩余的本金。虽然这些贷款的服务商不一定是贷款的发起人，但这个例子中的假设是，Mediquip 将是服务商。

以下是这些贷款如何用于证券化的例证。假设 Mediquip 有 2 亿美元的贷款。该金额在 Mediquip 的资产负债表上显示为资产。还假设 Mediquip 想要筹集 2 亿美元的现金，恰好与贷款的数额相等。由于他认识到更低的证券化成本，Mediquip 的财务主管决定通过证券化筹集资金，而不是发行 2 亿美元的公司债券。为此，Mediquip 将成立一个通常被称为**特殊目的工具**（special purpose vehicle，SPV）的法人实体，但有时也称为特殊目的实体（SPE）或特殊目的公司（SPC）。这个法人实体的关键作用很快就会变得明确。在我们的例子中，设立的 SPV 称为医疗设备信托（MET）。

证券化交易如图 7-1 所示。图 7-1 的顶部反映了 Mediquip 的上述业务模式。如图 7-1 所示，Mediquip 向 MET 出售 2 亿美元的贷款，并从 MET 获得 2 亿美元的现金，在这个例子中，与证券化过程相关的成本将被忽略不计。如图 7-1 底部所示，MET 通过出售以 2 亿美元贷款担保的证券，从投资者那里获得了 2 亿美元。这些证券是前面提到的资产支持证券。

证券化过程需要发布招股说明书，一份包含有关证券化交易信息的文件。㊀在我们的例子中，MET（SPV）将被称为"发行人"或"信托"。出售给 MET 抵押品的卖方，Mediquip 将被称为"卖方"或"存放人"。招股说明书可能会声明，"证券仅代表发行人的义务，不代表 Mediquip 或其任何关联公司的义务或利益。"请注意，本声明中的"抵押品"一词与前文所述的不同。这里，抵押品是指将产生现金流量的证券化资产池。

㊀ 更准确地说，在美国，通常会向证券交易委员会提交"基本招股说明书"和"补充招股说明书"。基本招股说明书提供了定义，有关证券化各方的信息，以及将来提供的有关证券的某些信息：被证券化的资产类型、将被使用的结构类型，以及信用增强类型（最后两个在 7.5.3 节讨论），补充招股说明书提供了具体的证券化细节。

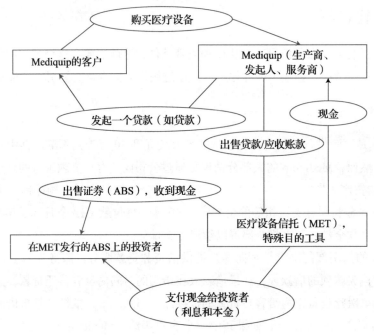

图 7-1 Mediquip 的证券化交易

从抵押品收到的款项进行分配用于支付服务费、其他行政费用，如图 7-1 底部所示，向证券持有人即那些买进 ABS 的投资者支付现金（利息和本金）。招股说明书相当详细地列出了对服务人员、行政人员和证券持有人的优先权和付款金额。由于 ABS 通常包括不同优劣等级或层级的债券⊖，所以招股说明书必须明确规定在证券化资产池产生的现金流量不足以向证券持有人支付现金的情况下的优先权和付款金额。证券化交易中采用的结构通常被称为瀑布（waterfall），是因为在债券层级之间的波形支付流而得名。

7.3.2 各方及其对证券化交易的作用

到目前为止，已经提到了证券化的三方：抵押品的卖方（也称为发起人或存放人，我们例子中的 Mediquip），SPV（有时在招股说明书称为发行人或信托人，我们例子中的 MET）和服务商（这里，Mediquip 是服务商）。其他各方也参与了证券化：独立的会计师、律师/代理人、受托人、承销商，评级机构和担保人。卖方和 SPV 是主要交易对手。所有其他方，包括与卖方不同的服务商，都被称为交易的第三方。

证券化交易涉及大量的法律文件。律师/代理人负责准备法律文件。第一个是资产卖方（Mediquip）和 SPV（MET）之间的购买协议。购买协议规定了卖方对所出售资产的陈述和保证。第二个法律文件列出了结构的瀑布形。

受托人或受托人代理人通常是具有信托权力的金融机构，保护被放置在信托中的资产，持有债券持有人的款项直到付款为止，并定期向债券持有人提供信息。信息是以付款清单的形式提供的，根据招股说明书条款的规定每月、每季度或其他时间发放。

⊖ 在资产证券化中，"债券等级"和"层级"这两个术语可以互换使用。后者在法语中意味着"切片"。

承销商和评级机构在证券化方面履行的功能与他们在标准的公司债券发行方面相同。

最后，证券化可能有一个实体担保 SPV 发行一些债务。这些实体被称为"担保人"。由于他们对证券化工具的重要作用，通过 5.3.2 节外部信用增强对担保人进行讨论。

> **例 7-2　哈雷戴维森的证券化**
>
> 哈雷戴维森公司制造和销售摩托车。以下信息来自向美国证券交易委员会提交的与购买哈雷戴维森摩托车有关的证券化：
>
> 发行人：哈雷戴维森摩托车信托 2005-2
>
> 4.87 亿美元，3.79% 哈雷戴维森摩托车合约支持
>
> 票据，A-1 级
>
> 2.511 8 亿美元，4.07% 哈雷戴维森摩托车合同支持
>
> 票据，A-2 级
>
> 3 682 万美元，4.27% 哈雷戴维森摩托车合约支持
>
> 票据，B 类
>
> 卖方和服务商：哈雷戴维森信贷公司
>
> 合约：票据的基础资产为固定利率、单利计算、有条件销售合同、本票以及与购买新旧摩托车有关的担保协议。
>
> 通过这些信息，确定抵押品和证券化的各方。
>
> **解答：**在证券化过程中，使用债务作为证券发行的抵押品。在这种证券化过程中，已经证券化的债务是上述信息中描述的"合约"。这些合约基本上是为哈雷戴维森公司和指定的子公司生产的摩托车的买家提供的贷款。贷款依照不同的名义，例如有条件销售协议、本票和担保协议，贷款附带固定利率。
>
> 三种类别债券的发行人或信托是哈雷戴维森摩托车信托 2005-2。尽管在信息集中没有直接陈述，但哈雷戴维森摩托车信托 2005-2 也是 SPV。该 SPV 从卖方或存放人哈雷戴维森摩托车信贷公司处购买合约。我们预期这些合约是从哈雷戴维森公司（Harley-Davidson, Inc.）购买的，但正是哈雷戴维森信贷公司发起的贷款，因此是贷款的卖方，也必须为这些贷款提供服务，因为哈雷戴维森信贷公司也是合约的服务商。

7.3.3　债券发行

一个简单的交易可能涉及仅出售一个债券类别，例如在 Mediquip 和 MET 例题中面值为 2 亿美元的债券类别。让我们称这类债券为债券 A 类。假设 MET 为债券 A 类发行了 20 万张凭证，每个凭证的面值为 1 000 美元。因此，在支付费用后，每个合格凭证持有人拥有抵押品 20 万分之一的权利。

结构可以更复杂一些。例如，除按比例分配给不同债券类别之外，还会有分配本金和利息的规则。例如，假设 MET 发行了以下四种债券类别，总面值为 2 亿美元：A1（8 000 万美元）、A2（6 000 万美元）、A3（4 000 万美元）和 A4（2 000 万美元）。在这样一个结构中，将为四种债券类别的利息和本金分配制定规则。一些债券类别接受偿付比其他债券类别更早一些。

创建不同结构的动机是在债券类别之间重新分配一种称为提前偿付风险的风险。提前偿付风险是由于借款人通常利用利率变动而改变支付能力，使得现金流量与贷款协议规定的预定现金流量不同而带来的不确定性。例如，借款人倾向于在利率下降的情况下偿还部分或全部贷款，如有需要，以较低的利率进行再融资。债券类别的创建被称为时间分层，并在 7.5.2 节进一步讨论。

证券化交易中的另一个常见的结构是从属关系。在这样一个结构中，有不止一个债券类别，债券类别的不同关系到它们将如何分担因贷款池中借款人违约而导致的任何损失。债券类别分为高级债券类或次级债券类，结构称为高级/次级结构。在任何损失由高级债券类承担之前，损失由次级债券类承担。例如，假设 MET 发行 1.8 亿美元面值的债券 A 类（高级债券类）和 2 000 万美元面值的债券 B 类（次级债券类）。在这种结构中，B 类债券将承担高达 2 000 万美元的损失。因此，只要借款人的违约不超过 2 000 万美元，债券 A 类将获得全额偿还 1.8 亿美元。这种结构的目的是重新分配与抵押品相关的信用风险。这被称为信贷分层（credit tranching），也就是说，创建了一套债券类别，允许投资者选择他们喜欢承担的信用风险的数量。如 7.5.3.1 节所述，高级/次级结构是一种信用增强的形式。

可以创建多个次级债券类。假设 MET 发行以下结构：

债券类别	面值（百万美元）
A（高级）	180
B（次级）	14
C（次级）	6
总计	200

在这种结构中，债券 A 类是高级债券类，从债券 A 类的角度看债券 B 类和债券 C 类是次级债券类。损失分配规则如下：在债券 B 类，然后是债券 A 类承担任何损失之前，抵押品的所有损失由债券 C 类承担。因此，如果抵押品损失不超过 600 万美元，债券 A 类和债券 B 类将不会承担损失。如果损失超过 600 万美元，债券 B 类必须承担额外的最高至 1 400 万美元（其面值）的损失。例如，如果抵押品总损失为 1 600 万美元，债券 C 类将承担整个面值 600 万美元的损失，而债券 B 类在其 1 400 万美元的面值中承担 1 000 万美元的损失。债券 A 类在这种情景下没有承担任何损失。显然，只有当抵押品的损失超过 2 000 万美元时，债券 A 类才承担损失。

具有时间分层和信用分层的结构是合理的和常见的。

> **例 7-3　债券类别和分层**
>
> 返回例 7-2 中描述的哈雷戴维森的证券化。证券化交易中有多少债券类别？如果 A-1 债券层级高于 A-2 债券，而 A-2 债券的层级又高于 B 债券，那么这个交易是否有时间分层和/或信用分层？
>
> **解答：** 证券化交易中有三种债券类别或层级：A-1 类、A-2 类和 B 类。每个债券类都有固定但不相同的利率。该交易具有信用分层，因为三种债券类别显示了一个高级次级结构：A-1 债券类别高于 A-2 债券类别，并且这两种债券类别都高于次级债券 B 类别。从描述中，结构似乎不涉及时间分层，因为所有的债券类别都在借款人付款时收到利息支付和本金偿还。

7.3.4　特殊目的工具的关键作用

作为一个专门的法人实体，SPV 在证券化过程中发挥着举足轻重的作用。事实上，在保护债权人投资资产支持债券的权利方面，建立起与 SPV 发挥相同作用的法律架构，是任何希望允许证券化国家的先决条件。实际上，如果一个国家的法律体系中没有对应于 SPV 的条款，那么想利用证券化优势筹集资金的实体就不会存在。我们使用 Mediquip 和 MET 的例子来解释其中的原因。

假设 Mediquip 是一家从信用评级机构如标准普尔、穆迪投资者服务或惠誉评级获得信用评级的公司。信用评级反映了信用评级机构对实体的信誉度和（或）其发行的债务证券的看法。假设指定给 Mediquip 的信用评级为 BB（或双 B）。这样的信用评级意味着 Mediquip 低于所谓的投资级信用评级。

再次假设，Mediquip 的财务主管想筹集 2 亿美元，正在考虑通过发行 5 年期公司债券而不是证券化贷款。财务主管当然关心公司必须支付的利率，并希望可以得到相对于某些基准利率的最低利率。发行人在 5 年期公司债券上支付的利率与基准利率之间的差额为利差。该利差反映了投资者购买公司债券所需的补偿，因为其风险高于按基准利率发行的债券。影响利差的主要因素是公司的信用评级，这是利差被称为"信用利差"的原因。

影响信用利差的另一个因素是债券是否有抵押品（即资产或财务担保支持）支持。拥有抵押品的公司债券通常被称为担保债券。抵押品通常减少信用利差，使担保债券的信用利差低于其他相同的无担保公司债券的信用利差。在我们的例子中，Mediquip 的财务主管可以使用医疗设备上的贷款作为担保公司债券的抵押品。所以，如果信用评级为 BB 的 Mediquip 公司发行 5 年期公司债券来募集 2 亿美元，信用利差将主要反映其信用评级和稍微反映抵押品。我们很快就会看到抵押品为什么只轻微地影响信用利差。

现在假设，Mediquip 的财务主管以一揽子交易的方式出售贷款合同给 MET 即 SPV，而不是使用给客户的贷款作为担保公司发行债券的抵押品。在由 Mediquip 出售应收账款给 MET 完成后，是 MET 而不是 Mediquip 合法拥有应收账款。因此，如果 Mediquip 被迫破产,而已售的应收账款仍然未偿还,则 Mediquip 的债权人无法收回由 MET 合法所有的应收账款。其法律意义在于,当 MET 发行以来自贷款池的现金流支持的债券时,购买任意债券类别的投资者评估和收到由应收账款支付相关的信用风险与 Mediquip 信用评级无关。

信用评级指定给证券化中创建的各种债券类别,并且依赖于信用评级机构如何根据抵押品(即贷款)来评估信用风险。因此,由于 SPV 的创建、抵押品的质量和 SPV 资本结构,一个公司可以通过证券化筹集资金,其中一些债券类别的信用评级好于公司自身寻求募集资金。因此,发行资产支持债券的融资成本合计低于发行公司债券的融资成本。降低融资成本是 SPV 在证券化中的关键作用。

一个合理的问题是为什么证券化的信用成本低于用于证券化相同的抵押品担保的公司债券。原因是 SPV 是破产隔离工具。如上所述,在一个适当结构化的证券化方面,资产属于 SPV,而不是归属于把资产出售给 SPV 换取资金的实体。在许多国家,包括美国,当一家公司被清算时,债权人根据绝对优先权规则在可以得到资产的范围内获得分配。绝对优先规则是在次级债权人获得任何偿付之前,高级债权人全额获得偿清的原则。对于有担保债权人和无担保债权人,绝对优先权规则保证其相对于股东的优先权。

在清算中,绝对优先权规则通常成立。相比之下,当公司重组时,法院并不总是严格坚持绝对优先权。因此,虽然公司债务的投资者认为他们优先于股权所有者,优先于其他类别的债务人,但改组的实际结果可能与债务协议中规定的条款有很大差异;也就是说,如果公司债券有抵押品(即资产担保),则不能保证债权人的权利得到保障。因此,抵押品支持担保债券的信用利差并没有大幅下降。

在证券化的情况下,法院(大多数司法管辖区)无权自行决定改变债务资历,因为公司的破产不会影响 SPV。证券化结构中规定的关于损失如何被证券化资本结构中每种债券类别承担的规则不受公司破产的影响。需要资金的实体的信用风险与 SPV 发行的债券类别的这种重要脱钩,使得 SPV 清晰的法律角色至关重要。

然而,所有国家并没有相同的法律框架。有些国家在发行资产支持债券方面出现了障碍,因为信托法的概念在全球不像在美国那样发达。[⊖]因此,投资者应该知道他们购买资产支持债券所在的司法管辖区适用的法律因素。

例 7-4 特殊目的工具和破产

位于意大利贝加莫的工业机床制造商阿涅利(Agnelli)工业公司在其资产负债表上有 4 亿欧元希望予以证券化的应收账款。应收账款意味着阿涅利工业公司预计将向欧洲各国客户收取售出机床的款项。阿涅利工业公司的债券信用评级低于投资级,阿涅利通过将其出售给阿涅利信托(特殊目的工具)进行证券化,然后发行以下债券,所有这些债券的到

⊖ 在许多欧盟国家,债权人受到保护,承认证券化交易是真实的销售。SPV 对证券化资产拥有完全的合法所有权,这些资产在卖方的资产负债表中已被取消。在发起人/服务商违约的情况下,SPV 可以指定一个公司替代服务角色,继续从证券化资产的收入流中支付债券持有人,而发起人/服务商的其他债权人对这些资产不能够要求拥有物权或者求偿权。

期期限为 5 年：

债券类别	面值（百万美元）
A（高级）	280
B（次级）	60
C（次级）	60
总计	400

证券化中的 A 类债券具有投资级信用评级。

1. 当阿涅利公司的债券没有投资级评级时，资产支持债券中的一类债券怎么能有投资级评级？

2. 假设资产支持债券发行 2 年后，阿涅利工业公司申请破产，破产对资产支持债券持有人有何影响？

解答 1：当阿涅利公司的债券没有投资级评级时，A 类债券可以具有投资级信用评级，起因于阿涅利信托发行的资产支持债券，而阿涅利信托是阿涅利工业公司独立的法人实体 SPV。持有阿涅利工业公司的债券和（或）股票的投资者对作为资产支持债券抵押品的证券化应收账款产生的现金流量没有法定求偿权。信用评级机构评估这些现金流量的信用风险时不考虑阿涅利工业公司本身。因此，A 类债券的信用评级甚至高于阿涅利工业公司的公司债券。

解答 2：如果证券化交易被视为真正的销售，阿涅利工业公司申请破产的事实不影响资产支持债券的持有人。这些债券持有人只有在购买机床的客户不履行贷款支付义务的情况下才会面临信用风险。只要客户继续付款，所有三种债券将获得预期的现金流量。这些现金流在法律上完全独立于阿涅利工业公司本身发生的任何事情。

7.4 住房抵押贷款

在介绍各类住房抵押担保证券之前，本节简要介绍了初始产品的基本特征：住房抵押贷款。本节所述的抵押贷款设计是典型的证券化的。

抵押贷款（mortgage loan）或简单的按揭贷款是以某些指定的房地产所有物作为抵押物担保的贷款，这些贷款责成借款人（通常是希望买房的人）预先确定一系列付款给贷款人（通常最初是银行或抵押贷款公司）。如果借款人违约，抵押贷款赋予贷款人有权取消贷款，也就是说，**止赎权**（foreclosure）允许贷款人持有抵押物，然后出售以收回资金偿还债务。

通常，购买房产之前的贷款金额低于房产的购买价格。借款人支付首付，借款金额为房产购买价款与首付款之间的差额。当贷款首次提取时，借款人在财产中的权益等于首付。随着时间的推移，随着房地产市场价值的变化，借款人的权益随之变化。它也随着借款人支付包括本金偿付在内的抵押贷款而发生变化。

房产购买价格与抵押贷款金额的比例称为贷款价值比率（loan-to-value ratio，LTV）。LTV 越高，借款人权益越低；LTV 越低，借款人的权益就越大。从贷款人的角度来看，借款人所拥有的权益越多（即 LTV 越低），借款人违约的可能性就越小。此外，LTV 越低，如果借款人违约，贷款人收回并出售该房产，贷款人对贷款的回收就有更多的保护。

在世界各地，有相当数量的抵押贷款设计。抵押贷款设计是指：①贷款期限；②利率如何确定；③如何偿还本金（即摊销时间表）；④借款人是否有权选择提前偿付，在这种情况下，是否可以征收提前偿付款罚金；⑤贷款人在止赎中的权利。

Lea（2010）的一项研究提供了对澳大利亚、加拿大、丹麦、爱尔兰、日本、德国、荷兰、韩国、西班牙、英国和美国的抵押贷款设计的极好回顾。⊖本节借鉴这项研究来描述抵押贷款设计的五项规范。

7.4.1 到期期限

在美国，抵押贷款通常的到期期限为 15～30 年。对于欧洲大多数国家来说，住房抵押贷款通常在 20～40 年，但在一些国家（如法国和西班牙），可能长达 50 年。日本是一个极端的例子，抵押贷的到期期限可以是 100 年。⊜注意，所谓的抵押贷款期限是指到到期日的年数。

7.4.2 利率的确定

抵押贷款利率被称为按揭利率（mortgage rate）或合约利率（contract rate）。抵押贷款利率如何确定在各国之间有很大差异。按揭贷款利率的确定有如下四个基本方法：

- 固定利率：按揭期间抵押贷款利率保持不变。美国和法国在这种利率决定类型中占有很大比例，直至最近的丹麦也是如此。尽管固定利率抵押贷款不是德国的主导形式，但它们确实也存在。
- 可调整或可变利率：定期（每日、每周、每月或每年）重新设定抵押贷款利率。在重置日期，确定可调整利率抵押贷款（ARM）的新抵押贷款利率是基于某些参考利率、指数（在这种情况下可称为指数参考的 ARM）或贷款方自行确定的利率（在这种情况下，它被称为可修订的 ARM）。澳大利亚、爱尔兰、韩国、西班牙和英国的住房按揭贷款以可调整利率贷款为主。在澳大利亚、爱尔兰和英国，可修订的按揭贷款是标准的。在韩国和西班牙，这个利率与指数或参考利率绑定。加拿大和美国的 ARM 通常与指数或参考利率挂钩，尽管这种类型的 ARM 并不是利率决定的主要形式。ARM 的一个重要特征是通常会有最高利率，按揭利率可以在重置日期变动，最高利率是抵押贷款利率在抵押贷款期限内达到的最大利率。
- 初始期固定利率：抵押贷款利率在初始阶段固定，然后进行调整。调整可能需要新的固定利率或可变利率。当调整要求固定利率时，抵押贷款被称为展期按揭或重新

⊖ Lea（2012，表 2，17 页）。
⊜ 住房抵押贷款的期限通常与贷款到期时借款人的年龄相一致，借款人的退休年龄通常是上限。

协商抵押贷款。这种按揭设计在加拿大、丹麦、德国、荷兰和瑞士占主导地位。当抵押贷款以固定利率开始，然后在指定的初始期限之后变为可调整利率时，抵押贷款被称为混合抵押贷款。混合抵押贷款在英国比较流行。
- 可转换：按揭利率初始为固定利率或可调整利率。在某些时候，借款人有权选择在抵押贷款剩余期限将抵押贷款转换成固定利率或可调整利率。日本几乎一半的抵押贷款是可转换的。

7.4.3 摊销时间表

在大多数国家，住房抵押贷款是**摊销贷款**（amortizing loans）。贷款的摊销意味着随着时间的推移逐步减少借款金额。假设借款人没有提前偿付款项，借款人定期支付的抵押贷款由利息支付和预定的本金偿还构成。预定的本金偿还是指未清偿抵押贷款余额的减少额，因此被称为摊销额。如前一段所述，有两种类型的摊销贷款：全额摊销贷款和部分摊销贷款。在全额摊销贷款中，抵押贷款期间所有定期还本的总和是在最后一次按揭付款时，贷款全额偿还。美国大部分住房抵押贷款都是全额摊销贷款。在部分摊销贷款中，所有定期本金偿还的金额低于借款金额。最后一笔付款就是未清偿的抵押贷款余额，最后一笔付款被称为大额尾款支付（气球型支付）。

如果在某些年限内没有规定定期偿还本金，这样的贷款被称为**仅有利息的抵押贷款**（interest-only mortgage）。在澳大利亚、丹麦、芬兰、法国、德国、希腊、爱尔兰、荷兰、葡萄牙、韩国、西班牙、瑞士和英国提供仅有利息的抵押贷款。⊖仅有利息的抵押贷款也在美国有限的范围内存在。一种特殊类型的仅有利息抵押贷款是在整个贷款期间没有预定的本金偿还。在这种情况下，大额尾款支付等于原贷款金额。这些抵押贷款，被称为"仅有利息终身抵押贷款"或"子弹型抵押贷款"，在丹麦、荷兰和英国都有。

7.4.4 提前偿付和提前偿付罚金

提前偿付是超出预定的本金还款的任何用于偿还本金的付款。抵押贷款可以允许借款人有权在预定本金偿还到期日之前提前偿付全部或部分抵押贷款本金余额。这种合同条款被称为**提前偿付期权**（prepayment option）或**提早提前偿付期权**（early prepayment option）。但是，借款人在抵押贷款开始后的一定时间内提前偿付时，抵押贷款可能会规定某种货币处罚，此期限可能会延长至贷款的全部存续期。这种按揭设计被称为**提前偿付罚金抵押贷款**（prepayment penalty mortgage）。提前偿付罚金抵押贷款在欧洲很常见。虽然美国提前偿付罚金抵押贷款的比例很小，但确实存在。

从贷款人或投资者的角度来看，允许提前偿付的效果是，无法确定来自抵押贷款现金流量的数量和时间。该风险在 7.3 节被称为提前偿付风险。提前偿付风险将影响所有允许提前偿付的抵押贷款，而不仅仅是平均支付、固定利率、完全摊销的抵押贷款。

提前偿付罚金的目的是当利率下降时借款人提前偿付，补偿贷款人合同利率与当前抵押

⊖ See Table 7 in Scanlon, Lunde, and Whitehead(2008).

贷款利率之间的差额。因此，罚金实际上是为贷款方提供维持收益的有效机制。计算罚金的方法各不相同。

7.4.5 贷款人在止赎权中的权利

抵押贷款可以是有追索权贷款或无追索权贷款。当借款人不能履行合同贷款支付时，贷款方可以收回财产并出售，但出售财产所得的收益可能不足以弥补损失。在有追索权贷款（recourse loan）中，贷款人对借款人提出索赔，要求赔偿抵押贷款余额与出售财产所得收益之间的差额。在无追索权贷款（non-recourse loan）中，贷款方没有这样的索赔权，所以贷款方只能指望这些财产来收回未清偿的抵押贷款余额。在美国，住房抵押贷款通常是无追索权贷款。大多数欧洲国家的住房抵押贷款是有追索权贷款。

抵押贷款的有追索权/非追索权特征对于预测借款人违约的可能性有影响。例如，在美国，如果财产的价值下降并低于借款人所欠贷款，那么借款人即使有资源可以继续支付抵押贷款，借款人也有动机违约和允许贷款人收回财产。借款人的这种违约类型被称为"策略违约"。在住房按揭贷款中有追索条款的国家，策略违约不太可能，因为贷款人可以从借款人的其他资产和（或）收入中寻求偿还，以力求收回短缺量。既然已经设定好了住房抵押贷款的基础，我们可以把注意力转移到这些抵押贷款如何证券化而转化成抵押支持证券。在以下部分，我们专注于美国住房抵押贷款行业，因为它是世界上最大的。此外，许多非美国投资者在其投资组合中持有美国抵押担保证券。

7.5 住房抵押担保证券

由抵押贷款证券化创建的购买住宅房产的债券是住房抵押担保证券（RMBS）。在美国、加拿大、日本和韩国等国家，区别在于证券是由政府或准政府实体担保的或者不是。准政府实体通常由政府创建，为它们执行各种职能。准政府实体的例子包括政府资助企业（GSEs），例如美国的房利美（以前的联邦全国抵押协会）和房地美（以前的联邦住房贷款抵押公司）以及日本国际合作银行（JBIC）。

在美国，住房抵押贷款担保的证券分为三个部分：①由联邦机构担保的证券；②由两个GSE中的任一个担保的证券；③私人实体发行的债券没有联邦机构或GSE的担保。前两个部分被称为机构RMBS（agency RMBS），第三部分被称为非机构RMBS（non-agency RMBS）。

机构RMBS包括由政府全国抵押协会俗称吉利美（Ginnie Mae）发行的证券。该实体是联邦相关机构，因为它是美国住房和城市发展部的一部分。因此，它担保的RMBS具有美国政府充分的信心和信用以及时支付利息和本金。

RMBS还包括房利美和房地美发行的RMBS。这些RMBS不具备美国政府的充分信心和信用。⊖它们与非机构RMBS的区别表现在两个方面：首先，由政府资助企业发行的RMBS，由于政府资助企业本身的担保减少了信用风险。相比之下，如7.5.3节所阐明的，非机构

⊖ 2008年9月，两家政府资助企业都被置于托管中。在托管中，法官任命一个实体负责另一实体的财务。

RMBS 使用信用增强来降低信用风险。其次，由政府资助企业发行的 RMBS 和非机构 RMBS 的区别在于，房利美和房地美发行的 RMBS 贷款池中的按揭贷款必须满足各政府机构制定的具体承保标准。相比之下，没有适用于担保非机构 RMBS 的抵押贷款类型的这种限制。

本节首先讨论机构 RMBS，其中包括抵押转交证券和抵押担保债务。然后我们转向非机构 RMBS。⊖

7.5.1 抵押转交证券

抵押转交证券（mortgage pass-throngh security）是一个或多个抵押贷款持有人形成一个抵押贷款池并出售抵押贷款池的股份或参与凭证而产生的证券。一个抵押池可以由几千或仅几个抵押贷款组成。当抵押贷款被包含在作为抵押转交证券抵押品的抵押贷款池中时，按揭贷款被认为是被证券化的。

7.5.1.1 现金流量特征

抵押转交证券的现金流量取决于相关抵押池的现金流量。现金流量包括代表利息的每月按揭付款、预定的本金还款和任何提前偿付款。每月向证券持有人支付款项。然而，来自抵押贷款池的现金流量和时间并不一定与转交给投资者的现金流量相同。抵押转交证券的每月现金流量小于抵押池的每月现金流量的差额，相当于服务费用和其他费用。

服务费是与抵押贷款服务有关的费用。服务包括收取每月支付款，向贷款所有人转让收益，向借款人发送付款通知，在逾期付款时提醒借款人，维护本金余额记录，必要时启动止赎程序，并在适用时向借款人提供税务信息。服务费通常是抵押贷款利率的一部分。其他费用是发行人或担保人为担保抵押转交证券发行而收取的费用。

抵押转交证券的票息称为**转交利率**（pass-through rate）。转交利率低于相关抵押贷款池中的按揭贷款利率，差额相当于服务费和其他费用。投资者收到的转交利率被称为"净利率"或"净息差"。

并非所有被包含在证券化的抵押贷款池中的抵押贷款具有相同的按揭利率和到期期限。因此，对于每个抵押转交证券，应确定**加权平均票息**（weighted average coupon rate，WAC）和**加权平均到期期限**（weighted average maturity，WAM）。WAC 是通过确定抵押贷款池中每笔抵押贷款利率的权重而得到的，即抵押贷款池中每一笔抵押贷款余额相对于该池中所有抵押贷款余额的百分比。WAM 是通过确定每一笔抵押贷款剩余到期月数在抵押贷款池中抵押贷款余额总和中的权重而得到的。

7.5.1.2 合标和不合标贷款

包含在为机构 RMBS 担保的贷款池中的贷款，必须符合指定的承保标准。这些标准规定了贷款的最大规模、所需的贷款文件、最高贷款价值比率以及是否需要保险。如果贷款满

⊖ 一个受欢迎的债券市场指数——巴克莱资本美国综合指数有一个板块称为"抵押贷款板块"。在抵押贷款板块，巴克莱资本仅包括机构 RMBS，即抵押转交证券。

足作为机构 RMBS 抵押品的承保标准,则称为"合标抵押贷款"。如果贷款不符合承保标准,则称为"不合标抵押贷款"。

用作抵押转交证券抵押品的不合标抵押由私募发行。这些证券被视为非机构抵押转交证券,由储蓄机构、商业银行和私人渠道发行。私人渠道可能会购买不合标抵押贷款,汇集它们,然后出售其抵押品是不合标抵押贷款的抵押转交证券。

7.5.1.3 提前偿付比率指标

在描述提前偿付时,市场参与者参考提前偿付比率或提前偿付速度。两个主要的提前偿付比率指标是每月提前偿付(SMM)率,单一月度度量指标及其相应的年化率,有条件提前偿付率(CPR)。一个月的 SMM 确定如下:

$$SMM = 提前偿付额 \div (月初抵押贷款余额 - 本月预计提前偿还本金) \tag{7-1}$$

当市场参与者描述了住房抵押贷款池的提前偿付假设时,它们是指年化的 SMM,即 CPR。例如,6% 的 CPR 意味着年初约 6% 的未清偿抵押贷款余额预计将在年底前提前偿付。

抵押转交证券及抵押贷款池的其他衍生品估值的一个关键因素是预测未来的提前还款率。此任务涉及提前偿付建模。提前偿付模型使用抵押贷款池的特征和其他因素来开发一个预测提前偿付的统计模型。

在美国,市场参与者根据抵押贷款期限的提前偿付模式或基准来描述提前偿付比率。这种模式是公共证券业协会(PSA)提前偿付基准。PSA 提前偿付基准表达为每月一次的系列 CPR。PSA 提前偿付基准假设新发抵押贷款的提前偿付率较低,然后随着抵押贷款的适当时机而加快。然后将较慢或更快的速率定为 PSA 的一定百分比。本讨论不进入 PSA 提前偿付基准的细节,而是将建立一些 PSA 假设。重要的是要记住,基准被认为是 100PSA。PSA 值假设大于 100PSA 意味着提前偿付被认为比基准更快。相比之下,PSA 值假设低于 100PSA 意味着提前偿付被假定为比基准更慢。

> **例 7-5 现金流量的不确定性**
>
> 为什么抵押转交证券的现金流未知?
>
> **解答:** 现金流量是未知的,因为抵押贷款池中按揭期间的提前偿付率是未知的,只能根据假设的提前偿付率计算。

7.5.1.4 现金流量结构

让我们看看如何构建一个假设的抵押转交证券的每月现金流量。我们假设:

- 基础抵押贷款池面值达 8 亿美元。
- 抵押贷款是固定利率、平均付款和全部摊销贷款。
- 抵押贷款池中按揭贷款利率(WAC)的加权平均值为 6%。

- 抵押贷款池中抵押贷款的加权平均期限（WAM）为 357 个月。
- 转交利率（即扣除服务费和其他费用的净票息）为 5.5%。

表 7-1 显示了按照假设 165PSA 的提前偿付率计算，所选月份债券持有人的现金流量。第 3 列中的 SMM 和第 4 列的抵押贷款支付。第 5 列是在扣除服务费和其他费用后支付给债券持有人的净利息支出。它等于第 1 列中开始的抵押贷款余额乘以 5.5% 的转交利率，然后除以 12。第 6 列的预定本金还款是第 4 列的抵押贷款支付与总利息支付之间的差额。总利息支付等于第 2 列中开始的抵押贷款余额乘以 6% 的 WAC，然后除以 12。第 7 列中的提前偿付款的计算通过应用式（7-1），使用第 3 列中提供的 SMM、第 1 列中开始月份抵押贷款余额和第 6 列中预定本金还款。⊖ 总的本金偿还是第 6 列预定本金还款与第 7 列的提前偿付款之和。从该月初的按揭贷款余额中减去该金额得出下个月初的抵押贷款余额。最后，这笔抵押转交证券的预计现金流量是第 5 列的净利息支出与第 8 列的本金偿还总额之和。

表 7-1 8 亿美元抵押转交证券，WAC 为 6.0%，WAM 为 357 个月，转交利率为 5.5%，假设 165PSA 时，债券持有人的月度现金流

月份	开始月份抵押贷款余额	SMM	抵押贷款支付	净利息支出	预定本金还款	提前偿付款	本金偿还总额	现金流
1	800 000 000	0.001 11	4 810 844	3 666 667	810 844	884 472	1 695 316	5 361 982
2	798 304 684	0.001 39	4 805 520	3 658 896	813 996	1 104 931	1 918 927	5 577 823
3	796 385 757	0.001 67	4 798 862	3 650 101	816 933	1 324 754	2 141 687	5 791 788
⋮								
29	674 744 235	0.008 65	4 184 747	3 092 578	811 026	5 829 438	6 640 464	9 733 042
30	668 103 771	0.008 65	4 148 550	3 062 142	808 031	5 772 024	6 580 055	9 642 198
⋮								
100	326 937 929	0.008 65	2 258 348	1 498 466	623 659	2 822 577	3 446 236	4 944 702
101	323 491 693	0.008 65	2 238 814	1 482 670	621 355	2 792 788	3 414 143	4 896 814
⋮								
200	103 307 518	0.008 65	947 322	473 493	430 784	889 871	1 320 655	1 794 148
201	101 986 863	0.008 65	939 128	467 440	429 193	878 461	1 307 654	1 775 094
⋮								
300	19 963 930	0.008 65	397 378	91 501	297 559	170 112	467 670	559 172
301	19 496 260	0.008 65	393 941	89 358	296 460	166 076	462 536	551 893
⋮								
356	484 954	0.008 65	244 298	2 223	241 873	2 103	243 976	246 199
357	240 978	0.008 65	242 185	1 104	240 980	0	240 980	242 084

7.5.1.5 加权平均期限

债券市场的标准做法是指债券的到期日。抵押担保证券不遵循这种做法，因为本金偿还（预定本金还款和提前偿付款）在证券存续期限内完成。虽然 MBS 具有 "法定到期"，即最后一次预定的到期本金的支付日期，但法定到期并不能清楚地证明其与利率风险有关的证券

⊖ 第 3 列中的 SMM 是四舍五入的，这导致了第 7 列中提前支付款的计算中一些舍入误差，进而导致了分别在第 8 列和第 9 列中的总本金还款和现金流量的一些舍入误差。

特征。例如，30年期无期权息票公司债券和具有相同票息30年法定期限的MBS在利率风险方面不相等。当然，可以计算公司债券和MBS的久期，以评估债券对利率变动的敏感性。但是，MBS的市场参与者广泛使用的一个指标是加权平均期限（weighted average life）或简单的MBS的平均期限（average life）。这个指标给投资者一个指示，表明在偿还MBS之前他们预期可以持有多长时间。换句话说，MBS的平均期限是收到所有本金还款（预定本金还款和预计的提前偿付款）的基于惯例的平均时间。

抵押转交证券的平均期限取决于提前偿付假设，如表7-2所示。表7-2提供了表7-1中使用的抵押转交证券在各种提前偿付率下的平均期限。注意，按照假设提前偿付率为165PSA，抵押转交证券的平均期限为8.6年，但平均期限会随着提前偿付率的上升而迅速减少。所以，按照提前偿付率600PSA，转交证券的平均期限只有3.2年。

表7-2 抵押转交证券在各种提前偿付率下的平均期限

PSA假设	100	125	165	250	400	600
平均存续期（年）	11.2	10.1	8.6	6.4	4.5	3.2

7.5.1.6 减期风险和延期风险

拥有抵押转交证券的投资者不知道未来现金流量将会是什么，因为这些未来现金流量取决于实际的提前偿付。如前所述，这种风险称为提前偿付风险。这种提前偿付风险有两个部分：减期风险和延期风险。这两个因素主要反映了一般利率水平的变化。

减期风险（contraction risk）是当利率下降时的风险，证券的期限将比购买时预期的期限短，因为房屋业主现在可以利用较低的利率进行再融资。当利率下降时，证券到期日变短会有两个不利后果：第一，收到的收益现在必须以较低的利率再投资；第二，如果债券是可提前偿付或可赎回的，其价格升值不如其他相同但没有提前偿付或看涨期权的债券价格升值那么大。

相比之下，**延期风险**（extension risk）是利率上升的风险，因为房主不愿意放弃较低的合约利率带来的利益，所以提前偿付将会很少。因此，证券期限会比购买时预期的期限更长。从投资者的角度来看，由于利率较高，证券价值已经下降，而他们所获得的收入（可能会再投资）通常限于利息支付和预定偿还的本金。

> **例7-6 抵押转交证券和提前偿付率**
>
> 在表7-1中，假定的提前偿付率为165PSA。假设提前偿付率快于165PSA。抵押转交证券的到期期限会怎样？提前偿付率快于165PSA时投资者面临哪种提前偿付风险，投资者的投资结果将如何？
>
> **解答**：抵押转交证券的到期日将少于357个月，与165PSA的到期日相比"减期"。投资者将面临减期风险，即投资者接到付款将快于预期。决定保留证券的投资者将面临不得不以相对较低的利率对这些收到的款项进行再投资的情景。决定出售证券的投资者必须以低于其他相同但没有提前偿付风险的债券的价格出售。

7.5.2 抵押担保债务

如上一节所述，投资抵押转交证券时，提前偿付风险是一个重要的考虑因素。一些机构投资者关注延期风险，另一些则关注减期风险。通过结构化过程将抵押贷款相关产品（抵押转交证券或贷款池）的现金流重新分配到不同的债券类别或层级可以缓解这个问题。这一过程导致创建面临不同提前偿付风险的证券，从而有与其创建的抵押相关产品不同的风险回报模式。

当抵押贷款相关产品的现金流量再分配到各种债券层级时，所产生的证券称为**抵押担保债务**（collateralized mortgage obligations，CMO），可从中获得现金流量的抵押相关产品被视为抵押品。请注意，与抵押转交证券相反，抵押品并不是按揭贷款池，而是抵押转交证券。事实上，在实际交易中，抵押品通常是抵押转交证券池，因此市场参与者有时可以互换使用"抵押品"和"抵押转交证券"。

创建 CMO 不能消除提前偿付风险，它只能在各类债券持有人之间分配各种形式的这种风险。CMO 的主要金融创新之处在于，可以创建证券以接近满足机构投资者的资产/负债需求，从而扩大抵押支持产品的吸引力。

在很大范围内，存在许多 CMO 结构，主要内容将在以下小节中进行介绍。

7.5.2.1 顺序偿付层级

第一个 CMO 的结构是每种类别的债券（层级）将按顺序偿付，这种结构被称为"顺序偿付 CMO"。这个结构中本金偿还（预定本金还款加上提前偿付款）的月度分配规则如下。首先，将所有本金偿付款分配给层级 1，直到层级 1 的本金余额为零。层级 1 偿清结束后，分配所有本金偿付款到层级 2，直到层级 2 的本金余额为零；层级 2 偿清后，再同样进行层级 3 偿清，……持续下去。

为了说明顺序支付 CMO，让我们使用一个称为 CMO-01 的假想交易。假设 CMO-01 的抵押品是 7.5.1.4 节所述的抵押转交证券。抵押品总面值为 8 亿美元，转交票息为 5.5%，WAC 为 6%，WAM 为 357 个月。从这 8 亿美元的抵押品中，建立了 4 个层级，如表 7-3 所示。在这种简单的结构中，每个层级的票息相同，也与抵押品的票息相同。这个特征是为了简单起见。一般来说，票息因层级而异。[⊖]

表 7-3 CMO-01：具有四个层级的顺序支付结构

层级	面值金额（美元）	票息（%）
A	389 000 000	5.5
B	72 000 000	5.5

⊖ 请记住，层级债券的票息受利率期限结构的影响（即基本上是收益率曲线）。通常，随着到期期限的增加，收益率增加。CMO 将有不同平均期限的层级债券。平均期限越长，票息就越高。因此，在表 7-3 所示的假设四层级顺序支付结构中，A 层级有 4.2% 的票息，B 层级为 4.8% 的票息，C 层级为 5.2% 的票息，D 层级为 5.5% 的票息。无论如何，投资者将根据其感知风险对每个层级进行估值，并相应地对其进行定价。因此，投资者将根据给定的票息支付各层级债券一个反映其期望获得收益的价格。另外，基础抵押贷款支付的票息（5.5%）与每一笔票息低于相关抵押贷款支付的票息之间的差额，被用来创建名为"只支付利息的结构性证券"。对这些层级的讨论超出了本书的内容范围。

(续)

层级	面值金额（美元）	票息（%）
C	193 000 000	5.5
D	146 000 000	5.5
合计	800 000 000	

付款规则：用于支付每月息票利息：根据月初每层级债券的本金余额支付每层级债券的每月息票利息。支付本金：支付本金给A层级，直到完全偿还。在完全偿还A层级之后，支付B层级的本金，直到完全偿还。在B层级完全偿还之后，支付C层级的本金，直到完全偿还。分层C完全偿还后，支付分层D的本金，直到完全偿还。

记住，CMO是在一套支付规则基础上通过将利息支付和本金还款带来的现金流量重新分配到不同层级。表7-3底部的支付规则描述了抵押转交证券的现金流如何分配到四个层级。CMO-01分别规定了利息支付和本金偿还（本金还款额为预定本金还款和提前偿付款）的分配。

虽然本金偿付分配的支付规则已知，但每月本金还款的确切金额还不知道。这个金额将取决于抵押品的现金流量，而抵押品取决于抵押品的实际提前偿付率。假设的PSA率只允许人们确定预计的而不是实际的现金流量。

创建CMO应做的工作。早些时候，你看到按照165PSA的提前偿付率，抵押转交证券的平均期限为8.6年。表7-4报告了抵押品的平均期限，以及假设不同提前偿付率时四个层级的平均期限。请注意，四个层级的平均期限长于或短于抵押品，从而吸引有不同平均期限偏好的投资者。

表7-4 抵押品的平均期限以及CMO-01的四个层级不同提前偿付率下的平均期限

提前偿还率（PSA）	平均期限				
	抵押品	层级A	层级B	层级C	层级D
100	11.2	4.7	10.4	15.1	24.0
125	10.1	4.1	8.9	13.2	22.4
165	8.6	3.4	7.3	10.9	19.8
250	6.4	2.7	5.3	7.9	15.2
400	4.5	2.0	3.8	5.3	10.3
600	3.2	1.6	2.8	3.8	7.0

剩下的一个主要问题是这些层级平均期限有相当大的易变性。如何处理这个问题如下一节所示，但在这一点上，请注意，对于每个层级，都会提供一些针对提前偿付风险的保护措施。保护的产生是因为本金分配的优先权确定（即确定本金的支付规则）有效地保护了短期限层级（在此结构中为A）抵御延期风险。这种保护必须来自某个地方，它实际上来自较长期限的层级。同样，层级C和层级D给层级A和层级B提供了保护防止延期风险。同时，层级C和层级D受益，因为它们被提供了防止减期风险的保护，这种保护来自层级A和层级B。这种CMO结构允许关注延期风险的投资者投资于层级A或层级B，而关注减期风险的投资者可以投资于层级C或层级D。

7.5.2.2 计划摊销类层级

CMO 中的共同结构是包括计划摊销类（PAC）层级，只要提前偿付率在抵押品期限的特定范围内，就提供现金流量的更大可预测性。PAC 层级现金流量更大可预测性的出现是因为必须满足本金还款时间计划表。在接收抵押品的本金偿还方面，PAC 债券持有人优先于 CMO 结构中的所有其他层级。满足 PAC 层级的现金流量的更大确定性是牺牲非 PAC 层级为代价，这些层级被称为支持层级（support tranches）或相伴层级。这些层级首先承担提前偿付风险。由于 PAC 层级对延期风险和减期风险的有限（但不完全）保护，因此称为提供双面提前偿付保护。

为了说明如何创建 PAC 层级，我们将再次使用 7.5.1.4 节中的例子。8 亿美元的抵押转交证券，票息为 5.5%，WAC 为 6%，WAM 为 357 个月。该证券作为抵押品创建一个称为 CM0-02 的 CMO。创建 PAC 层级需要说明两个 PSA 提前偿付率：较低的 PSA 提前偿付率假设和较高的 PSA 提前偿付率假设。较低和较高的 PSA 提前偿付率假设被称为"初始 PAC 上下限"或"初始 PAC 带"。CMO 的 PAC 领通常由市场条件决定。在我们的例子中，较低的 PSA 和较高的 PSA 提前偿付假设分别为 100PSA 和 250PSA，因此初始 PAC 上下限为 100～250PSA。

表 7-5 显示了 CM0-02 的结构。该结构只包含两个层级：5.5% 的息票 PAC 层级，假设初始 PAC 上下限为 100～250 PSA 和支持层级。

表 7-5　CM0-02：具有一个 PAC 层级和一个支持层级的 CMO 结构。

层级	面值金额（美元）	票息（%）
P（PAC）	487 600 000	5.5
S（支持）	312 400 000	5.5
合计	800 000 000	

支付规则：用于每月息票利息支付：根据本月初每个层级的本金余额支付每个层级的每月息票利息。用于每月本金支付：根据本金偿还时间表支付 P 层级的本金。P 层级有优先以当前和未来本金偿付满足其时间计划表的权利。任何月度支付超过按时间计划表支付给层级 P 的金额的差额支付给层级 S。当层级 S 完全偿还后，所有本金偿还将付给层级 P 而不管时间表如何安排。

表 7-6 报告了 PAC 层级的平均期限和 CM0-02 中的支持层级，假设各种实际的提前偿付率。注意，在 100PSA 和 250PSA 之间，PAC 债券的平均期限稳定在 7.7 年。然而，在较慢或较快的 PSA 率时，如果提前偿还率低于 100PSA 则时间计划表被打破并且平均期限发生变化，即延期。当其大于 250PSA 时，即减期。即使如此，与支持层级相比，PAC 层级的平均期限可变性更少。

表 7-6　各种实际提前偿付率和初始 PAC 上下限为 100～250 PSA 下，PAC 层级和 CMO-02 中的支持层级的平均期限

提前偿还率（PSA）	平均期限（年）	
	PAC 层级（P）	支持层级（S）
50	10.2	24.9
75	8.6	22.7
100	7.7	20.0

(续)

提前偿还率（PSA）	平均期限（年）	
	PAC 层级（P）	支持层级（S）
165	7.7	10.7
250	7.7	3.3
400	5.5	1.9
600	4.0	1.4

大多数 CMO 的 PAC 结构都有多个 PAC 层级。六个 PAC 层级的序列（如按本金时间计划表指定顺序偿还的 PAC 层级）并不罕见。例如，在表 7-7 中考虑 CMO-03。该结构具有四个 PAC 层级（P-A，P-B，P-C 和 P-D）。PAC 和支持层级的总的美元金额与表 7-6 中的 CMO-02 相同。不同之处在于，有四个 PAC 层级时间表，而不是一个 PAC 层级时间表。PAC 层级按顺序偿还。

表 7-7 CMO-03：有连续的 PAC 层级和一个支持层级的 CMO 结构

层级	面值金额（美元）	票息（%）
P-A	287 600 000	5.5%
P-B	90 000 000	5.5%
P-C	60 000 000	5.5%
P-D	50 000 000	5.5%
S	312 400 000	5.5%
合计	800 000 000	

付款规则：用于每月息票利息支付：根据本月初各层级的本金余额支付每个层级的每月息票利息。用于本金支付：按照本金偿还时间表支付层级 P-A 的本金。层级 P-A 有以当前和未来的本金支付款满足时间表的优先权。月度本金支付金额超过时间表上所需金额的差额在层级 P-A 仍有余额的情况下支付给层级 S。一旦层级 P-A 得到偿清，按照本金偿还时间表支付层级 P-B 本金。层级 P-B 有以当前和将来的本金支付满足时间表的优先权。在层级 P-B 尚有余额的情况下，月度本金支付金额超过时间表上的要求金额的差额支付给层级 S。同样的规则适用于 P-C 和 P-D。当层级 S 得到完全偿还时，无论时间表如何，所有本金都将支付给未清偿的 PAC 各层级。

记住，创建抵押支持证券，无论是抵押转交证券还是 CMO，都不能使提前偿付风险消失。PAC 层级带给投资者提前偿付风险（延期风险和减期风险）的降低出自哪里？答案是它来自支持层级。

7.5.2.3 支持层级

如果抵押品提前偿付是慢的，支持层级将延期支付本金给 PAC 层级，直到 PAC 层级收到预定本金还款后支持层级才收到本金款项。该规则减少了 PAC 层级的延期风险。同样，支持层级也可以接收超过计划必需的本金数额后的本金还款。这一规则减少了 PAC 层级的减期风险。因此，PAC 层级提供提前偿付保护的关键是支付层级尚未清偿。如果由于预期的提前偿付快于预期而支付层级被快速偿清，则支持层级不再为 PAC 层级提供任何保护。

支持层级将投资者的提前偿付风险提高到最高水平。因此，投资者在评估支持层级的现金流量特征时必须特别小心，以减少提前偿付产生的不利于投资组合后果的可能性。

> **例 7-7　与 CMO 相比的抵押转交证券**
>
> 在投资组合管理会议上，你听到你的同事发表以下声明："抵押转交证券并不像抵押担保债务那样复杂，它将现金流量划分为不同的债券类别。机构 CMO 风险远大于转交证券"。你会如何回应？
>
> **解答**：声明不正确。有各种类型的机构 CMO，如顺序付款债券类、PAC 债券类和支持债券类。来自抵押品的现金流量被分配到不同债券类别这一事实并不会使其风险更大。事实上，在 CMO 中创建不同债券类别的目的是提供给投资者比抵押转交证券的风险回报更适合投资者的风险回报证券。例如，抵押转交证券的平均期限比从由抵押转交证券创建的 PAC 债券的变化性更大。相比之下，支持债券的平均期限比抵押转交证券具有更大的变化性。因此，与抵押转交证券相比，CMO 中的债券类别可能具有更多或更少的提前偿付风险。关于相对风险性总的声明，例如在会议发表的声明是不正确的。

7.5.2.4　浮动利率层级

虽然抵押品按固定利率支付，但是可以创建一个浮动利率层级。这是通过在 CMO 结构中的任意固定利率层级构建浮动利率债券和反向浮动利率债券的组合来完成的。因为浮动利率层级在利率上升时支付较高的利率，反向浮动利率层级在利率上升时支付较低的利率，所以它们相互抵消。因此，可以使用固定利率层级来满足浮动利率层级的需求。

类似地，也可以采用其他类型的层级方式来满足投资者的各种需求。

> **例 7-8　选择合适的层级**
>
> CMO 结构中的哪一个层级最适合以下投资者？
> 1. 最关心减期风险的投资者
> 2. 投资者喜爱的投资具有可预测和稳定的平均期限
> 3. 一个预期利率下降的投资者
> 4. 如果有相对较高的预期收益补偿，则愿意接受重大提前偿付风险的投资者
>
> **解答 1**：这个投资者应该投资于顺序结构中的后支付层级，例如前面例子中的层级 C 或层级 D。例如，层级 D 最后收到预定本金还款和提前偿付款，并且面临相当大的延期风险，但减期风险最低。另一个合适的债券类别是具有到期期限的 PAC 层级，其到期期限正是投资者寻求的目标期限。这个层级可以在具有顺序 PAC 层级的 CMO 中找到，如表 7-7。
>
> **解答 2**：投资者应选择 PAC 债券。只要提前偿付率保持在 PAC 上下限内（提前支付速度），债券的期限是可预测的和稳定的。
>
> **解答 3**：投资者打赌利率下降应该投资于反向浮动利率层级。反向浮动债券将支付与当前利率呈反向的票息，从而最有利于该投资者。

> **解答 4**：这个投资者应该选择支持层级或相伴层级到 PAC 层级。由于 PAC 债券在 PAC 上下限（提前支付速度幅度）内的提前偿付率下有平稳的平均期限，因此 PAC 上下限（提前支付速度幅度）内所有提前偿付风险均由支付层级承担。即使超过这一 PAC 上下限（提前支付速度幅度），提前偿付风险首先被支持层级承担。如果定价合理，投资者将由于承担这一风险而获得补偿，支持层级的预期回报率将高于 PAC 层级。

7.5.3 非机构住宅抵押贷款担保证券

机构 RMBS 是由吉利美、房利美和房地美发行的。本节是专门用于介绍这些证券，因为它们代表了投资级债券市场的很大部分，并被纳入了许多美国和非美国投资者的投资组合。任何其他实体发行的 RMBS 都是非机构 RMBS。由于政府或政府资助企业不予担保，所以信用风险是投资非机构 RMBS 时的重要考虑因素。

在 2007 年年中，抵押贷款市场出现问题之前，市场参与者通常根据按揭贷款池的信用质量来确定两种类型的交易：优质贷款和次级贷款。一般来说，贷款被视为优质贷款，其借款人必须被视为具有较高的信用质量；也就是说，借款人必须具有强大的职业背景和信用历史，足以支付贷款债务的收入以及相关资产的大量股权。当借款人信用质量较差或贷款不是该财产的第一留置权（即当前潜在的贷款方以外的其他方对相关财产有优先求偿权）时，贷款被视为次级贷款。

非机构 RMBS 与机构 CMO 共享许多功能和结构技术。然而，构建非机构 RMBS 通常需要两种补充机制。首先，现金流由瀑布等规则分配，这些规则规定了利息支付和本金还款分配到具有不同程度优先级/资历的层级。其次，有分配已实现损失的规定，其中规定了次级债券类的支付优先权低于高级类债券。

在预测非机构 RMBS 的未来现金流量时，投资者必须考虑两个重要组成部分。第一个是抵押品的假设违约率。第二个是回收率，因为即使抵押品会违约，但并非所有未清偿的抵押贷款余额都可能会失去。回收财产的取回和随后的出售可能会提供现金流量，这些现金流将用于支付债券持有人。该金额是基于将要收回的假定金额。

为了获得有利的信用评级，非机构 RMBS 通常需要一个或多个信用增强。在本节剩余部分中讨论的非机构 RMBS 以及所有资产支持债券都是信用增强的，也就是说，支持来自结构中的一个或多个债券持有人。信用增强水平由相对于发行人所期望的证券特定信用评级而确定。有两种通用类型的信用增强结构：内部和外部。

7.5.3.1 内部信用增强

内部信用增强的最常见形式是高级/次级结构、储备金和超额抵押。

7.3.3 节介绍了资产支持债券的高级/次级结构。次级债券类也被称为"初级债券类"或"非高级债券类"。在这种内部信用增强形式中，结构中的次级债券类别为高级债券类提供信用支持。在发行时设定从属等级（即债券类别的信贷保护金额）。然而，随着时间的推移，由于自愿提前偿付和违约的发生，从属等级水平发生变化。为了保护非机构 RMBS 的投资者，设计一项交易旨在保持信用增强量以免随着时间的推移而恶化。如果由于抵押品的表现不佳导致高层级的信用增强恶化，一个被称为"转移利率机制"将在一段时间内锁定我们的次级类债券收到的付款。

储备金是内部信用增强的另一种形式，分为现金储备金和超额利差账户两种形式。现金储备金是由寻求募集资金的实体用出售贷款池的收益向 SPV 提供的现金存款。超额利差账户涉及在支付债券类利息以及服务费和其他费用后，从每月剩余资金分配到某一账户的任意金额。例如，假设借款人在贷款池中支付的利率为 5.50%，还假设服务费和其他费用为 0.75%，支付给债券类的利率为 4.25%。所以，在这个例子中，5.50% 可以用于支付债券类利息并支付服务费和其他费用。其中 0.75% 用于支付服务费和其他费用，4.75%（5.50% − 0.75%）可用于支付债券类。但只有 4.25% 必须支付给债券类，剩余 0.50%（4.75% − 4.25%）。这个 0.50% 或 50 个基点（bps）被称为"超额利差"。该金额可以放在储备账户中。来自现金储备金或超额利差账户的储备资金提供信用支持，因为它们可用于支付未来可能的损失。如果证券化过程中最后一类债券被清偿时仍然有资金留在储备金账户，则退还给作为 SPV 余额所有者的实体。⊖

结构中的超额抵押是指抵押品价值超过 SPV 发行的债券类别余额面值的情况。例如，如果发行 4 亿美元面值债券，如果发行抵押品的面值为 4.07 亿美元，那么结构就存在 700 万美元的超额抵押品。随着时间的推移，由于违约，摊销和提前偿付导致超额抵押品数值的变动。超额担保是一种内部信用增强的形式，因为它可以用来承担损失。

7.5.3.2 外部信用增强

外部信用增强意味着在违约导致贷款池损失的情况下，信用支持是交易第三方以财务担保的形式提供的。最常见的第三方财务担保人是单一险种保险公司。一家单一险种保险公司也被称为单一险种保险人，是一家私有保险公司，其业务仅限于为市政证券和 ABS 等金融产品提供担保。由于在 2007 年年中，抵押贷款市场开始的金融危机，随着主要的单一险种保险公司的财务困难和降级，近年来几乎没有结构产品使用单一险种保险公司的信用增强。

例 7-9　信用增强

不像机构 RMBS，一个非机构 RMBS 需要信用增强，解释为什么。

解答： 由吉利美发行的机构 RMBS 有美国政府的充分信心和信用的担保。实质上，美国政府可以被视为 RMBS 的信用增强者或第三方担保人。在房利美或房地美发行的 RMBS 的条件下，政府资助企业是担保人，并收取一定的费用来承保这个发行。相比之下，非机构 RMBS 没有像美国政府那样具有高信用评级的第三方担保人提供保护，防止贷款池的损失。在没有这种担保的情况下，证券化中的非机构 RMBS 债券类难以获得高的投资级评级，使其难以对保守投资者具有吸引力。因此，对于非机构 RMBS，某种形式的内部或外部信用增强是必要的。

⊖ 余额的所有者是以层级形式的 SPV 的发起人，即在 7.3 节使用的例题中不支付利率的 Mediquip。

7.5 节的重点是住宅 MBS。7.6 节转向商业房地产的证券化。

7.6 商业抵押支持证券

商业抵押支持证券（CMBS）由创收资产组成的商业抵押贷款池担保，如多户产权（如公寓）、办公楼、工业产权（包括仓库），购物中心、酒店和健康保健设施（如高级住房保健设施）。CMBS 交易的基本构建是商业贷款，起始于为商业购买融资或为先前的抵押贷款债务提供再融资。

7.6.1 信用风险

在美国和其他国家，商业抵押贷款是无追索贷款，贷款人只能寻找能支付贷款利息和本金的创收财产。如果发生违约，贷款人只能用出售财产的收益进行清偿，并且不能对借款人追索未付清的余额。贷款人必须各自查看每个财产，贷款人使用评估信用风险中有用的指标来评估每个财产。CMBS 的处理会因国家而异。

被认为是潜在信贷表现的两项关键指标是 7.4 节讨论的贷款价值（LTV）比率以及债务偿付（debt-to-service-coverage，DSC）比率。DSC 比率是财产的年度净营业收益（net operating income，NOI）除以偿债额（即年利息支付和本金偿还）。NOI 被定义为租金收入减去租金运营费用和反映设施随着时间贬值的非现金替换储备。DSC 比例超过 1.0 表示，资产的现金流量足以支付债务，同时维持设施处于初始修复状态。比率越高，借款人越有可能从物业获取现金流以满足偿债要求。

7.6.2 基本的 CMBS 结构

信用评级机构为实现所需的信用评级而确定所需的信用增强等级。例如，如果需要特定的 DSC 和 LTV 比率，并且贷款等级不能满足这些比率，则使用从属结构实现期望的信用评级。

本金余额的利息支付给所有层级。贷款违约所产生的损失由本金余额中最低优先层级的本金余额承担。信用评级机构不对该层级进行评级。在这种情况下，这个未评级的层级被称为"第一损失层""余额层级"或"股权层级"。总损失将包括先前预付的金额和出售贷款相关财产所产生的实际损失。

通常 CMBS 结构的两个专有特征是存在赎回保护和气球到期条款。

7.6.2.1 赎回保护

将 RMBS 与 CMBS 区分开的关键投资要点是投资者可以使用的赎回保护。RMBS 的投资者面临相当大的提前偿付风险，因为借款人有权在预定的本金还款日之前全额或部分提前偿付贷款。如 7.4.4 节所述，美国的借款人通常不支付提前偿付的罚金。对 CMO 的讨论强调了投资者如何购买某些类型的层级（例如顺序支付和 PAC 层级）来修正或减少提前偿付风险。

拥有 CMBS，投资者有相当多的赎回保护。事实上，这种保护措施导致 CMBS 在市场上的交易更像是公司债券而不像 RMBS。这种赎回保护来自于结构层级或贷款层级。当

CMBS 被结构化成有顺序支付层级的时候，结构性赎回保护是通过信用评级来实现的。在高信用评级层级得到完全清偿之前，不能偿还较低信用评级层级，所以 AAA 级债券必须在 AA 等级债券之前得到清偿等。然而，由于违约造成的本金损失受到结构底部上移的影响。

在贷款等级上，有四种机制为投资者提供赎回保护：提前偿付锁定、提前偿付罚款点数、收益维持费用和废约。提前偿付锁定是一项合同协议，禁止在指定时间段内进行任何提前偿付。提前偿付罚款点数是预先确定的罚款，想再融资的借款人必须这样支付，一个点等于未清偿贷款余额的 1%。收益维持费，也称为"整体费用"，是借款人支付的罚款，使借款人只能获得对其不经济的较低抵押贷款比率的再融资。最简单的方法是设计收益维持费用使贷款人不用关心提前偿付的时间。

有废约规定，借款人为服务商提供了足够的资金投资政府证券组合，复制了在没有提前偿付的情况下存在的现金流量。也就是说，借款人必须满足根据贷款条件规划好的现金支付。那么，建立一个政府证券组合，使得投资组合的利息支付和本金还款足以偿还到期时的每项债务。投资组合的构建使得当最后一项债务得到偿还时，投资组合的价值为零（即没有资金剩余）。组成这种投资组合的成本是发行人必须偿还贷款的废约成本。⊖

7.6.2.2 气球到期期限条款

支持 CMBS 交易的许多商业贷款是气球型贷款，在贷款到期时需要大量的本金偿还。如果借款人没有进行气球型支付，借款人是违约的。贷款人可以延长贷款一段时间，称为"过渡期"。在这样做的时候，贷款人可以修改初始贷款条款，并在过渡期间收取较高的利率，称为"违约利率"。

由于借款人不能安排再融资或不能出售房产以产生足够的资金来偿还气球型余额，借款人将无法履行气球型支付的风险称为"气球型风险"。因为贷款期限由贷款人在过渡期延长，气球型风险是一种延期风险。

例 7-10 商业抵押贷款担保证券

有关花旗集团商业抵押贷款信托 2013-GCJ11 于 2013 年 4 月发行的 CMBS 的信息，请参见表 7-8。

表 7-8 花旗集团商业抵押贷款信托 2013-GCJ11 于 2013 年 4 月发行的 CMBS 的信息

发行凭证类别	初始本金（或名义）金额（美元）	初始转手利率
A-1	75 176 000	0.754%
A-2	290 426 000	1.987%
A-3	150 000 000	2.815%
A-4	236 220 000	3.093%
A-AB	92 911 000	2.690%
X-A	948 816 000	1.937%

⊖ 市政债券发行人使用这种偿还债务的投资组合策略，所产生的债券称为"预先借换债券"，也是保险公司偿还债务的投资策略。

		（续）
发行凭证类别	初始本金（或名义）金额（美元）	初始转手利率
A-S	104 083 000	3.422%
B	75 423 000	3.732%
C	42 236 000	

该 CMBS 的抵押品是一个由 72 个固定利率按揭贷款组成的贷款池，由各种商业、多户和制造住房社区财产的第一笔留置权（第一权利）担保。

1. 发行中的以下声明的含义是什么？

"如果你获得 B 类凭证，那么你在抵押贷款收取或提前支付金额分配方面享有的权利将从属于 A-1 类，A-2 类，A-3 类，A-4 类，A-AB 类，X-A 类和 AS 类凭证，如果你获得 C 类凭证，则你在抵押贷款上收取或提前支付金额的分配方面的权利将从属于持有 B 类凭证及所有其他类别的发行凭证。"

2. 发行阐述了以下条款。这三个条款是什么意思？

"提前偿付罚款描述"或"提前偿付条款"是指从抵押贷款第一个付款日至到期日之间的支付数量：①锁定提前偿付；②规定支付与提前偿付相关的提前偿付保费或收益维护费用；③允许废约。

3. 解释发行中规定的以下风险："借款人对这些贷款进行再融资可能更为困难的风险，或出售相关抵押贷款物业为了对此类贷款的全部余额和到期相关额外债务进行任意气球型支付的风险。"

4. 提供的信息阐述了 NOI 和 DSC 比率。这些指标是什么，目的是什么？

解答 1：这些术语"凭证"是指"债券类"或"层级"，因为这些术语在本章中都被使用。在引用中债券类别的描述意味着该发行具有高级/次级类型的内部信用增强。债券 B 类为所有在它之上的债券类提供保护。同样，债券 C 类被视为权益或剩余层级，并为所有其他类别债券提供保护，它是第一位损失级。因为这是剩余层级，C 类在表中没有特定的转交率。C 类投资者将根据一些预期的剩余回报率进行定价，但他们可能会比预期做得更好或更差，取决于利率变动和违约率如何影响其他层级的表现。

解答 2：这些条款意味着作为 CMBS 抵押品的个人商业抵押贷款具有提前偿付保护。具体来说，结构有四种类型赎回保护中的三种，即提前偿付锁定、收益维持费和废约。

解答 3：这种风险是气球型风险，即借款人不能为气球型支付再融资，债券可能会延长到期期限，因为贷款人必须等待获得未偿还的本金，直到借款人可以获得贷款为气球型支付再融资。

解答 4：CMBS 有信用风险。NOI 和 DSC 比率是商业抵押贷款信用风险的两种常用指标。

在这一点上，本节已经解决了住宅和商业房地产的证券化问题。7.7 节讨论相关资产不是房地产的债务证券化。

7.7 非抵押资产担保证券

许多类型的非抵押资产已被当作抵押品用于证券化。在大多数国家，非抵押资产担保证券中最大的是汽车贷款和应收租赁、信用卡应收账款、个人贷款和商业贷款。要牢记的是，无论资产类型如何，从信贷角度来看 ABS 都具有相同类型的风险。

ABS 可以根据抵押品偿还的方式进行分类，也就是抵押品是摊销还是不摊销。传统的住房抵押贷款和汽车贷款是贷款摊销的例子。摊销贷款的现金流量包括利息支付、预定的本金还款和任何提前偿付款（如果允许的话）。如果贷款没有偿还本金的时间表，则是非摊销贷款。由于非摊销贷款不涉及本金偿还，因此提前偿付问题不影响它。信用卡应收账款是非摊销贷款的一个例子。

让我们看看摊销贷款是抵押品时会发生什么。假设 1 000 笔总面值为 1 亿美元的贷款是抵押品。随着时间的推移，部分贷款将从收到的预定还款中支付本金，任何提前偿付款将根据瀑布规则分配给债券类。因此，随着时间的推移，贷款数量将从 1 000 笔下降，总面值将下降到不足 1 亿美元。

现在，如果抵押品是非摊销的 1 000 笔贷款会发生什么？其中一些贷款将在债券到期前全部或部分偿还。当这些贷款得到偿还时，接下来的情况取决于贷款在锁定期内或之后是否还清。"锁定期"或"循环期"是指收到的本金再投资以获得额外贷款的期限，其中一个贷款本金等于从现金流量收到的总本金额，这可能导致多于或少于 1 000 笔贷款，但是贷款总面值仍为 1 亿美元，当锁定期结束时，任何偿还的本金都不会用于再投资新的贷款，而是分配给债券类。

本节不能涵盖已经证券化的所有类型的非抵押资产。它将考虑在大多数国家的两类最流行的非抵押资产的证券化：汽车贷款应收账款和信用卡应收账款，前者是摊销贷款，后者是非摊销贷款。

7.7.1 汽车贷款应收账款担保证券

汽车证券化包括汽车贷款和租赁应收账款担保的交易。本节的重点是汽车证券化的最大类型，即汽车贷款担保证券。在一些国家，汽车贷款担保证券是证券化市场中最大或第二大的板块。

汽车贷款担保证券的现金流量包括定期按月的贷款支付（利息支付和预定的本金还款）以及任何提前偿付款。对于汽车贷款担保证券，由销售和需要全额结清贷款的以旧换新交易而产生的提前偿付款，收回和随后转售车辆，在损失或销毁车辆后收到的保险收益，用现金支付以节省利息成本和以较低利率为贷款再融资。

所有汽车贷款担保证券都有某种形式的信用增强，通常是高级/次级结构，所以高级层级由于存在次级层级而有信用增强。此外，许多汽车贷款担保证券伴有储备账户、超额抵押和应收账款超额利息。

为了说明汽车贷款担保证券的典型结构，我们使用 Fideicomiso Financiero 汽车 Ⅵ 的例子，这是 2012 年年底阿根廷的未偿贷款证券化。抵押品是以阿根廷比索（ARS）计价的 827 个汽车贷款池。贷款是由 BancoFinansur 发起的。有以下三种证券在结构中：A 类浮动利率债务证券（22 700 000 阿根廷比索）、B 类浮动利率债务证券（1 970 000 万阿根廷比索）和凭证（5 988 245 阿根廷比索）。浮动利率债务证券的参考利率为 BADLAR（布宜诺斯艾利斯大额存款利率），是阿根廷贷款基准利率。该参考利率为 30 天存款期和至少 100 万阿根廷比索的平均利率。对于 A 类，利率为 BADLAR 加 450 个基点，最低利率为 18%，最高利率为 26%。对于 B 类，它是 BADLAR 加上 650 个基点，20% 和 28% 分别为最低利率和最高利率。这种贷款证券化有一个高级/次级结构。B 类和凭证为 A 类提供了信用增强，凭证为 B 类提供了信用增强。进一步的信用增强来自于超额抵押，存在超额利差和储备金。

例 7-11　汽车贷款担保债券

以下信息来自招股说明书附录的美国信贷汽车应收账款信托 2013-4 发行实体发行的汽车应收账款担保证券 877 670 000 美元：

这种证券化的抵押品是为新旧汽车、轻型卡车和货车提供担保的汽车次级贷款池。

发行实体将按照合同发行七类资产担保证券。债券被指定为"A-1 类债券""A-2 类债券""A-3 类债券""B 类债券""C 类债券""D 类债券"和"E 类债券"，A-1 类、A-2 类证券和 A-3 类债券均为"A 类债券"。

A 类债券、B 类债券、C 类债券和 D 类债券由本招股说明书附录提供，有时称为公开发行债券。E 类债券并不是由本招股说明书附录提供的，最初将由存放人或存放人的关联公司持有。E 类债券有时被称为私募配售债券。

每类债券将具有表 7-9 中列出的初始债券本金余额、利率和最终计划配置日期。

表 7-9　每类债券的发行信息

类别	初始债券本金余额（美元）	利率（%）	最终计划分销日期
公开发行债券			
A-1	168 000 000	0.25	2014 年 8 月 8 日
A-2	279 000 000	0.74	2016 年 11 月 8 日
A-3	192 260 000	0.96	2018 年 4 月 9 日
B	68 870 000	1.66	2018 年 9 月 10 日
C	85 480 000	2.72	2019 年 9 月 9 日
D	84 060 000	3.31	2019 年 11 月 8 日
私募配售债券			
类别	初始债券本金余额（美元）	利率（%）	最终计划分销日期
E	22 330 000	4.01	2021 年 1 月 8 日

各类债券的利息将按照适当的利率在每个利息期间自然增加。

在结账日期，约 18 997 361 美元将存入储备金账户，为汽车贷款合同预计初始本金总额的 2.0%。

超额抵押金额是指汽车贷款合同本金余额合计超过债券本金余额的数额。截至结账日，超额抵押的初始金额约为截止日期汽车贷款合约本金余额的 5.25%。

1. "次级"意味着借款人怎样的信用质量？
2. 储备账户的目的是什么？
3. 超额抵押的作用是什么？
4. 如果在发行头两年内，发生了 4 000 万美元的贷款损失，超过了储备账户以及任何超额抵押提供的保护，哪些债券等级将出现损失？

解答 1：次级贷款是借给低信用质量的借款人。像任何次级贷款一样，汽车次级贷款是对经历过以前的信用困难或者不能提供强大信用记录的借款人的合同。

解答 2：储备账户的目的是提供信用增强。更具体地说，储备账户是一种内部信用增强的形式，将保护债券持有人免受最高至整个发行面值 2% 的损失。

解答 3：超额抵押意味着汽车贷款合同的本金合计超过债券本金余额。它代表了内部信用增强的另一种形式。超额抵押可用于承担抵押品的损失。

解答 4：首先承担损失的债券类是 E 类债券。该债券类将会承担损失最多至其本金额 22 330 000 美元。这意味着还有 1 767 万美元被另一个债券类承担，这将是 D 类债券。

7.7.2 信用卡应收账款担保证券

用信用卡进行消费时，信用卡（贷款人）的发行人向信用卡持有人（借款人）提供信贷，信用卡由银行、信用卡公司、零售商和旅游娱乐公司发行。在消费时，持卡人同意偿还借款金额（即购买物品的费用）以及任意适当的融资费用。持卡人同意向信用卡发行人支付的金额从信用卡发行人的角度来看是应收账款。信用卡应收账款用作发行信用卡应收账款担保证券的抵押品。

对于一个信用卡应收账款池，现金流量包括收取的财务费用、专业服务费和本金偿还。收取的财务费用表示在宽限期之后，信用卡借款人对未付余额支付的期间利息。专业服务费包括迟付费用和任一年度会员费用。

持卡人定期向证券持有人支付利息（如每月、每季度或每半年）。利率可能是固定的或浮动的，大约一半的证券是浮动利率。浮动利率通常是不封顶的，也就是说，没有上限，除非发行资产担保债券的国家有高利贷法律强制规定了上限。

如前所述，信用卡应收账款担保证券为非摊销贷款。它们有锁定期，期间向证券持有人支付的现金流量仅基于收取的财务费用和专业服务费。当锁定期结束时，本金不能再投资，而是支付给投资者。

信用卡应收账款担保证券的某些条款要求在发生某些事件时对本金进行早期摊销。这些条款被称为"早期摊销"或"快速摊销"条款，并纳入其中以保障发行的信用质量。可以改变本金现金流量的唯一方法是触发早期摊销条款。

以 2013 年 3 月发行的通用资本信用卡万事达卡信托系列 2013-1 交易为例。信用卡应收账款的发起人为通用资本零售银行，服务商为通用资本公司。抵押品是几个私人品牌和联合品牌信用卡发行人的账户，包括 JCPenney、Lowe's 的家居装修、山姆会员店、沃尔玛、Gap 和雪佛龙。这笔 9.698 5 亿美元的交易结构如下：A 类债券 8 亿美元，B 类债券 100 946 373 美元和 C 类债券 68 138 802 美元。因此，这个发行有一个高级/次级结构。A 类债券是高级债券，被穆迪评为 Aaa 级，由惠誉评为 AAA 级。B 类债券被穆迪评为 A2 级和惠誉评分为 A+ 级。C 类债券被穆迪评为 Baa2 级和惠誉评为 BBB+ 级。

> **例 7-12　信用卡应收账款担保与汽车贷款担保证券**
>
> 信用卡应收账款担保证券与汽车贷款应收账款担保证券的两个主要不同之处是什么？
>
> **解答：** 第一，信用卡应收账款担保证券的抵押品为非摊销贷款，汽车贷款担保证券的抵押品为全额摊销贷款。第二，汽车贷款担保证券，每个月分配本金给债券类，结果是，未清偿余额池的金额随着时间的推移而下降。对于信用卡应收账款担保证券，在锁定期间收到的本金用于获得额外的信用卡应收账款。在锁定期后，本金偿还用于支付未清偿的本金。

7.8　债务担保证券

债务担保证券（collateralized debt obligation，CDO）是一个通用术语，用于描述由一个或多个债务的多样化池担保的证券：由公司和新兴市场债券担保的 CDOs 是债券担保证券（CBO）；银行贷款担保的 CDO 是贷款担保证券（CLO）；ABS、RMBS、CMBS 和其他 CDOs 担保的 CDOs 是结构性融资 CDOs；其他结构性证券的信贷违约互换投资组合担保的 CDOs 是综合 CDOs。

7.8.1　CDO 交易的结构

虽然 CDO 涉及创建 SPV，但它不是资产担保证券。在一个 ABS 中，需要资金去偿还来自贷款池的债券类。然而，在一个 CDO 中，需要一名 CDO 经理，也称作"**抵押品经理**"（collateral manager）为 CDO 的资产组合（即抵押品）去购买和出售债务，以产生足够的现金流来支付对 CDO 债券持有人的债务。

购买 CDO 抵押资产的资金是从发行债务中获得的。这些债务是债券类或层级。债券类包括高级债券类、夹层债券类（在高级和次级债券类别之间信用评级的债券类）和次级债券类（通常称为剩余类或权益类）。投资者投资高级或夹层债券类的动机是通过他们在其他情况下无法购买的债务产品获得比类似评级的公司债券更高的收益。股权类投资者有可能获得股票型回报，从而抵消了投资次级类债券增加的风险。CDO 是否经济的关键在于是否可以创建一个为次级层级债券提供有竞争力回报的结构。

CDO 的基本经济情况是通过出售债券类来筹集资金，CDO 经理将这些资金投入资产。CDO 经理寻求获得高于债券类综合成本的回报率。回报收益超过支付债券类成本的利益归属于权益持有人和 CDO 经理。换句话说，这是一个杠杆交易，其中股权投资者正在使用借款资金（发行的债券类）来产生高于融资成本的回报。

与 ABS 一样，每类 CDO 债券的构建都为投资者提供了特定的风险级别。CDO 的构建方式是通过各种测验和限度对 CDO 经理施加限制，通过 CDO 满足投资者不同的风险偏好，同时仍然为高级债券类提供充分的保护。如果 CDO 经理在某些预先指定的检验中失败，则会触发一个条款，要求对高级债券类别偿还本金，直到测验得到满足为止。这个过程将有效地削减 CDO 杠杆，因为 CDO 中最便宜的资金来源——高级债券类将会减少。

CDO 经理对债券类付息和到期时偿还债券类的能力取决于抵押品的表现。履行对 CDO 债券类偿债的收益可以来自以下一个或多个来源：抵押资产的利息支付、抵押资产的到期和抵押资产的出售。CDO 的现金流量和信用风险最好以一个例子说明。

7.8.2 CDO 交易的图解

虽然各种动机可能促使发起人创建 CDO，但以下例子使用 CDO，其目的是记录哪些市场参与者错误地把 CDO 列为套利交易。"套利"这个术语不是以传统意义在这里使用，也就是说，无风险的交易可以获得预期的正净利润，但不需要净货币投资。这个术语在这里用作宽泛地描述一个交易，其动机是获得资产组合（抵押品）赢得的回报和资金成本之间的价差。

要了解 CDO 交易的结构及其风险，请考虑以下 1 亿美元的 CDO。

层级	票面价值（美元）	票息[①]（%）
高级	80 000 000	Libor + 70 个基点
夹层	10 000 000	10 年期美国国债利率 + 200 个基点
次级	10 000 000	—

① Libor 是伦敦银行同业拆借利率，常用作浮动利率债务的参考利率。

假设抵押品全部是由 10 年到期的债券组成的，每只债券的票息为 10 年期美国国债利率加上 400 个基点。由于抵押品支付固定利率（10 年期美国国债利率加上 400 个基点），但高层级需要浮动利率支付（Libor+70bps），CDO 经理与另一方达成利率互换协议。利率互换只是一个定期交换利息支付的协议。付款是根据名义金额计算的。这笔款项不在双方之间交换。相反，它只是用来确定每一方的利息支付金额。交换的名义金额是高层级的面值，即本例中的 8 000 万美元。假设通过利率互换（掉期），CDO 经理同意这样做：①每年支付固定利率，等于 10 年期美国国债利率加 100 个基点；②接受 Libor。

假设发行 CDO 时的 10 年期美国国债利率为 7%。现在考虑每年的现金流量。首先让我们看看抵押品。假设没有违约，抵押品每年将支付利息，等于 10 年期美国国债利率为 7% 加上 400 个基点，即 11%。所以，利息将是 11% × 100 000 000 = 11 000 000（美元）。

现在，让我们确定必须支付给高层级和夹层层级的利息。对于高层级，利息支付将为 80 000 000 美元 ×（Libor+70bps）。对于夹层层级，票息为 10 年期美国国债利率加上 200 个基点。所以第一次利息支付的票息是 9%，必须支付给夹层层级的利息是 9% × 10 000 000 = 90 万（美元）。

最后考虑利率互换。在本协议中，CDO 经理同意按照名义上的 8 000 万美元支付给互换交易对手 10 年期美国国债利率加上 100 个基点。所以，支付给互换交易对手的金额第一年是 8% × 80 000 000 美元 = 6 400 000 美元。从交换对手方获得的数额是 Libor，基于名义上的 8000 万美元，即 Libor × 80 000 000 美元。

所有这些信息现在可以放在一起。进入 CDO 的金额是：

抵押品的利息	1 000 000 美元
互换交易对手的利息	80 000 000 美元 × Libor
共计利息	11 000 000 美元 + 80 000 000 美元 × Libor

向高层级和夹层层级和互换交易对手支付的金额为：

对高层级利息	80 000 000 美元 ×（Libor + 70bps）
对夹层层级的利息	90 万美元
对互换交易对手	640 万美元的利息
支付的利息总额为	7 300 000 美元 + 8 000 万美元 ×（Libor + 70bps）

扣除以下进出的金额后如以下：

共计利息	11 000 000 美元 + 80 000 000 美元 × Libor
支付的利息总额为	7 300 000 美元 + 80 000 000 美元 ×（Libor +7 0bps）
净利息	3 700 000 美元 − 80 000 000 美元 ×（70bps）

因为 70 个基点乘以 8 000 万美元是 56 万美元，剩下的净利息是 3 140 000 美元（3 700 000 美元 − 560 000 万美元）。对于这个数额来说，必须支付专业服务费用，包括 CDO 经理的费用。那么余额就是可以支付次级/股票层级的金额。如果专业服务费用为 640 000 美元，那么今年支付次级/股票层级的现金流为 250 万美元（3 140 000 美元 − 640 000 美元）。由于这笔款项的面值为 1 000 万美元，假定以面值卖出，那么年回报率为 25%。

显然，在这个例子中已经做了一些简化的假设。例如，此例子假定不会发生违约。此外，它假设由 CDO 经理购买的所有证券都是不可赎回的，因为证券不可赎回所以票息不会下降。尽管有这些简化的假设，这个例子确实证明了套利 CDO 交易的经济性，使用利率互换的必要，以及次级/股权层级如何实现回报。

一些风险来自于假设。例如，在抵押品违约的情况下，存在着经理无法获得足以偿还高层级和夹层层级投资者回报的风险，导致这些债券持有人的损失。次级/股权层级的投资者冒着丧失其全部投资的风险。即使付款给这些投资者，他们意识到这样的回报可能不是购买时的预期回报。

此外，经过一段时期，CDO 经理必须开始偿还本金给高层级和夹层层级。对利率互换必须进行结构化来考虑这一要求，因为在抵押品期限内，高层级的全部金额并不是未清偿。

> **例 7-13　创建 CDO 的动机**
>
> 套利抵押债务担保证券依赖于证券化，但与传统资产支持证券的动机有所不同。解释为什么。
>
> **解答**：与 ABS 一样，创建一个套利 CDO 涉及创建一个 SPV 和汇集债务。然而，套利 CDO 的目的和管理与 ABS 有所不同。对于 ABS，来自抵押品的现金流量在没有主动管理抵押品的情况下偿还债券持有人，即没有经理改变为证券化担保的债务池组成。相比之下，在套利 CDO 中，CDO 经理购买和出售债务，其有双重目的，不仅是偿还债券类持有人，而且为次级/股权层级和经理产生有吸引力和有竞争力的回报。

本章小结

- 证券化过程包括汇总相对直接债务，如贷款或债券，并使用债务池的现金流量偿还证券化过程中产生的债券。
- 证券化有一些好处。它允许投资者直接获得流动性投资和支付流，而如果所有的融资都是通过银行进行的，那么这些将是无法实现的。证券化使银行能够比仅使用自己内部贷款组合更大的经济规模来增加贷款来源、监控和收款。最终结果是更低的募集资金成本、风险调整后的更高投资回报率以及银行业效率和盈利能力的更大提高。
- 证券化的各方包括特殊目的工具（SPV，也称为信托），即证券发行人和卖方的贷款池（也称为存放人）。SPV 是一种破产隔离工具，在证券化过程中发挥关键作用。
- 证券化的资产为抵押贷款时，发行的证券称为资产支持证券（ABS）或抵押担保证券（MBS）。证券化的共同结构是从属结构，导致创造了不止一个的多个债券类或层级。债券类别在分配由于抵押品（贷款池）中贷款的借款人违约而导致的任意损失是不同的。指定给各种债券类别的信用评级取决于信用评级机构如何评估抵押品的信用风险和任意信用增强。
- 从抵押品收到的款项将支付利息和偿还本金给债券持有人，并支付服务费和其他费用。关于付款优先权的细节在结构的瀑布（波浪型支付）中阐述。
- 创建不同类型结构的动机是在证券化过程中在不同债券类别中有效地重新分配提前偿付风险和信用风险。提前偿付风险是实际现金流量与贷款协议规定的计划现金流量不同的不确定性，因为借款人可能会改变支付以利用利率变动。
- 由于有了 SPV，公司资产的证券化可能包括一些具有比公司本身或公司债券更好的信用评级的债券类。因此，通过证券化筹集资金的融资成本合计往往低于发行公司债券。
- 抵押贷款是以某些特定房地产物业为抵押品担保的贷款，要求借款人向贷款人承诺预定的一系列付款。抵押贷款的现金流量包括：①利息；②预定本金还款；③提前偿付款项（超过预定本金的任何本金偿还）。物业购买价格与抵押贷款金额的比例称为贷

- 款价值比率。
- 全球各种抵押贷款设计具体说明：①贷款到期日；②利率如何确定（即固定利率与可调整或可变利率）；③本金如何偿还（即贷款是否摊销，如果是，全额摊销或部分摊销加上气球型付款）；④借款人是否可以选择提前偿付，在这种情况下是否可以处罚提前偿付；⑤贷款人在止赎中的权利（即贷款是否具有追索权或非追索权贷款）。
- 在美国，有三个部门从事住房抵押贷款担保证券业务：①由联邦机构（吉利美）担保的证券，有美国政府的充分信用和信用担保的证券；②由两家政府资助企业（房利美和房地美）中的任何一家担保，而不是由美国政府担保；③由私人实体发行的，没有联邦机构或政府资助企业的担保。前两个被称为机构（RMBS），第三个被称为非机构RMBS。
- 一个或多个按揭贷款持有人组成抵押贷款池并出售股票或参与凭证，产生抵押转交证券。抵押转交证券的现金流量取决于基础的抵押贷款池的现金流量，由代表利息的每月按揭付款，预定的本金还款和提前偿付款项以及服务和其他费用净值。
- 市场参与者采用两个指标来衡量提前还款率：每月提前偿付（SMM）率及相应的年化率，即有条件提前偿付率（CPR）。对于MBS，市场参与者广泛使用的衡量证券化债券对利率变动的敏感性指标是加权平均期限（WAL）或仅仅是MBS的平均期限而不是久期。
- 市场参与者使用公共证券协会（PSA）提前偿付基准来描述提前偿付率。PSA假设大于100PSA意味着提前偿付率被假定为比基准快，而PSA假设低于100PSA意味着提前偿付被假定为比基准慢。
- 提前偿付风险包括减期风险和延期风险两个部分。前者是当利率下降时的风险，因为房屋业主会以现在较低的利率进行再融资，证券将比购买时预期的到期期限更短。后者是利率上升的风险，因为房屋业主不愿意放弃现在看起来很低的合约利率带来的利益，提前偿付将会很少发生。
- 创建债券担保债券（CMO）可以通过在不同类别的债券持有人之间分配各种形式的提前偿付风险来帮助管理提前偿付风险。CMO的主要金融创新是，创造更多的证券更能满足机构投资者的资产/负债需求，从而扩大抵押支持产品的吸引力。
- 最常见的CMO层级类型是顺序付款层级、计划摊销类（PAC）层级、支持层级和浮动利率层级。
- 非机构RMBS与机构CMO共享许多功能和结构技术。然而，它们通常包括两个补充机制。首先，现金流由瀑布等规则分配，这些规则规定了利息支付和本金偿还分配到不同程度的优先级/资历的债券层级。其次，有分配已实现损失的规定，其中规定了次级债券类的付款优先级低于高级类债券。
- 为了获得良好的信用评级，非机构RMBS和非抵押ABS通常需要一个或多个信用增强。内部信用增强的最常见形式是高级/次级结构、储备金和超额抵押。在外部信用增强方面，在违约造成的贷款池损失由第三方对该交易以财务担保的形式提供了信用支持。
- 商业抵押担保证券（CMBS）是由产生收入财产的商业抵押贷款池担保的证券。
- CMBS 潜在信用表现的两个关键指标是债务偿付比率和贷款价值比率。债务偿付比率是财产的年度净营业收益除以债务偿还。
- CMBS 拥有相当多的赎回保护，允许 CMBS 在市场上更像公司债券而不是像 RMBS 这样交易。这种赎回保护有两种形式：在结构层面和在贷款层面。顺序支付层级的创建是结构层级赎回保护的一个例子。在贷款层面上，有四种机制为投资者提供保护：提前偿付锁定、提前偿付点数、收益维持费用和废约。
- ABS 得到广泛的资产类型的担保。最受欢迎的非抵押 ABS 是汽车贷款应收账款担保证券和信用卡应收账款担保证券。汽车贷款担保证券的抵押品摊销，信用卡应收账款担保证券的抵押品不摊销。与非机构 RMBS 一样，这些 ABS 必须提供信用增强来吸引投资者。
- 债务担保证券（CDO）是一个通用术语，用于描述由一个或多个债务组成的多元化池（如公司和新兴市场债券、银行杠杆贷款、ABS、RMBS、CMBS 或 CDO）担保的证券。
- 像 ABS 一样，CDO 涉及创建一个 SPV。但是与 ABS 有所不同的是，CDO 需要资金支付贷款池中的债务类，它需要一个抵押品经理来买卖债务为了或者从 CDO 资产组合产生足够的现金流量，以支付 CDO 债券持有人的债务，并为股东产生合理的回报。
- CDO 的结构包括高层级、夹层和次级/权益债券类。

参考文献

"China Revives Giant Securitization Program." 2012. *Asset-Backed Alert* (23 March).

Fabozzi, Frank J., and Vinod Kothari. 2008. *Introduction to Securitization.* Hoboken, NJ: John Wiley & Sons: 284–290.

Lea, Michael. 2010. "International Comparison of Mortgage Product Offerings." Special report published jointly by the Research Institute for Housing America and the American Bankers Association (September).

Scanlon, Kathleen, Jens Lunde, and Christine Whitehead. 2008. "Mortgage Product Innovation in Advanced Economies: More Choice, More Risk." *European Journal of Housing Policy*, vol. 8, no. 2 (June):109–131.

第四部分

估　　值

第 8 章

无套利估值框架

史蒂文 V. 曼（Steven V.Mann） 博士

学习成果

完成本章后，你将能够掌握以下内容：
- 解释固定收益工具无套利估值的含义。
- 计算无期权固定利率债券的无套利价值。
- 描述利率二叉树框架。
- 描述逆向归纳估值方法，在已知每个节点的现金流时计算固定收益工具的价值。
- 描述校准利率二叉树以匹配特定期限结构的过程。
- 比较使用零息收益率曲线定价与使用无套利二项式格子定价。
- 描述利率二叉树框架中的顺向估值，在已知其每条路径的现金流量时计算固定收益工具的价值。
- 描述蒙特卡罗远期利率模拟及其应用。

8.1 引言

市场价格调整直至无套利机会这个理念是支撑为固定收益证券、衍生工具和其他金融资产估值的基础。它是直观的，因为它是众所周知的。对于给定的投资，如果净收益为零（例如，以相同的美元金额买入和卖出股票），风险为零，回报也应为零。估值工具必须产生一个无套利的价值。本章的目的是开发一套符合这一概念的债券估值工具。

本章围绕学习目标进行组织。在简短的引言之后，8.2 节定义了套利机会，并讨论了无套利对固定收益证券估值的含义。8.3 节介绍了为引入利率二叉树所需的来自收益率曲线分析的一些基本理念和工具。在本节中，利率二叉树框架被开发并应用于估值无期权债券，介绍了用于校准利率树以匹配当前收益率曲线的过程。该步骤确保利率树与使用零息（即期）利率曲线的定价是一致的。本节中提出的最后一个主题是介绍路径估值。8.4 节描述了蒙特卡罗远期利率模拟及其应用。

8.2 无套利估值的意义

无套利估值（arbitrage-free valuation）是指一种证券估值方法，用于确定没有套利机会时的证券价值，也就是在没有任何净货币投资的情况下获得无风险利润的**套利机会**（arbitrage opportunities）。在运作良好的市场中，价格调整直至没有套利机会，这是构成无套利估值实践有效性基础的**无套利原则**（principle of noarbitrage）。这个原则本身可以被认为是相同资产应该以相同价格出售的理念的含义。

这些概念将在稍后详细解释，但为了说明债券估值如何出现，首先要考虑在假想的世界中无风险的金融资产，基准收益率曲线是平坦的。平坦的收益率曲线意味着所有现金流量的相关收益率都是相同的，而不论现金流量是否及时交付。[⊖]因此，债券的价值是其确定的未来现金流量的现值。贴现现金流量，确定其现值，投资者将使用无风险利率，因为现金流量是确定的。因为收益率曲线是被假定为平坦的，所以将存在一个无风险利率并适用于所有未来的现金流。这是可以想见的最简单的债券估值的例子。当我们退出这个虚构的世界并进入更加逼真的环境时，债券的现金流量是有风险的（即借款人有一定的概率违约），基准收益率曲线不平坦。我们的方法将如何改变？

估值的基本原则是任何金融资产的价值等于其预期未来现金流量的现值。该原则适用于从零息债券到利率到期的任何金融资产。因此，金融资产的估值涉及以下三个步骤：

步骤 1：估计未来现金流量。

步骤 2：确定用于贴现现金流量的适当贴现率或贴现率组。

步骤 3：通过使用步骤 2 中确定的适当贴现率或贴现率组计算步骤 1 中确立的预期未来现金流量的现值。

传统的债券估值方法是用相同的贴现率去贴现所有的现金流量，就好像收益率曲线是平坦的一样。然而，债券可以被适当地认为是零息债券的一组或组合。在这一组中的每只零息债券可以以取决于收益率曲线形状和当其单一现金流量及时交付时的贴现率分别估值。这些贴现率的期限结构被认为是即期利率曲线。通过对由此程序确定的各个零息债券（现金流量）现值进行求和而得到的债券价值可以显示为无套利价值。[⊜]暂时忽略交易成本，如果债券的价值远远小于其单独的现金流量价值的总和，那么交易将会看到套利机会并购买债券，同时出售单独现金流量的所有权，并将超额价值收入囊中。虽然细节进一步讨论（见 8.2.3 节），基于使用即期曲线的视为零息债券组合的债券估值是无套利估值的一个例子。不管债券的复杂程度如何，每个组成部分都必须有无套利价值。具有嵌入式期权的债券可以作为无期权无套利债券（即没有嵌入式期权的债券）以及每个期权的无套利现金价值的总和而分开估值。

8.2.1 一价法则

金融经济学的核心思想是市场价格会调整直至没有机会套利。我们稍后会定义一个套利

⊖ 术语"收益率""利率""贴现率"将互换使用。

⊜ 零息是零息债券或贴现票据。

机会的意思，但现在把它看成是"免费的钱"。价格将会调整，直到没有免费的钱可以得到。违反一价法则会导致产生套利机会。一价法则（law of one price）规定，两个完全互为替代品的货物在没有交易成本的情况下必须以相同的现价出售。两个相同的货物是一样的，并行交易，定价相同。否则，如果交易无须花费成本，则可以同时以较低的价格购买，并以较高的价格出售。无风险的利润是价格的差异。个人将无限制地重复此交易，直到两个价格收敛到一起。这些市场力量的暗示是看似显而易见的和基本的。如果你不拿出自己的钱并且不承担任何风险，你的预期回报应为零。

8.2.2 套利机会

有了这个基础，让我们更准确地定义套利机会。套利机会是一项交易，不涉及导致无风险利润的现金支出。有两种类型的套利机会。第一种类型的套利机会通常被称为价值加成型（value additivity），或者简单地说，整体的价值等于各部分价值的总和。考虑两个无风险的投资，从今天起一年的收益和今天的价格在表 8-1 中提供。资产 A 是一个简单的无风险零息债券，支付 1 美元，今天的定价为 0.952 381（1/1.05）美元。资产 B 是 105 个单位资产 A 的投资组合，从今天起一年收益为 105 美元，今天的定价为 95 美元。投资组合不等于各部分之和。投资组合（资产 B）比以 100 美元价格购买 105 个资产 A 然后合并更便宜。一个精明的投资者将以 105×0.952 381 = 100（美元）的价格出售 105 个资产 A，同时以 95 美元购买一个投资组合资产 B。今天这个头寸产生确定的 5 美元（100 - 95），并从今天起一年产生的净利润为零，因为资产 B 的现金流入与销售 105 个单位资产 A 的金额相匹配。一个投资者将一直反复参与这种贸易，直到价格调整。

第二种套利机会类型通常称为优势（dominance）。未来无风险回报的金融资产在今天必须有正的价格。考虑 C 和 D 两种资产，都是无风险零息债券。一年内的收益和今天的价格显示在表 8-1 中。仔细审查后，似乎资产 D 相对于资产 C 来说便宜。如果这两种资产都是无风险的，则它们应该具有相同的贴现率。为了赚钱，以 200 美元的价格出售两个单位的资产 C，并使用所得收入 200 美元购买一个单位的资产 D。投资组合的构建不涉及今天的净现金支出。虽然今天需要零美元去构建，但投资组合从今天起一年产生 10 美元。资产 D 将产生 220 美元的现金流入，而出售的两个单位资产 C 将产生 210 美元的现金流出。

表 8-1　今日价格和样品资产一年的收益

资产	今日价格（美元）	一年收益（美元）
A	0.952 381	1
B	95	105
C	100	105
D	200	220

这两种类型套利机会的存在是暂时性的。意识到这种错误定价的投资者将无限量地要求这类证券。为了恢复稳定，有些事情必须改变。价格将会调整，直到没有套利机会。

> **例 8-1　套利机会**
>
> 以下哪种投资选择包括一个套利机会？
>
> 债券 A：纽约市 10 年期，3% 票息年支付的债券收益率为 2.5%。同样的债券在芝加哥每 100 美元的面值卖出 104.376 美元。
>
> 债券 B：香港 10 年期，3% 票息年支付债券收益率为 3.2%。同一债券在上海每 100 元人民币面值售价为人民币 97.220 元。
>
> 解答：债券 B 是正确的。债券 B 的无套利价格为 $3/1.032+3/1.032^2+\cdots+103/1.032^{10}=98.311$，高于上海的价格。因此，存在套利机会。以 97.220 元人民币在上海买入债券，并以 98.311 元的价格在香港出售。你在每 100 元人民币债券的交易上赚了 1.091 元。
>
> 债券 A 的无套利价格为 $3/1.02+3/1.025^2+\cdots+103/1.025^{10}=104.376$，与芝加哥的价格相符。因此，这个市场没有套利机会。

8.2.3　固定收益证券无套利估值的含义

使用无套利的方式，任意固定收益证券应被视为一组或组合零息债券。因此，5 年期，2% 的票息国库券发行应被视为一组 11 个零息证券（10 个半年期息票支付，其中一个到期时支付，一个本金价值到期支付）。美国国库券市场机制能实现这种做法使交易商能够分离债券单笔现金流量并将其作为零息证券进行交易。这个过程称为剥离（stripping）。此外，交易商可以重新组合适当的个人零息证券，并复制基础的息票国库券。这个过程称为重建（reconstitution）。全球主权债务市场的交易商可以自由参与同样的过程。

当价值加成性不成立时，套利利润是可能的。无套利估值方法不允许市场参与者通过剥离和重建实现套利利润。通过将任何证券视为一组零票证券，可以开发出一个一致的和连贯的估值框架。将证券视为一组零息债券意味着具有相同到期日和不同票息的两只债券被视为不同的一组零息债券并相应估值。此外，具有相同风险、相同时间交付的两个现金流量将使用相同的贴现率进行估值，即使它们附加到两只不同的债券上。

8.3　利率树和无套利估值

本节的目标是开发出一种为无期权债券生成无套利价值的方法，并提供一个基于利率树的框架，这足以应用于对嵌入式期权债券的估值。

对于无期权的债券，最简单的无套利估值方法包括使用基准即期利率确定无套利价值作为预期未来价值的现值之和。基准证券是流动的（易变现的）、安全的证券，其收益率作为特定国家或货币的其他利率的基础。主权债务是许多国家的基准。例如，新近发行的美国国债是美国的基准证券。英国国债作为英国的基准。在主权债务市场流动性不足的情况下，互换曲线是一个可行的替代。

在本章中，假设基准债券被市场正确定价。我们开发的估值模型将被构建，以便准确地再现基准债券的价格。

> **例 8-2 无期权债券的无套利价值**
>
> 1 年期年支付基准债券到期收益率为 2%，2 年期年支付基准债券为 3%，3 年期年支付基准债券为 4%。一只 3 年期年支付，5% 票息的债券，与基准债券有相同的风险和流动性，今天（零时）以 102.775 1 美元的价格卖出，收益率为 4%。对于当前期限结构，这个债券的价值是否正确？
>
> **解答**：第一步是找出每年现金流量的正确即期利率（零息票利率）。[⊖] 即期利率为 2%、3.015% 和 4.055%。那么正确的债券无套利定价是
> $$P_0 = 5/1.02 + 5/1.030\ 15^2 + 105/1.040\ 55^3 = 102.810\ 2（美元）$$

为了是无套利的，债券的每笔现金流量必须以与现金流量相同到期日的零息债券的即期利率贴现。通过债券到期收益率贴现早期的息票得出了过多折扣的向上倾斜收益率曲线和折扣太少的向下倾斜收益率曲线。该债券错误定价为每 100 面值 0.035 1 美元。

对于无期权债券，利用即期利率进行估值贴现产生无套利估值。对于具有嵌入式期权的债券，我们需要一种不同的方法。开发用于对嵌入式期权债券进行估值的框架时所面临的挑战是，其预期的未来现金流量与利率有关。如果债券是无期权的，利率变动对债券的现金流量大小和时间没有影响。对于附有期权的债券，未来利率的变动会影响期权行使的可能性，从而影响现金流量。因此，为了开发一个对没有和具有嵌入式期权的两种债券估值的框架，我们必须根据一些假设的波动率水平，允许利率在未来有不同的取值。描述这一信息的载体是一个利率"树"，代表与假设的波动率相一致的未来利率。因为利率树类似于格子，这些模型通常被称为"格子模型"。利率树在估值过程中有两个作用：①产生依赖利率的现金流量；②提供用于确定现金流量现值的利率。当考虑包含可赎回债券的学习成果时，这种方法将在后面的章节中使用。

利率模型旨在寻求确定被认为是解释利率动态的要素或因子。这些因素本质上是无规则的或随机的，所以我们无法预测任何特定因子的路径。因此，利率模型必须具体说明描述这些因素随机性的统计过程，以便得出利率行为的合理精确表示。需要重点理解的是，常用的利率模型是基于短期利率如何随时间的推移而变化的。因此，这些利率模型被称为单因子模型，因为只有一个利率随着时间的推移而被建模。更复杂的模型考虑了不止一个利率随时间而变化（例如，短期利率和长期利率），并被称为双因子模型。

我们目前的任务是描述利率二叉树框架。我们试图构建的估值模型是二项式格子模型。它之所以被如此命名，是因为短期利率可以采用与波动假设和利率模型相一致的两个可能值之一。正如我们即将发现的，下一个期间的两个可能的利率将与以下三个条件相一致：①支

⊖ 在 CFA 一级中讨论了面值、即期利率和远期利率。

配利率随机过程的利率模型；②假设的利率波动水平；③目前基准收益率曲线。我们按照给定的基准债券价格，当这些债券在我们的模型中估值时，我们恢复每个基准债券的市场价值。以这种方式，我们将模型与反映经济现实的当前收益曲线相结合。

8.3.1 利率二叉树

展示二项式估值方法的第一步是通过使用特定国家或货币的债券来呈现基准平价曲线。为了简化说明，我们将使用美元。无论国家或货币如何，同样的原则都具有同等的效力。基准平价曲线在表 8-2 中显示。为简单起见，我们假设所有债券都是年息票支付。基准债券很方便以面值定价，所以到期收益率和债券票息是一样的。从这些票面利率，我们使用自举法揭示如表 8-3 所示的基础即期利率。由于平价曲线是向上倾斜的，所以在一年后，即期利率毫无意外地高于平价利率。在表 8-4 中，我们展示了从无套利即期曲线推导出的 1 年期隐含远期利率。因为基准平价曲线、即期利率曲线和远期利率曲线反映了有关利率的相同信息，如果已知三条曲线中的任一条，则可以生成另外两条曲线。如果收益率曲线是平坦的，则三条曲线相同。

表 8-2 基准平价曲线

到期日（年数）	票面利率	债券价格
1	1.00%	100
2	1.20%	100
3	1.25%	100
4	1.40%	100
5	1.80%	100

表 8-3 票面利率的基础 1 年期即期利率

到期日（年数）	1 年期即期利率
1	1.000%
2	1.201%
3	1.251%
4	1.404%
5	1.819%

表 8-4 1 年期隐含远期利率

到期日（年数）	远期利率
目前 1 年期利率	1.000%
1 年期利率，1 年期远期利率	1.400%
1 年期利率，2 年期远期利率	1.350%
1 年期利率，3 年期远期利率	1.860%
1 年期利率，4 年期远期利率	3.500%

回顾我们之前的讨论，如果我们使用从这些曲线导出的利率来估值基准债券，我们将恢复表 8-2 中所有 5 只债券的平价市场价格。具体来说，票面利率代表着适用于能产生市场

价格的所有现金流量的单一利率。每笔现金流使用这套即期利率分别贴现也将给出相同的答案。最后，远期利率是在单一周期单笔现金流的贴现率。如果我们以每个周期适当的贴现率贴现每笔现金流，则计算值将与观察到的价格相匹配。

当我们接近用依赖利率的现金流量进行债券估值时，我们必须明确允许利率发生变化。我们通过引入利率波动和生成利率树来完成这个任务（见 8.3.2 节利率波动的讨论）。利率树只是基于利率模型和关于利率波动假设的利率可能值的一个简单形象化表示。

图 8-1 为利率二叉树。我们的目标是学习如何将利率填充到这一结构中。注意 i，它代表了 1 年期利率随着时间的推移可能有不同的取值。当我们在树上从左到右移动时，可能的利率值增加。第一个是当前时间（以年为单位），或正式为时间 0。在时间 0 显示的利率是将时间 1 的付款转换为时间 0 的现值的贴现率。在图 8-1 的底部，时间是度量单位。请注意，可能的利率之间是 1 年。这被称为"时间步长"，在我们的例子中，它与年度现金流量的频率相匹配。图 8-1 中的 i 称为节点。第一个节点被称为树的根，只是时间 0 时的当前 1 年期利率。

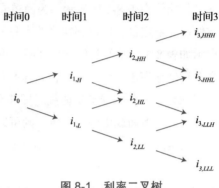

图 8-1 利率二叉树

现在我们转向如何得到从今天起一年后的 1 年期利率的两个可能值。需要两个假设：利率模型和利率的波动。回想一下利率模型将结构放在随机性上，我们将使用对数正态随机游走，所得到的树结构通常被称为对数正态树。利率的对数正态模型确保了两个吸引人的特性：①利率的非负性；②利率越高，波动率较大。在每个节点，在时间 1 前一年会有两个可能的利率。我们暂时假定每个都有相同的发生概率。我们计算的两个可能利率将会比从现在起一年后的 1 年远期利率更高和更低。

我们将 i_L 表示为低于隐含远期利率的利率，而 i_H 表示更高的远期利率。对数正态随机游走假定 $i_{1,L}$ 和 $i_{1,H}$ 之间的关系如下：

$$i_{1,H} = i_{1,L} e^{2\sigma}$$

其中 σ 是标准偏差，e 是欧拉数，自然对数的基数为常数 2.718 3。㊀每个周期的随机可能性（几乎）以基准曲线计算出的远期利率为中心。这种关系的直觉是快速的和简单的。将收益率曲线上的 1 年期远期隐含利率视为在时间 1 的 1 年期利率的平均值。两个利率中较低的一个 i_L 是低于平均值（1 年期隐含远期利率）的一个标准偏差，i_H 是平均值以上的一个标准偏差。因此，较高和较低的值（i_L 和 i_H）是彼此相乘的，乘数是 $e^{2\sigma}$。注意，随着标准差（即波动率）的增加，乘数增加，两个利率将相对增长得更远一些，但仍将以从即期曲线导出的隐含远期利率为中心。我们将尽快展示这一点。

在时间 1 我们使用以下符号描述树，让

σ = 假定为一年期利率波动率；

$i_{1,L}$ = 从现在时间 1 起一年后较低的 1 年期远期利率；

㊀ e 是先验的，可以无限地循环下去。

$i_{1,H}$ = 从现在时间 1 起一年后较高的 1 年期远期利率；

例如，假设 $i_{1,L}$ 为 1.194%，σ 为 15%，则 $i_{1,H} = 1.194\%(e^{2\times 0.15}) = 1.612\%$。

在时间 2，1 年期利率有三个可能值，我们将表示如下：

$i_{2,LL}$ = 在时间 2 的 1 年远期利率，假设在时间 1 为较低的利率和在时间 2 为较低的利率；

$i_{2,HH}$ = 在时间 2 的 1 年远期利率，假设在时间 1 为较高的利率和在时间 2 为较高的利率；

$i_{2,HL}$ = 在时间 2 的 1 年远期利率，假设在时间 1 为较高的利率和在时间 2 为较低的利率；

或者，等效地在时间 1 为较低的利率和在时间 2 为较高的利率。

中间利率将接近于从即期导出的从现在起一年后的 1 年期远期利率，而另外两个利率则是高于和低于该值的两个标准差。（回想一下，树上相邻利率的乘数与 e 的 2σ 倍数不同。）这种类型的树被称为重组树，因为有两条路径达到中间的利率。该模型的这个特征导致更快的计算，因为每个周期的可能结果的数量是线性增加而不是指数级增长。

$i_{2,LL}$ 和其他两个 1 年期利率之间的关系如下：

$$i_{2,HH} = i_{2,LL}(e^{4\sigma}) \text{ and } i_{2,HL} = i_{2,LL}(e^{2\sigma})$$

在给定的周期，树中相邻可能的结果是两个分开的标准偏差。因此，例如，如果 $i_{2,LL}$ 为 0.980%，并且再次假设 σ 为 15%，则我们计算

$$i_{2,HH} = 0.980\%(e^{4\times 0.15}) = 1.786\%$$

和

$$i_{2,HL} = 0.980\%(e^{2\times 0.15}) = 1.323\%.$$

在时间 3 的 1 年远期利率有四个可能的值。它们表示如下：$i_{3,HHH}$，$i_{3,HHL}$，$i_{3,LLH}$ 和 $i_{3,LLL}$。再次，树中所有远期利率都是每年最低利率的倍数。在时间 3 最低的可能远期利率是 $i_{3,LLL}$，并与下面给出的其他三个利率相关：

$$i_{3,HHH} = (e^6\sigma)i_{3,LLL}$$

$$i_{3,HHL} = (e^4\sigma)i_{3,LLL}$$

$$i_{3,LLH} = (e^2\sigma)i_{3,LLL}$$

图 8-2 显示了 4 年期利率二叉树符号。我们可以通过在基准收益率曲线上隐含的远期利率对树上的 1 年期利率进行简化，并将从现在起 t 年后的 1 年期利率 i_t 作为中心利率。下标表示年底时的利率，所以在第二年，是时间 2 末到时间 3 末的利率。图 8-2 使用这种统一的符号。注意，树中相邻的远期利率是分开的两个标准偏差（σs）。

在我们尝试建立一个利率树之前，需要另外两个工具。这些工具将在接下来的两节中介绍。

8.3.2 什么是波动率以及如何估值

回想一下，方差是概率分布分散度的指标。标准差是方差的平方根，它是与均值相同单位的

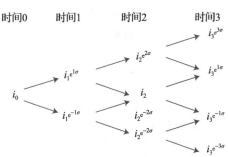

图 8-2 4 年期二叉树

波动率的统计指标。利用简单的对数正态分布，利率变化与每个周期的利率水平是成比例的。相对于目前的利率水平测量波动率。可以看出，对于一个对数正态分布，1年期利率的标准差等于 $i_0\sigma$。⊖ 例如，如果 σ 为10%，1年期利率（i_0）为2%，则1年期利率标准差为 2% × 10% = 0.2% 或20个基点。因此，当利率较高时利率走势较大，利率较低时利率走势较小。对数正态分布的一个好处是，如果利率太接近于零，利率的绝对变化会越来越小。负利率是不可能的。

通常有两种估算利率波动率的方法。第一种方法是估算利率的历史波动率，假设最近发生的事情表明了未来，波动率是通过使用最近的过去数据计算出来的。估算利率波动率的第二种方法是基于观察到的利率衍生工具的市场价格（例如互换期权，上限和下限）。这种方法被称为隐含波动率。

8.3.3 确定节点上债券的价值

为了找到特定节点的债券价值，我们使用了逆向归纳估值方法。除违约之外，我们知道到期时债券的价值将达到面值。所以，我们从到期日开始，填写这些价值数，从右到左后向操作，在期望的节点找到债券的价值。假设我们要在时间1的最低节点确定债券的价值。要找到这个值，我们必须首先计算我们所选择节点的右边两个节点的债券价值。在右边紧邻的两个节点的债券价值必须可得到。

任何一个节点的债券价值将取决于未来的现金流量。对于息票支付债券，现金流量是从现在起一个周期的定期息票支付，这不取决于从现在起一年以后的利率水平或债券价值。与息票支付不同，从现在起一年后债券的价值将取决于1年期利率的选择。具体来说，债券的价值取决于1年期利率是高还是低。在任何给定节点寻求估值，这些现金流在紧邻该节点右侧的两个节点中发布。债券的价值取决于利率是较高或较低，其价值在我们估值债券的节点右侧的两个节点上报告，如图8-3所示。

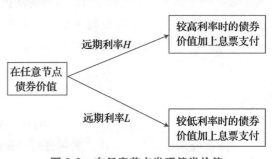

图8-3 在任意节点发现债券价值

现在我们已经指定了现金流量，下一步是确定现金流量的现值。使用的相关贴现率是节点的1年期远期利率。因为从今天起一年后有两个可能的利率，所以现在有两个计算出来的现值。事实上，有两种情形是机会选择从现在起一年后较高或较低的1年期远期利率。因为假定任一结果可能相等的，所以计算两个现值的平均值。对于任何具有贴现节点到节点现金流的任意节点的远期利率来说，同样的过程也适用。

让我们通过引入一些符号来使这个过程更加完整。假设1年期远期利率在某个特定的节点上并且允许

⊖ 已知 $e^{2\sigma} \approx 1+2\sigma$，1年期利率的标准差为 $\dfrac{re^{2\sigma}-r}{2} \approx \dfrac{r+2\sigma r-r}{2} = \sigma r$。

VH = 如果从现在起一年后实现的较高远期利率时的债券价值；
VL = 如果从现在起一年后实现的较低远期利率时的债券价值；
C = 不依赖于利率的息票支付。

在任何一个节点上，如果机会选择较高的 1 年期远期利率（$C + VH$），从今天起一年后的现金流是息票支付加上债券的价值；如果机会选择较低的远期利率，从今天起一年后的现金流则为息票支付加上债券的价值（$C + VL$）。债券在任何节点的价值由以下表达式确定：

$$在任一节点的债券价值 = 0.50 \times \left[\frac{VH + C}{(1+i)} + \frac{VL + C}{(1+i)} \right]$$

例 8-3 使用二叉树定价债券

使用下面的利率树（见图 8-4），找到一只 3 年期年支付票息为 5% 债券的正确价格。

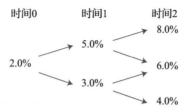

图 8-4 3 年期利率二叉树

解答：计算债券的价值包括注意现金流量的时间。3 年期债券在每年年底支付息票并返还本金（见图 8-5）。当我们说明年利率时，该利率在该年年初才有效。

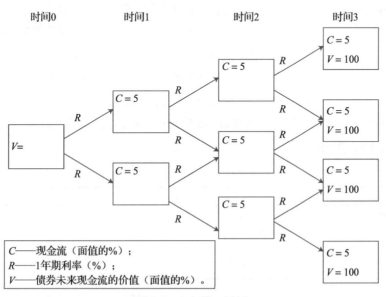

图 8-5 3 年期二叉树

无论利率移动到时间 3 达到何种水平，在时间 3 时 3 年期债券的现金流是相同的：

面值加最后一笔息票支付。此外，在时间 2 将会支付息票。因此，时间 2 的值将是：

时间 0	时间 1	时间 2
		0.5 × (105/1.08 + 105/1.08) + 5 = 102.222 2
		0.5 × (105/1.06 + 105/1.06) + 5 = 104.056 6
		0.5 × (105/1.04 + 105/1.04) + 5 = 105.961 5

时间 1 的价值将是时间 2 平均值的贴现加上息票支付。

时间 0	时间 1
	0.5 × [(102.222 2/1.05 + 104.056 6/1.05)] + 5 = 103.228 0
	0.5 × [(104.056 6/1.03 + 105.961 5/1.03)] + 5 = 106.950 6

最后，我们将价格重新带回到时间 0。由于没有时间经过，在时间 0 没有息票支付，使时间 0 的值是时间 1 的平均值贴现到今天：

时间 0
0.5 × (103.228 0/1.02 + 106.950 6/1.02) = 103.028 7

8.3.4 构建利率二叉树

利率二叉树的构建需要多个步骤，但请牢记我们正在努力完成。我们正在对产生利率和波动率的过程做出假设。第一步是描述对利率二叉树校准以匹配特定期限结构的过程。我们这样做是为了确保该模型是无套利的。我们通过选择利率将利率树与当前收益率曲线拟合，以便模型产生 8.3.1 节中报告的基准债券价值。通过这样做，我们将模型与相关的经济现实联系起来。

从表 8-2～表 8-4 回顾基准债券价格的信息以及相关基准平价曲线、即期利率曲线和远期利率曲线。我们将假定波动率 σ 为 15%，并使用 2 年期票息为 1.2% 的债券构建一个 2 年期利率树。完整的 4 年期利率二叉树在表 8-5 中显示。我们将演示如何确定这些利率。目前 1 年期利率为 1%，即 i_0。

表 8-5　4 年期利率二叉树

时间 0	时间 1	时间 2	时间 3
1.000 0%	1.612 1%	1.786 2%	2.833 8%
	1.194 3%	1.323 3%	2.099 4%
		0.980 3%	1.555 2%
			1.152 1%

找到树中的利率是一个迭代过程，利率在数值上被找到。有两个可能的较高和较低利率贴现从时间 2 到时间 1 的现金流。我们从今天起一年后观察这些利率。这两个利率必须与波动性假设、利率模型和基准债券的观察市场价值相一致。假设利率波动率为 15%。从我们之

前的讨论中我们知道，在时间 1，一年的低利率低于隐含的 1 年远期利率，较高的利率是较低利率的倍数。我们迭代出一个有约束的解决方案。一旦我们选择这些利率，我们将如何知道利率是正确的？答案是当我们使用利率树贴现现金流量，并产生与 2 年期基准债券价格相匹配的价值时。如果该模型不能用此结果产生正确的价格，我们需要选择另一个远期利率并重复该过程。对利率二叉树校准以匹配特定期限结构的过程在以下段落中展示。

假设我们使用一个分析工具，如 Excel 中的求解器来执行这个计算，它产生的 $i_{1,L}$ 值为 1.194 3%。这是较低的 1 年利率。较高的 1 年期利率为 1.616 1%[= 1.194 3% × ($e^{2 \times 0.15}$)]。从基准债券的信息回顾，2 年期债券将在时间 2 支付其到期价值 100 美元，年息票支付为 1.20 美元。债券在时间 2 的价值为 101.20 美元。如果实现较高的 1 年期利率，则息票支付加上债券到期日值之和的现值 VH 为 99.594 44 美元（= 101.20/1.016 121）。或者，如果较低的 1 年期利率实现，则息票支付加上债券到期日值之和的现值 VL 为 100.005 63 美元（= 101.20/1.011 943）。这两个计算确定了债券的 1 年期远期价值。实质上，远期利率将债券的价值从时间 2 移动到时间 1。

100	99.594 44 + 1.20	100 + 1.20
	100.005 63 + 1.20	100 + 1.20
		100 + 1.20

为了找到今天的价值，我们贴现了所得到的息票和债券价值（VH 和 VL）。包括息票支付，我们获得了作为较高利率的现金流量 100.794 44 美元（99.594 44+1.20）和作为较低利率的现金流量 101.205 63 美元（100.005 63+1.20）。我们使用当前的 1 年期利率来获得两种现金流量的现值如下：

$$\frac{VH+C}{1+i} = \frac{100.794\ 44}{1.010\ 00} = 99.796\ 47\ （美元）$$

和

$$\frac{VL+C}{1+i} = \frac{101.205\ 63}{1.01} = 100.203\ 60\ （美元）$$

将每个现值乘以 0.5，我们获得的债券价值为 100 美元，即 2 年期基准债券的价格。该模型产生与市场相同的价值，因此在时间 1 我们将利率 1.194 3% 和 1.121% 作为远期利率。

| 1% | 1.612 2% |
| | 1.194 3% |

为了构建多于 1 年期的利率树，我们重复同样的过程，这次使用 3 年期基准债券，票息为 1.25%。现在，我们正在寻找与下面相一致的三个远期利率：①假设的利率模型；②假设波动率为 15%；③当前 1 年期利率为 1.0%；④如图 8-6 所示，从现在起（时间 1）1 年后的两个可能远期利率为 1.194 3%（较低的利率）和

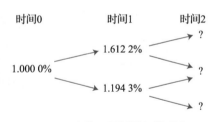

图 8-6　查找二叉树的远期利率

1.612 1%（较高的利率）。

在时间 3，我们收到最终的息票支付和到期价值。在图 8-7 中，我们看到填在这个 3 年期基准债券中的价值以及我们必须找到的三个远期利率。这些是以前计算的利率。我们简单地从右到左逆向操作来获得这些值。

表 8-6 逆向操作寻找远期利率

时间 0	时间 1	时间 2	时间 3
100	?	?	101.25
	?	?	101.25
		?	101.25
			101.25

我们选择了 $i_{2,LL}$ 的值为 0.980 3%，低于从现在起两年后隐含的 1 年期远期利率。所有其他远期利率是这个利率的倍数。$i_{2,HL}$ 和 $i_{2,HH}$ 相应利率分别为 1.3233% 和 1.7863%。为了证明这些是正确的值，我们简单地从表 8-6 中利率树时间 3 的四个结点逆向操作。使用相同的过程来获取其他结点上的值。完成的利率树如图 8-7 所示。

让我们关注波动率对利率树中可能的远期利率的影响。如果我们使用更高的波动率估值，如 20%，则可能的远期利率应该在树上展开。如果我们使用更低的波动率估值，如 0.01%，

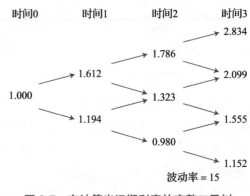

图 8-7 有计算出远期利率的完整二叉树

那么利率应该从当前收益率曲线下降到隐含的远期利率。表 8-7 和表 8-8 分别描绘了波动率为 20% 和 0.01% 的利率树，并确认预期结果。

表 8-7 完整利率树（$\sigma = 20\%$）

时间 0	时间 1	时间 2	时间 3
1.000 0%	1.680 6%	1.941 5%	3.213 4%
	1.126 5%	1.301 4%	2.154 0%
		0.872 4%	1.443 9%
			0.967 8%

表 8-8 完整利率树（$\sigma = 0.01\%$）

时间 0	时间 1	时间 2	时间 3
1.000 0%	1.402 9%	1.352 3%	1.865 3%
	1.402 6%	1.352 1%	1.864 9%
		1.351 8%	1.864 5%
			1.864 1%

例 8-4 对二叉树校准以匹配特定期限结构

如例 8-2 所示，1 年期票面利率为 2.0%，2 年期票面利率为 3.0%，3 年期票面利率为 4.0%。因此，即期利率为 $S_1 = 2.0\%$，$S_2 = 3.015\%$，$S_3 = 4.0555\%$。零息债券价格为 $P_1 = 1/1.020 = 0.9804$，$P_2 = 1/(1.03015)^2 = 0.9423$，$P_3 = 1/(1.04055)^3 = 0.8876$。所有年份的利率波动率为 15%。

校准图 8-8 中的二叉树。

解答：

时间 0

利率二叉树中的第一个周期的票面利率、即期利率和远期利率都是相同的。因此，$Y_0 = S_0 = F_0 = 2.0\%$。

时间 1

由于 2 年期即期利率是在时间 0 的 1 年期远期利率和在时间 1 的 1 年期远期利率的几何平均值，所以我们可推导出时间 2 的平均远期利率。$1.03015^2 = (1.02)(1+F_{1,2})$ 隐含表示 $F_{1,2} = 4.040\%$。另外，由于我们选择对利率变化加上一个对数正态模型，$F_{1,2u} = (F_{1,2d})(e^{2\sigma})$。所以，这两个数字平均为 4.040%，一个是 $e^{2\sigma}$ 大于另一个。

从 $F_{1,2d} = (4.040\%)(e^{-0.15}) = 3.477\%$，$F_{1,2u} = (4.040\%)(e^{0.15}) = 4.694\%$ 开始，给出了 2 年期零息基准债券的价格 $[(0.5)(1/1.03477)+(0.5)(1/1.04694)]/1.02 = 0.9419$。请注意，价格非常接近 0.9423 的正确值。通过使用数字方法（在这种情况下，Excel 的求解器），我们发现 $F_{1,2d}$ 的实际数字等于 3.442% 而不是 3.477%，使 $F_{1,2u}$ 等于 4.646% 而不是 4.64%（见图 8-9）。

图 8-8 二叉树校准   图 8-9 时间 1 的校准

时间 2

我们将从时间 2 的平均远期利率开始，$F_{2,3} = (1.04055^3/1.03015^2) - 1 = 6.167\%$，中间值为 $(6.167\%)(e^{-0.3}) = 4.569\%$ 和 $(6.167\%)(e^{0.3}) = 8.325\%$ 作为下限值和上限值。这些值给出了 3 年期零息债券价格为 0.8866，接近 0.8876 的正确价格。使用数值方法（再次，Excel 的求解器），我们发现三个正确的 1 年期远期利率是 4.482%、6.051% 和 8.167%（见图 8-10）。

在利率树上逆向操作，我们发现在时间 2 的值为 $1/1.08167 = 0.9245$，$1/1.06051 = 0.9429$ 和 $1/1.04482 = 0.9571$。返回到时间 1，利率树的值为 $(0.5) \times (0.9245)/1.04602$

+（0.5）×（0.942 9）/1.046 02 = 0.892 3 和（05）×（0.942 9）/1.034 09 +（0.5）×（0.957 1）/1.034 09 = 0.918 8。最后，返回到开始的时间 0，我们发现（0.5）×（0.892 3）/1.02 +（0.5）×（0.918 8）/1.02 = 0.887 788 76（见图 8-11）。

图 8-10　时间 2 校准　　　　　图 8-11　逆向操作计算利率树值

现在我们的利率树给出了在 1 年期、2 年期和 3 年期零息债券的正确价格，我们说我们的树被校准为无套利利率树。它将正确地定价无期权债券，包括用于找到即期利率的面值债券的票面价格，以及在我们选择适当利率流程和利率波动的程度上，它将提供对具有嵌入式期权债券价值的见解及其风险参数。

8.3.5　用利率树估值无期权债券

我们的下一个任务是双重的。首先，我们计算无期权的固定利率息票债券的无套利价值。其次，我们对使用零息票收益率曲线定价与使用无套利二项式格子定价进行比较。因为这两种估值方法都是无套利的，所以这两个值必须相同。

现在，考虑一只无期权债券，还有四年到期，票息为 2%。请注意，这不是一个基准债券，它比 4 年期基准债券有更高的票息，定价为票面价格。该债券的价值可以通过表 8-3 中的即期利率贴现金流量来计算，如下式所示：

$$\frac{2}{(1.01)^1}+\frac{2}{(1.012\ 01)^2}+\frac{2}{(1.012\ 51)^3}+\frac{100+2}{(1.014\ 04)^4}=102.33（美元）$$

利率二叉树应该产生与用即期利率贴现现金流量相同的价值。使用利率二叉树对无期权债券进行估值应得到与即期利率贴现相同的值，这是因为利率二叉树是无套利的。

让我们对这个利率树进行试运行，并使用还有四年到期的 2% 无期权债券。还假定发行人的基准收益率曲线是表 8-2 中给出，因此适当的利率二叉树是图 8-7 中的一个。表 8-9 显示了贴现过程中的不同价值，并产生了 102.325 4 美元的债券价值。该利率树产生了与即期利率相同的债券价值，因此与我们的标准估值模型一致。⊖

表 8-9　使用利率二叉树对无期权债券的实例估值

时间 0	时间 1	时间 2	时间 3	时间 4
102.325 4	102.676 9	101.763 9	101.189 2	102
	104.020 4	102.836 0	101.902 7	102

⊖　由于中间步骤四舍五入，价格略有差异。

（续）

时间 0	时间 1	时间 2	时间 3	时间 4
		103.641 7	102.438 0	102
			102.838 2	102
				102

例 8-5 确认债券的无套利价值

使用例 8-2 和例 8-4 的平价曲线，1 年期年支付债券的到期收益率为 2%，2 年期年支付债券为 3%，3 年期年支付债券为 4%。因为这是与例 8-4 中使用的曲线相同的曲线，所以我们可以使用该例中的校准利率树对一个债券进行定价。让我们使用一个 3 年期年支付债券，5% 的票息，就像我们在例 8-2 中所做的那样。我们知道，如果校准树构建是正确的，我们用该利率树执行计算来估值债券（见表 8-7），其价格应为 102.810 2 美元（见图 8-12）。

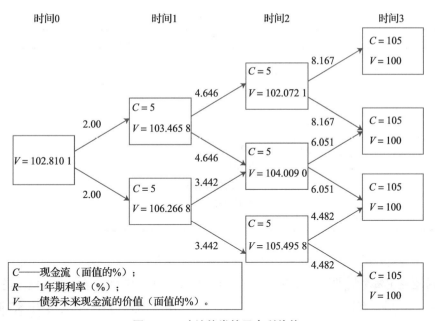

图 8-12 确认债券的无套利价值

因为利率树被校准为相同的平价曲线（和即期曲线），用于仅使用即期利率对该无期权债券进行定价，所以利率树给出的价格与即期利率定价相同。

8.3.6 顺向估值

在利率二叉树中逆向归纳的另一种方法称为顺向估值。利率二叉树指定了模型中的所有潜在利率路径，而利率路径是利率从当前时间到证券到期日的路线。顺向估值计算每个可能利率路径的债券现值，并得到跨越路径的这些值的平均值。我们将使用顺向估值方法来产生与用于无期权债券的逆向归纳方法相同的价值。顺向估值涉及以下步骤：①列出所有通过利率树的可能路径的清单；②确定沿着每个可能路径的债券现值；③计算所有可能路径的平均值。

确定所有可能的路径就像以下实验一样。假设你要抛出一个公平的硬币，并且跟踪正面和反面的组合方式。我们将使用一个名为帕斯卡三角形（Pascal's Triangle）的设备，如图 8-13 所示。可以建立帕斯卡三角形如下：从三角形顶部的数字 1 开始。下面方框中的数字是其上面两个数字之和，除了每一边的边界全部为 1。阴影数字表明 3 是 2 与 1 之和。现在抛硬币，同时跟踪记录可能的结果。表 8-10 中列出了可能的组合，其中 H 代表正面，T 代表反面。

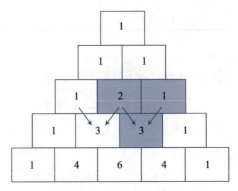

图 8-13　帕斯卡三角形

表 8-10　帕斯卡三角形的可能组合

掷钱次数	结果	帕斯卡三角形
1	H	1, 1
	T	
2	HH	1, 2, 1
	HT TH	
	TT	
3	HHH	1, 3, 3, 1
	HHT HTH THH	
	HTT THT TTH	
	TTT	

这个实验正好反映了我们利率二叉树中精确的利率路径数量。通过使用帕斯卡三角形可以很容易地确定每个周期/年的路径总数。让我们举一个 3 年期零息债券的例子进行说明。从帕斯卡三角形，有四条可能的路径到达第三年：HH, HT, TH, TT。使用 8.3.4 节中的相同的利率二叉树，我们指定了四条路径以及沿着这些路径可能的远期利率。在表 8-11 中，右边的最后一列显示了每个路径的现值。右下角是所有路径上的平均现值。

表 8-11　3 年期零息债券的四个利率路径

路径	远期利率年 1	远期利率年 2	远期利率年 3	现值
1	1.000 0%	1.612 2%	1.766 3%	95.747 80
2	1.000 0%	1.612 2%	1.323%	96.166 70
3	1.000 0%	1.194 3%	1.323%	96.563 84
4	1.000 0%	1.194 3%	0.980 3%	96.891 55
				96.342 50

现在，我们可以使用二叉树来确认我们对 3 年期零息债券的计算，在一个小的舍入误差范围内（0.004 5，小于 0.5 个百分点）。分析结果见表 8-12。利率树确实产生相同的值。

表 8-12 二叉树确认债券价值

96.338	96.907	98.245	100.000
	97.695	98.694	100.000
		99.029	100.000
			100.000

例 8-6 基于利率二叉树的顺向估值

使用例 8-2、例 8-4 和例 8-5 的平价曲线，1 年期年支付债券的到期收益率为 2%，2 年期年支付债券为 3%，3 年期年支付债券为 4%。我们知道，如果我们正确地生成树中的路径，并直接贴现现金流，那么 3 年期年支付 5% 票息债券的定价仍然是 102.810 2 美元。

3 年期利率树有八条路径，其中四条是唯一的。我们按照八条路径中的每条路径贴现现金流，并得出它们的平均值，如表 8-13 ～ 表 8-15 所示。

表 8-13 现金流

路径	时间 0	时间 1	时间 2	时间 3
1	0	5	5	105
2	0	5	5	105
3	0	5	5	105
4	0	5	5	105
5	0	5	5	105
6	0	5	5	105
7	0	5	5	105
8	0	5	5	105

表 8-14 贴现率

路径	时间 0	时间 1	时间 2	时间 3
1	2%	4.602%	8.167%	
2	2%	4.602%	8.167%	
3	2%	4.602%	6.051%	
4	2%	4.602%	6.051%	
5	2%	3.409%	6.051%	
6	2%	3.409%	6.051%	
7	2%	3.409%	4.482%	
8	2%	3.409%	4.482%	

表 8-15 现值

路径	时间 0
1	100.529 6
2	100.529 6

路径	时间 0
3	102.344 9
4	102.344 9
5	103.479 2
6	103.479 2
7	104.887 6
8	104.887 6
均值	**102.810 3**

（续）

8.4 蒙特卡罗法

蒙特卡罗（Monte Carlo）法是用于模拟足够大数量可能利率路径的另一种方法，以努力发现证券的价值如何受到影响。该方法涉及随机选择路径以努力接近完全的顺向估值的结果。当证券的现金流量与路径相关时，经常会使用蒙特卡罗法。当特定周期内收到的现金流量取决于随后达到当前水平的路径以及当前水平本身时，现金流量是依赖于路径的。例如，抵押担保证券的估值在很大程度上取决于利率路径依赖的提前还款水平。基于一些概率分布产生的利率路径，一个波动率的假设，该模型适合利率当期的基准期限结构。基准期限结构由当前的即期利率曲线表示，使得每个基准债券的所有情景利率路径的平均现值等于其实际市场价值。通过使用这种方法，该模型被赋予无套利性，这相当于 8.3 节中讨论的校准利率树。

假设我们打算用蒙特卡罗法估值 30 年期债券。为了简单起见，假设债券每月支付息票（例如抵押担保证券）。采取以下步骤：①在一些波动率假设和概率分布下模拟一个月利率的路径数量（例如 500）；②从模拟的未来一个月利率产生即期利率；③确定沿着每个利率路径的现金流量；④计算每个路径的现值；⑤计算所有利率路径的平均现值。

使用刚刚描述的程序，该模型将只会偶然地产生等于市场价格的基准债券价值。我们想要确保是这种情况，否则模型既不适合当前的即期利率曲线也不是无套利的。所有路径上的所有利率都增加一个常数，使得每个基准债券的平均现值等于其市场价值。所有短期利率增加的常数称为漂移项。当使用这种技术时，该模型被称为漂移调整。

出现的一个问题是关于有多少适合蒙特卡罗法的路径。增加路径数量在统计意义上提高了估值的准确性。这并不意味着模型更接近于证券的真正基础价值。蒙特卡罗法仅与所使用的估值模型和输入值的准确性一样好。

收益率曲线建模者的另一个要素通常在蒙特卡罗估值中包括均值回归。均值回归始于常识概念，即历史表明利率几乎不会"太高"或"太低"。"太高"和"太低"的意思由建模者自行决定。我们通过实施产生未来利率随机过程的上下限来实现均值回归，均值回归具有将利率从收益率曲线向隐含远期利率移动的效果。

例 8-7　蒙特卡罗模拟在债券定价中的应用

将例 8-6 中的利率路径替换为已校准到相同初始平价和即期利率曲线的随机生成路径，如表 8-16 所示。

表 8-16　贴现率

路径	时间 0	时间 1	时间 2	时间 3
1	2%	2.500%	4.548%	
2	2%	3.600%	6.116%	
3	2%	4.600%	7.766%	
4	2%	5.500%	3.466%	
5	2%	3.100%	8.233%	
6	2%	4.500%	6.116%	
7	2%	3.800%	5.866%	
8	2%	4.000%	8.233%	

表 8-17　现值

路径	时间 0
1	105.745 9
2	103.270 8
3	100.910 64
4	103.854 3
5	101.907 5
6	102.423 6
7	103.302 0
8	101.068 0
均值	102.810 3

如表 8-17 所示，因为我们继续获得 102.810 3 美元，作为我们 3 年期年支付 5% 票息债券的价格，我们知道蒙特卡罗模拟已经正确校准。这些路径现在已经足够不同了，因此可以通过在二叉树中不可能提供的方式来分析依赖于路径的证券，如抵押担保证券。

本章小结

本章介绍固定收益证券套利估值的原则和工具。大部分讨论集中在利率二叉树上，它可以广泛地用于估值无期权债券和嵌入式期权债券。以下是本章要点：
- 估值的基本原则是任何金融资产的价值等于其预期未来现金流量的现值。
- 固定收益证券是零息债券组合。
- 每个零息债券都有自己的贴现率，这取决于收益率曲线的形状和现金流量是否及时交付。

- 在运作良好的市场中,价格调整至无套利机会。
- 一价法则规定,两种完全替代品的货物在没有交易成本的情况下必须以相同的现行价格出售。
- 套利机会是一项交易,不涉及现金支出,而导致无风险利润。
- 使用无套利的方法,将证券视为一组零息债券,意味着两只具有相同到期日和不同票息的债券被视为不同的零息债券组,并相应估值。
- 对于无期权的债券,无套利价值只是使用基准即期利率的预期未来价值的现值。
- 利率二叉树允许短期利率采用与波动率假设和利率模型相一致的两个可能值之一。
- 利率树是基于利率模型和关于利率波动假设的利率(远期利率)可能值的形象化表示。
- 任何后续周期的可能利率与以下三个假设一致:①支配利率随机过程的利率模型;②假设利率波动水平;③当前基准收益率曲线。
- 从对数正态分布中,利率树上的相邻利率是 e 的 2σ 幂的倍数。
- 对数正态分布的一个好处是如果利率太接近于零,那么利率的绝对变化就越来越小了。
- 我们使用逆向归纳估值方法,包括从到期日开始,填写这些值,从右到左逆向操作,以在期望的节点找到债券的价值。
- 通过选择导致基准债券价值的利率,利率树适合当前的收益率曲线。通过这样做,债券价值是无套利的。
- 通过使用利率二叉树进行估值的无期权债券应与即期利率贴现具有相同的价值。
- 顺向估值计算每个可能利率路径的债券现值,并求出跨越路径的这些值的平均值。
- 蒙特卡罗法是模拟足够大数量的可能利率路径的替代方法,以努力发现证券的价值如何受到影响,并涉及随机选择路径以努力接近完全顺向估值的结果。

第 9 章

嵌入式期权债券的估值与分析

莱斯利·阿布利欧（Leslie Abreo）
艾恩尼斯·乔治欧（Ioannis Georgiou）
　　　　　　　　特许金融分析师
安德鲁·卡罗特（Andrew Kalotay）

学习成果

完成本章后，你将掌握以下内容：
- 描述具有嵌入式期权的固定收益证券。
- 解释可赎回或可回售债券、基础无期权（纯粹）债券与嵌入式期权债券的价值之间的关系。
- 描述如何使用无套利框架来估值具有嵌入式期权的债券。
- 解释利率波动如何影响可赎回债券或可回售债券的价值。
- 解释收益率曲线的水平和形状变化如何影响可赎回债券或可回售债券的价值。
- 从利率树中计算可赎回或可回售债券的价值。
- 解释期权调整利差的计算和使用。
- 解释利率波动如何影响期权调整利差。
- 计算和解释可赎回或可回售债券的有效久期。
- 比较可赎回、可转换和纯粹债券的有效久期。
- 描述使用单面久期和关键利率久期来估算具有嵌入式期权债券的利率敏感性。
- 比较可赎回、可回售和纯粹债券的有效凸度。
- 计算浮动利率债券上限或下限的价值。
- 描述可转换债券的定义特征。
- 计算和解释可转换债券价值的组成部分。
- 描述可转换债券如何在无套利框架中估值。
- 将可转换债券的风险回报特征与纯粹债券以及相关普通股的风险回报特征进行比较。

9.1 引言

无期权固定利率债券的估值通常需要确定其未来现金流量，并以适当的利率贴现。当债券具有一个或多个嵌入式期权时，估值变得更加复杂，因为嵌入式期权的价值通常取决于利率。

了解如何估值和分析具有嵌入式期权的债券对于从业者来说是非常重要的。债券发行人经常利用诸如赎回条款等嵌入式期权来管理利率敞口。可赎回债券的投资者必须评估被赎回的风险。对这一风险的概念统一表示为溢价，在增加的息票或收益率方面，市场对可赎回债券的需求相对于其他完全相同的无期权债券。发行人和投资者还必须了解其他类型的嵌入式期权，如回售条款、转换期权、上限和下限等影响债券价值和这些债券对利率变动的敏感性。

我们从本章开始，9.2 节简单概述各种嵌入式期权。然后，我们讨论包括赎回或回售条款的债券。我们在 9.3 节中显示采取建模的方法，上一章讨论的无套利估值框架如何适用于可赎回和可回售债券的估值，首先是在没有利率波动的情况下，然后当利率波动时的估值。我们还讨论了期权调整利差如何用于估值有风险的可赎回和可回售债券。9.4 节涵盖利率敏感度。它强调需要使用有效久期，包括单面久期和关键利率久期，以及有效凸度来评估利率变动对可赎回和可回售债券价值的影响。

然后，我们将转向包括其他常见类型的嵌入式期权债券。9.5 节侧重于有上限和下限的浮动利率债券（浮动）的估值。可转换债券在 9.6 节中讨论。可转换债券既可以是可赎回债券也可以是可回售债券，其估值是复杂的，因为它不仅取决于利率变动，还取决于发行人基础普通股的未来价格走势。

9.7 节简要强调了分析软件在债券估值和分析中的重要性。9.8 节对本章做了概括总结。

9.2 嵌入式期权概述

"嵌入式债券期权"或嵌入式期权（embedded options）是指债券契约或发行公告中发现的应急条款。这些期权代表了使其持有人能够利用利率变动的权利。它们可以由发行人或债券持有人行使，或者可以根据利率走向自动行使。例如，看涨期权允许发行人通过偿还早期发行的债券并以更低利率再融资的方式受益于较低的利率。相比之下，看跌期权允许债券持有人通过将债券回售给发行人并将出售债券的收入以更高收益率再投资的方式受益于较高利率。这些期权不是独立于债券，不能单独交易，因此用形容词"嵌入的"表示。在本节中，我们将提供对常见的嵌入式期权的评论。

对应于每个嵌入式期权或嵌入式期权的组合，是指定的发行人、发行日期、到期日、本金额和还款结构、票息和支付结构以及票面货币的基础债券。在这一章中，这个基础无期权债券也被称为纯粹债券（straight bond）。基础债券的息票可以是固定的或浮动的。固定息票债券可以在债券存续期内具有单一利率，或者根据息票时间表利率可以上升或下降。根据参考利率加上信用利差的公式，例如，6 个月的 Libor + 100 个基点（bps），浮动债券的息票定期进行重置。除了讨论有上限和下限的浮动债券之外，本章重点介绍固定息票、单一利率债券，也称为固定利率债券。

9.2.1 简单的嵌入式期权

可赎回和可回售期权是嵌入式期权的标准例子。事实上，绝大多数具有嵌入式期权的债券都是可赎回的、可回售的或两者兼而有之。赎回条款是迄今为止最流行的嵌入式期权。

9.2.1.1 看涨期权

可赎回债券（callable bond）是包含嵌入式看涨期权的债券。看涨期权是一个发行人期权，即行使期权的权力由债券发行人自行决定。赎回条款允许发行人在到期日之前赎回发行债券。及早赎回常发生在发行人有机会用另一种更有利条件的债券替代高息债券，通常当利率下降或发行人的信用质量有所改善时。

直到20世纪90年代，美国大多数长期公司债券在5年或10年之后都可以赎回。初始赎回价格（行权价）通常是高于面值的溢价，溢价取决于息票，在到期日前几年，赎回价格逐渐下降至面值。今天，大多数投资级公司的债券基本上是不可偿还的。他们有一个"提前赎回权"，之所以这样命名是因为赎回价格超过债券持有人"全部"（补偿）以换取他们的债券。赎回价格以对基准证券的窄幅利差计算，通常是在美国的国库券或在英国的政府债券等新发行的主权债券。因此，经济上的偿还实际上是没有问题的，投资者不用担心收到的低于债券的价值。

大多数可赎回债券包括发行人无法赎回债券的锁定期（lockout period）。例如，10年期可赎回债券可能有3年的锁定期，这意味着第一个潜在的赎回日期是债券发行日之后的3年。锁定期可能短至一个月或延长至几年。例如，高收益公司债券在发行后几年经常是可赎回的。这种债券的持有人通常对早期赎回的关注少于对可能违约的关注。当然，这种观点可以改变债券的存续期，例如，如果发行人的信用质量提高。

可赎回债券包括不同类型的赎回特征。欧式可赎回债券的发行人只能在锁定期结束时的单一日期行使看涨期权。美式可赎回债券从锁定期限结束至到期日可以连续赎回。百慕大式看涨期权只能在锁定期限结束后预定时间表上的日期行使。这些日期在债券契约或发行通知中具体说明。

除了少数例外，在美国，政府资助的企业（例如房利美、房地美、联邦住房贷款银行和联邦农场贷款银行）发行的债券是可以赎回的。这些债券往往具有相对较短的到期期限（5～10年）和非常短的锁定期（3个月至1年）。赎回价格几乎总是在面值的100%，看涨期权通常是百慕大式。

免税的市政债券（通常称为"munis"）是一种在美国发行的非主权（地方）政府债券，可以在第10年后的任何时间内几乎总是以100%的面值赎回。他们也有资格提前偿还，这里不讨论这个高度专业化的话题。

虽然美国政府资助的企业和市政发行人的债券占全球发行和交易可赎回债券的大部分，在亚太地区，欧洲、加拿大和中南美洲的其他国家也发现包含赎回条款的债券。绝大多数可赎回债券以美元或欧元计价，因为投资者需要以这些货币计价发行的证券。澳大利亚、英国、日本和挪威是以当地货币计价的可赎回债券市场的国家。

9.2.1.2 看跌期权和延期期权

可回售债券（putable bond）是一种包含嵌入式看跌期权的债券。看跌期权是投资者期权，即行使期权的权力由债券持有人自行决定。回售条款允许债券持有人在到期日之前将债券回售给发行人，通常以面值回售。这通常发生在利率上升和高收益债券可得到时。

与可赎回债券类似，大多数可回售债券包括锁定期。它们可以是欧式的，或很少有百慕大式，但没有美式可回售债券。

另一种类似于看跌期权的嵌入式期权是一种延期期权：在到期时，**可展期债券**（extendible bond）持有人有权在到期后保留债券多年，可能还有不同的息票。在这种情况下，债券契约或发行公告的条款被修改，但债券尚未偿清。可展期债券的例子可以在诸如加拿大皇家银行等加拿大发行人中找到，该银行在 2013 年 7 月，票息为 1.125%，半年支付的未清偿债券，在 2016 年 7 月 22 日到期，但可展期至 2017 年 7 月 21 日。我们将在 9.3.5.2 节中讨论可回售债券和可延期债券之间的相似之处。

9.2.2 复杂的嵌入式期权

虽然可赎回债券和可回售债券是最常见的具有嵌入式期权的债券类型，但存在与其他类型的期权或期权组合债券。

例如，债券可以是可赎回的和可回售的。举例，截至 2013 年 7 月，德国公司发行人 DIC Asset AG 拥有票息 5.875% 的年支付息票债券，于 2016 年 5 月 16 日到期。债券可以由发行人赎回或债券持有人回售。

可转换债券是另一种具有嵌入式期权的债券。转换期权允许债券持有人将其债券转换为发行人的普通股。可转换债券通常也可由发行人赎回，赎回条款使发行人能够利用较低的利率或强制转换。我们将在 9.6 节中全面讨论可转换债券。

当期权取决于一些特定的事件时，会添加另一层复杂性。一个例子是零售投资者可以使用的遗产看跌或继承人期权。例如，截至 2013 年 7 月，美国公司发行人通用资本（GE Capital）拥有票息为 5% 半年支付的可赎回未清偿债券，于 2018 年 3 月 15 日到期。如果持有人死亡，该债券可以由他或她的继承人以面值回售。由于遗产看跌期权只有在债券持有人死亡的情况下才能发挥作用，所以遗产看跌的债券价值取决于其持有人的预期寿命，而这是不确定的。

> **专栏 9-1 具有财产看跌期权的债券**
>
> 具有财产看跌期权的债券，口语上被称为"死亡回售"债券，即具有遗产看跌或继承人期权的债券可以由死亡的债权人的继承人以面值回售。只有当他们以折价方式出售时，即现行价格低于面值时，这些债券才可以被回售。否则，应该在市场上以溢价出售。
>
> 通常，发行人在某一年度需要接受一个债券本金额的上限，如初始本金的 1%。看跌期权的遗产给予通知，导致超过这个上限，按时间顺序排列。
>
> 遗产看跌期权的价值取决于债券持有人的预期寿命。预期寿命越短，遗产看跌价值

就越大。一个复杂的因素是，大多数拥有遗产看跌期权的债券也是可赎回的，通常在发行日 5 年内以面值赎回。如果发行人提前赎回债券，遗产看跌期权将被废除。不用说，用遗产看跌期权估值可赎回债券需要专门的工具。要牢记的关键概念是，这种债券的价值不仅取决于利率变动，如具有嵌入期权的任何债券，也取决于投资者的预期寿命。

债券可能包含几个相互关联的发行人期权而没有任何投资者的期权。一个主要的例子是**偿债基金债券**（sinking fund bond），这要求发行人随时间拨出资金来偿还发行的债券，从而降低信用风险。这种债券可能是可赎回的，也可能包括偿债基金债券的独特期权，如加速条款和交割期权。

专栏 9-2　偿债基金债券

基础债券具有摊销结构，例如，一只 30 年到期债券，自第 11 年年底开始每年平均偿还本金。在这种情况下，每笔支付是初始本金额的 5%。典型的偿债基金债券包括以下期权：

- 一个面值之上的标准看涨期权，从第 10 年年底开始，溢价水平下降。因此，整个债券发行可以从第 10 年后开始被赎回。
- 加速条款，如"3 倍"。这样的条款允许发行人在任何预定的偿债基金日以 3 倍于法定的数量或以本例中初始本金额的 15% 强制性回购。假设发行人希望在第 11 年年底偿还债券。更具成本效益的方式是以面值"沉淀"15% 作为偿债基金并以溢价赎回其余部分，而不是以溢价偿还全部的未清偿债券。如果利率下降，加速条款为发行人提供额外收益。
- 交割期权，允许发行人通过向债券的受托人交割债券代替现金来满足偿债基金支付要求。⊖ 如果债券目前的交易价格低于面值，比如为面值的 90%，则发行人从投资者回购债券符合偿债基金要求比以面值支付更具成本效益。如果利率上升，交割期权将有利于发行人。当然，只有在有债券流动性的市场情况下才能实现收益。投资者可以通过存储债券进行防御性行动，拒绝将债券以折价方式出售。

从发行人的角度来看，看涨期权与交割期权的组合是有效的"多头跨式"。⊖ 因此，偿债基金债券不仅在利率下降的情况下有利于发行人，上涨的情况也是如此。确定基础债券和三个期权的组合价值是相当具有挑战性的。

⊖ 债券的受托人通常是具有信托权力的金融机构。由发行人任命，但以债券持有人的受托身份出现。在公开发行中，受托人通常以多个方式确定哪些债券将被偿还。

⊖ 多头跨式是一种期权策略，涉及在同一基础资产上以相同行权价和截止日购买看跌期权和看涨期权。到期时，如果相关资产价格高于行权价格，看跌期权是无价值的，但看涨期权是实值期权。相比之下，如果基础资产价格低于行权价格，看涨期权是毫无价值的，但看跌期权是实值期权。因此，当基础资产价格上涨或下跌时，多头跨式套利将有利于投资者。上涨或下跌幅度（即波动幅度越大）越大，投资者的收益越高。

> **例 9-1　嵌入式期权的类型**
>
> 1. 可回售债券的投资者可能寻求利用：
>   A. 利率变动　　　　　　B. 发行人信用评级变动　　　C. 发行人普通股价格走势
> 2. 行使可展期债券中的嵌入式期权是由以下谁做出决定的：
>   A. 发行人　　　　　　　B. 债券持有人　　　　　　　C. 发行人或债券持有人
> 3. 可转换债券的转换期权是由谁持有的一个权利：
>   A. 发行人
>   B. 债券持有人
>   C. 发行人和债券持有人共同持有
>
>   **解答 1**：A 是正确的。可回售债券可以提供债券持有人利用利率上升的能力，通过的方式是将债券回售给发行人并将出售债券的收入再投资于更高收益的债券。
>
>   **解答 2**：B 是正确的。可展期债券包括延期期权，使债券持有人有权在到期后保留债券多年，可能还有不同的息票。
>
>   **解答 3**：B 是正确的。转换期权是一种看涨期权，使债券持有人有权将其债券转换为发行人的普通股。

嵌入式期权的存在会影响债券的价值。为了量化这一影响，金融理论和金融技术发挥了重要作用。9.3 节介绍了具有嵌入式期权的债券的基本估值和分析概念。

9.3　可赎回和可回售债券的估值与分析

在无套利框架下，具有嵌入式期权债券的价值等于其各部分无套利值的总和。我们首先确定可赎回或可回售债券价值之间的关系，基础无期权（纯粹）债券和看涨期权或看跌期权之间的关系，然后讨论如何在不同风险和利率波动情景下对可赎回和可回售债券进行估值。

9.3.1　可赎回或可回售债券、纯粹债券与嵌入式期权价值之间的关系

具有嵌入式期权的债券价值等于纯粹的无套利债券价值与嵌入期权的无套利价值之和。

对于可赎回债券，行使看涨期权的决定由发行人做出：因此，投资者是债券多头，但是看涨期权空头。因此，从投资者的角度来看，相对于纯粹债券的价值，看涨期权的价值降低了可赎回债券的价值。

可赎回债券的价值 = 纯粹债券的价值 − 发行人看涨期权的价值

纯粹债券的价值可以通过以适当的利率贴现债券的未来现金流量获得，如 9.3.2 节所述。由于看涨期权价值取决于未来利率，特别是发行人赎回债券的决定取决于其以更低成本进行再融资的能力，所以很难为看涨期权估值。实际上，看涨期权的价值通常计算为纯粹债券的

价值与可赎回债券的价值之间的差额：

$$发行人看涨期权价值 = 纯粹债券价值 - 可赎回债券价值 \quad (9\text{-}1)$$

对于可回售债券，投资者决定行使看跌期权。因此，投资者在债券和看跌期权中都处于多头。因此，相对于纯粹债券的价值，看跌期权的价值增加了可回售债券的价值。

$$可回售债券的价值 = 纯粹债券的价值 + 投资者看跌期权的价值$$

它遵循

$$投资者看跌期权的价值 = 可回售债券的价值 - 纯粹债券的价值 \quad (9\text{-}2)$$

虽然大多数投资专业人士不需要是债券估值专家，但他们应该对以下部分给出的基本分析方法有清楚的了解。

9.3.2 无违约和无期权债券的估值：复习

资产价值是资产预期未来产生的现金流量的现值。在无违约和无期权债券的情况下，按照定义未来的现金流量是确定的。因此，问题是这些现金流量应以哪个利率贴现？答案是每笔现金流量都应该以与该现金流量的支付日期相对应的即期利率贴现。虽然即期利率可能不是直接可观察的，但可以从容易获得的信息中推算出来，通常来自于活跃交易的不同期限主权债券的市场价格。这些价格可以转换为即期利率、票面利率（即不同到期期限的假设债券以票面价格出售的票息）或远期利率。回顾 CFA 一级课程，即期利率、票面利率和远期利率是传达相同信息的相同方法，知道其中任何一个利率都足以确定其他利率。

假设我们想要估值一个 3 年期 4.25% 的年支付债券。表 9-1 提供了期限为 1 年、2 年和 3 年的收益率曲线的等价形式。

表 9-1　收益率曲线的等价形式

到期日（年数）	票面利率（%）	即期利率（%）	1 年期远期利率（%）	
1	2.500	2.500	从现在起 0 年	2.500
2	3.000	3.008	从现在起 1 年	3.518
3	3.500	3.524	从现在起 2 年	4.564

我们从表 9-1 的第 2 列提供的票面利率开始，因为我们假设每年息票和年复利、1 年即期利率只是简单的 1 年期票面利率。由于给定票面利率的假设，1 年期债券在第 1 年期间有 102.500（本金和息票）的单笔现金流量。⊖为了得到现值，该未来现金流量必须除以 1.025。因此，1 年即期利率或贴现率为 2.500%。

2 年期 3.000% 的票面债券有两笔现金流：第 1 年的 3 和第 2 年的 103。根据定义，两笔贴现现金流量的总和必须等于 100。我们知道适用于第一笔现金流量的贴现率是 1 年期即期利率（2.500%）。我们现在求解以下方程来确定 2 年期即期利率（S_2）：

$$\frac{3}{(1.025)} + \frac{103}{(1+S_2)^2} = 100$$

⊖　在本章中，所有的现金流和价值都以票面价值的百分比表示。

我们可以按照类似的方法来确定 3 年期即期利率 (S_3):

$$\frac{3.500}{(1.025\,00)} + \frac{3.500}{(1.030\,08)^2} + \frac{103.500}{(1+S_3)^3} = 100$$

1 年期远期利率通过使用无差异方程来确定。假设投资者可以投资 2 年,她可以以 2 年即期利率投资或 1 年即期利率投资 1 年,然后在从现在起 1 年后用收益以 1 年期远期利率再投资 ($F_{1,1}$)。使用两种方法之一进行投资的结果应该是一样的。否则会有套利机会。从而,

$$(1+0.030\,08)^2 = (1+0.025\,00) \times (1+F_{1,1})$$

同样的,从现在起 2 年后的 1 年期远期利率 ($F_{2,1}$) 可以用下式计算:

$$(1+0.035\,24)^3 = (1+0.030\,08)^2 \times (1+F_{2,1})$$

3 年期 4.25% 的年支付债券现在可以使用即期利率进行估值:⊖

$$\frac{4.25}{(1.025\,00)} + \frac{4.25}{(1.030\,08)^2} + \frac{104.25}{(1.035\,24)^3} = 102.114$$

对这个债券的等价估值方法是使用 1 年期远期利率对一年一次的现金流量进行贴现:

$$\frac{4.25}{1.025\,00} + \frac{4.25}{1.025\,00 \times 1.03\,518} + \frac{104.25}{1.025\,00 \times 1.035\,18 \times 1.045\,64} = 102.114$$

9.3.3 在无利率波动下,无违约可赎回债券和可回售债券的估值

当对具有嵌入式期权债券进行估值时,依靠一个周期远期利率的方法比依靠即期利率提供了更好的框架,因为我们需要知道债券在未来不同时间点的价值,以确定嵌入式期权将在哪些时间点行权。

9.3.3.1 零波动下可赎回债券的估值

让我们将这个框架应用于估值从现在起一年之后和两年之后百慕大式 3 年期 4.25% 的年支付以面值赎回的债券。行使看涨期权的决定由发行人做出。由于发行人借款,当债券未来现金流量的价值高于赎回价格(行权价格)时,将行使期权。表 9-2 显示如何使用表 9-1 计算得出的 1 年期远期利率计算该可赎回债券的价值。

表 9-2 零波动率下,从现在起 1 年后和 2 年后,无违约 3 年期 4.25% 年支付债券的估值

	今天	第 1 年	第 2 年	第 3 年
现金流		4.250	4.250	104.250
贴现率		2.500%	3.518%	4.564%
可赎回债券价值	$\frac{100+4.250}{1.025\,0} = 101.707$	$\frac{99.700+4.250}{1.035\,1\,8} = \sout{100.417}$ 在 100 赎回	$\frac{104.250}{1.045\,64} = 99.700$ 不赎回	

⊖ 本章的例子是在微软 Excel 中创建的,由于四舍五入,数字可能与使用计算器的结果不同。

我们首先用从现在起两年后的1年期远期利率（4.564%）对债券的到期日现金流（104.250）贴现到第2年。债券的未来现金流量在第2年的现值为99.700。这个值低于赎回价格100，所以理性的借款人在这个时间点不会赎回债券。接下来，我们将第2年中的现金流量（4.250）加到债券未来现金流量在第2年现值（99.700）中，并用从现在起一年后的1年远期利率（3.518%）将合计数贴现为第1年的现值。债券未来现金流量在第1年的现值为100.417。在这里，理性的借款人将以100的价格赎回债券，因为留下不清偿债券将比赎回更昂贵。最后，我们将第1年的现金流量（4.250）加到债券未来的未来现金流量在第1年的现值（100.000），我们将合计数以2.500%的贴现率贴现到今天。结果（101.707）是可赎回债券的价值。

我们可以应用式（9-1）来计算嵌入式看涨期权在这个可赎回债券中的价值。纯粹债券的价值是9.3.2节（102.114）中计算的无违约和无期权3年期4.25%年度支付债券的价值。从而，

$$发行人看涨期权价值 = 102.114 - 101.707 = 0.407$$

回顾一下早先的讨论中关于可以可赎回债券的价值，纯粹债券和投资者债券多头看涨期权空头的看涨期权之间的关系。因此，相对于其他相同无期权债券的价值，看涨期权的价值降低了可赎回债券的价值。

9.3.3.2 零波动率下可回售债券的估值

我们现在将这个框架应用于估值从现在起一年后和两年之后的百慕大式3年期4.25%的年支付以面值可回售债券。行使期权的决定由投资者做出。由于投资者借出款项，当债券未来现金流量的价值低于回售价格（行权价）时，他将行使期权。

表9-3显示了如何计算自今日起一年后及两年后的3年期4.25%年支付以面值可回售债券的价值。

表9-3 零波动率下从现在起一年后和两年后3年期无违约4.25%年支付以面值可回售债券的估值

	今天	第1年	第2年	第3年
现金流		4.250	4.250	104.250
贴现率		2.500%	3.518%	4.564%
可赎回债券价值	$\dfrac{100.707 + 4.250}{1.0250\ 0} = 102.397$	$\dfrac{100 + 4.250}{1.0351\ 8} = 100.707$	$\dfrac{104.250}{1.0456\ 4} =$ ~~99.700~~	
		不回售	在100回售	

我们可以应用式（9-2）来计算看跌期权的价值：

$$投资者看跌期权的价值 = 102.397 - 102.114 = 0.283$$

由于投资者是债券和看跌期权多头，相对于其他相同的无期权债券的价值，看跌期权的价值增加了可回售债券的价值。

专栏 9-3　最佳期权行权

嵌入式债券期权的持有人可以消除（或修改债券的条款）债券。假设目前是可行使该期权，显而易见的问题是，它是否为行使期权支付费用？假设答案是肯定的，后续的问题是现在行使期权更好还是等待。

让我们考虑第一个问题：行使期权是否是赚钱的？答案通常很简单：比较行使期权的价值与不行使的价值。例如，假设债券目前在 100 价格上可回售。如果债券的市场价格在 100 以上，那么回售债券就没有意义，因为卖出债券的现金价值将会超过 100。相反，如果债券的市场价格是 100，一定会考虑到回售债券。请注意，债券的市场价格不能低于 100，因为这种情况创造了套利机会：买入低于 100 的债券，并立即将其以 100 回售。

发行人赎回决定的逻辑是相似的。如果债券的市场价格明显低于赎回价格，则赎回是愚蠢的，因为债券可以简单地以较低的价格在市场上回购。或者，如果价格非常接近赎回价格，赎回是有意义的。

假设我们已经确定行使期权将是赚钱的。如果考虑的是欧式期权，实际上应该是行使的：没有理由不这样做。但如果是美式或百慕大式期权，那么挑战就是要确定现在行使更好，还是等待未来更好的机会。问题是虽然情况可能会更有利，但也可能会变得更糟。所以，期权持有人必须考虑到可能性，并根据他们的风险偏好决定采取行动或等待。

本章中提出的对嵌入式期权债券进行估值的方法假设期权持有人，无论是发行人还是投资者，都是风险中性的。如果或只有行使期权的利益超过预期的等待收益，他们就会行使。实际上，期权持有人可能是风险厌恶，可能会提早行使期权，即使该期权存在比消亡更有价值。

例 9-2　无违约债券和可回售债券的估值

投资组合经理乔治·卡希尔（George Cahill）确定了一个主权政府发行的三只 5 年期年支付债券。这三种债券具有相同的特征，除了债券 A 是无期权债券，债券 B 是从今天起两年和三年后可以以面值赎回的债券，债券 C 是从今天起两年和三年后可以赎回和回售的债券。

1. 相对于债券 A 的价值，债券 B 的价值为：
   A. 较低　　　　　　　　B. 一样　　　　　　　　C. 较高
2. 相对于债券 B 的价值，债券 C 的价值为：
   A. 较低　　　　　　　　B. 一样　　　　　　　　C. 较高
3. 在陡峭向上倾斜的收益率曲线情景下，债券 C 很有可能：
   A. 由发行人赎回
   B. 由债券持有人回售
   C. 到期且没有行使任何嵌入式期权

> **解答1**：A是正确的。债券B为可赎回债券，债券A为基础无期权（纯粹）债券。债券B中嵌入式看涨期权是发行人期权，可降低债券对投资者的价值。如果利率下降，债券价格通常会上涨，但相对于债券A的价格升值，债券B的价格升值将有上限，因为发行人将赎回债券并以较低的成本再融资。
>
> **解答2**：C是正确的。相对于债券B，债券C包括看跌期权。看跌期权是投资者期权，可以提高债券对投资者的价值。因此，债券C的价值高于债券B的价值。
>
> **解答3**：B是正确的。随着利率上升，债券价格下跌。因此，债券持有人将有动机行使看跌期权，以便能够将偿还债券收益以较高的收益再投资。

表9-2和表9-3显示了在没有利率波动的情况下，可赎回债券和可回售债券的估值。然而，在现实生活中，利率确实波动。因此，期权持有人必须考虑收益率曲线随时间而变化。

9.3.4 利率波动对可赎回债券和可回售债券价值的影响

在本节中，我们将讨论利率波动以及收益率曲线的水平和形状对嵌入式期权的价值的影响。

9.3.4.1 利率波动

无论期权类型如何，任何嵌入式期权的价值，均随着利率的波动而增加。波动率越大，嵌入式期权的行权机会越多。因此，发行人和投资者了解利率波动对嵌入式期权债券价值的影响至关重要。

利率波动的影响表现在利率树或格子中，如图9-1所示。从今天起的树上的每个节点，利率都可能上升或下降。从这两个状态来看，利率可能再次上升或下降。这些上和下两个状态在树上任何地方的分散性取决于基于给定的收益率曲线和利率波动性假设而生成利率的过程。

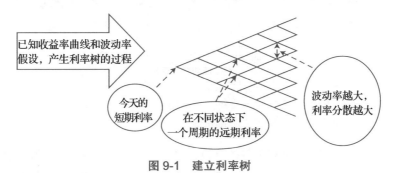

图9-1 建立利率树

图9-2和图9-3分别显示了利率波动对可赎回债券和可回售债券价值的影响。

图9-2中的分段条形图表示纯粹债券的价值，不受利率波动的影响。白色部分是看涨期权的价值，当从纯粹债券的价值中扣除看涨期权的价值时，就得出阴影成分可赎回债券的价值。在其他条件相等的情况下，看涨期权价值随着利率的波动而增加。在零波动率时，看涨期权的价值为面值的4.60%；波动率为30%，看涨期权的价值为面值的14.78%。因此，随

着利率波动率的增加，可赎回债券的价值下降。

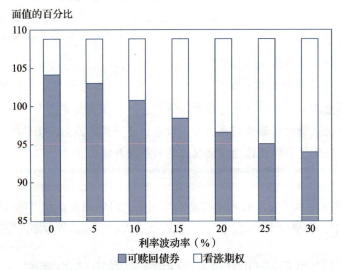

图 9-2 假设 4% 的平坦收益率曲线，在不同波动率的情况下，30 年期 4.50% 以面值可赎回债券在 10 年后的价值

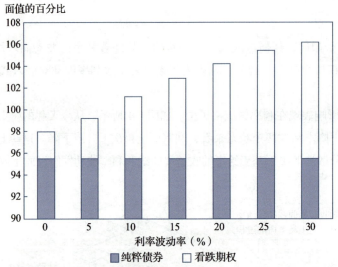

图 9-3 假设 4% 的平坦收益率曲线，在不同波动率的情况下，30 年期 3.73% 以面值可回售债券 10 年后的价值

在图 9-3 中，阴影部分是纯粹债券的价值，白色部分是看跌期权的价值，因此，分段条形图代表可回售债券的价值。在其他条件都相等的情况下，看跌期权的价值随利率的波动而上升。在零波动率时，看跌期权的价值为面值的 2.30%；波动率为 30% 时，看跌期权的价值为面值的 10.54%。因此，随着利率波动率的增加，可回售债券的价值上涨。

9.3.4.2 收益率曲线的水平和形状

可赎回或可回售债券的价值也受收益率曲线水平和形状变化的影响。

1. 对可赎回债券价值的影响

图 9-4 显示了假设利率波动率为 15% 时，在不同平坦收益率曲线水平下图 9-2 中可赎回债券的价值。

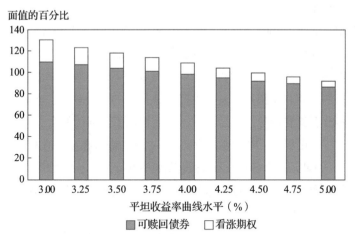

图 9-4 在 15% 的利率波动率时，不同平坦收益率曲线下，30 年期 4.50% 以面值可赎回债券 10 年后的价值

图 9-4 显示，随着利率的下降，纯粹债券的价值上涨，但其上涨被看涨期权价值的上涨部分抵消。例如，如果收益率曲线为 5% 平坦，则纯粹债券的价值为面值的 92.27%，看涨期权的价值为面值的 5.37%，因此可转换债券的价值为面值的 86.90%。如果收益率曲线下降到 3% 平坦，则纯粹债券的价值上涨 40%～129.54%，但可赎回债券的价值只上涨了 27%，达到面值的 110.43%。因此，可赎回债券的价值上涨幅度低于纯粹债券的价值，限制了投资者的上涨潜力。

如图 9-5 所示，看涨期权的价值以及可赎回债券的价值也受收益曲线形状变化的影响。

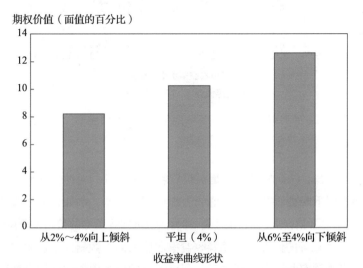

图 9-5 在 15% 的利率波动率时，不同收益率曲线下，30 年期 4.50% 以面值可赎回债券的嵌入式看涨期权 10 年后的价值

所有其他条件相等的情况下，看涨期权的价值随着收益率曲线的平坦而增加。如果收益率曲线向上倾斜，短期利率为2%，长期利率为4%（第一个条柱），则看涨期权的价值约为面值的8%。如果收益率曲线平坦至4%（第二个条柱），则看涨期权的价值涨至约面值的10%。如果收益率曲线实际上反转过来，则看涨期权的价值进一步增加。图9-5显示，如果收益率曲线向下倾斜，短期利率为6%，长期利率为4%（第三个条柱），则看涨期权的价值超过面值的12%。反转收益率曲线是罕见的，但是会不时发生。

解释收益率曲线形状对看涨期权价值影响的直觉如下。当收益率曲线向上倾斜时，在利率树上的一个周期的远期利率很高，发行人赎回该债券的机会较少。当收益率曲线平坦或反转时，树上的许多节点具有较低的远期利率，从而增加了赎回的机会。

假设在发行时一条正常的，向上倾斜的收益率曲线，嵌入在按面值发行的可赎回债券的看涨期权是虚值期权。如果无波动率下的无套利远期利率盛行，则不会被赎回。在美国市政部门经常发生的以高溢价发行的可赎回债券是实值期权。如果无套利的远期利率盛行，他们将被赎回。

2. 对可回售债券价值的影响

图9-6和图9-7显示了收益率曲线的水平和形状的变化如何影响图9-3中使用的可回售债券的价值。

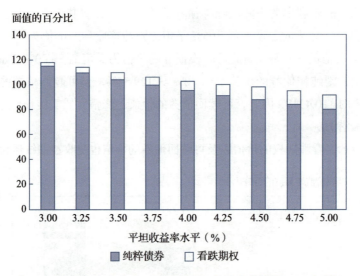

图9-6 在15%的利率波动率时，不同的平坦收益率曲线下，30年期3.75%以面值可回售债券10年后的估值

图9-6说明为什么看跌期权被视为是对投资者利率上升的对冲。随着利率的上升，纯粹债券的价值下降，但下降被看跌期权价值的上涨而部分抵消。例如，如果收益率曲线从平坦3%移动至平坦5%，则纯粹债券的价值下降30%，但可回售债券的价值的下降被限制为22%。

所有其他条件都相等的情况下，随着收益率曲线从向上倾斜到平坦到向下倾斜，看跌期权的价值减少。当收益率曲线向上倾斜时，利率树中的一个周期的远期利率高，为投资者创造了更多的回售债券的机会。随着收益率曲线变平或反转，机会数量下降。

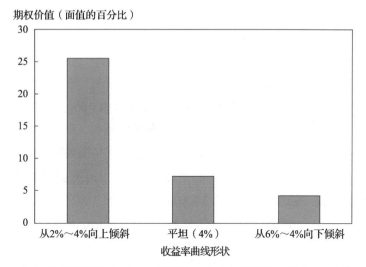

图 9-7 在 15% 的利率波动率时，不同收益率曲线形状下，嵌入 30 年期 3.75% 以面值可回售债券的看跌期权在 10 年后的价值

9.3.5 在利率波动存在的情况下，对无违约可赎回和可回售债券进行估值

存在利率波动的情况下，对嵌入式期权债券估值的过程如下：

- 基于给定的收益率曲线和利率波动假设，生成利率树。
- 在树的每个节点，确定嵌入式期权是否被行权。
- 应用逆向归纳估值方法计算债券的现值。这种方法包括从到期日开始，从右到左逆向操作，找到债券的现值。

让我们回到 9.3.3.1 节（可赎回）和 9.3.3.2（可回售）节中讨论的 3 年期无违约 4.25% 的年支付债券来说明如何应用这个估值程序。债券特征是相同的。表 9-1 中给出的收益率曲线在 1 年期、2 年期和 3 年期的平价收益率分别为 2.500%、3.000% 和 3.500% 时保持相同。但我们现在假设利率波动率为 10% 而不是零。由此产生的利率二叉树显示了从现在起零年、一年后和两年后的 1 年期远期利率如图 9-8 所示。假设从每个节点向上和向下状态的分支以相等的概率发生。

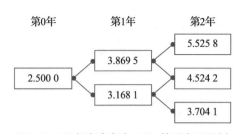

图 9-8 利率波动率为 10% 的利率二叉树

上一章讨论了利率二叉树的校准。如前所述，从现在起一年后的 1 年期票面利率、1 年期即期利率和 1 年期远期利率是相同的（2.500%）。由于没有封闭形式的解法，因此，通过满足以下两个约束条件，迭代地确定了从现在起两年后的 1 年期远期利率：

（1）处于上升状态的利率（R_u）由下式给出：

$$R_u = R_d \times e^{2\sigma\sqrt{t}}$$

式中 R_d——处于下降状态的利率；

σ——利率波动率（这里为10%）；

t——"时间片"（一年，所以这里 $t=1$）之间的时间。

（2）2年期面值债券的贴现价值（本例中的票息为3.000%）等于100。

在图9-8中，在一年时间片，R_d 为3.168 1%，R_u 为3.869 5%。建立了正确地估算给定平价收益率曲线下隐含的1年期和2年期面值债券价值的利率，我们冻结这些利率，并在下一个时间段迭代利率，以确定从现在起两年后三个状态的1年期远期利率。与以前一样应用的约束条件，也就是说，第一，每个利率必须与邻近利率以因子 $e^{2\sigma\sqrt{t}}$ 相关；第二，利率必须贴现3年期面值债券（在这个例子中为3.500%的票息）至100的值。

现在我们已经确定了所有的1年期远期利率，我们可以估值从现在起一年后和两年之后的3年期4.25%的年支付的以面值可赎回或可回售债券。

9.3.5.1 利率波动的可赎回债券的估值

图9-9描绘了10%波动率时的可赎回债券的估值。

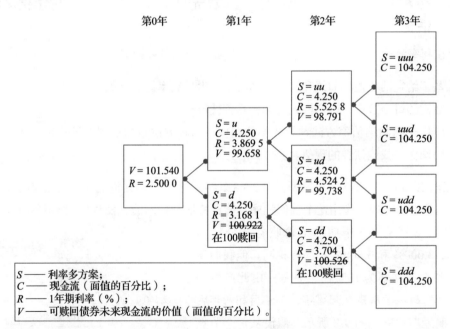

图9-9 从现在起一年后和两年后在10%的利率波动率下，3年期无违约4.25%年支付息票债券的估值

从利率树上1年期利率、2年期利率情景分支标记为 u，代表向上状态，d 代表向下状态。因为这是一个重组利率二叉树，所以利率场景既可以是从前一个向下状态转为向上状态，也可以是从前一个向上状态转为向下状态。我们使用两者选一中的单一名称，如果有的话。因此，在第1年，状态是 u 和 d，在第2年是 uu、ud 和 dd，第3年是 uuu、uud、udd 和 ddd。

从第3年开始，我们注意到，债券到期日以四种状态的现金流量为104.250。第3年的四笔现金流量中的每一笔都以适当的 1 年远期利率简单贴现至第 2 年。例如，在 uuu 状态的 104.250 以从现在起两年后 1 年期远期利率（5.525 8%）贴现，其值为 98.791。由于该债券在第 2 年可以以面值赎回，因此我们对每种情形进行检查，以确定未来现金流量的现值是否高于赎回价格，在这种情况下，发行人称赎回债券。行权仅在状态 dd 中发生，因此我们在该状态下将值从 100.526 重置到 100。

第 1 年的每个状态的价值是通过对当前状态发射出的两个未来状态的价值加上息票以目前状态适当的利率进行贴现来计算的。这两个贴现值的概率加权平均值是第 1 年目前状态的值。因为我们假设来自任何状态的两个分支的概率相等，所以我们只需将两个贴现值的和除以 2。例如，第 1 年的状态 d 的值由下式给出

$$\frac{1}{2} \times \left(\frac{99.738 + 4.250}{1.031681} + \frac{100 + 4.250}{1.031681} \right) = 100.922$$

最后，在第 0 年，可赎回债券的价值为 101.540。通过纯粹债券的价值与可赎回债券的价值之间的差额可以取得看涨期权的价值，现在为 0.574（102.114 − 101.540）。看涨期权在 10% 波动率时的价值大于波动率为零的价值（0.407），正如我们之前讨论的，期权价值随着利率波动率的增加而增加。

> **例 9-3　假定利率波动的可赎回债券的估值**
>
> 　　如图 9-9 所示，回到从现在起一年后和两年的百慕大式 3 年期 4.25% 年支付息票以面值可赎回债券的估值。1 年期、2 年期和 3 年期的平价收益率分别为 2.500%、3.000%、3.500%，利率波动率为 10%。
> 1. 除了利率波动率现在是 15% 而不是 10%，假设相对于初始设置其他没有变化。可赎回债券的新价值是：
>   A. 小于 101.540　　　　　B. 等于 101.540　　　　　C. 大于 101.540
> 2. 除了债券现在可以以 102 而不是 100 进行赎回，假设相对于初始设置其他没有变化。可赎回债券的新价值最接近：
>   A. 100.000　　　　　　　B. 102.000　　　　　　　C. 102.114
>
> 　　**解答 1**：A 是正确的。较高的利率波动率增加了看涨期权的价值。因为从纯粹债券的价值中减去看涨期权的价值可以得到可赎回债券的价值，所以较高的看涨期权价值会导致较低的可赎回债券的价值。因此，15% 波动率的可赎回债券的价值低于 10% 的波动率时可赎回债券的价值，即小于 101.540。
>
> 　　**解答 2**：C 是正确的。如图 9-9 所示，在任何情况下，赎回价格对于看涨期权来说都是太高了。因此，看涨期权的值为零，可赎回债券的值等于纯粹债券的值，即 102.114。

9.3.5.2　有利率波动的可回售债券的估值

　　如图 9-10 所示，在 10% 的波动率下，从现在起一年后和两年后 3 年期 4.25% 年支付息

票以面值可回售债券的估值。估值可回售债券的程序非常类似于前文所述的估值可赎回债券，除了在每个状态下，债券的价值与回售价格进行比较。只有当债券未来现金流量的现值低于回售价时，投资者才会回售债券。在这种情况下，该值将重置为回售价（100）。它在第2年发生两次，在 uu 和 ud 状态。

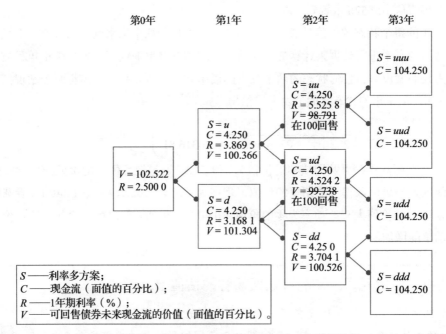

图 9-10　在 10% 的波动率下，从现在起一年后和两年后 3 年期无违约 4.25% 年支付息票以面值可回售债券的估值

可回售债券的价值为 102.522。通过可赎回债券价值与纯粹债券价值之间的差额可以得到看跌期权的价值，现在为 0.408（102.522 − 102.114）。如预期，看跌期权在波动率为 10% 时的价值大于波动率为零的价值（0.283）。

> **例 9-4　假设利率波动的可回售债券的估值**
>
> 如图 9-10 所示，返回到从现在起一年后和两年后，百慕大式 3 年期 4.25% 年支付以面值可回售债券的估值。1 年期、2 年期和 3 年期的平价收益率分别为 2.500%、3.000% 和 3.500%，利率波动率为 10%。
>
> 1. 除了利率波动率现在是 20% 而不是 10%，假设相对于初始设置其他没有变化。可回售债券的新价值是：
>   A. 小于 102.522　　　　B. 等于 102.522　　　　C. 超过 102.522
> 2. 除了债券现在可以在 95 回售而不是 100，假设相对于初始设置其他没有变化。债券的新价值最接近于：
>   A. 97.522　　　　　　　B. 102.114　　　　　　C. 107.522

解答1：C是正确的。较高的利率波动率增加了看跌期权的价值。由于看跌期权的价值被增加到纯粹债券的价值中而得到可回售债券的价值，因此较高的看跌期权价值导致较高的可回售债券的价值。因此，波动率为20%时的可回售债券价值高于波动率为10%时的价值，即超过102.522。

解答2：B是正确的。从图9-10可以看出，在任何情况下，回售价格都低于看跌期权。因此，看跌期权的价值为零，可回售债券的价值等于纯粹债券的价值，即102.114。

专栏9-4　可回售债券与可展期债券

可回售债券与可展期债券，除了它们的基础无期权债券是不同的，其他是等价的。考虑一只在第2年的3年期3.30%可回售债券。其价值应与可展期一年的3年期3.30%债券的价值完全相同。否则会有套利机会。显然，两只债券的现金流量在第2年相同。第3年的现金流量取决于从现在起两年后的1年期远期利率。无论第2年年末的利率水平如何，这两只债券的这些现金流也将相同。

如果第2年年末的1年期远期利率高于3.30%，由于债券持有人可以回售债券并将所得收入以较高的收益率重新投资，这也是将可展期债券不予延期的同样原因。所以，两只债券都在两年内支付3.30%，然后被赎回。或者，如果第2年年末的1年期远期利率低于3.30%，则由于债券持有人不想以较低的收益率再投资，因此可回售债券将不予回售，可展期债券将被延期持有到更高的利率。因此，两只债券在3年内支付3.30%，然后赎回。

例9-5　假设利率波动的具有嵌入式期权债券的估值

KMR资本的固定收益研究员斯德利·布朗（Sidley Brown）正在分析利率波动对Weather Analytics（WA）发行的可赎回债券和可回售债券价值的影响。WA由主权政府所有，因此其债券被视为无违约。布朗目前正在查看WA的三只债券，并收集了以下有关它们的信息：

特征	债券X	债券Y	债券Z
到期日	从今天起三年	从今天起三年	从今天起三年
票息	年5.2%	数据不可得	年4.8%
债券类型	从今天起一年和两年后以面值可赎回	从今天起一年和两年后以面值可赎回	从今天起两年后以面值可回售
价格（面值的百分比）	数据不可得	101.325	数据不可得

1年期、2年期和3年期票面利率分别为4.400%、4.700%和5.000%。基于估计的利率波动率为15%，布朗建立了以下利率二叉树：

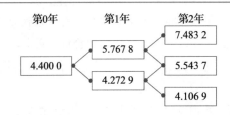

1. 债券 X 的价格最接近：
   A. 96.057%   B. 99.954%   C. 100.547%
2. 债券 Y 的票息最接近：
   A. 4.200%   B. 5.000%   C. 6.000%
3. 债券 Z 的价格最接近：
   A. 面值的 99.638%   B. 面值的 100.340%   C. 面值的 100.778%

布朗现在正在分析利率波动对 WA 债券价格的影响。

4. 相对于利率波动率为 15% 时的价格，债券 X 在较低利率波动率下的价格将为：
   A. 较低   B. 一样   C. 较高
5. 相对于利率波动率为 15% 时的价格，债券 Z 在利率波动率较高时的价格将为：
   A. 较低   B. 一样   C. 较高

解答 1：B 是正确的。

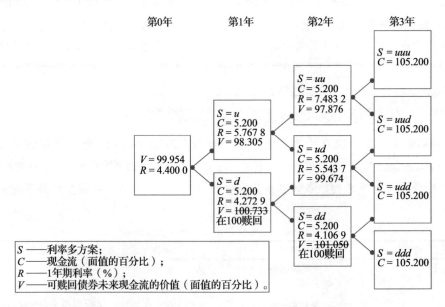

解答 2：C 是正确的。

虽然通过使用描绘的利率树可以找到正确的答案，但可以通过意识到其他两个答案明显不正确来鉴别。给定 3 年期票面利率为 5%，3 年期 5% 的纯粹债券价值为票面值。由于存在看涨期权降低了可赎回债券的价格，因此，一只 3 年期 5% 的以面值可赎回债券的价值低于票面值，而且在给定的收益率曲线和利率波动假设下一定小于 101.325，所以

B 是不正确的。票息为 4% 的债券价值更小，所以 A 不正确。因此，C 肯定是正确答案。

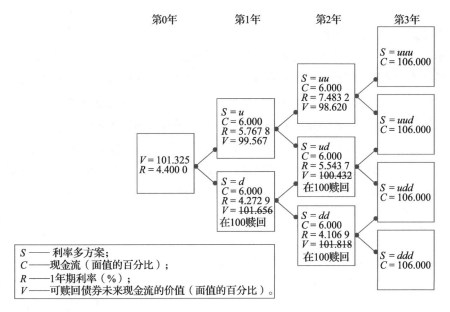

解答 3：B 是正确的。

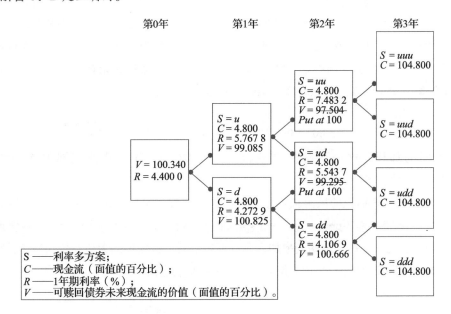

解答 4：C 是正确的。债券 X 是可赎回债券。如式（9-1）所示，相对于基础的无期权债券价值，看涨期权的价值降低了债券 X 的价值。当利率波动率减少时，看涨期权的价值会降低，因此债券 X 的价值会增加。

解答 5：C 是正确的。债券 Z 是一个可回售债券。如式（9-2）所示，相对于基础的无期权债券的价值，看跌期权的价值增加了债券 Z 的价值。随着利率波动率的增加，看跌期权的价值增加，因此债券 Z 的价值增加。

9.3.6 对风险可赎回债券和可回售债券的估值

虽然先前描述的无违约债券的做法可能适用于主权政府以本币发行的债券，但事实是大多数债券都受违约影响。因此，我们必须将框架扩展到对风险债券的估值。

估值违约风险债券有两种截然不同的方法。行业标准方法是增加无违约利率之上的贴现率，以反映违约风险。较高的贴现率意味着较低的现值，因此风险债券的价值将低于其他相同的无违约债券的价值。如何获得风险债券的合适收益率曲线在 9.3.6.1 节讨论。

估值风险债券的第二种方法是将违约概率明确，即通过给未来每一个时间周期分配一个概率。例如，在第 1 年违约概率可能是 1%；第 2 年度违约概率视第 1 年的条件或经历情况而定，可能是 1.25% 等。这种方法需要明确已知违约时的回收价值（例如，面值的 40%）。有关违约概率和回收价值的信息可从信用违约互换中获得。这个重要的主题在另一章中讨论。

期权调整利差

根据可利用的信息，有两种标准的方法来为风险债券构建合适的收益率曲线。使用一条发行人特定的曲线更令人满意但不太方便，曲线表示发行人在相关到期期限范围内的借款利率。不幸的是，大多数债券专业人士都无法接近这样的细节水平。一个更方便和相对令人满意的替代方案是统一提高通过固定利差从无违约基准收益率曲线导出的 1 年期远期利率，这是根据类似信用质量的合适债券的市场价格估算的。这种固定利差被称为零波动率利差或 Z- 利差。

为了说明，我们回到 9.3.2 节介绍的 3 年期 4.25% 无期权债券，但是我们现在假设这是一个风险债券，适当的 Z- 利差是 100 个基点。为了计算该债券的无套利价值，我们必须为表 9-1 中的每一个 1 年期远期利率增加 100 个基点的 Z- 利差：

$$\frac{4.25}{1.035\ 00} + \frac{4.25}{1.035\ 00 \times 1.045\ 18} + \frac{104.25}{1.035\ 00 \times 1.045\ 18 \times 1.055\ 64} = 99.326$$

如预期的那样，这一风险债券的价值（99.326）远低于其他相同但无违约债券（102.114）的价值。

在对具有嵌入式期权的风险债券估值时，同样的方法可以应用于利率树。在这种情况下，使用**期权调整利差**（option-adjusted spread，OAS）。如图 9-11 所示，OAS 是恒定不变的利差，当所有的一个周期远期利率加入到利率树上时，该债券的无套利价值等于其市场价格。请注意，无期权债券的 Z- 利差是零波动率下简单的它的 OAS。

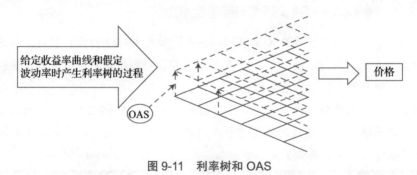

图 9-11 利率树和 OAS

如果给定债券的价格，OAS 是通过试错法来确定的。例如，假设从现在起一年和两年后 3 年期 4.25% 的可赎回债券的市场价格为 101.000，与图 9-9 中的估值相同，不同之处在于有风险而不是无违约。为了确定 OAS，我们尝试通过增加一个不变的利差来转移每个状态的所有 1 年期远期利率。例如，当我们给所有 1 年期远期利率增加 30 个基点时，我们得到可赎回债券的价值为 100.973，低于债券的价格。由于债券价格与收益率之间存在反比关系，这个结果意味着贴现率过高，因此我们尝试稍微降低利差。加上 28 个基点，结果可赎回债券的价值是 101.010 的，还是略高。如图 9-12 所示，恒定不变的利差同样地增加到所有 1 年期远期利率中，这证明了给定的市场价格为 101.000 时为 28.55 个基点，这个数字是 OAS。

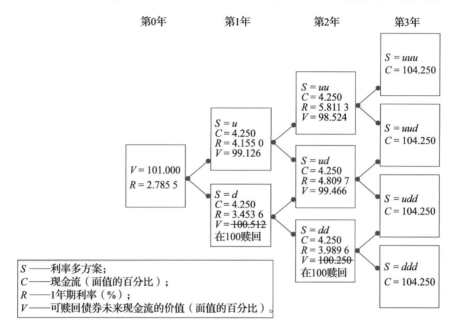

图 9-12　在利率波动率为 10% 时，从现在起一年和两年后 3 年期 4.25% 年支付息票以面值可赎回风险债券的 OAS

如图 9-12 所示，每个节点的价值是根据看涨期权是否行权而调整的。因此，OAS 将去掉期权风险产生的金额，这就是为什么这种利差被称为"期权调整"的原因。

OAS 通常被用作衡量相对于基准债券的价值。OAS 债券价值低于具有相似特征和信用质量的债券，这表明债券可能过高估价（高价的），应予以避免。比具有相似特征和信用质量的债券更大的 OAS 债券意味着债券可能价格低估（便宜的）。如果 OAS 债券接近具有相似特征和信用质量的债券，则该债券看起来价格适当。在我们的例子中，在 10% 波动率时的 OAS 是 28.55 个基点。这个数字应该与具有相似特征和信用质量的债券的 OAS 进行比较，以判断债券的吸引力。

如图 9-13 所示，随着利率波动率的增加，可赎回债券的 OAS 减少。OAS 从波动率为零时的 138.2 个基点跌至波动率为 30% 时的 1.2 个基点。图 9-13 清楚地表明了利率波动假设的重要性。回到图 9-12 中的例子，可赎回的债券可能看起来在波动率为 10% 时价格被低估。然而，如果投资者假设波动率较大，那么 OAS 和相对廉价就会减少。

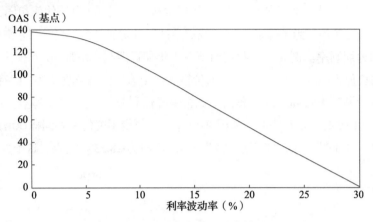

图 9-13　利率波动率对可赎回债券的 OAS 影响

例 9-6　期权调整利差

投资组合经理罗伯特·胡丹（Robert Jourdan）刚刚估值了一家法国公司发行的票息为 7% 的年支付息票债券，还有三年到期。该债券可以从现在起一年和两年后以面值赎回。在他的估值中，胡丹使用了基于新发行的法国政府债券的收益率曲线。1 年期、2 年期和 3 年期票面利率分别为 4.600%、4.900% 和 5.200%。基于 15% 的估计利率波动率，胡丹构建了以下利率二叉树：

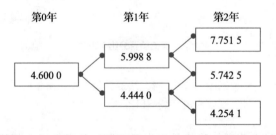

胡丹估值可赎回债券为面值的 102.294%。然而，胡丹的同事指出，由于公司债券比法国政府债券更具风险，因此估值应采用 200 个基点的 OAS 进行。

1. 为了更新他对法国公司债券的估值，胡丹应该：
   A. 从债券的年票息中减去 200 个基点
   B. 利率二叉树中的利率增加 200 个基点
   C. 从利率二叉树中的利率中减去 200 个基点
2. 所有其他条件相等的情况下，15% 的波动率下的可赎回债券价值最接近于：
   A. 面值的 99.198%　　　B. 面值的 99.247%　　　C. 面值的 104.288%
3. 按照上一个问题计算的价格，在 20% 的波动率下，可赎回债券的 OAS 将：
   A. 较低　　　　　　　B. 一样　　　　　　　　C. 较高

解答1：B 是正确的。OAS 是恒定的利差，必须加到给定的利率二叉树中所有一个周期的远期利率，以证明债券的给定市场价格。

解答2：B 是正确的。

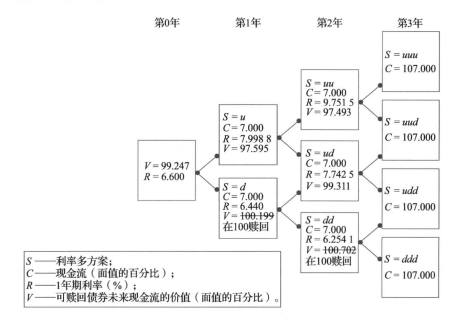

解答3：A 是正确的。如果利率波动率从 15% 增加到 20%，则可赎回债券的 OAS 将会下降。

专栏 9-5　含期权债券的情景分析

对嵌入式期权的债券进行估值的另一种应用是指定投资期限的情景分析。除了利息和本金的再投资外，期权估值可以在可赎回债券和可回售债券的偿还中发挥作用，其持有期间的收益再投资。制定依赖于场景的最佳期权行权决策涉及计算集中使用 OAS 技术，因为考虑到持有期间利率情景的演变，必须对看涨期权或看跌期权决策进行估价。

在指定投资期限内的行动需要在现金流量再投资和债券价值变动之间取得平衡。让我们以 4.5% 的债券为例，还有 5 年到期，假设投资期限为 1 年。如果债券是无期权的，则较高的利率会增加再投资收益，但在投资期限结束时会导致较低的本金值。由于投资期限短，再投资收益相对较小，行动由本金的价值变动支配。因此，较低的利率将导致较好的业绩。

但是，如果考虑的债券是可赎回的，则利率方案如何影响业绩并不明显。例如，假设债券是从现在开始 6 个月后首次赎回，其当前市场价格为 99.74。利率飙升将压低债券的价格，业绩肯定会受到损失。但是利率大幅下降也将是有害的，因为债券将被赎回以及利息和本金将不得不以较低的利率进行再投资。图 9-14 显示了在 6 个月内首次赎回的 4.5% 债券的 1 年投资期限的回报，债券还有 5 年到期，并在 4% 的平坦收益率曲线上估值。

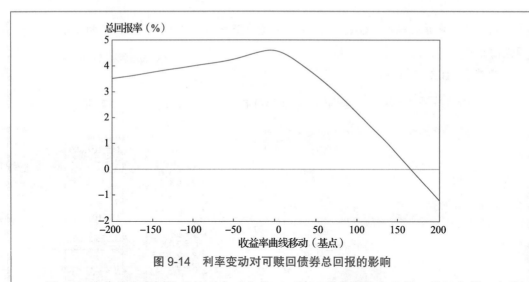

图 9-14　利率变动对可赎回债券总回报的影响

图 9-14 清楚地表明，较低的利率不能保证可赎回债券的较高回报。要记住的一点是，债券可能在投资期限结束很久之前就可以赎回。假设在期限日赎回会高估业绩。因此，当对嵌入式期权债券进行情景分析时，期权行权的现实预测至关重要。

9.4 嵌入式期权债券的利率风险

度量和管理利率风险敞口是固定收益组合管理的两个基本任务。应用范围从对冲组合到金融机构的资产负债管理。投资组合经理的表现通常以基准衡量，也需要监控其投资组合和基准的利率风险。在本节中，我们将介绍利率风险的两个关键指标：久期和凸度。

9.4.1 久期

债券的久期衡量债券全价（包括应计利息）对债券到期收益率变动的敏感性（在收益率久期指标的情况下）或基准利率的变动的敏感性（在收益率曲线或曲线久期指标的情况下）。收益率久期指标，如修正久期，只能用于无期权债券，因为这些指标假设债券预期的现金流量在收益率变化时不会改变。这种假设对于嵌入式期权债券通常是错误的，因为嵌入式期权的价值通常取决于利率。因此，对于具有嵌入式期权的债券，唯一适当的久期指标是被称为有效（或期权调整）久期。由于有效久期适用于纯粹债券以及具有嵌入式期权的债券，从业人员倾向于使用它，而不论所分析的债券类型如何。

9.4.1.1 有效久期

有效久期（effective duration）表示债券价格对基准收益率曲线平行移动 100 个基点的敏感度，特别是政府的平价曲线，假设债券的信用利差没有变化。⊖计算债券有效久期的公式为

⊖ 虽然探讨利率的任意变化如何影响债券价格是可行的，但在实践中，这种变化通常被指定为基准收益率曲线的平行移动。

$$有效久期 = \frac{(PV_-) - (PV_+)}{2 \times (\Delta 基准收益率曲线) \times (PV_0)} \quad (9\text{-}3)$$

式中　Δ 基准收益率曲线——基准收益率曲线（以十进制）的平行移动幅度；

PV_-——当基准收益率曲线向下移动 Δ 基准收益率曲线时的债券全价；

PV_+——当基准收益率曲线向上移动 Δ 基准收益率曲线时的债券全价；

PV_0——当前债券的全价（即无移动）。

这个公式在实践中如何应用？没有市场价格，我们需要一个发行人特定的收益率曲线来计算 PV_0、PV_- 和 PV_+。但从业人员通常可以使用债券的当前价格，因此使用以下程序：

（1）给定价格（PV_0），以适当的利率波动率计算基准收益率曲线的隐含 OAS。

（2）将基准收益率曲线向下移动，生成新的利率树，然后使用在步骤 1 中计算的 OAS 重新估值债券。该值为 PV_-。

（3）将基准收益率曲线向上移动与步骤（2）中相同的幅度，生成一个新的利率树，然后使用在步骤 1 中计算的 OAS 重新估值债券。该值为 PV_+。

（4）使用式（9-3）计算债券的有效久期。

让我们来说明使用同样的 3 年期 4.25% 的以面值可赎回债券，从现在起一年和两年之后，同样的平价收益率曲线（即 1 年期、2 年期和 3 年期平价收益率分别为 2.500%、3.000% 和 3.500%），同样的如前面的利率波动率（10%）。如 9.3.6 节中，我们假设债券当前的全价为 101.000。我们应用刚才描述的程序：

（1）如图 9-12 所示，给定价格（PV_0）为 101.000，在波动率为 10% 时 OAS 为 28.55 个基点。

（2）我们将平价收益率曲线下调，例如 30 个基点，产生一个新的利率树，然后以 28.55 个基点的 OAS 重新估值债券。如图 9-15 所示，PV_- 为 101.599。

（3）我们将平价收益率曲线向上移动同样的 30 个基点，产生一个新的利率树，然后以 28.55 个基点的 OAS 上重新估值债券。如图 9-16 所示，PV_+ 为 100.407。

（4）因此，

$$有效久期 = \frac{101.599 - 100.407}{2 \times 0.003 \times 101.000} = 1.97$$

有效久期 1.97 表示利率上调 100 个基点，将减少 3 年期 4.25% 可赎回债券价值的 1.97%。

可赎回债券的有效久期不得超过纯粹债券的有效久期。当利率相对于债券的票息高时，看涨期权是虚值期权，所以债券不可能被赎回。因此，利率变动对可赎回转债的价格的影响与对其他相同的无期权债券的价格影响非常相似，可赎回债券和纯粹债券的有效久期非常相似。相比之下，当利率下降时，看涨期权是实值期权。回想一下，看涨期权使得发行人有权以赎回价格偿还债券，从而限制利率下降时的价格升值。因此，相对于纯粹债券的有效久期，看涨期权减少了可赎回债券的有效久期。

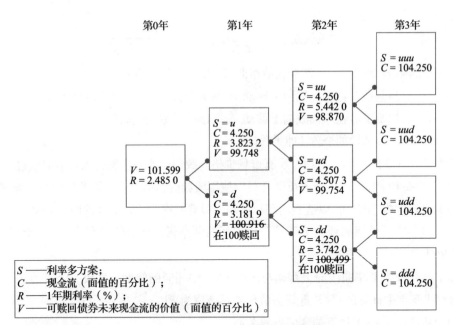

图 9-15 当利率下调 30 个基点,利率波动率为 10%,28.55 个基点的 OAS 时,对从现在起一年和两年后的 3 年期 4.25% 年支付息票以面值可赎回债券进行估值

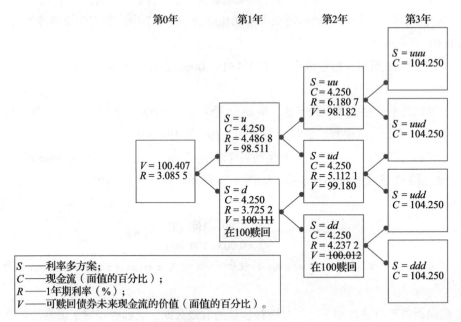

图 9-16 当利率上调 30 个基点,利率波动率为 10%,28.55 个基点的 OAS 时,对从现在起一年和两年后的 3 年期 4.25% 年支付息票以面值可赎回债券进行估值

可回售债券的有效久期也不得超过纯粹债券的有效久期。当利率相对于债券的票息低时,看跌期权是虚值期权,所以债券不太可能被回售。因此,在这种情况下,可回售债券的有效久期与其他相同的无期权债券非常相似。相比之下,当利率上升时,看跌期权是实值期权并限制价格贬值,因为投资者可以回售债券和回售债券的收入以较高的收益率再投资。因

此，相对于直线债券的有效期限，看跌期权减少了可回售债券的有效久期。

当嵌入式期权（看涨期权或看跌期权）有较大的实值期权，具有嵌入式期权债券的有效久期与在第一个行权日期到期的纯粹债券的有效久期相同，反映了债券很可能在那个日期被赎回或回售的事实。

图 9-17 比较了无期权债券、可赎回债券和可回售债券的有效久期。所有债券均为 10 年期 4% 的年支付息票债券。看涨期权和看跌期权都是欧式的，从现在起两个月后可行权。假设 4% 的平坦收益率曲线和 10% 的利率波动率，对债券估值。

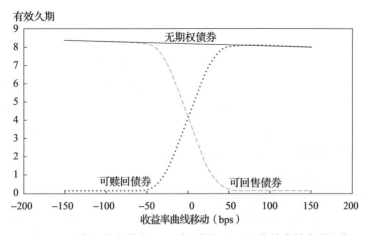

图 9-17　比较无期权期权、可赎回期权和可回售债券的有效久期

图 9-17 显示，利率波动对无期权债券的有效久期影响很小。正如预期的那样，当利率上升时，看跌期权转入实值期权，这限制了可回售债券的价格贬值并缩短了其有效久期。相比之下，可赎回债券的有效期限在利率下降时缩短，即当看涨期权转入实值期权时，限制了可赎回债券的价格升值。

专栏 9-6　实践中的有效久期

有效久期是在投资组合背景下最实际使用的概念。因此，了解有效久期的各种类型工具有助于管理组合久期。在下表中，我们展示了现金和常见类型债券的有效久期的一些属性：⊖

债券类型	有效久期
现金	0
零息债券	等于到期期限
固定利率债券	小于到期期限
可赎回债券	小于等于纯粹债券久期
可回售债券	小于等于纯粹债券久期
浮动利率债券	约等于到下一次重置的时间（年数）

⊖ 由于式（9-3）中有效久期公式分母中的曲线移动单位以每年表示，所以有效久期的单位为年。然而，实际上，有效久期不被视为时间尺度，而是作为一个利率风险指标，也就是说，它反映了每 100 个基点利率变化的价格百分比变化。

> 一般来说，债券的有效久期不超过其到期日。然而，还是有一些例外，如在税后基础上被分析的免税债券。
>
> 了解每种类型债券的有效久期在需要更改投资组合期限时很有用。例如，如果投资组合经理想要缩短固定利率债券组合的有效久期，他可以添加浮动债券。对于公司或其他发行机构的债券经理，缩短有效久期的另一种方法是发行可赎回债券。改变投资组合久期的话题在 CFA 三级中进行深入的讨论。

9.4.1.2 单面久期

通常通过将基准收益率曲线上下移动相同的量所产生的变化进行平均来计算有效久期。该计算对于无期权债券而言很有效，但是在嵌入式期权存在的情况下，结果可能会产生误导。问题在于，当嵌入式期权为实值期权时，如果债券是可赎回的，则该债券的价格向上空间有限；如果该债券是可回售的，则该债券的向下空间有限。因此，具有嵌入式期权的债券的价格敏感性与同等幅度利率的正负变化并不对称。

例如，考虑 5 年内到期的 4.5% 的债券，目前可以在 100 赎回。波动率为 15% 时，在 4% 的平坦收益率曲线上，该可赎回债券的价值为 99.75。如果利率下降了 30 个基点，价格将上涨至 100。实际上，无论利率下降多少，可赎回债券的价格不能超过 100，因为没有投资者支付超过可以立即被赎回的债券的价格。相比之下，如果利率上升，价格下跌是没有限制的。因此，对利率的上升和下降（有效久期），平均价格的反应不如价格对利率向上移动（单面上行久期）和向下移动（单面下行久期）的反应。

表 9-4 和表 9-5 显示了为什么单面久期（one-sided durations），即利率上升或下降时的有效久期，比（双面）有效久期更好地捕捉可赎回或可回售债券的利率敏感度，特别是当嵌入式期权靠近实值期权时。

表 9-4　15% 的利率波动率时，在 4% 的平坦收益率曲线上，5 年到期 4.5% 年支付息票可立即以面值赎回债券的久期

	在 4% 的平坦收益率曲线	利率上升 30 个基点	利率下降 30 个基点
债券价值	99.75	99.17	100.00
久期指标	有效久期 1.39	单面向上久期 1.94	单面向下久期 0.84

表 9-5 显示，利率上升 30 个基点对可赎回债券的影响大于利率下降 30 个基点的影响。单面上行久期高于单面下行久期的事实证实，可赎回债券对利率上升比对利率下降更为敏感。

表 9-5　15% 的利率波动率时，4% 的平坦收益率曲线上，5 年到期 4.1% 年支付息票可立即以面值回售债券的久期

	在 4% 的平坦收益率曲线	利率上升 30 个基点	利率下降 30 个基点
债券价值	100.45	100.00	101.81
久期指标	有效久期 3.00	单面向上久期 1.49	单面向下久期 4.51

表 9-5 中单面久期表明，可回售债券对利率下降比利率上升更为敏感。

9.4.1.3 关键利率久期

通过假设在基准收益率曲线上平行移动，计算有效久期。然而，在现实中，利率移动并不均整。许多投资组合经理和风险经理喜欢将基准收益率的关键到期利率变化的价格反应隔离开。例如，只要 2 年期基准利率上涨 5 个基点，债券的价格将如何变化？通过使用关键利率久期（key rate durations，也称为部分久期）来找出答案，这反映了债券价格对基准收益率曲线上特定到期期限变化的敏感性。因此，关键利率久期有助于投资组合经理和风险经理识别债券的"形状风险"，即债券对收益率曲线形状变化的敏感性（例如，陡峭化和平坦化）。

计算关键利率久期时使用的估值程序和公式与计算有效久期时使用的估值程序和公式相同，不是移动整个基准收益率曲线，而是只有关键点移动，一次一个关键点。因此，每个到期点移动的有效久期是单独计算的。

表 9-6、表 9-7 和表 9-8 显示了在 4% 平坦收益率曲线上债券的关键利率久期估值。表 9-6 检验了无期权债券，表 9-7 和表 9-8 分别将分析扩大到可赎回债券和可回售债券。

表 9-6　在 4% 平坦收益率曲线，10 年期无期权债券的关键利率久期估值

票息（%）	价格（面值的百分比）	关键利率久期				
		合计	第 2 年	第 3 年	第 5 年	第 10 年
0	67.30	9.81	−0.07	−0.34	−0.93	11.15
2	83.65	8.83	−0.03	−0.13	−0.37	9.37
4	100.00	8.18	0.00	0.00	0.00	8.18
6	116.35	7.71	0.02	0.10	0.27	7.32
8	132.70	7.35	0.04	0.17	0.49	6.68
10	149.05	7.07	0.05	0.22	0.62	6.18

如表 9-6 所示，对于不以面值交易的无期权债券（白色行），任意票面利率变动都会对债券价值产生影响，但移动到期匹配（在本例中 10 年）的票面利率影响最大。这只是因为固定利率债券的最大现金流量发生在到期时，同时支付最后一笔息票和本金。

对于以面值交易的无期权债券（阴影行），与到期匹配的票面利率是唯一影响债券价值的利率。这是"票面"利率的定义结果，如果曲线上的 10 年期票面利率为 4%，那么在 OAS 为零时该曲线上 10 年期 4% 债券的计算估值将是面值，不论曲线上其他到期点的票面利率。换句话说，将平价收益率曲线上 10 年期利率以外的任何利率变动不会改变 10 年期债券以面值价格交易。在特定的到期点向上和向下移动一个票面利率，在该到期日分别增加或减少了贴现率，这些事实将有助于记住以下段落。

如表 9-6 所示，如果债券是零息债券或具有非常低的票息，则关键利率久期有时对到期点是负的，比所分析的债券到期日更短。我们可以通过使用零息债券（表 9-7 的第一行）来解释为什么是这种情况。如前一段所述，如果我们提高 5 年期票面利率，10 年期债券以面值交易必须保持不变，因为 10 年期的票面利率没有变化。但由于 5 年期票面利率上涨，5

年期的零息票票息有所上升。因此,以面值交易的 10 年期债券的 5 年息票价值将低于以前的上涨。但由于以面值交易的 10 年期债券价值必须保持面值,所以剩余的现金流量,包括 10 年期间发生的现金流量,必须以稍低的利率贴现来补偿。这导致 10 年期零息票票息较低,使得 10 年期零息债券(其唯一现金流在第 10 年)的价值上升,以回应 5 年期票面比率的上升变化。因此,10 年期零息债券的 5 年期关键利率久期为负(−0.93)。

与无期权债券不同,具有嵌入式期权的债券的关键利率久期不仅取决于到期时间,也取决于行权时间。表 9-7 和表 9-8 说明了 30 年期可赎回债券和可回售债券的这一现象。看涨期权和看跌期权都是欧式的,从现在起 10 年后可行权,假设波动率为 15%,在 4% 的平坦收益率曲线时对债券估值。

表 9-7 利率波动率为 15% 时,在 4% 的平坦收益率曲线上,10 年后可赎回的 30 年期债券的关键利率久期估值

票息	价格(面值的百分比)	关键利率久期					
		合计	第 2 年	第 3 年	第 5 年	第 10 年	第 30 年
2	64.99	19.73	−0.02	−0.08	−0.21	−1.97	22.01
4	94.03	13.13	0.00	0.02	0.05	3.57	9.54
6	114.67	9.11	0.02	0.10	0.29	6.00	2.70
8	132.27	7.74	0.04	0.17	0.48	6.40	0.66
10	148.95	7.14	0.05	0.22	0.62	6.06	0.19

具有 2% 票息(表 9-4 的第一行)的债券不太可能被赎回,因此它表现更像是 30 年期无期权债券,其有效久期主要取决于 30 年期票面利率的变动。因此,对可赎回债券价值影响最大的利率是与期限相匹配(30 年)的利率。然而,随着债券的票息增加,债券被赎回的可能性也在增加。因此,债券总有效久期缩短,对可赎回债券价值影响最大的利率逐渐从 30 年期利率转为 10 年期利率。在非常高的 10% 票息,由于实质上确定会被赎回,可赎回债券的表现就像一个 10 年无期权债券。相对于 10 年期关键利率久期(6.06),30 年期关键利率久期可以忽略不计(0.19)。

表 9-8 利率波动率为 15% 时,在 4% 的平坦收益率曲线上,10 年后可回售的 30 年期债券的关键利率久期估值

票息	价格(面值的百分比)	关键利率久期					
		合计	第 2 年	第 3 年	第 5 年	第 10 年	第 30 年
2	83.89	9.24	−0.03	−0.14	−0.38	8.98	0.81
4	105.97	12.44	0.00	−0.01	−0.05	4.53	7.97
6	136.44	14.75	0.01	0.03	0.08	2.27	12.37
8	169.96	14.90	0.01	0.06	0.16	2.12	12.56
10	204.38	14.65	0.02	0.07	0.21	2.39	11.96

如果 10 年内可回售的 30 年期债券的票息很高,则其价格对 30 年期利率更为敏感,因为它不太可能被回售,因此表现很像其他相同的无期权债券。例如,10% 票息的可回售债券(表 9-8 的最后一行)对 30 年期利率的变化最敏感,30 年期关键利率久期为 11.96。另一个

极端，低票息债券对 10 年期利率的变动最为敏感，几乎肯定会被回售，所以表现就像在回售日到期的无期权债券。

9.4.2 有效凸度

久期是期望债券价格对利率变化反应的近似值，因为债券价格的实际变化不是线性的，特别是对于具有嵌入式期权的债券。因此，衡量有效凸度（effective convexity），即久期对利率变化的敏感性是有用的。计算债券有效凸度的公式为

$$有效凸度 = \frac{(PV_-) + (PV_+) - 2 \times (PV_0)}{(\Delta 基准收益率曲线)^2 \times PV_0} \quad (9-4)$$

式中　Δ 基准收益率曲线——基准收益率曲线（以十进制）的平行移动幅度；

PV_-——当基准收益率曲线向下移动 Δ 基准收益率曲线时的债券全价；

PV_+——当基准收益率曲线向上移动 Δ 基准收益率曲线时债券的全价；

PV_0——债券的当前全价（即无移动）。

让我们回到从现在起一年和两年后的 3 年期 4.25% 以面值可赎回债券。我们仍然使用相同的平价收益率曲线（即 1 年期、2 年期和 3 年期平价收益率分别为 2.500%、3.000% 和 3.500%）以及与之前相同的利率波动率（10%）。但现在我们假设债券目前的全价为 100.785，而不是 101.000。因此，隐含的 OAS 是 40 个基点。在基准收益率曲线中发生 30 个基点的移动，所得 PV_- 和 PV_+ 分别为 101.381 和 100.146。使用式（9-4），有效凸度为

$$\frac{101.381 + 100.146 - 2 \times 100.785}{(0.003)^2 \times 100.785} = -47.41$$

尽管显示了有效久期，9.4.1.1 节中的图 9-17 也说明了无期权债券、可赎回债券和可回售债券的有效凸度。无期权债券表现出低的正凸度，也就是说，当利率下降时，无期权债券的价格上升略多于当利率以相同数量上升时价格的下降。

当利率很高且看涨期权价值偏低时，利率变动对可赎回债券和纯粹债券产生非常相似的影响。它们都具有正凸度。然而，如在刚刚呈现的例子中，当看涨期权接近实值期权时，可赎回债券的有效凸度变为负值，这表明可赎回债券的上行空间远小于下行空间。原因是因为当利率下降时，如果接近行权日，可赎回债券的价格将被看涨期权的价格设定了上限。

相反，可回售债券总是具有正凸度。当期权接近实值期权时，可回售债券的上行空间远远大于下跌空间，因为接近行权日时，可回售债券的价格由看跌期权的价格设定了下限。

相比之下，当利率下降时，可回售债券比其他相同的可赎回债券具有更大的向上空间力。对应地，当利率上升时，可赎回债券的向上空间大于其他相同的可回售债券。

▍例 9-7　利率敏感度

投资组合经理欧娜·史密斯（Erna Smith）在其投资组合中拥有两只固定利率债券：可赎回债券（债券 X）和可转换债券（债券 Y）。她想要使基准收益率曲线平行移动来检验

这两种债券的利率敏感度。假设利率波动率为 10%，她的估值软件显示这些债券的价格如何随着上下 30 个基点移动而变化。

	债券 X	债券 Y
到期日	从今天起三年后	从今天起三年后
票息	年化 3.75%	年化 3.75%
债券类型	从今天起一年后可以面值赎回	从今天起一年后可以面值回售
当前价格（面值的百分比）	100.594	101.330
向下移动基准收益率曲线 30 个基点时的价格	101.194	101.882
向上移动基准收益率曲线 30 个基点时的价格	99.860	100.924

1. 债券 X 的有效久期最接近：
   A. 0.67　　　　　　　B. 2.21　　　　　　　C. 4.42
2. 债券 Y 的有效久期最接近：
   A. 0.48　　　　　　　B. 0.96　　　　　　　C. 1.58
3. 当利率上升时，有效久期为：
   A. 债券 X 缩短
   B. 债券 Y 缩短
   C. 对应于债券 X 的基础无期权（纯粹）债券延长
4. 当债券 Y 中嵌入的期权是实值期权时，单面久期最有可能表明债券是：
   A. 对利率下降更为敏感
   B. 对利率上涨敏感
   C. 对利率下降或上升同样敏感
5. 债券 X 的价格受到影响：
   A. 仅通过 1 年期票面利率的移动
   B. 仅通过 3 年期票面利率的移动
   C. 受所有票面利率移动的影响，但对 1 年期和 3 年期票面利率的移动最敏感
6. 债券 X 的有效凸度：
   A. 不能为负值
   B. 当嵌入式期权接近实值期权时变为负值
   C. 当嵌入式期权移入虚值期权时变为负值
7. 以下陈述中的哪一个是最准确的？
   A. 债券 Y 呈现出负的凸度
   B. 对于给定的利率下降，债券 X 的向上空间较债券 Y 小
   C. 对应于债券 Y 的基础无期权（纯粹）债券呈现出负凸度

解答1：B是正确的。债券X的有效久期为

$$\text{有效久期} = \frac{101.194 - 99.860}{2 \times 0.003 \times 100.594} = 2.21$$

债券X的有效久期为A是不正确的，因为从现在起一年后单一现金流量债券的久期约为一年，所以即使假设债券一年内可以确定赎回的话，0.67也太低了。C是不正确的，因为4.42超过了债券X（三年）的到期期限。

解答2：C是正确的。债券Y的有效久期为

$$\text{有效久期} = \frac{101.882 - 100.294}{2 \times 0.003 \times 101.330} = 1.58$$

解答3：B是正确的。当利率上升时，看跌期权进入实值期权，可回售债券更有可能被回售。因此，它表现得像较短到期的债券，其有效久期缩短。A是不正确的，因为当利率上升时，一个看涨期权移入虚值期权，所以可赎回债券不太可能被赎回。C是不正确的，因为无期权债券的有效久期对利率波动的反应很小。

解答4：A是正确的。如果利率上升，投资者将以面值将债券回售的能力限制了价格的贬值。相比之下，当利率下降时，债券价格上涨没有限制。因此，当嵌入式期权在实值期权时，可回售债券的价格对利率下降更为敏感。

解答5：C是正确的。赎回决定的主要驱动力是从现在起一年后的2年期远期利率。这一利率最受1年期和3年期票面利率变化的影响。

解答6：B是正确的。可赎回债券的有效凸度在看涨期权接近实值期权时变为负值，因为可赎回债券对较低利率的价格反应被看涨期权限制了上限。也就是说，如果利率下降，发行人将赎回债券并以较低的利率再融资，从而限制投资者的上涨潜力。

解答7：B是正确的。随着利率的下降，看涨期权的价值上涨，而看跌期权的价值下降。债券X中嵌入式看涨期权限制了其价格升值，但债券Y没有这样的上限。因此，债券X比债券Y的上行潜力较小。A是不正确的，因为可回售债券始终具有正凸度，即债券Y上升空间大于下行空间。C是不正确的，因为无期权债券表现出低的正凸度。

9.5 具有上限和下限的浮动利率债券估值和分析

浮动利率债券（浮动债券）中的期权将根据利率走向自动行权，即如果利率上升或下降到阈值以下，则上限或下限自动适用。与可赎回债券和可回售债券相似，有上限和下限的浮动债券可以通过使用无套利框架来估值。

9.5.1 有上限的浮动债券的估值

浮动债券中的上限条款可防止票息上升至超过规定的最高利率。因此，有上限的浮动债券，又称封顶浮动债券（capped floater）保护发行人免受利率上升的影响，因此是发行人的

期权。由于投资者是债券多头，而嵌入期权空头，相对于纯粹债券的价值，上限价值降低了有上限的浮动债券的价值：

$$\text{有上限的浮动债券的价值} = \text{直接债券的价值} - \text{嵌入式上限价值} \quad (9\text{-}5)$$

为了说明如何估值有上限的浮动债券，考虑一个 3 年到期的浮动利率债券。浮动债券的息票按 1 年期的 Libor 每年支付，设定后付，上限为 4.500%。"设定后付"一词意味着票息是在息票周期开始的时候设定，即现在确定一年内要支付的息票。为简单起见，我们假设发行人的信用质量与 Libor 互换曲线（即没有信用利差）完美匹配，而 Libor 互换曲线与表 9-1 给出的平价收益率曲线相同（即 1 年期、2 年期和 3 年期平价收益率分别为 2.500%、3.000% 和 3.500%）。我们还假设利率波动率为 10%。

有上限的浮动债券的估值如图 9-18 所示。

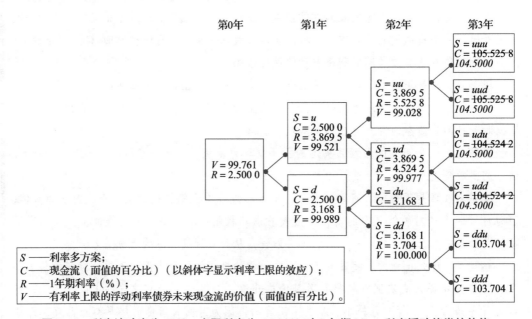

图 9-18 利率波动率为 10%，上限利率为 4.500% 时 3 年期 Libor 利率浮动债券的估值

没有上限，这个浮动债券的价值将是 100，因为在每种情况下，支付的票息将等于贴现率。但由于票息上限为 4.500%，低于利率树上的最高利率，有上限的浮动债券的价值将低于纯粹债券的价值。

对于每种情况，我们检查上限是否适用，如果是，则相应调整现金流量。例如，在 *uuu* 状态，Libor 高于 4.500% 的上限。因此，息票的最高上限数额为 4.500，现金流量从无上限数值（105.525 8）向下调整至上限值（104.500 0）。在第 3 年，这个息票也是另外三种情景的上限。

如预期，有上限的浮动债券的价值低于 100（99.761）。可以通过使用式（9-5）来计算上限值：

$$\text{嵌入式上限的价值} = 100 - 99.761 = 0.239$$

专栏 9-7　棘轮债券：自动运行的债务管理

棘轮债券是发行人和投资者都有期权的浮动利率债券。与传统的浮动债券一样，根据参考利率和信用利差公式定期重新设定票息。有上限的浮动债券保护发行人免受利率上升的影响。棘轮债券提供了极限的保护：在重置时，票息只能下降，它永远不会超过现有的水平。所以，随着时间的推移，票息"棘轮下降"。

田纳西山谷管理局（TVA）是第一个棘轮债券的发行人。1998 年，它发行了 5.75 亿美元，于 2028 年 6 月 1 日到期，6.75% 的"PARRS"。票息自 2003 年 6 月 1 日起每年可重置。图 9-19 显示自 2003 年以来的每年票息重置。⊖

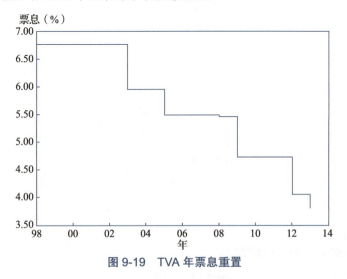

图 9-19　TVA 年票息重置

这种棘轮债券使得 TVA 的借款利率下降了 292 个基点，没有再融资。你可能会想知道为什么有人会买这样的债券。答案是在发行时，棘轮债券的票息比标准浮动债券高得多。实际上，初始的票息远远高于发行人的长期无期权借款利率，以补偿投资者随时间推移的潜在利息收入损失。在这方面，棘轮债券类似于传统的可赎回债券：当债券被赎回时，投资者必须在现行的较低利率环境购买替代债券。可赎回债券的初始高于市价的票息反映了这种可能性。

棘轮债券可以被认为是通过若干个看涨期权组成的可赎回债券的生命周期，其中债券被本身可赎回替换为初始到期日。吸引发行人的是，这些"赎回"不需要交易成本，赎回决定是自动进行的。

棘轮债券也包含投资者期权。每当票息重新设定时，投资者有权将债券以面值回售给发行人。嵌入式期权被称为"或有回售"，因为只有在票息重置时投资者才能使用该权利。棘轮债券的票息重置公式旨在确保重置时的市场价格高于面值，前提条件是发行人的信用质量不会恶化。因此，或有回售规定为投资者提供了抵御不利信贷事件的保护。不用说，棘轮债券的估值是相当复杂的。

⊖ 参见 A. Kalotay and L. Abreo, "Ratchet Bonds: Maximum Refunding Efficiency at Minimum Transaction Cost," *Journal of Applied Corporate Finance*, vol. 12, no. 1 (Spring 1999):4047.

9.5.2 有下限的浮动债券的估值

浮动债券中的下限设置可防止票息下降到低于规定的最低利率。因此,一个有下限的浮动债券(floored floater)保护投资者免受利率下降的影响,因此是投资者的期权。由于投资者债券和嵌入式期权的多头,所以相对于纯粹债券的价值,下限的价值增加了浮动债券的价值:

$$\text{有下限的浮动债券的价值} = \text{纯粹债券价值} + \text{嵌入式下限价值} \quad (9\text{-}6)$$

为了说明如何估值有下限的浮动债券,我们返回到用于有上限浮动债券的例子,但假设嵌入式期权是现在的下限 3.500%,而不是上限 4.500%。其他假设保持不变。有下限的浮动债券的估值如图 9-20 所示。

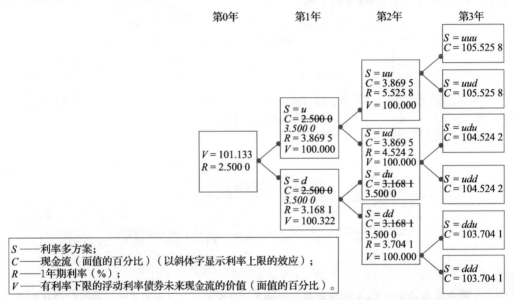

图 9-20 利率波动率为 10% 时,3 年期按 Libor 浮动利率债券的估值,浮动下限为 3.500%

回顾关于有上限浮动债券的讨论,如果没有上限,浮动债券的价值将是 100,因为支付的票息将等于贴现率。同样的原则在这里适用:如果没有下限,这个浮动债券的价值将是 100。因为下限的存在潜在地增加了现金流,所以有下限的浮动债券的价值必须等于或高于纯粹债券的价值。

图 9-20 显示,在第 1 年和第 2 年的四种情况下,该下限适用,从而将现金流量增加到最低数值 3.500。因此,有下限浮动债券的价值超过 100 (101.133)。下限的价值可以通过使用式 (9-6) 来计算:

$$\text{嵌入式下限的价值} = 101.133 - 100 = 1.133$$

> **例 9-8　有上限和下限的浮动债券估值**
>
> 1. 3 年期浮动利率债券每年支付 1 年期 Libor(设定后付)息票,上限为 5.600%。Libor 互换曲线如表 9-1 所示(即 1 年期、2 年期和 3 年期平价收益率分别为 2.500%、3.000% 和 3.500%),利率波动率为 10%。有上限浮动债券的价值最接近:
>   A. 100.000　　　　　　　B. 105.600　　　　　　　C. 105.921

2. 3年期浮动利率债券每年支付票息为1年期Libor（设定后付）的息票，下限利率为3.000%。利率互换曲线如表9-1所示（即1年期、2年期和3年期平均收益率分别为2.500%、3.000%和3.500%），利率波动率为10%。有下限浮动债券的值最接近：

A. 100.000　　　　　　　B. 100.488　　　　　　　C. 103.000

3. 一个在欧元区的发行人希望以12个月的Euribor + 300个基点为基准每年支付一次息票，以面值出售3年期浮动利率票据。由于12个月的Euribor目前处于历史低位，发行人希望保护自身免受利息成本突然上涨的影响，发行人的顾问建议增加信用利差至320个基点，票息上限为5.50%。假设利率波动率为8%，顾问们构建了以下利率二叉树：

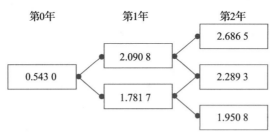

有上限的浮动债券的价值最接近：

A. 92.929　　　　　　　B. 99.916　　　　　　　C. 109.265

解答1：A是正确的。如图9-18所示，上限利率高于利率树上浮动债券重置的任意利率。因此，债券的价值与没有上限的（即100）债券价值一样。

解答2：B是正确的。可以去除C，因为如图9-20所示，所有其他方面相同时，与较高下限（3.500%）的债券价值为101.133。有下限为3.000%的债券价值不能更高。直观地，B是可能的正确答案，因为纯粹债券价值100。然而，仍然有必要计算有下限浮动债券的价值，因为如果下限足够低，那会是毫无价值的。

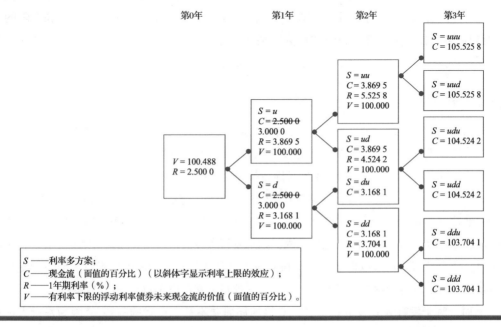

在这里，事实证明，下限增加了 0.488 的纯粹债券价值。如果下限是 2.500%，有下限的浮动债券和纯粹债券的价值都是面值。

解答3：B 是正确的。

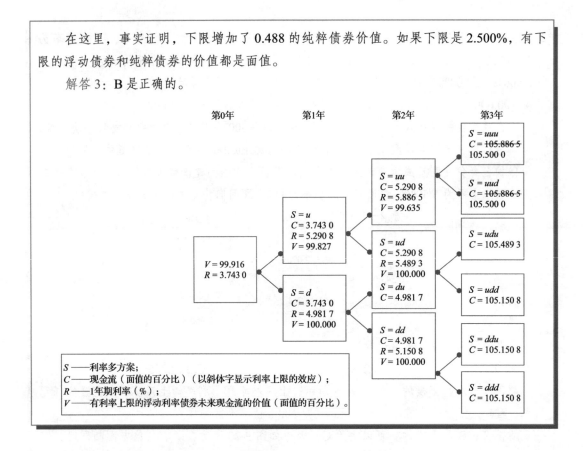

9.6 可转换债券的估值与分析

迄今为止，我们已经讨论了由发行人（可赎回债券）酌情决定行使期权的债券，由债券持有人（可回售债券）酌情决定行使期权，或通过预先界定的合约安排（有上限和下限的浮动债券）。可转换债券与之前讨论的债券区别在于行使期权导致证券从债券转为普通股。本节介绍可转换债券的定义特征，并讨论了如何分析和估值这些债券。

9.6.1 界定可转换债券的特征

可转换债券（convertible bond）是混合证券。在它的传统形式中，它呈现了无期权债券和嵌入式转换期权的特点。转换期权是发行人普通股的看涨期权，赋予债券持有人以预先确定的价格（称为转换价格）在预定期间（称为转换期）将其债务转换为权益的权利。

自 20 世纪 80 年代起，可转换债券开始发行和交易。它们为发行人和投资者提供了利益。投资者通常可以接受低于其他相同的不可转换债券的可转换债券的票息，因为他们可以通过转换机制参与潜在的上行空间，也就是说，如果发行人普通股（相关股票价格）的股价超过转换价格，债券持有人可以以低于市场价格的成本将其债券转换为股份。发行人受益于支付较低的票息。如果转换，对于发行人一个额外的好处是，它可以不再偿还已转换成股权的债务。

然而，对于发行人和投资者来说，双赢的局面并不是"免费的午餐"，因为发行人现有股东将面临转换时的股权稀释。此外，如果基础股票的价格低于转换价格，债券不会被转换，发行人必须偿还债务或可能以较高的成本重新融资。如果没有实现转换，相对于其他相同的的不可转换债券，不可转换债券会有较高息票并提供给投资者一个额外的利差，可转换债券持有人将失去利息收入。

我们将使用表 9-9 中提供的信息来描述可转换债券的特征，然后说明如何分析它。这个表是指废物管理公用事业公司 PLC（WMU）发行的可赎回可转换债券，这是一个在伦敦证券交易所上市的公司。

表 9-9　WMU 1 亿英镑可赎回可转换债券，2017 年 4 月 3 日到期

摘自债券发行公告
- **发行日期**：2012 年 4 月 3 日
- **状态**：高级无担保，不从属
- **利息**：每年票面金额（面值）的 4.50%，除非事先被赎回或转换，首次利息支付日期为 2013 年 4 月 3 日
- **发行价**：为面值的 100%，以每 100 000 英镑为债券单位，其后是每 1 000 英镑的整数倍
- **转换期**：2012 年 5 月 3 日至 2017 年 3 月 5 日
- **初始转换价格**：每股 6.00 英镑
- **转换比例**：面值为 100 000 英镑的每张债券可转换约 16 666.67 普通股
- **开始股息**：每股 0.30 英镑
- **控制转换价格的更改**：每股 4.00 英镑
- **发行人赎回价**：自发行第 2 年：面值的 110%；自发行第 3 年：面值的 105%；自发行第 4 年：面值的 103%

市场信息
- **2013 年 4 月 4 日可转换债券价格**：127 006 英镑
- **发行日期股价**：4.58 英镑
- **2013 年 4 月 4 日股价**：6.23 英镑
- **每股股息**：0.16 英镑
- **自 2013 年 4 月 4 日起每年股价波动率**：25%

投资者可以将债券转换为普通（common）股票的适用股价被称为转换价格。在表 9-9 中提供的 WMU 示例中，转换价格为每股 6 英镑。

债券持有人将债券转为股票的数量被称为转换比例。在 WMU 的例子中，规定最低投资限额为 100 000 英镑的债券持有人将其债券转换为股票时，每 10 万英镑面值的债券将获得 16 666.67 股（100 000/6）。转换可以在特定期间内或在债券存续期限设定的间隔期内行使。为了适应股价波动和技术清算要求，看到转换期类似于表 9-9 中的转换期并不罕见，即在可转换债券发行后不久和在其到期日马上结束之前的转换期。

表 9-9 中的转换价格被称为初始转换价格，因为它反映了发行时的转换价格。公司的行为，如股票分割、红利、股票发行、权利或认股权证发行，影响了公司股价并可能降低可转换债券持有人的转换效益。因此，可转换债券的发行条件包含详细信息，规定如果在债券存续期限内发生此类的公司行为，转换价格和转换比率如何进行调整。例如，假设 WMU 对其普通股股东进行了 2∶1 的股票分割。在这种情况下，转换价格将调整至每股 3.00 英镑，然后转换比率将调整为每 100 000 英镑面值转换为 33 333.33 股。

只要可转换债券仍然未清偿且未转换，债券持有人可获得利息支付（以 WMU 为例每年支付）。同时，如果发行人宣布并支付股利，普通股股东将获得股利支付。在一个极端情况下，发行条款不会为可转换债券持有人在债券存续期间支付的股息提供任何补偿，或者他们

可以通过在另一极端情况下对任何股息支付时调整转换价格来提供充分的保护。通常，在发行条款中定义了阈值股息（WMU 例题中每股 0.30 英镑）。低于阈值股息的年度股息支付对转换价格没有影响。相比之下，年度股息支付高于阈值股息，转换价格向下调整，为可转换债券持有人提供补偿。

债券发行人在债券存续期限内与其他公司并购或合并时，债券持有人可能不再愿意继续向新实体贷款。变更控制事件在招股说明书或发行公告中界定，如果发生此类事件，可转换债券持有人通常可以在以下之间选择：

- 可以在控制权变动后的指定期间内行使看跌期权，提供充分的赎回债券的名义价值。
- 调整后的转换价格低于初始转换价格。这种向下调整使得可转换债券持有人有机会更早地和以更有利的条件将其债券转换为股份，从而允许他们作为普通股股东参与宣布的兼并或收购。

除了换股控制事件中的看跌期权之外，甚至可转换债券包含可转换债券持有人可以在指定期间内行使的看跌期权，这并不少见。看跌期权可以归类为"硬"看跌期权或"软"看跌期权，在硬的看跌期权情况下，发行人必须以现金赎回可转换债券。如果是软的看跌期权，投资者有权行使看跌期权，但发行人可以选择如何支付。发行人可以以现金、普通股、次级票据或三者的组合赎回可转换债券。

对于可转换债券，更常见的是包括看涨期权，使发行人有权在指定期间和以指定次数赎回债券。如前所述，如果利率下降或信用评级上调，发行人可以行使看涨期权并及早赎回债券，从而以较低的成本发行债务。发行人也可能相信，由于其业绩或将会在经济或行业中发生的事件，其股价将在未来大幅增长。在这种情况下，相对于可转换债券持有人的利益，发行人可能会尝试着最大化现有股东的利益并赎回债券。为可转换债券持有人提供早期还款保护，可转换债券通常具有锁定期。之后，它们可以以溢价被赎回，溢价随着债券的到期而减少。在 WMU 的例子中，可转换债券在第二周年之前是不可赎回的，赎回时以高于面值 10% 的溢价赎回。溢价在其第三周年减少至 5%，在其第四周年时仅为 3%。

如果可转换债券是可赎回的，当相关股票股价上涨高于转换价格时，发行人有动力去赎回债券，以避免支付更多的息票。这种事件被称为**强制转换**（forced conversion），因为它迫使债券持有人将其债券转换为股份。否则债券持有人从债券发行人赎回债券时获得的赎回价值导致处于不利的头寸和与转换相比的损失。即使利率没有下降或发行人的信用评级没有得到改善，因此不能以较低的成本进行再融资，当相关股票价格超过转换价格时，发行人仍可继续赎回债券。这样做可以使发行人利用有利的股票市场条件，强制债券持有人将其债券转换为股份。强制转换增强了发行人的资本结构，消除了随后股票价格修正防止转换的风险，并要求赎回到期的可转换债券。

9.6.2 可转换债券分析

有一些投资指标和比率有助于分析和估值可转换债券。

9.6.2.1 转换价值

可转换债券的**转换价值**（conversion value）或等价价值表示按照股票市场价格转换的债券价值。

$$转换价值 = 相关股票价格 \times 转换比率$$

根据表 9-9 提供的信息，我们可以计算 WMU 的可转换债券在发行日和在 2013 年 4 月 4 日的转换价值：

$$发行日转换价值 = 4.58 \times 16\,666.67 = 76\,333.33（英镑）$$
$$2013 年 4 月 4 日的转换价值 = 6.23 \times 16\,666.67 = 103\,833.33（英镑）$$

9.6.2.2 可转换债券的最小值

可转换债券的最小值等于最大的：转换价值和基础无期权债券的价值。理论上，通过使用发行人的具有与可转换债券相同特征但没有转换期权的不可转换债券的市场价值，来估算纯粹债券的价值（纯粹值）。实际上，这种债券很少存在。因此，通过使用无套利框架并以适当的利率贴现债券的未来现金流量来确定纯粹值。

可转换债券的最小值也可以描述为下限值。然而，它是一个移动的下限，因为纯粹值不固定，它随着利率和信用利差的波动而变化。如果利率上升，纯粹债券的价值下降，使得下限值下降。同样，如果发行人的信用利差因此增加，例如，将信用评级从投资级别降级为非投资级别，则下限值也将下降。

使用 9.6.2.1 节计算的转换价值，WMU 的可转换债券在发行日期的最小值为

$$发行日最小值 = 最大（76\,333.33 英镑；100\,000 英镑）= 100\,000 英镑$$

发行日的纯粹价值为 100 000 英镑，因为发行价格设定为面值的 100%。但是在这个日期之后，这个价值会波动。因此，为了计算在 2013 年 4 月 4 日 WMU 的可转换债券的最小值，首先需要使用无套利框架来计算当天纯粹债券的价值。从表 9-9 中可以看出，票息为 4.50%，每年支付息票。假设 2.5% 的平坦收益率曲线，2013 年 4 月 4 日的纯粹值为

$$\frac{4\,500}{(1.025\,00)} + \frac{4\,500}{(1.025\,00)^2} + \frac{4\,500}{(1.025\,00)^3} + \frac{100\,000 + 4\,500}{(1.025\,00)^4} = 107\,523.95（英镑）$$

因此，2013 年 4 月 4 日 WMU 的可转换债券的最小值为

$$2013 年 4 月 4 日的最小值 = 最大（103\,833.33 英镑；107\,523.95 英镑）$$
$$= 107\,523.95（英镑）$$

如果可转换债券的价值低于转换价值和纯粹值的较大值，则会产生套利机会。两种情况有助于说明这一概念。回到 WMU 的例子，假设可转换债券在 2013 年 4 月 4 日卖出 103 833.33 英镑，即价格低于 107 523.95 美元的纯粹价值。在这种情况下，可转换债券相对于纯粹债券便宜，换句话说，可转换债券比其他相同的不可转换债券提供更高的收益。因此，投资者会发现可转换债券具有吸引力，买入可转换债券，并推高其价格，直到可转换债券价格回归到纯粹债券价值，套利机会消失。

或者，假设 2013 年 4 月 4 日，其他条件相同的不可转换债券的收益率为 5.00%，而不

是 2.50%。使用无套利框架，纯粹债券价值为 98 227.02 英镑。假设可转换债券以该纯粹价值出售，即价格低于其转换价值 103 833.33 英镑。在这种情况下，套利者可以用 98 227.02 英镑购买可转换债券，转换为 16 666.67 股，并以每股 4.58 英镑的价格或总额 103 833.33 英镑出售股票。套利者的利润等于转换价值与纯粹价值之间的差额，即 5 606.31 英镑（103 833.33 英镑 −98 227.02 英镑）。随着越来越多的套利者遵循同样的策略，可转换债券价格将上涨，直到达到转换价值，套利机会消失。

9.6.2.3 市场转换价格、每股市场转换溢价及市场转换溢价比率

许多投资者在一级市场上不会购买可转换债券，而是在二级市场上债券的存续后期购买此类债券。**每股市场转换溢价**（market conversion premium per share）允许投资者鉴别在购买可转换债券而不是基础普通股时应付的溢价或折价。⊖

$$每股市场转换溢价 = 市场转换价格 - 基础股票价格$$

$$市场转换价格 = \frac{可转换债券价格}{转换溢价比率}$$

投资者如果购买可转换债券，然后将其转换为股票，市场转换价格相当于有效支付相关普通股的价格。它可以被看作是一个盈亏平衡的价格。一旦相关股票价格超过市场转换价格，相关股价的任何进一步上涨肯定会将可转换债券的价值增加至少相同百分比（我们将在第 9.6.4 节中讨论其原因）。

根据表 9-9 提供的信息，

$$2013 年 4 月 4 日市场转换价格 = \frac{127\,006}{16\,666.67} = 7.62（英镑）$$

$$2013 年 4 月 4 日每股市价转换溢价 = 7.62 - 6.23 = 1.39（英镑）$$

市场转换溢价比率（market conversion premium ratio）表示投资者必须按照当前股票市场价格的百分比支付溢价或折价：

$$市场转换溢价比率 = 每股市场转换溢价 / 基础股票价格$$

在 WMU 的例子中，

$$2013 年 4 月 4 日市场转换溢价比率 = 1.39 英镑 / 6.23 英镑 = 22.32\%$$

为什么投资者愿意支付溢价来购买可转换债券？回想一下，纯粹值是可转换债券价格的下限值。因此，随着相关股票价格的下跌，可转换债券价格不会低于纯粹债券价值。在这种情况下，每股市场转换溢价类似于看涨期权的价格。买入看涨期权的投资者将其下行风险限制到看涨期权（溢价）的价格。同样，购买可转换债券时支付的溢价也可让投资者将其下行风险限制在纯粹值。但是有一个根本的区别存在于看涨期权的买家和可转换债券的买家。前者确切地知道下行风险的金额，而后者只知道最大的可能损失是可转换债券价格和纯粹价值之间的差额，因为纯粹值不固定。

⊖ 虽然折价很少发生，但理论上可以发生，因为可转换债券和相关普通股在不同的市场由不同类型的市场参与者交易。例如，高度波动的股价可能导致市场转换价格低于相关股票价格。

9.6.2.4 可转换债券的下行风险

许多投资者使用纯粹价值来衡量可转换债券的下行风险，并计算以下指标：

纯粹债券价值溢价 =（可转换债券价格 / 纯粹债券价值）−1

其他条件相等时，溢价比纯粹价值高得越多，可转换债券吸引力越小。在 WMU 的例子中

纯粹债券价值溢价 =（1 127 006 英镑 /107 523.95 英镑）−1=18.11%

尽管在实践中使用它，但纯粹价值的溢价是度量下行风险的一个有缺陷的指标，因为如前所述，纯粹价值不是固定的，而是随着利率和信用利差的变化而波动。

9.6.2.5 可转换债券的上升潜力

可转换债券的上升潜力主要取决于基础普通股的前景。因此，可转换债券投资者应熟悉用于估值和分析普通股的技术。其他章节将介绍这些技术。

9.6.3 可换换债券的估值

历史上，可转换债券的估值一直是具有挑战性的，因为这些证券结合了债券、股票和期权的特征，因此需要了解什么影响了固定收益、股票和衍生工具的价值。由于市场创新以及这些证券的条款和条件的增加，可转换债券的复杂性也随着时间的推移而增加。例如，可换换债券已发展为或有可转换债券和可转换或有可转换债券，甚至更复杂的来估值和分析。⊖

事实上，许多债券的招股说明书或发行公告经常提供独立的财务估值师来确定不同情景下的转换价格（本质上是可转换债券的价值），这是与可转换债券估值相关的复杂性的证据。由于这种复杂性，许多市场的可转换债券都伴随销售的限制。它们通常以非常高的面额发行，只适用于专业或机构投资者。监管机构将其视为对个人投资者直接投资风险太高的证券。

与任何固定收益工具一样，可转换债券投资者应对发行人进行勤勉的风险回报分析，包括偿还债务和偿还本金的能力，以及对债券发行条款的审查（如担保、信用增强、契约和应急条款）。此外，可转换债券投资者必须分析通常影响债券价格的因素，如利率变动。由于大多数可转换债券与其他类似的不可转换债券相比，具有较轻的契约条款，经常作为次级证券发行，因此一些可转换债券的估值和分析会很复杂。

可转换债券的投资特征取决于相关股票价格，因此可转换债券投资者还必须分析可能影响发行人普通股的因素，包括股利支付和发行人的行为（如收购或处置、权利发行）。即使发行人表现良好，不利的市场状况可能会降低股价和防止转换。因此，可转换债券投资者还

⊖ 或有可转换债券或"CoCos"，支付较其他相同的不可转换债券更高的票息，但通常是深度次级债券，如果监管的资本比率被违背，可以转换为股票或面值本金减值的债券。可转换或有可转换债券或"CoCoCos"，结合了传统的可转换债券和 CoCo。如果股价上涨，它们可以由投资者自行决定转换，因此可以提供上升潜力。但如果发生监管资本违规，也可以转换为股票或面值本金减值的债券。CoCos 和 CoCoCos 通常由金融机构发行，特别是在欧洲。

必须鉴别和分析可能最终对可转换债券产生负面影响的外部原因。

学者和从业人员已经开发了先进的可转换债券估值模型，但最常用的模型仍然是无套利框架。传统的可转换债券可以被视为纯粹债券和发行人普通股的看涨期权，所以

可转换债券价值＝纯粹债券的价值＋发行人股票的看涨期权价值

许多可转换债券包括看涨期权，赋予发行人在指定期间和以指定次数赎回债券的权利。这种债券的价值是

可赎回可转换债券价值＝纯粹债券的价值＋发行人股票的看涨期权价值
－发行人看涨期权的价值

假设可赎回可转换债券还包括一个看跌期权，赋予债券持有人要求发行人回购债券的权利。这种债券的价值是

可赎回可回售可转换债券价值＝纯粹债券的价值＋发行人股票的看涨期权价值
－发行人看涨期权的价值＋投资者的看跌期权价值

无论债券中嵌入多少期权，估值程序保持不变。它依赖于基于给定的收益率曲线和利率波动率假设而生成的利率树，在树的每个节点确定嵌入的期权是否行权，然后采用逆向归纳估值方法计算债券的现值。

9.6.4 可转换债券、纯粹债券和基础普通股风险回报特征的比较

以最简单的形式，可转换债券可以视为纯粹债券和发行人普通股的看涨期权。当基础股票价格远低于转换价格时，可转换债券被描述为"破产可转换"，并且展示了大部分债券风险回报特征，即可转换债券的风险回报特征类似于基础无期权（纯粹）债券。在这种情况下，看涨期权是虚值期权，所以股价变动不会明显影响看涨期权的价格，从而影响可转换债券的价格。因此，可转换债券的价格变动紧跟着纯粹债券，利率变动和信用利差等因素会对可转换债券价格产生重大影响。当看涨期权是虚值期权时，可转换债券显示更强的债券风险回报特征，转换周期即将到期，因为期权的时间价值组成部分下降趋向零，转换期权很可能会期满而没有价值。

相反，当基础股票价格高于转换价格时，可转换债券主要显示出股票风险回报特征，即可转换债券的风险回报特征与基础普通股相似。在这种情况下，看涨期权是实值期权，因此看涨期权的价格和由此使可转换债券价格受到股价变动的显著影响，但大部分不受推动其他相同的无期权债券价值的因素的影响，如利率变动。当看涨期权是实值期权时，债券持有人更有可能行权，转换所产生的股票价值高于债券的赎回价值。此类可转换债券的交易价格与可转换债券的转换价格密切相关，其价格显示出与基础股票相似的变动。

在债券和股票两个极端之间，可转换债券类似于一种混合工具。重要的是要注意可转换债券的风险回报特征：①当基础股票价格低于转换价格并增长趋向于它时；②当基础股票价格高于转换价格但下降趋向于它时。

在第一种情况下，随着基础股票价格接近转换价格，看涨期权组成部分的价值大幅上涨。在这样的周期内可转换债券的回报率显著上升，但低于基础股票价格的涨幅，因为转换

价格尚未达到。当股票价格超过转换价格并变得更高时，可转换债券价格变动集中于基础股票价格的变动，这就是为什么我们在 9.6.2.4 节中指出，当基础股票价格超过市场转换价格，基础股票价格进一步上涨肯定会使可转换债券的价值至少增加相同的百分比。

在第二种情况下（即当基础股票价格高于转换价格但下降趋向于它时），可转换债券价格的相对变动小于基础股票价格的变动，因为可转换债券有下限值。如前所述，这个下限值是可转换债券的最小值，在这种情况下，该值等于基础无期权债券的价值。

图 9-21 以图形方式说明可转换债券和基础普通股的价格行为。

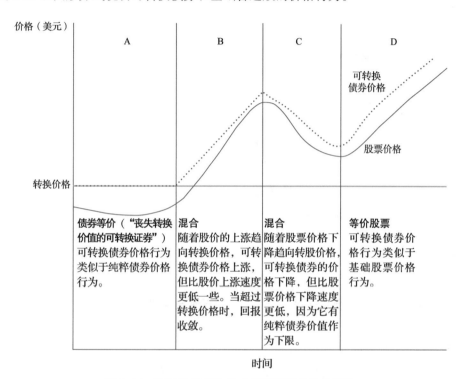

图 9-21 可转换债券和基础普通股票的价格行为

当基础股票价格高于转换价格时，投资者为何不行使转换期权，如 B、C 和 D 区域？发行人普通股的看涨期权可能是欧式期权，现在无法行使，而只能在预定期间结束时行使。即使看涨期权是美式期权，可以将债券转换为股票，可转换债券持有人在转换期届满之前行权不是最好的，如 9.3.3.2 节所述，有时更好的是等待行使的期权为实值期权时。投资者也可能更愿意出售可转换债券，而不是行使转换期权。

除了破产可转换债券之外，可转换债券估值中最重要的因素是基础股票价格。不过值得一提的是，利率或信用利差的大幅波动会显著影响可转换债券的价值。对于具有固定息票的可转换债券，所有其他条件均相等，利率大幅下降将导致其价值和价格的上涨，而利率的大幅上涨将导致其价值和价格的下降。同样，所有其他条件均相等，发行人信用质量的显著改善将导致其可转换债券价值和价格的上涨，而发行人的信用质量恶化将导致其可转换债券价值和价格的下降。

例 9-9 可转换债券的估值

固定收益投资分析师尼克·安德鲁斯（Nick Andrews）已被其主管要求准备对化学工业公司——重元素公司（Heavy Element Inc.）发行的可转换债券进行分析，以便向投资委员会汇报。安德鲁斯从可转换公司招股说明书和市场信息中收集了以下数据：

发行人：重元素公司

发行日期：2010 年 9 月 15 日

到期日：2015 年 9 月 15 日

利息率：每年应付 3.75%

发行规模：100 000 000 美元

发行价：以面值 1 000 美元

转换比率：23.26

2012 年 9 月 16 日可转换债券价格：1 230 美元

2012 年 9 月 16 日股价：52 美元

1. 转换价格最接近：
   A. 19 美元　　　　　　　B. 43 美元　　　　　　　C. 53 美元
2. 2012 年 9 月 16 日的转换价格最接近：
   A. 24 美元　　　　　　　B. 230 美元　　　　　　C. 1 209 美元
3. 2012 年 9 月 16 日每股市场转换溢价最接近于：
   A. 0.88 美元　　　　　　B. 2.24 美元　　　　　　C. 9.00 美元
4. 2012 年 9 月 16 日可转换债券的风险回报特征很可能类似于：
   A. 破产可转换债券
   B. 重元素公司普通股
   C. 与可转换债券相同但不具有转换期权的重元素公司债券
5. 由于经济条件良好，化工行业的信用利差缩小，导致诸如重元素等公司债务利率下降。所有其他方面相等，重金属公司可转换债券的价格将很有可能：
   A. 显著减少　　　　　　B. 没有显著变化　　　　C. 显著增加
6. 假设 2012 年 9 月 16 日，可转换债券在二级市场上以 1 050 美元的价格可得。套利可以通过以下方式获得无风险利润：
   A. 买入基础普通股，缩短可转换债券
   B. 购买可转换债券，行使转换期权，并出售转换所产生的股票
   C. 缩短可转换债券并购买在转换日以转换价格可行使基础普通股的看涨期权
7. 几个月过去了。由于在竞争设施现场的湖水中的化学物质泄漏，政府引入了非常高昂的环境立法。因此，包括重元素公司在内的几乎所有上市化工企业的股价大幅下滑。重元素公司现在股价为 28 美元/股。现在，可转换债券的风险回报特征最有可能类似于：
   A. 债券　　　　　　　　B. 混合工具　　　　　　C. 重元素公司普通股

> **解答1**：B是正确的。转换价格等于可转换债券的面值除以转换比率，即 1 000/23.26 = 43（美元/股）。
>
> **解答2**：C是正确的。转换价值等于基础股票价格乘以转换比率，即 52×23.26 = 1 209（美元）。
>
> **解答3**：A是正确的。每股市场转换溢价等于可转换债券价格除以转换比率，减去基础股票价格，即（1 230/23.26）- 52 = 52.88 - 52 = 0.88（美元/股）。
>
> **解答4**：B是正确的。基础股票价格（52美元/股）远高于转换价格（43美元/股）。因此，可转换债券具有与基础普通股票类似的风险回报特征。A是不正确的，因为破产可转换债券是一种相对于转换价格、基础普通股以相当大的折价交易的可转换债券。C是不正确的，因为它描述了一个破产可转换债券。
>
> **解答5**：B是正确的。基础股票价格（52美元/股）远高于转换价格（43美元/股）。因此，可转换债券主要表现为股票风险回报特征，其价格主要由基础股票价格驱动。因此，信用利差的下降对可转换债券价格影响不大。
>
> **解答6**：B是正确的。可转换债券价格（1 050美元/股）低于其最小值（1 209美元/股）。因此，套利者可以用 1 050 美元购买可转换债券，转换为 23.26 股股票，并以每股 52 美元的价格出售股票，共计 1 209 美元，实现利润 159 美元。A和C是不正确的，因为在这两种情况下，套利者是低估资产（可转换债券）的空头和高估资产的多头，会导致亏损。
>
> **解答7**：A是正确的。基础股票价格（28美元/股）现在远低于转换价格（43美元/股），因此可转换债券是破产可转换债券，主要出现债券风险回报特征。B是不正确的，因为基础股票价格必须接近可转换债券风险回报特性的转换价格，类似于混合工具的转换价格。C不正确，因为基础股票价格必须超过可转换债券风险回报特征的转换价格，类似于公司普通股的转换价格。

9.7 债券分析

20世纪80年代中期采用的OAS分析标志着现代债券估值理论的开端。这种方法在数学上是一流的、强健的和广泛适用的。然而，典型的实现在很大程度上依赖于数字处理。无论是涉及计算与价格相对应的OAS，还是使用嵌入式期权来估值债券或者估值关键利率久期，计算机对于这个过程至关重要。不用说，从业人员必须能够访问可以正确和及时执行所需的计算系统。大多数从业者依靠商业可用的系统，但一些市场参与者，特别是金融机构，可能会内部开发分析系统。

从业人员如何判断这样的系统是否胜任？一是系统能够报告正确的现金流量、贴现率和现金流量的现值。贴现率可以以手动或电子表格验证。在实践中，不可能检查所有的计算，但是有一些相对简单的测试是有用的，我们在下面介绍三个这样的测试。此外，即使难以验证结果是正确的，也可以确定它是错误的。

检查看涨期权平价是否成立。期权估值的简单测试是检查看跌期权，即前一章中关于衍生工具讨论的欧式期权的重要关系。根据看涨期权平价，

$$\text{价值}(C) - \text{价值}(P) = PV(\text{行权日债券的远期价格} - \text{行权价格})$$

C 和 P 是指欧式看涨期权和看跌期权，并将期权置于相同的基础债券上，分别具有相同的行权日期和相同的行权价格。如果系统未通过此测试，请寻找替代方案。

检查基础无期权债券的价值不依赖于利率波动率。为了测试利率树校准的完整性，建立并估值一个赎回价格为面值 150% 的非常高的可赎回债券。这种结构的价值应该与独立于利率波动率的纯粹债券的价值相同。对于回售价格非常低的可回售的债券也是如此，如为面值的 50%。

检验波动率期限结构向下倾斜。如前所述，指定的利率波动率是短期利率的波动率。这种波动率反过来又意味着长期利率的波动率。为了使利率过程稳定，隐含波动率随着期限的延长而下降。

本章小结

本章涵盖了嵌入式期权债券的估值和分析。以下是本章要点：

- 嵌入式期权代表可以由发行人行使、由债券持有人行使或根据利率过程自动行使的权利。它附属于或嵌入被称为纯粹债券的基础无期权债券。
- 简单的嵌入式期权结构包括看涨期权、看跌期权和延期期权。可赎回债券和可回售债券可以在到期日前由发行人在前一种情况下以及由债券持有人在后一种情况下自行赎回。可展期债券赋予债券持有人在到期后保留债券若干年的权利。可回售债券和可展期债券是等价的，除了基础的无期权债券不同。
- 复杂的嵌入式期权结构包括具有其他类型期权或期权组合的债券。例如，可转换债券包括转换期权，允许债券持有人将其债券转换为发行人的普通股。具有遗产看跌期权的债券可以由已死债券持有人的继承人回售。偿债基金债券使得发行人随着时间的推移拨出资金，以偿还发行的债券，通常是可赎回的，可能还有加速条款，也可能包含交付期权。对具有复杂的嵌入式期权结构的债券进行估值和分析具有挑战性。
- 根据无套利框架，具有嵌入式期权债券的价值等于其组成部分的无套利价值，即纯粹债券的无套利价值和每个嵌入式期权的无套利价值。
- 因为看涨期权是发行人期权，所以相对于其他相同不可赎回的债券，看涨期权的价值减少了可赎回债券的价值。相反，由于看跌期权是投资者期权，相对于其他相同但不可回售的债券，看跌期权的价值增加了可回售债券的价值。
- 在没有违约和利率波动的情况下，债券的未来现金流量是确定的。因此，考虑到行使期权的决定，可以通过以适当的一个周期远期利率贴现债券未来现金流量来计算可赎回或可回售债券的价值。如果债券是可赎回的，则行使期权的决定由发行人做出，当债券的未来现金流量的价值高于赎回价格时，发行人将行使期权。相反，如果债券是

可回售的，行使期权的决定由债券持有人做出，当债券的未来现金流量的价值低于回售价格时，他们将行使期权。
- 实际上，利率波动和利率波动率影响嵌入式期权的价值。因此，当对具有嵌入式期权的债券进行估值时，重要的是考虑随着时间的推移，收益率曲线的可能演变。
- 用利率二叉树为利率波动率建模。波动率越大，可赎回债券的价值越低，可回售债券的价值越高。
- 假设利率波动情况下对嵌入式期权进行估值，需要三个步骤：①根据给定的收益率曲线和波动率假设生成一个利率树；②在树的每个节点确定嵌入式期权是否将被行权；③采用逆向归纳估值方法计算债券现值。
- 对风险债券进行估值的最常用方法是将利差增加到用于贴现债券未来现金流量的一个周期远期利率上。
- 期权调整利差是将单一利差同样地增加到利率树上一个周期的远期利率上，以产生债券的价值或价格。OAS 对利率波动敏感：波动率越高，可赎回债券的 OAS 越低。
- 对于具有嵌入式期权的债券，估算债券价格对基准收益率曲线平行移动的敏感性的最佳指标是有效久期。可赎回债券或可回售债券的有效久期不得超过纯粹债券的有效久期。
- 纯粹债券的有效凸度可以忽略不计，但具有嵌入式期权债券的有效凸度是不可忽略的。当期权接近实值期权时，可赎回债券的凸度为负的，表明可赎回债券的上行空间远小于下行空间，而可回售债券的凸度为正的，表明可回售债券的上行空间远远大于下行空间。
- 由于可赎回债券和可回售债券的价格对同样幅度的利率上涨和利率下跌不对称地反应，对于嵌入式期权债券利率敏感性的度量，单面久期比（双面）有效久期提供更好的度量。
- 关键利率久期显示只移动关键点，一次一个，而不是整个收益率曲线的影响。
- 无套利框架可用于对有上限和下限的浮动债券进行估值。浮动债券中的上限条款是发行人期权，可以防止票息上涨超过指定的最高利率。因此，有上限的浮动债券价值等于或小于纯粹债券的价值。相比之下，有浮动债券的下限条款是一种投资者期权，可以防止票息下降到低于指定的最低利率。因此，有下限的浮动债券的价值等于或高于纯粹债券的价值。
- 可转换债券的特点包括转换价格，即债券持有人将其债券转换为普通股的适用股价，以及转换比率，反映了债券持有人以他们的债券转换获得的普通股数量。转换价格会在以下公司行为时进行调整，如股票分割、送股、权利和认股权证。当发行人向其普通股股东支付股利时，可转换债券持有人可以获得补偿，并且在更改控制权的情况下，有机会将其债券回售或将其债券更早和以更有利的条件转换为股份。
- 有一些投资指标和比率有助于分析和估值可转换债券。如果以股票的市场价格转换，转换价值表示为债券的价值。可转换债券的最小值以转换价值或纯粹债券价值的较大者设定为可转换债券的下限值。然而，这个下限值是移动的，因为纯粹值是不固定的。市场转换溢价代表投资者如果购买可转换债券，然后将其转换为股份时，有效支付的基础股票的价格。以股票的市场价格为基准，代表买入可转换债券而非基础普通股应付的溢价。

- 由于可转换债券兼备了债券、股票和息票的特征，以及潜在的其他特点，其估值和分析具有挑战性。可转换债券投资者应考虑不仅影响债券价格，而且影响基础股票价格的因素。
- 无套利框架可用于估值可转换债券，包括可赎回债券和可回售债券。每个组成部分（纯粹债券、股票的看涨期权、债券的看涨期权和/或看涨期权）可以分别估值。
- 可转换债券的风险回报特征取决于相对于转换价格的基础股票价格。当基础股票价格远低于转换价格时，可转换债券是"破产的"，主要表现为债券的风险回报特征。因此，它主要是对利率变动敏感。相比之下，当基础股票价格远高于转换价格时，可转换债券主要表现为股票风险回报特征。因此，其价格的变动跟基础股票的价格变动相似。在这两个极端之间，可转换债券类似于一种混合工具在交易。

第五部分
期限结构分析

第10章

期限结构和利率动态

托马斯 S.Y. 何（Thomas S.Y. Ho）
李尚斌（Sang Bin Lee）
斯蒂芬 E. 威尔科克斯（Stephen E. Wilcox）
　　　　　　　特许金融分析师

学习成果

完成本章后，你将掌握以下内容：

- 描述即期利率、远期利率、到期收益率、债券的期望和实现回报率之间的关系以及收益率曲线形状。
- 描述远期定价和远期利率模型，并使用这些模型计算远期和现货价格以及即期利率。
- 描述与活跃债券投资组合中隐含的远期利率有关的即期利率演变的假设。
- 描述骑乘收益率曲线策略。
- 解释互换利率曲线，以及市场参与者在估值中使用它的原因和方式。
- 计算和解释无违约债券的互换利差。
- 描述 Z- 利差。
- 描述 TED 利差和 Libor-OIS 利差。
- 解释利率期限结构的传统理论，并描述每种理论对远期利率和收益率曲线形状的含义。
- 描述现代期限结构模型及其如何使用。
- 解释如何度量骑乘收益率曲线的每一个因素对债券的影响，以及这些影响如何被用来管理收益率曲线风险。
- 解释收益波动率的到期结构及其对价格波动的影响。

10.1 引言

利率既是经济的晴雨表，也是其控制的工具。利率期限结构，即不同到期期限的市场利率，是对许多金融产品进行估值的至关重要的输入值。本章的目标是解释期限结构和利率动态，即债券的收益率和价格随着时间推移的演变过程。

即期利率（本章"spot rate"）是在一个未来时间点进行单一支付的证券的利率。远期利率是在今天设定的未来某一天发行的单一支付的证券的利率。10.2 节解释了这两种利率之间的关系，以及为什么远期利率对于活跃债券投资组合经理很重要。10.2 节还简要介绍了其他重要的收益概念。

互换利率曲线是互换市场相当于收益率曲线的名称。10.3 节更详细地描述了互换利率曲线和相关概念——互换利差，并描述了它们在估值中的使用。

10.4 节和 10.5 节分别描述了利率期限结构的传统理论和现代理论。传统理论对影响期限结构形状的经济力量提出了各种各样的定性观点。现代理论以更严谨的态度为期限结构建模。

10.6 节描述了收益率曲线因子模型。重点是一个常用的三因子期限结构模型，其中收益率曲线变化以三个独立的运动来描述：水平、陡度和曲度。这些因子可以从历史利率变动的方差——协方差矩阵中推断出来。

10.2 即期利率和远期利率

在本节中，我们将首先解释即期利率、远期利率、到期收益率、债券期望与实现收益率以及收益率曲线形状之间的相互关系。然后，我们将讨论对活跃债券投资组合管理中的远期利率的假设。

在任何时间点，在时间 T 的无风险单一单位支付（例如，1 美元、1 欧元或 1 英镑）的价格被称为具有到期日 T 的贴现因子（discount factor），用 $P(T)$ 表示。该支付的到期收益率被称为即期利率（spot rate），由 $r(T)$ 表示。那是

$$P(T) = \frac{1}{[1+r(T)]^T} \tag{10-1}$$

在 $T > 0$ 年的期限范围内的贴现因子 $P(T)$ 和即期利率 $r(T)$ 分别被称为贴现函数（discount function）和即期收益率曲线（spot yield curve）（或更简单，即期曲线）。即期曲线代表在任何时间点利率的期限结构。请注意，贴现函数等同于即期曲线，反之亦然。贴现函数和即期曲线包含与货币时间价值相同的一组信息。

即期曲线显示，在各种到期日，无期权和无违约风险**零息债券**（zero-coupon bond，简称零息）的年化收益率，该债券到期时单一支付本金。作为收益率概念的即期利率避免了与需要支付息票证券再投资利率假设相关的复杂性。由于即期曲线取决于任意时间点的这些无期权零息债券的市场定价，所以即期收益率曲线的形状和水平是动态的，即随时间不断变化。

如式（10-1）所示，无违约风险即期曲线是由市场资金供需情况确定的任意未来时间点收到的货币时间价值的基准。它被视为利率最基本的期限结构，因为没有涉及再投资风险，如果零息债券持有到期，则所述的收益率等于实际实现的收益率。因此，T 年到期的零息债券的收益率被认为是 T 年利率最准确的表示。

远期利率（forward rate）是今天确定的将在未来期间开始的贷款利率。在特定开始日期的贷款远期利率期限结构被称为远期曲线（forward curve）。远期利率和远期曲线可以从当即期曲线数学推导出来。

以 $f(T^*, T)$ 表示从现在起 T^* 年后开始的有 T 年到期期限（更远的到期）的贷款远期利率。考虑一个远期合约，其中合同一方买方承诺向合同另一方卖方支付以 $F(T^*, T)$ 表示，从现在起 T^* 年后有 T 年到期期限和单位本金零息债券的远期合同价格。这只是在订立合同时决定在将来做某事的协议。因此，在合同开始时双方没有交换资金。在时间 T^*，买方将向卖方支付合同的远期价格数值，并在时间 $T^* + T$ 从卖方处收到本金支付以单一货币单位定义的债券。

远期定价模型（forward pricing model）描述了远期合约的估值。用于推导模型的无套利论点经常用于现代金融理论，该模型可以用于估值利率期货合约和相关工具，如利率期货期权。

无套利原则很简单。它讲的是现金流量相同的可交易证券必须具有相同的价格。否则，交易者将能够产生无风险的套利利润。应用这个论点来估值远期合约，我们考虑贴现因子，特别是定价远期合约 $F(T^*, T)$ 所需的值 $P(T^*)$ 和 $P(T^* + T)$。这种远期合约价格必须遵循下面的式（10-2），就是众所周知的远期定价模型。

$$P(T^* + T) = P(T^*) F(T^*, T) \qquad (10\text{-}2)$$

要理解式（10-2）背后的推理，考虑两种替代投资：①以 $T(T^* + T)$ 的成本购买 $T^* + T$ 年到期的零息债券；②进入价值为 $F(T^*, T)$ 的远期合同，在时间 T^* 以今天的 $P(T^*)F(T^*, T)$ 成本代价购买了有 T 年到期期限的零息债券。在时间 $T^* + T$ 的两个投资的收益是相同的。因此，投资的初始成本必须相同，因此式（10-2）必须成立。否则，任意交易者都可以出售高估的投资并购买低估的投资以产生净投资为零的无风险利润。

处理例 10-1 中的问题应有助于确认你对贴现因子和远期价格的理解。请注意，以下例题中的解答方案可以四舍五入到小数点后两位或四位。

例 10-1 现货和远期价格和利率（1）

考虑从一年（$T^* = 1$）后开始的 2 年期贷款（$T = 2$）。1 年期利率为 $r(T^*) = r(1) = 7\% = 0.07$。3 年期利率为 $r(T^* + T) = r(1 + 2) = r(3) = 9\% = 0.09$。

1. 计算 1 年期贴现因子：$P(T^*) = P(1)$。
2. 计算 3 年期贴现因子：$P(T^* + T) = P(1 + 2) = P(3)$。
3. 计算 1 年后发行的 2 年期债券的远期价格：$F(T^*, T) = F(1, 2)$。
4. 解释你对问题 3 的答案。

解答 1：使用式（10-1）

$$P(1) = \frac{1}{(1 + 0.07)^1} = 0.934\,6$$

解答2:
$$P(3) = \frac{1}{(1+0.09)^3} = 0.7722$$

解答3: 使用式（10-2）
$$0.7722 = 0.9346 \times F(1,2)$$
$$F(1,2) = 0.7722 \div 0.9346 = 0.8262$$

解答4: 远期合约价格 $F(1, 2) = 0.8262$ 是今天协议的价格,将从今天起一年后支付的2年期到期的以无风险单位本金付款（例如1美元、1欧元或1英镑）的债券。如解答3所示,它通过3年期即期利率 $P(3) = 0.7722$,除以1年期即期利率 $P(1) = 0.9346$ 计算得出。

10.2.1 远期利率模型

本节采用远期利率模型确定即期曲线向上倾斜时,远期曲线将位于即期曲线上方;当即期曲线向下倾斜时,远期曲线将位于即期曲线下方。

远期利率 $f(T^*, T)$ 是从今天起 $T^* + T$ 年后的无风险单位本金支付的贴现率,在时间 T^* 的估值,使得现值等于远期合约价格 $F(T^*, T)$。那么根据定义

$$F(T^*,T) = \frac{1}{[1+f(T^*,T)]^T} \quad (10\text{-}3)$$

通过将式（10-1）和式（10-3）代入式（10-2）,远期定价模型可以用式（10-4）中的利率来表示,这是远期利率模型（forward rate model）:

$$[1+r(T^*+T)]^{(T^*+T)} = [1+r(T^*)]^{T^*}[1+f(T^*,T)]^T \quad (10\text{-}4)$$

因此,$T^* + T$ 的即期利率为 $r(T^* + T)$ 和 T^* 的即期利率为 $r(T^*)$,意味着在时间 T^*, T 年期远期利率值为 $f(T^*, T)$。式（10-4）很重要,因为它显示了远期利率可以从即期利率推算出来,也就是说,它们在任意给定时间点的即期汇率中隐含。⊖

式（10-4）提出了两种对远期利率的解释或看法。例如,假设 $f(7, 1)$,从今天起七年后今天商定的1年期贷款利率为3%。那么3%是

- 使得投资者在购买8年期零息债券或在投资7年期零息债券然后在到期日将债券收入再投资一年的两个方案之间选择无差别的再投资利率。从这个意义上讲,远期利率可以看作是一种盈亏平衡利率。
- 通过购买8年期零息债券可以在今天锁定一年的利率,而不是投资7年期零息债券,并在到期时将收入再投资于1年期零息债券。从这个意义上说,远期利率可以被看作是通过将到期期限延长一年而锁定的利率。

⊖ 基于采用式（10-4）两边的对数和 x 很小时,用近似 $\ln(1+x) \approx x$ 的近似公式是 $f(T^*, T) \approx [(T^* + T) r(T^* + T) - T^*r(T^*)]/T$;例如,例1-2中的 $f(1, 2)$ 可以近似为 $(3 \times 11\% - 1 \times 9\%)/2 = 12\%$,非常接近12.01%。

例 10-2 描述了远期利率以及即期利率和远期利率之间的关系。

> **例 10-2　现货和远期价格和利率（2）**
>
> 表 10-1 列出了期限为 1 年期、2 年期和 3 年期的三个假设零息债券（零）的即期利率。
>
> 表 10-1　期限为 1 年期、2 年期和 3 年期的三个假设零息债券（零）的即期利率
>
> | 到期期限（T） | 1 | 2 | 3 |
> |---|---|---|---|
> | 即期利率 | $r(1) = 9\%$ | $r(2) = 10\%$ | $r(3) = 11\%$ |
>
> 1. 计算从今天一年后发行的 1 年期零息债券的远期利率，$f(1,1)$。
> 2. 计算从今天起两年后发行的 1 年期零息债券的远期利率，$f(2,1)$。
> 3. 计算从今天起一年后发行的 2 年期零息债券的远期利率，$f(1,2)$。
> 4. 根据你的答案 1 和 2，描述即期利率与隐含的 1 年期远期利率之间的关系。
>
> **解答 1**：$f(1,1)$ 的计算如下（使用式（10-4））：
>
> $$[1+r(2)]^2 = [1+r(1)]^1 [1+f(1,1)]^1$$
> $$(1+0.10)^2 = (1+0.09)^1 [1+f(1,1)]^1$$
> $$f(1,1) = \frac{(1.10)^2}{1.09} - 1 = 11.01\%$$
>
> **解答 2**：$f(2,1)$ 计算如下（使用式（10-4））：
>
> $$[1+r(3)]^3 = [1+r(2)]^2 [1+f(2,1)]^1$$
> $$(1+0.11)^3 = (1+0.10)^2 [1+f(2,1)]^1$$
> $$f(2,1) = \frac{(1.11)^3}{(1.10)^2} - 1 = 13.03\%$$
>
> **解答 3**：$f(1,2)$ 计算如下：
>
> $$[1+r(3)]^3 = [1+r(1)]^1 [1+f(1,2)]^2$$
> $$(1+0.11)^3 = (1+0.09)^1 [1+f(1,2)]^2$$
> $$f(1,2) = \sqrt[2]{\frac{(1.11)^3}{1.09}} - 1 = 12.01\%$$
>
> **解答 4**：向上倾斜的零息债券收益率曲线与向上倾斜的远期曲线（一系列增加的 1 年期远期利率，因为 13.03% 大于 11.01%）。这一点将在以下段落进一步解释。

可以通过使用远期利率模型和连续替代来确定即期利率与一个周期远期利率之间关系的分析，得出式（10-5a）和式（10-5b）：

$$[1+r(T)]^T = [1+r(1)][1+f(1,1)][1+f(2,1)][1+f(3,1)]\cdots [1+f(T-1,1)] \tag{10-5a}$$

$$r(T) = \{[1+r(1)][1+f(1,1)][1+f(2,1)][1+f(3,1)]\cdots[1+f(T-1,1)]\}^{(1/T)} - 1 \quad (10\text{-}5b)$$

式（10-5b）表明，到期期限 $T > 1$ 的证券的即期利率可以表示为到期期限 $T = 1$ 的证券的即期利率和一系列 $T - 1$ 远期利率的几何平均数。

在实践中，式（10-5b）中的关系是否是主动投资组合管理的重要考虑因素。如果一个主动的交易者可以鉴别一系列短期债券，其实际收益超过今天报价的远期利率，则他在投资期间的总收益将超过与到期期限相匹配的买入持有策略的收益。稍后我们将使用同样的概念来讨论动态对冲策略和当地期望理论。

例 10-3 和例 10-4 探讨即期利率和远期利率之间的关系。

例 10-3　即期和远期的价格和利率（3）

从例 10-2 给定 $r(1)$，$f(1,1)$ 和 $f(2,1)$ 的数据和结论：

$$r(1) = 9\%$$
$$f(1,1) = 11.01\%$$
$$f(2,1) = 13.03\%$$

显示 2 年期即期利率 $r(2) = 10\%$ 和 3 年期即期利率 $r(3) = 11\%$ 是 1 年期即期利率和远期利率的几何平均值。

解答： 使用式（10-5a）

$$[1+r(2)]^2 = [1+r(1)][1+f(1,1)]$$
$$r(2) = \sqrt[2]{(1+0.09)(1+0.110\,1)} - 1 \approx 10\%$$
$$[1+r(3)]^3 = [1+r(1)][1+f(1,1)][1+f(2,1)]$$
$$r(3) = \sqrt[3]{(1+0.09)(1+0.110\,1)(1+0.130\,3)} - 1 \approx 11\%$$

现在我们可以巩固我们的即期利率和远期利率的知识，以解释即期利率曲线和远期利率曲线之间的重要关系。远期利率模型（式（10-4））也可以表示为式（10-6）。

$$\left\{\frac{[1+r(T^*+T)]}{[1+r(T^*)]}\right\}^{\frac{T^*}{T}}[1+r(T^*+T)] = [1+f(T^*,T)] \quad (10\text{-}6)$$

为了说明，假设 $T^* = 1$，$T = 4$，$r(1) = 2\%$，$r(5) = 3\%$，式（10-6）的左边是

$$\left(\frac{1.03}{1.02}\right)^{\frac{1}{4}}(1.03) = 1.002\,4 \times 1.03 = 1.032\,5$$

所以 $f(1, 4) = 3.25\%$。给定收益率曲线向上倾斜，因此，$r(T^* + T) > r(T^*)$，式（10-6）意味着从 T^* 到 T 的远期利率大于长期 $(T^* + T)$ 即期利率：$f(T^*, T) > r(T^* + T)$。在给出的例题中，3.25% > 3%。相反，当收益率曲线向下倾斜时，$r(T^* + T) < r(T^*)$ 以及从 T^* 到 T 的远期利率小于长期即期利率：$f(T^*, T) < r(T^* + T)$。式（10-6）还显示，如果即期曲线是平坦的，则所有单个周期的远期利率均等于即期利率。对于向上倾斜的收益率曲线，$r(T^* + T) >$

$r(T^*)$，随着 T^* 的增加，远期利率上升。对于向下倾斜的收益率曲线 $r(T^* + T) < r(T^*)$，当 T^* 增加时，远期利率下降。

> **例 10-4　即期和远期的价格和利率（4）**
>
> 给定例 10-2 和例 10-3 中的即期利率 $r(1) = 9\%$，$r(2) = 10\%$，$r(3) = 11\%$
> 1. 确定远期利率 $f(1, 2)$ 是否大于或小于长期利率 $r(3)$。
> 2. 当远期利率的开始日期 T^* 增加时，确定远期利率是否上升或下降。
>
> **解答 1**：即期利率意味着向上倾斜的收益率曲线，$r(3) > r(2) > r(1)$，或一般来说，$r(T^* + T) > r(T^*)$。因此，远期利率将大于长期利率，或 $f(T^*, T) > r(T^* + T)$。来自例 10-2 的注释，$f(1, 2) = 12.01\% > r(1 + 2) = r(3) = 11\%$。
>
> **解答 2**：即期利率意味着向上倾斜的收益率曲线，$r(3) > r(2) > r(1)$。因此，远期利率将随着 T^* 的增加而上升。该关系显示于例 10-2 中，其中 $f(1, 1) = 11.01\%$，$f(2, 1) = 13.03\%$。

这些关系显示在图 10-1 中，使用了实际的数据。截至 2013 年 7 月 31 日，美国国债的即期利率由图中的最低曲线表示，该曲线使用数据点之间的插值构建，如图 10-1 所示。请注意，即期曲线向上倾斜。2014 年 7 月底、2015 年 7 月底、2016 年 7 月底和 2017 年 7 月底的即期曲线和远期曲线也在图 10-1 中显示。由于收益率曲线向上倾斜，因此远期曲线位于即期曲线之上，并且开始日期的增加会导致逐渐升高的远期曲线。最高的远期曲线是 2017 年 7 月。请注意，图 10-1 的远期曲线在较晚的开始日期逐渐变得更平坦，因为即期曲线在较长的到期期限内变得平坦。

当即期收益率曲线向下倾斜时，远期收益率曲线将低于即期收益率曲线。截至 2006 年 12 月 31 日的美国国债即期利率如图 10-2 所示。我们使用线性插值来构建基于这些数据点的即期曲线。为了清楚说明的目的，收益率曲线数据也被稍微修改以使收益率曲线更向下倾斜。2007 年、2008 年、2009 年和 2010 年 12 月底的即期曲线和远期曲线如图 10-2 所示。

最高曲线为即期收益率曲线，呈下降趋势。结果表明，远期曲线低于即期曲线。推迟开始日期会导致逐渐降低的远期曲线。最低的曲线是 2010 年 12 月。

从图 10-1 和图 10-2 可以推断出重要的一点是，远期利率不会超过今天收益率曲线上最远的到期日。例如，如果收益率在今天的收益率曲线上延期了 30 年，那么 3 年后，我们可以设计最多 27 年到期曲线的债券。同样地，四年后，最长到期日的远期利率将为 $f(4, 26)$。

总之，当即期曲线向上倾斜时，远期曲线将位于即期曲线上方。相反，当即期曲线向下倾斜时，远期曲线将位于即期曲线下方。这种关系是基本数学事实的反映，即当平均值上升（下降）时，边际数据点必须高于（低于）平均值。在这种情况下，即期曲线表示整个时间段内的平均值，远期利率代表未来时间段之间的边际变化。⊖

⊖ 扩展这个讨论，还可以得出结论，当即期曲线先上升后下降时，远期曲线也将先上升后下降。

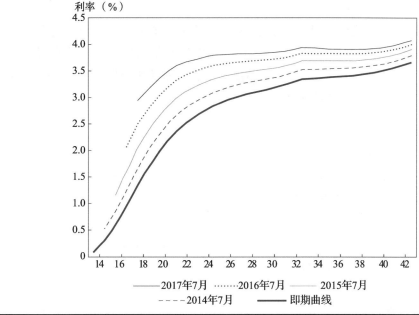

到期日（年）	1	2	3	5	7	10	20	30
即期利率（%）	0.11	0.33	0.61	1.37	2.00	2.61	3.35	3.66

图 10-1　2013 年 7 月 31 日的即期曲线与远期曲线

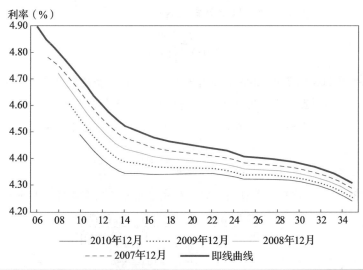

到期日（年）	1	2	3	5	7	10	20	30
即期利率（%）	4.90	4.82	4.74	4.70	4.60	4.51	4.41	4.31

图 10-2　2006 年 12 月 31 日的即期曲线与远期曲线（修改是为了清楚地说明）

我们已经讨论了即期曲线和远期曲线。实践中另一条重要的曲线是政府平价曲线。平价曲线表示在一定的到期期限范围内，以票面定价、支付息票的政府债券的到期收益率。在实践中，最近发行的（新发行）债券通常被用来创造平价曲线，因为新发行债券通常以面值或接近面值定价。

平价曲线对于估值很重要，因为它可用于构建零息债券收益率曲线。这个过程利用了一个这样的事实，即息票支付债券可以被视作是零息债券的组合。通过使用平价收益率来确定零息债券利率，按最早到期日到最近到期日的顺序，通过被称为自举法（bootstrapping）的远期代换过程逐个地解出零息债券利率。

专栏 10-1　什么是自举法

导出零息债券收益率的实际细节超出了本章的范围。但是如果没有数字图示，则无法掌握自举的意思。假设年支付息票的主权债务收益率如下。

票面利率：

1年期票面利率为5%，2年期票面利率为5.97%，3年期票面利率为6.91%，4年期票面利率为7.81%。从这些我们可以自举导出零息债券利率。

零息债券利率：

1年期零息债券利率与1年期票面利率相同，因为在年支付息票假设下，实际上它是一年纯折扣证券。然而，2年期债券和更晚期限债券在到期前有息票支付，是与零息证券不同的证券。

导出零息债券利率的过程是从两年到期债券开始的。通过使用 $r(1) = 5\%$ 的信息，根据一个货币单位的当前市场价值解以下公式来确定2年期零息债券利率：

$$1 = \frac{0.0597}{(1.05)} + \frac{1+0.0597}{[1+r(2)]^2}$$

在上述公式中，0.0597 和 1.0597 分别代表每一单位本金的利息支付和本金利息支付。公式表示 $r(2) = 6\%$。我们推导出2年期即期利率。继续向前替代，通过使用已知值1年期即期利率5%和2年期即期利率6%，求解以下公式，推导出3年期零息债券利率：

$$1 = \frac{0.0691}{(1.05)} + \frac{1+0.0691}{(1.06)^2} + \frac{1+0.0691}{[1+r(3)]^3}$$

因此，$r(3) = 7\%$。最后，通过使用以下公式确定4年期零息债券利率为8%

$$1 = \frac{0.0781}{(1.05)} + \frac{0.0781}{(1.06)^2} + \frac{0.0781}{(1.07)^3} + \frac{1+0.0781}{[1+r(4)]^4}$$

总之，$r(1) = 5\%$，$r(2) = 6\%$，$r(3) = 7\%$，$r(4) = 8\%$。

在前面的讨论中，我们考虑了向上倾斜（即期）收益率曲线（图10-1）和反转或向下倾斜（即期）收益率曲线（图10-2）。在发达市场，收益率曲线最常见的是向上倾斜，相同到期日变化的收益率边际增长率下降，也就是说，收益率曲线在较长的期限内"平坦化"。由于名义收益率包含了对预期通胀的溢价，因此，一个向上倾斜的收益率曲线通常被解释为反映了市场预期的增长或至少是未来的通货膨胀水平（与相对强劲的经济增长有关）。风险溢

价的存在（例如，较长到期期限债券的较高利率风险）也有助于实现正的斜率。

投资收益率曲线（图10-2）有些不太常见。这样的期限结构反映了对来自当前相对较高的通货膨胀水平在未来下降的市场预期（因为名义收益率包含预期通货膨胀的溢价）。经济活动下降的预期是通货膨胀预期下降的原因之一，经济衰退之前经常出现向下倾斜的收益率曲线。⊖在收益率曲线从向上倾斜到向下倾斜的转变中，平坦收益率曲线通常会短暂地出现，反之亦然。当中期利率高于短期利率和长期利率时，双峰收益率曲线相对稀少。

10.2.2 与即期利率相关的到期收益率以及债券的预期和实现的回报率

到期收益率（YTM）可能是债券市场中最熟悉的定价概念。在本节中，我们的目标是澄清它如何与即期利率和债券的预期和实现的回报率相关。

到期收益率如何与即期利率相关？在债券市场中，大多数未清偿债券都有息票支付，许多债券有各种不同的期权，如看涨期权。这些有到期期限 T 的债券的到期收益率将不同于在时间 T 的即期利率。但是，到期收益率应该在数学上与即期曲线相关。由于无套利的原则表明，债券的价值是其现金支付以相应即期利率贴现现值的总和，债券的到期收益率应为债券估值中使用的即期利率的加权平均数。

例10-5阐述了即期利率与到期收益率之间的关系。

> **例 10-5 即期利率和到期收益率**
>
> 从前面的例子可以看出，即期利率 $r(1) = 9\%$，$r(2) = 10\%$，$r(3) = 11\%$。令 $y(T)$ 代表到期收益率。
>
> 1. 使用即期利率计算2年期年支付息票债券的价格，假设票息为6%，面值为1 000美元。接下来，说明用到期收益率确定债券价格的公式。$r(2)$ 大于或小于 $y(2)$？为什么？
>
> 2. 使用即期利率计算3年期年支付息票债券的价格。假设票息为5%，面值为100英镑。接下来，写出使用到期收益率确定债券价格的公式。$r(3)$ 大于或小于 $y(3)$？为什么？
>
> **解答1**：使用即期利率
>
> $$价格 = \frac{60}{(1+0.09)^1} + \frac{1\,060}{(1+0.10)^2} = 931.08 \text{（美元）}$$
>
> 使用到期收益率
>
> $$价格 = \frac{60}{[1+y(2)]^1} + \frac{1\,060}{[1+y(2)]^2} = 931.08 \text{（美元）}$$
>
> 注意，$y(2)$ 用于贴现第1年和第2年现金流量。因为债券只能有一个价格，所以 $r(1) < y(2) < r(2)$，因为 $y(2)$ 是 $r(1)$ 和 $r(2)$ 的加权平均数，收益率曲线是向上倾斜的。使用计算器，可以计算出到期收益率 $y(2) = 9.97\%$，小于 $r(2) = 10\%$，大于 $r(1) = 9\%$，正如

⊖ 在2007年12月开始的经济衰退之前一年多时间，2006年8月，美国国债收益率曲线反转。参见 Haubrich（2006）。

我们预期的那样。注意，$r(2)$ 比 $r(1)$ 更接近 $y(2)$，因为债券最大的现金流发生在第 2 年，从而在 $y(2)$ 的确定中给出 $r(2)$ 比 $r(1)$ 更大的权重。

解答 2：使用即期利率

$$价格 = \frac{5}{(1+0.09)^1} + \frac{5}{(1+0.10)^2} + \frac{105}{(1+0.11)^3} = 85.49（英镑）$$

使用到期收益率

$$价格 = \frac{5}{[1+y(3)]^1} + \frac{5}{[1+y(3)]^2} + \frac{105}{[1+y(3)]^3} = 85.49（英镑）$$

请注意，$y(3)$ 用于贴现所有三笔现金流。因为债券只能有一个价格，所以 $y(3)$ 必然是 $r(1)$，$r(2)$ 和 $r(3)$ 的加权平均值。假设在这个例子中收益率曲线向上倾斜，$y(3) < r(3)$ 使用计算器计算到期收益率，$y(3) = 10.93\%$，小于 $r(3) = 11\%$，大于 $r(1) = 9\%$，正如我们预期的那样，因为加权的到期收益率必须位于最高的和最低的即期利率之间。注意，$r(3)$ 比 $r(2)$ 或 $r(1)$ 更接近于 $y(3)$，因为债券最大的现金流发生在第 3 年，因此在 $y(3)$ 的确定中给出 $r(3)$ 比 $r(2)$ 和 $r(1)$ 更大的权重。

到期收益率是债券的预期收益率吗？一般来说，除了极端限制假设条件之外，它不是。预期收益率是预期来自于投资的收益。到期收益率是持有债券至到期的预期收益率，假设所有息票和本金在到期时足额支付，并且息票以初始的到期收益率再投资。然而，关于以初始到期收益率再投资的假设通常不成立。到期收益率可以提供预期收益的粗略估计，如果：①利率是波动的；②收益率曲线向上或向下倾斜；③违约风险较大；④该债券具有一个或多个嵌入式期权（例如，看跌、看涨或转换期权）。如果是情况①或②，预期息票不会以假设的利率（到期收益率）再投资。情况③意味着实际现金流量可能与到期收益率计算中假设的现金流量不同，而在情况④下，嵌入式期权的行使一般会导致持有期短于债券初始期限。

实现的收益是投资者持有债券期间债券的实际回报，它是根据实际的再投资利率和持有期结束时的收益率曲线得出的。以完美的先见之明，预期的债券回报率将等于实现的债券回报率。

为了说明这些概念，假设 $r(1) = 5\%$，$r(2) = 6\%$，$r(3) = 7\%$，$r(4) = 8\%$，$r(5) = 9\%$。考虑一个 5 年期年支付息票，票息为 10% 的债券。从即期利率外推出的远期利率 $f(1,1) = 7.0\%$，$f(2,1) = 9.0\%$，$f(3,1) = 11.1\%$，$f(4,1) = 13.1\%$。价格以面值的百分比确定为 105.43。

到期收益率 8.62% 可以使用计算器或求解来确定

$$105.43 = \frac{10}{[1+y(5)]} + \frac{10}{[1+y(5)]^2} + \cdots + \frac{110}{[1+y(5)]^5}$$

到期收益率 8.62% 是假设没有违约，持有期为 5 年，再投资利率为 8.62% 时债券的预期回报。但如果远期利率假设是来自即期利率呢？

使用远期利率作为预期的再投资利率得出以下第 5 年年末的预期现金流量：

$10 \times (1 + 0.07) \times (1 + 0.09) \times (1 + 0.111) \times (1 + 0.131) + 10 \times (1 + 0.09) \times (1 + 0.011) \times (1 + 0.131)$
$+ 10 \times (1 + 0.111) \times (1 + 0.131) + 10 \times (1 + 0.131) + 110 \approx 162.2.2$

因此，期望的债券收益率为（162.22−105.43）/105.43 = 53.87%，预期的年化收益率为 9.00%[求解 $(1 + x)^5 = 1 + 0.538\ 7$]。

从这个例子可以看出，即使我们做了远期利率是未来即期利率这一不切实际的假设，预期收益率也不等于到期收益率。确定到期收益率作为预期收益率的潜在现实估值意味着是平坦的收益率曲线，请注意，在刚刚使用的公式中，无论其到期日如何，每一笔现金流都以 8.62% 贴现。

例 10-6 将强化你对各种收益和回报概念的理解。

> **例 10-6　收益率和回报概念**
>
> 1.当即期曲线向上倾斜时，远期曲线：
>   A.位于即期曲线之上　　　B.位于即期曲线下方　　　C.与即期曲线一致
> 2.下列哪一句关于无违约风险债券到期收益率的陈述最准确？这种债券的到期收益率：
>   A.如果债券持有到期，则等于债券的预期收益率
>   B.可以视为适用其现金流量的即期利率的加权平均数
>   C.如果即期曲线在债券的存续期间是向上倾斜而不是平坦的，则将更接近实现的回报率
> 3.当即期曲线向下倾斜时，开始日期的增加导致远期曲线为：
>   A.更接近即期曲线
>   B.在即期曲线以上的距离更大
>   C.在即期曲线以下更大的距离
>
> **解答 1**：A 是正确的。即期曲线上的点可以看作是在给定到期期限的单期利率的平均值，而远期利率反映了未来时段之间的边际变化。
>
> **解答 2**：B 是正确的。到期收益率是贴现率，当应用于债券承诺的现金流量时，使现金流量等于债券的市场价格，市场价格应反映以适当的即期利率贴现承诺的现金流量。
>
> **解答 3**：C 是正确的。这个答案来自于式（10-6）中所示的远期利率模型。如果即期曲线是向下倾斜（向上倾斜）的，则开始日期（T^*）的增加将导致远期曲线在即期曲线之下（之上）距离更大。见图 10-1 和图 10-2。

10.2.3　收益率曲线运动和远期曲线

本节对远期价格和即期收益率曲线确定了几个重要的结果，以期讨论远期曲线对主动债券投资者的相关性。

第一个观察结果是，只要未来即期利率按照今天的远期曲线预测而演变，远期合约价格保持不变。因此，远期价格的变化反映了通过今天的远期曲线预测的即期曲线的偏差。因此，如果交易者预期未来即期利率将低于按照当前远期利率预测的未来即期利率，那么预期

远期合约价值将会上涨。为了利用这一预期，交易者将购买远期合约。相反，如果交易者预期未来即期利率高于按照目前的远期利率预测的未来即期利率，那么远期合约价值预期会下降。在这种情况下，交易者将出售远期合约。

使用式（10-2）确定的远期定价模型，我们可以使用式（10-7）确定在时间 T^* 时 T 年到期交付的债券的远期合约价格 $F(T^*, T)$（式（10-2）解出的远期价格）：

$$F(T^*,T) = \frac{P(T^*+T)}{P(T^*)} \quad (10\text{-}7)$$

现在假设在时间 t 之后，新的贴现函数与由今天的贴现函数隐含的远期贴现函数相同，如式（10-8）所示。

$$P^*(T) = \frac{P(t+T)}{P(t)} \quad (10\text{-}8)$$

接下来，经过时间 t，合同到期的时间为 $T^* - t$，时间 t 的远期合约价格为 $F^*(t, T^*, T)$。式（10-7）可以被改写为式（10-9）：

$$F^*(t,T^*,T) = \frac{P^*(T^*+T-t)}{P^*(T^*-t)} \quad (10\text{-}9)$$

将式（10-8）代入式（10-9）并对时间 t 进行调整，得到式（10-10）：

$$F^*(t,T^*,T) = \frac{\dfrac{P(t+T^*+T-t)}{P(t)}}{\dfrac{P(t+T^*-t)}{P(t)}} = \frac{P(T^*+T)}{P(T^*)} = F(T^*,T) \quad (10\text{-}10)$$

式（10-10）表明，只要未来即期利率与从今天远期曲线预测的未来即期利率相同，远期合约价格保持不变。因此，远期价格的变化是通过今日远期曲线预测的即期曲线偏差的结果。

为了使这些观测具体化，考虑一条利率为 4% 的平坦收益率曲线。使用式（10-1），1 年期、2 年期和 3 年期的贴现因子，保留到四位小数，

$$P(1) = \frac{1}{(1+0.04)^1} = 0.9615$$

$$P(2) = \frac{1}{(1+0.04)^2} = 0.9246$$

$$P(3) = \frac{1}{(1+0.04)^3} = 0.8890$$

因此，使用式（10-7），在第 2 年交付 1 年期债券的远期合约价格为

$$F(2,1) = \frac{P(2+1)}{P(2)} = \frac{P(3)}{P(2)} = \frac{0.8890}{0.9246} = 0.9615$$

假设第 1 年的未来贴现函数与第 0 年即期曲线隐含的远期贴现函数相同。已过去的时间 $t=1$。使用式（10-8），从今天起一年后的 1 年期和 2 年期的贴现因子是

$$P^*(1) = \frac{P(1+1)}{P(1)} = \frac{P(2)}{P(1)} = \frac{0.9246}{0.9615} = 0.9616$$

$$P^*(2) = \frac{P(1+2)}{P(1)} = \frac{P(3)}{P(1)} = \frac{0.889\ 0}{0.961\ 5} = 0.924\ 6$$

使用式（10-9），从今天起一年后的 1 年期远期合约的价格是

$$F^*(1,2,1) = \frac{P^*(2+1-1)}{P^*(2-1)} = \frac{P^*(2)}{P^*(1)} = \frac{0.924\ 6}{0.961\ 6} = 0.961\ 5$$

远期合约的价格没有变化。只要未来的贴现函数与基于今天的远期曲线的贴现函数相同，那就是这种情况。

从这个数值例子可以看出，如果即期利率曲线不变，那么每个债券"展期"这个曲线并以远期利率获得收益。具体来说，当一年过去后，3 年期债券将获得（0.924 6 − 0.889 0）/0.889 0 = 4% 的回报，等于即期利率。如果再过一年，债券将获得（0.961 5 − 0.924 6）/0.924 6 = 4% 的回报，等于从今天起一年后的 1 年期证券的隐含远期利率。

10.2.4 主动债券投资组合管理

主动债券投资组合经理试图超越债券市场整体回报的一个途径是通过预测相对于反映在今天远期曲线上预定的即期利率演变的利率变化。

对这些问题的一些见解由远期利率模型（式（10-4））提供。通过重新排列式（10-4）中的各项，并将时间期限设为一个周期，$T^* = 1$，得到

$$\frac{[1+r(T+1)]^{T+1}}{[1+f(1,T)]^T} = [1+r(1)] \tag{10-11}$$

式（10-11）左侧的分子是一个初始到期日为 $T + 1$ 的债券，1 个周期过去后的剩余期限为 T。假设一个周期后的目前收益率曲线就是当前的即期收益率曲线；那么，式（10-11）表明，债券的总回报是一个周期的无风险利率。以下的边注栏显示，如果即期利率的变化正如第 1 年年末当前远期曲线所隐含的那样，超过一年的不同期限债券的回报总是 1 年期利率（1 年期的无风险利率）。

> **专栏 10-2 当即期曲线的变化正如当前的远期曲线所隐含的那样**
>
> 与前面的例子一样，假定如下：
>
> $$r(1) = 9\%$$
> $$r(2) = 10\%$$
> $$r(3) = 11\%$$
> $$f(1, 1) = 11.01\%$$
> $$f(1, 2) = 12.01\%$$
>
> 如果从今天起一年后的即期曲线反映了当前的远期曲线，则不论债券到期日为何，零息债券一年持有期间的回报为 9%。下面的计算假设面值数额为 100，代表价格的百分比变化。给定价格和远期利率四舍五入到最近的 1%，所有的回报率约为 9%。然而，没

有四舍五入，所有答案将是精确的9%。

1年期零息债券在一年持有期间的回报率为9%。该债券以91.74的价格购买，到期时票面价值为100。

$$100 \div \frac{100}{1+r(1)} - 1 = 100 \div \frac{100}{1+0.09} - 1 = \frac{100}{91.74} - 1 = 9\%$$

2年期零息债券在一年持有期间的回报率为9%。该债券以82.64的价格购买。自今天起一年后，2年期债券还剩一年到期。其从今天起一年后的价格为90.08，是以面值除以1加上从今天起一年后发行的1年期债券的远期利率。

$$\frac{100}{1+f(1,1)} \div \frac{100}{[1+r(2)]^2} - 1 = \frac{100}{1+0.1101} \div \frac{100}{(1+0.10)^2} - 1$$

$$= \frac{90.08}{82.64} - 1 = 9\%$$

3年期零息债券在一年持有期间的回报率为9%。该债券以73.12的价格购买。自今年起一年后，3年期债券还剩两年到期。从今天起一年后的价格为79.71，反映了从今天起一年后发行的2年期债券的远期利率。

$$\left(\frac{100}{[1+f(1,2)]^2} \div \frac{100}{[1+r(3)]^3} \right) - 1 =$$

$$\left(\frac{100}{(1+0.1201)^2} \div \frac{100}{(1+0.11)^3} \right) - 1 = \frac{79.71}{73.12} - 1 \cong 9\%$$

这个数字例子表明，如果即期曲线的变化正如当前的远期曲线所隐含的那样，债券在一年期间的回报总是1年期利率（一个周期的无风险利率）。

但是如果从今天起一年后的即期曲线与今天的远期曲线不同，那么一年持有期间每只债券的回报并不都是9%。为证明在一年持有期间的2年期债券和3年期债券的收益率不是9%，我们假设针对所有到期日的第1年即期利率是收益率为10%的平坦曲线。

1年期零息债券在一年持有期间的回报是

$$100 \div \frac{100}{1+0.09} - 1 = 9\%$$

2年期零息债券在一年持有期间的回报是

$$\frac{100}{1+0.10} \div \frac{100}{(1+0.10)^2} - 1 = 10\%$$

3年期零息债券在一年持有期间的回报是

$$\frac{100}{(1+0.10)^2} \div \frac{100}{(1+0.11)^3} - 1 = 13.03\%$$

债券的回报率分别为9%，10%和13.03%。2年期和3年期债券的回报率不同于1年期无风险利率9%。

式（10-11）为一个总回报投资者提供了一个用于评估一定期限债券的廉价或昂贵的方法。如果投资者预期的未来即期利率中任意一个低于相同期限的报价远期利率，则（所有其他条件相等的条件下）投资者会认为债券被低估，因为市场使用了比投资者所用更高的利率有力地贴现了债券付款，因此债券的市场价格低于投资者认为的内在价值。

另一个例子将会强化这一点，如果投资组合经理的计划即期曲线高于（低于）远期曲线，并且他的期望变为真实，那么回报率将低（高）于 1 年期无风险利率。

为了简单起见，假设 8% 的平坦收益率曲线，并且基于 8% 的票息，交易者持有 3 年期年支付息票债券。假设面值为 100，目前的市场价格也是 100。如果从今天起一年后今天的远期曲线变为即期曲线，交易者将获得 8% 的回报。

如果交易者预测从今天起一年后的即期曲线高于今天的远期曲线，例如，9% 的平坦收益率曲线，交易者的预期回报率为 6.24%，低于 8%：

$$\frac{8+\dfrac{8}{1+0.09}+\dfrac{108}{(1+0.09)^2}}{100}-1=6.24\%$$

如果交易者预测平坦收益率曲线为 7%，则交易者的预期收益率为 9.81%，大于 8%：

$$\frac{8+\dfrac{8}{1+0.07}+\dfrac{108}{(1+0.07)^2}}{100}=9.81\%$$

当预测的计划的未来即期利率和远期利率的差距扩大，交易者的预期收益率与初始收益率 8% 之间的差额也将扩大。

这个逻辑是流行的收益率曲线交易的基础，称为**骑乘收益率曲线**（riding the yield curve）或**向下滚动收益率曲线**（rolling down the yield curve）。正如我们已经指出的，当收益率曲线向上倾斜时，远期曲线总是高于当前的即期曲线。如果交易者不相信收益率曲线会在投资期限内改变其水平和形状，那么购买长于投资期限债券提供的总回报大于到期日匹配策略的回报。债券的总回报将取决于远期利率和即期利率之间的利差以及债券的到期日。债券到期的时间越长，其总回报对利差越敏感。

在 2008 年金融危机之后的几年中，全球许多中央银行保持很低的短期利率。因此，收益率曲线随之呈上升趋势（见图 10-1）。对于主动管理，这为交易者获得短期融资和投资长期债券提供了很大的动力。当然，这种交易受到重大的利率风险影响，特别是未来即期利率出现意外增加的风险（例如，由于通货膨胀的上涨）。然而，这种套利交易往往是由在向上倾斜收益率曲线环境中的交易者做出的。㊀

总而言之，当收益率曲线向上倾斜时，随着债券到期或"向下滚动收益率曲线"，在连续较低的收益率和较高的价格下估值。使用这一策略，债券可以持有一段时间，因为价格升

㊀ 套利交易可以有多种形式。在这里，我们指的是交易者采用相同货币借入短期资金贷出长期的到期利差套利交易。对冲基金经常使用到期利差套利交易。还有交叉货币和信用利差套利交易。基本上，套利交易涉及同时借贷，以利用交易者认为是有利的利率差异。

值,然后在到期之前卖出,以实现更高的回报。只要利率保持稳定,收益率曲线保持向上斜率,该策略可以不断增加债券投资组合的总回报。

例 10-7 描述了上述分析与积极债券投资组合管理的关系。

> **例 10-7　主动债券投资组合管理**
>
> 1. "骑乘收益率曲线"策略是通过购买债券的到期日:
>   A. 等于投资者的投资期限
>   B. 比投资者的投资期限长
>   C. 短于投资者的投资期限
> 2. 如果预期即期利率____,债券被低估。
>   A. 等于当前的远期利率
>   B. 低于当前的远期利率
>   C. 高于当前的远期利率
> 3. 假设 6% 的平坦收益率曲线。3 年期债券以面值 100 英镑发行,年票息为 6%。如果一个交易者预测从今年起一年后的收益率曲线为 7% 的平坦收益率曲线,那么债券的预期收益是多少?
>   A. 4.19%　　　　　　　B. 6.00%　　　　　　　C. 8.83%
> 4. 如果有以下哪种情况,远期合约价格将会上涨:
>   A. 未来即期利率按照当前远期利率的预测而变化
>   B. 未来即期利率的变化低于当前远期利率的预测
>   C. 未来即期利率的变化高于当前远期利率的预期
>
>   解答 1:B 是正确的。购买比投资者投资期限更长到期期限的债券,然后在投资期限末和到期期之前出售。如果收益率曲线向上倾斜和收益率不变,则随着时间的推移,债券将连续以较低的收益率和较高的价格估值。债券的总回报将超过到期期限等于投资期限的债券的回报率。
>
>   解答 2:C 是正确的。如果预期贴现率高于远期利率,则债券将被高估。债券的预期价格低于以远期利率贴现得到的价格。
>
>   解答 3:A 是正确的。如果收益率增长到 7%,预期回报率将低于当前到期收益率 6%。4.19% 的预期收益率计算如下:
>
> $$\frac{6+\frac{6}{1+0.07}+\frac{106}{(1+0.07)^2}}{100}-1\approx 4.19\%$$
>
>   解答 4:B 是正确的。远期利率模型可用于证明远期合约价格变化要求从今天的远期曲线预测的即期曲线的偏差。如果未来即期利率低于目前的远期利率预期,远期合约的价格将因以低于初始预期利率的利率贴现而增加。

10.3 互换利率曲线

10.2 节描述了无违约风险债券的即期利率曲线，作为量度货币时间价值的指标。互换利率曲线或简称互换曲线是国际固定收益市场中使用的货币时间价值的另一个重要表达方式。在本节中，我们将讨论如何在估值中使用互换曲线。

10.3.1 互换利率曲线的相关概念

利率互换是固定收益市场的一个主要组成部分。通常固定利率支付交换或交换浮动利率支付的衍生工具合约是投资者使用它们投机或限制风险的主要工具。支付的规模反映了浮动和固定利率，称为名义金额或名义的本金以及互换的到期日。利率互换中的固定利率的利率被称为互换利率（swap rate）。互换利率的水平是在互换协议开始时互换的价值为零。浮动利率是基于一些短期参考利率，例如 3 个月或 6 个月美元 Libor（伦敦银行同业拆借利率），其他参考价格包括欧元计价的 Euribor（欧洲银行同业拆借利率）和日元计价的 Tibor（东京银行同业拆借利率）。请注意，各种浮动参考利率固有的风险因被调查银行的风险而异。例如，截至 2013 年 10 月，Tibor 和日元 Libor 之间的利差为正，反映了对 Tibor 调查的银行的风险更大。互换利率的收益率曲线称为**互换利率曲线**（swap rate curve），或者更简单地称为**互换曲线**（swap curve）。因为它是基于所谓的平价互换，其中固定利率被设定为在合约开始时没有互换资金，固定利率和基准浮动利率的现值相等，交换曲线是一种类型的平价曲线。当我们参考本章中的"平价曲线"时，参考政府的平价收益率曲线。

互换市场是一个高度流动的市场，有两个原因。首先，不像债券，互换没有多个借款人或贷款人，只有交换现金流的交易对手。在互换合同设计中，这种安排提供了极大的灵活性和定制性。其次，互换是对冲利率风险的最有效方法之一。国际清算银行（BIS）估计，2012 年 12 月，利率互换的名义金额约为 370 万亿美元。⊖

许多国家或地区没有期限长于一年到期的流动政府债券市场。互换曲线是这些国家或地区利率必要的市场基准。在私营部门比公共部门大得多的国家或地区，与政府借款成本相比，互换曲线是与货币时间价值更为相关的衡量标准。

在亚洲，互换市场和政府债券市场并行发展，都用于在信用和贷款市场的估值。在中国香港和韩国，互换市场活跃为至到期日 10 年，而日本互换市场活跃至到期日 30 年。日本政府市场有长期到期日的原因是其市场已经存在的时间比中国香港和韩国长得多。

根据《2013 年 CIA 世界事实丛书》，日本政府债券市场规模相对于 GDP 的比例为 214.3%，但中国香港和韩国分别为 33.7% 和 46.9%。美国和德国的这个数字分别为 73.6% 和 81.7%，世界平均水平为 64%。即使日本的利率互换市场非常活跃，美国利率互换市场的规模几乎是日本利率互换市场的 3 倍。

10.3.2 为什么市场参与者在债券估值时使用互换利率

政府即期曲线和互换利率曲线是固定收益估值中的主要参考曲线。它们之间的选择可以

⊖ 因为未清偿的金额与名义价值相关，所以它的违约风险远远低于 370 万亿美元。

取决于多个因素,包括这两个市场的相对流动性。在美国,既有积极的国债证券市场,也有互换市场,货币时间价值的基准选择往往取决于使用基准的机构的业务运作。一方面,批发银行经常使用互换曲线来估值资产和负债,因为这些组织在资产负债表上用互换对冲很多项目。另一方面,几乎没有接触互换市场的零售银行更有可能以政府即期曲线为基准。

让我们来举例说明一个金融机构如何使用互换市场进行内部业务的。考虑一家使用存单(CD)来筹集资金的银行情况。假设银行可以以存单的形式借入 1 000 万美元,承担的利率为 1.5%,2 年期限。另外 1 000 万美元的存单提供 1.70% 的利率,3 年期限。银行可以安排两次互换:①银行收取 1.5% 的固定利率和支付 3 个月 Libor 减去 10 个基点,2 年期和 1 000 万美元的名义金额;②银行收取 1.70% 的固定利率和支付 3 个月 Libor 减去 15 个基点,为期 3 年,名义金额为 1 000 美元。在发行两次存单并承诺两次互换后,该银行已经筹集了 2 000 万美元,前两年的年融资成本为 3 个月的 Libor 减去 12.5 个基点,适用于名义金额为 2 000 万美元。从互换交易对手收取的固定利息付款支付给存单的投资者,实际上固定利率负债已转为浮动利率负债。浮动利率的价差成为评估银行总融资成本时衡量价值的标准。

通过使用互换曲线作为货币时间价值的基准,投资者可以调整互换利差,以便在特定利差下公正地定价互换利率。反之,给定互换利差,投资者可以确定债券的公允价格。我们将在下一节中使用互换利差来确定债券的价值。

10.3.3 市场参与者如何使用互换曲线进行估值

互换合约是非标准化的,是双方在场外市场上简单定制的合约。固定付款可以通过摊销时间表进行指定,也可以使用非标准化息票支付日期支付息票。对于这一节,我们将重点关注零息债券。这些债券的收益率决定了互换曲线,这反过来又可以用于确定债券价值。互换平价曲线的例题在图 10-3 中给出。

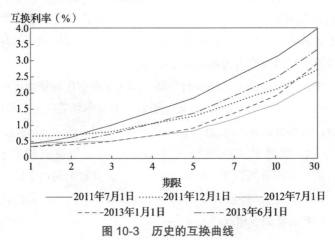

图 10-3 历史的互换曲线

注意:水平轴未按比例尺绘制。(这种比例尺通常用作行业标准,因为通常在 10 年前观察到收益率曲线的大部分特殊形状)。

每个远期日都有一个相关的贴现因子,代表远期日收到假设付款的今天价值,表示为假设付款的一个分数。例如，如果我们预期一年内将收到 1 万韩元（W10 000），而证券的目前价格为 9 259.30 韩元，则一年的贴现因子为 0.925 93（= W9 259.30/W10 000）。请注意，与该贴现因子相关的利率为 1/0.925 93 − 1 ≈ 8.00%。

为了定价互换，我们需要确定交易的每一段现金流量的现值。在利率互换中，固定端是相当简单的，因为现金流量是按照协议时规定的票息来确定的。浮动端的定价更为复杂，因为根据定义，现金流量随着利率的变化而变化。通过使用远期曲线计算每个浮动支付日的远期利率。

令 $s(T)$ 代表在时间 T 的互换利率。因为开始时的交换价值设置为零，所以互换利率必须满足式（10-12）。注意互换利率可以根据即期利率确定和即期利率可以根据互换利率确定。

$$\sum_{t=1}^{T}\frac{s(T)}{\left[1+r(t)\right]^{t}}+\frac{1}{\left[1+r(T)\right]^{T}}=1 \qquad (10\text{-}12)$$

式（10-12）的右侧是浮动端的值，开始时始终为 1。通过将左侧固定端的值等于浮动端的值来确定互换利率。

例 10-8 说明互换利率曲线和即期曲线之间的关系。

例 10-8　确定互换利率曲线

假设政府即期曲线包含着以下贴现因子：

$$P(1)=0.952\,4$$
$$P(2)=0.890\,0$$
$$P(3)=0.816\,3$$
$$P(4)=0.735\,0$$

给定此信息，确定互换利率曲线。

解答：根据式（10-1），$P(T)=\dfrac{1}{\left[1+r(T)\right]^{T}}$ 因此，

$$r(T)=\left\{\frac{1}{\left[P(T)\right]}\right\}^{(1/T)}-1$$

$$r(1)=\left(\frac{1}{0.952\,4}\right)^{(1/1)}-1=5.00\%$$

$$r(2)=\left(\frac{1}{0.890\,0}\right)^{(1/2)}-1=6.00\%$$

$$r(3)=\left(\frac{1}{0.816\,3}\right)^{(1/3)}-1=7.00\%$$

$$r(4)=\left(\frac{1}{0.735\,0}\right)^{(1/4)}-1=8.00\%$$

$T=1$ 代入式（10-12），

$$\frac{s(1)}{[1+r(1)]^1} + \frac{1}{[1+r(1)]^1} = \frac{s(1)}{(1+0.05)^1} + \frac{1}{(1+0.05)^1} = 1$$

得出，$s(1) = 5\%$

当 $T=2$，

$$\frac{s(2)}{[1+r(1)]^1} + \frac{s(2)}{[1+r(2)]^2} + \frac{1}{[1+r(2)]^2} = \frac{s(2)}{(1+0.05)^1} + \frac{s(2)}{(1+0.06)^2} + \frac{1}{(1+0.06)^2} = 1$$

得出，$s(2) = 5.97\%$

当 $T=3$，

$$\frac{s(3)}{[1+r(1)]^1} + \frac{s(3)}{[1+r(2)]^2} + \frac{s(3)}{[1+r(3)]^3} + \frac{1}{[1+r(3)]^3} =$$
$$\frac{s(3)}{(1+0.05)^1} + \frac{s(3)}{(1+0.06)^2} + \frac{s(3)}{(1+0.07)^3} + \frac{1}{(1+0.07)^3} = 1$$

得出，$s(3) = 6.91\%$

当 $T=4$，

$$\frac{s(4)}{[1+r(1)]^1} + \frac{s(4)}{[1+r(2)]^2} + \frac{s(4)}{[1+r(3)]^3} + \frac{s(4)}{[1+r(4)]^4} + \frac{1}{[1+r(4)]^4} =$$
$$\frac{s(4)}{(1+0.05)^1} + \frac{s(4)}{(1+0.06)^2} + \frac{s(4)}{(1+0.07)^3} + \frac{s(4)}{(1+0.08)^4} + \frac{1}{(1+0.08)^4} = 1$$

得出，$s(4) = 7.81\%$。

请注意，互换利率、即期利率和贴现因子在数学上都是相互联系的。通过得到其中一个系列的数据，可以计算出另外两个。

10.3.4 互换利差

互换利差是一种在市场上显示信用利差的流行方式。**互换利差（swap spread）被定义为利率互换的固定利率付款人所支付超过与互换相同到期日的"在运行"（最近发行）政府证券利率的利差。**⊖

通常，固定收益价格将在 SWAPS + 中引用，其收益率仅为同样到期期限政府债券的收益率加上互换利差。例如，如果与浮动利率互换的 5 年期固定利率为 2.00%，5 年期国库券的收益率为 1.70%，则互换利差为 2.00% – 1.70% = 0.30%，或 30 个基点。

⊖ "互换利差"一词有时也被用作利率互换曲线上债券基准点的参考，是衡量债券的信用（或）流动性风险的一种指标。在最简单的形式中，在这个意义上的互换利差可以用债券到期收益率与通过互换曲线的直线插值给出的互换利率之间的差额来度量。这些利差通常被引用为 I 利差、ISPRD 或内插值利差，它是线性内插收益率的参考。在本章中，"互换利差"一词是互换利率的超额收益率超过政府债券收益率，I 利差指的是债券收益率扣除相同期限的互换利率。

对于以欧元计价的互换，作为基准的政府收益率最常见的是有同样到期期限的德国债券（德国政府债券）。政府债券（英国政府债券）被用作英国的基准。CME 集团于 2011 年开始以欧元计价的利率互换结算。

Libor/互换曲线可能是最广泛使用的利率曲线，因为它通常被视为反映私营实体在信用评级为 A1/A+时的违约风险，大致相当于大多数商业银行。（互换曲线也受政府债券市场的需求和供给条件等因素的影响）。互换市场普及的另一个原因是它是不受管制的（不受政府控制），所以互换利率在不同国家之间更具可比性。互换市场比政府债券市场有更多的到期期限来建立收益率曲线。Libor 用于短期限收益率，从欧洲美元期货合约导出的利率用于中期限收益率，互换利率用于到期期限超过 1 年的收益率。使用的互换利率是在互换协议中对收到 3 个月的 Libor 浮动付款而支付的固定利率。⊖

> **专栏 10-3　2008～2013 年美国互换利差的历史**
>
> 通常情况下，国债互换利差是正值，这反映出事实上政府通常比私营实体为借款而支付得更少。然而，雷曼兄弟控股有限公司在 2008 年 9 月崩溃后，30 年期国库券交易利差转为负值。在近期的金融危机期间，信用市场的许多地方流动性下滑，导致投资者怀疑他们的交易对手在一些衍生品交易中的安全性和可靠性。2008 年 11 月，30 年期国库券互换利差猛跌至创纪录的 62 个基点。2013 年中期，30 年期国库券互换利差再次转为正值。自 2013 年 5 月初以来，美联储对前景的态度急剧转变，是大多数债券抛售的关键触发因素。当时国库券收益率的大幅上涨推高了公司的融资成本和对冲成本，这反映在互换利率的上升。

为了举例说明在固定收益定价中使用互换利差，请考虑在通用资本（GECC）票据上投资 100 万美元，票息为 1.5/8%（1.625%），2015 年 7 月 2 日到期。息票为半年支付。估值日期为 2012 年 7 月 12 日，剩余期限为 2.97 年 [= 2 +（350/360）]。2 年期及 3 年期的互换利率分别为 0.525% 和 0.588%。通过这两个互换利率之间的简单插值，2.97 年期的互换利率为 0.586%[= 0.525% +（350/360）×（0.588%−0.525%）]。如果相同期限的互换利差为 0.918%，则债券到期收益率为 1.504%（= 0.918% + 0.586%）。给定到期收益率，100 万美元面值的发票价格（包括应计利息）是

$$\frac{1\,000\,000 \times \frac{0.016\,25}{2}}{\left(1+\frac{0.015\,04}{2}\right)^{\left(1-\frac{10}{180}\right)}} + \frac{1\,000\,000 \times \frac{0.016\,25}{2}}{\left(1+\frac{0.015\,04}{2}\right)^{\left(2-\frac{10}{180}\right)}} + \cdots +$$

$$\frac{1\,000\,000 \times \frac{0.016\,25}{2}}{\left(1+\frac{0.015\,04}{2}\right)^{\left(6-\frac{10}{180}\right)}} + \frac{1\,000\,000}{\left(1+\frac{0.015\,04}{2}\right)^{\left(6-\frac{10}{180}\right)}} = 1\,003\,954.12(\text{美元})$$

⊖ 美元市场使用 3 个月的 Libor，但其他货币可能使用 1 个月或 6 个月的 Libor。

左半部分总数是半年息票支付和最终本金支付 100 万美元的现值。应计利息金额为 451.39 美元 [= 1 000 000 × (0.016 25/2) (10/180)]。因此，净价（不包括应计利息的价格）为 1 003 502.73 美元（= 1 003 954.12–451.39）。

互换利差有助于投资者识别债券到期收益率的时间价值、信用和流动性组成部分。如果债券是无违约的，那么互换利差可以显示债券的流动性，或者可以提供市场错误定价的证据。互换利差越高，投资者对信用和（或）流动性风险要求的回报越高。

虽然互换利差提供了一种方便的方法来衡量风险，但更准确的信用和流动性衡量指标称为零利差（Z-spread）。Z- 利差是不变的基点利差，需要加上隐含的即期收益率曲线，使债券的贴现现金流量等于当前市场价格。这个利差比线性内插收益率更准确，特别是对于陡峭的利率互换曲线。

> **专栏 10-4　使用 Z- 利差进行估值**
>
> 再次考虑通用资本半年支付息票票据，到期期限为 2.97 年，票面价值为 100 万美元。即期收益率曲线为
>
> $$r(0.5) = 0.16\%$$
> $$r(1) = 0.21\%$$
> $$r(1.5) = 0.27\%$$
> $$r(2) = 0.33\%$$
> $$r(2.5) = 0.37\%$$
> $$r(3) = 0.41\%$$
>
> Z- 利差为 109.6 个基点。使用即期曲线和 Z- 利差，发票价格为
>
> $$\frac{1\,000\,000 \times \frac{0.016\,25}{2}}{\left(1+\frac{0.015\,04}{2}\right)^{\left(1-\frac{10}{180}\right)}} + \frac{1\,000\,000 \times \frac{0.016\,25}{2}}{\left(1+\frac{0.015\,04}{2}\right)^{\left(2-\frac{10}{180}\right)}} + \cdots +$$
>
> $$\frac{1\,000\,000 \times \frac{0.016\,25}{2}}{\left(1+\frac{0.015\,04}{2}\right)^{\left(6-\frac{10}{180}\right)}} + \frac{1\,000\,000}{\left(1+\frac{0.015\,04}{2}\right)^{\left(6-\frac{10}{180}\right)}} = 1\,003\,954.12(\text{美元})$$

10.3.5　利差报价惯例

我们已经讨论了作为固定收益估值基准的国债曲线和互换曲线，但它们通常不同。因此，使用扣除基准国债收益率或互换利率的债券收益率为债券价格报价已经成为报价惯例。

国债利率可能与相同期限的互换利率有所不同，原因有几个。与美国国债的现金流量不

同，互换的现金流量的违约风险将高得多。任何特定到期期限的市场流动性不同。例如，利率期限结构的某些部分可能会更多地以互换交易而不是以国债交易。最后，这两个市场之间的套利不能完全地执行。

互换利差对于国债利率（相对于 I 利差，即债券利率减去相同期限的互换利率）仅仅是特定到期期限的互换利率与政府债券收益率之间的差异。定义互换利差的一个问题是，例如，10 年期的互换正好在 10 年到期，而通常不存在正好有 10 年剩余到期期限政府债券。因此，按照惯例，10 年期互换利差被定义为 10 年期互换利率与最近发行的 10 年期政府债券收益率之间的差额。其他期限的互换利差也同样定义。

为了在图 10-4 中生成曲线，我们使用恒定到期期限的国债来完全匹配相应的互换利率。10 年期互换利差是 10 年期互换利率减去 10 年期恒定到期期限的国债收益率。由于交易对手风险反映在互换利率中，美国政府债务被认为几乎没有违约风险，互换利率通常大于相应的国债利率，10 年互换利差通常但并非总是正值。

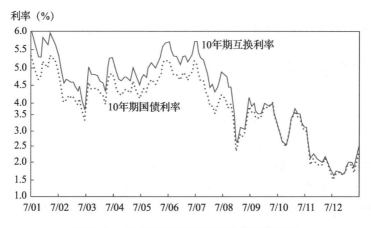

图 10-4　10 年互换利率与 10 年期国债利率

TED 利差（TED spread）是整体经济中感知信用风险的指标。TED 是由美国短期国债（T-bill）和 ED 的首个字母缩略词，ED 是欧洲美元期货合约的交易代码。TED 利差的计算为 Libor 和短期国债匹配期限的收益率之间的差额。TED 利差的上升（下降），表明贷款人认为银行间贷款违约风险正在上升（下降）。因此，由于它与互换市场有关，TED 利差也可以被认为是对交易对手风险的量度。与 10 年期互换利差相比，TED 利差更准确地反映了银行体系中的风险（见图 10-5），而 10 年期的互换利差往往反映出供需状况不同。

另一个流行的风险度量是 Libor-OIS 利差（Libor-OIS spread），这是 Libor 和隔夜指数互换（OIS）利率之间的差额。OIS 是一种利率互换，其中互换的周期性浮动利率等于支付期间每一天的隔夜利率（或隔夜指数利率）的几何平均值。指数利率通常是银行之间隔夜无抵押贷款的利率，例如美元的联邦资金利率、欧元的 Eonia（欧元隔夜指数平均）、先令的 Sonia（先令隔夜指数平均）。Libor-OIS 利差被视为货币市场证券的风险和流动性的指标。

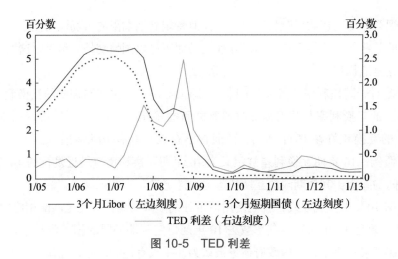

图 10-5 TED 利差

10.4 传统的利率期限结构理论

本节介绍影响收益率曲线形状的基本经济因素的四种传统理论。

10.4.1 本地期望理论

传统期限结构理论的一个分支，主要是根据投资者的期望来解释期限结构的形状。历史上，第一个这样的理论被称为无偏见期望理论（unbiased expectations theory）或纯粹期望理论（pure expectations theory）。它表示远期利率是对未来即期利率的公正预测，其最广泛的解释是任何到期期限的债券是彼此的完全替代品。例如，购买5年期债券，持有3年，与购买3年期债券或购买连续三个1年期债券的预期收益相同。

无偏见预期理论的预测与风险中立的假设是一致的。在风险中立的世界中，投资者不受不确定因素和风险溢价的影响是不存在的。每一种证券都是无风险的，并为特定到期日产生无风险利率。虽然这样的假设导致了有趣的结果，但它显然与大量证据相冲突，表明投资者是风险厌恶的。

一种与无偏见期望理论相似但更严格的理论是**本地期望理论**（local expectations theory）。这个理论不是声明每个期限策略在给定的投资期间都具有相同的预期收益，而是认为每个债券在短时间内的预期收益是无风险利率。这一结论源于假设的无套利条件，在这种情况下，债券定价不允许交易者赚取套利利润。

本地期望理论与无偏见期望理论的主要区别在于它可以扩展到一个以风险为特征的世界。虽然理论要求在非常短的持有期间不存在风险溢价，但对长期投资没有这种限制。因此，该理论适用于无风险债券和风险债券。

使用式（10-1）中的贴现因子的公式和式（10-5）中的远期利率模型的变量，我们可以产生式（10-13），其中 $P(t,T)$ 是在时间 t 的 T 期证券的贴现因子

$$\frac{1}{P(t,T)} = [1+r(1)][1+f(1,1)][1+f(2,1)][1+f(3,1)]\cdots[1+f(T-1,1)] \quad (10\text{-}13)$$

使用式（10-13），我们可以展示，如果远期利率得到实现，长期债券的一个周期的收益率为 $r(1)$，即一个周期无风险证券的收益率，如式（10-14）所示

$$\frac{P(t+1,T-1)}{P(t,T)} = 1 + r(1) \tag{10-14}$$

本地期望理论扩展了这个方程，以纳入不确定性，同时仍然假设在短期内风险中性。当我们放松确定性假设时，式（10-14）成为式（10-15），其中波浪号（～）表示不确定的结果。换句话说，长期风险债券的一个周期的回报率是一个周期的无风险利率。

$$\frac{E\left[\tilde{P}(t+1,T-1)\right]}{P(t,T)} = 1 + r(1) \tag{10-15}$$

虽然本地期望理论在经济学上是有吸引力的，但经常观察到，长期债券的短期持有回报确实超过短期债券。对流动性和对冲风险能力的需求基本上确保短期证券的需求将超过长期证券的需求。因此，短期证券的收益率和实际回报率通常低于长期证券的收益率和实际回报。

10.4.2 流动性偏好理论

然而无偏见期望理论没有解释风险厌恶，流动性偏好理论试图解释它。**流动性偏好理论**（liquidity preference theory）认为，存在**流动性溢价**（liquidity premiums）以补偿投资者长期借出资金时面临的加息风险，并且这些溢价随着到期期限的增加而增加。⊖ 因此，鉴于短期的即期利率不变的预期，流动性偏好理论预测收益率曲线向上倾斜。远期利率提供了流动性溢价数值偏向上的预期即期利率估值，这使无偏见预期理论无效。

例如，美国财政部发行30年到期债券。然而，大多数投资者的投资期限少于30年⊜。对于投资者持有这些债券，他们对承担收益率曲线变化的风险将要求更高的回报率，并且他们必须在到期之前以不确定的价格出售债券。流动性溢价回报递增。请注意，这个溢价不应与由于缺乏流通性而稀少交易的债券可能承受的收益溢价混淆。相反，它适用于所有长期债券，包括那些有深厚市场前景的债券。

流动性偏好理论未能对期限结构提供完整的解释。相反，它只是争论流动性溢价的存在。例如，如果曲线形状的一个因子是通货紧缩预期（即由于货币或财政政策行为导致的通货膨胀率为负），则向下倾斜的收益率曲线仍然与流动性溢价的存在相一致。如果利率的预期下降足以抵消流动性溢价的影响，即期利率急剧下降的预期也可能导致向下倾斜的收益率曲线。

总而言之，流动性偏好理论认为，出借人要求流动性溢价作为长期借出的激励。因此，从当前收益率曲线导出的远期利率提供了预期未来即期利率的偏向上估值。虽然有时会出现向下倾斜或驼峰形收益率曲线，但流动性溢价的存在意味着收益率曲线通常会向上倾斜。

⊖ 对于这个理论技术处理的措辞是，这些溢价随着到期期限单调递增。如果每一项大于或等于前一项，则数列被称为单调递增。定义 $LP(T)$ 为到期日 T 的流动性溢价。如果溢价随着到期期限单调递增，则对于所有 $t > 0$，则 $LP(T+t) \geq LP(T)$。

⊜ 这个观点可以通过考察在拍卖中对长期与短期国债的典型需求来确定。

10.4.3 细分市场理论

与期望理论和流动性偏好理论不同，细分市场理论（segmented markets theory）承认贷款人和借款人偏好影响收益率曲线的形状。结果是收益率并不反映预期的即期利率或流动性溢价。相反，它们只是特定期限内资金的供给和需求的函数。也就是说，每个到期板块都可以被认为是一个细分市场，其中收益率的确定独立于其他期限细分市场中的收益率。

该理论与一个有资产/负债管理约束的世界是一致的，无论是监管还是自愿承担的。在这样一个世界上，投资者可能将其投资活动限制在与其负债到期日最佳匹配的期限区域。这样做避免了与资产/负债不匹配的相关风险。

例如，由于人寿保险公司以人寿保险合同的形式销售长期负债，所以他们在债券市场的长期债券买卖方面最为活跃。同样，因为养老金计划的负债是长期的，他们通常投资于长期证券。当这些短期债券投资的回报可能会下降，而其负债成本保持固定，为什么会投资短期债券呢？相比之下，货币市场基金一般限于 1 年或以下的债务投资。

总而言之，细分市场理论假定市场参与者不愿意或不能投资于优先到期日证券以外的任何东西。因此，特定到期日的证券的收益率完全由该特定期限的资金供给和需求决定的。

10.4.4 优先偏好理论

优先偏好理论（preferred habitat theory）与细分市场理论类似，理论提出许多借款人和贷款人对特定期限有较强的偏好，但并不表明不同期限的收益率彼此独立地确定。

然而，理论认为，如果预期赚取的额外收益变得足够大，机构将愿意放弃首选的期限或偏好。例如，如果长期证券的预期收益超出短期证券的预期收益的差价很大，货币市场基金将延长其资产的到期日。如果购买短期证券预期的超额收益变得足够大，人寿保险公司会停止限制自己的长期证券，并将更大部分的投资组合放在短期投资中。

优先偏好理论是基于现实的观念，代理人和机构将接受额外的风险，以获得额外的预期回报。在接受细分市场理论和无偏见期望理论要素的同时，拒绝极端的头寸，有限偏好理论更接近于解释现实世界的现象。在这个理论中，市场预期理论和细分市场理论强调的市场预期和制度因素影响了利率的期限结构。

专栏 10-5　优先偏好和 QE

"量化宽松"（quantitative easing，QE）一词是指当中央银行和（或）银行间利率已经接近于零时，中央银行用来增加经济体中的货币供应量的非常规的货币政策。在确立联邦基金利率接近零的目标范围之后，美联储的三次 QE 努力中的第一次开始于 2008 年年底。此后，美联储通过一系列资产购买计划大幅度扩大了长期证券持有量，目标是向长期利率施加下调压力，从而使财务状况更为宽松。表 10-2 显示了 2007 年 9 月 20 日美联储持有的证券信息（当美联储持有的所有证券均为美国国债发行）和 2013 年 9 月 19 日（第三轮 QE 启动后一年）持有的证券信息。

表 10-2　美国联邦储备银行持有的证券

（百万美元）	2007 年 9 月 20 日	2013 年 9 月 19 日
直接持有证券	779 636	3 448 758
美国国债	779 636	2 047 534
票据	267 019	0
长期国债（名义）	472 142	1 947 007
长期国债，通胀挂钩	35 753	87 209
通胀补偿	4 723	13 317
联邦机构	0	63 974
抵押担保证券	0	1 337 520

如表 10-2 所示，2007 年 9 月 20 日，美联储证券资产完全由美国国债证券组成，其中约 34% 为 T-bill 形式的短期债券。2013 年 9 月 19 日，只有约 59% 的美联储证券资产是国库券，而且这些资产中没有 T-bill。此外，美联储持有超过 1.3 万亿美元的抵押担保证券（MBS），约占所有证券持有量的 39%。

在 QE 努力之前，抵押担保证券的收益率通常在 5%～6% 的范围内。它在 2012 年年底下降至不到 2%。与优先偏好理论有关的概念可能有助于解释收益率下降的原因。

美联储购买抵押担保证券实质上减少了可供私人购买的这些证券的供应。假设许多按揭证券投资者不愿意或无法退出抵押担保证券市场，因为他们的投资专长是管理利率和抵押担保证券的还款风险，抵押担保证券投资机构在抵押担保证券市场会有一个"优先偏好"。如果他们不会更积极地出价而无法满足投资者的需求，这些买家将降低抵押担保证券的收益率。

也可以说，美联储购买抵押担保证券有助于降低提前偿还风险，而这也导致了抵押担保证券收益率的下降。如果家庭主人提前偿还抵押贷款，则付款将按比例发送给抵押担保证券投资者。虽然投资者不确定何时收到这种提前偿还款，但在利率下降的环境下，提前偿付更有可能发生。

使用例 10-9 来测试你对传统的期限结构理论的理解。

例 10-9　传统的期限结构理论

1. 2010 年，欧洲证券监管委员会制定了准则，将短期货币市场基金的加权平均寿命（WAL）限制为 120 天。这一限制的目的是限制货币市场基金对长期浮动利率证券的投资能力。这一行动是最符合哪一种理论的信念？
   A. 优先偏好理论　　　　B. 细分市场理论　　　　C. 本地期望理论
2. 期限结构理论认为，投资者不能被诱导持有债务证券的到期日不匹配他们的投资期限的最好描述为：

A. 优先偏好理论　　　　B. 细分市场理论　　　　C. 无偏见期望理论
3. 无偏见期望理论假定投资者是：
　　A. 风险厌恶　　　　　　B. 风险中性　　　　　　C. 风险偏好
4. 市场证据显示，远期利率为：
　　A. 未来即期利率的公正预测
　　B. 未来即期利率偏向上的预测因子
　　C. 对未来即期利率偏向下的预测因子
5. 市场证据表明，短期债券的短期持有回报最多的是：
　　A. 少于长期债券　　　　B. 约等于长期债券　　　C. 高于长期债券

　　解答1：A是正确的。优先偏好理论认为，如果有足够的激励，投资者愿意从首选的到期期限移开。拟议的 WAL 准则是对长期浮动利率证券的利率风险和信用风险监管关注的结果。这种监管行动的含意是，如果有些货币市场基金认为有足够的补偿，他们就必须愿意从更多传统的短期投资移开。

　　解答2：B是正确的。细分市场理论认为，资产/负债管理约束迫使投资者购买到期日与其负债到期日匹配的证券。相比之下，优先偏好理论认为，如果收益率差异鼓励转换，投资者愿意偏离他们的首选期限。无偏见期望理论对到期期限偏好没有假设。相反，它认为远期利率是未来即期利率的公平预测指标。

　　解答3：B是正确的。无偏见期望理论认为，不同的到期策略，如展期、期限匹配和骑乘收益率曲线，具有相同的预期收益。根据定义，风险中立方对于具有同等预期收益的选择不感兴趣，即使选择风险较大。因此，理论的预测与风险中立投资者的存在是一致的。

　　解答4：B是正确的。流动性溢价的存在确保远期利率是对未来即期利率的偏向上估值。市场证据清楚地表明了存在流动性溢价，这一证据有效地驳倒了对无偏期望理论的预测。

　　解答5：A是正确的。虽然本地预期理论预测所有债券的短期回报将等于无风险利率，但大部分证据反驳了该断言。长期债券的回报通常高于短期债券的回报，即使是相对较短的投资期限。这种市场证据与对融资至关重要的风险预期回报权衡和未来即期利率的不确定性是一致的。

10.5　现代期限结构模型

　　现代期限结构模型提供了有关利率如何演变的定量准确描述。一个模型在一组假设的基础上提供了一个常常简化的现实世界现象描述，模型通常用于解决特定问题。这些假设在描绘现实世界时是不完全准确的，假设可以很好地解释现实世界现象来解决手头的问题。

　　利率模型试图捕捉利率波动率的统计特性。这些模型的详细描述依赖于数学和统计知识，远远超出了投资通才的技术准备范围。然而，这些模型在复杂的固定收益工具和债券衍生工具的估值中非常重要。因此，我们在本章中概述了这些模型，为有兴趣的读者提供了模型和工作实例的公式。

10.5.1 平衡期限结构模型

平衡期限结构模型是使用假设影响利率的基本经济变量来寻求描述期限结构动态的模型。在建模过程中，限制了允许推导债券和利率期权的均衡价格。这些模型需要说明漂移项（稍后解释）以及利率波动率的函数形式的假设。最著名的均衡模型是 Cox-Ingersoll-Ross 模型㊀（CIR 模型）和 Vasicek 模型㊁，将在接下来的两节中进行讨论。

平衡期结构模型有以下几个特点：

- 它们是单因子或多因子模型。单因子模型假设单个可观察因子（有时称为状态变量）驱动所有收益率曲线运动。Vasicek 模型和 CIR 模型都假设一个单一因子，即短期利率 r。这种方法是合理的，因为根据经验，平行移动通常被发现可以解释超过 90% 的收益率变化。相比之下，多因子模型可能能够更准确地对收益率曲线的曲度进行建模，但是以更大的复杂性为代价。
- 他们对行为因子做出假设。例如，如果我们关注短期利率单因子模型，短期利率是否应该被建模为均值回归？短期利率是否应该模拟为表现跳跃？短期利率的波动如何模拟？
- 与无套利期限结构模型相比，总体上，它们对于必须估值的参数数量比较少。参数相对经济性的代价是无套利模型通常可以更准确地模拟观察到的收益率曲线。㊂

平衡期限结构模型的一个很好的例子是下面讨论的 CIR 模型。

10.5.1.1 CIR 模型

CIR 模型假设每个人都必须以有限的资本进行消费和投资决策。投资生产过程可以导致下一个时期更高的消费，但这需要牺牲今天的消费。假设他们可以在资本市场借贷，个人必须确定他们的最优权衡。最终，利率将达到没有人需要借入或借出的市场均衡利率。CIR 模型可以根据个人对投资和消费的偏好以及经济生产过程的风险和回报来解释利率变动。

通过这个分析结果，模型显示出短期利率与经济生产过程面临的风险有关。假设个人对长期利率需要期限溢价，该模型表明，短期利率可以决定利率的整个期限结构和利率或有债权的估值。CIR 模型在式（10-16）中给出。

$$dr = a(b-r)dt + \sigma\sqrt{r}dz \qquad (10\text{-}16)$$

在式（10-16）中，"dr" 和 "dt" 项分别意味着（瞬时）短期利率和时间中无限小的增量，CIR 模型是所谓的连续时间财务模型。模型有两部分：①确定性部分（有时称为"漂移项"），以 dt 表达的模型风险；②随机（即随机）部分，以 dz 表达的模型风险。

确定性部分 $a(b-r)dt$ 在式（10-16）中给出的方式确保了利率向长期值 b 的均值回归，其调整速度由严格的正参数 a 决定。如果 a 是高（低），均值回归到长期利率 b 会迅速（缓慢）发生。在式（10-16）中，为了简化表示，我们假设 CIR 模型的溢价项（term premium）等于

㊀ Cox, Ingersoll, and Ross (1985).
㊁ Vasicek (1977).
㊂ 其他对比更具有技术性。它们包括均衡模型使用实际概率，而无套利模型使用所谓的风险中性概率。见 P387 脚注㊂其他对比。

零。[1]因此，如这里模拟所示，CIR 模型假设经济长期利率持续不变，短期利率随时间而收敛。

均值回归是利率的一个重要特征，使其与许多其他财务数据系列分开。与股票价格不同的是，利率不能无限上升，因为在很高的水平上，它们会阻碍经济活动，最终导致利率下降。同样地，除了罕见的历史例外，名义利率是非负的。因此，短期利率往往趋于有界的范围，并呈现出一种回归到长期值 b 的趋势。

请注意，在式（10-16）中，利率过程只有一个随机驱动量 dz。非常宽松地，dz 可以被认为是一个无限小的运动在"随机行走"。随机或波动率项 $\sigma\sqrt{r}dz$ 遵循均值为零的随机正态分布，标准偏差为 1，标准偏差因子为 $\sigma\sqrt{r}$。标准偏差因子使波动率与短期利率的平方根成比例，它允许波动率随着利率水平而增加。它也避免了对所有正值 a 和 b 的非正利率的可能性。[2]

注意，a、b 和 σ 必须是以某种方式指定的模型参数。

> **专栏 10-6　CIR 模型的图解**
>
> 再次假设当前的短期利率 $r = 3\%$，短期利率的长期值为 $b = 8\%$。如前所述，假设调整因子的速度 $a = 0.40$，年波动率 $\sigma = 20\%$。使用公式 17，CIR 模型为短期利率变动 dr 提供了以下公式：
>
> $$dr = 0.40(8\% - r)dt + (20\%)\sqrt{r}dz$$
>
> 假设随机数发生器产生标准正态随机误差项 dz，其值为 0.50，−0.10，0.50 和 −0.30。CIR 模型将产生如表 10-3 所示利率的演变。表 10-3 的下半部分展示了债券的定价与短期利率的演变一致。
>
> 表 10-3　CIR 模型中短期利率的演变
>
> | 参数 | 时间 | | | | |
> |---|---|---|---|---|---|
> | | $t = 0$ | $t = 1$ | $t = 2$ | $t = 3$ | $t = 4$ |
> | r | 3.000% | 6.732% | 6.720% | 9.825% | 7.214% |
> | $a(b-r) = 0.40(8\%-r)$ | 2.000% | 0.507% | 0.512% | −0.730% | |
> | dz | 0.500 | −0.100 | 0.500 | −0.300 | |
> | $\sigma\sqrt{r}dz = 20\%\sqrt{r}dz$ | 1.732% | −0.519% | 2.592% | −1.881% | |
> | dr | 3.732% | −0.012% | 3.104% | −2.611% | |
> | $r(t+1) = r + dr$ | 6.732% | 6.720% | 9.825% | 7.214% | |
> | 零息债券在到期时的到期收益率 | | | | | |
> | 1 年后 | 3.862% | 6.921% | 6.911% | 9.456% | 7.316% |
> | 2 年后 | 4.499% | 7.023% | 7.051% | 9.115% | 7.349% |
> | 5 年后 | 5.612% | 7.131 | 7.126% | 8.390% | 7.327% |
> | 10 年后 | 6.333% | 7.165% | 7.162% | 7.856% | 7.272% |
> | 30 年后 | 6.903% | 7.183% | 7.182% | 7.415% | 7.219% |

---

[1] 平衡模型，但不是无套利模型，假设长期利率需要期限溢价。期限溢价是出借人投资至到期债券所需的回报扣除在同一时间期限内以短期利率不断再投资的预期回报之后的额外回报。

[2] 只要 $2ab > \sigma^2$，（2001，第 65 页）。

利率模拟从利率为 3% 开始，这远低于 8% 的长期值。该模型产生的利率迅速移向了这个长期值。注意，在时间段 $t=0$ 和 $t=2$ 中，假定标准正态变量 dz 为 0.50，而在 $t=2$ 中，波动率项 $\sigma\sqrt{r}dz$ 比在 $t=0$ 中高得多，因为在 CIR 模型中波动率随着利率水平而增加。

此例题是程序化的，仅用于说明目的。在实践中使用的参数通常与本文中使用的参数显著不同。

10.5.1.2 Vasicek 模型

虽然不是在寻求最佳消费和投资决策个体的一般均衡背景下开发的，但是如同 CIR 模型的情况那样，Vasicek 模型被视为均衡期限结构模型。类似于 CIR 模型，Vasicek 模型抓住均值回归。

式（10-17）给出了 Vasicek 模型：

$$dr = a(b-r)dt + \sigma dz \qquad (10\text{-}17)$$

Vasicek 模型与 CIR 模型都具有相同的漂移项，因此趋向于短期利率 r 中的均值回归。随机或波动率项 σdz 遵循平均值为零，标准偏差为 1 的随机正态分布。与 CIR 模型不同，假设在分析期间波动率保持不变条件下计算利率。与 CIR 模型一样，只有一个利率流程的随机驱动器 dz，a、b 和 σ 必须是以某种方式指定的模型参数。Vasicek 模型的主要缺点是利率在理论上可能会变为负数。

> **专栏 10-7　瓦塞克模型的图解**
>
> 假设当前短期利率 $r = 3\%$，短期利率的长期值 $b = 8\%$。还假设调整因子的速度 $a = 0.40$，年波动率为 $\sigma = 2\%$。使用式（10-17），Vasicek 模型为短期利率变化 dr 提供了以下公式：
>
> $$dr = 0.40(8\% - r)dt + (2\%)dz$$
>
> 随机项 dz 通常来自于平均值为零，标准偏差为 1 的标准正态分布。假设随机数发生器产生了标准正态随机误差项 0.45、0.18、−0.30 和 0.25。Vasicek 模型将产生如表 10-4 所示的利率演化。
>
> 表 10-4　瓦塞克模型中短期利率的演化
>
> | 参数 | | 时间 | | | |
> |---|---|---|---|---|---|
> | | $t=0$ | $t=1$ | $t=2$ | $t=3$ | $t=4$ |
> | r | 3.000% | 5.900% | 7.100% | 6.860% | 7.816% |
> | $a(b-r)$ | 2.000% | 0.840% | 0.360% | 0.456% | |
> | dz | 0.450 | 0.180 | −0.300 | 0.250 | |
> | σdz | 0.900% | 0.360% | −0.600% | 0.500% | |
> | dr | 2.900% | 1.200% | −0.240% | 0.956% | |
> | $r(t+1) = r + dr$ | 5.900% | 7.100% | 6.860% | 7.816% | |

（续）

参数	时间				
	$t=0$	$t=1$	$t=2$	$t=3$	$t=4$
零息债券在到期时的到期收益率					
1年后	3.874%	6.264%	7.253%	7.055%	7.843%
2年后	4.543%	6.539%	7.365%	7.200%	7.858%
5年后	5.791%	7.045%	7.563%	7.460%	7.873%
10年后	6.694%	7.405%	7.670%	7.641%	7.876%
30年后	7.474%	7.716%	7.816%	7.796%	7.875%

请注意，利率模拟开始的利率为3%，远低于8%的长期值。该模型产生的利率尽管在第三个时间周期下降，但仍然快速移向这个长期值，这反映了通过漂移项 $a(b-r)dt$ 建立在模型中的均值回归。

此例题是程序化的，仅用于说明目的。在实践中使用的参数通常与本文中使用的参数显著不同。

请注意，由于 Vasicek 模型和 CIR 模型都要求短期利率遵循一定的过程，估算的收益率曲线可能与观察到的收益率曲线不一致。但是，如果模型的参数被认为是正确的，那么投资者可以使用这些模型来确定错误定价。

10.5.2 无套利模型：Ho-Lee 模型

在无套利模型（arbitrage-free models）中，分析是从参考金融工具的观察市场价格开始的，基本假设是这个参考集是正确定价的。假定使用带有漂移项和波动率因子的随机过程来生成收益率曲线。确定期限结构的计算过程是这样的，即估值过程产生参考金融工具集的市场价格。这些模型被称为"无套利"，因为它们产生的价格与市场价格相匹配。

将模型校准到市场数据的能力是任何模型的一个可取的特点，这一事实指出了 Vasicek 模型和 CIR 模型的主要缺点：它们只有有限数量的自由参数，因此不可能存在这样一种方式，指定这些参数值，使得模型价格与观察到的市场价格一致。通过允许参数随时间确定性地变化，在无套利模型中克服了这个问题。因此，市场收益率曲线可以用诸如估值衍生品和嵌入式期权债券等应用程序所需的准确性进行建模。

Ho 和 Lee 引入了第一个无套利模型。⊖它使用了布莱克—斯克尔斯—莫顿（Black-Scholes-Merton）期权定价模型的相对估值概念。因此，利率或有债权的估值完全取决于收益率曲线的形状及其移动。该模型假设收益率曲线和无套利条件以一致的方式移动。

在 Ho-Lee 模型中，短期利率遵循正常流程，如式（10-18）所示：

$$dr_t = \theta_t dt + \sigma dz_t \tag{10-18}$$

通过从市场价格推断时间相关漂移项 θp 的方式，可以将模型校准为市场数据，这意味

⊖ Ho and Lee (1986).

着模型可以精确地产生当前的期限结构。这种校准通常是通过二项式格子模型进行的，在这个模型中，每个节点的收益率曲线可以以相等的概率向上或向下移动。这种概率被称为"隐含风险中性概率"。通常"风险中性概率"是有点误导的，因为无套利模型不认为市场专业人士是风险中性的，如本地期望理论。这类似于经典的布莱克—斯克尔斯—莫顿期权模型，定价动态被简化，因为我们可以对债务证券进行定价"好像"市场投资者是风险中性一样。

为了进行具体的讨论，我们演示了两期 Ho-Lee 模型。假设当前的短期利率为 4%。时间步长是月度，使用市场价格确定的漂移项在第一个月为 $\theta_1 = 1\%$，第二个月为 $\theta_2 = 0.80\%$。年波动率为 2%。下面我们为短期利率创建一个两期基于二项式格子模型。请注意，月度波动率是

$$\sigma\sqrt{\frac{1}{t}} = 2\%\sqrt{\frac{1}{12}} = 0.577\,4\%$$

时间步长是

$$dt = \frac{1}{12} = 0.083\,3$$

$$dr_t = \theta_t dt + \sigma dz_t = \theta_t(0.083\,3) + (0.577\,4)dz_t$$

如果第一个月利率上涨，

$$r = 4\% + (1\%)(0.083\,3) + 0.577\,4\% = 4.660\,7\%$$

如果利率在第一个月上涨，在第二个月上涨，

$$r = 4.660\,7\% + (0.80\%)(0.083\,3) + 0.577\,4\% = 5.304\,7\%$$

如果利率在第一个月上涨，在第二个月下降，

$$r = 4.660\,7\% + (0.80\%)(0.083\,3) - 0.577\,4\% = 4.149\,9\%$$

如果利率在第一个月下降，

$$r = 4\% + (1\%)(0.083\,3) - 0.577\,4\% = 3.505\,9\%$$

如果利率在第一个月下降，在第二个月上涨，

$$r = 3.505\,9\% + (0.80\%)(0.083\,3) + 0.577\,4\% = 4.149\,9$$

如果利率在第一个月下降，在第二个月下降，

$$r = 3.505\,9\% + (0.80\%)(0.083\,3) - 0.577\,4\% = 2.995\,1\%$$

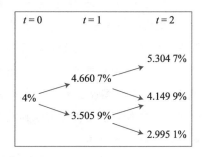

该模型产生的利率可用于确定零息债券价格和即期曲线。通过构建，模型产出与市场价格一致。由于其简单性，Ho-Lee 模型在说明无套利利率模型的大部分突出特征时非常有用。由于模型产生未来利率的对称（"钟形"或正态）分布，负利率是可能的。注意，尽管图中

每个节点处的一个周期利率的波动率是恒定的,但随时间变动的波动率与收益率曲线运动的历史表现相一致,可以在 Ho-Lee 模型中建模,因为西格玛 sigma(利率波动率)可以指定为时间的函数。使用波动率期限结构作为输入值的更复杂例子不属于本章的范围。

如前所述,模型是为了描述某些现象而提出的假设,并为现有问题提供解决方案。提出现代利率理论大部分是为了对嵌入式期权债券进行估值,因为嵌入式期权的价值往往取决于利率。这里介绍的一般均衡模型描述了单一短期利率变动的收益率曲线变动。它们被称为单因子模型,一般来说,似乎经验上是令人满意的。无套利模型不试图解释观察到的收益率曲线。相反,这些模型采用给定的收益率曲线。因此,它们有时被标记为部分均衡模型。

无套利的概念可用于解决更广泛的问题。这些模型可以扩展到用于估值许多债券类型,允许波动率的期限结构,收益率曲线形状的不确定变化,债券信用风险的调整等。然而,这些许多扩展仍然是基于无套利利率变动的概念。因此,这些模型的原则为金融模型的大部分现代化进程奠定了基础。

例 10-10 解决了现代期限结构模型的几个基本观点。

> **例 10-10　现代期限结构模型**
>
> 1. 预期下列哪一个可以为观察到的期限结构提供最准确的建模?
>   A. CIR 模型　　　　　　B. Ho-Lee 模型　　　　　　C. Vasicek 模型
> 2. 以下关于 Vasicek 模型的哪一句陈述最准确?它有:
>   A. 单一因子,长期利率
>   B. 单一因子,短期利率
>   C. 两个因子,短期利率和长期利率
> 3. CIR 模型:
>   A. 假设利率并不是均值回归
>   B. 具有与 Vasicek 模型不同的漂移项
>   C. 假设利率波动率随着利率水平的提高而增加
>
> **解答 1**:B 是正确的。CIR 模型和 Vasicek 模型是平衡期限结构模型的例子,而 Ho-Lee 模型是无套利期限结构模型的一个例子。无套利期限结构模型的好处是它们被校准到当前的期限结构。换句话说,归属于证券的开始价格是当前在市场上发现的价格。相反,平衡期限结构模型经常产生与当前市场数据不一致的期限结构。
>
> **解答 2**:B 是正确的。使用 Vasicek 模型需要对短期利率进行假设,这通常来源于关于描述整体经济的状态变量的更一般假设。使用假定的短期利率过程,人们可以通过观察利率随时间的预期路径来确定长期债券的收益率。
>
> **解答 3**:C 是正确的。CIR 模型的漂移项与 Vasicek 模型的漂移项相同,两种模型都假定利率是均值回归。两种模型之间的巨大差异在于,CIR 模型假定利率波动率随着利率水平的提高而增加。Vasicek 模型假设利率波动率是一个常数。

10.6 收益率曲线因子模型

收益波动率对价格的影响是固定收益投资的重要考虑因素,特别是风险管理和投资组合估值。在本节中,我们将描述度量和管理债券的利率风险。

10.6.1 债券受收益率曲线变动影响

形状风险(shaping risk)定义为债券价格对收益率曲线形状变化的敏感性。收益率曲线的形状不断变化,收益率曲线移动很少是平行的。对于主动债券管理,债券投资者可能希望将交易基于预期的收益率曲线形状,或者可能希望对债券投资组合的收益率曲线风险进行对冲。形状风险也会影响许多期权的价值,这是非常重要的,因为许多固定收益工具都有嵌入式期权。

图 10-6～图 10-8 显示了 2005 年 8 月至 2013 年 7 月期间美国、日本和韩国政府债券的历史收益率曲线变动。这些图显示,收益率曲线的形状随着时间的推移变化很大。在美国和韩国,中央银行应对大衰退的政策导致 2007～2009 年短期收益率大幅下降。长期收益率最终跟随下降,导致收益率曲线变得平坦。日本的短期收益率在相当一段时间以来一直很低,最近的长期收益率在发达市场中是最低的。请注意,三个图的垂直轴数值不同。

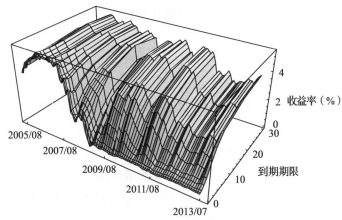

图 10-6 美国历史收益率曲线变动

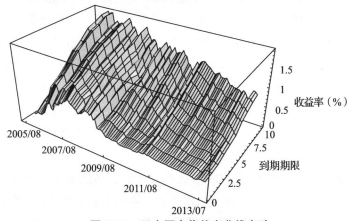

图 10-7 日本历史收益率曲线变动

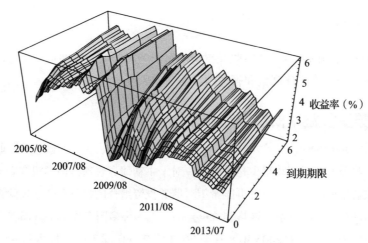

图 10-8 韩国历史收益率曲线变动

10.6.2 影响收益率曲线形状的因子

前一节显示，收益率曲线可以采用几乎任何形状。固定收益经理面临的挑战是实施在其投资组合中管理收益率曲线形状风险的过程。一种方法是找到将大部分可能的收益率曲线变动减少到几个标准化收益率曲线变动的概率组合模型。本节介绍最著名的收益率曲线因子模型之一。

收益率曲线因子模型（yield curve factor model）被定义为一个模型或描述收益率曲线的变动，与历史数据相比可以被认为是现实的。研究表明，有些模型可以准确地描述这些变动。一个具体的收益率曲线因子模型是利特曼（Litterman）和沙因克曼（Scheinkman）（1991）的三因子模型，他们发现收益率曲线的变动在历史上很好地通过三个独立变动的组合来描述，它们被解释为水平（level）、陡度（steepness）和曲度（curvature）。水平变动是指收益率曲线向上或向下的变化。陡度变动是指短期利率变化超过长期利率变化或长期利率变化超过短期利率变化时，收益率曲线的不平行移动。曲度变动是指在收益率曲线的三段中的变动：短期和长期段上升，而中期段下降，反之亦然。

确定因子数量的方法及其经济解释从收益率曲线上关键利率变化的度量开始，在这种情况下，沿收益率曲线的 10 个不同点，如表 10-5 和图 10-9 所示。然后获得这些利率变动的历史方差/协方差矩阵。下一步是尝试发现一些可以解释观察到的方差/协方差矩阵的独立因子（不超过变量的数量，在这种情况下，沿收益率曲线的选定点）。重点是确定最适合解释历史方差的因子的方法被称为**主成分分析**（principal components analysis，PCA）。PCA 创建了许多合成因子，定义为（并且计算为）在统计学上彼此独立，这些因子如何经济学地解释是对研究者的挑战，可以通过将因子中的变动（我们将在本讨论中称为主要组成部分）与可观察和容易理解的变量中的变动相关联来解决。

在将此分析应用于 2005 年 8 月至 2013 年 7 月期间的历史数据时，发现了非常有代表性的结果，如表 10-5 所示，并在图 10-9 中以图表示。第一个主要组成部分解释了总方差/协方差的 77%，第二和第三主要组成部分（或因子）分别为 17% 和 3%。这些百分比通常被认

为是 R^2s，通过主成分分析的基本假设，可以简单地总结发现，前三个因子的线性组合解释了样本中总收益率曲线变化的 97%。

表 10-5 美国财政证券前三个收益率曲线因子，2005 年 8 月至 2013 年 7 月（输入为百分比）

到期日 （年数）	0.25	0.5	1	2	3	5	7	10	20	30
因子1 "水平"	-0.208 9	-0.219 9	-0.249 7	-0.297 7	-0.331 1	-0.375 6	-0.389 4	-0.377 8	-0.340 2	-0.310 2
因子2 "陡度"	0.507 1	0.448 0	0.348 5	0.218 9	0.147 3	-0.037 1	-0.147 1	-0.268 0	-0.364 5	-0.351 4
因子3 "曲度"	0.452 0	0.262 3	0.087 8	-0.340 1	-0.414 4	-0.349	-0.179 0	0.080 1	0.305 8	0.421 9

请注意，在图 10-9 中，x 轴表示以年计至到期的时间。

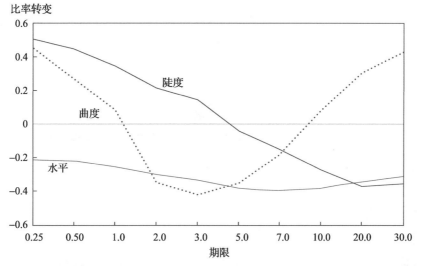

图 10-9 美国财政证券的前三个收益曲线因子（2005 年 8 月至 2013 年 7 月）

表 10-5 应如何解释？表 10-5 显示，对于第一个因子（标准化为单位标准偏差）的一个标准偏差正变化，0.25 年期债券的收益率将下降 0.208 9%，0.50 年期债券下降 0.219 9% 等跨越不同到期日，那么 30 年期债券将下降 0.310 2%。因为反映是以相同的方向和相似的幅度，所以对第一个因子的合理解释是它描述了（大约）在收益率曲线整个长度上下平行移动。

检验第二个因子，我们注意到，单一正的标准偏差变化似乎在较短期限内提高利率（例如，0.25 年期债券提高 0.507 1%），但在较长的期限会降低利率（例如 20 年期和 30 年期债券分别下降 0.364 5% 和 0.351 4）。我们可以合理地将这个因子解释为导致收益率曲线的陡度或斜率变化的因子。我们注意到与 17% 这个因子相关的 R^2 远不如与第一个因子 77% 相关的 R^2 重要，而这是与收益率曲线中的平行变化相关。

第三个因子贡献了 3% 更小的 R^2，并且我们将该因子与曲线中的曲度或"捻度"的变化相关联，因为该因子中的单一标准偏差正值变动导致短期和长期到期的收益率正的变动但在中期到期的收益率会下降。

在 2005 年 8 月至 2013 年 7 月期间，PCA 应用于其他政府债券市场时显示了类似的结果。图 10-10 和图 10-11 反映了日本和韩国市场的图形结果。在这些情况下，结果也可以被因子很好地解释，这些因子显示是相关的，在重要性下降的顺序，平行移动、陡度的变化和曲度的变化。请注意，在图 10-10 和图 10-11 中，如图 10-9 所示，x 轴代表以年计至到期的时间。

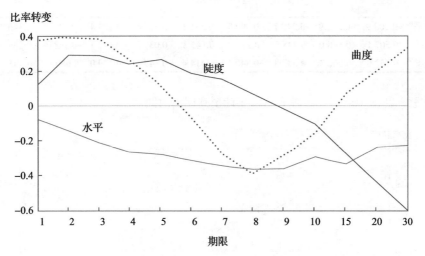

图 10-10　2005 年 8 月至 2013 年 7 月日本政府证券的前三个收益率曲线因子

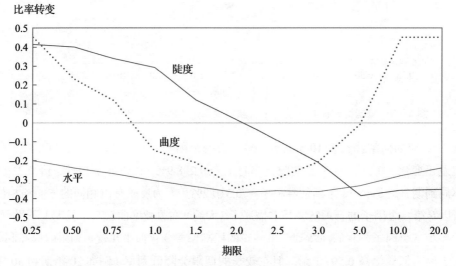

图 10-11　2005 年 8 月至 2013 年 7 月韩国政府证券前三个收益曲线因子

在任何其他时间序列或回归模型中一样，因子的影响可能会根据所选择的研究时间而变化。然而，如果读者选择用于估计这些因子的采样周期内的任何日期，这些因子的线性组合应该能说明在该日期收益率曲线的变动情况。

10.6.3　收益率曲线波动率的到期期限结构

在现代固定收益管理中，量化利率波动率的重要性至少有两个原因。第一，大多数固定收益工具和衍生工具都有嵌入式期权。期权价值以及固定收益工具的价值取决于利率波动程度。第二，固定利率风险管理显然是管理过程的重要组成部分，风险管理包括控制利率波动率对金融工具价格波动的影响。

利率波动率的期限结构是对每一个到期证券的零息债券收益波动率的表示。这种波动率曲线（或"vol"）或波动率期限结构度量收益率曲线风险。

利率波动率对于收益率曲线上的所有利率都是不一样的。在对数正态模型的典型假设基础上，利率的不确定性是通过在一定时间间隔内债券收益率比例变化的年化标准差来度量的。例如，如果时间间隔是 1 个月，则指定的时间间隔等于 1/12 年。这个指标被称为利率波动率，它被表示为 $\sigma(t, T)$，这是在时间 t 时 T 年期证券的利率波动率。波动率的期限结构由式（10-19）给出：

$$\sigma(t,T) = \frac{\sigma\left[\Delta r(t,T)/r(t,T)\right]}{\sqrt{\Delta t}} \tag{10-19}$$

在表 10-6 中，为了说明波动率期限结构，有意选择 2008 年金融危机结束之前的数据系列，这与一些不寻常的波动幅度有关。

表 10-6　2005 年 8 月至 2007 年 12 月美国国债的历史波动率期限结构

到期期限（年数）	0.25	0.50	1	2	3	5	7	10	20	30
$\sigma(t, T)$	0.351 5	0.317 3	0.296 4	0.271 3	0.257 7	0.215 4	0.188 5	0.162 1	0.133 2	0.116 9

例如，表 10-6 中 3 个月 T-bill 的标准差 35.15% 是基于每月标准差 0.101 5 = 10.15%，其年化为

$$0.102\ 5 \div \sqrt{\frac{1}{12}} = 0.351\ 5 = 35.15\%$$

波动率期限结构通常显示短期利率比长期利率波动更大。研究表明，短期波动率与货币政策的不确定性强烈相关，而长期波动率与实体经济和通货膨胀的不确定性强烈相关。此外，短期和长期波动率之间的大部分共同运动似乎取决于这三个决定因素（货币政策、实体经济和通货膨胀）之间不断变化的相互关系。2005 年 8 月至 2007 年 12 月期间，长期波动率低于短期波动率，从 0.25 年期的 35.15% 下降至 30 年期的 11.69%。

10.6.4　管理收益率曲线风险

收益率曲线意料之外的变化引起投资组合价值的风险——收益率曲线风险可以由基于几个对收益率曲线变动的敏感性指标来管理。收益率曲线风险管理涉及通过在证券或衍生市场的交易将所识别的风险敞口转变为所需值（细节属于固定收益组合管理的范围，因此不在本章范围内）。

收益率曲线敏感性的一个可用指标是有效久期，其度量了债券价格对基准收益率曲线中很小的平行移动的敏感性。另一个是基于关键利率久期，它度量了债券对在特定到期期限的基准收益率曲线很小变化的敏感性。可以在 10.6.3 节中开发的因子模型的基础上开发出进一步的度量指标。使用最后两项指标之一，可以识别和管理"形状风险"，也就是对基准收益率

曲线形状变化的敏感度，以及与收益率曲线平行变化相关的风险，这通过有效久期足以解决。

为了使讨论更加具体，考虑一个包括 1 年期、5 年期和 10 年期零息债券的投资组合，每个头寸价值为 100 美元。因此，投资组合总的价值为 300 美元。还要考虑表 10-7 所示的假设因子集的运动。

表 10-7　假设因子集的运动

年份	1	5	10
平行	1	1	1
陡度	-1	0	1
曲度	1	0	1

在表 10-7 中，平行运动或移动意味着所有利率都以相等的量移动，在这种情况下，以 1 为单位。陡度运动意味着收益率曲线变得陡峭，长期利率向上移动 1 个单位而短期利率向下移动 1 个单位。曲度运动意味着短期利率和长期利率均向上移动 1 个单位，而中期利率保持不变。这些运动需要在这里进行定义，使得没有一个运动可以是其他两个运动的线性组合。接下来，我们讨论各种收益率曲线敏感性指标的计算。

由于债券是零息债券，每个债券的有效久期与债券的到期日相同。投资组合的有效久期是每只债券头寸有效久期的加权之和。⊖ 对于这个相等权重投资组合，有效久期为 0.333（1 + 5 + 10）= 5.333。

要计算关键利率久期（key rate durations），考虑不同收益率曲线的变动。首先，假设 1 年期利率变动 100 个基点，其他利率保持不变，投资组合对该变动的敏感度为 1/[（300）(0.01)] = 0.333 3。我们得出结论，1 年期利率的投资组合关键利率久期为 1 年，以 D_1 表示，值为 0.333 3。同样，5 年期和 10 年期利率投资组合的关键利率久期分别为 D_5 = 1.666 7 和 D_{10} = 3.333 3。注意，关键利率久期的总和为 5.333，与投资组合的有效久期相同。这个事实可以直观地解释关键利率久期间度量每个关键利率的投资组合风险。如果所有的关键利率都移动相同的量，那么收益率曲线就会发生平行移动，结果是成比例的变化值必须与有效久期保持一致。基于关键利率久期的收益率曲线风险相关模型将是

$$\left(\frac{\Delta P}{P}\right) \approx -D_1 \Delta r_1 - D_5 \Delta r_5 - D_{10} \Delta r_{10}$$
$$= -0.333\,3 \Delta r_1 - 1.666\,7 \Delta r_5 - 3.333\,3 \Delta r_{10} \qquad (10\text{-}20)$$

接下来，我们可以根据 10.6.3 节中收益率曲线运动分解为平行、陡度和曲度运动来计算一个指标。将 D_L，D_S 和 D_C 定义为投资组合值对水平、陡度和曲度因子的微小变化的敏感度。基于该因子模型，式（10-21）显示了由水平因子（ΔX_L）、陡度因子（ΔX_S）和曲度因子（ΔX_C）的微小变化导致的投资组合价值的比例变化。

$$\left(\frac{\Delta P}{P}\right) \approx -D_L \Delta x_L - D_S \Delta x_S - D_C \Delta x_C \qquad (10\text{-}21)$$

由于 D_L 是对于平行移动的灵敏度，因此每单位移动的投资组合价值的比例变化为 5.333 3 = 16/[（300）(0.01)]。陡度运动的敏感度可以计算如下。当陡度向上移动 100 个基点时，将导致

⊖ 在连续复利下是精确的。

1年期利率下降100个基点，导致1美元的收益，10年期利率上升，导致10美元的亏损。因此，价值的变化是（1-10）。D_s是这种运动每单位变动的价格成比例变化的负值，在这种情况下为3.0=−(1−10)/[(300)(0.01)]。考虑到表中曲率运动的线，D_c=3.666 7=(1+10)/[(300)(0.01)]。因此，对于我们的假设债券投资组合，我们可以分析投资组合的收益率曲线风险，用

$$\left(\frac{\Delta P}{p}\right) \approx -5.333\,3\Delta x_L - 3.0\Delta x_S - 3.666\,7\Delta x_C \tag{10-22}$$

例如，如果 $\Delta x_L = -0.005\,0$，$\Delta X_S = 0.002$ 和 $\Delta X_c = 0.001$，投资组合值的预测变化将为 +1.7%。可以看出，在该例子中，关键利率久期与水平、陡度和曲度直接相关，并且可以从另一个导出一组敏感度。可以使用数值例题来验证⊖

$$D_L = D_1 + D_5 + D_{10}$$
$$D_S = -D_1 + D_{10}$$
$$D_C = D_1 + D_{10}$$

例 10-11 回顾了本节和前面各节的概念。

例 10-11　期限结构动态

1. 解释收益率曲线变化的最重要的因子是：
   A. 水平　　　　　　　　B. 曲度　　　　　　　　C. 陡度

2. 短期利率下降150个基点，长期利率下降50个基点的收益率曲线的运动最好被描述为：
   A. 由水平和陡度的变化导致收益率曲线平坦化
   B. 由水平和陡度的变化导致收益曲线陡峭化
   C. 由陡度和曲率变化引起的收益率曲线的陡峭化

3. 短期利率和长期利率分别增加100个基点和75个基点，但中期利率增加10个基点，这样的收益率曲线运动最好被描述为涉及＿＿＿＿的变动。
   A. 仅水平　　　　　　　B. 仅曲度　　　　　　　C. 水平和曲度

4. 通常情况下，短期利率：
   A. 比长期利率波动更小
   B. 比长期利率波动更大
   C. 与长期利率有大致相同的波动率

⊖ 为了看到这一点，基于表中的假设运动，将 Δr_1、Δr_5 和 Δr_{10} 分解为三个因子：平行、陡度和曲度。

$$\Delta r_1 = \Delta x_L - \Delta x_S + \Delta x_C$$
$$\Delta r_5 = \Delta x_L$$
$$\Delta r_{10} = \Delta x_L + \Delta x_S + \Delta x_C$$

当我们根据关键利率久期将这些公式插入投资组合变化表达式中时，简化之，我们得到

$$\frac{\Delta P}{P} = -D_1(\Delta x_L - \Delta x_S + \Delta x_C) - D_5(\Delta x_L) - D_{10}(\Delta x_L + \Delta x_S + \Delta x_C)$$
$$= -(D_1 + D_5 + D_{10})\Delta x_L - (-D_1 + D_{10})\Delta x_S - (D_1 + D_{10})\Delta x_C$$

5. 假设某一投资组合的关键利率变动被认为是 1 年期、5 年期和 10 年期证券收益率的变动。估算的关键利率久期为 $D_1 = 0.50$,$D_2 = 0.70$,$D_3 = 0.90$。如果收益率曲线的平行变动导致所有收益率下降 50 个基点,投资组合价值的百分比变化是多少?

A. -1.05%　　　　　　　B. +1.05%　　　　　　　C. +2.10%

解答 1:A 是正确的。研究表明,收益率曲线的向上和向下变动解释了收益率曲线上总变动的 75% 以上。

解答 2:B 是正确的。短期利率和长期利率都有所下降,表明收益率曲线水平有所变化。短期利率下降幅度超过长期利率下降,表明收益率曲线的陡度发生变化。

解答 3:C 是正确的。短期利率和长期利率均上升,表明收益率曲线水平有变化。然而,中期利率的增长幅度小于短期利率和长期利率,表明曲度的变化。

解答 4:B 是正确的。一个可能的解释是,影响长期利率的长期通货膨胀和实际经济活动的预期要比与短期利率相关的预期变化更慢一些。

解答 5:B 是正确的。利率下降将导致债券投资组合价值上升:$-0.50 \times (-0.005) - 0.70 \times (-0.005) - 0.90 \times (-0.005) = 0.0105 = 1.05\%$。

本章小结

- 给定到期期限的即期利率可以表示为短期利率和一系列远期利率的几何平均值。
- 当即期曲线向上(向下)倾斜时,远期利率高于(低于)即期利率,而当即期曲线平坦时,远期利率等于即期利率。
- 如果远期利率实现,则所有债券不论到期期限如何,将具有相同的一个周期实现的回报率,即一个周期的即期利率。
- 如果即期利率曲线向上倾斜并且不变,则每只债券"向下滚动"曲线,并获得超出其定价的远期利率(如 T^* 周期零息债券向下滚动至变成 $T^* - 1$ 周期证券时获得 T^* 周期的远期利率),这意味着如果收益率曲线向上倾斜,则较长期债券的预期回报将超过短期债券(即期限溢价)。
- 主动债券投资组合管理与今天的远期曲线不能准确反映未来即期利率的预期一致。
- 互换曲线提供了货币时间价值的另一个衡量指标。
- 互换市场在国际上很重要,因为互换经常被用来对冲利率风险。
- 互换利差、I- 利差和 Z- 利差是可用于确定债券价格的债券报价惯例。
- 互换曲线和国库券曲线因信用风险、流动性和其他供需因素的差异而有所不同。
- 本地期望理论、流动性偏好理论、细分市场理论和优先偏好理论为收益率曲线形状提供了传统的解释。
- 现代金融寻求为收益率曲线的形状提供模型,并使用收益率曲线对债券(包括具有嵌入式期权的债券)和债券相关衍生工具进行估值。一般均衡和无套利模型是这种模型的两大类型。
- 无套利模型经常用于估值嵌入式期权债券。与平衡模型不同，无套利模型从参考金融工具的观察市场价格开始，基本假设是参考集是正确定价的。
- 历史收益率曲线运动表明，它们可以通过三个主要运动的线性组合来解释：水平、陡度和曲度。
- 可以使用历史数据度量波动率期限结构，并描绘收益率曲线风险。
- 债券价值对收益率曲线变化的敏感度可以用有效久期、关键利率久期，或对平行、陡度和曲度运动的敏感度。使用关键利率久期或对平行、陡度和曲率运动的敏感度可以度量和管理形状风险。

参考文献

Cox, John C., Jonathan E. Ingersoll, and Stephen A. Ross. 1985. "An Intertemporal General Equilibrium Model of Asset Prices." *Econometrica*, March:363–384.

Haubrich, Joseph G. 2006. "Does the Yield Curve Signal Recession?" Federal Reserve Bank of Cleveland (15 April).

Ho, Thomas S.Y., and Sang Bin Lee. 1986. "Term Structure Movements and Pricing Interest Rate Contingent Claims." *Journal of Finance*, December:1011–1029.

Litterman, Robert, and José Scheinkman. 1991. "Common Factors Affecting Bond Returns." *Journal of Fixed Income*, vol. 1, no. 1 (June):54–61.

Vasicek, Oldrich. 1977. "An Equilibrium Characterization of the Term Structure." *Journal of Financial Economics*, November:177–188.

Yan, Hong. 2001. "Dynamic Models of the Term Structure." *Financial Analysts Journal*, vol. 57, no. 4 (July/August):60–76.

第六部分
固定收益投资组合管理

固定收益投资组合管理：第一部分[一]

H. 吉福德·冯（H. Gifford Fong）
拉里 D. 吉恩（Larry D. Guin）
特许金融分析师

学习成果

完成本章后，你将能够掌握以下内容：
- 比较投资目标，以负债为基准，以债券指数为基准。
- 比较纯债券指数、增强指数和主动投资的目标、优势、劣势和各自的管理。
- 讨论选择基准债券指数的标准，并在描述投资者风险厌恶、收入需求和负债时，证明特定指数选择的合理性。
- 评论使用债券市场指数作为基准。
- 描述和评估技术，如久期匹配和关键利率久期的使用，通过该技术，增强型指数管理师可以寻求使投资组合的风险敞口与基准债券指数的风险一致。
- 对比并展示使用总回报分析和情景分析来评估拟交易的风险和回报特征。
- 制定债券免疫策略，确保对预定债务的融资，并对各种利率情景下的策略进行评估。
- 展示再平衡投资组合的过程，重新建立期望的美元久期。
- 解释利差久期的重要性。
- 讨论对经典免疫理论进行扩展，包括引入应急免疫。
- 解释与债务结构管理投资组合相关的风险，包括利率风险、或有债权风险和上限风险。
- 比较单一债务、多重债务和一般现金流量的免疫策略。
- 比较免疫投资组合中风险最小化与回报最大化。
- 说明使用现金流量匹配为一套固定的未来负债融资，并比较现金流匹配免疫策略的优缺点。

[一] 本讨论的第二部分包含在"第12章固定收益投资组合管理：第二部分"。
Managing Investment Portfolios: A Dynamic Process, Third Edition, John L. Maginn, CFA, Donald L. Tuttle, CFA, Jerald E. Pinto, CFA, and Dennis W. McLeavey, CFA, editors. 版权所有归 CFA 协会。

11.1 引言

在过去的 25 年中,固定收益组合管理已经从投资领域的停滞状态转移到投资思想的前沿。曾经,该领域的经理专注于获得可接受的到期收益率,并使用一些相对简单的指标来控制投资组合中的风险。今天,投资组合经理拥有一系列令人惊叹的新工具,能够度量和解释所需性能的最小变化,同时用各种定量工具来控制风险。本章探讨了固定收益组合管理的革命性成果。

我们的目的不是要详尽地分析"交易工具",这些技术在其他领域都有广泛的介绍。我们的重点是更广泛地,并强调有效地建设一个固定收益投资组合和相关的风险问题。固定收益投资组合管理过程和投资组合固定收益部分管理的主要主题在本章中得到强调。

本章首先对 11.2 节的管理固定收益投资组合的框架做了简短的回顾。固定收益投资组合经理可以根据债券市场指数或客户的负债来管理基金。在前一种方法中,主要关注的是相对于选定的债券指数的表现。在后者中,它是为支付债务提供资金的表现。对债券市场指数的管理在 11.3 节介绍,11.4 节介绍了负债管理(资产负债管理或 ALM)。

11.2 固定收益投资组合管理框架

为了让我们的讨论更容易,让我们重新审视投资管理过程中的四个活动:
(1)设定投资目标(有相关约束)。
(2)制定和实施投资组合策略。
(3)监督投资组合。
(4)调整投资组合。

这些适用于固定收益投资组合管理的四个步骤如图 11-1 所示。为了便于说明,图 11-1 将第二个活动(制定和实施投资组合策略)分为各个部分,并将第三和第四个活动(监控并调整投资组合)合并。

如图 11-1 所示,固定收益投资组合的投资管理过程的基本特征与任何其他类型的投资是相同的。首先考虑风险、回报和约束。如果客户是应税投资者,投资组合分析必须在税后的基础上进行,就会出现固定收益资产税收有效安排的考虑。对于任何类型的客户,固定收益投资组合经理必须根据客户在投资政策声明中的要求或投资者对投资组合经理的指令,在适当的基准上与客户达成一致。

总体来说,根据投资目标有两种类型的投资者。第一类投资者没有将负债匹配作为一个特定的目标。例如,债券共同基金在如何投资基金方面有很大的自由,因为它不需要现金流来偿付他们的负债集。该基金从投资者那里获得资金,并为他们投资这笔资金提供专业知识,但该基金并没有担保投资者有一定的回报率。一个不注重负债匹配的投资者(和经理)通常会选择一个特定的债券市场指数作为投资组合的基准,投资组合的目标是匹配或超过该指数的回报率。换句话说,债券市场指数是投资组合的基准。这种方法有时被称为在基准相

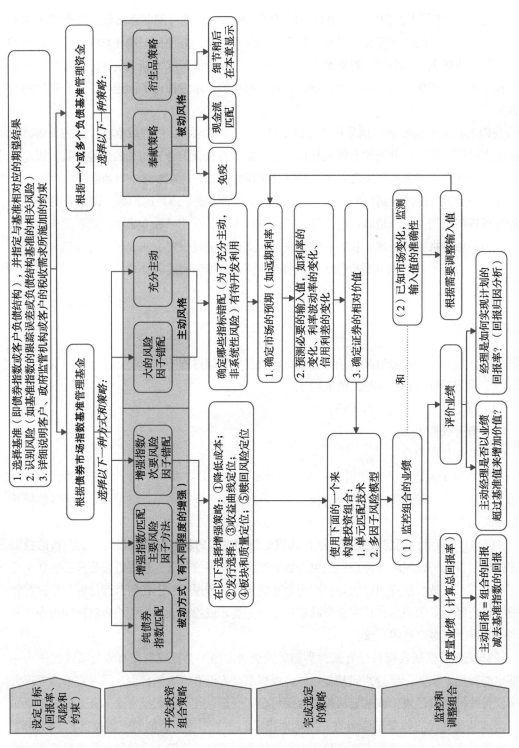

图 11-1 固定收益投资组合管理流程

对基础上进行投资。然而，采用这种方法的投资者通常会评估债券持有的风险，不仅与基准指数有关，而且与对整体（多资产类别）投资组合的风险贡献有关。

第二类投资者有债务（或负债集）需要偿付。例如，一些投资者通过以规定的利率借款来创造负债，从而为投资组合提供杠杆。其他投资者由于根据定额福利养老金计划支出的法定承诺而承担债务。一些投资者可能有以退休需求表示的准负债，这些可以在投资组合管理背景下视为负债。有负债的投资者将通过投资组合是否产生支付与负债相关现金流所需的资金来衡量成功。换句话说，履行债务是投资目标。因此，它也成为投资组合的基准。

稍后我们将详细研究管理资金，以确保投资者的负债得到满足。但是现在，让我们专注于根据债券市场指数管理的投资组合。

11.3 根据债券市场指数管理基金

本节从投资者的角度讨论固定收益投资组合管理，投资者选择以债券市场指数管理投资组合的基金。○

被动管理型策略假设市场预期基本正确，或者更确切地说，投资者无法通过再次猜测这些预期来增加价值（扣除分析和交易的费用）。通过将投资组合的风险状况（如利率敏感度和信用质量）设置为与基准指数的风险状况相同并实行被动策略，投资者接受平均风险水平（由指数和投资组合的风险状况定义）和平均回报率（由指数和投资组合回报衡量）。在被动管理型策略下，经理不必进行独立预测，投资组合应该非常密切地跟踪指数。

主动管理型策略主要依靠经理的预测能力。主动管理型经理相信他们在利率预测、信用评估或在其他可用于利用市场机会领域方面有高超的技能。如果管理者对影响固定收益回报因素（如利率变动或信用利差）未来路径的预测比它们反映在当前固定收益证券价格中更准确，那么投资组合的回报应该会增加。经理可以利用这种专业知识创建相对于指数小的错配（增强）或大的错配（全面的主动管理）。

当根据指数管理资金的主要决定已经做出时，下一步是选择一个或多个适当的投资策略。策略可以沿着范围分组，如下一节所述。

11.3.1 策略分类

Volpert（2000，第 85～88 页）提出了与此讨论相关的固定收益策略类型的良好分类。○图 11-1 中"开发投资组合策略"旁边的阴影方框显示了这五种基于规模从完全被动型到全面主动管理型的策略类型。这些类型可以解释如下：

○ 本节内容由 C. Mitchell Conover 修订。
○ 请注意，"投资风格"和"投资策略"在投资界经常可互换使用。在本章中，我们使用"风格"一词作为更广泛的术语（即主动或被动）。投资风格可能包含许多不同类型的策略，即实现投资组合目标的实施技术或方法。

1. 纯债券指数（或完全复制方法）

这里的目标是产生一个与指数完全匹配的投资组合。纯债券指数方法试图通过拥有指数中所有与指数相同比例的债券来复制指数。在债券指数的情况下，完全复制是非常困难和昂贵的。典型债券指数（尤其是非美国国债）中的许多发行流动性很差，交易很少。出于这个原因，很少会尝试完全复制债券指数，因为执行困难、效率低下和成本高。

完全复制的原因在固定收益投资方面是独特的，尤其是纯债券指数比纯股票指数方法更不常见。

2. 通过匹配主要风险因素加强指数[⊖]

这种管理方式采用抽样方法，试图与主要的风险因子相匹配，并在完全复制下获得更高的回报。主要风险因素（primary risk factors）通常是指影响债券定价的主要因子，如利率水平的变化、收益率曲线的曲度以及国债与非国债之间的利差变化。

（1）通过投资债券样本而不是整个指数，经理降低投资组合的构建和维护成本。尽管抽样方法不如完全复制更接近指数，但这种不利因素预计将被较低的费用所抵消。

（2）通过匹配主要风险因子，投资组合受到广泛的市场事件的影响程度（如利率水平的变化，收益率曲线的曲度和利差变动）与指数相同。

3. 通过小风险因子错配增强指数[⊖]

虽然匹配久期（利率敏感性），这种风格允许投资组合经理倾向于任何其他风险因子。管理者可能试图通过追求某些板块的相对价值、质量、期限结构等来增加边际收益。错配是很小的，旨在简单地提高投资组合的收益和（或）风险配置，以克服投资组合和指数之间的管理成本差异。

4. 通过较大风险因子错配的主动管理

这种风格与增强指数之间的区别是一个程度。这种风格涉及准备有意对主要风险因子做出比风格3——绝对主动管理更大的错配。投资组合经理现在正积极地在市场上寻找机会来增加回报。这个经理会相对于 AA/Aaa 评级债券而过多地持有 A 评级债券，相对于国债而过多地增持公司，利用在收益率曲线的预期曲度而适当变换投资组合的头寸，或调整投资组合的久期稍微远离指数久期以利用感知机会。经理的目标是在控制风险的同时产生足够的回报来克服这种风格的额外交易成本。

5. 全面主动管理

全面主动管理涉及久期、板块权重和其他因子的积极错配的可能性。通常，基金经理正在寻求建立具有高回报和风险特征的投资组合，而无须日常考虑基础的指数组合。

以下各节提供有关这些管理风格的更多信息和说明。

11.3.2 指数（纯粹和增强）

我们首先提出一个显而易见的问题："为什么投资者考虑投资于指数型投资组合？"实

⊖ 因子匹配被认为是其他一些机构对指数进行的选择。
⊖ 这里的"小"是指错配规模，而不是风险级别。

际上，债券指数存在几个原因。

- 指数型投资组合的成本低于主动管理型账户。指数型投资组合的咨询费用可能只有几个基点，而主动管理人员收取的咨询费用通常在15～50个基点。对于指数型投资组合，非咨询费用如保管费也远低于主动管理型账户。
- 在一致的基础上胜过广泛的市场指数是一项艰巨的任务，特别是当必须克服与主动管理相关的较高费用和交易成本时。
- 广义基础的债券指数组合提供了卓越的多样化。每一个最受欢迎的美国债券市场指数至少发行5 000个，市值就达数万亿美元。这些指数包含了一系列的到期日、板块和质量。⊖指数型投资组合固有的多样化，即使使用抽样，一定程度回报的风险也低于其他较少多样化投资组合的风险。

11.3.2.1 基准债券指数的选择：一般考虑因素

一旦做出了跟踪指数的决定，重要的后续问题仍然是："我应该选择哪个指数？指数应该有短的久期还是长的久期？指数的信用质量是否适合债券投资组合在我的整体投资组合中所扮演的角色？"在过于简单化的风险中，你应该选择作为一个基准，包含与你的投资组合期望的特性紧密匹配的特性。选择在很大程度上取决于四个因素。

1. 市场价值风险

投资组合所需的市场价值风险和指数应该可比。给定正常的向上倾斜收益率曲线，债券投资组合到期收益率随着投资组合到期日的增加而增加。这是否意味着长期投资组合的总收益大于短期投资组合的总收益？不一定。因为长期投资组合对利率变化更为敏感，所以当利率上升时，长期投资组合可能会比短期投资组合下跌得更多。换言之，随着投资组合的到期日和久期的增加，市场风险增加。

2. 收入风险

所选指数应提供与投资组合所需的收入流相当的收入流。许多投资者（例如基金会和退休人员）更倾向于在保住本金的同时产生高收入的投资组合。投资于长期投资组合可以长期锁定可靠的收入流，并且不会使收入流受变幻莫测的利率波动的影响。如果收入的稳定性和可靠性是投资者的主要需求，则长期投资组合风险最小，短期投资组合风险最大。

3. 信用风险

指数的平均信用风险应适合投资组合在投资者整体投资组合中的作用，并满足投资者投资政策声明中对信用质量的任何限制。指数型发行人中的多样化也应令投资者满意。

4. 债务框架风险

这种风险应该最小化。一般来说，如果负债发挥任何作用，则要谨慎匹配资产和负债的投资特征（如久期）。适当指数的选择应反映负债的性质：具有长期负债的投资者应选择

⊖ "质量"是指债券的违约风险。这可以通过债券评级来衡量，例如标准普尔／穆迪投资者服务的AAA/Aaa、AA/Aa、A、BBB/Baa等。

长期指数。○当然，没有负债的债券投资者在选择指数方面有更大的自由度，因为缺乏这种限制。

对于应税投资者，回报和风险需要在税后的基础上进行评估。例如，在有免税债券活跃市场的美国，应税投资者将以净税为基础比较应税的预期回报和免税债券指数。○在一些国家，不同的税率适用于债券回报的收入和资本利得组成部分。此外，如果应税投资者可以在应税或税收递延账户内持有债券投资组合，投资者可以有效地将该指数视为在应税账户中有一组收益风险特征和在税收递延账户中有另一组收益风险特征。这种观点有助于资产配置和资产配置决策（资产配置决策是关于在哪个账户持有资产的决策）的联合优化。

从宏观角度来说，债券市场可以按类似证券组合在一起分为不同的板块。例如，债券市场可以按发行人分为：公司债券、政府债券、资产支持证券（ABS）和抵押担保证券（MBS）；或者债券可以按信用风险板块分为：投资级债券（低信用风险）和高收益债券（信用风险较高）。在这些分类中，可以界定更精细的板块。例如，公司债可以分为工业、公用事业和金融部门。投资级债券可以按照具体的投资评级（如 AAA/Aaa，AA/Aa，A，BBB/Baa）分类。债券也可以按其他关键特征分类，如到期日、固定和浮动票息、是否在到期之前可以赎回，以及它们是否与通货膨胀相关联。

例 11-1 说明了选择指数作为投资的依据和指数出版商对固定收益领域的分类。

> ## 例 11-1
>
> 选择一个以指数为基础，专业从事固定收益投资的指数基础投资信托管理公司。他们认为作为投资基础的一些指数如下：
>
> 美银美林 1～3 年期企业债券指数
>
> 巴克莱资本公司高收益债券指数
>
> 巴克莱资本公司中间债券指数
>
> 美银美林长期企业债券指数
>
> 以上所有均包括美国公司债券，除巴克莱资本公司高收益债券指数外，所有其他债券指数只包括投资级信用评级的债务发行，这意味着它们的信用评级为 Baa 或更高。美银美林 1～3 年期企业债券指数的久期较短，两个巴克莱资本指数的久期为中等，美银美林长期公司债券指数久期较长。
>
> 以上哪些指数适合以下客户的投资组合？
>
> 1. 对投资组合价值波动敏感的高风险厌恶投资者。
> 2. 投资期限长的教育基金。
> 3. 人寿保险公司依赖可靠管理公司管理的固定收益投资组合来满足短期的赔付。

○ 11.4 节对负债的投资组合管理进行了详细的说明。
○ 免税债券是对全部或部分利息免税的债券，它们通常由政府或某些政府资助的实体发行。

> **解答 1：** 由于投资者是风险极度厌恶，所以一个短期或中期久期的指数适合于限制市场价值风险。在上面列出的短期和中期久期指数中，巴克莱资本公司高收益债券指数不合适，因为它投资于低于投资级别的债券。因此，可以选择美银美林 1～3 年期企业债券指数或巴克莱资本公司中间债券指数作为指数。
>
> **解答 2：** 鉴于基金的长期期限，美银美林长期公司债券指数是已知的最长久期的指数，是适当的指数。
>
> **解答 3：** 对于发行人寿保险单的公司来说，支出（负债）的时间是不确定的。然而，由于保险公司依赖于投资组合来满足短期负债的偿还，市场价值的稳定性是一个问题，保险人希望有一个低市场风险水平的投资组合。因此，美银美林 1～3 年期企业债券指数（短期指数）是一个合适的指数。

11.3.2.2 债券指数的可投资性和使用作为基准

在本节中，我们讨论指数可投资性和使用指数作为基准的问题。正如我们将看到的，有很多原因导致很多债券指数难以跟踪，并没有完全的可投资性。我们通过研究债券领域中存在的异质性和交易特征，开始讨论这些问题。

第一，创建债券指数需要许多决策和选择。用于构建债券指数的典型标准涉及国家、信用风险、流动性、到期日、货币和板块分类。此外，与股票相比，债券发行人更多。例如，政府和政府实体发行债券而不是股票。此外，大多数发行人只有一种普通股，但会有不同到期日、资历和其他特点的发行债券。因此，全球债券市场的总市值几乎是全球股票市场市值的两倍，2011 年估计为 93 万亿美元，而相比之下全球股票市值为 54 万亿美元。[⊖]

与股票相比，大多数发行债券的二级市场活跃程度较低。即使在发达市场，许多发行债券不会在一个典型的日子中交易，或者由于不通过集中交易进行交易，所以它们的交易可能不会被报告。在这种情况下，最近的交易价格被称为"陈旧的"。构成债券指数的许多发行债券的价值并不代表最近的交易，而是根据其特征（一种称为"矩阵定价"的估值方法）推断出的当前市场价值的估值（估价）。价格估值中利差数据的延迟会导致估值的较大误差。在解释不经常交易的因素中，有许多债券投资者的长期投资有限，许多发行债券的投资者数量有限，许多发行债券的规模有限等因素。公司债券市场交易数据虽然在许多市场上有所改善，但通常不如股票交易数据更容易获取。由于这些事实，许多债券指数并不像主要股票指数那样具有投资性。因为债券发行的不经常性，它们的异质性和通常有限的规模，一个债券指数的可投资性问题是被动投资型管理者在跟踪指数时面临的一大挑战。跟踪指数（根据其指数权重购买所有组成的证券）的完全复制方法远不及股票指数。由于流动性不足，投资于较不频繁交易的债券对价格的影响可能很大。为了尽量减少流动性不足的问题，一些指数提供商创建了更具流动性的子指数。例如，摩根大通通过到期日、发行人的赎回、各板块之间的发行变化等创造了更加流动性的版本，与指数有相同的方向和量值。然而，跟踪债券指数

⊖ Roxburgh, Lund, and Piotrowski（2011）。

的投资者需要意识到指数组成变化的可能性。

第二，由于债券的异质性，看起来相似的债券指数通常会有非常不同的组成和业绩表现。例如，道琼斯公司债券指数将具有偿债基金条款的债券排除在外，而巴克莱资本公司债券指数包括这些债券。富时环球政府债券指数不包括可赎回债券和可转换债券，而花旗集团世界政府债券指数在一些国家包括这些债券。此外，有关票息收入再投资的假设在指数间并不一致，因为有些是以短期利率进行再投资，其他则不是。投资者应该了解他们选择的特定指数的风险和回报特征，以确保它们与投资组合相一致。

第三个潜在的挑战是指数构成趋向于频繁变化。尽管股票指数通常会按季度或每年重新编制或重新平衡，但债券指数通常是每月重新创建。未清偿债券的特征随着到期日的变化而不断发生变化，发行人出售新债券，发行人赎回其他债券。例如，截至2011年7月底的一年中，巴克莱资本美国综合指数由于删除和增加了债券而重新编制了超过其三分之一的价值。随着指数构成的变化，指数的风险也可能发生变化。例如，如果美国政府减少赤字支出，它将减少债务发行，就像在20世纪90年代所做的那样。指数权重由政府债券转向公司债券将导致更大的指数风险。固定收益投资组合经理必须跟踪新的发行对板块权重的影响，并利用现金流来追踪这些变化。减轻这些变化的事实是投资者的投资组合倾向于受到到期期限、发行人赎回、板块间发行变化等因素的影响与指数方向和幅度相同。不过，追踪债券指数的投资者需要意识到指数构成变化的可能性。

第四个问题是Siegel（2003）称为"懒汉"的问题，这产生于由于市值加权债券指数给予借债最多的债券发行人最多的权重（"懒汉"）。指数中的懒汉更可能将在未来被信用降级和带来较低的回报率。懒汉的问题是适用于企业以及政府发行人。在全球债券指数中，负债最多的国家的权重最大。例如，当在1999年推出时，EMBI全球有66%拉美国家有风险敞口。鉴于欧洲联盟最近的困难，发达国家债券的信用风险也越来越受到关注。

懒汉有更多权重的指数与一个同等加权指数相比有增大的风险。跟踪这些指数的投资者会持有比他们所期望的有更高风险的投资组合，而指数和投资组合不太可能是均值方差有效的。这个权重问题的一个可能解决办法是使用的债券指数限制了特定发行人组成证券的权重。例如，摩根大通提供了新兴市场债券指数的多样化版本，其中每个国家的代表权重上限定为10%。然而，这样一个指标可能含有很难交易的较小价值证券，这种债券的交易产生的交易成本高，阻碍了其可投资性。

对于懒汉问题的另一个潜在解决方案是投资于同等加权指数（如道琼斯公司债券指数）、GDP加权指数（如PIMCO全球优势政府债券指数）、基础加权指数（如花旗RAFI主权新兴市场本地货币债券指数）或其他加权体系的指数。⊖然而，这种加权设计可能并不能完全解决懒汉问题，可能包含流动性较差的债券或可能使用主观纳入标准构建的债券指数。

第五个问题是投资者可能无法找到与其投资组合风险相匹配的风险特征的债券指数。由于债券在信用评级、久期、提前付款风险和其他特征方面不同，债券指数将具有不太可能与投资组合所需的风险完全匹配的独特风险。债券指数的风险特征将反映债券发行人的偏好，

⊖ 参见 Amenc、Goltz 和 Tang（2011年，51～52页）讨论的各种债券指数加权方案。

这不一定与投资者的偏好相同。例如,如果长期利率处于历史低点,那么许多发行人将在收益率曲线的长期末端融资,指数将以这些期限为主。㊀该指数可能不适合需要更短久期的投资者。投资组合的风险目标取决于其风险承受能力,并不一定与指数相匹配。

大多数投资者可能希望使用最能反映其投资组合对这些板块和风险敞口目标的指数和子指数。有许多专业债券指数可以与投资组合进行更紧密的匹配。例如,投资组合可能有 10% 的通货膨胀挂钩和 10% 的高收益债券目标,对应于通货膨胀挂钩指数和高收益指数中的比例头寸。

总之,由于债券发行的小规模和异质性、不常交易等问题,许多债券指数不容易被复制或投资。请注意,债券指数通常被推荐为经理绩效分析、经理选择和保留以及其他绩效考核目标的基准。但是,如果债券指数是不可投资的,则希望经理能够匹配其业绩是不现实的和不公平的。因此,债券指数通常不作为有效的基准。

除了可投资性,Bailey,Richards 和 Tierney(2007)还列举了有效基准的六个其他标准。根据作者的说法,有效基准将是明确的、可度量的、适当的、反映了当前投资见解、事先指定的和负责的。㊁大多数债券指数是明确的、可度量的、提前指定的。然而,如果经理的风格与指数的风格不同,它们将是不适合的,例如指数或投资组合的组成随时间的推移会发生本质变化(后者往往是主动的经理)。此外,如果它们包含不熟悉的证券,它们可能不会反映当前的投资见解。例如,许多高收益指数包含发达市场经理可能不知道的新兴市场证券。㊂如果经理不了解指数证券,他们不太可能同意使用基准,因此许多债券指数将不会成为合格的标准。

对于许多投资者来说,典型的债券指数不可能被复制或作为最佳基准。实际上,被动型债券基金经理通常购买指数的代表性子集(一种抽样方法)。对于经理业绩评估,使用指数作为基准是有问题的,特别是对于没有特定指数约束的主动型经理。根据经理投资组合的具体特征构建的定制基准将更有可能作为有效的绩效基准。㊃

> **例 11-2 债券指数的可投资性**
>
> 巴克莱资本新兴市场美元综合债券指数包括来自新兴市场中的主权、准主权和公司发行人发行的以美元计价的固定和浮动利率债务。该市场价值加权指数的特征如下。㊄
>
> - 本金和息票必须以美元计价。
> - 新兴市场地位通过符合世界银行或国际货币基金组织的市场标准或投资者对可投

㊀ Mizrach 和 Neely(2006)提供了一个指数久期因发行人的偏好而随时间变化的示例。美国财政部于 2001 年停止发行 30 年期债券,但在 2006 年再次出售。
㊁ 明确的意思是基准组成部分的身份和权重被明确定义。可度量意味着基准的回报可以在相当频繁的基础上随时计算。反映当前投资见解意味着投资经理应该熟悉基准组成证券。事先指定,在评估周期之前应该知道基准的组成。负责(或"拥有")意味着经理愿意根据基准的绩效来评价其绩效。
㊂ Levine,Drucker 和 Rosenthal(2010)。
㊃ 在 Conover、Broby 和 Carino(2014)中更详细地讨论了定制基准的构建。
㊄ 有关巴克莱指数的信息,请访问 https://indices.barcap.com/show?url=Home/Guides_and_Factsheets。

资性的关注来确定。每年对国家纳入进行评估。
- 最低发行规模为 5 亿美元，初始到期期限为 1 年以上。
- 指数是每月重新平衡，月内现金流量假设不赚取利息。
- 组成的定价直接从第三方来源获得，或者通过使用国库券或互换曲线利差推算。使用验证过程检验价格。
- 巴克莱提供的指数有几种不同的版本。国家受限制版本将国家权重限定为 10%。GDP 加权和财政实力加权指数以及可交易的版本也可以得到。

2009 年和 2013 年的指数组成见表 11-1。

表 11-1 2009 年和 2013 年的指数组成

	2009 年	2013 年
地区组成：		
拉丁美洲	50.3%	37.6%
亚洲	16.0%	22.8%
欧洲、中东和非洲	33.7%	39.6%
板块组成：		
公司	13.4%	27.7%
准主权	17.5%	31.0%
主权	69.1%	41.3%

对投资者面临的问题进行评论，这些投资者将对此指数采用完全复制的方式。

解答：该指数的回报有可投资性和复制性问题，其中包括：

- 根据定义，指数包括有限的可投资市场，投资者难以复制指数的业绩。由于它是以新兴市场证券为基础的，因此指数也可能包含发达国家投资者根本无法以充足数量或以合理价格获得的发行债券。
- 指数每月重新平衡，可能导致投资组合再平衡和交易成本频繁发生。交易成本将降低投资组合的收益，并导致其业绩与指数的差异。
- 指数假设在本月内现金流量中没有赚取利息。如果尝试复制指数的业绩，投资者应该意识到这一点。
- 指数债券定价有时是用国债或互换曲线推算出来的。投资组合的风险和回报率可能与该指数报告的风险和收益相差很大。例如，如果投资组合必须满足投资者撤资，则可能必须以与该指数报告的价格不同的价格清算债券。
- 随着时间的推移，构成部分发生了变化，拉丁美洲的代表性下降，亚洲、欧洲、中东和非洲的代表性在增加。公司发行人和准主权债券发行机构的代表权以主权债券发行人的权重下降近 28% 为代价而增长。结果是该指数的风险和回报可能发生了变化。风险的变化可能不适合投资组合。指数也可以通过借款最多的发行人"懒汉"而赋予过多权重，导致投资者跟踪指数的风险增加。

- 可交易指数版本可能更容易被投资者跟踪。国家限制和替代加权指数版本会限制"懒汉"的影响，但他们可能导致更大的风险流动性较差的问题。
- 作为绩效基准，这一新兴市场指数有可能包含发达国家投资者不熟悉的一些问题，从而不能满足贝利、理查德和蒂尔妮关于有效基准的现有投资见解的反映或可负责标准（2007）。

11.3.2.3 风险详解：风险简介

为建立一个指数型投资组合，经理首先选择债券市场指数作为投资组合的基础。然而，如上所述，许多指数是不可投资的。经理的目标是构建一个模仿（密切跟踪）基准指数特征的投资组合，如图 11-2 所示。

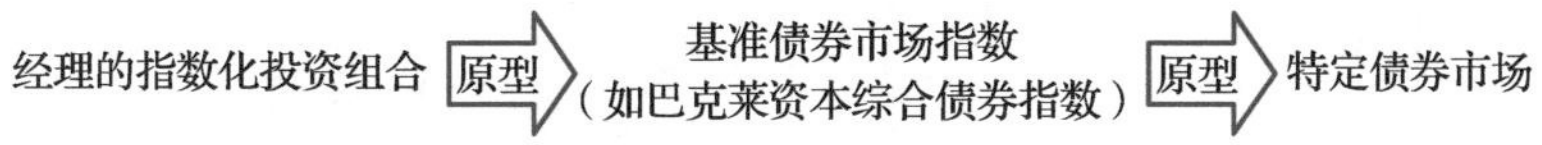

经理的指数化投资组合 ⇒原型⇒ 基准债券市场指数（如巴克莱资本综合债券指数）⇒原型⇒ 特定债券市场

图 11-2　指数化

识别和度量风险因素将在指数选择和投资组合构建中发挥作用。大多数债券的主要风险与**收益率曲线**（利率与到期期限之间的关系）相关。收益率曲线变化包括：①收益率曲线的平行变动（所有到期日的利率均等移动）；②收益率曲线的曲度（两个到期期限的利率相反方向的变动）；③收益率曲线的其他曲度变化。其中，第一个组成部分（收益率曲线位移）通常约占债券价值变动的 90%。

在评估债券市场指数作为潜在候选指数时，经理必须检查每个指数的风险状况（risk profile），这是该指数风险敞口的详细列表。最后，如果投资组合经理要创建（并投资）模仿指数的投资组合，投资组合将包含与指数相同的风险敞口，这些风险敞口应符合投资组合的目标。经理需要知道："指数的回报对利率水平（利率风险）的变化、收益率曲线形状的变化（收益率曲线风险），国债和非国债（利差风险）之间的利差变化，以及各种其他风险的敏感度。"

债券受到各种风险的影响，如图 11-3 所示。

在明确了解所选指数的风险敞口后，投资组合经理可以使用风险状况来构建有效的指数型投资组合。完全有效的指数型投资组合将具有与所选指数完全相同的风险。投资组合经理可以使用各种不同的技术，也许是组合的技术，将投资组合的风险敞口与指数的风险相匹配。

单元匹配技术（cell-matching technique，也称为**分层抽样**）将指数分为代表旨在反映指数风险因素品质的单元。然后，考虑到指数中单元的相对重要性，经理从每个单元中选择债券（即样本债券）代表整个单元债券。从该单元中选择的总金额可以基于该单元的总百分比。例如，如果 A 评级公司占整个指数的 4%，那么 A 评级债券将被抽样和添加，直到其占该经理投资组合的 4%。

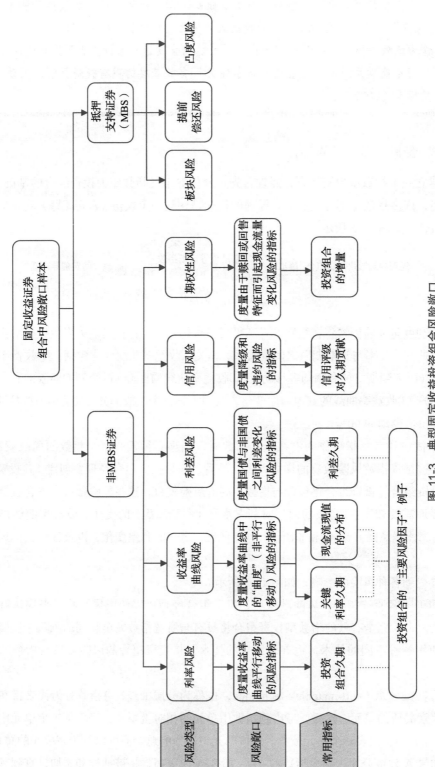

图 11-3　典型固定收益投资组合风险敞口

多因子模型技术（multifactor model technique）是利用了一系列驱动债券回报的因子。⊖ 一般来说，投资组合经理将重点关注最重要或主要的风险因素。以下介绍这些指标，并附有实践注解。⊜

1. 久期

指数的**有效久期**度量指数价格对利率的相对较小平行移动的敏感度（即利率风险）。（对于利率的大幅度平行变动，使用**凸度调整**来提高指数估值价格变动的准确性。凸度调整是价格变动的估值，不会由久期解释。）经理的指数型投资组合将尝试匹配指数的久期，作为确保两种投资组合的风险相同的一种方式。由于收益率曲线上的平行变动相对较少，因此久期本身不足以捕捉利率变化的全部影响。

2. 现金流量的关键利率久期和现值分配

收益率曲线中的非平行移动（即收益率曲线风险），如曲线的斜率或曲度增加，可以是由两个单独的指标度量。**关键利率久期**是衡量收益率曲线上关键点移动效应的一种已确立的方法。在这种方法中，我们保持沿收益率曲线的所有点的即期利率不变，除了一个。通过改变关键到期的即期利率，我们可以衡量投资组合对该到期期限变化的敏感度。这种敏感度被称为**利率久期**。我们重复其他关键点（例如 3 年、7 年、10 年、15 年）的这个过程，并测量它们的敏感度；然后可以进行收益率曲线曲度的模拟，以了解投资组合如何对这些变化做出反应。关键利率久期对于确定各种投资组合策略的相对吸引力尤其有用，例如到期期限集中在收益率曲线上某一点的子弹型策略与到期期限集中在两个极端的哑铃型策略。这些策略对收益率曲线的不平行变化做出不同的反应。

另一种流行的指数方法是将投资组合的现金流量现值分配与指数的现值分配相匹配。将未来时间划分为一组不重叠的时间段，**现金流的现值分布**是一个与每个时间段相关联的列表，投资组合久期的每个部分可归因于在该时间段内现金流。计算涉及以下步骤：

A. 投资组合的创建者将针对特定周期（通常为 6 个月的间隔）为指数中每次发行设计现金流量。每个周期现金流量的总和通过所有发行的现金流量加总来计算。然后计算每个周期的现金流量现值，并通过加上各个周期的现值来获得总现值。（注意，总现值是指数的市值）

B. 每个周期的现值除以总现值得到每个周期的百分比。例如，第一个 6 个月周期的现值可能是现金流量总现值的 3.0%，第二个 6 个月周期的现值可能是总现值的 3.8%，等等。

C. 接下来，我们计算每个周期现金流量对投资组合久期的贡献。因为每笔现金流都是零息支付，所以时间周期是现金流量的久期。通过将时间周期乘以总现值的百分比，我们获得每个周期现金流量的久期贡献。例如，如果我们将每个 6 个月周期显示为年份的小数部分（0.5、1.0、1.5、2.0 等），则第一个周期对久期的贡献将为 $0.5 \times 3.0\%$，即 0.015。第二个周期的贡献为 $1.0 \times 3.8\%$，即 0.038。我们将在系列的每个周期继续。

D. 最后，我们将每个周期对久期的贡献（$0.015 + 0.038 + \cdots$）相加，得到代表债券指数对久期贡献的总额（例如 3.28）。然后，我们将每个周期的贡献与久期的总和相除。得到的

⊖ 有关如何将多因子风险模型用于构建投资组合的更全面的介绍，请参阅 Fabozzi（2004b，第 3 章）。
⊜ 这个讨论主要来自 Volpert（2000）。

分配如下所示：

  周期 1 = 0.46%

  周期 2 = 1.16%

  周期 3 = 3.20%

  ……

指数器将尝试复制这种分布。如果这种分布是重复的，则不平行的收益率曲线变动，曲线中的"曲度"将对投资组合和指数产生相同的影响。

3. 板块和质量百分比

为确保债券市场指数的收益率由投资组合复制，经理将按照各板块的百分比权重和指数的质量进行匹配。

4. 板块久期贡献

投资组合的收益率显然受到投资组合中各板块债券久期的影响。对于指数化投资组合，投资组合必须达到与每个板块的久期与指数相同。目标是确保板块利差的变化对投资组合和指数都有相同的影响。

经理可以通过匹配来自各个板块的指数久期的数值，即板块久期贡献来实现。

5. 质量利差久期贡献

债券价格由于利差变化而变化的风险（如公司债券与国库券之间）被称为利差风险。描述非国库券证券价格如何因扩大或缩小利差而变化的指标是**利差久期**（spread duration）。债券质量之间利差的变化也会影响回报率。确保投资组合密切跟踪指数的最简单方法是匹配来自各种质量类别的指数久期的数量。

6. 板块/息票/到期单元权重

由于久期只能捕捉小幅度的利率变动对指数值的影响，因此常常使用凸度来提高估计价格变动的准确性，特别是利率变化较大时。然而，一些债券（如抵押担保证券）可能会呈现负的凸度，使得指数对赎回风险难以复制。经理可以尝试匹配指数的凸度，但这种匹配很少尝试，因为保持匹配可能导致过高的交易成本（可赎回证券往往流动性非常差，交易成本高）。

匹配赎回风险的更可行方法是匹配可赎回板块的板块、息票和到期期限权重。随着利率的变化，投资组合的赎回风险变动将与指数相匹配。

7. 发行人风险

单一发行人的事件风险是最后需要控制的风险。如果经理企图用太少的证券来复制该指数，发行人事件风险就越重要。

指数器模仿指数回报的成功程度是通过跟踪风险来度量的。

11.3.2.4 跟踪风险

跟踪风险（tracking risk，也称为跟踪误差）是度量投资组合收益率跟踪基准指数收益率的变异性。更具体地说，跟踪风险被定义为投资组合主动收益的标准差，其中每个周期的主

动收益定义为

$$\text{主动收益} = \text{投资组合的收益} - \text{基准指数的收益}$$

因此,

$$\text{跟踪风险} = \text{主动收益的标准差}$$

> **例 11-3**
>
> 计算跟踪风险见表 11-2。
>
> **表 11-2 计算跟踪风险**
>
> | 周期回报（1） | 投资组合回报（2） | 基准回报（3） | 主动回报（AR）（4） | $(AR-Avg.AR)^2$（5） |
> |---|---|---|---|---|
> | 1 | 12.80% | 12.60% | 0.200% | 0.00 012%① |
> | 2 | 6.80 | 6.50 | 0.300 | 0.00 044 |
> | 3 | 0.80 | 1.20 | −0.400 | 0.00 240 |
> | 4 | −4.60 | −5.00 | 0.400 | 0.00 096 |
> | 5 | 4.00 | 4.10 | −0.100 | 0.00 036 |
> | 6 | 3.30 | 3.20 | 0.100 | 0.00 000 |
> | 7 | 5.40 | 5.10 | 0.300 | 0.00 044 |
> | 8 | 5.40 | 5.70 | −0.300 | 0.00 152 |
> | 9 | 5.10 | 4.60 | 0.500 | 0.00 168 |
> | 10 | 3.70 | 3.80 | −0.100 | 0.00 036 |
>
> 每个周期平均主动收益：0.090%。
> 离差平方的和：0.00 829（%）。
> 跟踪风险：0.30 350%。
> ① 对于周期 1，第 5 列的计算为 $(0.200\% - 0.090\%)^2$ 或（0.000 121%）或（0.00 000 121）。
>
> 投资组合的回报及其基准的回报如表 11-2 第 2 列和第 3 列所示。为了计算 10 个周期的标准差，我们计算每个周期的主动收益（在第 4 列），并找到平均主动收益（即总收益率为 0.90% 除以 10 = 0.090%）。然后，我们从每个周期的主动收益中减去平均（或平均）主动收益，并且每个差值平方（第 5 列）。我们将第 5 列中的值相加，并将总和除以样本周期数减去 1（即 0.00 829%/9），然后取该值的平方根：$\sqrt{\dfrac{0.00\,829\,(\%)}{9}}$。跟踪风险为 0.30 350%，或略高于 30 个基点。

假设投资组合的跟踪风险计算为 30 个基点。在统计学上，如果投资组合的投资回报大致遵循一个正态分布，则平均值两侧的一个标准偏差的区域占所有观察值的大约 2/3。因此，30 个基点的跟踪风险将表明，在大约 2/3 的时间周期内，投资组合回报将在基准指数回报的范围内加上或减去 30 个基点。跟踪风险越小，投资组合的收益率越匹配或跟踪基准指数的收益率。

跟踪风险主要来自投资组合的风险状况与基准风险状况之间的不匹配。⊖如果将跟踪风

⊖ 忽视交易成本和其他费用，完全消除跟踪风险的唯一方法是拥有基准中的所有证券。即使在考虑了所有重要的常见风险因素之后，也可能存在一些残留问题特定风险。

险保持在最低水平，上一节列出了 7 个主要风险因素应紧密匹配。增加这 7 条中任何一条不匹配的投资组合变化将潜在地增加跟踪风险。例题（使用 7 条中的前 5 条）将包括以下不匹配：

1. **投资组合久期**

如果基准的久期为 5.0，投资组合的久期为 5.5，那么投资组合的利率的平行变化导致投资组合的跟踪风险增加。

2. **现金流量的关键利率久期和现值分布**

关键利率久期的不匹配增加了跟踪风险。此外，如果投资组合分布不匹配基准，投资组合将对沿着收益率曲线上特殊点利率变化更加敏感或更少敏感，导致跟踪风险增加。

3. **板块和质量百分比**

例如，如果基准包含抵押担保证券，而投资组合不包含，跟踪风险将会增加。同样，与基准相比，如果投资组合给予 AAA 评级证券更多权重，跟踪风险将会增加。

4. **板块久期贡献**

尽管板块百分比（例如 10% 的国债、4% 的机构，20% 的工业企业）可能会匹配，但如果投资组合的工业债券平均久期为 6.2，而基准的工业债券的平均久期为 5.1，则会发生不匹配。由于工业板块对投资组合的久期贡献大于对基准的久期贡献，因此出现不匹配，跟踪风险增加。

5. **质量利差久期贡献**

表 11-3 显示了基于板块的 60 只债券投资组合的利差久期和基准指数。投资组合对利差久期总的贡献（3.43）大于对基准（2.77）利差久期总的贡献。这个差异主要是因为 60 只债券投资组合中的工业企业权重太大。投资组合具有更大的利差风险，因此对板块利差的变化比基准利差变化更敏感，导致更大的跟踪风险。

剩下的两个因素供读者评估。

表 11-3 对利差久期的贡献

板块	投资组合			基准		
	投资组合 (%)	利差久期 (%)	对利差久期贡献 (%)	投资组合 (%)	利差久期 (%)	对利差久期贡献 (%)
国债	22.60	0.00	0.00	23.20	0.00	0.00
机构	6.80	6.45	0.44	6.65	4.43	0.29
金融机构	6.20	2.87	0.18	5.92	3.27	0.19
工业	20.06	11.04	2.21	14.20	10.65	1.51
公用事业	5.52	2.20	0.12	6.25	2.40	0.15
非美国信贷	6.61	1.92	0.13	6.80	2.02	0.14
抵押贷款	32.21	1.10	0.35	33.15	0.98	0.32
资产支持	0.00	0.00	0.00	1.60	3.20	0.05
CMBS	0.00	0.00	0.00	2.23	4.81	0.11
合计	100.00		3.43	100.00		2.77

> **例 11-4　解释和减少跟踪风险**
>
> 约翰·斯宾塞（John Spencer）是星债指数基金的投资组合经理。该基金采用指数投资法，寻求与指定市场基准或指数的投资回报相匹配。具体而言，它寻求的投资业绩，在费用支出之前，与巴克莱资本全球综合债券指数相匹配。该指数是有全球投资级债券市场的市场加权指数，有中期加权平均到期日，包括政府、信用和担保证券。由于巴克莱资本全球综合债券指数中包含大量债券，约翰·斯宾塞使用指数中债券的代表性样本来构建基金。这些债券是由约翰选择的，因此基金的久期、国家百分比权重、板块和质量百分比权重与基准债券指数的权重非常接近。
>
> 1. 基金的目标跟踪风险为 1%。解释这个目标是什么意思？
> 2. 基金中的两个大型机构投资者已经要求约翰·斯宾塞是否可以尝试降低目标跟踪风险。建议采取一些方法来实现较低的跟踪风险。
>
> **解答 1**：1% 的目标跟踪风险意味着目标是在至少 2/3 的时间周期内，星际债券指数基金的回报在基准巴克莱资本全球综合债券指数回报率的正负 1% 之内。跟踪风险越小，基金的回报越接近基准指数收益。
>
> **解答 2**：可以通过选择包括在基金中的债券来减少目标跟踪风险，以便将基金的久期、国家百分比权重、板块权重和质量权重与基准相匹配，并将以下与基准不匹配的内容最小化：
>
> A. 现金流量的关键利率分配和现值分配。
> B. 板块久期贡献。
> C. 质量利差久期贡献。
> D. 可赎回板块的板块、息票和到期权重。
> E. 发行人敞口风险。

11.3.2.5　增强的指数策略

虽然构建和重新平衡指数投资组合会产生相关的费用和交易成本，但指数本身没有类似的成本（因为它实际上是一个纸上投资组合）。因此，有理由预期，完美的指数投资组合的业绩将以这些成本的数额落后于指数。因此，债券经理可以通过寻求增加投资组合的回报来选择覆盖这些成本。Volpert（2000）已经确定了可以进行以下几种方式（即指数增强策略）。[一]

1. 降低成本增强

经理可以通过简单地严格控制交易成本和管理费用来提高投资组合的净收益。虽然相对较低，但指数基金之间的费用确实有很大差异。在外部经理被聘用的情况下，计划发起人可以要求经理每两三年重新投标一次管理费，以确保这些费用尽可能地低。

[一]　参见 Volpert（2000, pp. 95-98）。

2. 发行选择增强

相对于估值模型的理论值，经理可在市场中识别和选择被低估的证券。许多经理进行自己的信用分析，而不仅仅依靠债券评级机构提供的评级。因此，经理可能会选择即将信用升级的发行债券，并避免那些正处在信用降级边缘的发行债券。

3. 收益率曲线定位

沿收益率曲线的一些到期期限往往保持一贯地被高估或被低估。例如，收益率曲线在 25～30 年之间经常具有负的斜率，尽管曲线的其余部分可能具有正斜率。这些长期债券往往是许多机构的热门投资，导致相对于较短到期期限的债券而言价格被高估。通过给予曲线低估区域更高的权重，估值过高区域更低的权重，经理可能会提高投资组合的回报。

4. 板块和质量定位

这种回报增强技术有两种形式：

（1）保持收益率向短久期企业倾斜。经验表明，单位久期风险的最佳收益率利差通常在到期期限低于 5 年的公司证券（即短期公司）中可以获得。经理人可以通过将投资组合倾斜到这些证券上来增加投资组合的收益，而不会相应地增加风险。该策略并非没有风险，尽管这些都是可管理的。公司证券的违约风险较高，但这种风险可以通过适当的多元化进行管理。（违约风险是发行人或交易对手不履行合同义务时的风险）。

（2）周期性的过高或过低权重的板块（如国债与企业债）或质量。在管理规模小的情况下，当利差预期扩大（如经济衰退之前），他们可能会增持国债；当利差预计收窄时，他们可能会减持国债。虽然这一策略与主动管理有一些相似之处，但它是在这样一个小规模上实现的，其目标是赚取足够的额外收益以抵消某些指数费用，而不是像主动管理活动中的情况那样大幅度地超越指数收益。

5. 赎回风险定位

利率下降将不可避免地导致一些可赎回债券被过早偿付。随着利率的下降，投资者必须确定债券被赎回的概率。债券是按到期交易还是按赎回日交易的价值估值？显然，存在一个交叉点，在该点上，普通投资者不确定债券是否可能被赎回。接近这一点，给定债券的有效久期⊖（久期被调整为考虑嵌入式期权），债券的实际表现可能会明显不同于预期。例如，对于溢价可赎回债券（要赎回的债券交易），实际的价格敏感度往往低于债券有效久期所预期的。收益率的下降将导致相对于有效久期模型预测的业绩表现不佳。这种业绩表现不佳为投资组合经理在这些情况下减持这些发行债券创造了机会。

例 11-5　增强指数策略

加拿大一个省教师协会董事会要求其主席吉姆·雷诺兹（Jim Reynolds）考虑将该协会的固定收益部分的 1 000 万加元投资于可靠加拿大债券基金。该指数基金寻求匹配的

⊖ 参见 Fabozzi（2004b, p. 235）。

> Scotia 资本环球债券指数的业绩。Scotia 资本环球债券指数代表加拿大的债券市场，包括 900 多个畅销的平均到期期限约 9 年的加拿大债券。
>
> 吉姆·雷诺兹喜欢可靠加拿大债券基金的被动投资方式。虽然雷诺兹对 Scotia 资本环球债券指数的收益感到满意，但他担心由于费用和交易成本，债券基金的实际回报可能远低于指数的回报。不过，他熟悉 Volpert（2000）确定的几个指数增强策略，通过该策略，债券指数基金可以最大限度地减少相对于指数的不佳表现。为了看看基金是否遵循这些策略，雷诺兹仔细阅读基金的招股说明书，注意到以下内容。
>
> > "我们使用分层抽样而不是通过在 Scotia 资本环球债券指数中投资超过 900 种证券来复制指数，该基金由约 150 种证券组成……我们不断监测收益率曲线，以确定收益率曲线上预期收益率最高的那段曲线。如果预期收益增长超过交易成本，我们用到期内期望收益率最高的替代到期内预期回报率最低的。此外，基金经理与交易商和其他市场参与者进行了持续的交流。根据他们的信息和内部分析，我们选择性地给予指数中某些发行证券更多或更低的权重。"
>
> 1. 可靠加拿大债券基金正在使用哪一个 Volpert 列出的指数增强策略？
> 2. 在没有主动管理的情况下，基金可以采用哪些额外的策略来进一步提高基金回报？
>
> **解答 1**：通过投资包含在指数内超过 900 种债券中的 150 只债券小样本，该基金正在努力降低交易成本。这样，该基金正在遵循低成本增强策略。该基金还通过为曲线中低估区域增加权重和为曲线高估区域减少权重来遵循收益率曲线定位策略。最后，该基金通过选择性地超过和减少指数中的某些发行债券权重来遵循发行人选择增强策略。
>
> **解答 2**：该基金可以通过对交易成本和管理费进行严格控制，进一步降低成本。该基金可以使用的其他策略包括板块和质量定位以及赎回风险定位。

11.3.3 主动策略

与指示器和增强指示器相比，主动管理型经理很乐意接受大的跟踪风险，并获得了大的正回报。通过认真应用他胜人一筹的预测或分析能力，主动管理型经理希望能够产生远高于基准回报的投资组合回报。

11.3.3.1 主动管理型经理需要的额外活动

主动管理型经理有一套他们必须实施的活动，被动管理型经理不会面对。选择跟踪主动策略类型后，主动管理型经理将：

1. 确定哪些被开发的指数不匹配

错配的选择一般是基于经理的专长。如果经理人的强项是利率预测，那么在投资组合和基准之间会产生有意的久期不匹配。如果经理在识别低估的证券或被低估的板块方面具有胜人一筹的技能，那么就会追求板块不匹配。

2. 从市场数据推断市场预期（或投入）

如前所述，当前的市场价格是所有投资者对个人债券进行判断的结果。通过分析这些价格和收益率，可以获得额外的数据。例如，远期利率可以根据沿着即期利率收益率曲线的点计算。这些远期利率可以深入了解投资者对利率未来的走向和水平的见解。

3. 独立地预测必要的投入，并将其与市场预期进行比较

例如，在计算远期利率后，主动管理型经理会急切地认为这些利率太高，未来的利率将不会达到这个水平。在将他对远期利率的预测与其他投资者的预测进行比较后，经理可能会决定创建久期不匹配。通过增加投资组合的久期，经理可以从收益率曲线的下降中获利（如果他或她是正确的），因为其他投资者最终意识到他们的预测是不正确的。

4. 估算证券的相对价值以确定低估或高估的领域

再次，重点取决于经理的技能集。一些经理将会做成久期不匹配，而另一些管理人员则会关注低估证券。总之，管理人员将会运用自己的技能来尝试利用机会。

11.3.3.2 总收益分析和情景分析

在执行交易之前，主动管理型经理显然需要分析交易对投资组合回报的影响。经理在他的工具袋中有什么工具来帮助评估交易的风险和回报特征？两个主要工具是总收益分析和情景分析。

债券的总收益率（total return）是使得债券现金流量的未来价值与债券的全价相等的收益率。因此，总回报考虑了潜在回报的所有三个来源：息票收入、再投资收益和价格变动。给定利率预测，**总收益分析**（total return analysis）涉及评估交易对投资组合总收益率的预期效应。

例如，为了计算购买半年支付息票债券的总回报，经理需要明确规定投资期限、息票支付的再投资利率，以及给定利率预测，投资期末债券的预期价格。[⊖]经理想从他对利率最有可能变化的预测开始，经理预期在交易中赚取的半年总回报是：

$$半年支付息票债券的总回报 = \left(\frac{预期价格}{债券的全部价格}\right)^{\frac{1}{n}} - 1$$

式中，n——投资期间的周期数。

即使这个总回报是经理最有可能的总回报，这个计算只是一个假定的利率变化。如果他的预测是错误的，并且利率变化的数值不是那个预测值，这个总回报数字对于经理评估他面临的风险帮助很小。谨慎的经理永远不会仅仅依赖一套假设来分析决策，相反，他会对不同的假设或情景重复上述计算。换句话说，经理想进行**情景分析**（scenario analysis），以便在所有合理的假设条件下评估交易对预期总回报的影响。

情景分析在不同方面有用：

（1）明显的好处是经理能够评估可能结果的分布情况，大体上对投资组合的交易进行

⊖ 我们在这里使用术语"利率"一般属类。对于非国债发行，经理可能会提供更详细的分类，如国债利率的变化、板块利差的变化等。

了风险分析。经理会发现，尽管预期的总回报是完全可以接受的，但是结果的分布是如此之宽，以至于它超出了客户的风险承受能力。

（2）可以反向分析，从一系列可接受的结果开始，然后计算将导致期望结果的利率变动（输入值）的范围。然后，经理可以将利率概率放在这个可接受的范围内，就是否进行交易做出更明智的决定。

（3）可以评估单个组成部分（输入值）对总回报的贡献。经理的先验假设可能是收益率曲线的曲度相对于其他因子将具有很小的影响。情景分析的结果表明，影响比经理预期大得多，如果该领域没有得到详尽分析，则会警示他潜在的问题。

（4）这个过程可以放大，以评估整个交易策略的相对优点。

进行情景分析的目的是在导致不良后果的交易之前更好地了解投资组合的风险和回报特征。换句话说，情景分析是一个很好的风险评估和规划工具。

11.3.4 监督/调整投资组合和绩效评估

监测和调整固定收益投资组合（及其相关业绩评估）的细节与其他投资类别基本相同。由于这些主题在其他章节中有详细的介绍，本章将不会重复这一内容。

11.4 管理承担负债的基金

我们现在已经完成了管理固定收益投资组合的主要活动。然而，在这样做的时候，我们采取了一些捷径。为了看到所有的步骤，我们只看到了图 11-1 展示的一个分支，该分支与针对债券市场用指数基准来管理基金相关。现在，我们将注意力转向同样重要的图 11-1 中第二分支，管理承担负债或负债集的基金。

11.4.1 奉献策略

奉献策略是专门为满足投资者特定的资金需求而设计的固定收益策略。它们通常被归为被动的，尽管可以向它们添加一些主动的管理元素。图 11-4 提供了奉献策略的分类。

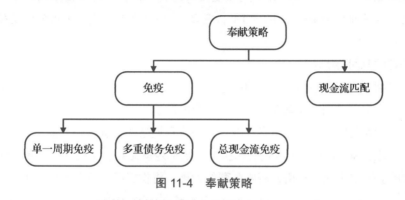

图 11-4 奉献策略

如图 11-4 所示，一种重要的奉献策略类型是免疫。免疫旨在构建一个投资组合，在指定的投资期限内,无论利率变化如何,都将获得预定的回报。另一个广泛使用的奉献策略是现金流匹配,它提供了从债券息票和到期本金付款中支付负债流的未来资金。这些策略中的每一个将在以下各节中得到更充分的开发,接着讨论一些基于它们的扩展。

有四种典型的(或类别)可以确定的负债类型。这些如表 11-4 所示。

表 11-4 负债类别

债务总额	债务时间	例　子
已知	已知	本金提前偿还
已知	未知	寿险支出
未知	已知	浮动利率年金支出
未知	未知	退休后健康福利

显然,负债越不确定,使用被动奉献策略来实现投资组合目标就越困难。因此,由于负债变得更加不确定,管理者经常插入主动管理的要素。这一行动的目标是增加投资组合的上涨潜力,同时确保预期一组足以支付预期负债的现金流量。这些更富于进取性的策略,例如主动/被动组合,主动/免疫组合和应急免疫的实例将在稍后讨论。

11.4.1.1 免疫策略

免疫是一种流行的策略,在特定的时间范围内"锁定"有保证的回报率。随着利率的提高,固定收益证券价格的下降通常至少部分地被较高的再投资收入抵消。随着利率的下降,证券价格的上涨通常至少部分地被较低的再投资收入抵消。对于任意时间段,价格和再投资效应一般不能恰好完全抵消:价格变化可能大于或小于再投资收入的变化。免疫策略的目的是在利率的时间范围内,确定投资组合的价格变化与再投资收入的变化完全相同。如果经理能够构建这样一个投资组合,那么在那个时间范围内就会锁定保证的回报率。免疫策略的实施取决于经理人试图偿付的负债类型:单一负债(例如,担保投资合同)、多重负债(界定福利计划的承诺支出)或总的现金流(现金流在其时间段更加随机)。

1. 古典单期免疫

经典免疫策略可以定义为创建固定收益投资组合,在特定时间范围内产生有保证的回报,而不论收益率曲线中是否发生任何平行变动。⊖最基本的形式,最重要的免疫策略的重要特征是:

(1)特定的时间范围。

(2)持有期至固定期限的有保证回报率。

(3)避免在期限日利率变动对投资组合价值的影响。

支持免疫策略的基本机制是投资组合结构中投资期末的投资组合价值变动与来自投资组合现金流量(息票和到期证券)再投资回报的平衡。也就是说,免疫策略需要抵消价格风险和再投资风险。要实现这种平衡,需要久期的管理。将投资组合的久期设置为等于特定投资

⊖ 任何收益率曲线移动都涉及利率在所有到期日上涨或下跌相同的数值。Reddington(1952)、Fisher 和 Weil(1971)提出了经典的免疫理论。

组合时间期限,确保在某些假设下抵消回报来源的正负增量,包括假设免疫投资组合具有与免疫负债相同的现值。⊖久期匹配是免疫策略的最低条件。

> **例 11-6　各种收益率的总回报**
>
> 研究人寿保险公司在出售担保投资合同(GIC)时所面临的情况。对于一次性付款,人寿保险公司保证在指定的未来日期给保单持有人指定的付款。假设人寿保险公司出售保证利率 7.5% 的 5 年期 GIC:每年以债券等价收益率(未来 10 个 6 个月周期,每 6 个月 3.75% 的利率)为基础。还假设保单持有人的付款是 9 642 899 美元。寿险公司保证投保人 5 年后的价值为 13 934 413 美元。也就是说,从现在起 5 年后,经理人支持资产的投资组合**目标价值**(target value)为 13 934 413 美元,在债券等价基础上与目标收益率 7.5% 相同。
>
> 假设经理购买债券的面值为 9 642 899 美元,到期期限为 5 年,以面值出售,到期收益率为 7.5%。投资组合经理不能确定实现的总收益率至少等于 7.5% 目标收益率,因为要实现 7.5% 的回报率,息票利息的支付必须以每 6 个月最低 3.75% 的利率再投资。也就是说,累积的价值将取决于再投资利率。
>
> 为了证明这一点,假设投资于上述债券之后,市场收益率变动,然后在 5 年的剩余时间内保持在新的水平不变。表 11-5 说明了 5 年后的情况。⊖
>
> 表 11-5　5 年后累计价值和总回报:5 年期,7.5% 的债券,到期收益率为 7.5%
>
> | 投资期限(年数) | 5 |
> |---|---|
> | 票息 | 7.5% |
> | 到期期限(年数) | 5 |
> | 到期收益率 | 7.5% |
> | 价格 | 100.00 000 |
> | 面值购买 | 9 642 899 美元 |
> | 购买价格 | 9 642 899 美元 |
> | 目标价值 | 13 934 413 美元 |
>
> | 5 年以后 ||||||
> |---|---|---|---|---|---|
> | 新的收益率 | 息票 | 复利 | 债券价格 | 累计价值 | 总回报(%) |
> | 11.00% | 3 616 087 | 1 039 753 | 9 642 899 | 14 298 739 | 8.04 |
> | 10.50 | 3 616 087 | 985 615 | 9 642 899 | 14 244 601 | 7.96 |
> | 10.00 | 3 616 087 | 932 188 | 9 642 899 | 14 191 175 | 7.88 |
> | 9.50 | 3 616 087 | 879 465 | 9 642 899 | 14 138 451 | 7.80 |
> | 9.00 | 3 616 087 | 827 436 | 9 642 899 | 14 086 423 | 7.73 |
> | 8.50 | 3 616 087 | 776 093 | 9 642 899 | 14 035 079 | 7.65 |
> | 8.00 | 3 616 087 | 725 426 | 9 642 899 | 13 984 412 | 7.57 |
> | 7.50 | 3 616 087 | 675 427 | 9 642 899 | 13 934 413 | 7.50 |

⊖　有关详细信息,请参阅 Fabozzi(2004b)。
⊜　为说明目的,我们不向保险公司承担任何费用或利润。

（续）
5 年以后

新的收益率	息票	复利	债券价格	累计价值	总回报（%）
7.00	3 616 087	626 087	9 642 899	13 885 073	7.43
6.50	3 616 087	577 398	9 642 899	13 836 384	7.35
6.00	3 616 087	529 352	9 642 899	13 788 338	7.28
5.50	3 616 087	481 939	9 642 899	13 740 925	7.21
5.00	3 616 087	435 153	9 642 899	13 694 139	7.14
4.50	3 616 087	388 985	9 642 899	13 647 971	7.07
4.00	3 616 087	343 427	9 642 899	13 602 414	7.00

资料来源：Fabozzi（2004b, p.109）

如果收益率不变，且可以以 7.5%（每 6 个月 3.75 个百分点）的利率再投资，则投资组合经理将达到目标价值。如果市场收益率上升，将实现累计价值（总回报）高于目标价值（目标收益率）。此结果是因为息票利息支付可以以比初始到期收益率更高的利率再投资。这个结果与收益率下降会发生的结果对比，累计价值（总回报）小于目标价值（目标收益率）。因此，投资于到期收益率等于目标收益率，到期期限等于投资期限的息票债券并不能保证实现目标价值。

请记住，为了使投资组合的目标价值或目标收益率免受市场收益率改变的影响，经理必须投资于债券或债券投资组合，其：①久期等于投资期限；②所有现金流量的初始现值等于未来负债的现值。

2. 免疫组合的再平衡

教科书经常通过假设市场收益率的一次性即时变化来说明免疫策略。实际上，市场收益率将在投资期限内波动。因此，投资组合的久期将随着市场收益率的变化而变化。久期将因为时间的流逝而变化。在任何与平坦期限结构不同的利率环境中，投资组合的久期将随时间以不同的比率变化。

投资组合需要多长时间重新平衡以调整其久期？答案涉及权衡再平衡的成本和收益。一方面，更频繁的再平衡增加了交易成本，从而降低了实现目标回报的可能性。为了说明，我们假设保险公司不承担任何费用或利润。另一方面，较不频繁的再平衡会导致久期偏离目标久期，这也降低了实现目标回报的可能性。因此，经理面临权衡：必须接受一些交易成本，以防止久期偏离目标太远，但必须容忍久期的一些不匹配，否则交易成本将变得过高。

3. 确定目标回报

给定利率期限结构或期限开始时占优势的收益率曲线，可以确定免疫策略的保证回报率。理论上，这种免疫目标收益率被定义为投资组合的总回报率，假设期限结构没有变化。这个目标回报率将总是不同于投资组合的当前到期收益率，除非期限结构是平坦的（不增加或减少），因为随着时间的流逝和投资组合沿着收益率曲线（到期期限）而产生回报效应。也就是说，对于向上倾斜的收益率曲线，投资组合的到期收益率可能与其免疫策略目标回报率有很大的不同，而对于平坦收益率曲线，到期收益率将大致接近保证的目标回报率。

一般来说，由于较低的再投资回报率，对于向下倾斜的收益率曲线，免疫目标回报率将低于到期收益率。相反，由于较高的再投资回报率，负的或向下倾斜的收益率曲线将导致免疫目标收益率大于到期收益率。

给定利率变化情况，免疫的目标收益率的替代指标包括与投资组合类比的收益率零息债券质量和久期隐含的收益率，以及基于初始投资组合再平衡的模拟结果的估计。

最保守的贴现负债的方法，即导致负债最大现值的方法，涉及使用国库券即期曲线（Treasury spot curve，国库零息债券的期限结构）。

更现实的方法是利用投资组合中持有证券隐含的收益率曲线（转换为即期利率），可以使用曲线拟合方法来获得该收益率曲线。[○]由于利差会随着期限结构的变化而变化，负债的价值将随时间而变化。

4. 时间期限

免疫策略时间期限（immunized time horizon）等于投资组合久期。投资组合久期等于单个证券久期的加权平均数，其中权重是各自投资的相对金额或百分比。

典型的免疫策略时间期限是 5 年，这是 GIC 通常的规划期，并允许证券选择的灵活性，因为有相当大的证券数量来构建必要的投资组合久期。投资组合中的证券应限于高质量，非常流动性的金融工具，因为需要投资组合的再平衡以保持投资组合久期与时间期限同步。

5. 美元久期和控制头寸

美元久期（dollar duration）是度量市场收益率 100 个基点的变化引发的投资组合价值变动。[○]它被定义[○]为

$$美元久期 = 久期 \times 投资组合价值 \times 0.01$$

投资组合的美元久期等于组成证券的美元久期总和。

> **例 11-7　美元久期的计算**
>
> 我们已经构建了一个包含三只债券的投资组合，每只债券的票面价值等于 100 万美元。初始价值和久期显示在表 11-6 中。请注意，市场价值包括应计利息。

○ 参见 Vasicek 和 Fong（1982）。
○ 美元久期是债券文献中的传统术语，这个概念适用于以任何货币计价的投资组合。相关概念是基准点（PVBP）的价格值，也被称为基点的美元价值（DV01）。PVBP 等于美元久期除以 100。
○ 在本章（和公式中）中使用"久期"一词与 Fabozzi（2004a, P. 228）是一致的，他将其定义为"利率的 100 个基点的变化引致价格变化的大致百分比"。将一个被称为麦考利久期（收益率的百分比变化引致的价格百分比变化）的概念作为基准计算方法，也存在将公式中使用的"久期"称为"修正久期"的惯例，因为它等于麦考利修正久期，以获得价格对收益率水平变化的敏感度的度量。

表 11-6 三只债券投资组合的初始久期

证 券	价 格（美元）	市场价值（美元）	久 期	美元久期（美元）
债券 #1	104.013	1 065 613	5.025	53 548
债券 #2	96.089	978 376	1.232	12 054
债券 #3	103.063	1 034 693	4.479	46 343
美元久期				$111 945

在一些 ALM 应用中，投资者的目标是将投资组合的美元久期重新设定到所需水平。这个再平衡涉及以下步骤：

（1）及时向前移动，包括收益率曲线的移动。使用新的市场价值和久期，在此时间点计算投资组合的美元久期。

（2）通过将期望的美元久期除以新的美元久期来计算再平衡比率（rebalancing ratio）。如果我们从这个比例中减去 1 并将结果转换成一个百分比，那么它会告诉我们每个头寸需要改变的百分比，以便再平衡投资组合。

（3）将步骤（2）中期望的百分比变动乘以投资组合新的市场价值。这个数字是再平衡所需的现金数额。

> **例 11-8 基于美元久期的再平衡**
>
> 我们现在向前移动一年，包括收益率曲线的移动。此时的投资组合价值见表 11-7。
>
> 表 11-7 一年后三只债券投资组合的久期
>
> | 证 券 | 价 格（美元） | 市场价值（美元） | 久 期 | 美元久期（美元） |
> |---|---|---|---|---|
> | 债券 #1 | 99.822 | 1 023 704 | 4.246 | 43 466 |
> | 债券 #2 | 98.728 | 1 004 770 | 0.305 | 3 065 |
> | 债券 #3 | 99.840 | 1 002 458 | 3.596 | 36 048 |
> | | | | | 82 579 |
>
> 投资组合美元久期从 111 945 美元变为 82 579 美元。我们的要求是将投资组合的美元久期维持在初始水平。为此，我们必须再平衡我们的投资组合。我们选择使用现有的各自 1/3 的证券比例来再平衡。
>
> 为了计算再平衡比率，我们将初始美元久期除以新的美元久期：
>
> $$\frac{111\ 945}{82\ 579} = 1.356$$
>
> 再平衡要求每个头寸增加 35.6%。计算这个再平衡所需的现金为
>
> 所需现金 = 0.356 × (1 023 704 + 1 004 770 + 1 002 458) = 1 079 012（美元）

6. 利差久期

利差久期是度量相对于可比基准证券（投资组合）利差的 100 个基点的平行变动引致的风险债券（投资组合）市场价值的变化。利差久期是利差风险管理的重要度量工具。利差变化，投资组合经理需要知道与此类变化相关的风险。

具有信用风险特征的债券（由于信用事件如违约或信用评级降级引起的损失风险），有时被称为"利差产品"，因为其收益率将高于可比较的无风险证券。市场上可用的债券产品谱可以产生不同类型的利差久期。三个主要类型有：

（1）**名义利差**（nominal spread），某一到期期限的国债收益率之上的债券或投资组合的利差。

（2）**静态利差**（static spread）或零波动率利差，定义为国库券即期曲线之上使证券的计算价格与市场价格相等的恒定价差。

（3）**期权调整利差**（option-adjusted spread，OAS），当前基准收益率利差减去该利差中归因于该金融工具中任意嵌入式期权风险的组成部分。

投资组合的利差久期可计算为组成证券利差久期的市场加权平均值。对于非国债证券的投资组合，利差久期等于投资组合的久期。然而，由于国债的利差久期为零，所以包括国债和非国债在内的投资组合的利差久期与投资组合的久期不同。

债券指数和指数内每个板块一样有总的利差久期。经理可以计算板块利差变动的投资组合影响。板块利差变动所产生的影响是除了利率普遍上涨或下降所暗示的影响之外的影响。

例 11-9 投资组合免疫

可靠人寿保险公司的经理正在考虑聘请顾问针对投资组合免疫策略提供建议。以下是这些演示文稿中的一些陈述：

1. 免疫策略的一个优点就是，它是一个设定并忘却的策略。也就是说，一旦你已经对你的投资组合实施免疫策略，就没有后续的工作要做。

2. 免疫目标回报率低于到期收益率。

3. 如果通过匹配投资组合久期到时间期限，对某一特定时间期限内市场收益率的变化实施投资组合的免疫策略，那么投资组合就不会面临除违约之外的风险。

4. 用于构建免疫投资组合的证券的流动性是无关紧要的。

5. 一般来说，整个投资组合都不必翻过来再平衡免疫组合。此外，再平衡不需要每天进行。

批评声明

解答 1：此句陈述不正确。当利率发生变化并且从以前的再平衡之后，随着时间的流逝，需要再平衡投资组合的久期。

解答 2：只有当收益率曲线向上倾斜时，此句陈述才是真实的。如果收益率曲线向下倾斜，则由于更高的再投资回报率，免疫目标收益率将超过到期收益率，因此该句陈述不正确。

解答3：该句陈述不正确。所描述的投资组合将面临利率变化的风险，导致收益率曲线形状发生变化。

解答4：该句陈述明是不正确的，因为免疫组合需要再平衡，用于构建免疫组合的证券的流动性是相关的考虑因素。非流动性证券涉及高交易成本，使投资组合再平衡成本高昂。

解答5：该句陈述是正确的。整个投资组合不必翻过来再平衡，因为通常将一小部分证券从一个到期期限范围转移到另一个到期期限范围就足够了。另外，为了避免过多的交易成本，通常不必每天进行再平衡，因为这可能涉及过多的交易成本。

11.4.1.2 经典免疫理论扩展

古典免疫理论基于若干假设：

（1）收益率曲线的任何变化均为平行变动，即所有到期日的利率向上或向下移动相同的数值。

（2）投资组合在固定的期限日定价，并且在时间期限之前没有暂时现金流入或流出。

（3）如果利率结构没有变化（即远期利率没有变化），投资的目标价值被定义为在期限日的投资组合价值。

也许经典免疫技术最关键的假设是第一个关于预期利率变化类型的假设。经典免疫投资组合的一个性质是，如果利率平行变化，投资的目标价值是投资组合在时间期限的下限值。[⊖] 根据这一理论，如果利率变化不符合这种保持形状变化，那么将久期匹配投资期限就不再保证免疫。[⊜] 非形状保持的变化是通常观察到的情况。

在给定免疫投资组合和利率平行变动下，图11-5显示了投资组合价值的性质。曲线 aa' 表示对于各种利率变化下投资组合价值的行为，范围从下降到增加，如水平轴所示。假设利率没有变化，tt' 线上的点 V_0 是投资组合的价值水平。如我们上面注意的，在收益率曲线上平行移动的免疫投资组合将在期限日提供至少与确保的目标价值一样的投资组合价值，从而成为最小值。因此，如果经典理论的假设成立，免疫策略提供了最低风险的策略。

图11-6显示了当利率不以平行方式移动时，经典免疫投资组合的价值与利率变化之间的关系。取决于非平行移动的形状，将发生如图11-6a中所示的关系或图11-6b中所示的关系。该图显示了经典免疫投资组合的价值可

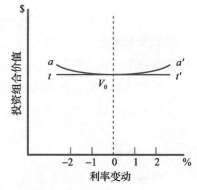

图11-5 免疫投资组合平行利率变动引起的投资组合价值变动

⊖ 参见 Fisher 和 Weil，（1971），以及 Fabozzi（2004b）。
⊜ 想看到完整的关于这些问题的讨论，请看 Cox, Ingersoll 和 Ross（1979）。

能低于目标的可能性（图中 d 点和 e 点）。重要的一点是，将投资组合的久期与投资期限相匹配，作为免疫策略条件可能不会防止与目标价值的显著偏差。给定收益率曲线不平行移动，作为对投资组合累积价值影响的一个例子，考虑 6 年期的回报，6.75% 的债券卖出时收益率为 7.5%。我们的投资期限仍然是 5 年。

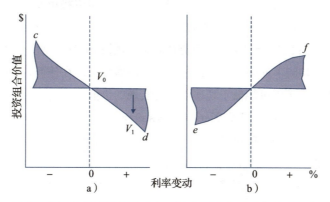

图 11-6　免疫投资组合的不平行利率变动引起的投资组合价值变化的两种模式
资料来源：Gifford Fong Association.

图 11-7 所示的四个收益率曲线变化适用于现有的收益率曲线。例如，方案 1 通过将 3 个月的利率降低 50 个基点，并将 7 年期利率提高到 100 个基点，从而扭弯现有的收益率曲线。收益率曲线上的中间点在端点之间线性内插。然后计算总回报并显示在表 11-8 中。

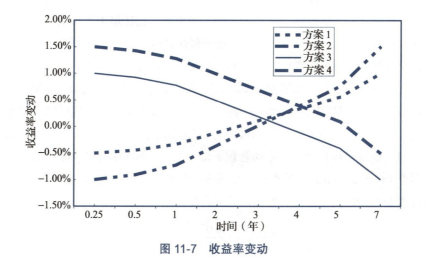

图 11-7　收益率变动

表 11-8　收益率曲线变动后的总回报

多方案	息　票	复　利	债券价格	累计价值	总回报（%）
方案 1	3 375 000	572 652	9 999 376	13 947 029	7.519
方案 2	3 375 000	547 054	10 025 367	13 947 421	7.519
方案 3	3 375 000	679 368	9 894 491	13 948 860	7.522
方案 4	3 375 000	728 752	9 847 756	13 951 508	7.525

经典免疫理论的自然延伸是将理论扩展到利率的不平行变化情况，已经采取了两种方法。第一种方法是修改久期的定义，以便允许收益率曲线的不平行移动，如多功能久期（也称为功能久期或关键利率久期）。第二种方法是可以处理任意利率变动的策略，因此不需要指定替代的久期指标。Fong 和 Vasicek（1984）开发的这种方法建立了针对任意利率变化的免疫风险度量。在投资组合久期等于投资期限的约束下，可以将免疫风险指标最小化，导致利率变动的投资组合最小化。这一方法将在本节稍后讨论。

经典免疫理论的第二个延伸适用于克服固定期限的限制（免疫依赖的第二个假设）。Marshall 和 Yawitz（1982）证明，在平行利率变动的假设下，在任何特定时间存在投资组合价值的下限，尽管这个下限可能低于利率不变时实现的价值。

Fong 和 Vasicek（1984），以及 Bierwag、Kaufman 和 Toevs（1979）将免疫策略扩大到多重负债的情况。多重负债免疫涉及一种投资策略，保证满足特定时间表的未来负债，无论利率发生何种类型的移动变化。Fong 和 Vasicek（1984）提供了多重负债情况的免疫风险度量归纳。此外，它将理论扩展到任意现金流（捐赠和负债）的一般情况。本章稍后将讨论多重负债免疫策略和任意现金流量的一般情况。

在某些情况下，作为严格风险最小化的免疫目标可能过于约束。经典免疫理论的第三个延伸是分析免疫投资组合的风险和回报权衡。Fong 和 Vasicek（1983）展示了如何分析这种权衡。他们的方法称为"回报最大化"，将在本章稍后解释。

经典免疫理论的第四个延伸是将免疫策略与主动债券投资组合管理策略的要素相结合。免疫的传统目标是风险防御，很少考虑可能的回报。Leibowitz 和 Weinberger（1981）提出了一种称为应急免疫（contingent immunization）的技术，它在追求主动策略时提供了一定程度的灵活性，同时确保了利率平行变化时一定的最小回报。在应急免疫方面，如果主动管理的投资组合没有以一定的速度增长，免疫策略将成为一种落后的策略。

当目前的免疫回报率大于所需回报率时，应急免疫是可能的。例如，如果企业的 3 年投资期限必须赚取 3%，它可以以 4.75% 回报率的资产组合免疫，该经理可以主动地管理部分或全部投资组合，直到达到安全的净回报率为 3%。如果投资组合回报率下降到这个安全净收益水平，则投资组合将被免疫，主动管理下降。4.75% 和 3% 的安全净收益率之间的差额称为缓冲利差（cushion spread，最小可接受回报与较高免疫利率之间的差异）。

如果经理开始 5 亿美元的投资组合，三年后投资组合需要增长至

$$P_I\left(1+\frac{s}{2}\right)^{2T} = 500 \times \left(1+\frac{0.03}{2}\right)^{2\times 3} = 546.72（美元）$$

式中　美元数值以百万美元计；

　　　P_I——初始投资组合价值；

　　　s——安全净收益率；

　　　T——投资期间的年数。

在时间 0，投资组合可以免疫至 4.75%，这意味着所需的初始投资组合以百万美元金额计，为

$$\frac{要求的期末价值}{\left(1+\dfrac{i}{2}\right)^{2T}} = \frac{546.72}{\left(1+\dfrac{0.0475}{2}\right)^{2\times 3}} = 474.90（美元）$$

因此，该经理的初始美元安全边际为 50 000 万美元 −47 490 万美元 = 2 510 万美元。

如果经理将全部 5 亿美元投资于 4.75%，10 年期票据和到期收益率立即发生变化，美元的安全边际将如何？

如果到期收益率突然下跌至 3.75%，投资组合的价值将为 54 136 万美元。到期收益率为 3.75% 时达到期末价值 54 672 万美元所需的初始资产价值为 48 906 美元，因此美元的安全边际已经增长到 54 136 万美元 −48 960 万美元 =5 230 万美元。因此，经理会将更大比例的资产投入到主动管理中。

如果利率上升，到期收益率现在为 5.80%，投资组合价值将达到 4.655 亿美元，初始资产价值将达到 4.652 亿美元。美元安全边际已经达到零，因此投资组合必须立即被免疫。

Fong 和 Tang（1988）描述了使用免疫作为主动回报策略的另一个例子。基于期权估值理论，投资组合策略可以有步骤地变动投资组合中的主动策略和免疫策略之间的比例以达到预期的最低回报，同时保持主动策略的潜在上行空间。

1. 资产和负债的久期和凸度

为了使经理清楚地了解投资组合的经济盈余，**经济盈余**（economic surplus）被定义为资产的市场价值减去负债的现值，必须理解资产和负债的久期和凸度。只关注公司资产的久期不会真实地表明公司的总体利率风险。

例如，假设公司的资产和负债具有表 11-9 所示的特征。我们可以考虑两个利率情景，涨 100 个基点和跌 100 个基点，结果分别如表 11-10 所示。公司的经济盈余随着利率上涨而上涨。这种增长是资产和负债之间久期不匹配的结果。

表 11-9 公司资产负债表特征　　　　　　　　　　　（以百万美元计）

	市场价值	现　值	经济盈余	久　期
资产	500	—	100	4
负债	—	400	—	7

表 11-10 利率方案　　　　　　　　　　　（以百万美元计）

	近似市场价值	现　值	经济盈余
A. 当利率上涨 100 个基点			
资产	480	—	108
负债	—	372	—
B. 当利率下跌 100 个基点			
资产	520	—	92
负债	—	428	—

凸度也是经济盈余变化中的一部分。如果负债和资产是久期匹配，但不是凸度匹配，经济盈余将受到反映凸度不匹配的利率变化引起价值变动的影响。

经理必须持续监控投资组合，以确保资产和负债久期与凸度得到很好的匹配。如果久期/凸度不匹配程度很大，投资组合应再平衡以实现更紧密的匹配。

2. 风险类型

随着市场环境的变化，投资组合经理面临在负债到期时无法支付的风险。这种风险的三个来源是利率风险、或有债权风险和上限风险。

利率风险。 由于大多数固定收入证券的价格变化与利率相反，利率上升的环境将对投资组合价值带来不利的影响。如果需要出售资产偿还负债，经理可能会发现缺口。利率风险是投资组合经理面临的最大风险。

或有债权风险。 当证券具有明确或隐含的或有债权条款时，会存在相关风险。在下降的利率环境中，经理可能会遇到有利润的息票停止支付并接受本金的情况（当基础抵押贷款提前偿付本金时与抵押担保证券的情况一样）。息票的损失是够糟的，但现在必须以较低的利率再投资。此外，可赎回证券的市场价值将拉平至赎回价格，而不是像不可赎回证券那样持续向上。

上限风险。 以浮动利率支付的资产通常会与有上限的浮动利率挂钩。当资产回报设定上限时，经理面临市场利率上涨的风险。这种事件可能会严重影响资产的价值。

3. 免疫组合的风险最小化

Fong 和 Vasicek（1984）对经典免疫理论的扩展构建了一个对于任意利率变化有最低风险的免疫组合。最小化免疫风险的一种方法如图 11-8 所示。

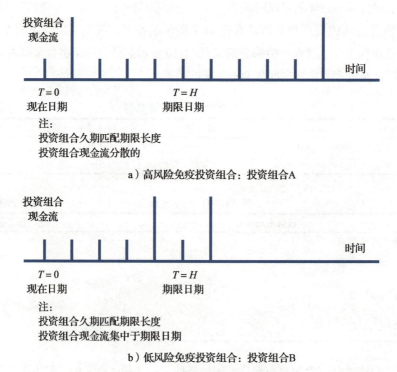

图 11-8 免疫风险度量说明图

资料来源：Fabozzi（2004b, p. 123）.

图 11-8 的两个面板中的尖峰代表实际的投资组合现金流。较高的尖峰描绘了证券到期时产生的实际现金流，而较小的尖峰代表息票支付。投资组合 A 和投资组合 B 都是由两只久期与投资期限相等的债券组成。投资组合 A，实际上是杠铃投资组合（barbell portfolio），即由相对于期限日和中期付息的短期和长期债券组成的组合。投资组合 B 是一个子弹型投资组合（bullet portfolio），债券到期期限非常接近投资期限。

如果两个投资组合的久期等于投资期限长度，则两个投资组合都不受利率平行变化的影响。然而，当利率以一个任意不平行的方式变化时，对两个投资组合的价值的影响是不同的，杠铃投资组合比子弹型投资组合风险更大。

例如，短期利率下降而长期利率上升。杠铃型和子弹型投资组合都将在投资期限结束时实现投资组合价值下降而低于目标投资价值，因为除了较低的再投资利率之外，它们将遭遇资本损失。

然而，杠铃投资组合的下降幅度将会大大增加，原因有两个：第一，杠铃投资组合经历较低的再投资利率比子弹型投资组合经历的更长；第二，在投资期限末，更多的杠铃投资组合仍然未清偿，这意味着同样的利率涨幅会导致更多的资本损失。简而言之，子弹型投资组合受利率结构变化的影响比杠杆投资组合更少。

应该清楚的是，再投资风险决定了免疫风险。具有最小再投资风险的投资组合有着最小的免疫风险。当期限日附近的现金流高度分散时，如杠铃投资组合中，投资组合将面临很高的再投资风险。当现金流量集中在期限日时，如子弹型投资组合，投资组合的再投资风险最小。在投资期限内到期的纯折价金融工具，因为没有中期现金流量，不存在再投资风险，所以免疫风险为零。从纯折扣工具转向息票支付工具，投资组合经理面临着选择提供最低免疫风险的息票支付证券的任务。如果经理可以构建一个投资组合，该投资组合复制在投资期限内到期的纯折扣工具，那么免疫风险将为零。

回想一下，如果所有到期日的收益率以相同的数值变化，免疫组合的目标价值是在投资期限的投资组合终值的下限。如果不同到期期限的收益率变化不同，目标价值不一定是投资价值的下限。

Fong 和 Vasicek（1984）证明，如果远期利率由任意函数而变化，投资组合价值的相对变化取决于两项的乘积。⊖第一项，表示为 M^2，完全取决于投资组合的结构，而第二项仅仅是利率变动的函数。第二项带有利率冲击属性的特征。这是一个不确定的量，因此，在经理的控制之外。第一项，在经理的控制下，它完全取决于投资组合的组成。第一项可以用作衡量免疫风险的指标，因为当它很小时，任何利率的变化对投资组合的影响都很小。免疫风险度量指标 M^2 是在期限日支付时间的方差，方差的计算中某一特定时间的权重是在当时收到的付款占金融工具的总现值的百分比。⊖免疫风险指标可称为**到期日方差**（maturity variance）。实际上，它衡量的是一个给定的免疫组合有多少不同于由到期日等于投资期限、

⊖ Fong 和 Vasicek（1984）证明的结果是通过将期终投资组合价值函数扩展到泰勒级数的前三项得出的。

⊖ 指标是 $M^2 = M^2 = \sum_{j=1}^{m}(s_j - H)^2 C_j P_0(s_j)/I_0$，其中在时间 s_j 时付款 C_j，H 是期限日，$P_0(S_j)$ 是在时间 S_j 付款的现值，I_0 是初始投资组合价值。

单纯贴现工具组成的理想免疫组合。

考虑到免疫风险指标的最小化和投资组合久期等于投资期限的约束，利用线性规划（linear programming，目标函数和约束是线性的最优化）找到最优免疫投资组合。线性规划是适当的，因为风险指标在投资组合支付中是线性的。

免疫风险指标可以用来建立期限内目标收益和期末投资组合目标价值的近似置信区间。置信区间表示围绕目标收益的不确定波动，在这个范围内，可以预期实现已知概率下的回报。对置信区间的表达：

$$置信区间 = 目标回报 + (k) \times (目标回报标准差)$$

其中 k 是围绕预期目标回报的标准差数值。所需的置信水平可以确定 k。期望的置信水平越高，k 越大，围绕期望目标回报的波幅越宽。

Fong 和 Vasicek（1983）证明，预期目标回报的标准差可以通过三个项的乘积近似得到：㊀①免疫风险指标；②收益率曲线上斜率的一个周期变动方差的标准差；㊁③仅是期限长度函数的表达式。㊂

11.4.1.3 多重负债免疫

对于单一投资期限的免疫是适当的，其中投资的目标是在期限日保持投资的价值。这个目标是适当的，因为一个单一负债是在期限日支付的，或者一个目标投资价值必须在期限日达到。然而，更多的是，投资基金需要支付一定数量的负债，没有单一期限对应于负债计划表。如果有足够的资金支付所有到期负债，即使利率平行转移变化，投资组合也被认为是针对特定负债流免疫的。

Bierwag、Kaufman 和 Toevs（1979）证明，将投资组合的久期与负债的平均久期相匹配，并不是多重负债存在下进行免疫的充分条件。相反，投资组合支付流必须可分解，使得每个负债通过一个组件流分别免疫，可能没有实际的证券提供与组件支付流个别匹配的付款。

Fong 和 Vasicek（1984）证明了在利率平行移动的情况下必须满足的条件，以确保多重负债免疫。必要和充分的条件是：

（1）资产的现值等于负债的现值。
（2）投资组合的（复合）久期必须等于负债的（复合）久期。㊃
（3）个人投资组合资产的久期分布范围应大于负债分布的范围。㊄

第二个条件的含义是，为了给延期 30 年的负债流免疫，不需要持有久期为 30 的投资组合。这个条件要求经理构建投资组合，使投资组合的久期与加权平均负债久期匹配。这个事

㊀ 推导是基于这样的假设，即最佳免疫组合的免疫风险指标定期再平衡以及时减少按剩余期限三次方的近似比例。
㊁ 这项可以从历史收益率变化进行经验的估算。
㊂ 单周期负债免疫投资组合的预期目标回报标准差的第三项表达式为 $(7H)^{-1/2}$，其中 H 为投资期限的长度。
㊃ 负债的久期如下：$[(1) PVL_1 + (2) PVL_2 + \cdots + (m) PVL_m]/$（负债总现值），其中 PVL_t 为在时间 t 负债现值；m 为上次负债支付的时间。
㊄ 更具体地讲，投资组合支付的平均绝对偏差必须大于或等于每个付款日的负债的平均绝对偏差。

实很重要，因为在任何合理的利率环境下，投资级债券构建的投资组合久期不可能超过15年。然而对于公司养老基金退休生活，负债流通常是减少的量。也就是说，前几年的负债最大，趋向30年期期末的负债一般较低。以负债久期的加权平均通常将投资组合的久期处于可管理状态。

第三个条件要求投资组合支付负债（时间上比负债更分散）。也就是说，投资组合必须拥有久期等于或小于最短久期负债的资产，以便有资金支付到期负债。投资组合必须拥有久期等于或大于最长久期负债的资产，以避免可能危及最长久期支付的再投资利率风险。这个有均等短久期和长久期资产的最短久期和最长久期负债组合将平衡投资组合价值的变化与再投资回报的变化。

为了了解为什么投资组合支付在时间上必须比确保免疫的负债更多地分散，考虑单一投资期限的情况，通过平衡息票支付的再投资回报与投资期限内投资价值变动来实现免疫。在多重负债的情况下，每个负债由投资组合支付以相同方式支撑，这意味着支付在时间上比负债更加分散。因此，选择投资组合中证券的经理不仅必须跟踪资产与负债之间的久期匹配，而且还要保持资产组合中资产的指定分布。

多重负债免疫的三个条件确保仅针对利率平行移动的免疫。Reitano（1991）探讨了平行移动假设的局限性。㊀他还开发了将多重负债免疫推广到任意收益率曲线变化的模型。他的研究表明，经典的多周期免疫可以掩盖与不平行收益率曲线移动的相关风险，并且保护一种类型收益率曲线变化的模型可能会将投资组合暴露于其他类型变化的风险。

Fong 和 Vasicek（1984）也讨论了将免疫组合暴露于任意利率变化的问题，并将免疫风险度量推广到多重负债情况。就像在单一投资期限情况一样，他们发现，如果远期利率由任意函数变化，投资组合价值的相对变化取决于两项的乘积：一项完全依赖于投资组合结构；另一项依赖利率的走势。

最佳免疫策略是根据这两个条件（以及任何其他适用投资组合的约束）所施加的限制来度量最小化免疫风险，然后可以通过使用线性规划来构建最小风险免疫组合。

也可以在多重负债情况下构建近似置信区间。预期目标回报的标准差是风险最小化部分中三项的乘积。㊁

11.4.1.4 一般现金流免疫

在单一投资期限和多重负债情况中，我们假设投资基金初始全部可用。如果相反，免疫投资所涵盖的给定负债时间表必须由构建投资组合建立时不可用的投资基金来满足？

假设经理在2年期限结束时要支付一定的负债。然而，只有一半的必须资金现在可用，其余的预期在第1年年底可用，并将在第1年年底投资，不论当时利率如何。是否有投资策略，无论利率发展如何，都能保证投资的期末价值？

㊀ 另见 Reitano（1992），详细说明了潜在的收益率曲线移动与免疫之间的关系。
㊁ 参见 Fong 和 Vasicek（1983）。多重负债情况下第三项的表达式是负债的日期和负债相对大小以及投资期限长度的函数。

在某些条件下，这样的策略确实有可能。预期的现金贡献可以被认为是作为初始持有量的一部分假设证券的支付。实际的初始投资可以投资于这样的一种方式，使真实和假设持有一起代表免疫组合。

我们可以用两年的投资期限来说明这一点。可以构建久期为3的初期投资。一半的久期为3的资金将在实际投资组合中，另一半久期为1的资金在假设投资组合中。投资组合的现金流支付总量久期为2，与投资期限长度相匹配。这个匹配满足了对于单个投资期限免疫的充分条件。

在第1年结束时，现金贡献投资时的利率下降将被初始资产价值的相应增加抵消。在那个时间投资组合通过出售实际持有证券和投资所得收入并与投资组合中久期为1的新的现金去匹配期限日来达到再平衡。请注意，未来贡献的保证回报率不是当前的即期利率，而是贡献日的远期利率。

这一策略可以扩大到适用于多种贡献和负债，可以产生适用于某一段时间内任意现金流量的一般免疫技术。构建最佳免疫组合涉及量化并最小化免疫风险指标，然后可以使用线性规划方法来获得最优投资组合。

11.4.1.5 免疫组合的最大化回报

在某些情况下，免疫组合的风险最小化目标可能过于具有限制性。如果可以实现预期收益的大幅增长而对免疫风险几乎没有影响，尽管风险较高，但较高收益的投资组合可能是首选。

假设一个最佳免疫投资组合的目标回报率为8%，在95%置信区间±20个基点。因此，最低风险投资组合的投资回报率低于7.8%的机会为1/40。假设另一个没做好免疫的投资组合可以产生目标回报率为8.3%，95%置信区间±30个基点。在所有40种机会情况下只有一个例外，平均而言，与最小风险投资组合实现的7.8%相比，这个投资组合将实现收益8%以上。对许多投资者而言，8.3%的目标收益投资组合可能是首选。

所需的期终价值，加上货币项的安全边际，将决定投资周期的最低可接受回报率。如已经提到的，最小可接受的回报率和较高可能的免疫利率之间的差异被称为缓冲利差。这个利差使经理有追求主动策略的活动空间。缓冲利差越大，经理主动管理政策的范围就越大。

Fong和Vasicek（1983）对免疫组合的风险/回报权衡的方法保持投资组合久期在任何时间等于投资期限长度。因此，投资组合在经典意义上保持完全免疫。然而，应考虑的是风险和回报率之间的权衡，而不是最小化利率不平行变动带来的免疫风险。如果按预期回报方式保证进行补偿就可以放宽免疫风险度量指标。具体来讲，该策略最大限度地提高了投资组合回报的下限。下限定义为给定置信水平下实现回报的置信区间下限。

当将回报最大化作为目标时，线性规划可用于求解最优投资组合。实际上，可以采用参数线性规划来确定与均值方差框架类似的免疫组合的有效边界。

11.4.2 现金流匹配策略

现金流量匹配是资产/负债管理中多重负债免疫的替代方法。现金流量匹配是一个吸引人的策略，因为投资组合经理只需要选择证券来匹配负债的时间和金额。在概念上，被选择的债券到期日与最后一个负债相匹配，并且本金数额等于最后一个负债的本金减去投资于该债券的最后息票支付。负债流的其余部分通过该债券的息票支付减少，另一个债券被选择成为倒数第二负债匹配，根据所选择的第一个债券收到的任意息票付款进行调整。回到这个时间，这个顺序是持续的，直到所有的负债都与投资组合所选择的证券付款相匹配。线性规划技术可用于从可接受的债券范围构建最低成本的现金流匹配投资组合。

图 11-9 简要说明了这一个 5 年负债流的过程。表 11-11 提供了现金流量来源分析，以及

假设：5年期负债流。来自债券的现金流是每年的。

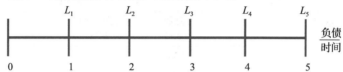

步骤1：来自选出的债券A现金流满足负债 L_5
息票 $= A_c$，本金 $= A_p$ 和 $A_c + A_p = L_5$
剩余的无资金支持的负债：

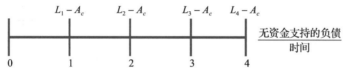

步骤2：来自选出的债券B现金流满足负债 $L_4 - A_c$
息票 $= B_c$，本金 $= B_p$ 和 $B_c + B_p = L_4 - A_c$
剩余的无资金支持的负债：

$L_1 - A_c - B_c \quad L_2 - A_c - B_c \quad L_3 - A_c - B_c$

无资金支持的负债
时间
0　　　1　　　2　　　3

步骤3：来自选出的债券C现金流满足负债 $L_3 - A_c - B_c$
息票 $= C_c$，本金 $= C_p$ 和 $B_c + B_p = L_3 - A_c - B_c$
剩余的无资金支持的负债：

$L_1 - A_c - B_c - C_c \quad L_2 - A_c - B_c - C_c$

无资金支持的负债
时间
0　　　1　　　2

步骤4：来自选出的债券D现金流满足负债 $L_2 - A_c - B_c - C_c$
息票 $= D_c$，本金 $= D_p$ 和 $B_c + B_p = L_2 - A_c - B_c - C_c$
剩余的无资金支持的负债：

$L_1 - A_c - B_c - C_c - D_c$

无资金支持的负债
时间
0　　　1

步骤5：选出的债券E有现金流 $L_2 - A_c - B_c - C_c - D_c$

图 11-9　图示现金流匹配过程

资料来源：Fabozzi（2004b，p. 123）

投资组合资金应用于与 2004 年 12 月 31 日至 2018 年期间到期的一系列剩余负债相匹配的现金流。在 2004 年第一行，以前的现金余额为零欧元表示以前的负债是通过到期的本金和息票付款恰好清偿的。本金付款为 1 685 欧元，息票付款为 2 340 欧元，累计利息再投资的账户为 13 欧元，足以支付 2004 年年底到期的负债（1 685+2 340+13=4 038 欧元）（利息账户反映预期在收到的负债款项之前应收到的付款利息）。图的最后一栏显示了每个周期剩余的超额资金，这些资金是以投资组合经理提供的假定的 1.2% 再投资利率进行再投资的。超额现金越多，该策略的风险就越大，因为再投资利率具有不确定性。

表 11-11　现金流量匹配样本组合的现金流分析　　　　　　（单位：欧元）

收益率 （12 月 31 日）	以前 现金余额	本金 支付	息票 支付	付款再投资的 利息	到期 债务	新的 现金余额
2004	0	1 685	2 340	13	(4 038)	0
2005	0	1 723	2 165	13	(3 900)	0
2006	0	1 805	1 945	12	(3 762)	0
2007	0	1 832	1 769	23	(3 624)	0
2008	0	1 910	1 542	22	(3 474)	0
2009	0	1 877	1 443	10	(3 330)	0
2010	0	2 081	1 072	21	(3 174)	0
2011	0	2 048	950	14	(3 012)	0
2012	0	1 996	847	7	(2 850)	0
2013	0	3 683	768	9	(2 582)	1 878
2014	1 878	0	611	25	(2 514)	0
2015	0	1 730	611	5	(2 346)	0
2016	0	1 733	440	5	(2 178)	0
2017	0	1 756	233	15	(2 004)	0
2018	0	1 740	157	3	(1 900)	0

再投资利率：1.2%，估值日期：2003 年 12 月 31 日。

11.4.2.1　现金流量匹配与多重负债免疫

如果所有负债流与投资组合的资产流完全匹配，则所产生的投资组合将不具有再投资风险，因此不会有免疫或现金流量匹配风险。然而，鉴于典型的负债计划表和可用于现金流量匹配的债券，完全匹配是不太可能的。在这种情况下，最小化免疫风险的方法应与现金流量匹配一样好，并且可能会更好，因为免疫策略将需要较少的资金来为负债提供资金。两个因素有助于这种优势。

第一，现金流量匹配需要一个对短期现金相对保守的回报率假设，现金余额可能偶尔有价值的。相比之下，免疫投资组合基本上是在剩余期限久期内完全投资的。第二，现金流匹配投资组合的资金必须在每个负债到期时（通常是在之前）可用，因为在完美匹配中存在困难。由于现金流量匹配的超额现金的再投资假设会延续到未来许多年，所以保守的利率假设是适当的。免疫投资组合只需要在每个负债的日期达到目标值，因为提供资金是通过投资组合的再平衡来实现的。

因此，即使使用复杂的线性规划技术，在大多数情况下，现金流量匹配在技术上将劣于免疫。现金流量匹配比多重负债免疫更容易理解。然而，这种易用性偶尔支持其在奉献投资组合策略中的选择。

11.4.2.2 基本现金流量匹配的扩展

在基本现金流量匹配中，只有在负债日之前发生的资产现金流才能用于满足负债。基本技术可以扩展到允许在负债日之前和之后发生的现金流用于满足负债。⊖这种被称为对称现金流量匹配（metric cash flow matching）的技术允许短期借贷资金以满足负债到期日之前的负债。借入短期资金的机会使得平衡现金匹配以减少负债的融资成本。

为负债提供资金的多重负债免疫和现金流量匹配的流行变化是一种结合这两种策略的策略。这种策略，称为组合匹配（combination matching）或期限匹配，创建一个久期匹配的投资组合，附加约束是最初几年（通常是前五年）现金流匹配。组合匹配多重负债免疫的优势是在初始现金流量匹配期间提供流动性需求。此外，收益率曲线的大部分曲度通常处于短期（前几年）。与负债流的初始部分相匹配的现金流减少了与收益率曲线不平行变动相关的风险。组合匹配多重负债免疫的缺点是负债提供资金的成本较高。

11.4.2.3 应用注意事项

在应用奉献策略时，投资组合经理必须关注领域选择、优化、监控和交易成本。

1. 领域选择

选择构建单周期免疫组合或奉献投资组合的领域非常重要。所考虑的证券质量越低，潜在风险和回报率越高。奉献策略假设没有违约，免疫理论进一步假设证券只对利率的整体变化做出反应。证券质量越低，不能满足这些假设的可能性越大。此外，具有嵌入式期权，如看涨期权或提前偿付期权（例如抵押担保证券）的证券变得复杂并且甚至可能阻止对现金流量和久期的准确度量，并因此阻碍了免疫和现金流量匹配的基本要求。最后，流动性是免疫组合的考虑因素，因为它们必须定期再平衡。

2. 优化

优化程序可用于构建免疫和现金流匹配投资组合。对于免疫组合，受到匹配加权平均久期的约束，优化通常采取最小化到期方差的形式，并具有必要的久期分散（在多重负债免疫中）。对于现金流量匹配，受限于在发生债务时拥有足够的现金，优化采取最小化初始投资组合成本的形式，可以包括进一步的考虑，如平均质量、最小和最大集中限制以及可能的发行者约束。在整个过程中，确定现实的指导方针和目标至关重要。准确的定价是重要的，因为优化对所考虑的证券价格非常敏感。因为有许多可用的输入值和变量，所以优化过程应该迭代地进行，最终的解决方案是许多试验的结果。

3. 监控

监控免疫或现金流匹配的投资组合需要定期进行绩效度量。对于一个子弹型投资组合，

⊖ 参见 Fabozzi, Tong, and Zhu（1991）。

业绩监测可能采取定期观察与当前目标回报和年化挂钩的回报率形式。这个回报应该围绕初始目标回报略有波动。

通过将资产的当前市场价值与剩余负债的现值进行比较，可以最容易地监测多重负债免疫的绩效情况。当前的免疫组合内部收益率应用于贴现剩余的负债。（使用这个比率是因为它是能够为负债提供足够的现金流的预期收益率）。这两个数值应该密切相关。监控基金终值的估计标准差也可能是有用的，以确保当接近期限日期时，它将或多或少均匀地下降到零。

4. 交易成本

交易成本对于满足免疫投资组合的目标价值很重要。它们不仅必须在初始的免疫（首次创建免疫组合时）中考虑，还必须在定期再平衡中考虑以避免久期不匹配。

本章小结

固定收益组合的管理是一个高度竞争的领域，需要金融和经济分析，市场知识和成本控制方面的技能。其中的要点如下：

- 由于基准是投资组合业绩比较的标准，因此应始终反映投资组合的目标。如果投资组合的负债必须得到偿付，这个需求是首要的目标，因此是最适当的基准。如果投资组合没有负债，则最相关的标准是与投资组合特征非常接近的债券市场指数。
- 债券指数具有吸引力，因为指数投资组合的成本低于主动管理的投资组合，并且广泛的债券指数组合提供了极好的多元化。
- 在选择基准指数时，经理应选择具有可比市值风险、可比收益风险（可比收入流）和最小负债架构风险（资产和负债久期的最小不匹配）指数。
- 大多数债券指数不容易复制。阻止债券指数可投资性的问题包括债券发行量小、异质性和不频繁的交易。此外，债券指数可能会出现非预期的风险敞口，风险随着时间的推移而变化，或者由于无价值证券而负担过重。投资者也可能无法找到与投资组合所期望的风险敞口相匹配的指数。
- 对于指数投资组合，经理必须小心尝试将投资组合的特征与基准风险特征相匹配。匹配的主要风险因素是投资组合的久期、关键利率久期和现金流量分布、板块和质量百分比、板块久期贡献、质量利差久期贡献、板块/息票/到期日/单元权重和发行人风险。
- 指数经理有各种各样的策略，可以从完全被动的风格到非常主动的风格或这两种之间的选择。这些策略中最流行的是纯债券指数，通过匹配主要风险因子增强指数，通过轻微风险因子的不匹配增强指数，通过更大的风险因子不匹配进行主动管理以及全面的主动管理。
- 由于完全指数投资组合仍落后于基准交易成本数额，经理可以使用各种技术来提高收益。这些措施包括降低管理和交易成本、发行选择、收益率曲线定位、板块和质量定位以及赎回定位。

- 总回报分析和情景分析是分别评估利率变动和一系列利率变化对交易影响的方法。
- 单一负债的债券免疫策略的核心是将资产的平均久期与负债的期限相匹配。然而，这种匹配本身不足以免疫投资组合，一般来说，由于收益率曲线中曲度和不平行变化的影响，在设计免疫策略时，必须注意确保投资组合在各种不同情景下依然免疫。
- 为了保持投资组合的美元久期，可能需要再平衡。实现这一目标的方法包括：①投资新资金（如有必要）；②改变特定证券的权重以调整美元久期；③使用衍生工具。如果投资新的资金再平衡，计算投资组合的新的美元久期，计算再平衡比率，然后将投资组合的新市场值乘以期望的百分比变化。
- 利差久期是衡量相对于可比基准证券（投资组合）100个基点的平行变动，风险债券（投资组合）的市场价值如何变化。利差久期是影响投资组合总回报的重要因素，因为利差变化频繁。
- 由于很少发生收益率曲线的平行变化，经典的免疫也不会对投资组合进行充分的免疫。经典免疫的扩展提供了更好的结果。这些扩展包括修正久期（多功能久期）的定义，克服固定期限的局限性，分析免疫组合的风险和回报权衡，以及将免疫策略与主动债券市场策略的要素相结合。
- 描述无法支付投资组合负债风险的三个类别是利率风险、或有债权和上限风险。利率上升的环境（利率风险）是投资组合经理面临的最大风险。当证券具有或有债权条款时，经理可能会碰到有利的息票停止付款（如抵押担保证券的情况）或可赎回证券的市场价值被拉平。浮动利率支付的资产通常会与浮动利率挂钩。当资产回报有上限时，经理面临市场利率上涨的风险。
- 多重负债免疫要求投资分解组合支付流，使每个负债由一个组成流单独免疫，资产的现值等于负债的现值，投资组合的复合久期必须等于负债的复合久期，单个投资组合资产的分布范围应比负债分配范围更广。对于一般现金流量，预期的现金贡献可以被认为是作为初始持有量一部分假设证券的支付。实际的初始投资可以以这样的一种方式投资，使真实和假设持有一起代表免疫组合。
- 受制于久期约束，风险最小化产生免疫组合最低限度受任意利率变动的影响。然而，在某些情况下，这个目标可能限制太严了。如果可以实现预期收益的大幅增长而对免疫风险几乎没有影响，尽管风险较高，但较高收益的投资组合可能是首选。

固定收益投资组合管理

H. 吉福德·冯（H.Gifford Fong）
拉里 D. 吉恩（Larry D.Guin CFA）　　特许金融分析师

学习成果

完成本章后，你将能够掌握以下内容：
- 评估杠杆对投资组合久期和投资收益的影响。
- 讨论使用回购协议（repos）为购买债券融资和影响回购利率的因素。
- 评论固定收益组合风险度量的标准差、目标半方差、短缺风险和风险价值的使用。
- 展示使用期货而不是现金市场工具来改变投资组合风险的优势。
- 制订和评估基于利率期货的免疫策略。
- 解释使用利率互换和期权来改变投资组合的现金流量和利率风险。
- 比较违约风险、信用利差风险和信用降级风险，并演示使用信用衍生工具来解决固定收益组合背景下的每种风险。
- 解释国际债券投资组合超额收益的潜在来源。
- 评估：①国内利率变动时国外债券的价值变动情况；②给定国外债券的久期和国家 β 值，国内投资组合中债券对久期的贡献。
- 建议并证明是否对冲或不对冲国际债券投资中的货币风险。
- 描述如何使用盈亏平衡利差分析来评估在国际债券市场寻求收益优势的风险。
- 讨论投资新兴市场债务的优势和风险。
- 讨论选择固定收益经理的标准。⊖

⊖ 本讨论的第一部分被列为第 11 章，标题为"固定收益组合管理第一部分"。
Managing Investment Portfolios: A Dynamic Process, Third Edition, John L. Maginn, CFA, Donald L. Tuttle, CFA, Jerald E. Pinto, CFA, and Dennis W. McLeavey, CFA, editors. Copyright © 2007 by CFA Institute.

12.1 其他固定收益策略

无论是对债券市场指数还是对负债池的管理，固定收益管理人员可能会寻求增强业绩的一系列组合和替代方案。

12.1.1 组合策略

虽然我们已经解释了一些基本的投资组合策略，但投资组合策略的范围确实代表了连续性。在利率周期的不同阶段，特定的策略可能是最合适的，但通常情况下，混合的替代方案对于周期的部分或全部是最好的。

当决策者拥有坚定的信念时，单一策略方法可能是最佳的，在更不确定性的情况下，策略组合可能产生最佳的预期风险或回报权衡。例如，权衡可能是将部分投资组合的风险和回报结合一部分基准投资组合，其在长期会提供令人满意的业绩，并主动管理剩余部分。保留主动组成部分可保持卓越业绩的机会。

两种最流行的组合策略是主动/被动和主动/免疫。**主动/被动组合**（active/passive combination）将组合的核心组件分配给被动策略，并将平衡分配给主动组件。被动策略将复制一个指数或市场的某个板块。在主动部分，经理可以自由地实施回报最大化策略（在某一给定的风险水平下）。大型养老基金可能对核心策略有较大的配置，包括指数化投资组合，其余选择价差主动策略大体上提高整体投资组合回报。

主动/免疫组合（active/immunization combination）还包括两个投资组合：免疫组合在计划期限提供有保证的回报，而第二个投资组合使用主动的高回报/高风险策略。免疫组合旨在提供有保证的绝对回报来源。积极免疫策略的一个例子是一个充分投资的养老金计划的盈余保护战略，在该计划中，负债是免疫的，剩余的资产部分是主动管理的。

12.1.2 杠杆作用

通常，经理被允许使用杠杆作为工具来帮助增加投资组合的回报。事实上，使用杠杆的整体目的是放大投资组合的回报率。只要经理可以获得借款资金的投资回报大于利息成本，投资组合的回报率将被放大。例如，如果经理人可以以 4% 的利率借入 1 亿欧元（即每年 400 万欧元的利息），并投资这笔资金赚取 5%（即每年 500 万欧元）的回报，1% 的差额（或 100 万欧元）代表了增加整个投资组合回报率的利润。然而，当经理在债券投资组合使用杠杆时，投资组合中权益的利率敏感度通常会增加，这将在后续章节讨论。

12.1.2.1 杠杆效应

正如我们刚刚看到的，使用杠杆的目的是尽可能地放大投资组合的回报。让我们用一个例子来仔细看这个放大效果。

例 12-1　使用杠杆

假设一位经理有 4 000 万美元的投资资金。然后，经理以 4% 的利率再借入 1 亿美元，希望放大投资组合的回报率。进一步假设经理可以以 4.5% 的回报率投资所有的资金。投资组合组成部分的回报如下：

	借入资金（美元）	权益资金（美元）
投资金额	100 000 000	40 000 000
回报率 4.5%	4 500 000	1 800 000
减去利息费用 4.0%	4 000 000	0
净收益	500 000	1 800 000
每一组成部分回报率	$\dfrac{500\,000}{100\,000\,000}=0.50\%$	$\dfrac{1\,800\,000}{40\,000\,000}=4.50\%$

由于借入资金的利润增值为权益，所以在利用杠杆作用的情况下，全部权益的回报率从 4.5% 增加到 5.75%：

$$\frac{1\,800\,000 + 500\,000}{40\,000\,000} = 5.75\%$$

虽然借入资金的净回报率只有 50 个基点，但由于借入的资金很多，投资组合的权益资金回报率增加了 125 个基点（5.75% − 4.50%）。借入金额越大，放大倍数越大。

然而杠杆作用是把双刃剑。如果经理不能将借入资金投资赚取至少利率水平，这种杠杆作用将会拖累盈利能力。例如，如例 12-1 所示，如果经理只能获得 3.50% 的投资组合收益率，那么投资组合的净回报率将为 2.25%，比没有融资杠杆的收益率低 125 个基点。

表 12-1 显示了在投资基金（以及不同水平借入资金）各种收益率下的投资组合回报。

表 12-1　各种收益率下的投资组合回报

借入资金（美元）	投资组合权益资金的年回报率				
	2.5%	3.5%	4.5%	5.5%	6.5%
60 000 000	0.25%	2.75%	5.25%	7.75%	10.25%
80 000 000	−0.50%	2.50%	5.50%	8.50%	11.50%
100 000 000	−1.25%	2.25%	5.75%	9.25%	12.75%
120 000 000	−2.00%	2.00%	6.00%	10.00%	14.00%
140 000 000	−2.75%	1.75%	6.25%	10.75%	15.25%

在表 12-1 中可以看到两个关系：

（1）借入资金量越大，潜在结果的变动就越大。换句话说，杠杆作用越大，风险就越高。
（2）投资资金的年回报率变动越大，潜在结果的变动就越大（即风险越高）。

现在让我们来看一下有杠杆的投资组合的借入和权益组成部分回报表达式。让我们也展开这个投资组合整体回报的表达式。假设

E = 权益金额

B = 借入资金金额

k = 借入成本

r_F = 资金的投资回报

R_B = 借入资金回报

= 借入资金利润 / 借入资金金额

= $B \times (r_F - k)/B$

= $r_F - k$

正如预期的那样，R_B 等于资金的投资回报率减去借入资金成本。

R_E = 权益回报率

= 权益利润 / 权益金额

= $E \times r_F / E$

= r_F

正如预期的那样，R_E 等于资金的投资回报。

R_P = 投资组合回报率

=（借入资金利润 + 权益利润）/ 权益金额

= $[B \times (r_F - k) + E \times r_F]/E$

= $r_F + (B/E) \times (r_F - k)$

例如，假设权益为1亿欧元，以年6%的利率借入5 000万欧元。如果投资回报率为6.5%，投资组合的回报率为 6.5% +（50欧元/100欧元）×（6.5% - 6.0%）= 6.75%。

除了放大回报，使用杠杆的债券投资组合的第二个主要影响是在投资组合中投资者的股权久期。由于债务久期相对于融资资产的久期较短，所以有杠杆的债券组合的久期通常高于其他相同但没有杠杆的债券组合的久期。权益久期的表述反映了资产和负债的久期及其市场价值。由于 D_A 表示资产（债券组合）的久期和 D_L 表示负债（借入资金）的久期，权益久期为 D_E，由⊖

$$D_E = \frac{D_A A - D_L L}{E}$$

式中 A 和 L 分别代表资产和负债的市场价值。

使用例 12-1 的数据来说明计算，假设 1.4 亿美元的债券投资组合（A = 1.4 亿美元）的久期为 4.00（D_A = 4.00）。然而，1 亿美元的投资组合价值是借来的（L = 1 亿美元，$E = A - L$ = 4 000 万美元）。让我们假设负债的久期为 1.00（D_L = 1.00）。然后，以百万美元计价，

$$D_E = \frac{4.00 \times 140 - 1.00 \times 100}{40}$$

$$= \frac{460}{40}$$

$$= 11.50$$

⊖ 参见 Saunders and Cornett（2003），第 9 章，for related expressions。

久期 11.50 是没有杠杆的债券组合的久期 4 的约 3 倍。

如稍后讨论的那样，利率期货等衍生工具是另一种手段，久期可以通过它而增加（或根据投资者的需要而减少）。

12.1.2.2 回购协议

管理者可以使用各种金融工具来增加其投资组合的杠杆作用。投资经理最喜欢的工具之一是回购协议（也称为 repo 或 RP）。回购协议（repurchase agreement）是涉及出售证券的合约，如国债，以及相关联的在以后日期再购回相同证券的协议。回购市场的重要性是由其庞大的规模显示的，每年的交易量达数万亿美元。

虽然回购是合法销售和回购证券，但回购交易的功能非常像抵押贷款。事实上，出售价格和购买价格的差异被称为交易的"利息"。⊖ 例如，一名经理可以通过出售价值 10 000 000 美元的国库券同时同意在第二天以 10 000 833 美元的价格回购相同债券的这种方式实现了以年利率 3% 的方式隔夜借入资金 1 000 万美元。最初出售的款项是贷款的本金额，回购价格超过出售价格（833 美元）是贷款利息。

实际上，回购市场通过提供国库券作为抵押品为管理人员提供了一种低成本的借款方法。市场还使得投资者（借出方）能够在不牺牲流动性的情况下获得高于国库券无风险利率的回报。

到期期限。回购协议通常具有短期到期期限，常常是隔夜或几天，尽管可能会商定数周或数月的长期回购。如果经理想永久为投资组合加杠杆，他可以通过每天进入回购市场来简单地为隔夜贷款"展期"。

转移证券（含有关费用）。显然，证券的买方想要占有（或交付）证券。否则，如果卖方在回购证券上违约，可能会出现纠纷。另外，如果不坚持交割，可能存在一个不道德的卖家一次又一次地出售相同的证券给各个不同买家，转让协议可以采取不同形式：

- 证券的实际交割。尽管这种安排是合理的，但与实际交割相关的高成本可能使得该方法不可行，特别是对于短期交易。
- 通常的安排是通过客户的清算代理人银行账户借记和贷记方式处理证券（在美国，这些将是银行对联邦储备银行账户的借记和贷记）。如果需要，银行系统的电汇系统可用于以书面形式从卖方（资金借款人）向买方（或资金贷款人）电子化转交证券，并在以后再发回。这种安排可能比物理交付更便宜，但仍然涉及各种费用和转交费用。
- 另一个常见的安排是将证券交付给卖方的银行保管账户。银行占有证券，并看到双方的利益得到兑现，实质上，银行是双方的受托人。这种安排降低了成本，因为交付费用是最低的，只涉及一些会计分录。

⊖ 回购"利息"不应与用作担保抵押品的证券产生的利息混淆。借款人有权收回作为抵押品的证券以及在本金融工具上支付或应计的利息。

- 在一些交易中，特别是交易非常短期（如隔夜），如果双方在一起做生意有很长的历史，如果卖方的财务状况和道德声誉都很好，买方不坚持交割。

违约风险和影响回购利率的因素。 请注意，只要坚持交割，回购本质上是担保贷款，其利率不依赖于各方的信用质量。如果不采取交割方式（或是弱的担保），双方的财务稳定和道德特征将变得更加重要。

各种因素会影响回购利率。其中有：

（1）抵押品质量。证券质量越高，回购利率就越低。

（2）回购期限。通常，到期期限越长，利率就越高。收益率曲线非常短的末端一般通常是向上倾斜的，导致长期回购需要更高的收益率。

（3）交割要求。如果需要实物交割证券，由于违约风险较低，利率将会较低。如果抵押品存入借款人的银行，利率就较高。如果不需要交货，利率将会更高。与所有金融市场交易一样，风险与回报之间存在权衡：回购的投资者（借出方）对抵押品的控制权越大，回报就越低。

（4）抵押品的可用性。偶尔有些证券可能供不应求难以获得。为了获得这些证券，证券的买方（即资金的借出方）可能愿意接受较低的利率。这种情况通常发生在买方为短期出售需要证券或单独交易而交割时。取得证券越困难，回购利率就越低。

（5）经济中当前的利率。联邦基金利率通常用于代表美国隔夜贷款的当前利率。⊖ 随着利率的普遍上涨，回购交易利率将会上涨。换句话说，联邦基金利率越高，回购利率就越高。

（6）季节性因素。虽然与其他因素相比不重要，但由于一些机构的资金供应（和需求）受到季节性因素的影响，因此对回购利率有季节性影响。

上述各节显示了经理借款的动机，并讨论了用于筹集这笔资金的重要工具——回购协议。借款通常构成单一负债，因此是单一的基准。其他管理人员面临着多重负债，例如，固定福利计划的管理者。无论基准是单一的还是多重的，经理都可以通过多种投资策略来产生满足这些负债的现金流量目标。现在让我们看看其中的一些策略。

12.1.3 衍生品启用策略

固定收益证券和投资组合对不同因素都有敏感性。这些敏感性与回报和风险特征有关，而这些特征是证券选择和投资组合管理中的关键考虑因素。因素包括久期和凸度以及某些证券的附加因素（如流动性和信用）。我们可以将这些敏感性称为"因素风险敞口"，它们为我们了解投资的回报和风险特征提供了依据。

衍生品的使用可以被认为是创建、减少或放大投资要素风险敞口的手段。除了结构性产品等因素风险敞口的组合之外，这个修正还可以利用期货和期权等基本衍生工具。

在以下各节中，我们将回顾利率风险度量和控制以及用于此类目的的一些最常见的衍生工具，如利率期货、利率互换、信用期权、信用互换和抵押债务。

⊖ 联邦基金利率是从一家银行到另一家银行的无担保隔夜贷款（超额准备金）的利率。

12.1.3.1 利率风险

固定收入投资组合的典型一阶风险来源是利率变化的久期或敏感度。为方便起见，投资组合久期是构成投资组合的各个证券的久期的加权平均值：

$$组合久期 = \frac{\sum_{i=1}^{n} D_i \times V_i}{V_p}$$

式中　D_i——证券久期；
　　　V_i——证券市场价值；
　　　V_p——投资组合的市场价值。

在管理投资组合的过程中，投资组合经理可能希望将投资组合中的一个证券替换为另一种证券，同时保持投资组合久期不变。为了实现这一点，可以使用美元久期的概念或在证券中一个美元投资的久期影响。美元久期使用

$$美元久期 = \frac{D_i \times V_i}{100}$$

式中　V_i——如果持有，投资组合头寸的市场价值；如果未持有，一只债券的价格。

当一个证券调换另一个证券时，为了保持投资组合的久期不变，必须匹配调换证券的美元久期。这种匹配可以通过比较各方的美元久期，从而确定新债券的必要面值来实现。特别是

$$新债券的市场价值 = \frac{DD_O}{D_N} \times 100$$

式中　DD_O——旧债券的美元久期；
　　　D_N——新债券的久期。

例 12-2　改变组合持有资产时维持投资组合久期不变

投资组合经理想要用一个债券去调换一个他认为被低估的债券。旧债券现有头寸市值为 550 万美元。该债券的价格为 80 美元，久期为 4。因此，债券的美元久期为 550 万 × 4/100 或 22 万美元。

新债券的久期为 5，价格为 90 美元，每只债券的美元久期为 4.5（90×5/100）。保持投资组合久期不变所需的新债券的面值是多少？

解答： 新债券的市场价值将为（220 000 美元 /5）× 100 美元 = 4 400 000 美元。该债券的交易价格为每 100 美元面值的 90 美元。这个发行债券的面值将是 4 400 000 美元 /0.9 = 488.9 万美元。也可以这样计算为 489.9 万美元（220 000 美元 /4.5×100）。

虽然久期是度量和控制利率敏感度的有效工具，但重要的是要记住，这一指标具有局限性。例如，随着利率变化量的幅度增加，度量的准确性会下降。

久期是度量与利率变化敏感度相关风险的指标。以下各节讨论统计风险指标。

12.1.3.2 其他风险指标

投资组合的风险可以被看作是与投资组合未来收益相关的不确定性。不确定性意味着回报的分散，但提出了一个问题，"衡量回报分散的替代方法是什么？"

如果假设投资组合回报具有正态（钟形）分布，则标准差是有用的指标。对于正态分布，标准差具有这样的性质，均值分布加减一个标准差涵盖了结果的 68%；加和减两个标准差涵盖 95% 的结果；加减三个标准差涵盖了 99% 的结果。标准差平方（自身相乘）导致分布的方差。

实际上，正态性假设可能不是分布的描述，特别是对于具有嵌入式期权，如回售、赎回、提前支付风险等证券的投资组合。

由于正态分布的限制条件，可以采用替代指标。这些都集中在正态分布的不合需求的左手侧量化，回报的概率少于平均回报率。然而，这些替代指标中的每一种都有其自身的缺陷。

（1）**半方差**（semivariance）衡量低于目标回报率的回报结果的分散。

缺陷：虽然作为度量风险的一种方法在理论上优于方差，但由于以下几个原因，半方差在债券投资组合管理中并未广泛使用：⊖

- 对于大型投资组合来说，它具有计算上的难题。
- 在某个程度上投资回报是对称的，半方差与方差成比例，因此不包含附加的信息。在回报可能不对称的情况下，回报不对称性是很难预测的，也可能不是对未来风险的好的预测。另外，由于我们只用一半数据估计下行风险，我们失去了统计上的准确性。

（2）**亏损风险**（shortfall risk）（或损失风险）是指未达到某些指定回报目标的概率。重点是分布的这一部分代表了指定回报水平的下降。

缺陷：亏损风险不计入货币项损失的量值。

（3）**风险价值**（value at risk，VaR）是投资组合经理预期在指定时间段内以一定的概率水平超出的损失（以货币计算）估值。

缺陷：VaR 并不表示最糟糕的结果等级。

令人遗憾的是，通用的和综合的风险指标不存在。每个选择都有其优点和局限性。重要的是要记住，投资组合将有多种风险敞口（因素），适当的风险指标将随投资组合的特定需求而变化。

12.1.3.3 债券方差与债券久期

投资组合的预期收益是投资组合中每个单独证券的预期收益的加权平均数。权重为每个证券的市场价值占整个投资组合市场价值的百分比。投资组合的方差取决于投资组合中每个

⊖ See Kahn（1997）.

证券的权重、每个证券的方差以及每对证券之间的协方差。

使用方差或标准差来度量债券投资组合风险的两个主要问题是：

（1）随着债券数量的增加，估值参数的数量急剧增加。需要估算的方差和协方差的总数可以由下式估算看出：

$$债券数量 \times (债券数量 + 1) / 2$$

如果一个投资组合有 1 000 个债券，就会有 500 500 个不同的项要估算 [即 1 000 × (1 000 + 1) / 2)]。

（2）准确估算方差和协方差是困难的。因为债券的特征随着时间的推移而变化，所以基于历史债券数据的估算可能并不是有用的。例如，5 年期的债券与 4 年期或 6 年期债券的波动率不同。除了到期时间因素外，一些证券可能有嵌入式期权，如看涨期权、看跌期权、偿债基金和提前付款。这些性质会随着时间的推移而大大改变证券特征，进一步限制了历史估算的使用。

由于上述问题，使用标准差难以度量投资组合风险。

我们现在把注意力转向基于衍生品的各种策略。这些衍生品中的一些产品如图 12-1 所示，并在以下各节进行说明。

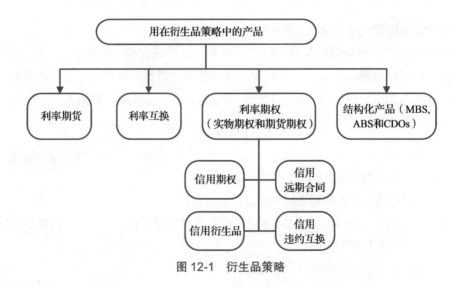

图 12-1　衍生品策略

12.1.3.4　利率期货

期货合约（futures contract）是买方（卖方）与已设立的交易所或其结算所之间可执行的合约，买方（卖方）在指定的时间期限内，以指定的价格同意交割某物。可以买卖的"某物"称为基础的（underlying，如基础资产或基础工具）。双方同意在未来交易的价格称为期货价格（futures price）。双方必须交易的指定日期称为结算日期（settlement date）或交割日。

当投资者通过购买期货合约在市场上拥有头寸时，投资者是处于多头或期货多头。相反，如果投资者的开仓是出售期货合约，那么投资者是处于空头或期货空头。

利率期货合约以短期金融工具交易（如国库券和欧洲美元）和长期金融工具（如国债和债券）交易。因为国库券期货合约在下面讨论的策略中起着重要的作用，所以值得回顾一下这个合约的细微差别。一些国家的政府债券期货，如日本和德国，与美国国债期货合约类似。

30 年期国债和 10 年期美国国库券期货合约均为重要合约。30 年合同是资产负债管理 ALM 的重要风险管理工具，10 年期美国国库券期货合约在流动性方面比 30 年期合约更为重要。美国财政部于 2002 年停止发行 30 年期债券，但于 2006 年重新发行。以下讨论重点关注 30 年期债券期货合约，与 10 年期债券期货合约的结构相同。

国债期货合约的基础金融工具是假设的 30 年期 6% 的息票债券，面值为 10 万美元。虽然国债期货合约的价格和收益率是按照这个假设的国债的方式报价的，但期货合约的卖方可以选择可接受的几种实际的国债进行交割。如果不可赎回的话，芝加哥交易所委员会（CBOT）允许卖方交割从交割之日起至少有 15 年到期期限的任何国债。在可赎回债券的情况下，交割的债券必须是从该交割月份起至少 15 年不得赎回。为了结算合同，必须交割可接受的债券。

国债期货合约的交割过程使合同很有趣。在结算月份，期货合约（简称）的卖方必须向买方交付（多头）30 年期，6% 的国债，面值为 10 万美元。不存在此类债券时，所以卖方必须从交易所规定的其他可接受的交割债券中进行选择。

为了使双方达成公平交割，并将现金与期货价格挂钩，CBOT 已经引入**转换因子**（conversion factors），以确定对应国债期货合约的每个可接受的可交割国债发票价格。在特定结算日期的合同开始交易之前，转换因子由 CBOT 确定。如果产生 6% 的收益率，转换因子取决于可交割债券在交割月份开始时的出售价格。期货合约交易期间的转换因子是不变的。在交割日前一天空头必须通知多头交割的实际债券。

在选择要交割的债券时，空头将从合同存续期内所有可交割的债券和拍卖的债券中选择最便宜的债券。这个债券被称为**最便宜的交割**（Cheapest-to-deliver，CTD）。CTD 在该期货合约的定价中起着关键作用。

除了选择可接受的国债交割方式之外，有时称为**质量期权**（quality option）或互换期权，该空头头寸还有根据 CBOT 交割准则授予的两个附加期权。允许空头头寸决定在交割月份中何时进行实际交割，这被称为**时机期权**（timing option）特性。另一个选择是空头头寸有权发出交割通知，直到晚上 8 点。交易所收盘后芝加哥时间（芝加哥时间下午 3:15）当日期货结算价格已经固定。此选择被称为**百搭牌期权**（wild card option）。质量期权、时机期权和百搭牌期权（总称为交割期权）意味着多头头寸无法确定哪一种国债将被交割或何时交割。

在设计国债期货合约之后，国债期货合约的基础资产是假设的 10 年期 6% 的国债，面值为 10 万美元。空头会交割几种可接受的国债。如果从交割月的第一天起，到期期限不少于 6.5 年和不超过 10 年，则是一个可以接受的债券。授予空头头寸的交割期权与国债期货合约相同。

利率期货策略

利率期货合约的价格与利率变动呈负相关。当利率上升时，可交割债券的价格将下降，期货价格将下降。当利率下降时，可交割债券的价格将上涨，期货价格将上涨。因此，购买期货合约将增加投资组合对利率的敏感度，投资组合的久期将会增加。另一方面，卖出期货合约将降低投资组合对利率的敏感度，投资组合的久期将会下降。

为了达到控制投资组合久期的目的，使用期货合约而不是现金市场有很多优势。流动性和成本效益是使用期货合约的明显优势。此外，对于缩短久期，空头合同（即销售合同）非常有效。一般来说，由于期货市场的深度和交易成本低，期货合约是适时久期管理的有效工具。

各种策略可以使用利率期货合约等衍生产品，其中包括久期管理和久期套期。

久期管理。经常使用的投资组合策略针对特定久期目标，如基准指数的久期。在这些情况下，当投资组合证券的加权平均久期偏离目标时，期货被用于将投资组合的久期维持在其目标值。使用期货可以及时和经济有效地修正投资组合久期。

一般来讲，每当目前的投资组合久期与期望的投资组合久期不同时，利率期货可能是一个有效的工具。例如，利率期货通常用于利率预期策略，其中包括当期望的利率上升时，减少投资组合的久期，当期望的利率下降时增加久期。

为了改变投资组合的美元久期，使其等于特定目标久期，投资组合经理需要估算未来必须购买或出售的合约数量。

投资组合的目标美元久期＝当前没有期货的投资组合的美元久期＋期货合约的美元久期

期货美元久期＝每个期货合约的美元久期 × 期货合约数量

实现投资组合的目标美元久期所需的期货合约数量可以估算为

$$\text{合约数量估算} = \frac{(D_T - D_I)P_I}{\text{每个期货合约的美元久期}}$$

$$= \frac{(D_T - D_I)P_I}{D_{CTD}P_{CTD}} \times \frac{D_{CTD}P_{CTD}}{\text{每个期货合约的美元久期}}$$

$$= \frac{(D_T - D_I)P_I}{D_{CTD}P_{CTD}} \times \text{最便宜交割债券的转换因子}$$

式中　D_T——投资组合的目标久期；

D_I——投资组合的初始久期；

P_I——投资组合的初始市场价值；

D_{CTD}——最便宜交割债券的久期；

P_{CTD}——最便宜交割债券的价格。

请注意，如果经理希望增加久期，则 D_T 将大于 D_I，公式将具有正号。这样，将购买期货合约。如果目标是缩短投资组合的久期，情况恰恰相反。应该记住，给出的表达式只是一个近似值。

D_{CTD} 的扩展定义是满足期货合约的最便宜交割债券的久期。每当使用与以下相似的表达"久期为 x 的期货合约定价为 y"时，x 实际上代表的是满足期货合约的最便宜交割债券的久期。

> **例 12-3 期货久期管理**
>
> 英国的养老基金拥有一个大型的英国公司和政府债券投资组合。债券投资组合的市值为 5 000 万英镑。投资组合的久期为 9.52。为养老基金提供经济预测的经济咨询公司向基金建议,近期利率向上移动的机会大于目前市场的看法。鉴于这一建议,养老基金决定通过使用定价 10 万英镑,久期为 8.47 的期货合约将其债券组合的久期减至 7.5。假设期货合约的转换因子为 1.1。
>
> 1. 养老基金是否需要购买或出售期货合约?
> 2. 大约需要多少期货合约来改变债券组合的久期?
>
> **解答 1**:由于养老基金希望缩短久期,因此需要出售期货合约。
>
> **解答 2**:
>
> D_T = 投资组合的目标久期 = 7.5
> D_I = 投资组合的初始久期 = 9.52
> P_I = 投资组合的初始市场价值 = 5 000 万英镑
> D_{CTD} = 最便宜交割债券的久期 = 8.47
> $PCTD$ = 最便宜交割债券的价格 = 100 000 英镑
>
> 最便宜交割债券的转换因子 = 1.1
>
> 合约数量约为
>
> $$= \frac{(D_T - D_I)P_I}{D_{CTD}P_{CTD}} \times 最便宜交割债券的转换因子$$
>
> $$= \frac{(7.5 - 9.52) \times 50\,000\,000}{8.47 \times 100\,000} \times 1.1 = -131.17$$
>
> 因此,养老基金需要出售 131 份期货合约才能达到期望的减少久期。

久期套期。固定收益投资组合通常用于资产/负债管理的目的,其中管理投资组合的资产为一组指定的负债提供资金。在免疫的情况下,久期的使用至关重要。投资组合的久期与由投资组合提供资金的负债久期匹配是一种套期保值。抵消(减少)投资组合中现金头寸的利率风险也是套期保值的一种形式。每当必须减少利率风险时,可以使用期货来完成套期保值。以下讨论回顾了对现有债券头寸套期的几个重要问题。

用期货合约套期保值包括使用期货头寸抵消现有利率风险。如果套保构建适当,随着现货和期货价格一起移动,套期保值由一个头寸(无论现货或期货)实现的损失将被另一头寸的利润抵消。

实际上,套期保值并不简单。无论何时设置和解除套期保值,套期保值的结果都将取决于现货价格与期货价格之间的关系。现货价格与期货价格之间的差额被称为**基点**(basis)。基点将以不可预测的方式变化的风险称为**基点风险**(basis risk)。

在一些套期保值应用中,被套期保值的债券与期货合约的基础债券不一致。这种套保值被称为交叉套期保值。交叉套期保值可能存在重大的基点风险,即这两种工具之间的关系可能会发生变化并导致损失。未套期保值头寸面临价格风险(price risk),现货市场价格将会产生不利变动的风险。对冲头寸将以基点风险替代价格风险。

在概念上,交叉套期保值需要处理两个额外的并发问题:第一个并发问题是最便宜的交割证券与期货合约之间的关系;第二个是要套期保值的证券与最便宜的交割证券之间的关系。

在交叉套期保值中,最小化风险的关键是选择正确的套期保值比率(hedge ratio)。套期保值比率取决于配置权重或相对价值变动的权重。套期保值的目的是用期货头寸的损失或收益来抵消资产的目标销售价格与实际销售价格之间的差额。因此,选择套期保值比率是为了将期货合约的波动率(特别是美元变动)与资产的波动率进行匹配。反过来,因子风险敞口推动波动率。因此,套期保值比率由下式给出:

$$套期保值比率 = \frac{被套期保值债券(投资组合)的因子敞口}{套期保值工具的因子敞口}$$

如上式所示,如果要套期保值的债券比套期保值工具有更大的因子风险敞口,则需要更多的套期保值工具。

虽然可能相当清楚为什么因子风险敞口对确定套期保值比率很重要,但"风险敞口"有很多定义。对于套期保值目的,我们关注纯粹货币项的风险敞口。要计算债券(投资组合)的美元因子风险敞口,必须知道计算风险敞口的准确时间以及计算风险敞口的价格或收益率(因为较高的收益率通常会降低给定收益率变化下的美元风险敞口)。

债券期限中用于计算风险敞口的相关点是解除套期保值的点。在任何其他点的风险敞口基本上都是无关紧要的,因为目标是仅那一特定日期锁定价格或利率。同样,初始计算风险敞口的相关收益率是目标收益率。因此,公式中提到的"要套期保值债券的因子风险敞口"指的是按照当前隐含的远期利率计算在套保解除日债券的美元久期。美元久期是债券价格及其久期的乘积。

从假定的销售日期和目标价格中很容易得到要套期保值债券和最便宜交割债券的相对价格风险敞口。在套期保值比率的公式中,我们需要的不是最便宜的交割债券而是套期保值工具,即期货合约的风险敞口。幸运的是,知道相对于最便宜交割债券的套期保值债券风险敞口以及相对于期货合约的最便宜交割债券的风险敞口,可以很容易地获得定义套期保值比率的相对风险敞口:

$$套期保值比率 = \frac{被套期保值债券的因子敞口}{期货合约的因子敞口}$$

$$= \frac{被套期保值债券的因子敞口}{CTD债券的因子敞口} \times \frac{CTD债券的因子敞口}{期货合约的因子敞口}$$

考虑到只有利率风险敞口,假设套期保值债券与最便宜交割债券之间的固定收益率利差,则套期保值比率

$$\text{套期保值比率} = \frac{D_H P_H}{D_{CTD} P_{CTD}} \times \text{CTD债券的转换转换因子}$$

式中 D_H——套保债券的久期；

P_H——套保债券的价格；

久期和价格的产物是美元久期。

套期保值策略的另一个优化通常是不可交割证券的套期保值。这种优化涉及最便宜交割债券和套保债券之间的相对收益率利差的假设。在迄今为止的讨论中，我们假设收益率利差随着时间的推移是恒定的。然而，实际上，收益率利差随时间变化而不是恒定的。它们随着所涉金融工具的到期期限和利率水平以及许多不可预测的因子的变化而变化。

套期保值者可以使用回归分析来获得收益率水平与收益率利差之间的关系。对于套期保值的目的，变量是套保债券的收益率和最便宜交割债券的收益率。回归公式为

$$\text{套保债券的收益率} = a + b(\text{最便宜交割债券收益率}) + \text{误差项}$$

回归过程提供了一个 b 的估值，称为**收益率 β**（yield β），这是两种债券的预期相对变化。误差项说明收益率之间的关系并不完美和含有一定的干扰量。然而，回归将给出 a 和 b 的估值，使得在采样周期中，平均误差为零。我们的套期保值比率公式假设一个不变的利差，并且隐含地假设回归中的收益率 β 等于 1.0。

套期保值比率的公式可以通过将收益率 β 作为乘数来纳入收益率 β 的影响进行修正。

$$\text{套期保值比率} = \frac{D_H P_H}{D_{CTD} P_{CTD}} \times \text{CTD债券的转换因子} \times \text{收益率} \beta$$

套期保值的有效性可以在套保被解除后进行评估。分析套保误差可以为管理者提供有意义的见解并在随后是有用的。

套保误差的三个主要来源是久期计算不正确、预计基点值不准确和收益率 β 估值不准确。良好的估值模型对于确保久期的正确计算至关重要，尤其是对于包含嵌入式期权证券的投资组合。

12.1.3.5 利率互换

利率互换（interest rate swap）是双方（交易对手方）根据指定的美元本金额（**名义本金额** notional principal amount）相互交换定期利息支付的合同。按名义本金的利息支付是通过将指定的利率乘以名义本金来计算的。这些利息支付是互相交换的唯一金额，名义本金额只是一个参考值。

传统互换有一方（固定利率付款人）有义务定期以固定利率付款，作为交换，对方（浮动利率付款人）同意以基准浮动利率定期付款。

利率互换中浮动利率的基准利率是各种货币市场工具的基准利率：国库券、伦敦银行同业拆借利率（Libor）、商业票据、银行承兑汇票、存单、联邦基金利率和最惠利率。

1. 利率互换的美元久期

与任何固定收益合约一样，随着利率的变化，互换价值将会改变和美元久期是利率敏感

度的度量指标。从支付浮动和接受固定的一方角度来看，利率互换头寸可以看作是

$$固定利率债券多头 + 浮动利率债券空头$$

这意味着从浮动利率支付者的角度来看，利率互换的美元久期只是构成互换的两种债券头寸的美元久期之间的差额：

$$利率互换的美元久期 = 固定利率债券的美元久期 - 浮动利率债券的美元久期$$

固定利率债券的美元久期主要决定了互换的美元久期，因为浮动利率债券的美元久期很小。

2. 互换应用于资产/负债管理

利率互换可用于改变机构资产或负债的现金流量特征，从而在资产和负债之间提供更好的匹配。更具体地说，一家机构可以利用利率互换来改变其资产或负债的现金流量特征：将它们从固定变为浮动或从浮动变为固定。一般来说，互换可用于改变投资组合的久期或实体盈余（资产的市场价值与负债的现值之间差额）。

通过在一揽子远期合约中拥有适当的头寸或适当的现货市场头寸而不是使用利率互换，可以实现相同的目标。从交易成本的角度来看，利率互换的优点在于它是更有效地实现资产/负债目标的手段。事实上，这个优势是利率互换市场增长的主要原因。

12.1.3.6 债券和利率期权

期权可以以现金工具或期货成交。若干交易所交易的期权合约有债务工具为基础的工具。这些合同被称为有形期权（options on physicals）。然而，一般来说，期货期权（options on futures）比有形期权更受欢迎。市场参与者对国债和抵押担保证券越来越多地使用场外交易期权。

除了固定收益证券的期权外，还有收益率曲线形状上或两种证券之间收益率利差（例如抵押转交证券和国债之间的差价或 AA 信用评级企业债券和国债之间的利差）的场外交易期权。但是，对这些期权合约的讨论超出了本节的范围。

期货合约中的期权，通常是指期货期权，使买方有权在期权期间的任何时间以执行价格向期权卖方购买或出售指定的期货合约。如果期货期权是看涨期权，买方有权以执行价购买一个指定的期货合约。也就是说，买方有权在指定的期货合约中获得期权多头头寸。如果买方行使看涨期权，则该看涨期权的卖方在期货合约中获得相应的空头头寸。

期货合约的看跌期权赋予买方以执行价格向期权卖方出售一个指定期货合约的权利。也就是说，期权买方有权在指定的期货合约中获得空头头寸。如果买方行使看跌期权，期权卖方在指定的期货合约中获得相应的多头头寸。

1. 债券期权和久期

债券期权的价格将取决于基础工具的价格，而这取决于基础工具的利率。因此，债券期权的价格取决于基础工具的利率。因此，可以确定债券期权的利率敏感性或久期。

期权的久期可以用以下公式计算：

$$期权的久期 = 期权的\beta \times 基础工具的久期 \times \frac{基础工具的价格}{期权工具的价格}$$

如预期那样，期权的久期取决于基础工具的久期。这也取决于期权对基础工具变动的价格反应，用期权的 β 来度量。期权中的头寸创建的杠杆来自公式中的最后一个比率。基础工具价格相对于期权价格越高，杠杆作用越大（即给定投资水平下的利率风险敞口越高）。

所有三个因子（基础工具的久期、期权 β、杠杆）的交互作用影响了期权的久期。例如，所有其他条件相等的情况下，一个深度虚值期权比深度实值期权具有更高的杠杆，但前者的 β 低于后者的 β。

因为看涨期权的 β 值为正，债券看涨期权的久期将为正。因此，当利率下降时，债券的看涨期权价值将上涨。然而，看跌期权的 β 值为负。因此，久期是负的。因此，当利率上升时，看跌期权的价值上升。

2. 用期权套期保值

期权最常见的应用是套期保值投资组合。有两种套期保值策略，其中使用期权来防止利率上升：买入保护性看跌期权（protective put）和卖出持有标的看涨期权（covered call）。保护性看跌期权买入策略为投资组合设定了最低价值，但允许经理从利率下降中受益。为投资组合设立一个下限不是没有成本，投资组合的业绩将因为看跌期权的成本而降低。

与保护性看跌期权策略不同，卖出持有标的看涨期权并不是仅仅为了保护投资组合免受利率上涨的影响。持有标的看涨期权的卖方认为，市场不会以远高于或远低于目前的水平而交易，出售对现有的债券投资组合的看涨虚值期权。出售看涨期权带来期权费收入，在利率上涨时提供了部分保护。收到的期权费当然不会提供像看跌期权多头头寸提供的那种保护，但它确实提供了一些额外的收入，可以用来抵消价格的下跌。另一方面，如果利率下降，投资组合升值有限，因为看涨空头头寸构成了卖方的负债，而该负债随着利率的下降而增加。因此，持有标的看涨期权的卖方上升潜力有限。如果价格基本上没有任何变化，持有标的看涨期权的卖方将获得最佳结果，可以获得出售期权的附加收入，而不牺牲任何收益。

经理也可以使用期权来防止由于利率下降而导致的再投资利率下降。在这种情况下，可以购买看涨期权。卖出看跌期权提供有限的保护，在防止利率上升方面其方式与持有标的看涨期权策略相同。

利率上限（caps）是指对利率的看涨期权或一系列看涨期权设立一个融资成本的上限。对利率下限（floors）是指对利率的看跌期权或一系列看跌期权设立了最低收益率。上限和下限的组合创建一个上下限期权。

银行借入短期资金和借出长期资金通常会面临短期利率波动。银行可以使用上限有效地为短期借款设定最高利率（cap rate）。具体来讲，一家银行将要求上限利率（上限的行使利率）加上上限的成本小于其长期贷款利率。当短期利率上升时，银行将受到上限利率设立的上限保护。当短期利率下降时，上限将无效，但由于资金成本下降，银行业务更好。如果他们愿意，银行可以通过出售下限来降低购买上限的成本，从而放弃短期利率下降带来的部分潜在收益。

另一方面，人寿保险公司可能出售担保的投资合同，提供有保证的固定利率，并将所得收益投资于浮动利率金融工具。为了保护自身免受利率下降的影响，同时保留利率上升带来的收益，保险公司可能会购买一个下限。如果保险公司希望降低购买下限的成本，可以出售上限，并放弃从利率上涨带来的部分潜在收益。

12.1.3.7 信用风险工具

给定的固定收益证券通常包含几个风险。利率可能发生变化，导致证券价值发生变化（利率风险），证券可能是被提前偿还或被赎回（期权风险），这个发行债券的价值可能会受到违约风险、信用降级和信用利差扩大（信用风险）的影响。在本节中，我们将着重于理解和对冲信用风险。

信用风险可以出售给另一方。作为收费的回报，另一方将接受基础金融资产或机构的信用风险。这一方叫作信用保险的卖方（credit protection seller），出于几个原因愿意承担这个风险。也许信用保险卖家认为，由于股票市场和财务业绩强劲，发行人的信用在有利的经济环境中将有所改善。此外，一些主要的企业活动，如并购，可能会提高企业信用评级。最后，较好的利率环境和更为有利的贷款利率对企业债务的融资将是积极的信用事件。

信用风险有三种类型：违约风险、信用利差风险和信用降级风险。违约风险是发行人无法履行负债的风险。**信用利差风险**（credit spread risk）是在风险债券利率与无违约风险债券利率（如美国国库券）之间的利差在购买后有所变化的风险。**信用降级风险**（downgrade risk）是一个主要评级机构根据其指定的信用评级标准降低发行人信用评级的风险。

1. 转移信用风险的产品

信用风险可以通过各种类型的信用事件来表示，包括信用利差变化、信用评级降级或违约。有各种被称为**信用衍生工具**（credit derivatives）的衍生产品，将金融工具或机构的信用风险打包转移给另一方。我们研究的第一类信用衍生工具是信用期权。

（1）**信用期权**。信用期权与保护投资者免受利率风险的普通债务期权不同，信用期权的结构是提供信用风险保护。信用期权的触发事件可以基于相关资产的价值下降或无风险利率的利差变动。

1）可交易基础资产上的信用期权：**二元信用期权**（binary credit options）提供的收益取决于指定的负面信用事件的发生。

在二元信用期权的情况下，触发对期权买方指定支付的负面事件是指定参考实体的违约。术语"二元"表示只有两种可能的情况：违约或无违约。如果该期权的到期期限没有信用违约，买方收不到任何东西。期权买方对期权卖方为期权提供保护支付的期权费。

二元信用期权的回报也可以基于基础资产的信用评级。信用看跌期权在发生指定的信用事件时支付执行价格和市场价格之间的差额，如果事件不发生，则不支付。例如，如果债券 A 的信用评级低于投资级别，则二元信用看跌期权支付期权买方 $X-V(t)$，否则不支付，其中 X 为执行价格，$V(t)$ 为债券 A 在时间 t 的市值。执行价格可以是固定数量，例如 20 万美元，或者更常见的是以信用事件发生时用于确定收益的执行价格利差（执行利差, strike spread）表示。

> **例 12-4　二元信用期权**
>
> 投资级固定收益基金经理关注阿尔法汽车（Alpha Motors）公司信用评级下调的可能性。在这个公司基金持有的资产包含 5 000 张债券，每张债券面值为 1 000 美元。基金经理不想清理该债券的持有，而是决定在阿尔法汽车的债券上购买二元信用看跌期权。如果阿尔法汽车的债券在到期日信用评级低于投资级（标准普尔/穆迪的 BB/Ba 或更低），该期权将在 6 个月内到期并向期权买方支付。收益（如果有的话）是执行价格（1 000 美元）与债券到期价值之间的差额。该基金为购买 5 000 张债券的期权支付了 130 000 美元的期权费。
>
> 1. 如果阿尔法汽车债券在到期日的信用评级低于投资级，且债券的价值为 870 美元，那么会有什么收益和利润？
>
> 2. 如果阿尔法汽车债券在到期日的信用评级为投资级，而债券的价值为 980 美元，那么会有什么收益和利润？
>
> **解答 1**：该期权是在到期时的实值期权，因为债券的信用评级低于投资级。每张债券的收益是 1 000 − 870 = 130（美元）。因此，5 000 张债券的收益为 5 000 × 130 = 65（万美元）。利润为 65 万美元 − 13 万美元 = 52 万美元。
>
> **解答 2**：由于债券的信用评级高于投资级，该期权在到期时为虚值期权。每张债券的收益为零。支付的 130 000 美元期权费是损失。

2）信用利差期权：另一种类型的信用期权是一种看涨期权，其中收益是基于基准利率的利差。信用利差看涨期权的收益函数如下：

收益 = Max [（期权到期的利差 −K）× 名义金额 × 风险因子，0]

式中　K——执行利差；

风险因子是信用利差一个基点的变化引致的证券价值变动；

Max[A, B] 表示"A 或 B，以较大者取值"。

（2）信用远期。**信用远期**（credit forwards）是另一种形式的信用衍生工具。它们的收益是基于债券价值或信用利差。有一个买方和卖方的信用远期合约。对于信用远期合约的买方，收益的函数如下：

收益 =（远期合约到期的信用利差 − 合同信用利差）× 名义金额 × 风险因子

如果信用远期合约是对称的，信用远期合约的买方受益于扩大的信用利差，卖方受益于信用利差的缩小。买方的最大损失被限制在信用利差变为零情况下的收益金额。在信用利差期权中，正好相反，期权买方损失的最大值是期权费。

例 12-5 说明了信用利差的收益，例 12-6 比较了二元信用期权、信用利差期权和信用利差远期。

例 12-5 评估信用利差远期的收益

相比于相同到期期限的政府债务，Hi-Fi 技术公司发行的债券当前的信用利差为 200 个基点。稳健增长基金经理认为，Hi-Fi 技术公司的信用状况将在未来几个月内恶化，导致其债券信用利差更高。他决定以当前利差作为合约利差买入 6 个月的信用利差远期合约。远期合约的名义金额为 500 万美元，风险因子为 4.3。

1. 6 个月后的结算日，Hi-Fi 技术公司的债券信用利差为 150 个基点。稳定增长基金的收益是多少？
2. 如果结算日的信用利差是 300 个基点，那么稳定增长基金的收益是多少？
3. 稳定增长基金的最大损失是多少？
4. 远期合约的另一方在上述第 1、第 2 和第 3 问中的收益是多少？

解答：稳定增长基金的收益是：

$$\text{收益} = (\text{远期合约到期的信用利差} - 0.020) \times 500 \text{ 万美元} \times 4.3$$

1. 收益 = $(0.015 - 0.020) \times 500$ 万美元 $\times 4.3 = -107\,500$ 美元，亏损 107 500 美元。
2. 收益 = $(0.030 - 0.020) \times 500$ 万美元 $\times 4.3 = 215\,000$ 美元。
3. 稳定增长基金将在远期合约到期日信用利差不大可能为零的情况下有最大的损失。那么最糟糕的收益是 $(0.000 - 0.020) \times 500$ 万 $\times 4.3 = -43$ 万美元，损失 43 万美元。
4. 对于远期合约的另一方，即持有头寸认为信用利差下降的一方，将是：

$$\text{收益} = (0.020 - \text{远期合约到期的信用利差}) \times 500 \text{ 万美元} \times 4.3$$

这一方的收益将与稳定增长基金的收益相反。因此，第 1 问的收益将为 107 500 美元，第 2 问亏损 215 000 美元，第 3 问最大可能获得 43 万美元的收益。因为信用利差的增加没有限制，最大可能的损失对这一方是无限的。

例 12-6 二元信用期权、信用利差期权和信用利差远期

固定收益基金投资组合经理担心基金持有的三种债券可能出现不利的发展态势。他担心的原因对三种持有债券各有不同。特别是，他担心 X 公司信用评级下调的可能性，Y 公司信用违约的可能性以及 Z 公司信用利差扩大的可能性。投资组合经理与信用衍生品交易商联系。交易商告诉他，他公司提供了几种信用工具，其中一些在下一栏给出。

对于以下每一项，请指出它是否可以用作涵盖投资组合经理关注的三种风险中的一种或多种。

1. 二元信用看跌期权针对公司根据其债务被指定为违约的信用事件。
2. 二元信用看跌期权针对被指定为信用评级降级的信用事件。
3. 信用利差看跌期权的基础是信用利差水平。
4. 信用利差看涨期权的基础是信用利差水平。

5. 信用利差远期，信用衍生产品交易商持有头寸认为信用利差将下降。

解答 1：固定收益基金可以购买这种看跌期权，以涵盖公司 Y 的信用违约风险。

解答 2：固定收益基金可以购买这个看跌期权，以弥补公司 X 的信用评级降级风险。

解答 3：此期权对于覆盖三种风险中的任一种都无效。如果认为信用利差将下降，信用利差看跌期权的基础是信用利差水平是有用的。

解答 4：固定收益基金可以购买这种信用利差看涨期权，其基础是信用利差水平，以涵盖公司 Z 增加的信用利差风险。

解答 5：固定收益基金可以签订这份远期合约，以涵盖公司 Z 增加的信用利差风险。交易商将持有信用利差下降的头寸，而固定收益基金将持有相反的头寸。

（3）**信用互换**。许多不同的产品可以归类为信用互换，包括信用违约互换、资产互换、总回报互换、信用挂钩票据、复合抵押担保债券和篮子违约互换。在所有信用衍生产品中，**信用违约互换**（credit default swap）是最受欢迎的，被普遍认为是信用衍生品市场的基本构件。因此，我们集中讨论信用违约互换。

信用违约互换是一个合同，将指定**参考实体**（reference entity）发行的资产信用风险从一个投资者（信用保护买方）转移到另一投资者（信用保护卖方）。保护买方通常定期向保护卖方支付互换溢价（违约互换利差）。对于短期的信用，投资者可以先付这个费用。在**信用事件**（credit event）的情况下，保护卖方赔偿买方的投资损失，保护买方的结算可以采用实物交割或等同于违约证券市场价值的协商现金支付形式。交易可以图解表示如图 12-2 所示。

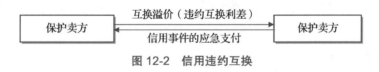

图 12-2　信用违约互换

信用违约互换可用作对冲工具。银行可以使用信用违约互换来降低信用风险集中度。银行不用出售贷款，而是通过购买违约互换保护来有效转移信用风险敞口。违约互换也使投资者能够对冲非公开交易的债务。

信用违约互换为投资者提供了极大的灵活性，可以使用违约互换来表达对参考实体信用质量的观点。信用保护卖方可以不进行前期投资去承担额外的信用风险，因此可以利用信用风险敞口。在大多数情况下，投资者在违约互换市场购买保护比销售资产或做资产空头更有效。由于违约互换是通过柜台协商的，因此可以专门针对投资者的需求量身定做。

例 12-7　信用违约互换

我们是信用衍生工具的交易商 Deal 公司，非常看好南美三国政府发行的长期债务，我们决定在信用违约互换市场上出售这些国家发行债务的保护。这些交易中的信用事件被

> 定义为借款人未能及时支付利息和（或）本金。几个月后，国家 A 政府债务违约，由于 B 国的经济发展不利，穆迪将其发行的债务信用评级从 Baa 降至 Ba，由于国家 C 有利的经济发展，穆迪将其发行的债务的信用评级从 Baa 升级为 A。对于每个国家，指出我们的 Deal 公司是否遭受损失。
>
> **解答：** 在交易商出售的保护中，信用事件被定义为借款人未及时支付利息和（或）本金。该信用事件仅在国家 A 情况下发生。因此，交易商可能仅在为 A 国出售的保护中遭受损失。

在下一节中，我们通过研究国际债券投资中选定的问题，扩大了对固定收益组合管理的认识。

12.2 国际债券投资

相比被限于国内固定收益证券投资组合，国际债券投资（即投资非本国债券）的动机包括投资组合的风险降低和回报提高。在标准的马科维茨（Markowitz）均值方差框架中，将国外债券添加进国内投资组合，国外债券与国内固定收益资产的不完全的相关性降低了投资组合的风险。表 12-2 说明了一些发达的固定收益市场的历史相关性。

表 12-2 1989～2003 年国际政府债券指数之间月度总收益的相关系数

	澳元	加元	法郎	德国马克	日元	荷兰盾	瑞士法郎	英镑	美元
以美元表示									
澳大利亚	1.00								
加拿大	0.57	1.00							
法国	0.27	0.26	1.00						
德国	0.27	0.26	0.97	1.00					
日本	0.16	0.12	0.43	0.46	1.00				
荷兰	0.28	0.31	0.97	0.95	0.43	1.00			
瑞士	0.20	0.14	0.88	0.90	0.49	0.86	1.00		
英国	0.24	0.33	0.67	0.66	0.35	0.69	0.58	1.00	
美国	0.27	0.49	0.43	0.42	0.19	0.41	0.37	0.48	1.00
以本地货币表示									
	澳元	加元	法郎	德国马克	日元	荷兰盾	瑞士法郎	英镑	美元
澳大利亚	1.00								
加拿大	0.70	1.00							
法国	0.45	0.46	1.00						
德国	0.48	0.52	0.86	1.00					
日本	0.25	0.27	0.20	0.29	1.00				
荷兰	0.43	0.42	0.86	0.74	0.12	1.00			
瑞士	0.34	0.35	0.61	0.68	0.27	0.55	1.00		
英国	0.51	0.59	0.67	0.71	0.24	0.58	0.53	1.00	
美国	0.63	0.71	0.56	0.62	0.26	0.46	0.47	0.57	1.00

由于欧洲中央银行的共同货币政策和1999年引入欧元，欧洲市场的相关性最高，结果产生了规模更大、流动性更强、更加一体化的欧洲债券市场。相关系数在经济关系最弱的国家中是最低的。当回报转换为美元时，相关系数反映了货币汇率对国际投资的影响。例如，美国和英国的回报率相关系数以当地货币计算是0.57，以美元计算，只有0.48。

总体而言，当地货币相关性往往高于美元等价相关性。这种偏差是由于货币的波动性，这往往会降低国际债券指数之间以美元计价的相关性。

总之，表12-2中提出的低到中度相关性为使用国际债券来降低投资组合风险提供了历史支持。扩大国内市场以外的一系列固定收益投资选择应该显露回报增强的机会。

如果投资者决定投资国际固定收益市场，可以采取哪些方向和选择？显然，国际债券投资中的某些问题，如主动或被动方法的选择，以及许多固定收益工具（如收益率曲线和信用分析）都与国内债券投资共享。然而，国际投资提出了更多的挑战和机遇，与国内投资相反，涉及**货币风险**（currency risk）敞口，即与外汇汇率不确定性相关的风险，在这个汇率下以国外货币计价的收益可以转换为投资者本国货币。货币风险导致需要制定货币管理策略。以下各节介绍这些话题。

12.2.1 主动与被动管理

作为第一步，国际固定收益市场的投资者需要在被动/主动谱中选择定位。主动管理的机会是由于税收处理、当地法规、固定收益分析师的研究面差异以及市场参与者对类似信息的反应差异等导致的无效产生的。主动经理寻求通过以下一种或多种方式增加价值：债券市场选择、货币选择、久期管理/收益率曲线管理、板块选择、发行人信用分析以及投资于基准以外的市场。

- 债券市场选择。选择国家投资市场，全球经济因素分析是这一选择的重要元素，在新兴市场债务投资尤为重要。
- 货币选择。这是对每种货币保留的货币风险金额的选择，实际上是由货币套期保值决定。如果货币风险敞口没有被套期保值，则非国内债券持有的回报不仅取决于以当地货币计算的持有资产回报率，还取决于外国/本国汇率的变动。如果投资者有能力预测某些汇率，投资者可能会策略性地通过货币选择来尝试增值。更为普遍的货币选择和主动的货币管理需要独特的知识和技能。因此，货币管理功能通常与其他功能分开管理。
- 久期管理/收益率曲线管理。一旦选择了市场，并对货币风险敞口做出决定，则必须选择持有资产的久期或利率风险敞口。久期管理策略和沿给定市场收益率曲线的定位可以提高投资组合回报。久期管理可能受到许多国家市场相对较窄的可用期限选择的限制。然而，固定收益衍生品市场不断增长，为久期和收益率曲线管理提供了越来越有效的手段。
- 板块选择。国际债券市场现在包括代表全部板块的固定收益工具，包括以当地货币和美元发行的政府和公司债券。各种分类的息票、信用评级和到期期限打开了尝试通过信用分析和其他学科增值的机会。
- 发行人信用分析。投资组合经理可能会尝试通过优质信用分析来增加价值。例如，在其他市场参与者认清之前，确定发行人信用改善或恶化的分析。
- 投资于基准之外的市场。例如，国际债券投资的基准通常由政府发行的债券组成。在这种情况下，投资组合经理可以考虑投资不包括在指数中的非主权债券来提升投资组合回报。这种策略涉及创建一个与基准指数相关的风险错配。因此，客户应该意识到并任由经理使用它。

相对于久期管理，外国债券久期与投资者的包括国内外债券在内的投资组合久期之间的关系值得进一步讨论。如之前所界定的那样，投资组合久期是利率的 100 个基点变动引致的债券投资组合的价格变动百分比。投资组合久期的这种定义方式仅在国内债券组成的投资组合情况下才有意义。如果这个久期的概念在国际债券投资的背景下是有效的，那么人们需要假设投资组合中每个国家的利率同时变化 100 个基点。然而，国际利率并不完全相关，国际债券投资组合久期的这种解释将无意义。

包括国内和国外债券的投资组合的久期度量必须认识到本国市场和每个非本国市场利率变动之间的相关性。Thomas 和 Willner（1997）提出了一种计算外国债券久期对投资组合久期贡献的方法。

Thomas-Willner 方法首先用外国债券收益率的变动表示债券价值的变动，如下所示：

$$\text{价值的变动} = -\text{久期} \times \text{外国债券收益率的变动} \times 100 \text{ 外国债券}$$

例如，从加拿大经理的角度来看，担心的是本国（加拿大）利率变动时外国债券的价值变动。这种价值变动可以通过纳入本国（加拿大）利率变动率和外国利率变动之间的关系来确定，如下所示：

$$\text{外国债券价值变动} = -\text{久期} \times \text{本国债券收益率变动引起的外国债券收益率变动} \times 100$$

外国债券收益率变化与加拿大收益率变化之间的关系可以用每个国家的月度数据凭经验来估算。估计为以下关系：

$$\Delta y_{外国} = \alpha + \beta \Delta y_{本国}$$

式中 $\Delta y_{外国}$ ——t 月中外国债券收益率的变化；

$\Delta y_{本国}$ ——t 月中本国债券收益率的变化；

β ——$(\Delta y_{外国, t}, \Delta y_{本国, t}) \times \sigma_{外国}/\sigma_{本国}$ 的相关性。

参数 β 被称为**国家 β**。归属于投资组合中外国债券的久期是通过将债券的国家/地区 β 乘以本地债券的久期，如例 12-8 所示。

> ### 例 12-8 外国债券的久期
>
> 假定英国债券投资组合经理想投资德国政府的 10 年期债券。当国内利率变动时，经理对外国债券对投资组合久期的贡献感兴趣。

德国债券的久期为 6，国家 β 估计为 0.42。对英国国内投资组合的久期贡献为 2.52 = 6×0.42。对于英国利率的 100 个基点变动，德国债券的价值预计将会变动约 2.52%。

由于投资组合的久期是投资组合中债券久期的加权平均数，对投资组合久期的贡献等于调整后的德国债券久期 2.52 乘以它在投资组合的权重。

12.2.2 货币风险

对于国际债券投资者，本外币汇率的波动可能会在转换为投资者当地货币时降低或增加国外投资的价值。特别是当外币相对于投资者的本国货币（即特定的外币金额购买更少的本币）贬值时，会发生货币损失，但当它升值时，则发生货币收益。货币风险往往与利率风险相关，因为它对国际债券投资组合的回报有影响。

为了保护国际投资的价值免受不利的汇率波动影响，投资者经常会持有多种货币来使货币风险敞口多样化。在某种程度上，一种货币的贬值倾向于与另一种货币的升值相关联，即货币风险小于完全相关——多种货币组合的货币风险低于单一货币计价的投资组合的货币风险。

货币风险对外国资产收益影响的标准度量将货币效应分为：①远期贴水（forward discount）或远期升水的预期效应（远期利率减去即期利率，再除以即期利率，如果是负数，称为远期贴水）；②非预期效应，定义为外币相对于远期利率的意外变动。外国市场上的每个投资者都可以保持这种货币风险敞口或对冲它。投资者也可以进入并考虑投资于货币对冲工具（currency-hedged instruments），这样可以抵消货币风险敞口，同时保持本地债券价格变动的风险敞口。

债券投资者应该意识到经济学中关于被称为利率平价的远期贴水／升水的基本结果，因为它建议一种方法来比较（完全）对冲的债券在国际债券市场的收益。

12.2.2.1 利率平价

利率平价理论（interest rate parity，IRP）指出，在一个固定期间的远期汇率贴水或升水应等于同一期间两国间无风险利率之差，以防止利用在现货和远期货币市场加上借贷方法的套利机会。此外，由于两国之间的利率差异发生变化，远期贴水或升水也是如此。要进一步解释，远期贴水或升水 f 由下式给出

$$f = (F - S_0)/S_0$$

式中　　F——远期汇率（表示为外国货币／本国货币）；

S_0——即期汇率（表示为本国货币／外国货币）。

使用的货币报价惯例，本国货币／外币，称为直接报价（direct quotation），意味着从外国资产的投资者角度来看，即期汇率的增加与持有外国资产的货币收益相关。根据 IRP，[⊖]

$$f \approx i_d - i_f$$

其中 i_d 和 i_f 分别是本国和国外无风险利率在时间期限与远期汇率相关联。例如，假设

⊖ 更多详细内容，包括对近似的解释，参见 Solnik 和 McLeavey（2004），第 1 章和第 2 章。

投资者基于欧元区，1 年无风险利率 i_d = 3.0%，低于 1 年美国无风险利率 i_f = 4.5%。因此，利率差是 $i_d - i_f$ = 3.0% − 4.5% = −1.5%。即期汇率为每美元兑换 0.8 欧元。根据 IRP，由于所得到的远期贴水为 (0.7 880 − 0.8 000) /0.8 000 = −1.5%，无套利远期汇率为每美元兑 0.7 880 欧元。如果欧元区投资者持有美元银行存款，所赚取的较高利息将被货币损失所抵消。

12.2.2.2 对冲货币风险

关于对多少货币风险进行对冲的决定，从无到全部是重要的，因为货币变动可能对投资者持有的国际债券的回报产生巨大影响。为了说明这个问题，图 12-3 显示了 1993 年 1 月至 2004 年 1 月期间美元／澳元汇率的波动。

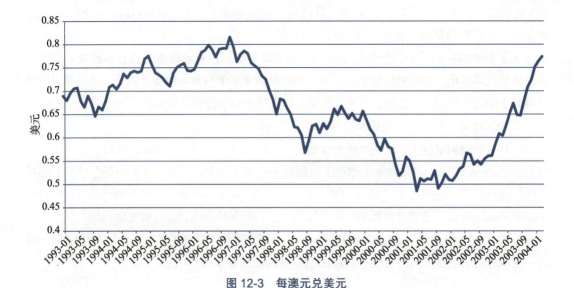

图 12-3　每澳元兑美元

在澳元下跌（1997 年至 2001 年中期）期间，美国投资者被套期保值的澳大利亚投资头寸产生的回报率高于类似的未套期保值头寸。从 2001 年中期至 2004 年年初，趋势逆转，澳元升值，套期保值的投资业绩表现不佳。2000 年和 2003 年，澳元对冲的国际投资和非对冲的国际投资产生了显著的回报。因此，投资者必须仔细研究对冲决策并熟悉对冲方法。

货币对冲的三个主要方法是：

- 远期对冲。
- 代理对冲。
- 交叉对冲。

远期对冲（forward hedging）涉及使用债券的货币与本国货币之间的远期合约。**代理对冲**（proxy hedging）包括使用本国货币和与该债券货币高度相关的货币之间的远期合约。投资者可以使用代理对冲，因为该债券货币的远期市场相对不发达，或者因为使用代理对冲更便宜。在货币对冲的背景下，交叉对冲是指使用本国货币以外的两种货币对冲，并且是使用将债券的货币风险转换为对投资者更小的不同风险的技术。投资政策声明通常提供允许对冲方法的指导。

最受欢迎的套期保值方法是远期对冲。例如，德国投资者可能在加拿大债券持有头寸，预计在 9 个月内到期时支付 500 万加元。远期合约用于锁定货币的当前价值以供将来交割。因此，为了对冲这一头寸，投资者签订远期协议，以从今天起 9 个月后的远期汇率每加元 1.2 欧元购买欧元。通过签署远期协议并安排从今天起 9 个月后收到 600 万欧元（= 500 万加元 × 1.20 欧元/加元），投资者将在未来 9 个月内对冲了欧元/加元汇率的波动。

与可变现金流量投资相关的货币风险敞口，如可变息票债券或抵押担保债务，不能完全对冲，因为远期合约仅涵盖预期的现金流量。⊖ 实际投资收益可能与预期有所不同，导致对投资组合的对冲过多或过低，在这种情况下，货币可能需要以未来即期汇率进行兑换。

本章只能简要介绍对冲货币风险的论题，而采取的观点将是策略性的。第一，基本事实是，以投资者本国货币表示的外国债券的回报，即无对冲回报（R）约等于以当地货币表示的外国债券的回报率，r_l 加上货币回报 e，它是即期汇率的百分比变动，以单位外币（如前直接标价）的本国货币表示（直接报价，如前所述）：

$$R = r_l + e$$

如果投资者可以完全对冲远期合约，投资者将获得什么回报。（完全）对冲回报 HR 等于 r_l 加上远期贴水（升水）f 之和，这是投资者支付（接受）对冲外国债券货币风险的价格，

$$HR \approx r_l + f$$

如果 IRP 成立，f 大约等于利率差额，那么

$$HR \approx r_l + f \approx r_l + (i_d - i_f) = i_d + (r_l - i_f)$$

换句话说，对冲债券的回报率可以看作是国内无风险利率（i_d）加上债券的当地风险溢价（相对于当地无风险利率的超额回报）的总和。如果我们比较来自不同国家市场的国际发行债券的完全对冲回报，则其完全对冲回报的预期差异只会反映当地风险溢价的差异。这个想法提供了一个比较不同市场债券的对冲收益率的简单方法，如例 12-9 所示。

例 12-9 比较市场上的对冲回报率

假设英国投资者在相同到期日（和信用风险）的日本和加拿大政府债券之间做出选择。目前，日本和加拿大政府债券的 10 年期收益率分别为 2.16% 和 3.40%。日本和加拿大的短期利率分别为 1.25% 和 0.54%。假设 IRP 成立。对比日本和加拿大政府 10 年期债券的预期完全对冲回报率。

解答：日本政府债券的当地风险溢价为 0.91% = 2.16% − 1.25%，加拿大政府债券的当地风险溢价为 1.86% = 3.40% − 1.54%。由于加拿大债券的当地风险溢价较高，其预期的完全对冲回报率也将较高。

⊖ 抵押担保债务是固定收益资产证券化池。

例 12-9 对比了两种债券的对冲收益率。在例 12-10 中，投资者根据利率差异与预期货币回报率的比较，选择使用远期对冲而未对投资对冲。

> **例 12-10　使用远期合约进行对冲或不对冲（1）**
>
> 美国固定收益基金持有大量的以欧元计价的德国债券。该基金的投资组合经理正在考虑是否将对基金的欧元风险敞口不对冲或者使用美元/欧元远期合约完全对冲。假设美国的短期利率为 4%，德国短期利率为 3.2%。基金经理预期欧元兑美元升值 0.6%。假设 IRP 成立。根据短期利率和经理对汇率的预期，说明哪种替代方案具有较高的预期回报。
>
> **解答：**美元与欧元之间的利率差为 4% − 3.2% = 0.8%。由于这一差额大于欧元 0.6% 的预期回报率，因此远期对冲投资的预期回报率高于无对冲的头寸。

例 12-11 考察了根据预期超额货币回报（excess currency return）的对冲或不对冲策略决策，该预期超额货币回报被定义为超出远期升水或贴水的预期货币回报。

> **例 12-11　使用远期合约进行对冲或不对冲（2）**
>
> 大卫·马里特（David Marlet）是一家法国基金的投资组合经理，持有大量的以英镑计价的英国政府债券。西蒙·琼斯（Simon Jones）是一家英国基金的投资组合经理，持有大量以欧元计价的法国政府债券。两个投资组合经理都在考虑是否使用远期合约来对冲投资组合的外汇风险敞口，或者不对冲这个风险敞口。假设法国的短期利率为 3.2%，英国的短期利率为 4.7%，英镑的远期利率折价为 4.7% − 3.2% = 1.5%。假设利率平价理论成立，马里特和琼斯认为，相对于欧元，与较高利率关联的货币英镑，贬值少于这两种货币间远期利率表示的那样。
>
> 1. 马里特是否应该使用远期合约来对冲基金对英镑的风险敞口？
> 2. 琼斯是否应该使用远期合约来对冲基金对欧元的风险敞口？
>
> **解答：**两家投资组合经理预计英镑贬值少于 1.5%。
>
> 1. 如果马里特使用远期合约对冲，他将锁定 −1.5% 的货币回报率，也就是说，货币损失为 1.5%。不过，他仍然没有对冲，他预计货币损失将低于 1.5%。仅根据预期收益，他不应该使用远期合约对冲货币风险。
>
> 2. 英国基金投资组合经理琼斯的情况正好与法国基金投资组合经理相反。如果琼斯使用远期合约对冲，他将锁定 1.5% 的货币回报率，即对于琼斯预期 1.5% 的货币收益，如果不对冲，货币收益将会低于 1.5%。因此，琼斯应该对冲货币风险。由于琼斯的预期货币收益率（小于 1.5%）低于利率差额（1.5%），因此货币风险应予以对冲。

12.2.3 盈亏平衡利差分析

主动的国际债券投资组合选择中的一个考虑因素是债券和国家收益率优势。盈亏平衡利差分析可用于量化减少外国债券收益率优势所需的利差扩大量。盈亏平衡利差分析不考虑汇率风险，但其提供的信息有助于评估寻求更高收益率的风险。由于各种因素的影响，收益率关系会发生改变。此外，即使在整个市场上恒定的收益率也会产生不同的回报。一个原因是，不同息票和期限的证券价格对收益率变化的反应不同：久期在盈亏平衡利差分析中起重要作用。此外，如果国内收益率上涨，国外收益率下降，投资外国的收益率优势可能会消失。

> **例 12-12　盈亏平衡利差分析**
>
> 假设日本和法国国债之间的利差为 300 个基点，为法国国债的日本投资者提供每季度 75 个基点的额外收益。日本债券的久期为 7。令 W 表示利差扩大。
>
> 久期为 7，日本债券的价格变动将是收益率变化的 7 倍。(对于 100 个基点的收益率变动，日本债券的价格变动将为 7%)。
>
> $$价格变动 = 7 \times 收益率变动$$
> $$价格变动 = 7 \times W$$
>
> 假设由于利差扩大引起的价格上涨为 0.75%，法国债券的收益率优势将为
>
> $$0.75\% = 7 \times W$$
>
> 求解利差扩大 W
>
> $$W = 0.1071\% = 10.71 \text{ 个基点}$$
>
> 因此，由于日本的收益率下降，扩大了 10.71 个基点，将消除在该季度投资法国债券所产生的额外收益。在这种情况下，只有 10.71 个基点的利率变动将消除 75 个基点的季度收益率优势。

请注意，盈亏平衡利差分析必须与投资期限相关 (例 12-12 中的 3 个月)，必须以两国久期较高者为基准。分析忽略货币变动的影响。

选择个别板块和（或）证券的能力在全球范围内有很大不同。对于发达国家来说，对各个固定收益市场相同类型的分析是适当的。对于发展中国家来说，外部影响如特定国家或世界经济因素相对比较重要。

新兴市场证券选择特别有限。必须考虑到所产生的流动性变量，这导致在许多国家将选择限制在基准政府债券。在所有情况下，有关清算、税收和监管问题的细节都很重要。最后，随着一个投资组合的创立，货币头寸的影响增加了一个关键的维度。衍生产品的使用已经实现了更多的灵活性，但通常最低以数千万美元的名义金额才能得到。

12.2.4 新兴市场债务

新兴市场包括那些经济被认为正在发展的国家，通常包括拉丁美洲、东欧、非洲、俄罗

斯、中东和日本以外的亚洲国家。新兴市场债务（EMD）包括主权债券（国家政府发行的债券）以及公立和私营公司在这些国家发行的债务证券。

在过去十年中，新兴市场债务已经成为资产类别，现在经常出现在许多战略资产配置中。由于与国内债务投资组合的相关性较低，EMD 为固定收益投资组合提供了有利的多元化资产。EMD 在核心加（core-plus）固定收益组合中发挥了重要作用。"核心加"是固定收益授权的标签，允许投资组合经理将具有较高回报潜力的工具，如 EMD 和高收益率债务添加到投资级债务核心。⊖

12.2.4.1 市场成长与成熟度

虽然新兴市场政府一直借钱来满足他们的需求，但现代新兴市场的债务部门始于 20 世纪 80 年代，当时墨西哥的金融危机导致了向该国贷款的二级市场的创建。随后不久的布雷迪（Brady）计划允许新兴的国家政府将其未清偿的外国银行贷款证券化。这些证券的流动性市场（称为布雷迪债券）很快就随之建立。由于债务证券化，大多数新兴市场债务风险现在已经从银行转向私营部门。市场已经迅速增长到目前相当大的规模。据国际货币基金组织估计，2006 年新兴外国债务市场的总规模约为 3.3 万亿美元。

被评为投资级的新兴市场国家的比例已上升到占新兴市场指数所代表国家的 40% 左右。例如，墨西哥现在可以像美国政府那样低成本地借钱。新兴市场主权债券的质量已经上升到某一程度，即它们的违约频率、回收率和评级转换概率与相似的现有评级的公司债券类似。因此，新兴市场债务无风险利率的利差已经大大缩小。

EMD 市场也显示出显著的恢复。在 20 世纪 90 年代后期的亚洲危机期间，亚洲债务价格波动幅度很大，但市场反弹令人印象深刻，提供了比危机后许多发达国家股票市场回报率更高的回报率。市场已经应对了拉丁美洲、东南亚和俄罗斯的危机，对投资者造成的损害相对较小，除了 1998 年俄罗斯大规模的违约行为外。

自 1992 年以来，新兴市场的标准指数是新兴市场债券指数加值（EMBI+）。虽然该指数强调包含高流动性债务，但其主要缺点是构成指数的证券缺乏多元化。该指数中绝大部分（58%）是拉丁美洲证券，巴西和墨西哥占总数的 37%。

12.2.4.2 风险和回报特征

新兴市场债务往往提供一致的和有吸引力的回报率。主权新兴市场政府比私人企业拥有多项优势。它们可以通过减少支出和提高税收及利率（可能使这些国家的私营企业更难以偿还自己债务的行为），对负面的经济事件做出快速反应。它们也可以在世界舞台接触贷款人，如国际货币基金组织和世界银行。许多新兴市场国家也拥有庞大的外汇储备，为经济发展中的颠簸提供了减震器。利用这些资源，可以迅速解决和扭转任何不利的情况。

然而，该板块确实存在风险，即 EMD 市场的波动率很大。EMD 的回报也常常以显著

⊖ 例如，核心加经理正式对雷曼兄弟综合债券指数进行基准测试，但投资组合中的一小部分（可能高达 25%）是基准之外的。

的负偏态为特征。负偏态是偶然的非常大负回报的可能，抵消了上行的潜力。一个极端负面事件的例子是 1997 年 8 月至 1998 年 9 月发生的大规模市场抛售。

其他风险也比较多。新兴市场国家往往缺乏透明度、法院审查的法律和发达市场国家所做出的明确规定。比起发达国家，新兴市场国家法律制度可能不太发达，提供较少不受行政部门干预的保护。此外，发展中国家往往过度借款，这可能会损害现有债务的地位。如果发生主权债务违约，对主权国家的收回债务可能非常困难。此外，各种新兴市场发行人之间存在很少的契约标准化。与私人债务相比，主权债务通常也缺乏可执行的资历结构。

12.2.4.3 新兴市场债务分析

与任何信用分析一样，EMD 证券的投资者必须确定发行人履行他们债务的意愿和能力。这个分析首先从国家的基本面来看：政府收入的来源、财政和货币政策、目前的债务水平，以及该国国民接受短期牺牲以巩固国家长期经济形势的意愿。投资者或者忘记基本面，或选择忽视它们。历史上，最大的回报来自具有较强基础的国家，通常以出口为导向的经济和高储蓄率。

在评估 EMD 时，违约风险仍然是一个关键考虑因素，特别是在涉及私人债务时。投资者不应该简单地接受债券信用评级作为发行违约风险的最终度量指标。在一些国家，一家大公司的财力可能会大于主权政府的财力。公司的基础资产可能是相当有价值的，有理由获得较高的信用评级。但是，公司债务的信用评级不会高于主权债务。这种对私人债务评级的限制为精明的投资者创造了以低于公平市价的价格购买高质量债务的机会。

无论投资于发达的或新兴市场，投资外国资产在提供多元化利益的同时，都有相同类型的国内投资风险，加上与将外国投资现金流转换为本币相关的一些额外风险。政治风险和货币风险是具有国际风险敞口的投资组合不确定性的主要来源。而流动性和税收的变化是额外的风险来源。

政治风险（political risk）或地缘政治风险包括战争风险、政府倒台、政治不稳定、没收、国有化和不利的税收变化等。共同的政治风险是投资者能够将外币持有量转换为本国货币的不确定性，这是由于外国政府政策或任何政治行为所造成的限制。

主权国家可能会对资本流动、变更规则、修改税收、放宽破产程序、修改汇率制度、制定新的市场法规等进行限制，所有这些都会对金融市场增加不确定因素的影响，影响投资那些国家的业绩表现和流动性。

20 世纪 90 年代，欧洲、东南亚、俄罗斯、拉丁美洲和中东地区的政治危机突出表明了政治风险日益增加的全球关联。今天的政治风险往往是微妙的，不仅来自于法律和法规的变化以及政府的转型，还来自于环境问题、外交政策、货币危机和恐怖主义。不过，国际证券的多元化是控制政治风险对投资业绩影响的一种手段。然而，对经济和政治联系较为密切的国家的投资比对于更宽松联系的国家投资获取的利润少一些。

EMD 投资者面临的违约风险正如任何投资者在债务方面一样。主权 EMD 承受比发达市场主权债务更大的信用风险，反映了银行和金融市场基础设施的欠发达、低透明度以及发展中国家较高的政治风险。评级机构发布主权评级，表明各国履行债务的能力。标准普尔的投资级主权信用评级 BBB 和穆迪 Baa3 给予最有信用的新兴市场国家。不断增加透明度和易得到的可信赖的外国市场数据在市场上是重要的，与外国资本流入直接相关。例如，一些证据表明，20 世纪初期的美国投资者从较小的市场和信用评级低以及正在下降的国家迁移到更具透明度的金融市场，开放的经济体系和更好的通货膨胀表现的国家。⊖

在下一节中，我们将注意力转向本章的最后一个主题，选择固定收益投资组合经理。

12.3 选择固定收益经理

当资金没有完全在内部管理时，必须寻找外部管理人员。由于机构固定收益投资组合中平均有大约 85% 的资产被主动管理，15% 跟随指数化管理，我们将重点放在选择一个主动管理的经理。

主动回报和主动风险（跟踪风险）有错综复杂的关联。在大型固定收益机构的投资组合中跟踪风险的典型范围为 40～120 个基点，其上限通常包括高收益组成部分，下限是对核心经理更为典型。由于主动管理费通常在 15～50 个基点之间（加上保管费），因此业绩在净费用基础上优于基准是一项挑战，并且任务艰巨。

选择经理人的尽职调查主要是通过调查经理的投资过程、经理进行交易的类型以及经理的组织优势和劣势来满足。更好业绩表现的关键是找到能够产生一致的、积极的、风格调整的阿尔法经理。然后，可以通过优化经理的组合来构建投资组合，使每个经理的多样化风格和风险敞口的贡献最大化。

12.3.1 作为未来业绩预测的历史表现

固定收益经理的历史表现是未来业绩的良好预测？研究表明，有些经理在短时间内表现优于他们的同行。然而，在长期（15 年或以上）以及资金成本和费用被考虑在内的情况下，固定收益经理实现的阿尔法平均值非常接近于零，几乎没有持续性存在的证据。所以很明显，纯粹在历史表现的基础上选择一个经理，不是一个很好的选择经理的方法。

12.3.2 制定选择标准

在细节中发现尽职调查的价值，必须对经理的策略进行基础性的分析，以下是应考虑的一些因素。

1. 风格分析

在很大程度上，主动风险和回报取决于投资组合与基准的构建之间的差异程度，特别是板块超配和久期差异。对经理历史风格的分析有助于解释在投资组合加权中反映的偏见和观

⊖ 参见 Burger 和 Warnock（2003）。

点的质量如何影响投资组合的整体表现。

例如，考虑对一个个体的核心加经理进行风格分析。分析表明，MBS 和高收益债券（与核心加策略一致）的风格重要性，以及投资级证券权重（相对于雷曼综合指数）持续大幅度下降。此外，经理可以通过投资久期比基准长的债券来对投资组合进行一致的久期下注。在正确的状态下，这种方法肯定会带来更大的回报，但也可能导致更高的主动风险。仔细研究结果应该能够深入了解经理使用这种方法的技巧。

2. 选择下注

如果主动的经理认为他拥有优良的信用或证券分析技能，他可能会经常偏离正常的投资组合的权重。通过预测相对信用利差的变动和识别被低估的证券，经理可能会尝试提高投资组合的主动回报。经理在这种方法中的技能可以通过分解投资组合的回报来度量。

3. 组织投资流程

投资者需要完全熟悉经理组织的投资过程。组织使用哪些研究方法？阿尔法的主要驱动因素是什么？关于投资组合变化的决策如何？经理往往仅仅和支持人员一样好。在选择之前，计划发起人需要花费相当多的时间对组织中几个关键人物提出问题。

4. 阿尔法的相关性

经理人之间的阿尔法历史相关性也应该被考察。许多经理在管理投资组合风险方面表现出相似之处。如果要使用多个管理人员，显然，计划发起人将倾向于经理人阿尔法在控制投资组合风险之间从低到高的相关性。

12.3.3 与选择股权经理的比较

选择固定收益经理与选择股权经理具有相似之处和差异。

（1）在这两种情况下，经常使用顾问来确定适合的经理候选人（因为顾问的大型数据库）。

（2）在这两个板块中，现有证据表明，过去的业绩表现不是未来结果的可靠指导。

（3）同样的定性因素对两个分析是相同的：经理和组织的哲学、市场机会、竞争优势、责任的归属、专业人士的经验等。

（4）管理费用和支出在这两个方面至关重要，因为它们经常减少或消除管理人员可以赚取总费用的阿尔法。如果有的话，固定收益领域的费用更重要，因为固定收益基金对于超预期业绩有更高的费用比率。有一些证据表明，收费最高的固定收益经理的信息比率最低（即预期阿尔法与阿尔法的波动率之比），所以避免高昂的费用显然是一个防御策略。

尽管有限的空间妨碍了在这里对所有相关项目的讨论，但例 12-13 说明了在完全尽职调查分析中应该研究的一些关键领域。

> **例 12-13 美国固定收益组合的尽职调查表**
>
> 在寻找经理时，组织通常会要求投资组合经理提交各种问题的答案，作为尽职调查过程的一部分。以下调查表显示了候选经理人经常要求的信息类型：

1. 组织
   a. 历史（主要事件和日期）
   b. 结构
   c. 所有权
   d. 雇员人数（最近三年）
   e. 奖励/信用评级
   f. 旗舰产品和核心竞争力
   g. 产品/产品开发时间表
   h. 总资产，固定收益资产总额和核心加资产总额
   i. 过去三年中重大的客户增加/退出
   j. 目前诉讼调查
   k. 市场时机选择政策，过度交易和分配费用安排
   l. ADV 表格，第 1 部分和第 2 部分
2. 产品（根据相似或复合投资组合提供信息）
   a. 开始日期
   b. 投资理念
   c. 非基准板块，通过混合基金或直接投资来进入这些板块
   d. 回报目标
   e. 与雷曼兄弟综合债券指数相比的总收益和扣除费用后净收益表现

   - 本季度年初至今，1 年、3 年、5 年、10 年，自成立以来的年化回报
   - 1～10 年的年度回报
   - 1～5 年的月度回报

   f. 定量分析指标如：

   - 波动率、跟踪风险、信息比率、夏普比率等

   g. 与雷曼兄弟总体债券指数相比的过去三年季度板块配置
   h. 与雷曼兄弟总体债券指数相比过去三年的季度投资组合特征

   - 久期、平均质量、平均到期期限、平均收益率等

   i. 允许的证券类型，包括使用空头头寸、衍生产品和杠杆的声明
   j. 任何约束/限制的描述

   - 预定/赎回频率
   - 现金限额

  k. 总持有资产的平均数量

  l. 总管理费和额外费用（如有的话）

  m. 资产价值数据提供者

  n. 管理人、保管人、审计师、混合基金顾问（如有的话）

  o. 本产品管理下的资产增长

  p. 资产管理下利用这个产品的高端客户

  q. 三个当前客户参考

3. 风险管理

  a. 理念和过程

  b. 组合风险监测

  c. 单一头寸，地区/国家，行业/板块限制等

4. 投资团队

  a. 投资团队结构

  b. 责任

  c. 关键人物经历

  d. 过去五年来重大的团队离职

  e. 由同一经理或管理团队管理的附加产品

  f. 投资团队薪酬结构

  g. 投资团队任期

  h. 可以得到对客户服务资源的描述

5. 投资流程

  a. 委员会或经理的决定

  b. 定量或基础分析

  c. 自上而下或自下而上的方法

  d. 使用内部和外部研究

  e. 普通证券

  f. 主要阿尔法驱动器/增值来源

  g. 过去10年或自成立以来投资过程发生的重大变化

  h. 过程驱动或人力激励资金管理

  i. 销售纪律

  j. 最佳执行交易政策

6. 报告能力

  a. 样本月度和季度报告

  b. 在线报告/下载容量

本章小结

固定收益组合的管理是一个竞争激烈的领域，需要金融与经济分析、市场知识与成本控制方面的技能。其中的要点如下：

- 标准差、目标半方差、亏空风险和风险价值都被提出作为投资组合风险的适当度量指标。但是，每个都有自己的缺陷。例如，标准差（或方差）假设风险具有正态分布（可能不是真的）。如果回报是对称的，半方差通常提供一些额外的信息。亏空风险表示为概率，而不是货币金额。风险价值并不表示最糟糕可能结果的大小。
- 回购协议受多种信用风险影响，其中包括：
  a. 抵押品质量。证券质量越高，回购利率就越低。
  b. 回购期限。通常，到期期限越长，利率越高。
  c. 交割要求。如果需要实物交割证券，由于信用风险较低，利率将会较低。
  d. 抵押品的可得性。证券买家可能愿意接受较低的利率，以获得供不应求的证券。
  e. 经济中现行利率。随着利率上调，回购交易的利率一般会上升。
  f. 季节因素。可能存在季节性的影响，因为一些机构的资金供应因季节而异。
- 使用期货改变投资组合久期的主要优点是增加流动性和成本效益。
- 期货合约可被用于缩短或延长投资组合的久期。这些合约也可用于对冲或减少现有的利率风险敞口。因此，它们可以结合传统的免疫技术来改善结果。
- 与保护利率风险的普通债券期权不同，信用期权被构建成能够提供信用风险保护。二元信用期权和基于信用评级的二元信用期权是可交易基础资产上两种类型的信用期权。前者在违约的情况下支付给期权买方，否则没有任何支付。后者在指定的信用评级事件发生时支付执行价格和市场价格之间的差额，如果事件没有发生，则不支付。
- 信用期权被构建为违约风险和信用利差风险提供保护，信用远期为信用利差风险提供保护，信用违约互换有助于管理违约风险。
- 国际债券投资组合的超额收益来源包括债券市场选择、货币选择、久期管理/收益率曲线管理、板块选择、信用分析，以及投资于基准指数以外的市场。
- 新兴市场债务已成熟成为资产类别。随着主权债券质量的提高，EMD 对无风险利率的利差幅度有所缩小，与现有类似信用评级的公司债券相比，它们的违约频率、回收率和信用评级转移概率相似。
- 新兴市场债务仍然存在风险，其高波动率和回报特征呈现显著的负偏态。此外，新兴市场国家往往无法提供透明度、法院检查法规，以及在发达市场上发现的明确规定。
- 对于国内利率变动，可以通过将国外债券的久期乘以国家 β 来确定外国债券价值的变动。因为投资组合的久期是投资组合中债券久期的加权平均数，所以对投资组合久期的贡献等于调整后外国债券久期乘以其投资组合中的权重。
- 盈亏平衡利差分析用于通过量化将国外债券的收益率优势降至零所需的利差扩大数量来估算市场之间的相对价值。盈亏平衡利差可以通过将收益率优势除以债券久期来获得。
- 资金不完全在内部进行管理时，必须对外部管理人员进行调查。选择管理人员的尽职调查主要是通过调查经理人的投资流程、经理的交易类型和组织强项来满足。

第13章

全球信用债券投资组合管理的相对价值法

杰克·马尔维（Jack Malvey） 特许金融分析师

学习成果

完成本章后，你将能够掌握以下内容：

- 说明经典的相对价值分析，基于自上而下和自下而上的信用债券投资组合管理方法；
- 讨论主要企业债券市场周期性供需变化的含义及市场主导产品结构长期变化的影响；
- 解释投资者短期和长期流动性需求对投资组合管理决策的影响；
- 讨论二级市场交易的共同基本原理；
- 讨论基于相对价值的企业债券投资组合策略。

13.1 引言

对大多数资产管理公司来说，企业债券是第二大古老的债务，是全球债务资本市场中最苛刻和迷人的子集。"企业"这个称号低估了这一迅速发展资产类别的范围。通常在整体债务投资组合范围内进行交易和管理，"企业资产类别"实际上远远超过纯粹的企业实体。全球债券市场的这一部分实际上应被归类为"信用资产类"，包括任何非机构抵押担保证券（MBS）、商业抵押担保证券（CMBS）或资产担保证券（ABS），而不是标为"企业资产类别"，还应包括主权和政府控制实体发行的被认为比国家政府有更多信用风险的外币债务。但按照固定收益市场的传统做法，本章中的"信用资产类"一词仅适用于企业债券、主权债券和政府控制的实体债券。

来自六大洲的成千上万的具有不同信用"故事"的组织（企业、政府机构、项目和结构性债务证券池）已经出售债务来维持其经营和为扩建融资。这些借款人使用数十种不同类型的债务工具（第一抵押债券、债券、设备信托凭证、次级债权证、中期票据、浮动利率票据、私募配售、优先股）和多种货币（美元、日元、欧元、瑞士法郎、英镑），到期期限从1

年到甚至 1000 年。有时这些债务结构带有嵌入式期权，允许在借款人或投资者在到期之前选择进行全额或部分赎回。有时候，固定间隔或信用评级变动后，息票支付将以短期利率浮动或重新设定为较高的利率。

尽管假设存在信用风险，但投资者还是因为假定的长期收益较高而购买信用资产。除了接近经济衰退和在经济衰退期间之外，信用产品的表现通常优于美国国债和其他较高质量的"利差板块"，如美国机构证券、抵押担保证券和资产担保证券。自雷曼指数⊖（1973～2002年）开始以来的 30 年期间，投资级信用资产的表现平均每年优于美国国债 30 个基点（9.42% 对 9.12%）。⊜与往常一样，平均值掩盖了每日、每周、每月和每年信用资产的相对表现的波动率。从图 13-1 显示，1926～2003 年年初，美国投资级信用资产 5 年超额收益率滚动，可以看出信用资产的长期慷慨和令人失望的回报。也许更有意义的是，在图 13-2 中显示的滚动 5 年期间，对国债波动率调整后（夏普比率）超额收益率的检验进一步强调了相对信用表现的振荡。

全球信用投资组合管理呈现出复杂的挑战。每天，数以百计的信用投资组合经理在一级（新发行）和二级市场上面临数千种选择。除追踪一级和二级流动之外，投资者还必须密切注视不断变化的发行人基础、信用度、收购、收益、信用评级等。全球信用投资组合管理的任务是处理所有这些快速变化的关于信用市场（发行人、发行物、交易商和竞争的经理人）的信息，并为具有特定的风险承受能力构建最佳回报的投资组合。这一学科结合了权益分析的定性工具与固定收益分析的定量精度。本章简要介绍有助于投资组合经理应对这一棘手挑战的方法。

13.2 相对价值分析

信用投资组合管理是图 13-3 中所示的多重资产全球投资组合管理流程的主要子集。在设定了货币配置（在这种情况下，为了方便说明而选择了美元）和固定收益资产类别间的分配后，仍然给债券经理留下了冗长的问题清单来构建最佳信用投资组合。例如：

- 美国投资者是否应该添加非美国发行人发行的以美元计价的债券？
- 中央银行是否应该将高质量的以欧元计价的企业债券加入它们的储备资产中？
- Libor 资助的伦敦投资组合经理是否购买固定利率的美国工业票据并互换为浮动利率票据？
- 日本共同基金是否应该拥有以欧元计价的电信债务，使用货币互换（currency swaps）换回美元或日元？
- 美国保险公司是否会购买英国银行发行的永久浮动票据（即没有到期日的浮动票据），并以货币/利率互换换回固定利率美元息票？

⊖ 巴克莱收购了雷曼兄弟公司，并将维护雷曼兄弟指数及相关指数计算、出版及分析基础和工具。
⊜ 基于 1973 年以来关键雷曼指数的绝对回报。

第 13 章 全球信用债券投资组合管理的相对价值法 487

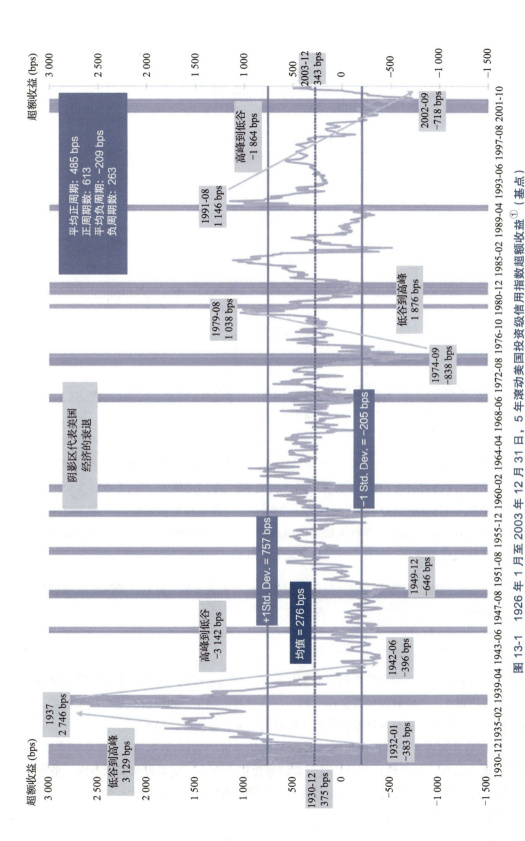

图 13-1 1926 年 1 月至 2003 年 12 月 31 日，5 年滚动美国投资级信用指数超额收益①（基点）

① 超额收益是指所有信用国库券和国库券之间的总回报率在期结构中的一系列关键利率关键点之间的差额。这一统计值，超额收益，标准化了债务类资产中如较长久期证券的总久期信用债务和较短久期债务之间的久期差额。

资料来源：1988 年 8 月之前数据系列来自 Ibbotson Associates，之后是雷曼兄弟数据。

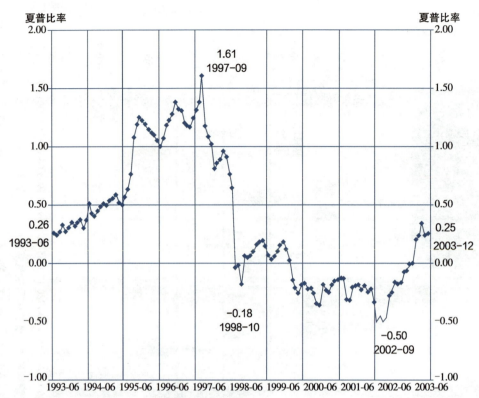

图 13-2　1993 年 7 月至 2003 年 12 月 31 日，美国信用 5 年滚动夏普比率

资料来源：雷曼兄弟美国投资级信用指数。

- 投资者什么时候应该减少对信用板块的配置，增加对政府板块的配置，追求"策略升级交易"（出售 Baa/BBBs，购买更高评级的 Aa/AA 信用债务），从工业转为公用事业，从消费者周期性转向非周期性，增持航空公司和减持电话通信，或进入信用衍生工具（例如，通过出售发行人特定的**信用违约互换（credit default swap）**来做空高收益指数或减少对单一发行人的巨量风险）来对冲其投资组合？

为了回应这些问题，管理者需要从分析的框架（相对价值分析）开始，并制定全球信用市场的战略展望。

13.2.1　相对价值

经济学家一直在争论"价值"的概念和衡量标准。但固定收益从业者，也许是因为市场强加的日常实用观点，已经就价值定义达成共识。在债券市场中，相对价值是指在未来某一时期内，按板块、结构、发行人和发行的预期收益对固定收益投资的排序。

对于日交易者来说，相对价值可能会持续最大几分钟的时间范围。对于交易商来说，相对价值可能会从几天延长到几个月。对于总回报投资者而言，相对价值期限范围一般在 1～3 个月。对于大型保险公司来说，相对价值通常跨越多年的期限。因此，相对价值分析是指用于产生这样预期回报排序的方法。

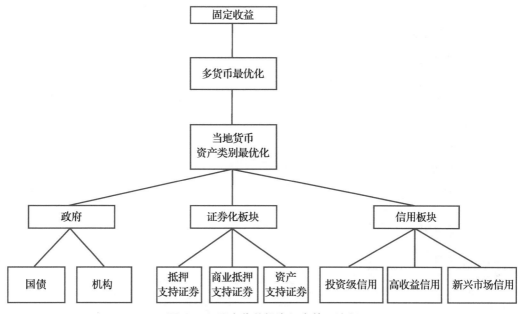

图 13-3　固定收益投资组合管理流程

13.2.2　经典相对价值分析

全球信用债券投资组合管理有两种基本方法：自上而下法和自下而上法。自上而下法侧重于在广义定义的信用资产类别中的高级别分配。自上而下的研究目标是对大型经济和产业发展形成观点；然后，这些观点推动资产配置决策（增持某些板块，减持其他板块）。自下而上法侧重于单个发行人和超过同业群体业绩的发行资产。经理遵循这种方法，希望由于胜人一筹的证券选择而业绩优于其基准，同时保持基准中各个板块的公平加权。

经典相对价值分析是一个辩证过程，结合了自上而下和自下而上的最佳方法，如图 13-4 所示。这一过程将首席投资官、策略师、经济学家和投资组合经理的宏观投入与信用分析师、定量分析师和投资组合经理的微观投入结合在一起。这种方法的目标是选择最有潜力上行的板块，以最有代表性的发行人占据这些好的板块，并以与基准收益率曲线相匹配的投资者收益率曲线上的点选择指定发行人的结构。

对于许多信用投资者，使用经典相对价值分析提供了投资组合成功的度量指标。虽然板块、发行人和结构分析仍然是高级的相对价值分析的核心，但信息和技术的可用性越来越多，将分析过程转变为复杂的学科。信用投资组合经理对于板块、发行人和结构的总回报，新发行流量的数量和组成，投资者产品需求，总体信用质量移动，单个发行人的基本面和数量信用分析的多个来源等方面的数据远比以往更多，以及收益利差数据以帮助他们进行相对价值分析。

13.2.3　相对价值法

信用相对价值最大化的主要方法有：

- 总回报分析。
- 一级市场分析。
- 流动性和交易分析。
- 二次市场交易理论和约束分析。
- 利差分析。
- 结构分析。
- 信用曲线分析。
- 信用分析。
- 资产配置/板块分析。

在以下各节中，我们将讨论这些方法。

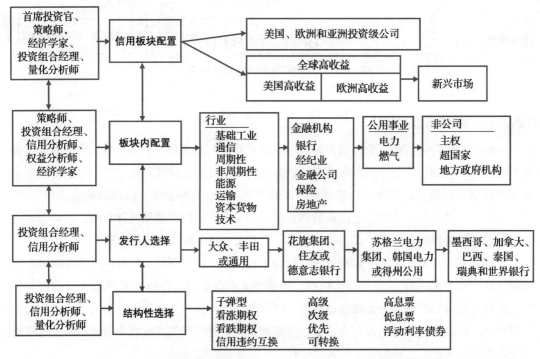

图 13-4　信用板块投资组合管理过程：经典、辩证的相对价值分析

13.3　总回报分析

对于大多数投资者，全球信用投资组合管理的目标是优化风险调整后的信用投资组合总回报。最好的开始是从容易的总回报分析。相应地，信用相对价值分析从对过去回报的详细分析和预期收益的预测开始。对于整个资产类别和主要贡献的子板块（如银行、公用事业、管道、Baa/BBB 评级等），回报如何形成？多少是归因于利用利差移动、主要发行人基本面的急剧变化以及收益率曲线动态？如果存在信用回报的宏观决定因素（信用资产类别的总回

报），则信用标记可能会显示规则模式。例如，宏观经济周期是总体信用利差的主要决定因素。在经济衰退期间，违约风险迅速上升扩大了利差（这是基础的，假定无违约的政府证券［或互换］的风险溢价），并减少了相对于国库券的信用回报。相反，经济繁荣减少了破产，提高了大多数发行人的整体信用基本面。经济繁荣通常会导致信用利差更加严格，并相对于国债增加信用回报。短时间内，非周期性技术因素可以抵消基本面。例如，尽管全球经济增长和公司盈利能力增长强劲，但2000年美国国债收益率曲线的反转实际上导致了更宽的信用利差和信用表现不佳。

感谢信用债务的总收益指数（价格、利差、发行人和结构组成数据库）的发展，月度、年度和多年总回报的分析在全球信用市场已经发现了许多模式，即大规模发行与小规模发行的业绩变化，季节性选举周期效应和政府基准拍卖效应。诚然，这些模式并不总是再次发生。但是，对这些总体回报模式的认识和理解对于优化组合绩效至关重要。

13.4 一级市场分析

一级市场分析以新发行的供给与需求为中心。供给往往是策略相对价值分析中的一个误解因素。预期的新供给会导致许多交易商、分析师和投资者倡导对整个企业市场以及单个板块和发行人采取防御姿态。然而，"供给将会损害利差"这个前提条件可能适用于单个发行人，通常不会影响整个信用市场。信用利差由许多因素决定，供给虽然重要，但却只是代表着许多决定因素之一。在大多数年份，发行的增加（最显著的是每年第一季度）与信用负债的市场利差收敛和强劲的相对收益有关。相比之下，急剧的供给下降伴随着利差扩张，信用证券的相对和绝对回报率大幅下降。例如，1998年8～10月，这种反直觉的效果最为明显，因为面对信用利差的大幅增长，新的发行几乎消失了。（这个时期被称为"巨大利差板块崩溃"）

在投资级信用市场中，由于新的初次估值证实并增强了二次估值，因此大量供给往往压缩利差，提高信用资产的相对收益。当一级发行急剧下降时，二级市场交易者从一级市场失去补给物，会倾向于减少投标，这将增加利差。与正常的供给价格关系相反，相对信用收益在大量供给期间通常表现最好。例如，2001年将以创造了在当时新的信用发行历史纪录以及近20年来美国信用证券最佳相对表现而被记忆。

13.4.1 市场结构动态的影响

鉴于他们直接关注日和周交易，投资组合经理往往会忽视短期和长期的市场结构动态来做出投资组合决策。由于市场结构变化的步调往往是渐进的，市场动态对短期战术投资决策的影响要小于对长期战略的影响。

20世纪80年代初以来，全球信用债券市场的构成呈现明显的转变。中期票据（MTN）在信用收益率曲线的前端发行居于支配地位。结构性票据和互换产品预示着将衍生工具引入信用市场的主流。高收益企业板块已成为公认的资产类别。全球发行已经变得越来越受美国政府机构、超国家（如世界银行）、主权国家和大型企业借款人的欢迎。

虽然20世纪90年代衍生产品和高收益工具的兴起十分突出，信用市场的真正全球化才是最重要的发展。自1975年以来欧洲债券市场的快速发展，20世纪90年代将许多非美国发行人引入美元市场和1999年1月1日的欧元诞生，导致真正跨国信用投资组合的激增。

由于发行人希望尽可能减少在不同收益率曲线和收益率利差下的融资成本，以及需要主动和资产/负债债券经理满足他们的风险和回报目标，这些全球信用资产组合类别的长期结构发生变化。投资组合经理将调整其投资组合，以预测或反映全球信用市场的这些结构性变化。

13.4.2 产品结构的影响

自20世纪90年代中期以来，部分抵消了发行人的这种激增，全球信用市场在结构上更加同质化。具体来说，子弹型和中间到期结构已经占据信用市场的主导地位。子弹型到期期限意味着该发行在计划的最终到期期限之前不可赎回、回售或作为偿债基金。子弹型证券的趋势并不适用于高收益市场，其中可赎回债券仍然是可选择的结构。随着信用质量改善的希望，许多高收益发行人期待在到期之前以较低的利率进行再融资。

这种结构演变有三个策略投资组合的含义。第一，子弹型结构的主导性转化为具有嵌入式赎回和回售特征结构的稀缺价值。也就是说，具有嵌入式期权的信用证券已经变得稀少，因此需要高溢价价格。通常，这个溢价（价格）不是由期权估值模型所捕获的。然而，这种"稀缺价值"应由经理人在信用债券的相对价值分析中考虑。

第二，到期期限超过20年的债券是未清偿信用债务的一小部分。这种转移降低了信用资产类别的有效久期，降低了对利率风险的总体敏感度。对于长期期限的资产/负债经理，这种到期期限分布的转变表明了长期信用债务的价值上涨和帮助解释了对20世纪90年代初期和中期提供的100年到期期限的大多数新发行产品的热情接受。

第三，自20世纪90年代初以来，信用衍生工具的使用已经飞涨。信用衍生品市场的快速成熟将导致投资者和发行人制定新的策略，与信用部门、发行人和结构所需的风险敞口相匹配。

13.5 流动性和交易分析

短期和长期流动性的需求影响了投资组合管理决策。说到较低的预期流动性，一些投资者不愿意购买某些类型的发行物，如小规模发行（低于10亿美元）、私募配售、中期票据和非本地企业发行人。其他投资者乐于为增加的收益去交易潜在的有流动性不利的资产。对于投资级发行人，这些流动性担忧往往是夸大的。

信用债务的流动性随时间而变化。具体来说，流动性随经济周期、信用周期、收益率曲线形状、供给情况和季节而变化。与所有市场一样，未知的冲击，如惊人的违约波，可以降低信用债务的流动性，因为投资者不愿意在任何利差下购买新的发行物，交易商不愿在二级发行物上建立头寸，除非是非常宽的利差。实际上，这些短暂发生的流动性不足掩盖了全球信用资产类别流动性提高的潜在趋势。随着监管机构的温和推动，全球信用资产类别从历史性的"场外"领域转变为完全透明、权益/美国国债风格的市场。在20世纪90年代末，新技术领先创建了电子通信网络（ECNs），本质上是电子交易所。对于非常大的知名企业发行，信用投标/询标利差一般趋于下降。这种技术创新与竞争强大的双重结合使得在21世纪初期有希望快速发展更加流动和高效的全球信用市场。

13.6 二级交易基本原理

资本市场预期不断变化，经济衰退可能会迟早到达。收益率曲线可能会陡峭而不是变平坦。汽车和纸张周期可能会从峰值向下移动，石油和天然气的高价可能有利于能源板块的信用质量，一家工业公司可能已经宣布了大量的债务融资收购，从评级机构获得立即的评级指责。一家主要银行可能计划回购其已发行普通股的15%（对股东而言极大，但为债务持有人带来更高的财务杠杆）。为了回应这些日常信息流，投资组合经理改变其持有资产量。要了解交易流量和信用市场的实际动态，投资者应考虑交易还是不交易的最普通原理。

13.6.1 交易的普遍理由

在追求投资组合优化时，有许多理由执行二级市场交易。最普遍的几个理由在下面讨论。评估二级交易的框架是总回报框架。

13.6.1.1 收益率/利差改进交易

收益率/利差改进交易是全球信用市场所有板块中最常见的二级交易。历史上，所有二级互换中至少有一半反映了投资者的意图，即在投资组合的久期和信用质量约束下增加额外收益。如果5年期、信用评级Baa1/BBB通用汽车票据在150个基点交易，高于5年期、信用评级Baa1/BBB福特汽车票据10个基点，一些投资者将确定无关紧要的评级差异，并购买通用汽车债券而出售福特汽车债券（一个发行互换），每年有10个基点的利差收益。

这种"收益率第一心理"反映了长期资产/负债经理制度上的收益率需求。尽管三十多年来，投资者对收益率最大化这个偏见也可能是从20世纪70年代初引进和市场接受总回报指数之前的时代遗留下来的一种方法论遗迹。收益率指标作为潜在业绩的指标存在局限性，总回报框架是评估交易潜在业绩的优秀框架。

13.6.1.2 信用上行交易

信用上行交易发生在债务资产经理预期发行人尚未反映在当前市场收益率上的信用质量升级。在上述通用汽车和福特汽车交易的例证中，一些投资者可能会根据他们对通用汽车信用质量改善的观点进行互换。显然，这种交易依靠投资管理团队的信用分析技能。此外，经理必须能够在市场之前确定潜在信用升级，否则候选人升级的利差已经显示在信用升级的利益上。

信用上行交易在由两个主要评级机构做出的跨板块证券信用评级在 Ba2/BB 和 Baa3/BBB 之间尤为受欢迎。在这种情况下，投资组合经理表示期望最高投资级（Ba1/BB+）的发行具有充分的积极信用基础以提升到投资级（即 Baa3/BBB-）。如果这种升级发生，不仅这个发行利差会基于信用改善而缩小（伴随着总回报率的增加，其他所有方面都相同），但这次发行会受益于改善的流动性，因为经理被禁止购买高收益债券而购买这次发行物。此外，经理预期投资组合的整体风险状况会有所改善。

13.6.1.3 信用防御交易

随着地缘政治和经济不确定性的增加，信用防御交易变得越来越受欢迎。长期的板块变化往往会产生不确定因素，并引发投资者的防御性定位。在预期更加激烈竞争的情况下，在 20 世纪 90 年代中期，一些投资者将投资组合风险缩减到电力公用事业和电信等板块。由于一些亚洲货币和股票在 1997 年年中的大跌，许多投资组合经理削减其在亚洲债务市场的配置。不幸的是，由于收益率最大化需求和一些机构（如保险公司）一般不愿意实现亏损，许多投资者对信用防御定位反应较慢。但是，在 2002 年创纪录的"堕落天使"事件之后，其中包括诸如世界通信等主要信用领头羊发行人，投资者变得更加迅速地从投资组合中排除潜在问题债券。具有讽刺意味的是，一旦被信用评级机构降级，内部投资组合准则通常会指令在投资级资格或 A 失去后立即进行证券清算。这通常是出售证券的最糟糕的时间，会最大限度地增加投资组合所产生的损失。

13.6.1.4 新发行互换

新的发行互换有助于二级转换。由于认为流动性较高，许多投资组合经理更喜欢将其投资组合逐渐转变为更现时的和通常较大规模的最近发行的债券。这种配置常常由美国国库券更优越的市场行为（即新近发行）所强化，已经成为许多信用发行自我实现的预言。此外，一些经理使用新的交易互换来增加对新发行人或新结构的风险敞口。

13.6.1.5 板块轮换交易

自 20 世纪 90 年代初以来，信用和固定收益资产类别中的板块轮换交易更加受欢迎。在这一策略中，经理将投资组合从预期表现不佳的板块或行业转移到一个被认为在总回报基础上表现优势的板块或行业。随着 21 世纪初期全球债券市场流动性的提高和交易成本的下降，板块轮换交易在信用资产类别中变得更加普遍。

资产类别内部的这种交易在划分信用投资组合经理绩效方面发挥了重要作用。例如，一旦美联储在 1994 年 2 月对通货膨胀发起了先发制人的反击，一些投资者就正确地将固定利率的公司交换为浮动利率公司。1995 年，美国经济疲软的阴霾促使高收益企业的一些投资者从汽车和零售等消费者周期性板块转向消费者非周期性板块，如食品、饮料和医疗保健。预计 1998 年美国经济增长放缓，导致一些投资组合经理远离其他像纸张和能源这样的周期性资产组。1999 年亚欧经济复苏的复苏刺激了投资组合对周期性、金融机构和能源债务的兴趣增加。信用投资组合管理人员可以通过减持公用事业和许多工业板块而避免 2002 年大量的投资组合业绩失望。

13.6.1.6 曲线调整交易

收益率曲线调整交易，或简单地，曲线调整交易被用来重新定位投资组合的久期。对于大多数信贷投资者来说，其投资组合持续时间通常在 20% 以下，高于基准指数的 20%。如果信用投资者可以在 2002 年正确预测美元、欧元和日元收益率曲线的变动，那么他们将在 2002 年年初增加信用投资组合的久期，以应对预期的利率下降。虽然大多数固定收入投资者倾向于在较为流动的国债市场中改变其总体投资组合的久期，但是战略投资组合的久期倾向也可以在信用市场中实施。

对信用期限结构或信用曲线的预期变化也是这样做的。例如，如果投资组合经理认为信用利差将（在整体上或特定板块）收紧，而利率通常保持相对稳定，则可能会将投资组合的风险敞口转移到该板块较长利差久期发行。

13.6.1.7 结构交易

结构交易涉及结构内互换（如可赎回结构、子弹型结构和可回售结构），在预定的波动率变化和收益率曲线形状下预期会有好的业绩。以下是在 20 世纪 90 年代某些时期不同结构表现的一些实例。

- 1995 年第二季度，美国收益率曲线的快速下降导致高息票可赎回结构由于其负凸度而业绩不佳。
- 在 1995 年第三季度期间，当收益率曲线稳定时，投资者更愿意购买与高品质子弹型结构相比的高质量可赎回债券，以获得额外的 35 个基点利差。
- 1997 年下半年，美国收益率曲线急剧下滑，导致可回售结构的相对业绩表现较差。投资者为了保护免受较高利率影响而牺牲了收益，而利率下降时则限制了总收益。
- 1998 年下半年美国利率急降和收益率曲线波动率迅速上升限制了可赎回结构与子弹型结构相比的业绩表现。
- 1999 年美国利率上升反弹及利率波动率下降导致可赎回结构与子弹型结构相对业绩表现较好。这些结果遵循了不同结构的价格/收益性质。本章 13.8 节还讨论了结构分析。

13.6.1.8 现金流量再投资

现金流量再投资强制投资者定期进入二级市场。2003 年，所有息票、到期本息和部分赎回（通过投标，偿债基金和其他发行人提前偿付款）的总和约等于美元债券市场全部新发行总额的100%。在债券市场配置任何新的投资之前，投资者有足够的现金流量再投资来消化几乎所有的新债券供给。一些投资组合的现金流入是在一级市场的间歇期发生的，或者最近一次供给的组成可能与投资组合目标不一致。在这些时期，信用投资组合经理必须购买二级市场以获得投资机会，以保持充分投资或通过使用金融期货临时复制公司指数。投资组合经理将现金流再投资分析纳入其信用市场估值，可以将其投资组合定位来利用这个现金流再投资对利差的影响。

13.6.2 交易限制

投资组合经理也应审查其不交易的主要理由。一些最好的投资决定是不交易。相反，基于过时和不合时宜的约束（如避免投资信用评级低于Aa/AA的债券），一些最糟糕的投资决策来自于陈旧的观点。最好的投资组合经理保持非常开放的心态，不断地对他们的成功和不成功的方法进行自我批评。

13.6.2.1 投资组合约束

总的来说，投资组合的限制是全球信用市场上存在市场效率持续低下的唯一最大的因素。例如：

- 由于许多资产经理只能持有具有投资级评级的证券，因此被迫将被降级为投机评级（Ba1/BB+及以下）的发行人债务立即出售。反过来说，在降级时的这种出售为更有弹性限制的投资者提供了一个以临时折扣购买这种新的评级下调证券的机会（当然，发行人的信用度在降级后稳定）。
- 一些美国国家雇员养老基金由于行政和立法准则而无法购买信用评级低于A3/A−的信用证券。
- 一些美国养老基金也对持有MTN和非美国公司发行物有限制。
- 监管机构对美国保险公司对高收益企业的投资有限制。
- 许多欧洲投资者仅限于投资至少信用评级A，有时候是Aa3/AA−及以上，最初以年支付欧债形式创建的发行物。
- 许多投资者受到限于当地货币市场如日元、英镑、欧元、美元。通常，同样的发行人，如福特，将以不同的利差在不同的地域市场进行交易。
- 在全球范围内，许多商业银行必须以浮动利率领域为主要业务：所有固定利率证券，除非通过利率互换转换为浮动利率现金流，否则将被禁止。

13.6.2.2 "阅历"分歧

"阅历"分歧可以对投资组合经理有利或不利。交易商、销售人员、卖方分析师和策略师以及买方信用研究人员都有数十种潜在的交易理由，据说这将有利于投资组合的表现。二级交易的支持者可能会有说服力的论据，但如果投资建议没有提供预期的收益，投资组合经理可能不愿意接受"亏空风险"㊀。例如，在1998年年初，分析师和投资者对良好估值的亚洲主权债务的短期前景进行了同样的划分。1997年亚洲债务业绩令人非常失望之后，在1998年年初亚洲热衷者几乎没有机会劝说悲观主义者买入亚洲债务。从技术上讲，信用市场缺乏共识，表明投资具有巨大的业绩潜能。事实上，大多数亚洲债务发行物在整个1998年和1999年都表现出特别优异的业绩。2002年的困难之后，观察到电力公司在2003年有同样的"反弹效应"。当然，"阅历"分歧也可以在另一方面发挥作用。例如，安然公司在2001年年底突然破产之前，长久以来一直被视为有一个非常稳固的信用。有此长期看法的资产管理人员可能不愿在2001年夏季出现不太有利于安然公司信息时而采取行动。

13.6.2.3 买入持有

虽然许多长期的资产/负债管理人员都主张在20世纪90年代将重点放在更多的总回报上，但会计制约（与账面成本相比，无法卖出亏损头寸，或持有与账面成本相比获利过大的头寸）往往限制了这些投资者的交易能力。实际上，这些投资者（主要是保险公司）仍然是传统的"买入持有"投资者。一些主动的债券经理按照顾问的要求，已经集中到"准购买和持有"投资项目，以遏制投资组合的转换。1997～1998年亚洲金融风暴之后，由于较谨慎的债券交易商暂时减少了市场流动性，这一降低交易额的倾向得到了强化。然而，如2000～2002年所示，买入和持有策略可能严重损害信用投资组合的表现。在出现发行人的第一个信用困难迹象后，许多信用投资组合将通过减少其信用恶化的风险敞口来改善收益。

二级交易在月底有所放缓，季度末回落较多，历年结束时最多。交易商往往喜欢在财政年度末（11月30日、12月31日或3月31日（日本））减少资产负债表。此外，投资组合经理需要时间来为其投资组合打分，为其客户准备报告，以及下一个投资期间的图表策略。在这些间隔期，即使是最引人注目的二级产品也可能会使人减少兴趣。

13.7 利差分析

按照惯例，高收益和新兴（EMG）债务市场的一些细分市场仍然喜欢通过债券价格或债券收益而不是利差来衡量价值。但对于全球信用市场的其余部分，名义利差（相似到期期限的公司债券和政府债券之间的收益率差额）已经是两个多世纪以来价格和相对价值分析的基本单位。

13.7.1 替代利差指标

许多美国从业人员喜欢通过期权调整利差（OAS）来估值投资级信用证券，以便将它们

㊀ 亏空风险是结果的价值小于目标回报的概率。

比作波动率("vol")板块(抵押担保证券和美国机构)。[○]但鉴于1990年以来嵌入式期权信用结构迅速下降(见上文结构性讨论),在投资级信用资产类别中,OAS在一级和二级定价中的使用已经减少。此外,标准的单因子二项模型[○]中并不考虑信用利差波动。鉴于OAS期权估值模型中排除了违约风险,OAS估值仅限于扩展到准权益、高收益公司和EMG债务资产类别的高风险市场。

从20世纪90年代初开始,在20世纪90年代后期势如破竹,利率互换利差已经成为衡量固定利率和浮动利率债券结构相对价值的共同标准。美国投资级和高收益市场最终可能转为与欧洲和亚洲保持一致的互换利差。

其他美国的信用利差计算已被提出,最显著的是使用美国机构基准曲线。这些建议起源于持续的美国预算盈余假设和在21世纪的头十年间大量清算了未清偿的美国国债证券。正如2002年再次表明的那样,历史告诉我们,这些预算假设很不幸被证明是错误的。虽然一些从业人员会选择为了分析目的而导出信用机构利差,但这种做法将不太可能成为标准市场惯例。

在2000~2002年信用市场很大压力期间,信用违约互换利差已成为最新的评估工具。最有可能的是,信用违约互换利差将被用作与名义利差、OAS和互换利差相伴的估值参考。因此,市场有能力对使用多种利差参考指标对任何信用工具进行定价。这些包括名义利差、静态或零波动率利差、OAS、信用互换利差(或简称互换利差)以及信用违约利差。这些利差指标采用国债收益率曲线或国债即期利率曲线作为基准。鉴于互换利差将成为新的基准的潜力,这些相同的指标可以相对于互换而不是相对于美国国债充当度量标准。然而,由于传统的信用利差(信用收益率减去政府收益率)在2000~2002年与互换利差脱钩,使用互换利率作为基准被延level。实质上,全球经济衰退期间的信用风险及其后果取代了较强的技术因子如较低的和较陡的收益率曲线的补偿影响,而这些技术因子影响利率互换市场是不同的。

13.7.2 仔细审视互换利差

互换利差成为20世纪90年代欧洲信用债务的普遍估值标准。这种做法被欧洲信用资产类别的独特性所强化。与美国的同行不同,欧洲信用市场一直保持同质性。大多数发行物有高质量(Aa3/AA-信用评级及以上)和中间到期日(10年和以下)。因此,在这样一个统一的市场上互换利差是信用利差的良好代用品。大多数发行人是金融机构,固定利率和浮动利率债务之间的自然交易者。欧洲的信用投资者,通常在金融机构,如商业银行,更愿意使用互换方法来获取固定利率和浮动利率市场之间的价值差异。

从结构上看,亚洲信用市场更像欧洲信用市场,而不是美国信用市场。因此,在亚洲,使用互换利差作为估值基准也变得普遍。

○ 这些板块被称为"vol"板块,因为证券的价值取决于预期的利率波动率。这些"vol"证券具有嵌入式看涨期权和期权价值,因此证券的价值取决于预期的利率波动率。

○ 该模型被称为单因子模型,因为只有短期利率是构建树的因子。

美国信用市场的投资级细分市场可能会朝着拥抱互换利差的方向发展。美国 MBS、CMBS、机构和 ABS 板块（约占美国固定收益市场的 55%）在 20 世纪 90 年代后半期完成将互换利差作为估值基准的过渡。直接从美国国债收益率曲线衍生的经典名义信用利差在 2000 年和 2001 年由于美国财政盈余和美国国债回购的特殊影响而被扭曲。因此，许多市场从业者设想趋同于从互换利差中衍生的单一全球利差标准。

这里用一个图解说明债券经理如何使用利率互换利差的框架。假设一个假想的福特汽车信用发行 7 1/2，在 2008 年以高于 5 年期 6.43% 的美国国债收益率 113 个基点的牌价（以交易商愿意购买该发行物的价格）交易。这相当于 7.56%（6.43%+113 bps）的到期收益率。在该日期，5 年期互换利差为 83 个基点（对 5 年期美国国债）。回想一下，互换是指固定利率支付者在到期日国库券上支付的收益率等于初始的互换加上互换利差。固定利率支付者收到 Libor 平坦，即没有增量超过 Libor。那么，如果债券经理投资福特汽车信用发行，同时进入这个 5 年期互换，将会产生以下结果：

从福特汽车信用收到（6.43%+113 个基点）	7.56%
− 互换支付（6.43%+83 个基点）	7.26%
+ 从互换收到	Libor
净值	Libor+30 个基点

因此，债券经理可以用福特汽车信用债券的固定息票交换 Libor + 30 个基点。在交易日期，Libor 为 6.24%，因此资产交换者将获得 6.54%（= 6.24% + 30bps）直到交换的第一个重置日期为止。如果他预计未来的利率会有所增加，总回报经理希望通过利用这种互换支付固定和接收浮动。

互换框架允许管理人员（以及发行人）更容易地比较固定利率和浮动利率市场中的证券。互换利差框架的扩展可能与投机级证券不太相关，其中违约风险变得更为重要。与专业的资金管理人员相比，个人投资者不太乐意利用互换利差进行债券估值，传统的名义利差架构得到个人投资者的深刻理解，具有长期市场惯例的优势，在从 Aaa 到 B 信用评级的整个信用质量谱中非常奏效。然而，在比较固定利率和浮动利率市场之间的相对吸引力时，这一名义利差框架对于投资者和发行人来说并不奏效。

13.7.3 利差工具

投资者还应该了解如何最好地估值在决策中的利差水平。利差估值包括均值回归分析、质量利差分析和百分比收益率利差分析。

13.7.3.1 均值回归分析

用于分析单个证券和工业板块之间利差的最常见技术是均值回归分析。"均值"是在规定的间隔（通常是信用市场的一个经济周期）中一些变量的平均值。"均值回归"一词是指一些变量的价值回归（即移动走向）其平均值的趋势，均值回归分析是一种相对价值分析的形式，基于两个板块或两个发行人之间的利差将恢复到其历史平均值水平。这将导致投资者购买被认定为"便宜"的板块或发行人，因为历史上这种利差越来越严，最终将恢复到更严格的利差。此外，这将导致投资者出售被认定为"昂贵"的板块或发行人，因为利差已经扩大并预计未来将会扩大。

均值回归分析涉及使用统计分析来估算当前平均利差的偏差是否大。例如，假设在过去 6 个月，发行人的平均利差是 80 个基点，标准差是 12 个基点。假设发行人目前的利差为 98 个基点。这个利差高于平均利差 18 个基点，或相当于平均利差之上 1.5 个标准差。经理可以使用该信息来确定利差偏差是否足以购买该发行物，可以使用相同类型的分析来对板块中的一组发行人进行排名。

均值回归分析可能具有启发性和误导性。均值高度依赖于所选择的间隔，关于适当的时间间隔市场上没有共识，信用市场频繁出现的"持续性"常常意味着廉价证券，主要是信用不确定性的一个函数，往往会变得更便宜。昂贵的证券，通常是高质量的发行物，往往保持高价。

13.7.3.2　质量利差分析

质量利差分析检验低质量和高质量信用之间的利差差异。例如，当质量利差暴跌至周期性低谷时，建议投资组合管理人员考虑 13.6 节中讨论的"信用上升交易"。在经济恶化情况下，低质量产品的增量收益率优势可能不能补偿投资者低质量的利差扩张。另外，信用投资组合经理在经济周期上升的开始就长期地受益于增持的低质量债务。

13.7.3.3　百分比收益率利差分析

从 20 世纪初开始，百分比收益率利差分析（相似久期证券的信用收益率与政府收益率的比率）是一些投资者使用的另一个流行的技术工具。这种方法有严重的缺点，破坏了其有用性。百分比收益率利差是一个衍生而不是一个解释性或预测性变量。在 1997 年、1998 年和 2002 年的低利率期间，信用百分比收益率利差的常见扩张，夸张了风险和信用债务的比较吸引力。在基准收益率曲线上涨期间，信用百分比收益率利差的典型收缩并不一定表示信用资产类别即将表现不佳。实质上，基础基准收益率的绝对水平只是确定信用资产类别相对价值的许多因素（需求、供给、利润、违约等）中的一个因素。这些其他因素可以抵消或增加从百分比收益率利差分析得出的任何见解。

13.8　结构分析

如本章前面所述，有子弹型、可赎回、可回售和偿债的基金结构。结构分析只是简单分析本章讨论的不同结构的性能。在 20 世纪 80 年代评估债券结构非常重要，自 20 世纪 90 年代中期以来，它在信用债券市场的影响力不大，原因有几个。第一，欧洲信用债券市场几乎完全是中间子弹型的；第二，从表 13-1 可以看出，美国信用和全球债券市场已经转移到拥抱这种结构性同质的欧洲子弹型标准。结构多样性仍然存在于美国高收益和 EMG 债务市场之内，但在这些投机级板块的投资组合决策可以理解为更多的依纯粹的信用差异化而定，而不是发行选择集的结构多样性。

表 13-1 美国投资级信用市场的组成变化

	1990 年 (%)	2003 年 (%)
子弹型	24	94
可赎回	72	3
偿债基金	32	1
可回售	5	2
零息债券	4	N/A

注：表中的数字不会增加到100%，因为一些结构可能包含多个期权（例如，可赎回公司债券也可能有一个偿债基金和看跌条款）。

资料来源：雷曼兄弟美国投资级信用指数。

然而，结构分析可以增加信用投资组合的风险调整回报。除了信用外，发行结构分析和结构分配决策通常取决于收益率曲线和波动率预测以及期权估值模型输出值的解释（参见下面的讨论）。这也是在结构化信用发行、抵押担保证券和资产支持证券之间进行相对价值决策的关键输入值。短期而言，假设发行人可见的信用度没有变化，收益率曲线和波动率变动将在很大程度上影响结构业绩。投资者还应考虑影响市场构成以及信用指标基准的长期市场动态。

具体来说，美国投资级信用债券市场的可赎回结构已经变得稀少，除了 2000 年的倒转。这归因于自 1990 年以来美国期限结构几乎持续下滑，1993 年、1997 年、1998 年和 2002 年的收益率曲线断断续续地下降至约数十年来的低点。因此，美国公共债券市场的组成趋向于中间子弹型欧洲债券和以欧元计价债券市场。要看到这一点，我们只需要看雷曼兄弟美国投资级信用债券指数的结构组成。子弹型从 1990 年年初这个指数的 24% 上升到 2003 年的 94%（本金值基准）。在这个时间间隔内，可赎回结构从 72% 下降到仅占 3% 的指数份额。偿债基金结构曾经是天然气管道和许多工业板块的结构性支柱，现在已经上了"结构性濒危物种清单"，从 1990 年占公共债券市场的 32% 下降到 2003 年的 1%。尽管 20 世纪 90 年代中期有几次简单混乱的发行和 90 年代后期引入了可赎回/可回售结构，可回售结构市场份额从 1990 年的 5% 下降到 2003 年的 0.2%。纯企业零息债券有灭绝的危险，1990 年从 4% 的市场份额到 2003 年的市场份额可以忽略不计。

13.8.1 子弹型

这里是对不同类型投资者如何使用具有不同到期期限子弹型结构的回顾。

前端子弹型（即具有 1～5 年到期期限的子弹型结构）对于追求"杠铃策略"的投资者具有很大的吸引力，其中杠铃的短期端和长期端都是美国国债证券。"杠铃策略投资者"在曲线的前端或短期端使用信用证券，在收益率曲线长期端使用国债。有非美国机构通过使用利率互换将短期子弹型转换为浮动利率产品。这些交易被称为"资产互换交易"，而采用该交易的投资者被称为"资产交换者"。

中期信用子弹型（5～12 年期限），特别是 10 年期到期板块，已成为美国和欧洲投资级以及高收益信用市场中最受欢迎的细分市场。15年到期期限，以10年为基准。国库券相对较少，并被银行青睐，偶尔会将其用于某些类型的互换。因为新的15年期结构需要5年的时间才能沿着正向倾斜的收益率曲线下降到它们基础的10年期基准，所以15年到期期限对许多投资者来说，通过寻求来自基准向下滚动策略而来的价格升值回报，所以吸引力下降。相比之下，罕见的20年结构受到很多投资者的青睐。这些结构的利差被替换为30年期国债。随着正向倾斜的收益率曲线，20年期结构提供比10年或15年证券更高的收益率，并且比30年证券更低的脆弱性（更低的久期）。

30年到期期限是全球信用市场上最受欢迎的长期证券形式。在1992年、1993年、1995年后期及1997年，美国信用债券市场出现了发行50年期（半个世纪）和100年期（百年）证券的小高潮。这些长期证券对适度增长的有效久期（或修正久期）为投资者提供了额外的正凸度。⊖ 在"亚洲金融风暴"和特别是1998年8月的"大利差板块崩溃"之后，风险厌恶和流动性溢价的周期性增长大大降低了发行人和投资者对这些超长期到期的兴趣。

13.8.2 可赎回

通常在5年或10年的等待（对一些罕见的发行更长）之后，信用结构是发行人随时可行使赎回权。赎回价格通常设定在高于面值的溢价（面值+初始息票），并且在最终计划到期日之前的5～10年年均线性下降到面值。在潜在的低利率环境下，具备债务再融资能力对发行人来说是非常有价值的。相反，早于预期偿还一笔高于当前市场息票的风险对投资者来说是麻烦的。

在发行可赎回债券时，发行人为拥有看涨期权（从发行人的角度来看）多头向投资者支付年利差溢价（对于高质量发行人约20～40个基点）。像所有的证券估值一样，这个看涨期权费随着资本市场状况的变化而变化。由于行权的机会较高，因此在低利率和高波动率期间，该看涨期权变得更加昂贵。自1990年以来，投资级发行人的这个看涨期权费范围为15～50个基点。当利率由于其负凸度而下降时，可赎回债券业绩大幅逊于子弹型。当债券市场恢复元气时，由于赎回价格上限限制，可赎回结构不能完全参与。相反，随着早期赎回的可能性下降，熊市债券市场中的可赎回结构业绩表现超过子弹型。

13.8.3 偿债基金

偿债基金结构允许发行人在到期之前执行一系列部分赎回（每年或每半年）。发行人通常也可以选择在偿债基金日偿还额外的一部分发行，通常是强制性偿债基金债务的1～2倍。历史上，特别是在20世纪80年代初期，总回报投资者倾向于以低于面值的价格购进偿债基金结构。这些折扣的偿债基金在利率上涨期间保持价格上涨（在显示债券价格仍然低于面值情况下），鉴于发行人要求至少每年以面值偿还一部分发行，当利率上升时，这些偿债基金结构的价格不会像可赎回和子弹型结构那样下降很多。应该指出的是，具有较强债务管理技能的精明发行人有时可以通过先前公开市场以低于面值的价格购买来全面或部分地满足

⊖ 到期期限越长，凸度越大。

这种年度偿债基金的债务。尽管如此，发行人这种每年偿债基金购买债务的做法确实限制了价格上涨期间的债券价格贬值。

13.8.4 可回售

传统的可回售结构比可赎回结构更简单。然而在交易界，债券估值往往是辩论的主题。美式期权可赎回授予发行人有权在不可赎回或非赎回期届满后随时以指定的赎回价格赎回发行。回售债券通常为投资者提供了要求全额还款的一次性一日看跌期权（欧式期权）。包含第二或第三看跌期权日的回售债券并不多见。在信用评级降级的情况下（通常低于投资级资格），有限的回售结构发行数量授予投资者有权将这些结构以面值回售给发行人。

由于利率下降，发行人在 20 世纪 90 年代取消了新的回售结构。许多发行人宁愿支付额外的 10～20 个基点以便发行长期负债，也不愿在 5～10 年内以较高的成本承担偿还回售债券的风险。

回售结构为投资者提供了部分抵御利率大幅提高的风险。假设发行人仍然有能力履行其突发的债务，由信用事件触发的回售结构使投资者摆脱信用恶化。也许由于其相当的稀缺性，回售结构的业绩表现和估值对许多投资组合经理来说是一个挑战。不同于可赎回结构，回售价格与通用的波动率估值框架中形成的期望值不一致。具体来说，期权的隐含收益率波动率可以从期权的价格和估值模型中计算。在可回售债券的情况下，可以使用估值模型如二叉树模型来获得隐含波动率。假定所有因素都是恒定不变的，所以回售和赎回的隐含波动率应该是相同的。然而，对于可回售结构，自 1990 年以来，隐含波动率范围在 4%～9%，远低于同期可赎回结构 10%～20% 的波动率幅度。在可赎回（高）和可回售（低）之间隐含波动率的这种分歧表明，经常由提高投资组合收益愿望驱动的资产管理者，有权在特定情况下将债务证券回售给发行人从而少付给发行人。换句话说，典型的赎回债券在市场上的收益率要低于通常情况。

除非回售结构发行量大幅度增加，可以为这种较为罕见的结构性发行提供更大的流动性和制定更为标准化的交易惯例，否则这种可回售和可赎回结构之间隐含波动率的不对称性将会持续下去。同时，这种结构只有在明确对利率看跌的看法后，才会被这些投资者视为一种表现优异的工具。

13.9　信用曲线分析

自 20 世纪 90 年代中期以来，信用衍生品的快速增长激发了学术界和实践者对开发更精确的分析期限结构（1～100 年）和信用利差曲线（风险越高收益率越高的证券交易是基于价格而不是利差基础）信用结构（Aaa/AAA 到 B2/B）技术的兴趣。

信用曲线、期限结构和信用结构几乎总是正倾斜。为了降低投资组合的风险，许多投资组合经理在短期和中期到期承担信用风险，并在长期投资组合中替代风险较低的政府证券。这个策略叫作信用杠铃策略。因此，这一策略的应用减少了许多总回报、共同基金和银行投资组合债券经理人对较长期信用风险债务工具的需求。幸运的是，对于希望发行长期到期的信用发行人，保险公司和养老金计划发起人通常通过购买到期期限超过 20 年的信用债务来满足长期负债需求。

违约风险随着信用度的下降而非线性增长。通过投资级信用评级类别（Aaa/AAA 至 Baa3/BBB−），任意一年发行人违约的绝对风险仍然相当低。但是被约束于高质量投资的投资者往往会视降级为准违约。在某些情况下，如从信用评级 A 降级到 Baa/BBB 类别，投资者可能在严格的投资组合准则下被迫出售证券。反过来，投资者有正当理由要求利差溢价，因为投资级类别的评级质量下降，潜在信用困难的可能性增加。

高收益信用评级类（Ba1/BB+ 至 D）的信用利差急剧上升。特别是 B− 和 CCCs，成为主要的可能。当信用和评级风险迅速上升时，信用市场自然会分配越来越高的风险溢价（利差）。图 13-5 显示了两个信用板块（Baa 和 A 工业）的信用曲线，也表明随着到期期限的延长需要更高的利差。

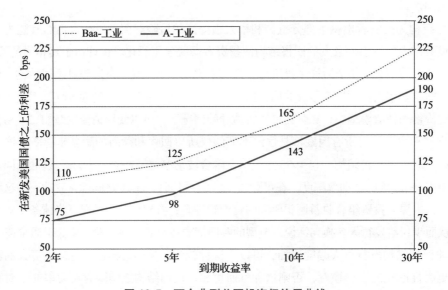

图 13-5　两个典型美国投资级信用曲线

资料来源：基于 1993 ～ 2003 年平均公司债券曲线的雷曼兄弟美国投资级信用指数。

特别是，投资级信用市场对 10 年期和 30 年期到期之间的发行人信用曲线的斜率有兴趣。像基础国债基准曲线一样，信用利差曲线在经济周期的过程中改变形状。通常情况下，当债券市场对利率和一般信用风险变得更加警惕时，利差曲线会变得陡峭。当基础基准曲线平坦或反转时，利差曲线也显示出一点陡峭的倾向。这种松散的利差/收益率曲线联动反映了当投资者在短期和中期信用产品中可获得更高的总收益时，他们在收益率曲线长端承担曲线风险和信用风险的欲望会减少。

13.10　信用分析

在不断寻求信用升级和可能由升级引发的发行人/发行利差缩减时，更重要的是避免信用降级导致发行人/发行利差的增加，优秀的信用分析已经并仍然是最重要的决定信用债券组合相对业绩表现的因素。信用审查工具与股票估值，相对利差变动及互联网（可用信息跟踪所有与资产组合相关的新闻）相关，可以为经典信用研究和评级机构的见解提供有用的补充。但是，自我表征的信用模型完全依赖于利率波动率和从期权估值技术引入的二项式流程等变量，对于单独信用如 IBM、英国天然气公司、德州公用事业、浦项钢铁、住友和巴西的预期信用表现排名方面并不是特别有用。

对于许多采用自上而下法的投资组合经理和主要关注宏观变量的策略家来说，信用分析既不迷人又很费力。真正的信用分析包括：实际研究发行人的财务报表和会计技术，访问发行人的管理，估值实业发行，阅读契约和章程，以及提高评级机构对各行业和发行人看法的认识（不一定要同意）。

不幸的是，这种分析严谨性的优点可能与信用债券发行人的全面迅速扩张相冲突。约 5 000 个不同的信用发行人分布在全球债券市场。随着国有企业的不断私有化进程，高收益市场的新进入者以及新兴债务市场的长期增长，到 2010 年全球发行人名单可能会膨胀到 7 500 个。不断扩大的全球信用发行分类为优于市场、市场表现和劣于市场，需要资产管理人建立和维持庞大的信用估值功能。

13.11 资产配置/板块转移

板块轮换策略长期在股权投资组合管理中发挥关键作用。在信用债券市场中，工业、公用事业、金融机构、主权国家和超国家之间的"宏观"板块轮换也有悠久的历史。20 世纪最后一个季度，投资者对这些主要信用板块的情绪有很大的变化。20 世纪 80 年代初至中期，公用事业经受着供应紧张和核风险的市场担忧。美国和欧洲金融机构在 20 世纪 80 年代后期和 90 年代初对投资者对资产质量的担忧进行了应对。类似的投资者担惊受怕影响了 20 世纪 90 年代后期对亚洲金融机构债务的需求。在 20 世纪 80 年代中后期工业出现了严重的"事件风险"，1990～1992 年的衰退脆弱性，90 年代后期的事件风险回归，自此过程中出现公司兼并和收购的整体繁荣，以及 2001～2002 年破坏会计和公司治理的系列事件爆发。主权国家面对周期性市场风险如魁北克独立、各国的政治风险、1997～1998 年期间"亚洲金融风暴"的影响以及阿根廷（2001 年）直接违约事件。

相比之下，"微观"板块轮换策略在信用市场上有一个较为短暂的历史，主要信用子板块（即银行、经纪、能源、电力、媒体、铁路、主权和超国家技术等）的详细风险/回报分析（如平均回报和标准差）直到 1993 年在美国和 1999 年在欧洲，才能从信用指数提供商处得到。从 20 世纪 90 年代中期开始，信用资产类别中的这些"微观"板块轮换策略已经变得更有影响力，投资组合经理从这些统计数据中更好地了解信用板块之间的关系。

图 13-6 说明了影响板块轮换和发行人选择策略的主要因素。例如，评级机构对某一板块的实际或感知的变化以及对某一特定行业的盈利预期的修正，仅仅是影响板块相对业绩的许多因素中的两个。

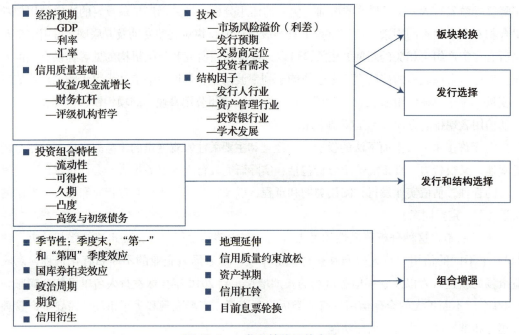

图 13-6 一些业绩优异的方法

希望提高信用投资组合业绩的常见策略也在图 11-6 中突出显示。特别是季节性值得评论。大多数年份中的下半年，为了债券市场风险厌恶的每年轮换导致"第四季度效应"，那就是信用评级为 B 的高收益和投资级 Baa，与较高信用等级的信用相比，存在低信用评级业绩表现不佳。喷发的市场乐观情绪迎来了几乎每一个新的一年。较低评级信用的业绩优于较高质量信用，这被称为"第一季度效应"。这种模式显示了一种非常简单和流行的投资组合策略：减持低质量信用和可能是同一水准的信用产品，直到每年第二季度、第三季度，然后在每年的第四季度转向增持较低质量的信用和所有信用产品。

本章小结

- 优质的信用分析已经并将仍然是信用债券投资组合相对业绩表现的最重要决定因素，允许管理人员鉴别潜在的信用升级并避免潜在的降级。
- "企业资产类"不仅包括纯粹的企业实体，全球债券市场的这一细分市场被适当称为"信用资产类"，包括主权国家发行的债券、超国家发行的债券、地方政府机构发行的债券、非机构抵押担保证券、商业抵押担保证券和资产支持证券。
- 相对价值是指在未来某个时间段内，各板块、机构、发行人和发行物在固定收益投资预期业绩方面的排名。
- 相对价值分析是指用于产生预期回报排名的方法。
- 在全球信用市场中，经典的相对价值分析结合了自上而下和自下而上的方法，将首席投资官、策略家、经济学家和投资组合经理的宏观投入与信用分析师、定量分析师和投资组合经理的微观投入融合起来。
- 相对价值分析的目标是确定最有潜力上行的板块，以最有代表性的发行人集聚在这些有利的板块，并以与投资者对基准收益率曲线的前景展望相匹配的收益率曲线点上选择指定发行人的结构。
- 信用相对价值最大化的主要方法是总回报分析、一级市场分析、流动性和交易分析、二级交易理论和约束分析、利差分析、结构分析、信用曲线分析、信用分析和资产配置／板块分析。
- 信用相对价值分析从对过去收益的详细分解和对预期收益的预测开始。
- 一级市场分析是指分析新发行的供需情况。
- 全球信用市场在结构上更为同质性，中期到期（5～10年）子弹型结构（不可赎回发行）正在主导投资级市场。
- 子弹型证券的发展趋势并不适用于高收益市场，其中可赎回结构主导市场。
- 短期和长期流动性影响投资组合管理决策。
- 信用市场流动性随着时间的推移而变化，随经济周期、信用周期、收益率曲线形状、供给情况和季节而变化。
- 尽管收益率指标有限制，收益率／利差改进交易占全球信用市场各个板块普通二级市场交易的大部分。
- 信用上涨交易旨在利用信用质量升级的发行预期，这些交易在（主要评级机构给出的证券信用评级在Ba2/BB和Baa3/BBB之间）交叉板块特别受欢迎。
- 由于经济或地缘政治的不确定性增加，信用防御交易涉及信用质量上升的交易。
- 板块轮换交易涉及根据相对价值分析改变板块间的配置，这种策略可以在信用债券市场内（资产类别内板块轮换）和固定收益资产类别中使用。
- 由于流动性较小，交易成本较高，板块轮换交易在债券市场中不如在股票市场那么受欢迎。然而，随着流动性增强的预期发展和未来交易成本的降低，板块轮换交易在信用资产类别中将会更加盛行。
- 承担重新定位投资组合久期的交易称为收益率曲线调整交易，或简称曲线调整交易。
- 结构交易涉及结构内互换（例如，可赎回结构、子弹型结构和回售结构），给定的波动率预期变动和收益率曲线的形状，结构交易预期会有更好的业绩表现。
- 投资组合经理应审查他们不交易的主要理由。
- 投资组合约束是全球信用债券市场持续存在市场低效的一个最大因素。
- 许多美国从业人员倾向于按照期权调整利差（OAS）对投资级信用证券进行估值，但考虑到自1990年以来嵌入式期权信用结构迅速下降，OAS在一级和二级市场定价中的使用在投资级信用资产类别内减少。
- 互换利差已成为欧洲信用、亚洲信用和美国MBS、CMBS、机构和ABS板块的普遍估值标准。
- 在全球信用债券市场中，名义利差（信用与相似到期期限政府债券之间的收益率差异）已经成为相对价值分析的基本单位。
- 均值回归分析是分析单个证券和板块之间利差的最常用技术。
- 均值回归分析可能是误导性的，因为均值或平均值高度依赖于分析的时间段。
- 在质量利差分析中，经理检验低质量和高质量信用之间的利差差异。
- 结构分析涉及在相对价值的基础上分析不同结构的业绩表现。
- 回售结构为投资者提供了部分抵御利率大幅度提高的风险：这种结构只有在那些投资者确定看跌利率的情况才能被他们视为业绩卓越的工具。
- 信用曲线、期限结构和信用结构两者几乎总是呈正倾斜。
- 在信用杠铃策略中，许多投资组合经理选择在短期和中期到期期限内承担信用风险，并在长期投资组合中替代风险较低的政府证券。
- 像基础国债基准曲线一样，信用利差曲线在经济周期的过程中发生变化。通常，当债券市场对利率和一般信用风险变得更加谨慎时，利差曲线就会陡峭。

术 语 表

A

Accrued interest 应计利息 已赚的利息,但尚未支付。

Active/immunization combination 主动/免疫组合 由两个投资组合部分构成的投资组合:第一个免疫的组合在规划期间提供有保证的回报;第二个投资组合使用主动的高回报/高风险策略。

Active/passive combination 主动/被动策略组合 将投资组合的核心组成部分分配到被动策略,并将平衡分配给主动组成部分。

Add-on rates 附加利率 银行存单凭证、回购和指数如 Libor 和 Euribor 按附加利率(债券等值收益率基准)进行报价。

Agency bonds 机构债券 见准政府债券。

Agency RMBS 机构 RMBS 在美国,由住房抵押贷款担保的证券和由联邦机构担保或由两个 GSE(房利美和房地美)中之一担保的证券。

Amortizing bond 摊销债券 有要求定期支付利息和偿还本金的支付时间表的债券。

Amortizing loans 摊销贷款 有要求定期支付利息和偿还本金的支付时间表的贷款。

Arbitrage-free models 无套利模式 从现有的期限结构预测未来利率路径的期限结构模型。所得的价格是基于无套利条件。

Arbitrage-free valuation 无套利估值 一种在没有套利机会下的确定证券价值的估值方法。

Arbitrage opportunities 套利机会 一个进行套利的机会;一个获得无风险且无净货币投资的预期正的净利润机会。

Asset swap 资产互换 将特定债券的定期固定票息转换为 Libor 加或减一个利差。

Asset-backed securities 资产支持证券 一个称为特殊目的工具(SPV)的法人实体发行的一种债券,用于汇集 SPV 所拥有的资产。此外,应收账款和抵押贷款以外的贷款担保的证券。

Auction 拍卖 一种通常用于主权债券投标的债券发行机制。

Average life 平均寿命 见加权平均寿命。

B

Backup lines of credit 备用信用额度 如果发行新的票据不是可行的选择,银行向商业票据发行人提供的一种信用增强方式,以确保发行人可以获得足够的流动性以偿还到期的商业票据。

Balloon payment 气球型支付 到期时需支付大笔款项以偿还未清偿的本金额。

Barbell portfolio 杠铃投资组合 与投资期限日和期中票据支付相对应的短期和长期到期工具组成的投资组合。

Basis 基差 现货价格与期货价格之间的差额。

Basis point 基点 用于说明收益率利差,一个基点等于一个百分点的 1%,即 0.01%。

Basis risk 基点风险 由于使用了与被套保投资不完全匹配的对冲工具而产生的风险,总的来说,这种基点会以不可预知的方式发生变化而带来风险。

Bearer bonds 无记名债券 未记载所有权的债券,只有清算系统知道谁是债券所有者。

Benchmark 基准 一个对照投资组合;一个参考或对照。

Benchmark issue 基准发行 给定到期期限的最新主权债券发行。它作为具有相同特征但由另一类型发行人发行的债券的比较基准。

Benchmark rate 基准利率 通常是具有相同或接近相同到期时间的政府债券的到期收益率。

Benchmark spread 基准利差 在特定基准上的收益率利差,通常以基点度量。

Bermuda-style 百慕大式 可以在期权到期日前指定的日期行权的期权合约。

Best effort offering 最大努力发行 利用投资银行发行证券，投资银行作为发行人的代理人，承诺尽最大努力出售发行物，但不担保售出指定金额。

Bid-ask spread 买卖价差 从客户（投标）购买的价格与出售给客户的价格（报价或询价）之间的差额。它通常用作流动性指标。

Bid-offer spread 买卖价差 见 bid-ask spread。

Bilateral loan 双边贷款 从单一贷款人到单一借款人的贷款。

Binary credit options 二元信用期权 在发生指定的负面信用事件时提供收益的期权。

Bond 债券 发行人与债券持有人之间的合同协议。

Bond equivalent yield 债券等值收益率 用365与至到期日的天数之比计算年化收益率。债券等值收益率允许复述和比较不同复利期的证券。

Bond indenture 债券契约 描述债券形式的法律合同，发行人的义务以及债权人的权利。也称为信托契约。

Bootstrapping 自举法 基于近似分布属性估计样本分布的一种统计方法。

Bottom-up 自下而上法 专注于公司的基本面或收入、收益、现金流或新产品开发等因素。

Bridge financing 过桥融资 在永久融资前可以安排提供资金的临时融资。

Bullet portfolio 子弹型投资组合 由到期期限非常接近投资期限的债券组成的投资组合。

C

Callable bond 可赎回债券 包括嵌入式看涨期权，赋予发行人在到期日之前赎回发行债券的权利，通常发生在利率下降或发行人信用质量已经改善时。

Call protection 赎回保护 债券发行人不允许行使赎回期权的时间期间。

Cap 上限 利率看涨期权的组合，旨在对冲借款人浮动利率贷款的利率上涨风险。

Capacity 能力 借款人按时偿还债务的能力。

Capital market securities 资本市场证券 发行到期期限在1年以上的证券。

Capital structure 资本结构 公司用于为其业务融资的债务和股权的混合；一家公司长期融资的特定混合体。

Capital-indexed bonds 资本指数型债券 指数挂钩债券类型。票息是固定的，但适用于在债券存续期间根据指数增长而增加的本金额。

Capped floater 有上限的浮动利率债券 上限条款阻止票息增长超过规定的最高利率。它保护发行人免受利率上升风险的影响。

Cap rate 上限利率 对于期权，行使利率上限期权。

Carrying value 账面价值 资产负债表中资产或负债的净额；账面价值也指公司总资产超过总负债的超额值。对于债券，购买价格加上（或减去）折扣（或溢价）的摊销金额。

Cash flow matching 现金流量匹配 一种资产/负债管理方法，从组合的息票和到期本金支付中为负债流提供未来资金。一种奉献策略类型。

Cash flow yield 现金流量收益率 一系列现金流量的内部收益率。

Cash market securities 现金市场证券 货币市场证券以"同一天"或"现金结算"为基础结算。

Cell-matching technique (stratified sampling) 单元匹配技术（分层抽样）用于指数化的一种投资组合构造技术，将基准指数划分为与影响这些指数风险因子相关的单元和来自属于这些单元的指数证券样本。

Central bank funds market 中央银行资金市场 在国家中央银行有超额准备金的存款银行可以向需要隔夜至1年期资金的银行贷款。在美国称为联邦资金市场。

Central bank funds rates 中央银行资金利率 中央银行资金购买（借入）和出售（借出）期限为隔夜至1年期资金的利率。在美国称联邦资金利率。

Certificate of deposit 存款凭证 一种以指定金额资金和指定到期日及利率表示的存入银行的金融工具。它以小或大的面额发行，可以是可转让的或不可转让的。

Change of control put 变更控制权 在借款人被收购的情况下，契约给予公司债券持有人有权要求发行人通常以面值或一定程度的小额溢价回购其债务。

Character 品质 债务发行人的管理质量。

Cheapest-to-deliver 最廉价交割 交割债券收到的金额数量与在市场上支付债券的金额数量相比最大。

Collar 上下双限 包括购买看跌期权和出售看涨期权，其中资产持有人获得防止低于一定水平利率的保护，可以行使看跌期权价格，并通过放弃高于某一水平利率来支付它，行使看涨期权价格。上下双限也可以通过放弃较低利率带来的收益来为浮动利率贷款提供保护免受利率上升风险的影响。

Collateral 抵押品 支持发行人债务的资产质量和价值。

Collateralized debt obligation 债务担保证券 用于描述由一个或多个债务组成的多元化债务池担保的证券的词语总称。

Collateralized mortgage obligation 抵押担保证券 通过抵押贷款相关产品池（抵押转手证券或贷款池）的证券化创建的证券。

Collateral manager 抵押品经理 为CDO的资产投资组合（即抵押品）购买和出售债务，以产生足够的现金流来履行对CDO债券持有人的债务。

Collateral trust bonds 抵押信托债券 由普通股、其他债券或其他金融资产等证券担保的债券。

Collaterals 抵押品 对发行人承诺支付之上以及之外的债务进行的资产或财务担保。

Combination matching 组合匹配 一个现金流量匹配技术；一个投资组合与一组负债久期匹配，并有在最初几年，通常是前5年与现金流匹配的附加约束，也称为期限匹配。

Commercial paper 商业票据 表示发行人债务的一种短期、可转让、无担保的期票。

Confidence interval 置信区间 具有给定概率的区间，其中包含它要估值的参数。

Constant-yield price trajectory 恒定收益价格轨迹 用图表说明固定收益债券价格随时间的变化，假设到期收益率没有变化。轨迹显示以面值的溢价或折价交易债券交易价格"拉至面值"效应。

Contingency provision 应急条款 法律文件中的条款，如果发生特定事件或情况，允许采取某些行动。

Contingent convertible bonds 或有可转换债券 如果发生特定事件或情况，如发行人的权益资本低于监管机构制定的最低要求，则自动转换为股票的债券，也称为CoCos。

Contingent immunization 应急免疫 一种固定收益策略，如果主动管理的投资组合没有以一定的速度增长，免疫将成为一种落后的策略。

Contraction risk 减期风险 当利率下降时，证券的到期期限将比购买时预期的期限更短，因为借款人以现在较低的利率进行再融资。

Contract rate （合约利率）合约利率 见按揭利率。

Conventional bond 传统债券 见普通债券。

Conversion factor 转换因子 用于促进债券期货合约交割的调整，其中具有不同特征的任意数量债券有资格进行交割。

Conversion period 转换期 对于可转换债券，债券持有人有权将其债券转换为股票的期间。

Conversion price 转换价格 对于可转换债券，在债券可转换为股份时的每股价格。

Conversion ratio 转换比率 对于可转换债券，债券持有人在债券转为股份时获得的普通股数量。

Conversion value 转换价值 对于可转换债券，如果按照股票的市场价格转换时的债券价值，也称等价。

Convertible bond 可转换债券 具有嵌入式转换期权的债券赋予债券持有人以预先确定的价格在预定期间内将其债券转换为发行人普通股的权利。

Convexity adjustment 凸度调整 对于债券，价格变动的估值不是由久期解释的；年度或近似凸度统计值乘以到期收益率变化平方的一半。

Core-plus 核心加 固定收入指令允许投资组合经理为核心持有投资级债务添加具有较高回报潜力的金融工具。

Country beta 国家 β 对指定变量（如收益率）对另一国家可比变量变动敏感度的度量。

Covenants 契约 发行人必须遵守的贷款协议条款和条件，它们规定了发行人有义务履行的行为（肯定性契约条款）或被禁止的行为（否定性契约条款）。

Covered bond 担保债券 由被称为担保池的隔离资产池担保的债务。发行人必须保持担保池的价值。在发生违约的情况下，债券持有人有权对发行人和担保池进行追索。

Covered call 看涨期权 一个涉及持有资产和出售该资产看涨期权的期权策略。

Cox-Ingersoll-Ross model 考克斯—英格索尔—罗斯模型 假设利率是均值回归和利率波动率与利率水平直接相关的部分均衡期限结构模型。

Credit curve 信用曲线 显示发行人不同到期期限的可比债券的收益率利差，通常向上倾斜，与到期日之间关系的一条曲线。

Credit default swap 信用违约互换 用于将信用风险转移给另一方的互换。保护买家付费给保护卖方，作为回报，在发生指定信用事件时有权从卖方收到付款。

Credit derivative 信用衍生品 一方当事人在合同存续期内发生特定的信用事件时，有权要求另一方付款的合同。

Credit enhancements 信用增强 可用于降低债券发行信用风险的条款。

Credit event 信用事件 影响证券或交易对手信用风险的事件。

Credit forwards 信用远期 一种基于债券价值或信用利差的有收益的信用衍生品类型。

Credit-linked coupon bond 信用挂钩债券 在债券信用评级发生变化时，票息发生变化。

Credit migration risk 信用迁移风险 债券发行人信用度恶化或迁移至较低评级导致投资者认为违约风险较高，又称降级风险。

Credit protection seller 信用保护卖方 对于信用衍生品，接受基础金融资产信用风险的一方。

Credit ratings 信用评级 公司、政府（主权）、准政府或资产支持证券信用风险的排序。

Credit risk 信用风险 交易对手或债务人未能及时付款或根据违约风险变动引起的金融工具价值变动而造成的风险损失，又称违约风险。

Credit scoring 信用评分 零售借款人信用风险的排序。因为它只将借款人的风险从最高到最低进行排序，所以被称为序数排名。

Credit spread risk 信用利差风险 在购买风险债券后，风险债券利率与违约无风险债券利率之间的利差风险可能会有所不同。

Credit spreads 信用利差 无违约债券收益率和信用风险零息债券收益率之间的差额。

Credit tranching 信用分层 用于重新分配与抵押品相关的信用风险的结构；创建一组债券类别以允许投资者选择他们喜欢承担的信用风险数量级。

Cross-default provisions 交叉违约条款 违约事件如不支付一只债券的利息触发对所有未清偿债务违约的条款；意味着所有发行的债务违约概率相同。

Currency-hedged instruments 货币对冲工具 投资于抵销货币风险敞口的非本国资产。

Currency option bonds 货币期权债券 这种债券赋予债券持有人有选择其希望获得利息和本金还款货币的权利。

Currency return 货币回报 按单位外币的本币数量表示的即期汇率变动百分比。

Currency risk 货币风险（汇率风险） 与外币可以转换为投资者本国货币获取收益的汇率不确定性相关的风险。

Currency swap 货币互换 当事人根据不同货币债务的偿还差额进行支付的互换。

Current yield 当期收益率 本年收到的息票总金额除以平价；也称所得收益率、利息收益率或现在收益率。

Curvature 曲度 是经验性地解释收益率曲线形状大部分变化的三个因素之一（另外两个是水平和陡度）。对曲度因子的冲击影响中期期限利率，导致期限结构或多或少呈驼峰形。

Curve duration 曲线久期 债券价格（或金融资产或负债的市场价值）对基准收益率曲线的敏感度。

Cushion spread 缓冲利差 最小可接受的回报和较高的免疫利率之间的差额。

D

Debentures 信用债券 可以被担保或无担保的债券类型。

Default intensity 违约强度 当经济处于 X_t 状态时，给出下一个瞬间 $[t, t+\Delta]$ 的违约概率。

Default probability 违约概率 根据债务证券条款，借款人违约或不履行足额及时支付本金和利息义务的概率。也称为违约风险和违约概率。

Default risk 违约风险 根据债务证券条款，借款人违约或不履行足额及时支付本金和利息义务的概率，也称为违约概率。

Deferred coupon bond 递延债券 债券在开始几年不支付息票，但之后支付的息票比通常在剩余时间内更高，又称分拆息票债券。

Delivery option 交割选择 期货合约的特点是给予空头决定如何、何时和何地交割的权利。

Delta 德尔塔 期权价格与基础资产价格之间的关系，反映了期权价格对基础资产价格变动的敏感性。

Direct quotation 直接报价 以本币/外币形式的报价。

Discount 折扣（贴现） 考虑与到期时间的远近而减少未来付款的价值；计算未来某个数量的现值。此外，金融工具的定价低于其面值。

Discount factor 贴现因子 使用适当的即期利率贴现时，无风险单一支付的现值或价格。

Discount function 贴现函数 所有可能到期期限范围的贴现因子。即期曲线可以从贴现函数导出，反之亦然。

Discount margin 贴现价差 看所需价差。

Discount rates 贴现率 一般而言，用于计算现值的利率。然而，在货币市场中，贴现率是特定类型的报价利率。

Dollar duration 美元久期 衡量 100 个基点的市场收益率变化引致的投资组合价值变化。

Dominance 支配地位 当金融资产在未来有无风险回报时，今天的套利机会必须有正的价格。

Downgrade risk 降级风险 债券发行人的信用度恶化或迁移至较低评级时导致投资者认为违约风险较高，又称信用迁移风险。

Dual-currency bonds 双币种债券 使用一种货币进行息票支付的债券，在到期时以其他币支付票面价值。

Duration gap 久期缺口 债券的麦考利（Macaulay）久期减去投资期限。

E

Early repayment option 提早还款期权 请参阅提前还款期权。

Economic surplus 经济盈余 资产的市场价值减去负债的现值。

Effective annual rate 有效年利率 一年中包括复利的单位货币增长的金额。

Effective convexity 有效凸度 久期对利率变化的敏感度。

Effective duration 有效久期 债券价格对基准收益率曲线变化的敏感度。

Embedded option 嵌入式期权 应急条款为发行人或债券持有人提供了采取行动的权利但不是义务。这些期权不是证券的一部分，不能单独进行交易。

Equipment trust certificates 设备信托凭证 由特定类型的设备或实物资产担保的债券。

Equity-linked note 股票挂钩债券 最终付款是根据股票指数回报的指数挂钩债券类型。

Eurobonds 欧洲债券 国际上发行的债券类型，以该国货币计价但在该国的司法管辖范围以外。

Excess currency return 超额货币回报 预期货币回报超过远期溢价或折价。

Expected loss 预期损失 违约概率乘以违约损失；全部欠款减去预期回收。

Extendible bond 可展期债券 债券具有嵌入式

期权，给予债券持有人有权在到期后保留债券多年，可能有不同的票息。

Extension risk　展期风险　当利率上升时，会发生更少的提前偿还，因为房主不愿意放弃现在看起来低的合约利率带来的利益。因此，证券到期期限会变得比购买时预期的更长。

F

Firm commitment offering　公司承诺发行　参见承销发行。

First lien debt　第一留置债务　通过包括建筑物，但也可能包括地产和设备、许可证、专利、品牌等在内的某些资产的抵押进行担保的债务。

First mortgage debt　第一抵押贷款债务　由特定财产抵押进行担保的债务。

Fixed-rate payer　固定利率付款人　有义务以固定利率定期付款的利率互换合约一方。

Flat price　平价　债券的全价减去应计利息；又称报价或净价。

Floaters　浮动利率票据　参看浮动利率票据。

Floating-rate notes　浮动利率票据　票据利息支付不是固定的，而是根据当前的参考利率水平逐个周期变化。

Floating-rate payer　浮动利率付款人　有义务根据基准浮动利率定期付款的利率互换合约一方。

Floor　下限　利率期权的组合，旨在提供免受利率下降影响的保护。

Floored floater　下限利率浮动债券　具有下限条款的浮动利率债券，防止票息低于指定的最低利率，保护投资者不受利率下降的影响。

Forced conversion　强制转换　对于可转换债券，发行人赎回债券并强制债券持有人将其债券转换为股票，通常在基础股票股价涨幅高于转换价格时发生。

Foreclosure　止赎权　如果借款人违约，允许贷款人拥有抵押物，然后出售以收回资金。

Forward curve　远期曲线　在特定开始日期贷款远期利率的期限结构。

Forward discount　远期贴水　远期利率减去即期利率除以即期利率；如果为负值，则称为远期贴水，如果为正值则称为远期升水。又称远期溢价。

Forward hedging　远期套期保值　包括使用外国资产货币与本国货币之间远期合约的套期保值。

Forward market　远期市场　对于未来交割，超出现货市场通常的结算期。

Forward pricing model　远期定价模型　描述远期合约估值的模型。

Forward rate　远期利率　在远期市场交易的债券或货币市场工具的利率。远期利率可以解释为对到期期限额外的一段时间的一个增量或边际回报。

Forward rate model　远期利率模型　以即期和远期利率表示的远期定价模型。

Full price　全价　包括应计利息的证券价格；又称发票价格或肮脏价格。

Functional duration　功能久期　关键利率久期，又称多功能久期。

Futures contract　期货合约　买方（卖方）与已建立的交易所或其结算所之间的可执行合同，买方（卖方）同意在指定的时间段结束时以指定的价格交割某物。

Futures price　期货价格　期货合约各方同意交易基础资产的价格。

G

Government equivalent yield　政府等量收益率　基于实际/实际法，按照30/360日计数惯例重新表述到期收益率的收益率。

Grey market　灰色市场　即将发行债券的远期市场。也被称为"发行时"市场。

G-spread　G-利差　在实际或内插政府债券之上的基点收益率利差。

H

Haircut　垫头　参考回购垫头。

Hazard rate estimation　事故率估算　用于估算二进制事件概率的技术，例如违约/无违约，死亡率/无死亡率以及预付/不预付。

Hedged return 对冲回报 以本地货币计算的外国资产回报加上远期贴水（升水）。

Hedge ratio 对冲比率 被套期保值资产的数量与用于套期保值的衍生工具数量的关系。

Ho-Lee model Ho-Lee 模型 第一个无套利期限结构模型。该模型根据市场数据进行校准，并使用二项式格子法来生成合理的未来利率分布状态。

Horizon yield 期限收益率 总回报（再投资息票与出售价格或赎回金额的总和）与债券购买价格之间的内部收益率。

I

Immunization 免疫 一种资产/负债管理方法，结构性投资于债券以匹配（抵消）负债的加权平均久期；一种奉献策略。

Immunized time horizon 免疫时间期限 投资组合的价值被免疫的时间期限；等于投资组合久期。

Implied forward rates 隐含远期利率 根据即期利率计算，隐含远期利率是一个盈亏平衡的再投资利率，它将短期零息债券的投资回报与长期零息票债券的投资回报挂钩。

Indenture 契约 描述债券形式、发行人义务以及债券持有人权利的法律合同。又称信托契约。

Index-linked bond 指数挂钩债券 息票支付和（或）本金还款与指定指数挂钩的债券。

Inflation-linked bond 通胀挂钩债券 指数挂钩类型债券通过将债券息票支付和（或）本金偿还与消费者价格指数挂钩，为投资者提供通货膨胀保护。又叫连接器。

Interbank market 银行间市场 银行间贷款和存款的市场，期限从隔夜到1年。

Interbank money market 银行间货币市场 银行间贷款和存款的市场，期限从隔夜到1年。

Interest-only mortgage 支付利息抵押贷款 在一定年份内没有规定本金偿还计划的贷款。

Interest rate parity 利率平价 在调整利率差异后，表示即期利率和远期利率的等值或平价的公式。

Interest rate risk 利率风险 与利率水平变动有关的风险。

Interest rate swap 利率互换 双方（交易对手方）根据指定的名义本金额交换定期利息支付的合同。

Internal ratings 内部评级 由金融机构或其他实体内部开发的用于管理风险的信用评级。

Interpolated spread 内插利差 在同一期限的货币标准互换利率之上的特定债券收益率利差。

I-spread I-利差 在同一期限的货币标准互换利率之上的特定债券收益率利差。

K

Key rate durations 关键利率久期 债券价格对基准收益率曲线上特定到期限变动的敏感度。又称部分久期。

L

Law of one price 一价法则 假设：①相同的货物在国家间按照共同货币估价时，应以相同的价格交易；②两种等值的金融工具或金融工具的组合只能以一个价格出售。后一种形式相当于没有套利机会的可能。

Letter of credit 信用证 外部信用增强形式，金融机构向发行人提供信用额度，以补偿资产支持发行引起的现金流量短缺。

Level 水平 是经验性地解释收益率曲线形状大部分变化的三个因素之一（另外两个是陡度和曲度）。对水平因素的冲击使所有到期日的收益率几乎相等。

Libor-OIS spread Libor-OIS 利差 Libor 与隔夜指数化互换（OIS）利率之间的差额。

Limitations on liens 留置权限制型 意味着限制发行人可以拥有多少数量的担保债务。

Linear programming 线性规划 目标函数和约束线性化的优化。

Linker 连接器 见通胀挂钩债券。

Liquidity preference theory 流动性偏好理论 一种期限结构理论，认为存在流动性溢价用于补偿投资者长期借出资金时所面临的加息风险。

Liquidity premium 流动性溢价 投资者长期借出资金所要求的溢价或增加更大的收益。

Loan-to-value ratio 贷款价值比 房产购买价格与其按揭贷款金额的比率。

Local expectations theory 本地预期理论 一种期限结构理论，主张所有债券在短期的回报是无风险利率。

Lockout period 锁定期 债券发行人不能赎回债券的期间。

London interbank offered rate (Libor or LIBOR) 伦敦银行同业拆借利率（Libor 或 LIBOR）是多种利率的集体名称，一组选定的银行相信可以从伦敦银行间市场的其他银行借到不同货币和从隔夜至1年期不同期限无担保资金的利率。

Loss given default 违约损失 如果发生违约将损失的金额。

Loss severity 损失严重程度 在违约情况下投资者损失债券的部分价值（包括未付利息）。

M

Macaulay duration 麦考利（Macaulay）久期 收益率百分比变动引致的价格百分比变动。这个术语，以第一个推导出来它的一个经济学家命名，用于区分从区分计算和修正久期。（参见修正久期）。

Maintenance covenants 维护条款 银行贷款协议中的条款，要求借款人在贷款未清偿时能够满足某些财务比率标准。

Market conversion premium per share 每股市场转换溢价 对于可转换债券，市场转换价格与基础股票股价之间的差额，允许投资者在购买可转换债券而不是基础普通股时确定应付的溢价或折价。

Market conversion premium ratio 市场转换溢价比率 对于可转换债券，每股的市场转换溢价以股票当前市场价格的百分比表示。

Market discount rate 市场贴现率 给定投资于债券的风险，投资者要求的回报率；也称为要求的收益率或要求的回报率。

Market liquidity risk 市场流动性风险 投资者实际买卖交易的价格不同于市场中显示的价格的风险。

Matrix pricing 矩阵定价 基于更频繁交易的可比债券的报价或平价估算债券的市场贴现率和价格的过程。

Maturity structure 到期结构 解释相似债券收益率差异的因素；又称期限结构。

Maturity variance 到期方差 衡量给定免疫组合不同于理想的免疫组合的指标，理想免疫组合由一个到期期限等于投资期限的单一折扣金融工具组成。

Medium-term note 中期票据 由发行人的代理人持续向投资者提供企业债券，旨在填补商业票据与长期债券之间的资金缺口。

Modified duration 修正久期 已知到期收益率变化下度量债券价格百分比变动的指标。

Money convexity 货币凸度 对于债券，年度或近似凸度乘以全价。

Money duration 货币久期 已知到期收益率变动，以债券计价货币为单位的债券价格变动度量指标。

Money market securities 货币市场证券 发行到期期限在1年或1年以内的固定收益证券。

Mortgage-backed securities 抵押支持证券 债务义务代表着对来自按揭贷款池现金流的求偿权，最常见于住宅物业。

Mortgage loan 抵押贷款 由一些指定的房地产物业做抵押担保的贷款，要求借款人向贷款人进行一系列预定的付款。

Mortgage pass-through security 抵押转手证券 当由一个或多个持有人持有的抵押品形成的抵押贷款池并在该池中出售份额或参与凭证时创建的证券。

Mortgage rate 按揭利率 按揭贷款的利率；又称合同利率。

Multifactor model technique 多因子模型技术 在指数化投资组合的构建方面，一种尝试将指数化投资组合的主要风险敞口与指数相匹配的技术。

Muni 市政债券 由州政府或地方政府在美国发

行的一种非主权债券。经常（但并非总是）提供所得税豁免优惠。

Municipal bonds 市政债券 由州或地方政府在美国发行的一种非主权债券。经常（但并非总是）提供所得税豁免优惠。

N

Nominal spread 名义利差 债券或投资组合超过同等到期期限国库券收益率的利差。

Non-agency RMBS 非机构 RMBS 在美国，私人实体发行的证券，没有联邦机构或 GSE 担保。

Non-recourse loan 无追索权贷款 贷款人对借款人没有短缺求偿权的贷款，这样贷款人只能紧盯着房子来收回未清偿抵押贷款的余额。

Non-sovereign bonds 非主权债券 国家级别以下的政府发行的债券，如省、地区、州或市。

Non-sovereign government bonds 非主权政府债券 国家级别以下的政府发行的债券，如省、地区、州或市。

Notching 层级 评级调整方法，其中来自同一借款人的特定发行物可能被分配不同的信用评级。

Notional principal amount 名义本金额 作为形成计算支付流基础的互换交易中的特定金额。

O

Off-the-run 过去发行 季节性国债是过去发行的证券，它们不是最近发行或最活跃交易的。

One-sided durations 单面久期 利率上升或下降时的有效久期，它更好地捕捉具有嵌入式期权债券的利率敏感度，这些期权会对利率同一幅度的正负变动做出不对称反应。

On-the-run 最近发行 最近发行和最活跃交易的主权证券。

Open market operations 公开市场操作 国家中央银行购买或出售债券来实施货币政策。交易的债券通常是国家政府发行的主权债券。

Option-adjusted price 期权调整价格 嵌入式期权的价值加上债券的平价。

Option-adjusted spread (OAS) 期权调整利差（OAS） 超过基准收益率的当前利差减去可归因于该工具中任何嵌入式期权类的利差组成部分。

Option-adjusted yield 期权调整收益率 根据嵌入式期权的价值调整价格所需的市场贴现率。

Options on futures 期货期权 指定期货合约的期权。

Options on physicals 实物期权 是关于期权的、以现金工具为基础资产的交易期权合约，而不是以现金工具为基础资产的期货合约。

Organized exchange 有组织的交易 买卖双方可以在柜台（OTC）市场上交易的一种证券市场。一个分散的市场，可以从不同地点发起的买卖订单通过通信网络匹配。

P

Parallel shift 平行移动 收益率曲线的平行移动意味着所有利率在相同方向上以相同的量变化。

Par curve 平价曲线 一个到期收益率的序列，使得每个债券以面值定价。假设债券在相同期间有相同的货币、信用风险、流动性、税务状况和年收益率。

Pari passu 同等权利 平等的地位。

Par swap 平价互换 设置固定利率的互换，以便在合约开始时不会交换资金。

Partial duration 部分久期 请参阅关键利率久期。

Partial equilibrium models 部分均衡模型 利用一个假设利率流程形式的期限结构模型。模型中并没有纳入基础风险因子，如利率变化对经济的影响。

Par value 票面价值 债券的本金额。

Pass-through rate 转手利率 抵押转手证券的票息。

Periodicity 周期性 假设年份中的周期数，通常与息票支付频率相匹配。

Perpetual bonds 永久债券 没有规定到期日

的债券。

Perpetuity 永久年金 永久年金，或一系列永无止境的连续现金流，其中第一笔现金流产生在从现在起的一个周期。一个不会到期的债券。

Plain vanilla bond 普通债券 在债券存续期内定期支付固定息票的债券，并在到期时一次性支付本金。又称传统债券。

Political risk 政治风险 战争风险、政府垮台、政治不稳定、没收、收归国有或税收的不利变化，又称地缘政治风险。

Preferred habitat theory 优先偏好理论 一种期限结构理论，认为投资者在购买偏好期限之外的债券之前，投资者有期限偏好并要求收益率激励。

Premium 溢价（期权费） 就债券而言，溢价是指债券的定价高于其票面面值的那部分金额。就期权而言，期权费是为期权合约支付的金额。

Prepayment option 提前偿还期权 合同条款规定借款人有权在预定的本金偿还到期日之前提前偿还全部或部分未清偿抵押贷款本金，又称提早偿还期权。

Prepayment penalty mortgages 提前偿还罚款抵押贷款 如果借款人在抵押贷款开始后的某段时间内提前偿付，则约定货币性罚款。

Prepayment risk 提前偿还风险 由于借款人有能力改变支付，现金流量将与贷款协议中规定的计划现金流时间表不同的不确定性风险。

Present value distribution of cash flows 现金流量的现值分布 显示可归因于每笔未来现金流的部分投资组合久期的列表。

Present value of the expected loss 预期损失的现值 概念上，愿意向第三方（如保险公司）支付债券的最大价格，以完全消除购买和持有债券的信用风险。

Price risk 价格风险 市场价格波动的风险。

Price value of a basis point 基点价格价值 一个货币久期的观点，已知到期收益率的 1 个基点变化，估算债券全价的变动。

Primary bond markets 一级债券市场 发行人首次向投资者出售债券募集资金的市场。

Primary dealers 一级交易商 指定在主权债券首次发行中进行交易的主要金融机构，主要承担发行主权债券的政府机构的交易对手角色。

Primary risk factors 主要风险因素 关于估值，对定价的主要影响。

Principal 本金 初始投资于项目或金融工具的资金数额；在到期时支付的票面价值。

Principal amount 本金额 发行人同意在到期日偿还债务持有人的金额。

Principal components analysis (PCA) 主成分分析（PCA） 从高维度数据中提取相关信息的非参数方法，它使用变量之间的依赖关系以更易于处理的低维度形式表示信息。

Principal value 本金价值 发行人同意在到期日偿还债务持有人的金额。

Principle of no arbitrage 无套利原则 在运行良好的市场中，价格将会调整直到没有套利机会。

Priority of claims 求偿优先权 优先支付权，对发行人的现金流量和资产有第一求偿权的最高级或最高排序的债务。

Private placement 私募配售 通常是仅向投资者或少数投资者出售的非承销、未注册发行的证券，可以直接在发行人和投资者之间或通过投资银行完成。

Probability of default 违约概率 根据债务证券的条款，借款人违约或不履行及时全额支付本金及利息义务的可能性，又称违约风险。

Prospectus 招股说明书 描述新债券发行条款的文件，帮助投资者就此次发行进行分析。

Protective put 保护性看跌期权 资产的多头头寸与看跌期权的多头头寸相结合的一种期权策略。

Proxy hedging 代理套期保值 包括使用本国货币和与外国资产货币高度相关的货币之间远期合约的套期保值。

Public offer 公开发行 见 pubic offering。

Public offering 公开发行 在证券的发行中，公众中的任何成员都可以购买证券，又称公开出售。

Pure discount bonds　纯折扣债券　见零息债券。

Pure expectations theory　纯预期理论　认为远期利率是对未来即期利率无偏见预测的一种期限结构理论，又称无偏见预期理论。

Putable bond　可回售债券　具有嵌入式看跌期权的债券，给予债券持有人有权在到期日之前向发行人回售债券，通常发生在利率上涨和高收益债券可以得到时。

Q

Quality option　质量期权　对于国债期货，可以选择可接受的国债进行交割，又称互换期权。

Quasi-government bond　准政府债券　由国家政府拥有或资助的实体发行的债券，又称机构债券。

Quoted margin　利差报价　指定收益率利差高于参考利率，用于补偿投资者对发行人的信用风险和参考利率所隐含风险的差额。

R

Rate duration　利率久期　所有其他点沿着收益率曲线保持不变，固定收益工具或投资组合对关键到期期限变化的敏感度。

Rebalancing ratio　再平衡比率　包括将投资组合的美元久期重新设定到期望水平的数量，等于初始美元久期除以新的美元久期。

Reconstitution　再组成　交易商重组合适的个人零息证券，并复制基础息票国债。

Recourse loan　有追索贷款　贷款人对借款人的抵押贷款余额与出售财产所得收益之间的任何缺口有求偿权。

Recovery rate　回收率　收回的百分比损失。

Redemption yield　赎回收益率　参见到期收益率。

Reduced form models　简化形式模型　基于结构模型的输出值但具有不同假设的信用分析模型。模型的信用风险指标反映了经济状况的变化。

Reference entity　参考实体　衍生品合约中指定的实体，如债券发行人。

Registered bonds　注册债券　通过名称或序号记录所有权的债券。

Repo　回购　一种抵押贷款形式，涉及出售证券的同时与卖方以约定的价格和未来日期从卖方购买相同证券达成协议。在回购协议开始时出售证券的一方在到期时将其购回，这一方是向对方借款，出售并随后购回的证券相当于抵押品。

Repo margin　回购价差　作为抵押品的证券市场价值与贷款的价值之间的差额，又称垫头。

Repo rate　回购利率　回购协议上的利率。

Repurchase agreement　回购协议　一种抵押贷款形式，涉及出售证券的同时与卖方以约定的价格和未来日期从卖方购买相同的证券达成协议。在回购协议开始时出售证券的一方在到期时将其购回，这一方是向对方借款，出售并随后购回的证券相当于抵押品。

Repurchase date　回购日　在回购协议开始时出售证券的一方从现金出借方购回证券的日期。

Repurchase price　回购价格　在回购协议开始时出售证券的一方从现金出借对手方购回证券的价格。

Required margin　所需的利差　收益率利差超过或低于参考利率，使得浮动利率票据在利率重置日定价为面值。

Required rate of return　所需回报率　见市场贴现率。

Required yield　所需收益率　见市场贴现率。

Required yield spread　所需收益率利差　新债券到期收益率与基准利率之间的差额；投资者对相比于政府债券的债券风险和税收状况差额需要额外的补偿。有时被称为基准之上利差。

Restricted payments　限制性支付　一种债券公约，旨在通过限制随着时间推移向股东支付现金的数量来保护债权人。

Reverse repo　反向回购　从现金借出交易对手的角度来看回购协议。

Reverse repurchase agreement　反向回购协议　从现金借出交易对手的角度来看回购协议。

Riding the yield curve 乘骑收益率曲线 一种到期交易策略，涉及购买长于预期投资期限的债券，也称为向下滚动收益率曲线。

Risk profile 风险概况 指数风险敞口的详细列表。

Rolling down the yield curve 向下滚动收益率曲线 一种到期交易策略，涉及购买长于预期投资期限的债券，又称乘骑收益率曲线。

Running yield 现时收益率 参见当前收益率。

S

Scenario analysis 情景分析 一种风险管理技术，涉及在特定情况下考察投资组合的业绩表现。与压力测试密切相关。

Secondary bond markets 二级债券市场 现有债券在投资者之间交易的市场。

Second lien 第二留置权 抵押资产中的担保利率，在抵押品保护和优先付款权方面的排序低于第一留置权。

Secured bonds 担保债券 由资产或财务担保的债券，保证在违约的情况下偿还债务。

Secured debt 担保债务 债务持有人有直接求偿权的债务，来自发行人对某些资产及其相关现金流量的承诺。

Securitization 证券化 涉及把资产转移到一个特殊的法人实体，然后利用资产作为抵押品来担保债券发行的过程。

Securitized assets 证券化资产 通常用于创建资产担保债券的资产。例如，当银行证券化贷款池时，可以认为贷款被证券化。

Securitized bonds 证券化债券 从一个过程中产生的债券，该过程涉及将资产转移到一个特定的法人实体，然后将资产用作抵押品来担保债券发行。

Segmented markets theory 细分市场理论 一个期限结构理论，认为收益率完全是特定到期资金的供求函数。

Semiannual bond basis yield 半年债券基准收益率 年度利率有两个周期；又称半年期债券等价收益率。

Semiannual bond equivalent yield 半年期债券等价收益率 参见 semiannual bond basis yield。

Semivariance 半方差 下降风险的度量指标。低于均值离差的平方的平均值。

Seniority ranking 资历排名 不同债务的支付优先权。

Serial maturity structure 连续到期结构 债券到期期限分散在债券存续期间的债券发行结构；在最终到期日之前，每年有一定数量的债券到期并被偿还。

Settlement 结算 交易完成后发生的步骤，证券被转交给买方，卖方收到付款。

Settlement date 结算日期 交易各方必须交易的指定日期，又称付款日期。

Shaping risk 形状风险 债券价格对收益率曲线形状变化的敏感性。

Shelf registration 暂搁注册 公开发行的类型，允许发行人提交包含一系列债券发行的单一、全面的发行通告。

Shortfall risk 短缺风险 投资组合价值在规定的时间期限内低于某一最低可接受水平的风险；没有达到指定回报目标的风险。

Simple yield 简单收益率 息票支付总额加上收益或损失的直线摊销份额除以平价。

Sinking fund arrangement 偿债基金安排 通过要求发行人每年偿还部分债券本金来降低债券发行信用风险的条款。

Sinking fund bond 偿债基金债券 要求发行人随时间推移拨出资金以偿还发行债券，从而降低信用风险。

Sovereign bonds 主权债券 国家政府发行的债券。

Sovereigns 主权债券 国家政府发行的债券。

Special purpose vehicle 特殊目的工具 为实施特定目的而设立的非经营性实体，如租赁资产或证券化应收账款；可以是为促进特定类型的业务活动而成立的公司、合伙、信托、有限责任或合营。

Split coupon bond 分息债券 参见延期息票债券。

Spot curve 即期曲线 今天贷款的即期利率的期限结构。

Spot rate　即期利率　今天确定的在未来某个特定日期的无风险、单一单位支付的利率。

Spot yield curve　即期收益率曲线　今天贷款的即期利率的期限结构。

Spread　利差　通常，不同固定收益证券之间的收益率差异。通常用于指到期收益率与基准收益率之间的差额。

Spread duration　利差久期　非国债证券的价格对国债利差的扩大或缩小的敏感性。

Spread over the benchmark　基准之上利差　参考所需收益率利差。

Spread risk　利差风险　因信用风险债券收益率利差变动而引起的债券价格风险；反映信用迁移（或降级）风险和市场流动性风险的市场评估和（或）定价变化。

Static spread　静态利差　使证券的计算价格与市场价格相等的、在国债现货曲线之上的恒定利差，又称零波动率利差。

Steepness　陡度　是经验性地解释收益率曲线形状大部分变化的三个因素之一（另外两个是水平和曲度）。陡度因素的冲击使短期收益率高于长期收益率。

Step-up coupon bond　递增息票债券　票息可以是固定的或浮动的，在指定日期按指定幅度增加的债券。

Straight bond　纯粹债券　有指定发行人、发行日期、到期日、本金额和还款结构、票息和支付结构以及货币面额的基础无期权债券。

Stratified sampling　分层抽样　一种保证样本中体现有影响的亚群的抽样方法，又称代表性抽样。

Street convention　街头惯例　忽略周末和假期的收益率指标；假设在预定日期支付现金流量的内部收益率，即使预定的日期在周末或假期。

Strike spread　履约利差　一个用于确定信用期权收益的履约价格的利差。

Stripping　剥离　交易商分离债券的单独现金流量并将它们按零息证券交易的能力。

Structural models　结构模型　基于对期权定价理论见解的信用分析结构模型。它们是基于公司资产负债表的结构。

Structural subordination　结构从属关系　起因于控股公司结构中，在子公司资金转入控股公司偿还母公司债务之前，经营子公司的债务由子公司的现金流量和资产偿还。

Subordination　从属关系　是证券化的共同结构，它导致创造了多个债券类别或层级。债券类别在如何分担由于借款人在贷款池中贷款违约而导致的任何损失上是不同的。

Subordinated debt　次级债　一类无担保债务，排序低于公司高级无担保债务。

Support tranche　支持层级　在CMO中的类别或层级，保护PAC层级不受提前偿付风险的影响。

Supranational bonds　超国家债券　由超国家机构如世界银行发行的债券。

Surety bond　担保债券　外部信用增强形式，如果发行人违约，被评级和受监管的保险公司保证偿还债券持有人所产生的一个最高数额下的任何损失。

Swap curve　互换曲线　互换利率的期限结构。

Swap rate　互换利率　利率互换的固定利率端的利率。

Swap rate curve　互换利率曲线　互换利率的期限结构。

Swap spread　互换利差　利率互换中的固定利率与相同到期期限的国债利率之间的差额；它反映了市场总的信用风险水平。

Symmetric cash flow matching　对称现金流量匹配　现金流量匹配技术，允许在负债日期之前和之后发生的现金流量用于履行债务；允许短期借入资金在负债到期日之前偿还负债。

Syndicated loans　银团贷款　从一组贷款人到单一借款人的贷款。

Syndicated offering　辛迪加发行　由一组投资银行承销的债券发行。

T

Target value　目标价值　投资组合经理寻求确保的价值；人寿保险公司对保单持有人担保的价值。

Tax-exempt bond 免税债券 其利息全部或部分免税的债券;它们通常由政府或某些政府资助的实体发行。

TED spread TED 利差 度量感知信用风险的一个指标,被确定为 Libor 和到期期限匹配的 T-bill 收益率之间的差额。

Tenor 期限 债券或衍生品合约的到期期限。又称到期期限。

Term maturity structure 期限到期结构 债券的名义本金在到期时一次性付清的债券发行结构。

Term premium 期限溢价 贷款人所需的额外回报,即投资于债券直至到期日的收益率减去在同一时间期限内以短期利率持续再投资的预期收益率。

Term structure 期限结构 参见到期期限结构。

Term structure of credit spreads 信用利差的期限结构 "无风险"(或基准)利率和到期日的利差之间的关系。

Term structure of yield volatility 收益率波动的期限结构 债券到期收益率的波动率与到期日之间的关系。

Time tranching 时间分层 在具有不同(预期)到期期限的 ABS/MBS 中创建类别或分层。

Timing option 时机期权 对于某些期货合约,由空头头寸有决定在交割月份中实际交割时间的能力所产生的选择权。

Top-down 自上到下法 从宏观经济向经济板块层面、向行业层面、再向企业层面。

Total return 总回报率 考虑到资本增值/贬值和收益的回报率。通常情况如下:名义回报率是未经通货膨胀调整的;实际回报率是经通货膨胀调整的;税前回报率是交税前的回报率;税后回报率是在支付投资收益和实现的资本收益税之后的回报率。

Total return analysis 总回报分析 给定利率预测,分析交易对投资组合总回报的预期效应。

Tracking risk 跟踪风险 投资组合的业绩表现与作为投资组合基准的指数业绩表现不匹配的情况,又称跟踪误差、跟踪误差波动率或主动风险。

Treasury spot curve 国债即期曲线 国债零息债券的期限结构。

True yield 真实收益率 使用包括周末和银行假日在内的实际日历现金流量的内部收益率。

Trust deed 信托契约 描述债券形式、发行人义务以及债权人权利的法律合同,又称契约。

Twist 捻度 关于收益率曲线,在两个到期限内以相反方向的利率移动;收益率曲线中的不平行移动。

U

Unbiased expectations theory 无偏见期望理论 认为远期利率是对未来即期利率无偏见预测的期限结构理论,又称纯粹期望理论。

Underlying 基础资产 在市场上交易的资产,买卖双方面谈,决定价格,然后卖方将资产交付买方并收到付款。基础资产是特定衍生工具所依据的资产或其他衍生工具。基础资产的市场也被称为现货市场。

Underwriter 承销商 一家通常是投资银行的公司,从发行人处购买新发行的证券而承担风险,然后将其转售给投资者或交易商,这样保证了以与发行人商谈的发行价格出售证券。

Underwritten offering 承销发行 一种证券发行机制类型,其中投资银行以与发行人商谈的发行价格担保出售证券,又称公司承诺发行。

Unhedged return 无对冲回报 以投资者本国货币表示的外国资产回报。

Unsecured debt 无担保债务 债务人可以对发行人的资产和现金流量提出一般性求偿权。

V

Value additivity 价值附加 当整体价值等于组成部分的价值之和时的套利机会。

Value at risk (VaR) 风险价值(VaR) 在指定时间周期内,对公司、基金、投资组合、交易或策略的潜在损失概率的度量。

Variable-rate note 可变利率票据 与浮动利率票据相似,除了利差是变动的而不是恒定不变的。

Vasicek model Vasicek 模型 假设利率是均值

回归和利率波动率是一个常数的部分均衡期限结构模型。

W

Warrant 认股权证 赋予其持有人在期满之前以固定行权价购买发行公司基础股票的附加期权。

Waterfall 瀑布 ABS 中条款描述债券类别之间的支付流。

Weighted average coupon rate 加权平均票息 按照抵押贷款余额对贷款池中所有按揭贷款余额的百分比例，给池中每笔按揭贷款的抵押贷款利率加权。

Weighted average life 加权平均存续期 在偿还 MBS 之前，给投资者一个指示他们预期可以持有多长时间 MBS 的度量指标；以惯例为基础收到所有本金还款的平均时间。又称平均存续期。

Weighted average maturity 加权平均到期 按照池中每笔抵押贷款的剩余到期月数对按揭贷款余额进行加权。

Wild card option 百搭牌期权 一项允许空头期货合约持有人延迟交割基础资产的条款。

Y

Yield beta 收益率 β 度量债券收益率对市场中用于改善套期保值比率的债券收益率通用指标的敏感度的指标。

Yield curve 收益率曲线 收益率与到期时间之间的关系。

Yield curve factor model 收益率曲线因子模型 与历史数据相比，可以被认为是现实收益率曲线运动的模型或描述。

Yield curve risk 收益率曲线风险 与收益率曲线形状变化有关的风险。

Yield duration 收益率久期 债券价格对债券自身到期收益率的敏感性。

Yield to maturity 到期收益率 如果投资者今天购买债券并持有至到期日，投资者在债券上赚取的年回报率；是使债券到期前预期现金流量的现值与债券价格相等的贴现率。又称赎回收益率。

Yield to redemption 偿还收益率 参见到期收益率。

Yield-to-worst 最差收益率 偿还收益率和到期收益率的最低排序。

Z

Zero 零息债券 不支付息票，但以折扣定价并在到期时支付其全部票面价值。

Zero-coupon bond 零息债券 不支付息票，但以折扣定价，并在到期时支付其全部票面价值。

Zero-coupon bonds 零息债券 在债券存续期不支付利息的债券；以面值的折扣定价发行，并以票面价值赎回。又称纯折扣债券。

Zero volatility spread (Z-spread) 零波动率利差（Z-spread） 计算政府（或利率互换）即期曲线之上的恒定收益率利差。

Z-spread Z- 利差 需要将不变的基点利差添加到隐含即期收益率曲线上，使得债券的贴现现金流量等于其当前市场价格。

关于编辑和作者

编辑

芭芭拉 S. 佩蒂特（Barbara S. Petitt），特许金融分析师（CFA），CFA 协会教育部门欧洲、中东和非洲课程项目主任。在 2012 年加入 CFA 协会之前，她曾在英国、美国和法国担任大学教师，并主要在 MBA 和高管教育课程中开设公司理财、国际金融、并购和金融建模等课程。她是《兼并和收购估值》一书的作者之一，并在财务和管理杂志上发表文章。在加入 CFA 协会之前，她曾向欧洲和北美的企业客户提供咨询服务。她拥有 EDHEC 商学院的管理硕士学位，以及格勒诺布尔大学的研究硕士学位和金融博士学位。她是英国 CFA 协会和 CFA 学会的会员。

杰拉尔德 E. 平托（Jerald E. Pinto），特许金融分析师，自 2002 年以来一直在 CFA 协会担任访问学者，副会长，现任 CFA 和 CIPM 项目教育部门课程项目主任。在加入 CFA 协会之前，他在纽约市的投资和银行业工作了近 20 年，包括作为投资规划顾问。他于 1992～1994 年在纽约大学斯特恩学院担任助理教授，在那里他教授工商管理硕士和大学生投资和金融机构管理课程，并获得了商学院的教学奖。他是《定量投资分析》和《股权资产估值》的作者之一，是《投资组合管理：动态过程》（第 3 版）的合著者和合编者，也是《投资学（2011）》和《投资决策经济学（2013）》（均由 John Wiley & Sons 出版）的合编者。他拥有巴鲁克学院的工商管理硕士学位、斯特恩商学院的金融博士学位，是弗吉尼亚州 CFA 协会的会员。

温迪 L. 皮里（Wendy L. Pirie）博士，特许金融分析师，CFA 协会教育部门课程项目主任。在 2008 年加入 CFA 协会之前，皮里博士在很多机构任教 20 多年，包括大型公立大学、小型、私立、宗教附属学院和一个军事学院。她主要教授金融课程，还教会计、税务、商业法、市场营销和统计课程。皮里博士的研究成果发表在《金融研究》《经济与金融》《经济与商业教育创新》以及《管理金融》等杂志上。

在进入学术界之前，她是加拿大多伦多德勤公司的审计师。她是特许会计师（安大略省）和注册会计师（弗吉尼亚州）。她完成了 ICAEW 的国际财务报告标准证书。她拥有安大略省金斯顿皇后大学的会计与金融博士学位，以及多伦多大学和卡尔加里大学的工商管理硕士学位。她是 CFA 协会、纽约证券分析师学会和芝加哥 CFA 学会的会员。

作者

莱斯利·阿布利欧（Leslie Abreo）负责位于纽约的固定收益软件和咨询公司——安德鲁·卡洛代联合公司的新产品开发和客户支持管理工作。他曾就债务管理的多个主题合作撰写论文，包括债券保险、债务偿还、税务交易和套保效果测试。阿布利欧拥有巴鲁克学院金融学士学位和纽约大学理工学院金融工程硕士学位。

詹姆斯 F. 亚当斯（James F. Adams），博士，特许金融分析师，摩根大通企业与投资银行董事总经理。亚当斯在地区和商业领域拥有超过 20 年的金融行业经验，包括利率、外汇、风险管理、清算、抵押品和保管、关系管理和风险等领域。他也积极招聘和培训，并在其职业生涯中内部和外部教授财经课程。亚当斯的学术文章最近出现在《应用企业财务》和《金融分析师》杂志上。

在 2001 年成为 CFA 特许持有人之前，亚当斯从俄亥俄州立大学获得了经济学博士学位。他是 CFA 协会、纽约证券分析师协会和美国金融协会的会员。

穆纳德·乔德里（Moorad Choudhry）是苏格兰皇家银行集团财务部 IPO 财务主管。他曾任苏格兰皇家银行企业银行部财务部主管、欧洲阿拉伯银行财务部主管、摩根大通银行结构性金融服务副总裁。

乔德里先生是布鲁内尔大学数学科学系教授、肯特大学商学院荣誉教授、伦敦大学伯克贝克管理学院客座教授。他是英国特许证券和投资协会研究员、IFS 大学学院董事会成员。乔德里先生是《金融市场评论》的编辑，以及《结构性金融》《金融市场定性研究》和《美国证券化》的编委。他是《银行业原理》（2012 年）的作者。

弗兰克 J. 法博齐（Frank J. Fabozzi），特许金融分析师，EDHEC 商学院金融学教授、EDHEC 风险研究所成员。此前，他在耶鲁大学、麻省理工学院和普林斯顿大学担任过多个教授职位。作为 500 亿美元的黑石封闭式基金组合和 2 500 亿美元的黑石股票－流动性基金组合的受托人，法博齐博士撰写和编辑了几本债券投资组合管理的书籍。他是 2007 年 CFA 协会 C. 斯图尔特·谢菲尔德奖的获得者，"表彰在 CFA 职业继续教育方面的杰出贡献"。法博齐博士在纽约城市学院获得经济学硕士学位，统计学学士学位，并于 1969 年当选为 Phi Beta Kappa（美国大学优等生之荣誉学会）。他在纽约市立大学获得经济学博士学位。他拥有两个专业称号：特许金融分析师（1977 年）和注册会计师（1982 年）。

H. 吉福德·冯（H. Gifford Fong）是吉福德·冯联合公司的总裁，吉福德·冯联合公司是一家专门从事固定收益、衍生产品和资产配置分析的公司。独立评估、模型验证和投资组合策略分析是重点领域。他毕业于加利福尼亚大学，在那里他获得了学士学位、工商管理硕士和法学博士学位（法律）。

冯先生是《投资管理》（*JOIM*）杂志的编辑；JOIM 会议系列的创始人；麻省理工学院斯隆商学院公司访问委员会成员；麻省理工学院斯隆商学院北美执行委员会成员；麻省理工学院斯隆商学院金融系顾问委员会成员；加州大学伯克利分校金融工程硕士项目指导委员会发起人、成员；加州大学伯克利分校哈斯商学院哈斯名人堂成员；系统风险分析联盟学术顾问委员会成员；麻省理工学院金融与政策中心顾问委员会成员；加州大学伯克利分校顾问委员会前成员；《金融分析师》杂志前编辑；金融数量研究所董事会前成员和程序主席；加州大学投资委员会投资顾问委员会前成员；CFA 协会研究基金会研究委员会前任副主席、委员。

艾恩尼斯·乔治欧（Ioannis Georgiou），特许金融分析师，现任塞浦路斯银行流动性和集团资金负责人。他拥有伦敦政治经济学院信息系统分析、设计和管理（ADMIS）理科硕士学位以及同一所大学的会计和金融学学士学位。他被授予英国和威尔士特许会计师协会（ICAEW）企业融资资格。他是 CFA 协会会员和塞浦路斯 CFA 协会主席。

克里斯托弗 L. 古特坎德（Christopher L. Gootkind），特许金融分析师，是卢米斯-塞尔斯公司（Loomis, Sayles & Company）的副总裁、信用研究主任和信用策略师。他拥有 31 年的固定收益投资经验，于 2010 年加入卢米斯-塞尔斯公司。之前，古特坎德先生曾在惠灵顿管理公司担任副总裁和固定收益投资组合经理，最初于 2000 年作为信用调查主任加入。在惠灵顿之前，他曾在斯卡德尔肯珀投资公司（Scudder Kemper Investments）担任过不同的投资职位，包括信用研究和投资组合经理。

古特坎德先生曾任波士顿证券分析师协会主席和董事会成员。他是信贷圆桌会议的创始成员和现任联席领导人，该组织由机构固定收益经理人组成，其任务是改善投资级公司债券市场，包括加强债券持有者契约保护。他撰写了关于 CFA 课程的信用分析基础阅读材料。古特坎德先生拥有威廉姆斯学院的学士学位和哈佛商学院的工商管理硕士学位。

罗宾·格里夫斯（Robin Grieves）博士，特许金融分析师，南卡罗来纳大学达拉穆尔商学院收益书合作伙伴董事。以前，他在临床学院教授金融简介。在加入 USC 之前，他曾是罗林斯学院克鲁莫尔商学院的客座教授，于 2007 年加入新西兰达尼丁奥塔哥大学任金融系教授和系主任。在加入奥塔哥大学之前，他是房地美（Freddie Mac）的市场风险监督副总裁。格里夫斯及其团队负责监控房地美 6 500 亿美元抵押贷款相关投资组合的风险，并负责风险计量的质量和向高层管理人员的通报。

格里夫斯还在马里兰大学、詹姆士·麦迪逊大学、内布拉斯加大学林肯分校、新加坡南洋理工大学和雷鸟全球管理学院教授经济学和金融学。他的行业经验是早先在房地美、所罗门兄弟和在纽约汇丰证券固定收益研究部门主任获得的。

拉里 D. 吉恩（Larry D. Guin），工商管理博士 DBA，特许金融分析师，任肯塔基州其瑞州立大学金融学教授（现退休），主要教授投资组合管理、证券分析和金融模型方面的研究生课程。吉恩是其瑞州立大学唯一一个三次最高教学奖的获得者，也是商学院杰出研究奖获得者。他曾担任七十多家小企业顾问，作为法律系统商业估值的专家证人，并在中国、德国、波兰和塞浦路斯教授研究生水平的课程。

他拥有密西西比州立大学工商管理博士学位（金融学）。在肯塔基州教书之前，他曾在蒙大拿州立大学任教，是家具制造业的财务经理。吉恩是公司金融教科书和金融机构案例手册的合著者。他曾担任过 CFA 协会和纳什维尔 CFA 协会的不同角色，并担任多个金融机构的官员和会员。

托马斯 S.Y. 何（Thomas S. Y. Ho）博士是纽约金融工程公司托马斯·何有限公司（THC）的总裁兼创始人。在创立 THC 之前，他曾担任过主要金融机构的顾问、BARRA 公司执行副总裁、全球高级技术（GAT）的创始人兼总裁以及纽约大学斯特恩商学院金融学教授。

何博士是美国金融经济学家圆桌会议的当选成员，当选为金融工程奖的评选委员会成员，根据库里（Cooley）和赫克（Heck）《金融学》杂志（2003 年）的研究，他被评为金融界最多产的作家之一，是何-李（Ho-Lee）模型和关键利率久期的作者。他是《衍生品》期刊和《投资管理》杂志的副主编，也是纽约大学柯朗数学学院金融数学课程顾问委员会的成员。他合著了《牛津金融模型指南》和其他三本书，并在《金融》期刊、《金融经济学》杂志、《固定收益》期刊和《投资管理》杂志发表了大量学术论文。何博士于1978年在宾夕法尼亚大学获得数学博士学位。他曾获得美国最负盛名的奖学金之一，即所有英国学生均可获得的"苏隆奖学金"。

罗伯特 A. 杰诺（Robert A. Jarrow）是康奈尔大学约翰逊研究生院的罗纳德 P（Ronald P）和苏姗 E. 林奇（Susan E. Lynch）投资管理教授，以及镰仓公司研究部主任。杰诺是用于利率衍生品定价的 Heath-Jarrow-Morton 模型和用于信用衍生品定价的简化形式信用风险模型的共同创始人。在商品方面，他的研究第一个区分了远期/期货价格，他是远期价格鞅测度的创造者。这些工具和模型现在用于主要投资和商业银行的定价和套期保值。

他曾获得多项奖项和奖励，包括 CBOE 期权研究领域优秀奖、格雷厄姆和多德·思科罗斯（Graham and Dodd Scrolls）奖、伯恩斯坦·法博齐/雅可布·列维（Bernstein Fabozzi/Jacobs Levy）奖、1997年 IAFE/SunGard 年度金融工程师奖和 2009 年《风险》杂志终身成就奖。他在他 1989 年合作创办的期刊《数学金融》咨询委员会中担任顾问。他也是许多其他期刊的副主编或顾问编辑。他目前是 IAFE 高级研究员和 FDIC 高级研究员。他被收录在固定收益分析师协会名人堂和《风险》杂志的 50 名会员名人堂中。他撰写了五本著作，其中包括布莱克—斯科尔斯（Black-Scholes）和 HJM 模型的第一本出版教科书，以及 190 多本主要财经期刊的出版物。

安得鲁·卡洛代（Andrew Kalotay）博士是债券和利率衍生品估值的泰斗。他是有关从市政债券投资的退税效率到税收管理著作的多产投稿人。他的公司安得鲁·卡洛代联合公司成立于 1990 年，持有固定收益估值软件许可证，并提供债务管理咨询服务。在自立门户之前，卡洛代曾在所罗门兄弟公司工作过，在此之前还曾在贝尔实验室和 AT & T 工作过。在学术方面，他是理工大学（现为纽约大学的一部分）金融工程专业的创始人。

卡洛代博士拥有皇后大学的理学学士和硕士学位，以及多伦多大学的博士学位，都是数学专业。他于 1997 年被收录在固定收益分析师协会的名人堂。

李尚斌（Sang Bin Lee）是韩国汉阳大学的金融学教授。在加入汉阳大学之前，他曾是韩国科学技术高级研究院教授。他曾任证券及期货事务委员会委员、韩国证券业协会会长、Hana 控股公司独立董事及风险管理委员会成员，该公司拥有 Hana 银行和韩国外汇银行。他还是首尔一家主要经济报纸的社论作家。目前，他经常为报纸和周刊撰稿，也是韩国总统经济顾问委员会的成员。

李博士在本科级别教授衍生品和金融工程，并在研究生级别教授风险管理。他的研究兴趣是资产定价、期限结构变动和宏观金融。他在《金融》《固定收益》和《投资组合管理》等学术刊物上发表了大量的文章，并在牛津大学出版社出版了两本书《牛津金融建模指南：资本市场、企业融资、风险管理的应用》和《金融机构和证券估值：金融模型的应用》。他是 Ho-Lee 模型的合著者，这是第一个被广泛引用的无套利利率模型。他从康奈尔大学获得经济学硕士学位和从纽约大学斯特恩商学院获得金融学博士学位。

杰克·马尔维（Jack Malvey），特许金融分析师，BNY 梅隆投资管理公司首席全球市场策略师兼全球投资和市场情报中心主任。2008 年加入巴克莱资本之前，马尔维先生于 1996～2008 年担任雷曼兄弟（Lehman Brothers）首席全球固定收益策略师，并于 1992～1996 年担任公司债券策略师。

马尔维先生除了拥有特许金融分析师称号外，还是金融管理协会、纽约证券分析师协会、固定收益分析师协会和定量分析师协会的会员。他是固定收益分析师协会前会长，于 2003 年 11 月被录入固定收益分析师协会名人堂。18 年来，马尔维先生是机构投资者年度固定收益研究调查的排名策略师，连续 16 次处于第一梯队的位置。他获得乔治敦大学经济学学士学位，并在纽约新社会研究学院攻读经济学硕士。

史蒂文 V. 曼（Steven V. Mann）博士是南卡罗来纳大学摩尔商学院金融系教授兼主席。他曾在债券市场上合著和合编过几本书。他是《固定收益证券手册》的副主编，其第 8 版于 2012 年 1 月出版。

史蒂文教授是一位学识渊博的教员，赢得了二十多个优秀教学奖，其中包括南卡罗来纳大学颁发的两项最高奖项。他是客户的勤勉顾问，客户包括世界上最大的投资和商业银行，以及一些财富 500 强公司。史蒂文教授还担任有关涉及固定收益相关事务的法庭案件的专家证人。

格雷戈·诺罗尼亚（Greg Noronha），博士，特许金融分析师，是华盛顿大学塔科马分校罗素捐赠基金的金融学教授，目前他在本科和 MBA 学生教授商业金融和投资估值课程。他曾在亚利桑那州立大学和奥多明尼昂大学任职。在他的职业生涯中，诺罗尼亚博士曾教授衍生品、国际金融、数量方法和投资组合管理课程。他从密歇根大学获得了海军建筑和海洋工程工学士学位，并获得了弗吉尼亚理工大学的 MBA 和金融博士学位。他的研究主要集中在公司理财和投资领域，并在《金融》《银行与金融》以及《金融分析师》等刊物上发表文章。

诺罗尼亚博士于 1999 年获得 CFA 执照，并在 CFA 协会担任过多个职位超过 15 年。诺罗尼亚博士还担任凤凰社金融分析师教育主席，目前是西雅图 CFA 协会成员。

克里斯托弗 D. 皮罗斯（Christopher D. Piros）博士，特许金融分析师，投资策略执行董事，PNC 家族财富霍桑（Hawthorn）投资政策委员会主席。在加入 PNC 之前，他是 CFA 协会教育部门课程项目主任。此前，他曾担任保成投资公司（Prudential Investments LLC）投资战略与投资组合总监和高级副总裁、全球固定收益投资组合经理，以及 MFS 投资管理公司固定收益定量研究主管。

皮罗斯在哈佛大学获得经济学博士学位，并开始了他在杜克大学福卡商学院金融系的职业生涯。最近，他在波士顿大学和雷克雅未克大学的投资管理硕士课程中任教。他是《运行资金：专业投资组合经理人》（麦格劳 - 希尔，2011 年）的合著者，也是《投资决策经济学》（CFA 协会投资系列 / 威利，2013 年）的合编者。他的著作也在《金融》杂志上发表。他是 CFA 协会、纽约证券分析师协会和 CQA 的会员。

唐纳德 J·史密斯（Donald J. Smith）是波士顿大学管理学院金融学副教授。他在加州大学伯克利分校工商管理学院获得经济分析与政策方向的 MBA 和博士学位。史密斯擅长教授固定收益市场和风险管理课程，并在学术和贸易期刊上发表了大量的文章，包括《金融分析师》《金融》《货币》《信贷与银行》《固定收益》《金融工程》《财务管理》《投资组合管理》《金融教育》《应用公司金融》《应用金融》《应用经济快报》《GARP 风险评论》《衍生工具策略》杂志，《衍生工具》季刊和《衍生工具》期刊。他还合著了"金融工程手册：利率互换"和"交叉货币互换"两章，以及 CFA 协会的两本专著，即《利率和货币互换：教程和衍生工具、风险管理》以及《SFAS133 下的财务分析》。他的著作《债券数学：公式背后的理论》由威利金融于 2011 年 7 月出版，第 2 版将于 2014 年 11 月出版。

唐纳德 R. 凡·德文特（Donald R. van Deventer）博士是风险管理企业镰仓公司的创始人兼首席执行官。凡·德文特是三本关于高级风险管理书籍的作者，发表了 200 多篇出版物和风险管理博客，自 2013 年起，金融网站 Seeking Alpha 债券类别的第一作者。

凡·德文特在 1990 年创立镰仓公司之前，曾任东京雷曼兄弟（当时的希尔森·雷曼·哈顿）投资银行部门的高级副总裁。他于 1982～1987 年在第一洲际银行公司担任资金（财务主管）高级副总裁。凡·德文特从 1977～1982 年在证券太平洋国家银行风险管理部门开始了他的银行生涯。凡·德文特拥有哈佛大学商业经济学博士学位，2012～2015 年在三个学年担任艺术与科学研究生院校友会主席。凡·德文特以优异的成绩毕业，来自西方学院的 Phi Beta Kappa（美国大学优等生之荣誉学会），拥有数学和经济学双学位。他会讲日语，1987～1997 年在日本居住。

拉冯·惠特默（Lavone F. Whitmer），特许金融分析师，在投资管理领域已经有超过 20 年的时间与机构客户和高净值个人合作进行投资研究和投资组合管理。自 2007 年起，她曾在印第安纳州曼西的印第安纳信托投资管理公司担任副总裁兼投资经理。之前她曾在旧国民信托公司、印第安纳公职人员退休基金和联邦住房贷款银行系统工作。惠特莫曾是印第安纳波利斯大学 MBA 项目投资兼职讲师，1992 年以优异的成绩毕业于波尔州立大学。她于 1996 年获得了 CFA 证书，并一直是印第安纳波利斯 CFA 学会和 CFA 协会的积极志愿者。

斯蒂芬 E. 威尔科克斯（Stephen E. Wilcox）博士，特许金融分析师，明尼苏达州立大学曼凯托分校金融学教授，曾任金融系主任。他在本科和 MBA 学生中都有丰富的教授投资和公司金融的经验。威尔科克斯的研究主要集中在估值方面，他在《金融分析师》杂志、《投资》杂志和《AAII》期刊上发表了论文。他还为 CFA 协会研究基金会出版了题为《股票估价与通货膨胀：回顾》的专著。

威尔科克斯博士是 CFA 协会的顾问，最近一直致力于为 CFA 和 CIPM 考试开发课程材料。他在固定金额退休计划的开发方面亦有咨询经验，并曾担任私有公司估值的专家证人。威尔科克斯博士获得了内布拉斯加大学林肯分校金融学博士学位和印第安纳大学金融与会计 MBA 学位。他是明尼苏达州 CFA 学会和 CFA 协会的会员。

关于 CFA 项目

"特许金融分析师"称号是衡量投资专业人员能力和诚信的全球公认的卓越标准。要获得 CFA 执照，考生必须顺利通过 CFA 项目，这是一项全球研究生水平自学课程，它将广泛的课程与职业行为要求相结合，为广泛的投资专业做准备。

在以实践为基础的课程上，CFA 项目侧重于专业人士认为的对投资决策过程至关重要的知识。这一知识体系通过定期对全球范围内执业的 CFA 特许持有人进行广泛的调查来保持现实的关联性。课程涵盖从股权和固定收益分析到投资组合管理、公司金融等 10 个主要领域，重点关注职业道德在职业实践中的应用。CFA 项目课程以其严谨和广度而著称，强调了每个市场的共同原则，因此获得 CFA 称号的专业人士具有全面的全球投资视角和对全球市场的深刻理解。

CFA协会投资系列
CFA协会机构投资系列

机械工业出版社华章公司历时三年，陆续推出了《CFA协会投资系列》（共9本）《CFA协会机构投资系列》（共4本）两套丛书。这两套丛书互为补充，为读者提供了完整而权威的CFA知识体系（Candidate Body of Knowledge，简称CBOK），内容涵盖定量分析方法、宏微观经济学、财务报表分析方法、公司金融、估值与投资理论和方法、固定收益证券及其管理、投资组合管理、风险管理、投资组合绩效测评、财富管理等，同时覆盖CFA考试三个级别的内容，按照知识领域进行全面系统的介绍，是所有准备参加CFA考试的考生，所有金融专业院校师生的必读书。

序号	丛书名	中文书号	中文书名	原作者	译者	定价
1	CFA协会投资系列	978-7-111-45367-3	公司金融：实用方法	Michelle R. Clayman, Martin S. Fridson, George H. Troughton	汤震宇 等	99
2	CFA协会投资系列	978-7-111-38805-0	股权资产估值（原书第2版）	Jeffrey K.Pinto, Elaine Henry, Jerald E. Pinto, Thomas R. Robinson, John D. Stowe, Abby Cohen	刘醒云 等	99
3	CFA协会投资系列	978-7-111-38802-9	定量投资分析（原书第2版）	Jerald E. Pinto, Richard A. DeFusco, Dennis W. McLeavey, David E. Runkle	劳兰珺 等	99
4	CFA协会投资系列	978-7-111-38719-0	投资组合管理：动态过程（原书第3版）	John L. Maginn, Donald L. Tuttle, Dennis W. McLeavey, Jerald E. Pinto	李翔 等	149
5	CFA协会投资系列	978-7-111-50852-6	固定收益证券分析（原书第2版）	Frank J. Fabozzi	汤震宇 等	99
6	CFA协会投资系列	978-7-111-46112-8	国际财务报表分析	Thomas R. Robinson, Elaine Henry, Wendy L. Pirie, Michael A. Broihahn	汤震宇 等	149
7	CFA协会投资系列	978-7-111-50407-8	投资决策经济学：微观、宏观与国际经济学	Christopher D. Piros	韩复龄 等	99
8	CFA协会投资系列	978-7-111-46447-1	投资学：投资组合理论和证券分析	Michael G. McMillan	王晋忠 等	99
9	CFA协会投资系列	978-7-111-47542-2	新财富管理：理财顾问客户资产管理指南	Roger C. Gibson	翟立宏 等	99
10	CFA协会机构投资系列	978-7-111-43668-3	投资绩效测评：评估和结果呈报	Todd Jankowski, Watts S. Humphrey, James W. Over	潘席龙 等	99
11	CFA协会机构投资系列	978-7-111-55694-7	风险管理：变化的金融世界的基础	Austan Goolsbee, Steven Levitt, Chad Syverson	郑磊 等	149
12	CFA协会机构投资系列	978-7-111-47928-4	估值技术：现金流贴现、收益质量、增加值衡量和实物期权	David T. Larrabee	王晋忠 等	99
13	CFA协会机构投资系列	978-7-111-49954-1	私人财富管理：财富管理实践	Stephen M. Horan	翟立宏 等	99

CFA协会金融前沿译丛

本套丛书为机械工业出版社华章公司与北京CFA协会携手合作,翻译、出版的一系列金融投资领域的前沿著作,甄选全球金融领域最新鲜、实用的金融知识和经验,务求贴合广大金融从业人员的实践需要。

书号	书名	定价
978-7-111-55204-8	华尔街证券分析:股票分析与公司估值(原书第2版)	79.00
978-7-111-52443-4	债券投资策略(原书第2版)	69.00
978-7-111-58572-5	波动率微笑:宽客大师教你建模	79.00
978-7-111-56595-6	多资产配置:投资实践进阶	69.00
978-7-111-51354-4	REITs:人员、流程和管理	59.00
978-7-111-48762-3	投资组合绩效测评实用方法	59.00
978-7-111-53015-2	债券组合投资	59.00
978-7-111-54767-9	证券化与结构化融资:全流程最佳实践指南	99.00
978-7-111-58123-9	并购套利:全球并购投资策略(原书第2版)	80.00
978-7-111-52121-1	现金流建模边学边练	49.00
978-7-111-52048-1	并购指南:如何发现好公司	59.00